"十三五"普通高等教育本科系列教材

路桥工程

主　编　马　斌

副主编　吴向男　高　莹　余梁蜀

参　编　杨力源　孙国宁　赵文芳　杨　柳

主　审　赵　铎

中国电力出版社

CHINA ELECTRIC POWER PRESS

内 容 提 要

本书为"十三五"普通高等教育本科系列教材。全书分四篇共十六章。第一篇是道路路线的基本内容，涉及我国道路现状与发展规划，道路交通基础、公路的基本组成和基本建设程序等相关概念介绍，道路平面、纵断面、横断面的设计及相关实际案例分析等。第二篇是道路路基与路面，包括道路路基组成、软基处理、路基施工、路基排水与边坡防护；路面的功能、结构层、柔性路面、刚性路面的详细介绍及路面施工。第三篇是桥、涵、隧道工程基础，包括桥梁、涵洞、隧道的类型、结构及其施工方法的相关介绍。第四篇是道路施工机械与机械化施工，包括土石方机械、路面机械、桥梁机械、隧道施工机械、起重机械等的详细介绍。为了便于学生学习，在每章末提供相应的复习思考题。

本书可作为高等院校土木工程、工程管理专业本科教材，还可作为相关专业研究生参考书，也可供从事交通土建类与相关专业的工程技术和管理人员借鉴参考。

图书在版编目（CIP）数据

路桥工程 / 马斌主编. —北京：中国电力出版社，2016.8
（2022.8重印）
"十三五"普通高等教育本科规划教材
ISBN 978-7-5123-9152-9

Ⅰ. ①路…　Ⅱ. ①马…　Ⅲ. ①道路工程－高等学校－教材　②桥梁工程－高等学校－教材　Ⅳ. ①U41　②U44

中国版本图书馆 CIP 数据核字（2016）第 143765 号

中国电力出版社出版、发行
（北京市东城区北京站西街 19 号　100005　http://www.cepp.sgcc.com.cn）
三河市百盛印装有限公司印刷
各地新华书店经售

*

2016 年 8 月第一版　2022 年 8 月北京第五次印刷
787 毫米×1092 毫米　16 开本　23.25 印张　566 千字
定价 **65.00** 元

前　言

　　本书在总结长期从事路桥工程实践的基础上，结合多年教学经验，按照土木工程、工程管理专业（本科）的教学要求，并依据交通行业标准《公路工程技术标准》（JTG B01—2014）、《公路桥涵设计通用规范》（JTG D60—2015）、《公路工程沥青及沥青混合料试验规程》（JTG E20—2011）和《公路路线设计规范》（JTG D20—2006）及其他有关的规范和规程编写的。全书注重理论联系实际并反映国内外路桥工程设计、施工、管理、筑路机械等方面的先进理论和新技术，力求简明实用，对工程实践有指导性。

　　本书分四篇共十六章，编写分工为：马斌和赵文芳编写第一篇第二、三、四、五章；高莹编写第二篇第一章、第二篇第二章第二、三、四节及第二篇习题部分；杨柳编写第二篇第二章第一、五节；吴向男编写第一篇第一章、第三篇第一章、第二章；孙国宁编写第三篇第三章、第四篇习题部分；余梁蜀和马斌编写第四篇；杨力源编写各章习题。全书由马斌统稿，由赵铎主审。

　　本书在编写过程中，王社良、李建峰、傅光耀、黄会荣、李秉成、梁亚平给予指导和帮助；刘风琴高级工程师提供了大量的实例并给予重要的修改意见，王可娜、张进做了大量的绘图和文字校对工作，在此一并致以衷心的感谢。

　　限于作者水平，书中有不妥或疏忽之处，敬请读者批评指正。

编　者
2016 年 3 月

目　录

第二篇　道路路基与路面

第三篇　桥、涵、隧道工程基础

第四篇　道路施工机械及机械化施工

第一篇

道 路 路 线

道路路线线形是指路幅中心线（中线）的立体形状。道路中线在水平面上的投影形状称为平面线形。通过道路中线的竖向剖面，称为纵断面，其反映路线竖向的走向、高程、坡度，即道路的起伏情况。在垂直道路中心线的方向上所作的竖直剖面称为道路横断面。道路平面与立体交叉形成纵横相通的交通网。本篇将分别讨论道路平面、道路纵断面、道路横断面及道路平面与立体交叉。

第一章 概 述

第一节 道路的特点和功能

一、道路的特点

交通运输是国民经济的大动脉，是国民经济的基础产业之一，它把国民经济各领域和各个地区联系起来，在社会物质财富的生产和分配过程中，在广大人民生活中起着极为重要的作用。交通运输是国家得以繁荣强大的重要基础，要实现国民经济的现代化，必须首先实现交通运输现代化。

国家的综合运输系统是由铁路、公路、水运、航空及管道五种运输方式所组成的。这些运输方式在技术经济上各具特点。铁路运输对于远程的大宗货物及人流运输具有运输量大的特点；水运利用天然水运资源，只需加以整治，就能具有通过能力高、运量大、耗能省、运输成本低的优点；航空具有快速运送旅客及贵重紧急商品、货物的作用；管道运输连续性强，运输成本低，损耗少，安全性好，目前多用于运送液体、气体和粉状货物；道路运输机动灵活，可以深入到城市、工厂、矿山、村庄，可实现门到门的运输，它能迅速集中和分散货物，避免中转重复装卸，批量不受限制，时间不受约束，是我国综合运输体系中最灵活的一种运输方式。各种运输方式特性比较见表 1-1-1。

表 1-1-1　　　　　　　　　　各种运输方式特性比较

名称	特点	安全性	舒适性	运输能力	运输速度（km/h）	能源消耗	服务对象	经济运距（km）	投资
铁路	受地形限制	好	好，可设餐厅	大，1500 人/列车	160～200	低	集装、大宗散装货物	>500	大
道路	门对门直达运输方便	略差	差	较大，40 人/车	<120	中	集装、散装货物	>200 或不限	中
水路	受通航航道和港口限制	好	好，可设餐厅、游艺室	大	16～30	低	集装、散装货物		小
航空	受机场限制直捷性好	尚可	中	小，147 人/架	160～1000	高	贵重货物、快递邮件	500～1000	大
管道	普及面差	好	—	大	1.6～30	低	油、天然气		大

在传统运输中，道路运输主要承担枢纽和城市间短途运输任务。随着我国经济建设和商品经

济的发展及乡镇工业的兴起，大城市与中小城市、城镇、乡村之间的联系更加密切，城乡之间经济合作进一步加强。随着沿海地区外向型经济的发展，城乡人民生活水平的提高，中短途、小批量、门到门的货运需求日趋旺盛，旅客运输量逐年大幅度增长，人们对旅行的方便、舒适、及时性，对货物运输的准时、快速、安全、保质有了更高的需求，迫切要求在客货运输中尽可能减少换乘、换装，节省运输时间，加速物资流转，减少费用开支，减少货物换装损耗等。这些正是道路运输特具的优势。所以大力发展道路建设已是我国基础建设的重点之一。西部大开发又一次为交通运输的大发展提供了机遇，我国的公路建设，特别是高速公路的建设将迅速发展。

二、道路的功能

道路具有交通、形成国土结构、公共空间、防灾和繁荣经济等方面功能，见表 1-1-2。

表 1-1-2　　　　　　　　　　　　　道　路　功　能

交通功能	工作、学习、生活、旅游客运
	货物运输
形成国土结构功能	用地结构的骨架、组成街坊
公共空间功能	保证日照、通风
	提供综合交通体系的空间（高架桥、地面轨道、地下铁道）
	提供公用设施管线走廊（电力、电话、煤气、上下水管）
防灾功能	保证消防活动、救援活动
	紧急疏散、避难通路
	防火带
繁荣经济	流通商品、活跃市场

道路是交通的基础，是社会、经济活动所产生的人流、物流的运输载体，担负着城市内部、城际之间、城乡之间交通中转、集散的功能，人们的生产、生活要求有一个安全、畅通、方便和舒适的道路交通运输体系。

道路是国土结构的骨架，城市道路则是城市建设的基础，城市各类建筑依据道路的走向布置而反映城市的风貌，所以城市道路是划分街坊、形成城市结构的骨架。

道路作为公共空间，不仅提供交通体系的空间，且保证日照、通风、提供绿化、管线布置的场地，为地面排水提供条件。各种构筑物的使用效益，有赖于道路先行来实现。在发生火灾、水灾、地震和空袭等自然灾害或紧急情况时，能提供疏散和避险的通道与空间。道路在全社会交通网络中起着重要的作用。

在道路建设过程中，各项基础设施应得以同步进行，随着道路的建成，可使土地使用与开发得以迅速发展，经济市场得以繁荣，所以健全的道路系统能有力促进经济发展，方便生活。道路是经济建设的先行设施，正如民间谚语："要致富，先修路，小路小富，大路大富，快路快富。"它对商品流通、发展经济、巩固国防、建设边疆、开发山区和旅游事业的发展等方面都有巨大的作用。

第二节　我国道路现状与发展规划

一、我国道路发展历史与现状

我国道路建设有悠久的历史，早在公元前 2000 年前，就有了可以行驶牛车、马车的道路。秦始皇统一六国后，大修驰道，颁布"车同轨"法令，使得道路建设得到了较大的发展。随着社会的进步，城市的兴起和商业的发展，道路又进一步得到发展。公元前 50 年左右，我国丝绸开始向西方输出，其行经路线形成了举世闻名的"丝绸之路"，这条商路长达数万公里，随着时间的推移，我国通往中亚和欧洲的丝绸之路逐渐发展起来。唐代是我国古代道路发展的极盛时期，初步形成了以城市为中心的四通八达的道路网。到清代全国已形成了层次分明，功能较完善的道路系统。20 世纪初汽车输入我国，通行汽车的公路开始发展起来。从 1906 年在广西友谊关修建第一条公路开始到 1949 年的 40 多年间，由于社会不稳定，经济落后，公路建设大都以军用为主。新中国成立以后，为了迅速恢复及发展国民经济和巩固国防，国家对公路建设作出了很大努力，取得了显著成就。特别是改革开放后的 30 多年来，公路建设迅速发展，截至 2014 年底，全国公路总里程达到 446.39 万 km，高速公路总里程 11.19 万 km。

二、我国公路发展特点

公路交通是国民经济的基础产业，也是社会发展和人民生活水平提高的基本条件，公路里程的不断增长和路网整体水平的提高，对缓解交通拥挤状况、沟通城乡联系、促进当地经济发展、改善人民生活条件发挥了积极作用。

我国公路的发展主要有 5 个方面特点：

（1）公路建设规模快速增长。从 1978 年至 2014 年底，公路通车总里程由 89 万 km 增长到 446.39 万 km，其中，等级公路占总里程比重达 87.4%，公路密度由每百平方千米 9.3km 增长到 46.50km。2007 年底，经过 17 年的努力，总长 35000km 的"五纵七横"国道主干线比原规划提前 13 年实现基本贯通。公路建设年投资规模由 1978 年的 4.9 亿元增长到 2014 年的 15460.94 亿元。

（2）高速公路从无到有，发展迅速。1988 年，我国大陆第一条高速公路——沪嘉高速公路建成通车。此后，一批高速公路相继建成。到 2014 年底，我国高速公路通车里程达 11.19 万 km，居世界第一。高速公路的快速发展带动了高速客运和快速货运迅速崛起，扩展了公路运输的空间，提高了服务效能。2014 年全国营运客车达到 1537.93 万辆，全社会完成客运量 220.94 亿人、旅客周转量 30097.39 亿人·km，货运量 431.30 亿 t、货物周转量 181509.19 亿 t·km。

（3）农村公路建设稳步推进。改革开放初期，我国农村公路只有 59 万 km；2003 年，交通部提出了"修好农村路，服务城镇化，让农民兄弟走上柏油路和水泥路"的农村交通发展战略目标；2005 年，编制完成并经国务院审议通过了《农村公路建设规划》；2007 年，农村公路总里程达 313 万 km，已有 99.0%的乡镇和 88.2%的建制村通了公路；至 2014 年，全国农村公路（含县道、乡道、村道）里程达 388.16 万 km，已有 99.98%的乡镇和 99.82%的建制村通了公路；有 98.95%的乡镇和 93.32%的建制村开通了客运线路。

（4）桥隧建设举世瞩目。我国相继建成一批深水基础、大跨径、施工难度高的大桥或特大桥。2007 年，有两座世界一流的桥梁建成通车，一座是 36km 长的杭州湾跨海大桥，一座是世界上首座跨径超过 1000m 的斜拉桥——苏通长江公路大桥，这标志着我国桥梁建设已由桥梁大国步入桥梁强国。在隧道建设方面，我国相继建成了中梁山、六盘山等一批（特）长隧道。2008 年，总长 18km 的秦岭终南山隧道建成，是世界上建设规模最大的高速公路隧道。截至 2014 年底，我国公路桥梁总数已达 75.71 万座，4257.89 万延米。其中，特大桥梁 3404 座、610.54 万 m，大桥 72979 座、1863.01 万 m。我国建成的悬索桥、斜拉桥、拱桥和梁桥这四类桥梁的跨径均已居世界同类桥梁跨径的前列。

（5）科技创新实现跨越式发展。在软基处理、冻土施工、路面材料及路面结构设计、桥梁隧道建设等方面，一批新材料、新工艺、新技术得到推广应用。其中，苏通长江公路大桥是桥梁创新建设的典型代表。苏通长江公路大桥的建设带动了我国桥梁建设在标准规范、计算理论、结论分析、模型实验、材料科学、施工工艺、监测控制、专业设备等方面的进步。一批科技创新的成果，新的成套技术、新的方法、新的大型专用机械设备应运而生。

我国公路建设取得的成就，要归功于公路界的科研、设计和工程施工人员不断总结经验、大胆探索和实践，同时借鉴国外先进技术，为我国公路和桥梁建设的迅速发展提供了可靠的技术保障。

我国公路建设虽然取得了很大成绩，公路网在综合运输体系中的综合服务功能、通行能力、行车速度及舒适性都有较大提高，但由于基础薄弱，发展时间短，还存在以下几个方面的问题：

（1）公路总里程少、密度低。我国现在的公路总里程为 446.39 万 km，但与发达国家相比，仍然存在一定差距，如美国与我国国土面积近似，公路总里程已经达到 651 多万 km。从公路网密度看，至 2014 年底，我国公路密度为 46.5km。而美国为 68km，英国为 160km，法国为 148km，日本为 304km，印度为 62km。所以，我国公路数量和密度还比较小。

（2）公路标准低，路况差。截至 2014 年底，在我国通车里程中，二级以上的公路，只占公路总里程的 12.2%。等级以上公路所占比重为 87.4%，还有 12.6% 的达不到技术标准的等级外公路 45 多万 km。所以，我国大部分公路还处于比较落后的水平。

（3）东西部地区之间、城乡之间发展不平衡。西部公路与全国的公路发展水平差距极大，远不能满足西部经济发展的需要，这种差距主要表现在公路密度极低和公路等级低两个方面；农村公路路网不够完善，供求矛盾依然突出，技术标准偏低，整体路况依然较差较低等问题急需解决。

（4）运输能力不足、网络效率不高。目前，通行能力大、运营效益高的公路主骨架（国家"八五""九五""十五"规划的"五纵七横"主骨架）已经形成，但部分国家高速公路通道运能紧张、拥堵严重，不能适应交通量快速增长的需要；除此之外，普通国道路线不连续、不完整，国家公路与其他运输方式之间、普通国道和国家高速公路之间的衔接协调不够，网络效益和效率难以发挥。

三、我国公路发展规划

根据中华人民共和国国民经济和社会发展战略部署，我国提出了今后公路建设的发展方针和长远规划目标。从 20 世纪 90 年代初，国家陆续制定了几项重点规划：第一个是国道主干线系统——"五纵七横"，它对公路建设的影响是历史性的。由于政策和投资的支持，这个系统的建设进展非常迅速：原计划于 2015 年完成该项建设计划，实际上在 2008 年初已基本建设完成。最新规划是国家制定的《国家公路网规划》（2013—2030 年）。该规划是公路交通基础设施的中长期布局规划，体现了国家发展综合交通运输的战略方针，是指导国家公路长远发展的纲领性文件。

国家公路网规划总规模 40.1 万 km，由普通国道和国家高速公路两个路网层次构成。

1. 普通国道网

由 12 条首都放射线、47 条北南纵线、60 条东西横线和 81 条联络线组成，总规模约 26.5 万 km。按照"主体保留、局部优化，扩大覆盖、完善网络"的思路，调整拓展普通国道网：保留原国道网的主体，优化路线走向，恢复被高速公路占用的普通国道路段；补充连接地级行政中心和县级节点、重要的交通枢纽、物流节点城市和边境口岸；增加可有效提高路网运行效率和应急保障能力的部分路线；增设沿边沿海路线，维持普通国道网相对独立。

（1）首都放射线（12条）。

北京—沈阳、北京—抚远、北京—滨海新区、北京—平潭、北京—澳门、北京—广州、北京—香港、北京—昆明、北京—拉萨、北京—青铜峡、北京—漠河、北京环线。

（2）北南纵线（47条）。

鹤岗—大连、黑河—大连、绥化—沈阳、烟台—上海、秦皇岛—深圳、威海—汕头、乌兰浩特—海安、二连浩特—淅川、苏尼特左旗—北海、满都拉—防城港、银川—榕江、兰州—龙邦、策克—磨憨、西宁—澜沧、马鬃山—宁洱、红山嘴—吉隆、阿勒泰—塔什库尔干、霍尔果斯—若羌、喀纳斯—东兴、东营—深圳、同江—哈尔滨、嘉荫—临江、海口—三亚（东）、海口—三亚（中）、海口—三亚（西）、张掖—孟连、丹东—东兴、饶河—盖州、通化—武汉、嫩江—双辽、牙克石—四平、克什克腾—黄山、兴隆—阳江、新沂—海丰、芜湖—汕尾、济宁—宁德、南昌—惠来、正蓝旗—阳泉、保定—台山、呼和浩特—北海、甘其毛都—钦州、开县—凭祥、乌海—江津、巴中—金平、遂宁—麻栗坡、景泰—昭通、兰州—马关。

（3）东西横线（60条）。

绥芬河—满洲里、珲春—阿尔山、集安—阿巴嘎旗、丹东—霍林郭勒、庄河—西乌珠穆沁旗、绥中—珠恩嘎达布其、黄骅—山丹、文登—石家庄、青岛—兰州、连云港—共和、连云港—栾川、上海—霍尔果斯、乌鲁木齐—红其拉甫、西宁—吐尔尕特、长乐—同仁、成都—噶尔、上海—聂拉木、高雄—成都、上海—瑞丽、广州—成都、瑞安—友谊关、瑞金—清水河、福州—昆明、广州—南宁、秀山—河口、连云港—固原、启东—老河口、舟山—鲁山、洞头—合肥、丹东—阿勒泰、萝北—额布都格、三合—莫力达瓦旗、龙井—东乌珠穆沁旗、承德—塔城、天津—神木、黄骅—榆林、海兴—天峻、滨州港—榆林、东营港—子长、胶南—海晏、日照—凤县、大丰—卢氏、东台—灵武、启东—那曲、上海—安康、南京—德令哈、武汉—大理、察雅—萨嘎、利川—炉霍、台州—小金、张家界—巧家、宁德—福贡、南昌—兴义、福州—巴马、湄洲—西昌、东山—泸水、石狮—水口、佛山—富宁、文昌—临高、陵水—昌江。

此外，还包括81条联络线。

2. 国家高速公路网

由7条首都放射线、11条北南纵线、18条东西横线，以及地区环线、并行线、联络线等组成，约11.8万km，另规划远期展望线约1.8万km。按照"实现有效连接、提升通道能力、强化区际联系、优化路网衔接"的思路，补充完善国家高速公路网：保持原国家高速公路网规划总体框架基本不变，补充连接新增20万以上城镇人口城市、地级行政中心、重要港口和重要国际运输通道；在运输繁忙的通道上布设平行路线；增设区际、省际通道和重要城际通道；适当增加有效提高路网运输效率的联络线。

（1）首都放射线（7条）。

北京—哈尔滨、北京—上海、北京—台北、北京—港澳、北京—昆明、北京—拉萨、北京—乌鲁木齐。

（2）北南纵线（11条）。

鹤岗—大连、沈阳—海口、长春—深圳、济南—广州、大庆—广州、二连浩特—广州、呼和浩特—北海、包头—茂名、银川—百色、兰州—海口、银川—昆明。

（3）东西横线（18 条）。绥芬河—满洲里、珲春—乌兰浩特、丹东—锡林浩特、荣成—乌海、青岛—银川、青岛—兰州、连云港—霍尔果斯、南京—洛阳、上海—西安、上海—成都、上海—重庆、杭州—瑞丽、上海—昆明、福州—银川、泉州—南宁、厦门—成都、汕头—昆明、广州—昆明。

此外，还包括 6 条地区性环线及若干条并行线、联络线等。

四、我国公路技术发展

为了适应公路发展的需要，提高公路科技含量，从 20 世纪 80 年代中期开始，我国重点进行了高等级公路成套筑路技术和现代化管理的研究开发和推广应用工作，并在利用世界银行贷款加快公路建设的同时，积极学习和引进了一些国外在公路建设方面的先进技术和管理经验，购置了一批大型筑路机械设备、先进的检测仪器。经过 10 多年来的科技攻关，积极引进、消化、吸收国外的先进技术和管理手段，使我国的设计和施工水平都有了很大提高。此外，CPMS 和 CBMS 等现代化的管理技术正在公路养护管理工作中逐步推广应用，有效地加快了公路管理现代化的步伐。我国公路建设依靠科技进步，对提高工程质量和投资效益发挥了积极的作用。

我国公路建设正处在高速发展时期，但在工程造价、质量和效益方面仍存在许多问题，必须依靠科技进步，强化科学管理，提高公路建设的质量和效益，增强公路持续发展的势头。紧紧围绕公路建设发展的关键技术问题组织攻关，主要是国道主干线系统建设和关键技术。

新中国成立后，特别是改革开放以来，我国公路建设取得了巨大成就。但是与国际上发达国家相比，差距仍很大；与国内其他工业相比，仍相当滞后，远不能满足新形势下对公路运输的要求。

当前最突出的问题是公路建设发展速度跟不上经济发展速度，也跟不上交通发展的速度。未来我国新型工业化、信息化、城镇化和农业现代化加快发展，人均国民收入稳步增加，经济结构加快转型，交通运输总量将保持较快增长态势，各项事业发展要求提高国家公路网的服务能力和水平。预计到 2030 年，全社会公路客运量、旅客周转量、货运量和货物周转量将分别是当前的 2.7、3.2、2.2 倍和 2.4 倍，主要公路通道平均交通量将超过 10 万辆/日，达到目前的 4 倍以上，京沪、京港澳等繁忙通道交通量将达到 20 万辆/日以上。因此，加快公路建设，特别是大力发展高等级公路是当务之急。

第三节 道路交通基础

一、公路技术分级

交通部于 2014 年颁布、2015 年 1 月 1 日实施的《公路工程技术标准》（JTG B01—2014）将公路分为高速公路、一级公路、二级公路、三级公路及四级公路五个技术等级；也可概括为高速公路、干线公路（主要指一、二级公路）、集散公路（主要指三级公路）、地方公路（主要指四级公路）。

（1）高速公路为专供汽车分方向、分车道行驶，全部控制出入的多车道公路。高速公路的年平均日设计交通量宜在 15000 辆小客车以上。

（2）一级公路为专供汽车分方向、分车道行驶，可根据需要控制出入的多车道公路。一级公路的年平均日设计交通量宜在 15000 辆小客车以上。

（3）二级公路为供汽车行驶的双车道公路。二级公路的年平均日设计交通量宜为 5000～

15000 辆小客车。

（4）三级公路为供汽车、非汽车交通混合行驶的双车道公路。三级公路的年平均日设计交通量宜为 2000～6000 辆小客车。

（5）四级公路为供汽车、非汽车交通混合行驶的双车道或单车道公路。双车道四级公路年平均日设计交通量宜在 2000 辆小客车以下；单车道四级公路年平均日设计交通量宜在 400 辆小客车以下。

二、公路的行政分级

我国按行政管理体制，根据公路的位置以及在国民经济中的地位和运输特点，又把公路分为国道、省道、县道、乡道及专用公路，并实行分级管理。

国道，首都辐射网即国家的干线公路，是以首都为中心，连接各省、自治区、直辖市、各大军区、重要大中城市、港站枢纽、工农业基地的主要干线公路。它由中央统一规划，由各所在省、市、自治区负责建、管、养。维修养护的资金由养路费解决，大中型的新改建项目由部分养路费及国家投资补助解决。

省道，以省会、自治区首府、直辖市为中心，联系本地区重要城市、交通枢纽、工农业基地的干线道路。它由省、市、自治区交通部门在国道网颁布后，对具有全省意义的干线公路加以规划，并负责建设、养护和改造。

县道，为具有全县意义的公路及县与县的联络线，部分主要的县道由省、自治区规划、建设及养护，大部分县道由县自行规划、建设、养护及使用。

乡道，是直接或主要为乡、村内部经济、文化、行政服务的公路和乡、村与外部联系的公路，由县统一规划，并由县、乡组织建设、养护和使用。

专用公路为工厂、矿山、农场、林区等部门专门运输而修建，由专用部门自行规划、建设、使用与维护。

我国国道共有 70 条，除去重复里程和城市管辖里程外，总计 110037km。国道分三类，采用三种统一编号：

第一类，首都放射线 11 条，由北京分别通往沈阳、哈尔滨、塘沽、福州、珠海、广州、深圳、昆明、拉萨、银川和加格达奇，另加上一条北京外环线，共 12 条，全长 23178km。编号以"1"开头，按顺时针方向统一编为 G101～G112。"G"是"国"字汉语拼音中第一个字母。

第二类，是由北向南的纵线，如鹤岗—大连、烟台—汕头、包头—南宁、兰州—景洪等 28 条，全长 38004km。编号以"2"开头，自东往西排列，依次编为 G201～G228。其中 G228 为台湾省环线。

第三类，是由东向西的横线，如荣城—兰州、上海—伊宁、厦门—成都、上海—畹町等 30 条，全长 48855km。编号以"3"开始，由北往南排列依次编为 G301～G330。

三、公路设计交通量

1. 高速公路、一级公路的设计交通量

JTG B01—2014 规定，按照公路功能决定技术等级的原则，采用双车道二级公路上限交通量 15000 辆/日，作为高速公路和一级公路的设计交通量下限值，不再给出上限值。具体的高速公路、一级公路远景年不同服务水平下的年平均日交通量，按式（1-1-1）计算，即

$$AADT = \frac{C_D N}{KD} \qquad (1\text{-}1\text{-}1)$$

式中 AADT——年平均日交通量（pcu/d）；

C_D——设计服务水平下单车道服务交通量；

N——单向车道数；

K——设计小时交通量系数，我国目前尚未针对高速公路运行进行此项调查，参考交通部公路规划设计院对一般公路设计小时交通量系数的研究，并考虑高速公路对日交通量的一定调节作用，K值在 0.095～0.135，具体应用时，可根据当地交通量观测资料作适当调整；

D——交通量方向分布系数，根据我国实际交通调查情况，D一般取 0.6，具体应用时，可根据当地交通量观测资料确定。

按式（1-1-1）计算并根据前述原则取整后，高速公路远景年限的年平均日适应交通量大致范围见表 1-1-3。

表 1-1-3　　　　　　　　　　高速公路的设计年平均日设计交通量　　　　　　　　　　小客车/d

计算行车速度（km/h）	四车道	六车道	八车道
120	40 000～55 000	60 000～80 000	75 000～100 000
100	35 000～50 000	55 000～70 000	70 000～90 000
80	30 000～45 000	50 000～65 000	65 000～85 000

2. 二、三、四级公路的设计交通量

二、三、四级公路设计小时交通量应采用整个断面交通量，因此其年平均日设计交通量应按式（1-1-2）计算，即

$$AADT = C_D \times R_D / K \tag{1-1-2}$$

式中 AADT——年平均日设计交通量；

C_D——二、三、四级公路的设计通行能力；

R_D——二、三、四级公路的方向分部修正系数；

K——设计小时交通量系数，由当地交通量观测数据确定。

二、三、四级公路由于运行质量受双向方向流量比、超车视距、管理水平、路侧干扰等多项因素的影响，其设计通行能力与设计交通量的范围较大，并有一定的重叠交叉。设计推荐采用的双车道二、三、四级公路年平均日设计交通量见表 1-1-4。

表 1-1-4　　　　　　　　　　二、三、四级公路的年平均日设计交通量

公路等级	设计速度（km/h）	设计通行能力（pcu/d）	方向分布修正系数	设计小时交通量系数	年平均日设计交通量（pcu/d）
二级公路	40～80	550～1600	0.88～1.0	0.9～0.19	5000～15000
三级公路	30～40	400～700	0.88～1.0	1.0～0.17	2000～6000
四级公路	20	<400	0.88～1.0	0.13～0.18	<2000

3. 车辆折算系数

研究结果表明，车辆折算系数不是一个定值，它受道路几何条件、横向干扰、交通组成及交通量的大小和管理水平等诸多因素的影响，是随各种条件变动而变化的参量。JTG B01—2014 规定，交通量换算采用小客车为标准车型。各级公路通用的车辆折算系数规定见表 1-1-5。

表 1-1-5　　　　　　　　　　　各级公路通用的车辆折算系数

汽车代表车型	车辆折算系数	说　　明
小客车	1.0	座位≤19座的客车和载重量≤2t的货车
中型车	1.5	座位>19座的客车和载重量≤7t的货车
大型车	2.5	7t<载重量≤20t的货车
汽车列车	4.0	载重量>20t的货车

四、公路主要技术标准及等级的选用

1. 技术标准

技术标准是根据公路通行的车辆数量、计算行车速度、路线和各项工程设计要求制定的，也是公路建设的技术依据。各级公路主要技术标准汇总见表 1-1-6。

表 1-1-6　　　　　　　　　　　各级公路主要技术标准汇总

公路等级	高速公路			一级公路			二级公路		三级公路		四级公路
设计速度（km/h）	120	100	80	100	80	60	80	60	40	30	20
车道数量（条）	8 6 4	8 6 4	6 4	8 6 4	6 4	4	2	2	2	2	2 1
车道宽度（m/条）	3.75	3.75	3.75	3.75	3.75	3.5	3.75	3.5	3.5	3.25	3 3.5
路基宽度（m）一般值	45 34.5 28	44 33.5 26	32 24.5	44 33.5 26	32 24	23	12	10	8.5	7.5	6.5 4.5
路基宽度（m）最小值	42 26	41 24.5	21.5	41 24.5	24.5	20	10	8.5			
极限最小半径（m）	650	400	250	400	250	125	250	125	60	30	15
竖曲线最小长度（m）	100	85	70	85	70	50	70	50	35	25	20
最大纵坡（%）	3	4	5	4	5	6	5	6	7	8	9
最小坡长（m）	300	250	200	250	200	150	200	150	120	100	60
停车视距（m）	210	160	110	160	110	75	110	75	40	30	20
汽车荷载等级	公路-I级			公路-II级			公路-I级 公路-II级		公路-II级		公路-II级
服务水平	三级			三级			四级				

注　本表仅为简单汇总，所列各项技术指标应按《公路工程技术标准》（JTG B01—2014）和《公路路线设计规范》（JTG D20—2006）有关条文规定选用。

技术标准大致可归纳为三类，即"线形标准""净空标准"载重标准。对路线来说关键是线形标准。由于我国幅员辽阔，各地地理位置和自然条件各不相同，故对标准的掌握，应视具体情况，在满足其基本要求的前提下，结合实际灵活运用。使用标准必须防止两种倾向：①不考虑道路的作用和运输发展的要求，采用低标准以压缩工程费用；②盲目轻率，贪大求全，采用高标准，既增加了投资，又多占用了土地。

2. 等级选用

JTG B01—2014 规定，公路等级应根据公路网的规划，从全局出发，按照公路的使用任务、功能和远景交通量综合确定。

一条公路，可根据交通量等情况分段采用不同的车道数或不同的公路等级。

各级公路远景设计年限：高速公路和一级公路为 20 年；二级公路为 15 年；三级公路为 10 年；四级公路一般为 10 年，也可根据实际情况适当调整。

对于不符合标准规定的已有公路，应根据需要与可能的原则，按照公路网发展规划，有计划地进行改建，提高通行能力及使用质量，以达到相关等级公路标准的规定。

公路建设是带状建设项目，沿途的社会环境、经济环境和自然环境都会有很大的差异，其地形、地物及交通量不会完全相同，甚至会有很大差别。因此，对于一条比较长的公路可以根据沿途情况和交通量的大小，分段采用不同的车道数或不同的公路等级。

五、一般规定

1. 设计车辆

汽车的物理特性及行驶于公路上各种车辆的组成是公路几何设计中有重要意义的控制因素。研究制定公路路幅组成、弯道加宽、交叉口的设计、纵坡、视距等都与设计车辆的外廓尺寸有着密切的关系。因此，JTG B01—2014 将设计车辆分为五类，即小客车、大型客车、铰接客车、载重汽车、铰接列车。

JTG B01—2014 规定，公路设计新采用的各种设计车辆外廓尺寸，应符合表 1-1-7 的规定。

表 1-1-7   设 计 车 辆 外 廓 尺 寸   m

车辆类型	总长	总宽	总高	前悬	轴距	后悬
小客车	6	1.8	2	0.8	3.8	1.4
大型客车	13.7	2.55	4	2.6	6.5+1.5	3.1
铰接客车	18	2.5	4	1.7	5.8+6.7	3.8
载重汽车	12	2.5	4	1.5	6.5	4
铰接列车	18.1	2.55	4	1.5	3.3+11	2.3

注   铰接列车的轴距为（3.3+11）m：3.3m 为第一轴至铰接点的距离，11m 为铰接点至最后轴的距离。

《道路车辆外廓尺寸、轴荷及质量限值》（GB 1589—2004）对汽车的外廓尺寸限界做了如下规定：

（1）汽车、挂车及汽车列车的外廓尺寸应不超过表 1-1-8 规定的最大限值。

（2）当汽车或汽车列车处于满载状态、外后视镜底边离地高度小于 1800mm 时，其单侧外伸量不得超出汽车或汽车列车最大宽度处 200mm。外后视镜底边离地高度大于或等于 1800mm 时，其单侧外伸量不得超出汽车或汽车列车最大宽度处 250mm。

（3）汽车的顶窗、换气装置等处于开启状态时不得超出车高 300mm。

（4）汽车的后轴与挂车的前轴之间的距离不得小于 3.00m（牵引中置轴挂车除外）。

（5）汽车和汽车列车（不计具有作业功能的专用装置的突出部分）必须能在同一个车辆通道圆内通过，车辆通道圆的外圆直径 D_1 为 25.00m，车辆通道圆的内圆直径 D_2 为 10.60m。汽车和汽车列车由直线行驶过渡到上述圆周运动时，任何部分超出直线行驶时的车辆外侧面垂直面的值（车辆外摆值）T 不得大于 0.80m。

汽车、挂车及汽车列车最大外廓尺寸限制规定见表 1-1-8。

表 1-1-8　　　　　　　　　　　　汽车、挂车及汽车列车最大外廓尺寸限制规定

车辆类型				车长①	车宽	车高
	三轮汽车②、③			4600	1600	2000
汽车	货车⑤、⑥及半挂牵引车		最高设计车速小于 70km/h 的四轮货车④	6000	2000	2500
		二轴	最大设计总质量≤3500kg	6000	2500⑧	4000
			最大设计总质量>3500kg,且≤8000kg	7000⑦		
			最大设计总质量>8000kg,且≤12000kg	8000⑦		
			最大设计总质量>12000kg	9000⑦		
		三轴	最大设计总质量≤20000kg	11000		
			最大设计总质量>20000kg	12000		
		四轴		12000		
	乘用车及客车	乘用车及二轴客车		12000	2500⑧	4000⑨
		三轴客车		13700		
		单铰接客车		18000		
挂车	半挂车⑩	一轴		8600	2500⑧	4000
		二轴		10000⑪		
		三轴		13000⑫		
	中置轴（旅居）挂车			8000		
	其他挂车	最大设计总质量≤10000kg		7000		
		最大设计总质量>10000kg		8000		
汽车列车	铰接列车			16500⑬	2500⑧、⑭	4000⑮
	货车列车			20000		

①挂车车长为挂车最前端至最后端的距离。

②即原三轮农用运输车,下同。

③当采用方向盘转向、由传动轴传递动力、具有驾驶室,且驾驶员座椅后设计有物品放置空间时,车长、车宽、车高的限值分别为 5200、1800、2200 mm。

④指低速载货汽车,即原四轮农用运输车,下同。

⑤车长限值不适用于不以运输为目的的专用作业车。

⑥最大设计总质量不超过 26000kg 的汽车起重机的车长限值为 13000mm。

⑦当货厢与驾驶室分离且货厢为整体封闭式时,车长限值增加 1000mm。

⑧对于货厢为整体封闭式的厢式货车（且货厢与驾驶室分离）、整体封闭式厢式半挂车及整体封闭式厢式汽车列车,以及车长大于 11000mm 的客车,车宽最大限值为 2550mm。

⑨定线行驶的双层客车车高最大限值为 4200mm。

⑩运送不可拆解物体的低平板专用半挂车车宽限值为 3000mm;车长限值不适用于运送不可拆解物体的低平板专用半挂车、运送车辆的专用半挂车（但与牵引车组成的列车长度需符合 GB 1589—2004 的规定）和运送单箱长度大于 12.2m（40ft）集装箱的框架式集装箱半挂车。

⑪对于整体封闭厢式半挂车、集装箱半挂车,以及组成五轴汽车列车的罐式半挂车,车长最大限值为 13000mm。

⑫自 2008 年 1 月 1 日起,在高等级公路上使用的整体封闭式厢式半挂车,车长最大限值为 14600mm。

⑬运送不可拆解物体的低平板列车和运送单箱长度大于 12.2m（40ft）集装箱的框架式集装箱列车除外;自 2008 年 1 月 1 日起,与整体封闭式厢式半挂车组成的铰接列车在高等级公路上使用时,车长最大限值为 18100mm。

⑭运送不可拆解物体的低平板挂车列车车宽限值为 3000mm。

⑮对于集装箱挂车列车指装备空集装箱时的高度。2007 年 1 月 1 日以前,集装箱挂车列车的车高最大限值为 4200mm。

随着集装箱运输的发展，在确定车辆长度时，要充分考虑大型集装箱车辆安全顺利通行的要求，特别是高速公路、一级公路以及经常有大型集装箱车辆运行的公路。根据 GB 1413—2008，我国集装箱外部尺寸及质量见表 1-1-9。

表 1-1-9   我国集装箱外部尺寸及质量

型号	高（mm）	宽（mm）	长（mm）	质量（kg）
1EEE	2896	2438	13716	30480
1EE	2591	2438	13716	30480
1AAA	2896	2438	12192	30480
1AA	2591	2438	12192	30480
1A	2438	2348	12192	30480
1AX	<2438	2438	12192	30480
1BBB	2896	2438	9125	30480
1BB	2591	2438	9125	30480
1B	2438	2438	9125	30480
1BX	<2438	2348	9125	30480
1CC	2591	2438	6058	30480
1C	2438	2438	6058	30480
1CX	<2438	2438	6058	30480
1D	2438	2438	2991	10160
1DX	<2438	2348	2991	10160

2. 计算行车速度

（1）速度。评价一条公路首先要看它在客、货运输方面是否方便。这些是和运行速度和交通安全直接相关的。在驾车行驶中，驾驶人员采用的速度，除了他本身的驾驶技术和汽车的性能以外，还取决于四个基本条件，即公路及其路侧的外部特征、气候、其他车辆的存在，以及不论是法定的还是通过管制设施采取的速度限制。上述任何一种条件都能控制速度。实际上当交通量与气候条件良好时，公路的外廓特征（包括公路本身的道路条件）基本上决定着驾驶人员采用的速度。

（2）计算行车速度。在公路设计时，计算行车速度是确定公路几何线形并能使其相互协调的基本要素，是在充分发挥各项道路设计要素功能的基础上，具有中等驾驶水平的驾驶人员能够保持顺适行车的速度。

计算行车速度对确定公路的曲线半径、超高、视距等技术指标起着决定作用，同时也影响着车道的尺寸和数目及路肩宽度等指标的确定。

JTG B01—2014 规定，各级公路的计算行车速度见表 1-1-10。

表 1-1-10   各级公路的计算行车速度

公路等级	高速公路			一			二		三		四	
计算行车速度（km/h）	120	100	80	100	80	60	80	60	40	30	30	20

高速公路设计速度不宜低于 100km/h，受地形、地质等条件限制时，可以选用 80km/h。

作为干线的一级公路，设计速度宜采用 100km/h；受地形、地质等条件限制，可采用

80km/h。作为集散的一级公路，设计速度宜采用 80km/h；受地形、地质等条件限制，可采用 60km/h。

高速公路和作为干线的一级公路的特殊困难局部路段，且因新建工程可能诱发工程地质病害时，经论证，该局部路段的设计速度可采用 60km/h，但长度不宜大于 15km，或仅限于相邻两互通式立体交叉之间的路段。

作为干线的二级公路，设计速度宜采用 80km/h；受地形、地质等条件限制，可采用 60km/h。作为集散的二级公路，设计速度宜采用 60km/h；受地形、地质等条件限制，可采用 40km/h。

三级公路设计速度宜采用 40km/h；受地形、地质等条件限制，可采用 30km/h。

四级公路设计速度宜采用 30km/h；受地形、地质等条件限制，可采用 20km/h。

计算行车速度的最大值：根据汽车性能，并参考国内外的实际经验，从节约能源及人在感官上的感觉出发，计算行车速度的最大值采用 120km/h。

计算行车速度的最低值：考虑我国实际地形条件、土地利用和投资的可能性，计算行车速度的最低值为 20km/h。这比有些国家的规定值可能略低一些（国外规定计算行车速度的最小值有 48、40、30km/h 等），但还是符合我国的实际情况的。

按不同计算行车速度设计的各路段长度不宜过短，高速公路不宜小于 15km；一级、二级公路不宜小于 10km。

各级公路需要改变计算行车速度时，应设置过渡段。计算行车速度变更点的位置，应选择在驾驶人员能够明显判断路况发生变化而需要改变行车速度的地点，如村镇、车站、交叉道口或地形明显变化等处，并应设置相应的标志。

（3）计算行车速度与平均行车速度的关系。当气候条件良好、交通密度小、车辆行驶只受公路本身的道路条件的影响时，具有中等驾驶技术的驾驶人员能安全顺适地驾驶车辆的速度就是计算行车速度。因此，计算行车速度为 80km/h 的公路，当交通密度较小时，一般驾驶人员起码都能以 80km/h 的速度安全顺适地驾驶车辆。当线形几何组成要素良好时，往往会出现高于 80km/h 的情况。在实际行驶过程中，驾驶人员往往不是以计算行车速度行驶，而是根据公路沿途的地形条件、道路条件、交通条件及自身的驾驶技术选择各自适合的行驶速度。也就是说，即使计算行车速度为 40km/h 时，如果交通量小，在直线和大半径弯道上的行驶速度，都可能超过 40km/h。计算行车速度越低，这种情况出现的可能性越大。有的国家将计算行车速度和观测到的平均速度进行比较，发现在计算行车速度较低时，平均行车速度大约为计算行车速度的 90%～95%；在计算行车速度较高时，其平均行车速度约为计算行车速度的 80%，有的则更低。

（4）计算行车速度的运用。JTG B01—2014 中，高速公路和一级公路的计算行车速度是以小客车为主，但考虑到高速公路和一级公路上也有相当数量载重汽车行驶，而二级、三级、四级公路上载重汽车和小客车混行的比例还要大一些，所以在制定各级公路的计算行车速度时就已充分考虑了这些因素。目前在我国公路上行驶的车辆种类较为繁杂；但总的说来，汽车的性能有了很大的提高，行车速度有增大的趋势，只要有好的公路，就会促进高性能车辆的发展。

JTG B01—2014 规定："各级公路需要改变计算行车速度时，应设置过渡段"。这一规定的目的就是避免突变，保证线形条件的连续性。关于过渡段的计算行车速度，国外有的按 10km/h 的级差进行递增或是递减，根据我国的具体情况，考虑在两者的计算行车速度相差很大时，可以按 20km/h 的级差执行，并应设置相应的限速标志。过渡段的长度没有做具体的要求，设计时可根据具体地形条件，结合各方面的实际情况，灵活确定。

3. 公路用地

考虑我国的土地资源较为紧张，在保证路基稳定的基础上，尽量少占耕地。JTG B01—2014 规定，在整个路幅范围以外不小于 1.0m 的土地为公路用地；在有条件的路段，高速公路、一级公路不小于 3.0m，二级公路不小于 2.0m 的土地为公路用地。

对于特殊的路段，如高填深挖路段、种植多行林带路段等，为保证路基的稳定，应根据实际情况，通过计算来具体确定公路的用地范围。

JTG B01—2014 还规定了立交工程、服务设施工程、交通安全设施工程、交通管理设施工程、停车设施及公路养护管理，以及绿化和苗圃等工程所需用地范围。

4. 公路建筑限界

为了保证车辆运行和行人的需要，在公路上的一定宽度和一定高度范围内不允许有任何障碍的空间限制界线称为公路建筑限界。

在公路的建筑限界内不允许设置公路标志牌、护栏、行道树、电杆、信号机、照明等各种设施。净空限界包括行车道、中间带、硬路肩、应急停车带、自行车道、人行道等。在设计时，对于路幅的组成，必须规划出各种应设设施的空间位置，不得侵入道路净空之内。其他路外的设施，不仅不能侵入公路的建筑限界之内，而且应按有关规定离开公路若干距离。

我国汽车运输载货高度限制为 4.0m，汽车的外廓尺寸规定最大高度也为 4.0m，另外再加 0.5m 的安全高度，因此一般采用 4.5m 的净高是可以的。同时考虑路面维修加铺的可能，以及冬季可能积雪，再者我国正处于国民经济发展的时代，大件运输不少，因此，在 JTG B01—2014 中规定："净高，一条公路应采用一个净高。高速公路和一级、二级公路为 5.0m，三级、四级公路为 4.5m。"

净宽是指为保证行车和行人的需要，道路在横向上所必须满足的宽度，特别是桥梁和隧道等建筑设施，其净宽要求有着十分重要的意义。具体宽度在 JTG B01—2014 有关条文中做了具体规定。

JTG B01—2014 中所指公路建筑限界，不仅是桥梁、隧道的建筑限界，而且是包括公路路基的建筑限界，例如，JTG B01—2014 中规定："在路肩上设置路用设施时，不得侵入该等级公路的建筑限界以内"；对公路绿化规定："粗细树枝及矮林均不得伸入公路建筑限界内"。

5. 抗震设防

根据《中国地震动参数区划图》（GB 18306—2001），JTG B01—2014 不再采用地震基本烈度的概念，而采用地震动峰值加速度系数。

JTG B01—2014 规定地震动峰值加速度系数在 0.05～0.4 范围内地区的公路工程，应进行抗震设计；对地震动峰值加速度系数大于或等于 0.40 地区的公路工程，应进行专门的抗震研究设计。这是总结了我国云南、四川、山东、广东、江苏、辽宁等地的部分震害调查资料，并结合国家的抗震防灾的基本要求提出的。从多年来的应用情况看，一般条件下，公路工程能够经受住地震动峰值加速度系数为 0.05 的地震的影响。简支梁桥等桥梁结构可通过一些简单的抗震措施（如防止落梁措施等）提高抗震设防能力。

对于地震动峰值加速度系数小于或等于 0.05 的地区，除有特别规定以外，可不进行专门的抗震设计，而采用简易设防。

第四节　公路的基本组成

公路是一种线形工程结构物，它包括线形组成和结构组成两大部分。

一、线形组成

路线是指公路的中线。线形是指公路中线在空间的几何形状和尺寸。公路中线是一条三维空间曲线，由直线和曲线组成。

在公路线形设计中，是从平面线形、纵面线形和空间线形（又叫平、纵组合线形）三个方面来研究的。

二、结构组成

公路的结构组成主要包括路基、路面、桥涵、排水系统、防护工程、隧道、特殊构造物及沿线设施等几部分，见图 1-1-1。

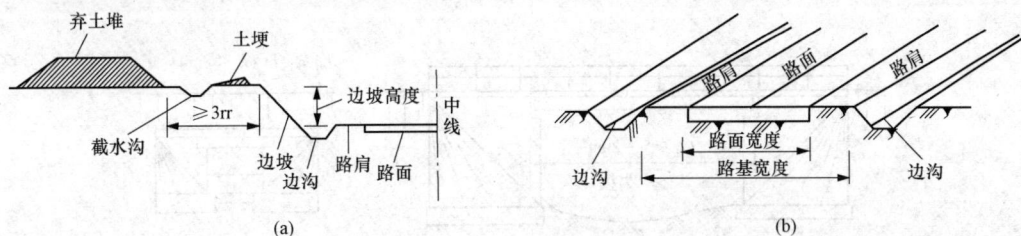

图 1-1-1　路基横断面组成

（a）路基；（b）路面和路基

1. 路基

路基是道路行车部分的基础，是由土、石按照一定尺寸结构要求所构成的带状土工构造物。路基横断面组成如图 1-1-1（a）所示。

在公路设计中，又把路基设计的具体工作叫横断面设计。路基横断面形式通常有路堤、路堑、半填半挖路基三种基本形式，如图 1-1-2 所示。

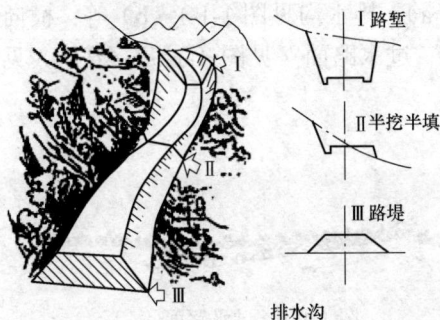

图 1-1-2　路基横断面形式

路堤是指路基顶面高于原地面时，在原地面上填筑构成的路基。路堑是指路基顶面低于原地面时，将原地面下挖而构成的路基。介于上述两者之间的路基，则称为半填半挖路基。

上述三类典型路基横断面形式，各具特点，分别在一定条件下使用。由于地形、地质、水文等自然条件差异性很大，且路基位置、横断面尺寸及要求等，也应服从于路线、路面及沿线结构物的要求，所以路基横断面类型的选择，必须因地制宜，综合设计。

2. 路面

在路基表面用各种材料分层铺筑的结构物，以供车辆在其上以一定速度安全、舒适地行驶。

其主要作用是加固行车部分，使之有一定的强度、平整度和粗糙度，如图 1-1-1（b）所示。

路面按其使用品质、材料组成和结构强度可有高级、次高级、中级、低级之分。按其力学性质可分为柔性路面和刚性路面两大类。常用材料有沥青、水泥、碎（砾）石、黏土等。

3. 桥涵

道路在跨越河流、沟谷和其他障碍物时所使用的建筑物叫桥涵。当桥涵的标准跨径大于或等于 5m，多孔跨径大于或等于 8m 时叫桥梁，如图 1-1-3（a）、（b）所示；反之，则叫涵洞，如图 1-1-3（c）所示。

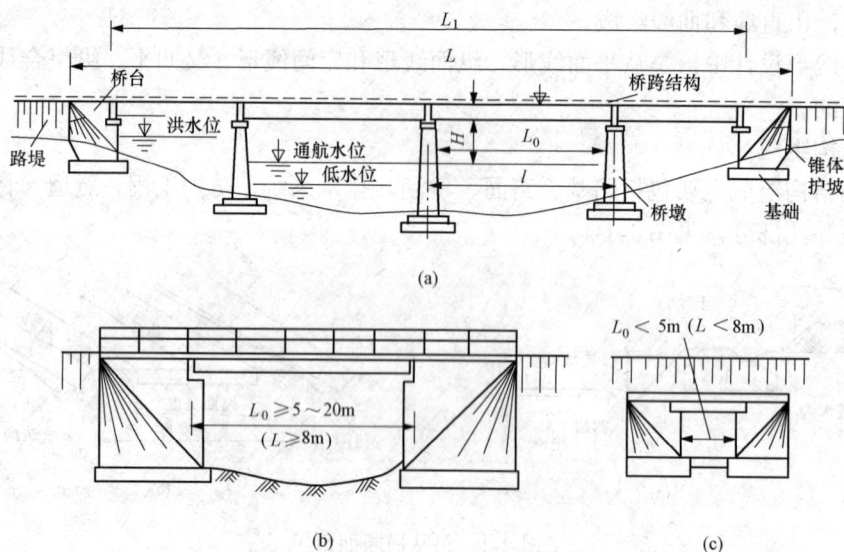

(a)

(b)

(c)

图 1-1-3　桥涵

（a）桥梁的基本组成；（b）小桥；（c）涵洞

4. 排水系统

为了确保路基稳定，不受自然水的侵蚀，道路还应修建排水系统。道路排水系统按其排水方向可有纵向排水系统和横向排水系统。

纵向排水系统常见的有边沟、截水沟，见图 1-1-1（a），排水沟见图 1-1-1（b）等；横向排水系统常见的有路拱、桥涵、透水路堤（见图 1-1-4）、过水路面（见图 1-1-5）、渡槽（见图 1-1-6）等。

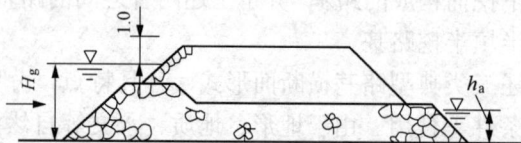

图 1-1-4　透水路堤

图 1-1-5　过水路面

排水系统按其排水位置不同又可有地面排水和地下排水两部分。地面排水是排除危害路基的雨水、积水及外来水等地面水之用。在地下水位较高地段还应设置地下排水系统，盲沟是常见的地下排水结构物，见图 1-1-7。

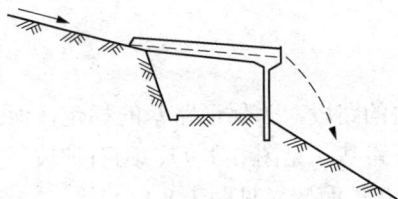

图 1-1-6 渡槽

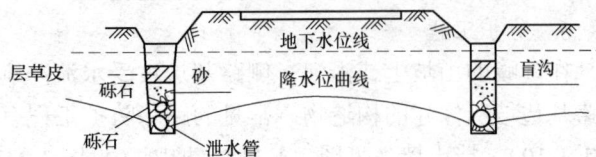

图 1-1-7 盲沟

5. 隧道

公路穿过山岭、置于地层内的结构物叫隧道。隧道在公路上能缩短里程，避免翻越大山岭，保障行车的平顺性，是山区公路中采用的特殊构造物之一，见图 1-1-8。

（1）隧道设计的基本要求：

1）隧道必须根据隧道所处地区的工程地质和水文地质等情况，综合考虑运营和施工条件，按照安全、经济、合理的原则进行设计。

2）高速公路、一级公路上的隧道和二级、三级、四级公路上的短隧道的线形及其与公路的衔接应符合路线布设的规定。

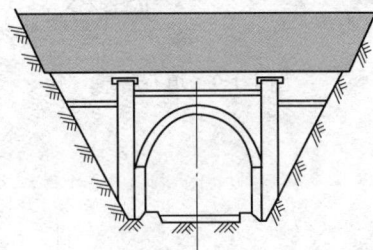

图 1-1-8 隧道

3）二级、三级、四级公路上的特长及长、中隧道位置，原则上应服从路线走向，路、隧综合考虑。当隧道线形为曲线时，其各项技术指标应符合路线布设的规定。隧道洞口的连接线应与隧道线形相配合。

4）隧道内的纵坡一般应大于 0.3%且小于 3%；明洞和短于 50m 的隧道其纵坡不受此限。

（2）隧道净空：

1）隧道净空应符合 JTG B01—2014 中有关公路建筑限界的规定。高速公路、一级公路和二级公路平原微丘区的隧道，其侧向宽度可适当减小。

2）三级公路山岭重丘区及四级公路上隧道的行车道宽度一般采用 7m，仅在路基宽度为 4.5m 的路段上采用 4.5m。

3）高速公路、一级公路上的隧道，一般应设计为上、下行两座独立隧道。特长、长及中隧道，应根据需要按 JTG B01—2014 中有关规定设置应急停车带。

4）单车道隧道可视隧道长短在隧道内或两端设错车道。

5）隧道内人行道的宽度，应按 JTG B01—2014 中有关规定采用。不设人行道的隧道应设避车洞。

（3）隧道分类。隧道按长度可分为四类，一般规定见表 1-1-11。

表 1-1-11 隧道按长度分类

隧道分类	特长隧道	长隧道	中隧道	短隧道
隧道长度 L（m）	$L>3000$	$3000 \geqslant L \geqslant 1000$	$1000>L>250$	$L \leqslant 250$

注 隧道长度是指进出口洞门端墙面之间的距离，即两端墙面与路面的交线同路线中线交点间的距离。

（4）隧道附属设施。隧道应根据需要设置通风设备和照明设备。高速公路、一级公路上的特长及长隧道应设置通信、警报、消防及其他应急设施；二级、三级、四级公路上的特长及长隧道也可根据需要设置必要的上述设施。

6. 防护工程

在陡峻的山坡上或沿河一侧路基边坡受水流冲刷威胁的路段，为保证路基的稳定，而加固路基边坡所修建的构造物。常见的路基防护工程有填石路基（见图 1-1-9）、砌石护坡（见图 1-1-10）、挡土墙（见图 1-1-11）、护脚（见图 1-1-12）及护面墙（见图 1-1-13）等。

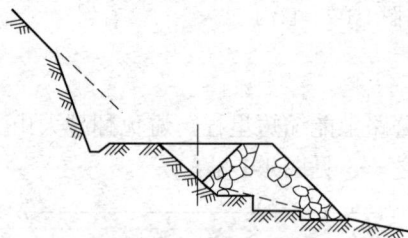

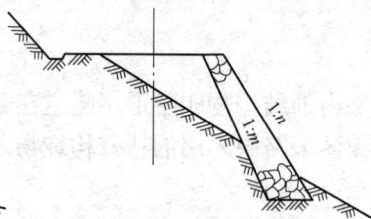

图 1-1-9　填石路基　　　　图 1-1-10　砌石护坡　　　　图 1-1-11　挡土墙

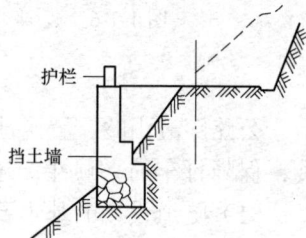

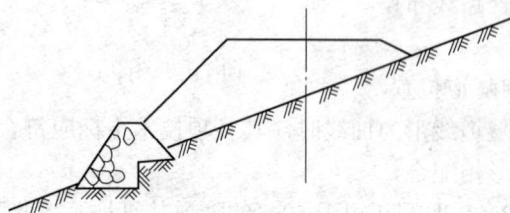

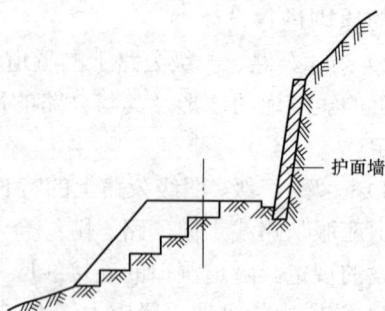

图 1-1-12　护脚　　　　　　　　　　图 1-1-13　护面墙

7. 特殊构造物

公路除上述常见的构造物外，在山区地形、地质特别复杂路段，为了保证道路连续、路基稳定，确保行车，还需修建一些山区特殊构造物，如悬出路台（见图 1-1-14）、半山桥（见图 1-1-15）、明洞（见图 1-1-16）等。

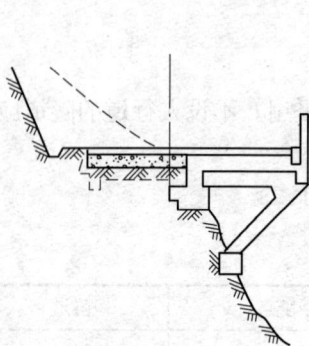

图 1-1-14　悬出路台　　　　图 1-1-15　半山桥　　　　图 1-1-16　明洞

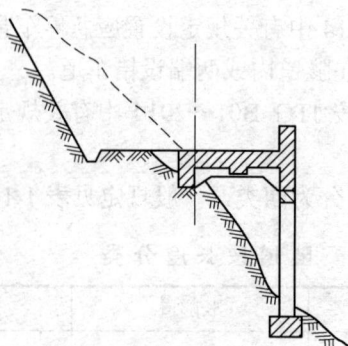

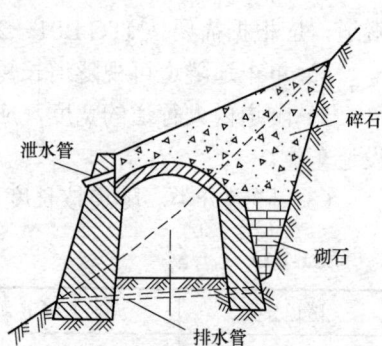

8. 公路沿线设施

在公路上，除了上述各种基本组成结构外，为了保证行车安全、舒适和美观，还需要设置交通安全设施、交通管理设施、防护设施、服务性设施、公路养护管理房及绿化等公路沿线设施。

（1）交通安全设施。为了保证行车和行人的安全及充分发挥公路的作用，各级公路应按规定设置必要的安全设施。

1）护栏。它是在行车道旁连续架设的、具有一定柔度的梁或索，可使失控车辆与坚硬物体、其他物体及车辆冲撞的损害减到最低程度。护栏一般设置在地势险峻的路段，或填方较高的路段，以及像急弯、陡坡、狭路等技术标准较低的路段的一侧或两侧。它一般由立柱与梁或索组成，如图 1-1-17 所示。护栏对车辆的保护作用主要是使碰撞车辆的动能被车轮与钢轨（索）、车轮与路面的摩擦力及立柱发生水平位移时做的功（等于消耗的能量）抵消，从而大大降低车辆碰撞时的损毁程度。立柱的间距为 3～4m，高出路肩表面 70～80cm。

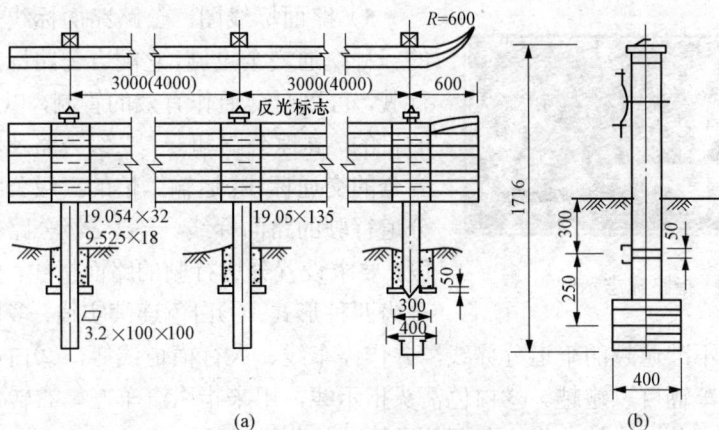

图 1-1-17　护栏
（a）结构示意图；（b）立柱侧面

2）护墙。它是用于安全目的的连续墙体，一般用混凝土制作。它通常设置在山区公路地势险峻的路段，以及分道高速行驶的高速公路中央分隔带处，以防止车辆驶出公路或者车辆驶入高速公路的对向车道。护墙墙身厚度为 40～50cm，高出地面 50～80cm。

3）护柱。它是在一般公路较危险的一侧或两侧，或者事故多发段，以及高速公路收费处的匝道上设置的漆成红白相间颜色的立柱。用于警告车辆注意行车安全，兼起诱导司机视线的作用，但不能阻挡车辆驶出公路。一般护柱可以采用石料或混凝土作成。

此外，用于安全的设施还有防眩栅、反光标志、轮廓标、人行天桥等。

（2）交通管理设施。为了确保行车安全，使司机能知道前面道路的情况和特点，公路上应设置交通标志和布设路面标线。按《公路标志和路面标线标准》（JTG D82—2009），公路标志可分为：

1）指示标志。它是指示车辆行驶和停车的标志，共 25 种。采用圆形和矩形的蓝底白色图案，如图 1-1-18 所示。

2）警告标志。它是指出前方有行车障碍物和行车危险的地点，警告司机集中注意力，保证行车安全的标志，共 24 种。它采用等边三角形、黑边框的黄底黑色图案。

3）禁令标志。它是指根据交通情况，为保证安全而对车辆必须加以限制的标志，共 28 种，包括对车辆类型的限制，限高、限重、限宽、限停车，限制调头、转弯、超车或鸣喇叭等，如图 1-1-19 所示。

图 1-1-18　指示标志示例　　　　　　　图 1-1-19　禁令标志示例

4）指路标志。它是指示道路里程、地点和行驶方向的标志，共 10 种。除里程碑、百米桩外，均采用矩形、蓝底、白字和白色图案，如图 1-1-20 所示。

图 1-1-20　指路标志示例

5）路面标线图。公路路面标线是布设在路面上的一种交通安全设施，它配合公路标志引导车辆分道行驶，可以对交通作有效的管制，以达到安全、畅通的目的。高速公路和一、二级公路及城市道路应设置齐全的交通标线；运输繁忙的三级公路要求全线设置分道行驶的路面标线。一般三级公路在视距不符合路段，要求设置分道行驶的路面标线。公路路面标线可分为四种形式：①白色连续实线，多用于技术等级低的路段，或作为不准逾越的车道分界线，并作停车线、人行横道线等。②白色间断线，常用作车道分界线，车辆可以逾越。③白色箭头指示线，用来指引汽车左、右转弯或直行。④黄色连续实线，严禁车辆逾越，作为车辆分道行驶的分界线。

（3）通信、情报、监控设施。JTG B01—2014 规定，在高速公路上，应设置紧急电话。出事故或故障车辆在公路上长时间停留，容易造成二次事故，必须尽快处理，所以要设置紧急电话供驾驶人员及时报告，请求援救。特大桥、长隧道，则不论公路等级，只根据需要即可设置电话。JTG B01—2014 中要求在高速公路特定地段设置公路情报板，它是根据公路交通状况来选择设置地点和标示内容。标示内容分为路况、气象、交通、限制及指示迂回路等，目的是将有关情况通告驾驶人员。

在公路上可能成为瓶口状态的关键地点，为了及时采取措施疏导交通，需要有监视交通状况的设施，一般多采用电视，在管理中心根据录像来判断交通状况。同时，也可采用交通流检测器，自动测定行车宽度、行车速度等。

（4）防护设施。在各级公路上，对于具有积雪、积沙、坠石、弃物等妨碍交通安全的地点，应根据实际情况设置适当的防护设施。例如，在沙漠地区，对风沙频繁运动的路段，可在垂直刮风方向的路堤迎风面一侧，设置防沙栅栏；在泥石流多发地区，常在泥石流流经的河道内及沿途设置拦截坝群，或者用足够孔径的桥梁代替涵洞；在高寒积雪地区，对易受暴风雪及雪崩掩埋的挖方路段，可在行车道上修建防雪走廊。

（5）服务性设施。公路的服务性设施包括渡口码头、汽车站、加油站、修理站、停车场、餐厅等。

1）在交通量稠密并有公共运输交通的公路上，应设置汽车站、加油站、修理站、停车场、餐厅等，以方便乘客，保证行车安全。对于有夜间行车的公路，为保证行车安全，应有符合要求的照明设备。

2）高速公路停车设施应与服务设施一同考虑，其服务区功能和规模应进行合理设计。一、二级公路可考虑停车设施与简易服务设施综合设计。

（6）公路管理房屋。养路道班或工区房屋，是养道职工办公、居住，存放工具、器材，修理养路机械、机具的建筑物，称为公路管理房屋，应按公路管理体制、组织机构、定员编制，本着适用、经济、就地取材的原则修建。

（7）绿化。绿化是美化公路、保护环境不可缺少的部分，应在公路用地范围内大力进行绿化。绿化植树可起到防雪固沙和抗御洪水的作用；同时，也是美化路容、保持水土、稳固路基、防止降雨和径流对土坡剥蚀的有效手段；树在夏季还可起到遮阳和保持路基强度的作用。立交区通过景观设计、适当的花草摆设和造型设计可起到装饰点缀的作用。高速公路植树种草，应以公路交通为主体，注意总体效果，充分考虑视觉效果、心理反应、养护工作及环境等因素，使绿化有利于交通，协调环境景观，提高行车的安全性与舒适性。

公路绿化应注意保证公路的视距要求，粗细树枝及矮树均不得伸入公路限界内，以免发生危险。

第五节 公路工程基本建设程序

基本建设项目在整个建设过程中的先后顺序，称为基本建设程序。这个程序是由基本建设进程的客观规律（包括自然规律和经济规律）决定的。

基本建设涉及面广，受到地质、气候、水文等自然条件和资源供应、技术水平等条件的严格制约，需要内外各个环节的密切配合，并按照需要和有科学根据的总体设计进行建设。公路基本建设程序应当是：根据国民经济长远规划及布局所确定的公路网规划，提出立项建议书；进行可行性研究，编制可行性研究报告，上报待批；经批准后进行初测及初步设计，上报待批；经批准后，列入国家年度基本建设计划，并进行定测及编制施工图，上报待批；经批准后，根据招投标通过评标择优选定承包施工单位，并按承包合同组织施工；完工后，进行竣工验收，最后交付使用。这些程序必须按环节，按阶段循序渐进，不完成上一环节，就不能进入下一阶段。例如，没有可行性研究报告就不能盲目设计，没有设计就不能施工，工程不经竣工验收合格就不能交付使用等，否则就会造成不必要的经济损失和不良后果。

公路工程基本建设程序如图 1-1-21 所示。所有新建及改建的大中型项目，都应严格按照程序进行。对于小型项目，可根据具体情况适当合并或删去某些程序。

一、立项建议书

根据发展国民经济的长远规划和公路网建设规划，提出项目建议书。项目建议书是进行各项准备工作的依据。对建设项目提出包括目标、任务、要求、原材料、资金来源等的文字说明，作为进行可行性研究的依据。

二、可行性研究

可行性研究是基本建设前期工作的一项重要内容，是建设程序的组成部分，是建设项目决策和编制设计任务书的科学依据。公路工程可行性研究的目的是对某项工程建设的必要性、

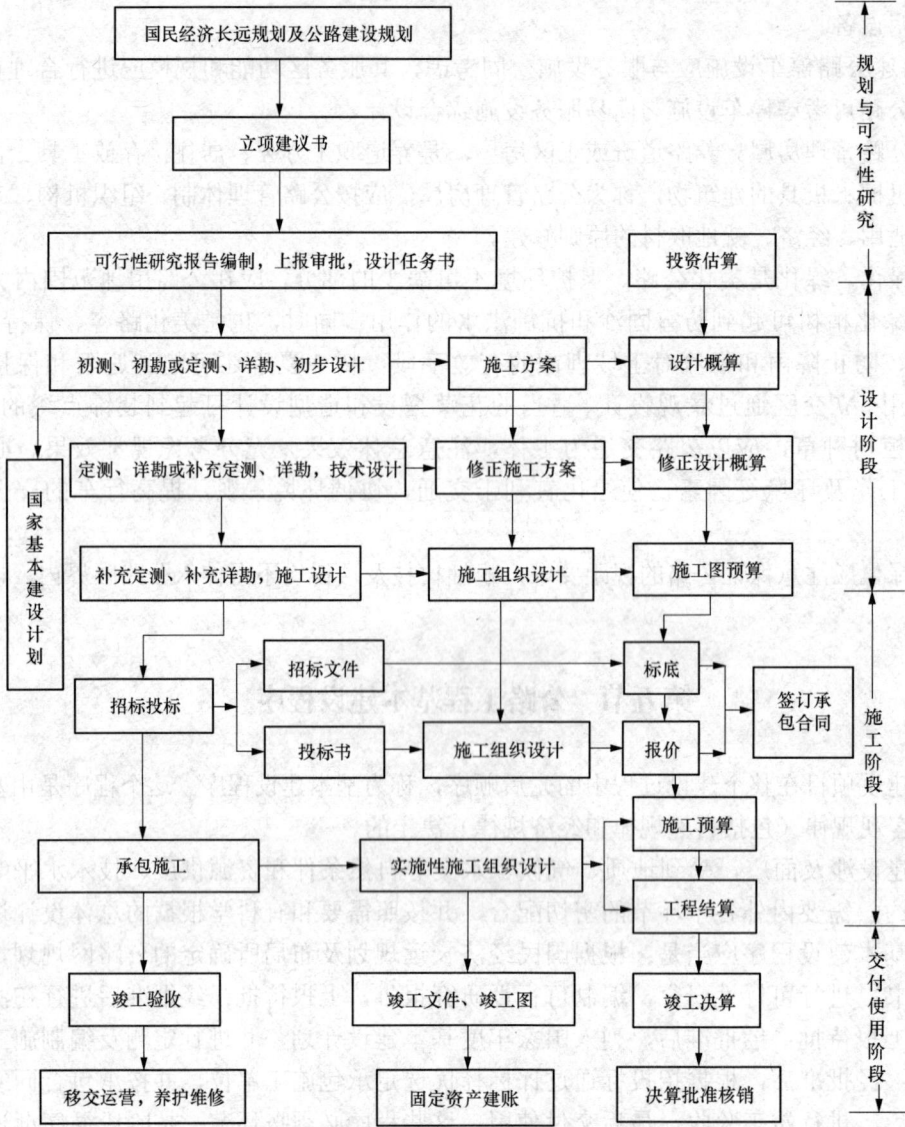

图 1-1-21 公路工程基本建设程序

技术可行性、经济合理性、实施可能性等方面进行综合研究，推荐最佳方案，进行投资估算并作出经济评价，为建设项目的决策和审批提供科学的依据。

公路工程可行性研究一般包括下列内容：

（1）概述（或总论）。论述建设任务依据和历史发展背景、研究范围与主要内容、研究的主要结论等。

（2）现有公路技术状况评价。论述区域运输网现状和存在问题，拟建设公路在区域运输网中的作用，现有公路技术状况及适应程度。

（3）经济与交通量发展预测。项目所在区域经济特征、经济发展与公路运量、交通量的关系、交通量的发展预测。

（4）建设规模与标准。论述项目建设规模和采用的等级及其主要技术指标。

（5）建设条件和方案比选。调查沿线自然条件和社会条件，进行方案比选，提出推荐方案走向及主要控制点和工程概况，对环境影响作出分析，并编制环境影响评价报告。

（6）投资估算与资金筹措。包括主要工程数量、公路建设与拆迁、单价拟定、投资估算及资金筹措等。

（7）工程建设实施计划。包括勘测设计和工程施工的计划与要求、工程管理人员和技术人员的培训等。

（8）经济评价。包括运输成本等经济参数的确定，建设项目的直接经济效益和费用的估算，进行经济评价敏感性分析，建设项目的间接经济效益分析。对于贷款项目还需要进行项目的财务评价。

根据上述研究结果，通过综合分析评价，提出技术先进、投资少、效益好的最优建设方案。

三、设计任务书

设计任务书由提出计划的主管部门下达任务，由下级单位编制后按规定上报审批。设计任务书包括以下基本内容：

（1）建设依据和意义。

（2）路线的建设规模和修建性质。

（3）路线基本走向和主要控制点。

（4）工程技术标准和主要技术指标。

（5）按几阶段设计及各阶段的完成时间。

（6）建设期限和投资估算，分期修建应提出每期的建设规模和投资估算。

（7）施工力量的调配安排。

（8）附路线示意图，工程数量，钢材、木材、水泥用量和投资估算（工程数量、三材、投资等只在上报任务书时列入，以供审批时参考）。设计任务书经批准后，如对建设规模、技术等级标准、路线基本走向等主要内容有变更，应经原批准机关同意。

四、设计阶段

1. 基本设计阶段

公路工程基本建设项目一般采用两阶段设计，即初步设计和施工图设计。对于技术简单、方案明确的小型建设项目，可采用一阶段设计，即一阶段施工图设计；技术上复杂、基础资料缺乏和不足的建设项目或建设项目中的特大桥、互通式立体交叉、隧道、高速公路和一级公路的交通工程及沿线设计中的机电设备等，必要时采用三阶段设计，即初步设计、技术设计和施工图设计。公路设计阶段如图 1-1-22 所示。

初步设计应根据批复的可行性研究报告、测设合同和初测、初勘或定测、详勘资料编制。

一阶段施工图设计应根据批复的可行性研究报告、测设合同和定测、详勘资料编制。

两阶段设计时，施工图设计应根据批复的初步设计、测设合同和定测、详勘（含补充定测、详勘）资料编制。

三阶段设计时，技术设计应根据批复的

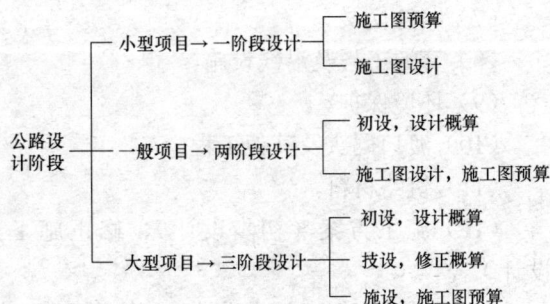

图 1-1-22　公路设计阶段

初步设计、测设合同和定测、详勘资料编制；施工图设计应根据批复的技术设计、测设合同和补充定测、补充详勘资料编制。

采用一阶段设计的建设项目，编制施工图预算。采用两阶段设计的建设项目，初步设计编制设计概算；施工图设计编制施工图预算。采用三阶段设计的建设项目，初步设计编制设计概算；技术设计编制修正概算；施工图设计编制施工图预算。

2. 设计原则

（1）设计必须贯彻勤俭建国和因地制宜、就地取材的原则；结合我国经济、技术条件，吸取国内外先进经验，积极采取新技术、新材料、新设备、新工艺；节约用地，重视环境保护，注意与农田水利及其他建设工程的协调和综合利用，使设计的工程建设项目取得经济、社会和环境的综合效益。

（2）初步设计中必须充分进行方案比选，确定合理的设计方案。对难以取舍及投资有较大影响的路线、桥梁、互通式立体交叉、隧道、高速公路和一级公路的交通工程及沿线设施等方案，应以同等深度进行比较。

（3）公路基本建设项目进行分期修建时，应做好前期工程与后期工程的总体配套设计，即一次设计、分期实施并处理好前、后期工程相互衔接及用地预留问题。

（4）设计文件的编制，必须贯彻国家有关方针政策，按照基本建设程序和有关标准、规范、精心设计，保证设计文件的质量。设计单位应对设计质量负责。设计文件经批准后，如需变更设计，应按有关规定办理。

（5）工程定额的采用和概、预算编制，应根据设计阶段的不同要求和交通部颁布的《公路工程概算定额》《公路工程预算定额》和《公路基本建设工程概、预算编制办法》的规定办理。

（6）公路工程设计文件是安排建设项目、控制投资、编制招标文件、组织施工和竣工验收的重要依据，必须由具有相应等级的公路工程勘察、设计证书的单位编制。

3. 设计文件

设计文件由下列内容组成：

（1）总说明书。

（2）总体设计（高速公路、一级公路）。

（3）路线。

（4）路基、路面及排水。

（5）桥梁、涵洞。

（6）隧道。

（7）路线交叉。

（8）交通工程及沿线设施。

（9）环境保护。

（10）渡口码头及其他工程。

（11）筑路材料。

（12）施工方案（初步设计）、修正施工方案（技术设计）、施工组织计划（施工图设计）。

（13）设计概算（初步设计）、修正概算（技术设计）、施工图预算（施工图设计）。

（14）基础资料。

五、施工阶段

1. 招标投标

土木工程项目招标投标、承包施工，已在我国 2000 年 1 月 1 日实施的《中华人民共和国招标投标法》做了明确的法律规定。大中型项目及国际金融组织贷款的项目都应公开招标投标，择优发包，选择施工承包单位，并依据双方签订的合同，顺利完成工程项目的施工和缺陷维修任务；招标投标是施工阶段的第一项主要程序。

作为建设单位的招标一方，应深入细致的编制好招标文件，并按程序组织招标工作。其中依据设计图纸和工程定额在编制施工图预算基础上计算出科学合理的"标底"，是择优发包、选择承包人的关键，应给予足够的重视。

作为施工承包的投标一方，仔细研读招标文件和招标须知，编制投标书，投标书主要内容是报价和施工组织设计。

2. 施工

为了保证施工的顺利进行，在施工准备阶段，建设单位应做好公路沿线拆迁、移民等工作。抓紧配套工程项目的落实，组织分工范围内的技术资料，材料、设备的供应；勘测设计单位应按时提供各种图纸资料，做好施工图纸的会审及移交工作。施工单位按承包合同规定的时间进入工地，进行施工测量，修筑便道、便桥和临建设施，熟悉图纸，编制实施性施工组织设计和施工预算，建设银行应严格按计划要求进行财政拨款或贷款。

施工单位按承包合同的工期、任务、质量标准合理组织施工，施工过程中应严格按照设计要求和施工规范，确保工程质量。建设单位和工程监理对工程进度进行阶段性工程结算，确保施工顺利进行。

六、竣工验收、交付使用

建设项目的竣工验收是基本建设全过程的最后一个程序。工程验收是一项极细致而又严肃的工作，必须从国家和人民的利益出发，按照国家建设委员会《关于基本建设项目竣工验收暂行规定》和《公路工程质量检验评定标准》（JTG F801—2012）及有关验收规范，认真负责地对全部基本建设工程进行验收。竣工验收包括对工程质量、数量、期限、生产能力、建设规模，使用条件的审查，编制竣工文件、竣工图纸，做出竣工决算。

七、移交运营、养护维修

全部基本建设工程经过验收合格，完全符合设计要求后，应立即移交给生产部门正式使用，迅速办理固定资产交付使用的转账手续，进行固定资产管理。竣工决算上报财政部门批准核销。

运营初期，承包施工单位应按合同履行责任期的缺陷维修。公路管理和养护单位做好长期的养护维修、运营管理工作。

习　题

1. 简述我国公路发展规划。
2. 简述公路的技术等级划分。
3. 如何确定公路的等级？
4. 简述公路的线形组成及结构组成。
5. 简述公路工程基本建设程序。

第二章　道　路　平　面

　　道路是一条三维空间实体，由路基、路面、桥梁、涵洞、隧道和沿线设施所组成的带状构造物。一般所说的路线，是指道路中线的空间位置，分解为路线平面、路线纵断面和横断面。

　　路线设计，应合理利用地形，正确运用技术标准，保证线形的均衡性。不同的路线方案应对其工程造价及自然环境和社会环境的影响进行充分论证和分析，达到技术可行、经济合理与环境效益的统一。线形设计应在平、纵、横三个方面进行综合设计，保持各元素之间的协调一致，线形的美感及与沿途风景的协调。

　　在设计的顺序上，一般是在尽量顾及纵、横断面平衡的前提下先定平面，沿平面线形进行纵断面高程测量和横断面测量，取得地面线和地质、水文及其他必要的资料后，再设计纵断面和横断面。为求得线形的均衡和土石方数量的节省，必要时再修改平面，反复几次，得到一个满意的结果。

　　道路平面线形常受地形地物等障碍的影响，线形转折时，需要设置曲线，所以平面线形由直线、曲线组合而成。曲线又可分曲率半径为常数的圆曲线和曲率半径为变数的缓和曲线两种。通常直线与圆曲线直接衔接（相切）；当车速较高、圆曲线半径较小时，直线与圆曲线之间以及圆曲线之间要插设回旋型的缓和曲线。

　　公路平面线形需结合地形拟定曲线，再连以缓和曲线或直线，见图 1-2-1。山丘区道路适用连续曲线的线形，城市或平原地区应考虑敷设以直线为主的线形。高速公路线形多以圆曲线及回旋线为主，其间也可插入适当长度的直线，但应以更好地满足线形顺畅与地形的合理结合为原则。

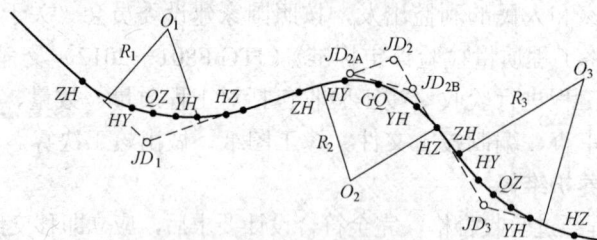

图 1-2-1　路线的平面

第一节　直　　线

　　作为平面线形要素之一的直线，在公路和城市道路中使用最为广泛。因为两点之间以直线为最短，一般在定线时，只要地势平坦、无大的地物障碍，应首先考虑使用直线通过。加之笔直的道路给人以短捷、直达的良好印象。汽车在直线上行驶受力简单，方向明确，驾驶操作简易。从测设上看，直线只需定出两点，就可方便地测定方向和距离。

一、直线的运用

标准公路线形考虑采用与自然地形相协调的直线，下述路段可采用直线。

（1）不受地形、地物限制的平原区或山间的开阔谷地。

（2）市镇及其近郊或规划方正的农耕区等以直线为主体的地区。

（3）长大桥梁、长的高架桥、隧道等路段。

（4）路线交叉点及其前后。

（5）双车道公路提供超车的路段。

二、直线长度限制

JTG B01—2014 规定，直线路段应根据路线所处地段的地形、地物、驾驶人员的视觉、心理状态以及保证行车安全等合理布设。直线的最大与最小长度应有所限制，直线与曲线长度的比例应合理。

1. 长直线长度限制

从理论上讲，合理的直线长度应根据驾驶员的心理反应和视觉效果来确定，目前尚在研究之中，各国都从经验出发，通过调查确定限制最大直线长度。一般按设计车速的 20 倍为直线最大限制长度。

2. 短直线长度限制

（1）同向曲线间直线的最小长度。同向曲线是指两个转向相同的相邻曲线间连以直线所形成的平面线形。其中间直线长度就是指前一曲线的终点到后一曲线的起点之间的长度。当此直线长度很短时，在视觉上容易形成直线与两端的曲线构成反弯的错觉，使整个组合线形缺乏连续性，形成所谓的"断背曲线"。

（2）反向曲线间直线最小长度。反向曲线是指两个转向相反的相邻曲线中间连以直线所形成的平面线形。由于两弯道转弯方向相反，考虑其超高和加宽缓和的需要，以及驾驶人员的操作方便，其间的直线最小长度应予限制。当直线两端设有缓和曲线时，可直接相连构成 S 形曲线。

（3）相邻回头曲线间的直线最小长度。回头曲线是山区公路为克服高差在同一坡面上回头展线时所采用的曲线。越岭线应尽量利用有利地形自然展线，避免设置回头曲线。低等级公路在自然展线无法争取需要的距离以克服高差，或因地形、地质条件所限而不能采取自然展线时，可采用回头曲线。两回头曲线之间，应争取有较长的距离，由一个回头曲线的终点至下一个回头曲线起点的距离不应太短。

三、直线交点坐标与方位角

高等级公路及城市道路的设计与施工放样，为了保证测量精度，使用坐标法确定出路线转折点（交点）的坐标和直线的方位角，进而计算"逐桩坐标表"是十分必要的。

1. 直线交点坐标（X_{JD}，Y_{JD}）

道路勘测阶段沿路线建立平面控制网后，即可将控制点展绘在图纸上测绘地形图，进而纸上定线；或以控制点为依据在现场直接测得路线各交点的坐标定线，纸上定线的交点坐标（X_{JD}，Y_{JD}）可以在图纸上量取。而直接定线的交点坐标用全站仪直接测量计算获得，如图 1-2-2 所示。

$$\left.\begin{array}{l} X_{JD_2} = X_1 + d_1 \cos \bar{\alpha}_{D_1, JD_2} \\ Y_{JD_2} = Y_1 + d_1 \sin \bar{\alpha}_{D_1, JD_2} \end{array}\right\} \qquad (1\text{-}2\text{-}1)$$

$$\bar{\alpha}_{D_1, JD_2} = \bar{\alpha}_{D_1, D_2} - \beta_1, \quad \bar{\alpha}_{D_1, D_2} = \arctan \frac{Y_2 - Y_1}{X_2 - X_1}$$

式中

d_1——测站点（导线点）D_1 到交点 JD_2 实测距离（m）；

β_1——实测水平角（°′″）；

$\bar{\alpha}_{D_1,\,JD_2}$——$D_1 \sim JD_2$ 边的方位角；

D_1（X_1，Y_1）、D_2（X_2，Y_2）——平面控制导线点。

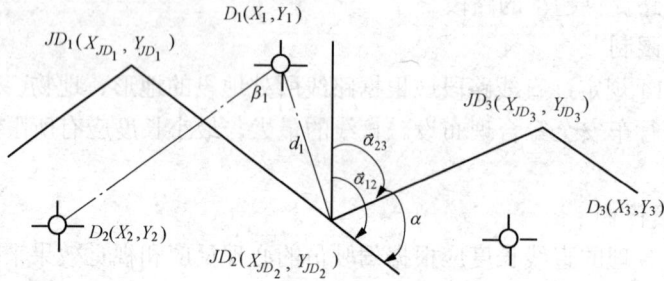

图 1-2-2　交点坐标测算图

2. 直线段坐标方位角

通过测量计算，已知路线各交点坐标，两交点间直线方位角（即从 X 轴方向北端开始顺时针到直线的夹角）可通过坐标反算求出

$$R = \arctan \frac{\Delta Y}{\Delta X} = \arctan \frac{Y_{JD_j} - Y_{JD_i}}{X_{JD_j} - X_{JD_i}} \qquad (1\text{-}2\text{-}2)$$

根据象限角 R 及 ΔX，ΔY 符号来确定 ij 边的坐标方位角 $\bar{\alpha}_{ij}$：

直线属第 I 象限：当 $\Delta X>0$，$\Delta Y>0$ 时 $\bar{\alpha}_{ij} = R$

直线属第 II 象限：当 $\Delta X<0$，$\Delta Y>0$ 时 $\bar{\alpha}_{ij} = 180° - R$

直线属第 III 象限：当 $\Delta X<0$，$\Delta Y<0$ 时 $\bar{\alpha}_{ij} = 180° + R$

直线属第 IV 象限：当 $\Delta X>0$，$\Delta Y<0$ 时 $\bar{\alpha}_{ij} = 360° - R$

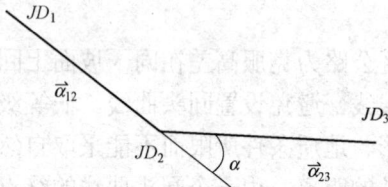

图 1-2-3　偏转角计算

3. 路线偏转角

已知路线各交点坐标，则偏转角 α 可通过反算出的直线的方位角求出，如图 1-2-3 所示

$$\alpha = \bar{\alpha}_{12} - \bar{\alpha}_{23} = \arctan \frac{\bar{Y}_{JD_2} - \bar{Y}_{JD_1}}{\bar{X}_{JD_2} - \bar{X}_{JD_1}} - \arctan \frac{\bar{Y}_{JD_3} - \bar{Y}_{JD_2}}{\bar{X}_{JD_3} - \bar{X}_{JD_2}} \qquad (1\text{-}2\text{-}3)$$

α 为正值时，路线向左偏，α 为负值时路线向右偏。

4. 直线方位角及偏角算例

某公路，弯道交点如图 1-2-3 所示，坐标值见表 1-2-1。

表 1-2-1　　　　　　　　　　　　弯道交点坐标值

编号	交点坐标		坐标方位角 $\bar{\alpha}$
	X	Y	
JD_1	9896.102	96438.790	136° 15′50″
JD_2	9719.009	96608.238	91° 25′25″
JD_3	9714.829	96776.427	

利用式（1-2-2）计算：

$JD_1 \sim JD_2$ 方位角 $\bar{\alpha}_{12} = \arctan \dfrac{(96608.238 - 96438.790)}{(9719.009 - 9896.102)} = 136°15'50''$

$JD_2 \sim JD_3$ 方位角 $\bar{\alpha}_{23} = \arctan \dfrac{(96776.427 - 96608.238)}{(9714.829 - 9719.009)} = 91°25'25''$

偏角 $\alpha = \bar{\alpha}_{12} - \bar{\alpha}_{23} = 136°15'50'' - 91°25'25'' = 44°50'25''$

第二节 圆 曲 线

道路为了绕避障碍，利用地形及通过必要的控制点，致使在平面上出现转折。在路线转折处，要设置平曲线连接，以使车辆平顺地由前一条直线路段转向驶入后一条直线路段，圆曲线是平曲线最常用的线形。路线平面线形中常用的单曲线、复曲线、双交点或多交点曲线、虚点曲线、回头曲线等一般均包含了圆曲线。圆曲线具有易与地形相适应、线形美观、易于测设等优点，使用十分普遍。

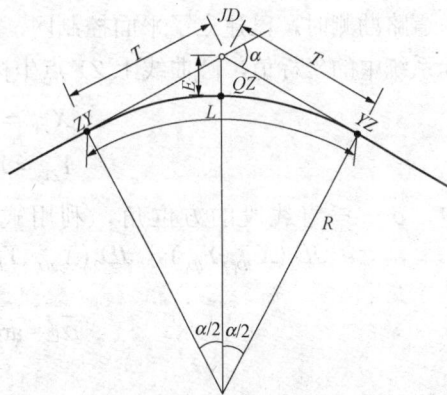

图 1-2-4 圆曲线几何元素

JD —转折点（交点即两直线相交点）；
α —转角或偏角，路线方向由一直线转到另一直线所转变的角度；R —圆曲线半径，半径越大，曲线拐弯得越平缓，半径越小，拐弯越急；ZY —圆曲线起始点；QZ —圆曲线中点；YZ —圆曲线终止点

一、圆曲线几何元素及坐标计算

1. 几何元素

圆曲线如图 1-2-4 所示。圆曲线是用转角 α 和曲线半径 R 表示的，测出转角，设计出半径后可计算出其他各元素

$$\left.\begin{array}{l} T = R\tan\dfrac{\alpha}{2} \\[2mm] L = \dfrac{\pi}{180}\alpha R \\[2mm] E = R\left(\sec\dfrac{\alpha}{2} - 1\right) \\[2mm] J = 2T - L \end{array}\right\} \qquad (1\text{-}2\text{-}4)$$

式中　T ——切线长度（m）；

L ——曲线长度（m）；

E ——外距（m）；

J ——校正数或称超距（m）；

R ——圆曲线半径（m）；

α ——偏转角（°′″）。

2. 曲线里程桩计算

（1）主点里程。当交点里程在路线定测时测定以后，圆曲线三主点里程计算公式为

$$
\left.
\begin{array}{l}
ZY点里程 = JD点里程 - T \\[2mm]
QZ点里程 = ZY点里程 + \dfrac{L}{2} \\[2mm]
YZ点里程 = ZY点里程 + L
\end{array}
\right\}
\tag{1-2-5}
$$

（2）细部点里程。由于曲线较长，除三主点外，还应设计计算出曲线上细部点里程，一般是以与 ZY 点相邻的第一个细部点的里程数凑整，通常按 5、10、20m 弧长推算其他细部点里程和桩号，推算过程示例见表 1-2-5，并将结果列入逐桩坐标表 1-2-10 中。

3. 主点坐标计算

道路勘测时，已建立了平面控制网，通过控制点联测曲线交点桩，得出交点在国家统一坐标系统中的坐标值，圆曲线上 ZY 点坐标为

$$
\left.
\begin{array}{l}
X_{ZY} = X_{JD} + T\cos\bar{\alpha}_{ij} \\[2mm]
Y_{ZY} = Y_{JD} + T\sin\bar{\alpha}_{ij}
\end{array}
\right\}
\tag{1-2-6}
$$

式中　$\bar{\alpha}$ ——直线段的方位角，利用式（1-2-2）通过两交点的坐标反算得出，如已知 $JD_1(X_{JD_1}, Y_{JD_1})$，$JD_2(X_{JD_2}, Y_{JD_2})$，则

$$
\bar{\alpha}_{12} = \arctan\frac{Y_{JD_2} - Y_{JD_1}}{X_{JD_2} - X_{JD_1}}
\tag{1-2-6a}
$$

同理用式（1-2-6）可求出 QZ 和 YZ 点坐标，列出圆曲线主点坐标表作为设计内容附于路线平面图上，详见图 1-2-12 与图 1-2-13。

4. 细部点坐标计算

（1）相对坐标系中细部点坐标（x_i, y_i）以圆曲线起点为坐标原点，切线为 x 轴，半径为 y 轴，建立相对坐标系，如图 1-2-5 所示，求曲线上任意一点坐标

$$
\left.
\begin{array}{l}
x_i = R\sin\delta_i \\[2mm]
y_i = R(1 - \cos\delta_i)
\end{array}
\right\}
\tag{1-2-7}
$$

以 $\delta_i = \dfrac{l_i}{R}$ 代入式（1-2-7）并用级数展开得

$$
\left.
\begin{array}{l}
x_i = l_i - \dfrac{l_i^3}{6R^2} + \dfrac{l_i^5}{120R^4} \\[3mm]
y_i = \dfrac{l_i^2}{2R} - \dfrac{l_i^4}{24R^3} + \dfrac{l_i^6}{720R^5}
\end{array}
\right\}
\tag{1-2-8}
$$

式中　l_i——曲线 ZY 点到任意一点的弧长，可由里程桩号计算。

（2）统一坐标系中细部点坐标（X_i, Y_i）。

a. 求 P_i' 点坐标。已知 ZY（X_{ZY}, Y_{ZY}）和 x_i，则 P_i' 坐标为

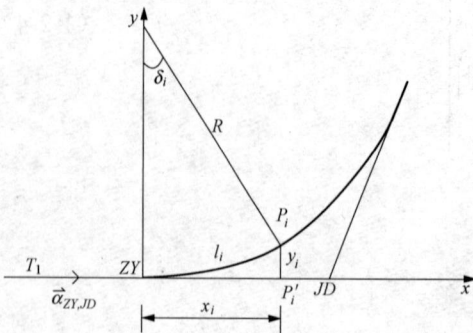

图 1-2-5　曲线上任意点坐标

$$\left.\begin{array}{l}X_{P_i'}=X_{ZY}+X_i\cos\overline{\alpha}_{ZY,\,JD}\\[2mm]Y_{P_i'}=Y_{ZY}+X_i\sin\overline{\alpha}_{ZY,\,JD}\end{array}\right\} \qquad (1\text{-}2\text{-}9)$$

式中　$\overline{\alpha}$ 由式（1-2-2）求出。

b．求 P_i 点坐标。由 $P_i'=(X_{P'},Y_{P'})$，$\overline{\alpha}_{P_i'\,P}$ 及 y_i，则 P_i 点坐标为

$$\left.\begin{array}{l}X_{P_i}=X_{P_i'}+y_i\cos\overline{\alpha}_{P_i'P_i}\\[2mm]Y_{P_i}=Y_{P_i'}+y_i\sin\overline{\alpha}_{P_i'P_i}\end{array}\right\} \qquad (1\text{-}2\text{-}10)$$

其中　$\overline{\alpha}_{P_i'P_i}=\overline{\alpha}_{ZY,JD}\pm270°$

依次将式（1-2-9）、式（1-2-8）代入式（1-2-10），得到曲线上任一点坐标 (X_P,Y_P)，即 l_i 随桩号变化关系式，自 ZY 点逐桩计算坐标 QZ 点、YZ 点与三主点计算结果闭合检核。

逐桩坐标计算可列表用 Excel 电子表格计算，在公式栏中编辑上述计算公式，即可利用输入单元格已知资料计算出主点和逐桩点的坐标值。计算过程详见表 1-2-5，最后结果汇集逐桩坐标表 1-2-11。

二、平曲线半径设计

JTG B01—2014 规定，各级公路不论转角大小，均应设置平曲线。圆曲线是平面线形中最常用的线形，而半径是设计的主要技术指标。

1．圆曲线半径计算的一般公式

最小平曲线半径是以汽车在曲线部分能安全而又顺适地行驶为条件确定的。最小平曲线半径的实质是汽车行驶在公路曲线部分时，所产生的离心力等横向力不超过轮胎与路面的摩阻力所允许的界限，并使乘车人感觉良好的曲线半径值。

根据车辆在弯道上行驶时的受力状况及各种力的几何关系可推导出

$$R\geqslant\frac{v^2}{127(f+i)} \qquad (1\text{-}2\text{-}11)$$

式中　R——曲线半径（m）；

v——车辆速度（km/h）；

f——路面与轮胎之间的横向摩阻系数；

i——路面的横向坡度。

JTG B01—2014 规定了三种类型的最小半径值，即极限最小半径、一般最小半径、不设超高的最小半径。公路线形设计时，应根据沿线地形等情况，尽量选用较大半径。在不得已情况下方可使用极限最小半径，一般最小半径是推荐的最小值，当地形条件许可时，应尽量采用大于一般最小半径的值。

选用曲线半径时，应注意前后线形的协调，不应突然采用小半径曲线。长直线或线形较好路段，不能采用极限最小半径。从地形条件好的区段进入地形条件较差区段时，线形技术指标应逐渐过渡，防止突变。

2．极限最小半径的确定

按 $R\geqslant v^2/127(f+i)$ 计算极限最小曲线半径，其中 v 取各级公路相应的计算行车速度，$(f+i)$ 则是关键因素，它直接关系到车辆在曲线上行驶时的安全舒适感。

JTG B01—2014 在计算极限最小半径时采用了表 1-2-2 所列 i 及 f 值。

表 1-2-2   极限最小半径的 i 及 f 值

计算行车速度（km/h）	120	100	80	60	40	30	20
f 值	0.10	0.12	0.13	0.15	0.15	0.16	0.17
i 值	0.08	0.08	0.08	0.08	0.08	0.08	0.08

3. 一般最小半径的确定

一般最小半径对按计算行车速度行驶的车辆能保证其安全性与舒适性，是设计时建议采用的值，参考国内外使用的经验，采用了表 1-2-3 所列 i 及 f 值代入公式计算，将计算结果取整数，即得出 JTG B01—2014 规定的一般最小半径值。

表 1-2-3   一般最小半径的 i 及 f 值

计算行车速度（km/h）	120	100	80	60	40	30	20
f 值	0.05	0.05	0.06	0.06	0.06	0.05	0.05
i 值	0.06	0.06	0.07	0.08	0.07	0.06	0.06

4. 不设超高的最小半径的确定

平曲线半径大于一定数值时，可以不设置超高，而允许设置等于直线路段路拱的反超高。从行驶的舒适性考虑，取 $f=0.035$，$i=-0.015$，并按各级公路计算行车速度代入公式进行计算并整理得出结果。JTG B01—2014 规定的各级公路不设超高的最小半径列于表 1-2-4。

表 1-2-4   各级公路最小平曲线半径

公路等级	高速公路			一			二		三		四	
计算行车速度（km/h）	120	100	80	100	80	60	80	60	40	30	30	20
极限最小半径（m）	650	400	250	400	250	125	250	125	60	30	30	15
一般最小半径（m）	1000	700	400	700	400	200	400	200	100	65	65	30
不设超高最小半径（m）	5500	4000	2500	4000	2500	1500	2500	1500	600	350	350	150

5. 圆曲线最大半径

如前所述，选用圆曲线半径时，在与地形等条件相适应的前提下应尽量采用大半径，但半径大到一定程度时，其几何性质和行车条件与直线无太大区别，容易给驾驶人员造成判断上的错误，同时也无谓增加计算和测量上的麻烦。JTG D20—2006 规定圆曲线最大半径不宜超过 10000m。

三、圆曲线设计计算实例

一级公路，某一圆曲线，计算行车速度 80km/h，交点 JD_2 里程桩号为 K4+950，交点坐标见表 1-2-1，计算得 JD_2 左偏角 44°50′25″。在交点 JD_2 处圆曲线设计计算如下：

1. 一般最小半径

用圆曲线半径计算式（1-2-11），并查表 1-2-3，计算行车速度 $v=80$km/h 时，横向摩阻系数 $f=0.06$，路面横向坡度 $i=0.07$，代入计算公式

$$R_\mathrm{T} = \frac{80^2}{127(0.06+0.07)} \approx 387.64\,(\mathrm{m})$$

设计圆曲半径为 420m。

2. 曲线元素及里程桩号

曲线元素由式（1-2-4）得

$$T = R \times \tan\frac{\alpha}{2} = 420\tan\frac{44°50'25''}{2} = 173.284（m）$$

$$L = \frac{\pi}{180}\alpha \cdot R = 328.696（m）$$

$$E = R\left(\sec\frac{\alpha}{2} - 1\right) = 34.343（m）$$

曲线里程桩号

$$J = 2T - L = 2\times173.248 - 380.696 = 17.872（m）$$

1）主点里程桩号。由式（1-2-2）得

JD	K4+950	检校	JD	K4+950
$-T$	173.284		$+T$	+173.284
ZY	K4+776.716			K5 123.284
$+\dfrac{L}{2}$	164.348		$-$	K5+17.872
QZ	K4+941.064		YZ	105.412
$+\dfrac{L}{2}$	164.348			
YZ	K5+105.412			

2）细部点里程桩。从 ZY 点起，在第一个细部点凑整，并取相邻两细部点间弧长 $l=20$m，编制里程桩列于表 1-2-5 中第 1、2 列。

表 1-2-5   圆曲线逐桩坐标计算表

1	2	3	4	5	6	7	8
$JD_1 \sim JD_2$ 方位角（°）	136.263889	$P_i' \sim P_i$ 方位角（°）	46.263889	π	3.141596	R（m）	420
桩号	里程	弧长	距 ZY 点弧长	x_i	y_i	X_i	Y_i
ZYK4+776.716	4776.716	0	0	0.000	0.000	9844.212	96488.440
780	4780	3.284	3.284	3.284	0.013	9841.848	96490.720
800	4800	20	23.284	23.272	0.645	9827.843	96504.995
820	4820	20	43.284	43.207	2.228	9814.534	96519.921
840	4840	20	63.284	63.045	4.759	9801.950	96535.463
860	4860	20	83.284	82.739	8.230	9790.120	96551.587
880	4880	20	103.284	102.246	12.636	9779.071	96568.256
900	4900	20	123.284	121.521	17.964	9768.828	96585.432
920	4920	20	143.284	140.521	24.205	9759.415	96603.076
940	4940	20	163.284	159.202	31.342	9750.851	96621.148

1	2	3	4	5	6	7	8
$JD_1 \sim JD_2$ 方位角（°）	136.263889	$P_i' \sim P_i$ 方位角（°）	46.263889	π	3.141596	R(m)	420
桩号	里程	弧长	距 ZY 点弧长	x_i	y_i	X_i	Y_i
QZ 4+941.064	4941.064	1.064	164.348	160.186	31.747	9750.420	96622.120
960	4960	18.936	183.284	177.522	39.361	9743.158	96639.607
980	4980	20	203.284	195.440	48.243	9736.352	96658.412
K5+000	5000	20	223.284	212.915	57.967	9730.449	96677.519
20	5020	20	243.284	229.907	68.513	9725.462	96696.886
40	5040	20	263.284	246.379	79.855	9721.401	96716.469
60	5060	20	283.284	262.293	91.969	9718.278	96736.223
80	5080	20	303.284	277.614	104.826	9716.097	96756.105
100	5100	20	323.284	292.307	118.398	9714.864	96776.069
YZ 5+105.412	5105.412	5.412	328.696	296.170	122.190	9714.693	96781.479

3. 主点坐标计算

由表 1-2-1 已知 JD_2 坐标及坐标方位角，引用式（1-2-6）求 ZY 点坐标（X_{ZY}，Y_{ZY}），即

$$\begin{cases} X_{ZY} = X_{JD_2} + T\cos\bar{\alpha}_{21} = 9719.009 + 173.284\cos316°15'50'' = 9844.212 \\ Y_{ZY} = Y_{JD_2} + T\sin\bar{\alpha}_{21} = 96608.238 + 173.284\sin316°15'50'' = 94688.440 \end{cases}$$

同理求出 QZ 和 YZ 点坐标为 QZ（9750.420，96622.120），YZ（9714.693，96781.479）。

4. 细部点坐标计算

1）相对坐标（x_i，y_i）。由式（1-2-8）用 Excel 电子表格列表计算细部点相对坐标（x_i，y_i），计算结果列于表 1-2-5 中第 5、6 列。

2）统一坐标（X_i，Y_i）。将式（1-2-9）代入式（1-2-10），计算统一坐标值（X_i，Y_i）。计算结果列于表 1-2-5 中第 6、8 列，QZ、YZ 点计算结果与主点坐标计算结果检核正确。

第三节　缓　和　曲　线

　　缓和曲线是道路平面线形要素之一，是设置在直线与圆曲线之间或半径相差较大的两个转向相同的圆曲线之间的一种曲率连续变化的曲线。在现代高速公路上，缓和曲线设置更多，成为平面线形的主要组成部分。本节介绍缓和曲线的性质、参数的选用、逐桩点位坐标计算、缓和段的长度、设计方法等。

一、缓和曲线的性质与运用

1. 缓和曲线定义

　　当汽车从直线进入小半径圆曲线时，司机应逐渐改变前轮的转向角，使其适应相应半径的圆曲线，前轮的逐渐转向是在进入圆曲线前的某一路段内完成的，这一变化路段即为缓和

曲线段，见图 1-2-6。

　　设置缓和曲线的目的在于通过一段距离的逐渐过渡，使汽车行驶轨迹及路线顺畅，使离心加速度逐渐变化，不致产生侧向冲击，并缓和超高，减少行车震荡。所以，平面线形中直线与圆曲线、圆曲线与圆曲线之间需要设置缓和曲线。

　　缓和曲线宜采用与汽车行驶轨迹相一致的曲线形式，该轨迹的曲率半径 ρ 与汽车的转角 φ 成反比例变化，汽车的转角 φ 从道路直线上的零逐渐增加到圆曲线上的固定值。

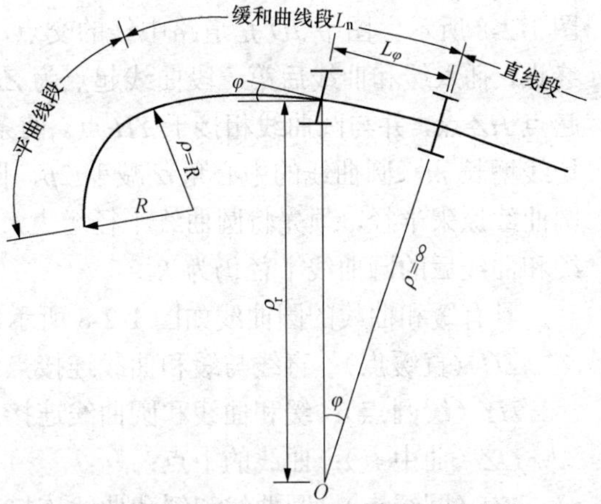

图 1-2-6　汽车在缓和曲线上行驶的情况

　　2. 缓和曲线组成

　　缓和段一般包括：①曲率变化缓和段（从直线向曲线或从大半径曲线向小半径曲线变化）；②横向坡度变化的缓和段（直线段的路拱横坡度向弯道超高横坡度的过渡或曲线部分不同的横坡度的过渡）；③加宽缓和段（直线段的标准宽度向曲线部分加宽度之间的渐变）。

　　3. 缓和曲线性质

　　一般缓和曲线多采用回旋线方程，即曲线半径 R 与回旋长度 l_0 成反比

$$\frac{1}{R} = C_0 l_0 \tag{1-2-12}$$

其中　C_0 为系数，设 $\dfrac{1}{C_0} = A^2$

则

$$R l_0 = A^2 \tag{1-2-13}$$

A 称为回旋线参数，JTG D20—2006 规定在下述范围内选定 A 值

$$\frac{R}{3} \leqslant A \leqslant R \tag{1-2-14}$$

式中　A——回旋线参数；

　　　　R——与回旋线相连接的圆曲线半径（m）。

　　当 R 接近于 100m 时，取 A 等于 R；当 R 接近 3000m 时，取 A 等于 $R/3$。

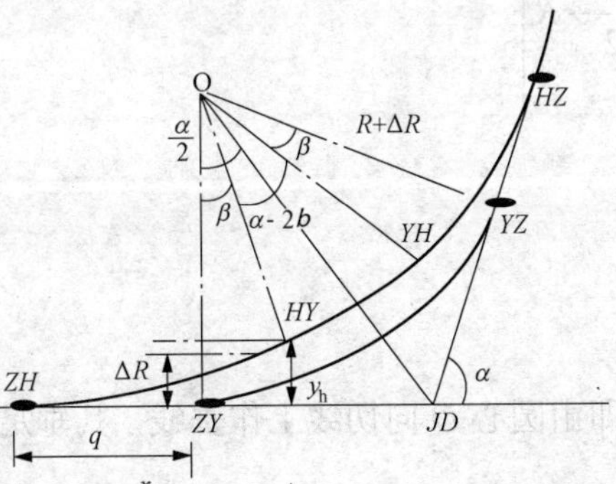

图 1-2-7　缓和曲线与圆曲线的衔接

二、缓和曲线要素

　　JTG B01—2014 规定，缓和曲线采用回旋线，在此仅针对直线与圆曲线间嵌入回旋线的情况讨论缓和曲线要素及逐桩坐标计算。

　　1. 曲线要素计算

　　图 1-2-7 为单圆曲线两端衔接缓和曲线的情形。当圆曲线两端加入缓和曲线后，圆曲线应内移一段距离，方能使缓和曲线与直线衔接，而内移圆曲线，可采用移动圆心或缩短半径的办法实现。我国公路曲线测设中，通常多采用圆曲线的圆心不动，使半径略为缩短 ΔR，而向内移动，如

图 1-2-8 所示。图中 *JD* 是道路中线的交点，*ZY* 点是原来圆曲线的起点，*YZ* 点是原圆曲线的终点，插入缓和曲线后第一段曲线起点为 *ZH* 点，并与圆曲线相接于 *HY* 点。第二缓和曲线段起点 *HZ* 点，并与圆曲线相接于 *YH* 点。两条缓和曲线把圆曲线与直线平顺地连接起来，并使切线增长 *m*，圆曲线的中心角 α 减小 2β，圆曲线向内移动一距离 ΔR。在计算时，为了保持圆曲线原来半径，须先将圆曲线半径增大，使增大值等于内移值 ΔR，取为 $R+\Delta R$，因此设置缓和曲线后的圆曲线半径仍为 *R*。

    具有缓和曲线的圆曲线如图 1-2-8 所示，其主要点为：

ZH（直缓点）：直线与缓和曲线连接点；

HY（缓圆点）：缓和曲线和圆曲线连接点；

QZ（曲中点）：曲线的中点；

YH（圆缓点）：圆曲线和缓和曲线连接点；

HZ（缓直点）：缓和曲线与直线连接点。

由图 1-2-8 可知，加入缓和曲线后，其曲线要素可以用下列公式求得，即

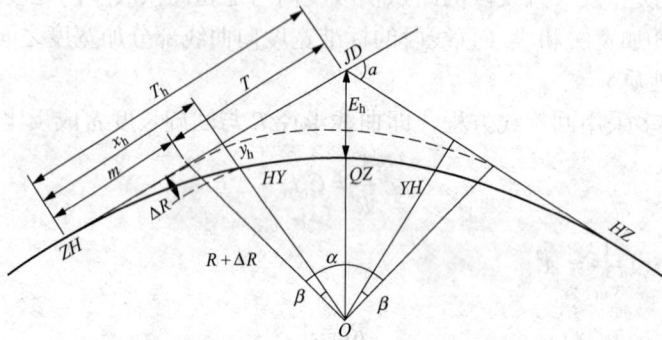

图 1-2-8 有缓和曲线的圆曲线

$$\left.\begin{aligned}
T_{\mathrm{h}} &= m + (R + \Delta R)\tan\frac{\alpha}{2} \\
L_{\mathrm{h}} &= \frac{R(\alpha - 2\beta)}{180} + 2l_0 \\
E_{\mathrm{h}} &= (R + \Delta R)\sec\frac{\alpha}{2} - R \\
J_{\mathrm{h}} &= 2T_{\mathrm{h}} - L_{\mathrm{h}}
\end{aligned}\right\}$$
$$(1\text{-}2\text{-}15)$$

式中 α——偏角（线路转向角）；

       R——圆曲线半径；

       L_{h}——曲线总弧长；

       l_0——缓和曲线长度；

       m——加设缓和曲线后使切线增长的距离，即由圆心 *O* 向切线上作垂线，其垂足与曲线始点（*ZH*）或终点（*HZ*）的距离；

      ΔR——因加设缓和曲线，圆曲线相对于切线的内移量；

       β——缓和曲线角度。

m、ΔR、β 称为缓和曲线参数，可按下式计算，即

$$\left.\begin{aligned} \beta &= \frac{l_0}{2R}\rho' \\ m &= \frac{l_0}{2} - \frac{l_0^3}{240R^2} \\ \Delta R &= \frac{l_0^2}{24R} - \frac{l_0^4}{2688R^3} \end{aligned}\right\} \qquad (1\text{-}2\text{-}16)$$

式中 $\rho = \dfrac{180}{\pi} = 57°$，$\rho = 3438'$，$\rho = 206265''$

2. 基本点桩号

有缓和曲线的圆曲线五个基本桩号为

$$\left.\begin{aligned} ZH &= JD - T_{\mathrm{h}} \\ HY &= ZH + l_0 \\ QZ &= ZH + L_{\mathrm{h}} \\ YH &= QZ + (L_{\mathrm{h}} - 2l_0)/2 \\ HZ &= QZ + \frac{L_{\mathrm{h}}}{2} \end{aligned}\right\} \qquad (1\text{-}2\text{-}17)$$

检核 $HZ = JD + T_{\mathrm{h}} - J$

三、逐桩坐标计算

有缓和曲线的圆曲线，一般分为缓和曲线段及圆曲线段两部分。下面分别讨论逐桩坐标计算。

1. 缓和曲线段

对于缓和曲线，如图 1-2-9 所示，建立以直缓点 ZH 为原点，过 ZH 点的缓和曲线切线为 x 轴、ZH 点上缓和曲线的半径为 y 轴的直角坐标系。

不难看出，缓和曲线上任一微分线段 $\mathrm{d}l$ 与对应的 $\mathrm{d}x$、$\mathrm{d}y$ 之间将有下列关系

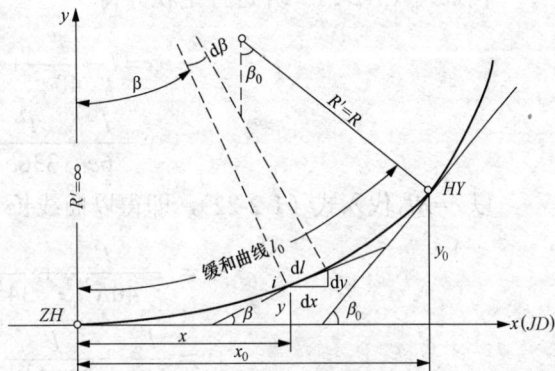

图 1-2-9 缓和曲线

$$\left.\begin{aligned} \mathrm{d}x &= \mathrm{d}l\cos\beta \\ \mathrm{d}y &= \mathrm{d}l\sin\beta \end{aligned}\right\} \qquad (1\text{-}2\text{-}18)$$

缓和曲线上任一点的坐标，可由式（1-2-18）取定积分求得，即

$$\left.\begin{aligned} x &= \int_0^l \cos\beta\,\mathrm{d}l \\ y &= \int_0^l \sin\beta\,\mathrm{d}l \end{aligned}\right\} \qquad (1\text{-}2\text{-}19)$$

式中 β 为 l 的函数。对于 $\mathrm{d}l$ 与 $\mathrm{d}\beta$，根据弧长与半径的关系有

$$\mathrm{d}\beta = \frac{\mathrm{d}l}{R'}$$

而
$$R' = \frac{c}{l}$$

故
$$\mathrm{d}\beta = \frac{l\mathrm{d}l}{c}$$

对上式两边取定积分，即得

$$\beta = \frac{l^2}{2c} \tag{1-2-20}$$

将式（1-2-20）代入式（1-2-19），则得

$$\left. \begin{array}{l} x = \int_0^l \cos\left(\dfrac{l^2}{2c}\right)\mathrm{d}l \\[3mm] y = \int_0^l \sin\left(\dfrac{l^2}{2c}\right)\mathrm{d}l \end{array} \right\} \tag{1-2-21}$$

将 $\cos\left(\dfrac{l^2}{2c}\right)$ 及 $\sin\left(\dfrac{l^2}{2c}\right)$ 用级数展开，即可得出

$$\cos\left(\frac{l^2}{2c}\right) = 1 - \frac{l^4}{8c^2} + \frac{l^8}{384c^4} - \cdots$$

$$\sin\left(\frac{l^2}{2c}\right) = \frac{l^2}{2c} - \frac{l^6}{48c^3} + \frac{l^{10}}{3840c^5} - \cdots$$

代入式（1-2-21）并进行定积分得

$$\begin{array}{l} x = l - \dfrac{l^5}{40c^2} + \dfrac{l^9}{3456c^4} + \cdots \\[3mm] y = \dfrac{l^3}{6c} - \dfrac{l^7}{336c^3} + \dfrac{l^{11}}{42240c^5} - \end{array} \tag{1-2-22}$$

以 $c=Rl_0$ 代入式（1-2-22），即得以曲线长 l 为参数的回旋线方程的最后形式

$$\left. \begin{array}{l} x = l - \dfrac{l^5}{40R^2l_0^2} + \dfrac{l^9}{3456R^4l_0^4} - \cdots \\[3mm] y = \dfrac{l^3}{6Rl_0} - \dfrac{l^7}{336R^3l_0^3} + \dfrac{l^{11}}{42240R^5l_0^5} - \cdots \end{array} \right\} \tag{1-2-23}$$

实际上应用式（1-2-23）时，可只取前一、两项，即 $x = l - \dfrac{l^5}{40R^2l_0^2}$，$y = \dfrac{l^3}{6Rl_0}$ 在回旋线终点处 $l_i = l_0$，于是

$$\left. \begin{array}{l} X_{HY} = l_0 - \dfrac{l_0^3}{40R^2} + \dfrac{l_0^5}{3456R^4} \\[3mm] y_{HY} = \dfrac{l_0^2}{6R} - \dfrac{l_0^4}{336R^3} + \dfrac{l_0^6}{42240R^5} \end{array} \right\} \tag{1-2-24}$$

2. 圆曲线段

对于圆曲线，如图 1-2-10 所示，仍用上述直角坐标系，设 P_i 是圆曲线上的任意一点。由图 1-2-10 可知，P_i 点的坐标（x_i，y_i）可表示为

$$x_i = R\sin\alpha_i + m \atop y_i = R(1-\cos\alpha_i) + \Delta R \Bigg\} \qquad (1\text{-}2\text{-}25)$$

$$\bar{\alpha}_i = \frac{180°}{\pi R}(l_i - l_0) + \beta_0$$

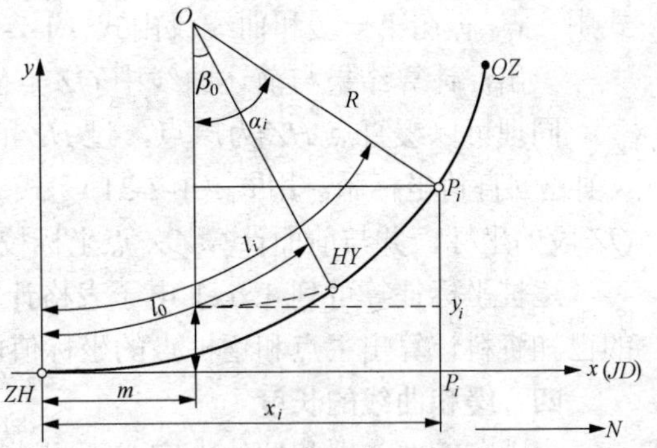

图 1-2-10　圆曲线坐标计算

式中　β_0、m、ρ 为前述的缓和曲线参数。

若 α_i 以弧度表示，并顾及 $\beta_0 = \dfrac{l_0}{2R}$，则有

$$\alpha_i = \frac{l_i - l_0}{R} + \beta_0 = \frac{l_i - l_0}{R} + \frac{l_0}{2R} \qquad (1\text{-}2\text{-}25a)$$

$$= \frac{l_i - 0.5l_0}{R}$$

式（1-2-25a）代入式（1-2-25）有

$$x_i = R\sin\left(\frac{l_i - 0.5l_0}{R}\right) + m \atop y_i = R\left[1 - \cos\left(\frac{l_i - 0.5l_0}{R}\right)\right] + \Delta R \Bigg\} \qquad (1\text{-}2\text{-}26)$$

式中　$\sin\left(\dfrac{l_i - 0.5l_0}{R}\right)$ 及 $\cos\left(\dfrac{l_i - 0.5l_0}{R}\right)$ 进行泰勒级数展开，略去高次项，化简后即得圆曲线以 l_i 为参数的方程式

$$x_i = l_i - 0.5l_0 - \frac{(l_i - 0.5l_0)^3}{6R^2} + m \atop y_i = \frac{(l_i - 0.5l_0)^2}{2R} - \frac{(l_i - 0.5l_0)^4}{24R^3} + \Delta R \Bigg\} \qquad (1\text{-}2\text{-}27)$$

3. 归算国家统一坐标

通过路线勘测时建立的平面控制网，联测出曲线交点在国家统一坐标系统中的坐标（X_{JD}，Y_{JD}）和两交点间直线的方位角 $\bar{\alpha}$，即可求出 ZH 点坐标为

$$X_{ZH} = X_{JD} + T_h\cos\bar{\alpha} \atop Y_{ZH} = Y_{JD} + T_h\sin\bar{\alpha} \Bigg\} \qquad (1\text{-}2\text{-}28)$$

式中　T_h——有缓和曲线的圆曲线切线长；

　　　$\bar{\alpha}$——交点与直缓点方位角，即两交点间直线方位角，已知偏转角 α 和外矢距 E_h 可求出 HZ 点和 QZ 点坐标。

如图 1-2-5 所示，由 ZH 点和直线方位角可求出缓和曲线段和圆曲线段上任意点在国家统一坐标系中逐桩坐标，即

$$X_{P'_i} = x_i\cos\bar{\alpha}_{ZH,JD} + X_{ZH} \atop Y_{P'_i} = x_i\sin\bar{\alpha}_{ZH,JD} + Y_{ZH} \Bigg\} \qquad (1\text{-}2\text{-}29)$$

$$X_{P_i} = y_i\cos\bar{\alpha}_{P'_iP_i} + X_{P'_i} \atop Y_{P_i} = y_i\sin\bar{\alpha}_{P'_iP_i} + Y_{P'} \Bigg\} \qquad (1\text{-}2\text{-}30)$$

即

$$X_{P_i} = y_i\cos(\bar{\alpha}_{JD,ZH} \pm 90°) + x_i\cos\bar{\alpha}_{JD,ZH} + X_{ZH} \atop Y_{P_i} = y_i\sin(\bar{\alpha}_{JD,ZH} \pm 90°) + x_i\sin\bar{\alpha}_{JD,ZH} + Y_{ZH} \Bigg\} \qquad (1\text{-}2\text{-}31)$$

式中 x_i、y_i 在第一缓和曲线段由式（1-2-23）求出，在圆曲线 $HY \sim QZ$ 段式（1-2-27）求出，计算结果与前述曲线中 QZ 点坐标校核。

同理可以缓直点 HZ 为原点，过 HZ 的缓和曲线切线为 x 轴，HZ 点上的缓和曲线半径为 y 轴建立直角坐标系。用式（1-2-31）、式（1-2-30）、式（1-2-29）求第二缓和曲线段和 $YH \sim QZ$ 段的坐标，并与前面计算 QZ 点坐标校核。

逐桩坐标计算可列 Excel 电子表格计算，在公式栏中编辑计算公式即可利用输入单元格的已知资料计算出主点和逐桩点的坐标值。最后结果汇集于逐桩坐标表 1-2-11 中。

四、缓和曲线的长度

由于车辆要在缓和曲线上完成不同曲率的过渡行驶，因此要求缓和曲线有足够的长度，以使司机能从容地打方向盘，乘客感觉舒适，线形美观流畅，圆曲线上超高和加宽的过渡也能在缓和曲线内完成。所以，应规定缓和曲线的最小长度。JTG B01—2014 规定，各级公路缓和曲线最小长度见表 1-2-6，计算公式为

$$L_0 = 0.036 \frac{v^3}{R} \tag{1-2-32}$$

式中 v——汽车行驶速度（km/h）；

R——圆曲线半径（m）。

表 1-2-6 各级公路缓和曲线最小长度

公路等级	高速公路			一			二		三		四	
计算行车速度（km/h）	120	100	80	100	80	60	80	60	40	30	30	20
缓和曲线最小长度（m）	100	85	70	85	70	50	70	50	35	25	25	20

五、缓和曲线设计计算示例

某高速公路交点 JD_{10} 处设带缓和曲线的圆曲线，勘测设计阶段提供的部分资料见表 1-2-7。

表 1-2-7 勘 测 设 计 资 料 表

交点	交点坐标		交点桩号	偏角值 α	半径 R	计算草图
	X	Y				
JD_9	2509945.648	38496867.510				
JD_{10}	2509954.558	38497634.003	K16+462.46	左 22°32′26″	1500.000	
JD_{11}	2510524.556	38498963.481				

1. 缓和曲线长度设计

由式（1-2-14）$\dfrac{R}{3} \leqslant A \leqslant R$，考虑圆曲线半径为 1500.000，取 $A=538.90$，由式（1-2-13）知

$$l_0 = \frac{A^2}{R} = \frac{538.9^2}{1500} = 193.61 \text{（m）}$$

2. 曲线要素及基本桩点计算

1）要素：由式（1-2-19）

$$\beta = \frac{l_0}{2R} \cdot \rho = \frac{193.61}{2 \times 1500} = 3°41'52''$$

$$m = \frac{l_0}{2} - \frac{l_0^3}{240R^2} = \frac{193.61}{2} - \frac{193.61^3}{240 \times 1500^2} = 96.805(\text{m})$$

$$\Delta R = \frac{l_0^2}{24R} - \frac{l_0^4}{2688R^3} = \frac{193.61^2}{240 \times 1500} - \frac{193.61^4}{2688 \times 1500^3} = 1.041(\text{m})$$

由式（1-2-20）计算曲线要素

$$T_{\text{h}} = m + (R + \Delta R)\tan\frac{\alpha}{2} = 96.805 + (1500 + 1.041)\tan\frac{22°32'26''}{2} = 395.933(\text{m})$$

$$E_{\text{h}} = (R + \Delta R)\sec\frac{\alpha}{2} - R = (1500 + 1.041)\sec\frac{22°32'26''}{2} - 1500 = 30.556(\text{m})$$

$$J_{\text{h}} = 2T_{\text{h}} - L_{\text{h}} = 2 \times 395.933 - 783.715 = 8.151(\text{m})$$

计算结果列于表 1-2-8。

表 1-2-8 缓曲线长度及要素设计计算

曲线要素	R（m）	A	$l_0 = A^2/R$	$\rho° = 180/\pi$	$\beta = l_0 \times \rho°/2$	$m = l_0/2 - l_0^3/240/R^2$
单位	（m）	（m）	（m）	（°）	（°）	（m）
计算值	1500	538.900	193.609	57.295828	3.697659	96.791
曲线要素	$\Delta R = l_0^2/24/R - l_0^4/2688/R^3$			α	$T_{\text{h}} = m + (R + \Delta R) \times \tan(\alpha/2)$	
单位	（m）			（°）	（m）	
计算值	1.041			22.540556	395.919	
曲线要素	$L_{\text{h}} = \pi R(\alpha - 2\beta)/180 + 2l_0$			$E_{\text{h}} = (R + \Delta R)\sec\alpha/2 - R$	$q = 2T_{\text{h}} - L_{\text{h}}$	
单位	（m）			（m）	（m）	
计算值	783.719			30.556	8.119	

2）五个基本桩点里程

JD_{10}	K6+462.460		JD_{10}	K6+462.460	
$-T_{\text{h}}$	395.933		$-T_{\text{h}}$	395.933	
ZH	K6+066.527		ZH	K6+066.527	
$+l_0$	193.610		$+l_0$	193.610	
YH	K6+260.137		YH	K6+260.137	
ZH	K6+066.527		ZH	K6+066.527	

里程计算	$+\dfrac{L_{\text{h}}}{2}$	391.858	校核	$+\dfrac{L_{\text{h}}}{2}$	391.858
	QZ	K6+458.385		QZ	K6+458.385
	$+\dfrac{L_{\text{h}}}{2}$	391.858		$+\dfrac{L_{\text{h}}}{2}$	391.858
	HZ	K6+850.243		HZ	K6+850.243
	$-l_0$	193.610		$-l_0$	193.610
	YH	K6+656.633		YH	K6+656.633

3）细部点里程。取曲线上相邻两桩点间弧长 $l=20\text{m}$，并在 ZH 点后、第一细部桩点里程凑整，推算出细部点逐桩桩号列于表 1-2-9 中第 2 栏。

3. 逐桩相对坐标计算

建立以直缓点 ZH 为原点，过 ZH 点的缓和曲线切线为 x 轴，ZH 点上缓和曲线的半径为 y 轴的直角坐标系。利用式（1-2-23），计算第一缓和曲线相对坐标值，列于表 1-2-9 中第 4、5 栏上半部。利用式（1-2-27）计算 HY～QZ 逐点相对坐标。列于表 1-2-9 中第 4、5 栏下半部。同理，建立以直缓点 HZ 为原点，过 HZ 点的缓和曲线切线为 x 轴，HZ 点上缓和曲线的半径为 y 轴的直角坐标系。

分别利用式（1-2-23）和式（1-2-27）计算第二缓和曲线和 HZ～QZ 点相对坐标值，列于表 1-2-9 中第 11、12 栏。

4. 国家统一坐标值归算

1）坐标方位角。已知交点 JD_2 统一坐标，由式（1-2-2）计算交点 JD_2 两直线坐标方位角（由 JD_9、JD_{10}、JD_{11} 的坐标反算），即

$$\bar{\alpha}_{9,10} = \arctan\frac{1634.003 - 867.510}{954.558 - 945.648} = 89°20'02''$$

2）基本点坐标

$$\bar{\alpha}_{10,11} = \arctan\frac{2963.481 - 1634.003}{1524.556 - 954.558} = 66°47'36''$$

由式（1-2-31）对 ZH 点统一坐标计算如下

$$X_{ZH} = X_{JD} + T_\text{h}\cos\bar{\alpha}_{10,9} = 954.558 + 395.993 \times \cos 269°20'02'' = 949.955$$

$$Y_{ZH} = Y_{JD} + T_\text{h}\sin\bar{\alpha}_{10,9} = 1634.003 + 395.993 \times \sin 269°20'02'' = 1238.037$$

同理可计算出 HZ 点和 QZ 点统一坐标列入表 1-2-9 右上角。其中 QZ 点坐标为（984.453，1627.683）。

3）逐桩坐标。自 ZH 点和 $\bar{\alpha}_{9,10}$ 利用式（1-2-36）计算出 ZH～QZ 点逐桩统一坐标列于表 1-2-9 中第 6、7 栏。

其中 QZ 点坐标为（984.452，1627.678）。

自 HZ 点和 $\bar{\alpha}_{11,10}$ 利用式（1-2-31）计算出 HZ～QZ 点逐桩统一坐标列于表 1-2-9 中第 13、14 栏。其中 QZ 点坐标为（984.453，1627.674）。

自 JD_{10}、ZH 点和 HZ 点三个方向计算 QZ 点坐标值差值在误差范围内，计算结果通过了检核。

表 1-2-9 　　　　　　有缓和曲线的圆曲线逐桩坐标计算

	方位角	弧度	角度（°）	角度°		
	$\alpha 9,10$	1.55917	89.33408	89.2003		
	$\alpha 10,11$	1.16576	66.79339	66.4736		
	$\alpha 10,QZ$	6.07485	348.0635	348.0349		
点号	桩号	弧长	x	y	X	Y
1	2	3	4	5	6	7
ZH	6+66.52	0	0	0	949.955	1238.111

续表

点号	桩号	弧长	x	y	X	Y
1	80	13.473	13.473	0.001	950.113	1251.583
2	100	33.473	33.473	0.022	950.366	1271.582
3	120	53.473	53.473	0.088	950.664	1291.579
4	140	73.473	73.472	0.228	951.037	1311.576
5	160	93.473	93.471	0.469	954.510	1331.570
6	180	113.473	113.467	0.838	962.112	1351.561
7	200	133.473	133.460	1.365	952.871	1371.547
8	220	153.473	153.448	2.074	953.813	1391.524
9	240	173.473	173.426	2.995	954.966	1411.491
10	260	193.473	193.393	4.155	956.358	1431.442
HY	260.14	193.613	193.532	4.164	956.368	1431.582
11	280	213.473	213.342	5.576	958.010	1451.374
12	300	233.473	233.270	7.263	959.929	1471.281
13	320	253.473	253.175	9.215	962.112	1491.162
14	340	273.473	273.051	11.433	964.561	1511.011
15	360	293.473	292.896	13.915	967.274	1530.826
16	380	313.473	312.706	16.662	970.251	1550.602
17	400	333.473	332.478	19.673	973.491	1570.338
18	420	353.473	352.207	22.947	976.994	1590.028
19	440	373.473	371.891	26.484	980.760	1609.669
QZ	458.39	391.858	389.942	29.966	984.452	1627.678
		X	Y		π	
JD10		954.558	1634.003		3.14159	
ZH		949.955	1238.111		R	
QZ		984.453	1627.683		1500	
RZ		1110.569	1997.888			
点号	桩号	弧长	x	y	X	Y
8	9	10	11	12	13	14
RZ	6+850.24	0	0	0	1110.569	1997.888
39	840	10.242	10.242	0.001	1106.534	1988.474
38	820	30.242	30.242	0.016	1098.667	1970.086
37	800	50.242	50.242	0.073	1090.838	1954.682
36	780	70.242	70.241	0.199	1083.073	1933.251
35	760	90.242	90.240	0.422	1075.398	1914.783
34	740	110.242	110.237	0.769	1067.837	1896.267
33	720	130.242	130.231	1.268	1060.417	1877.694
32	700	150.242	150.219	1.946	1053.164	1859.056
31	680	170.242	170.200	2.831	1046.104	1840.344
30	660	190.242	190.168	3.950	1039.264	1821.550

点号	桩号	弧长	x	y	X	Y
YH	656.63	193.612	193.531	4.164	1038.135	1818.374
29	640	210.242	210.120	5.328	1032.668	1802.669
28	620	230.242	230.053	6.972	1026.325	1783.702
27	600	250.242	249.961	8.882	1020.235	1764.651
26	580	270.242	269.842	11.057	1014.400	1745.522
25	560	290.242	289.692	13.496	1008.820	1726.316
24	540	310.242	309.508	16.201	1003.497	1707.038
23	520	330.242	329.286	19.169	998.431	1687.691
22	500	350.242	349.023	22.400	993.624	1668.278
21	480	370.242	368.714	25.895	989.077	1648.803
20	460	390.242	388.357	29.651	984.789	1629.269
QZ	458.38	391.862	389.946	29.967	984.453	1627.684

第四节　道路平面设计成果

完成路线平面设计以后应绘制各种图纸和表格。其中主要的图纸有路线平面设计图、路线交叉设计图、道路平面布置图等。主要的表格有直线、曲线及转角表、路线交点坐标表、逐桩坐标表、总里程及断链桩号表等。

一、直线、曲线及转角表

该表全面反映路线的平面位置和路线平面线形的各项指标，它是道路设计的主要成果之一。只有在完成"直线、曲线及转角表"以后，才能据此计算"逐桩坐标表"和绘制"路线平面设计图"，同时在作路线的纵断面设计、横断面设计和其他构造物设计时都要使用此表的数据。该表格式见表 1-2-10。

二、逐桩坐标表

高等级公路的线形指标要求高，表现在平面上是圆曲线半径较大，缓和曲线较长，在测设和放样时须采用坐标法，方能保证其测量精度。所以提供 "逐桩坐标表"是十分必要的。

1. 坐标系统的采用

根据测区内原坐标系统，一般可有下列几种选择：

（1）采用统一的高斯正投影 3°带或任意带平面直角坐标系统，投影面可采用 1985 年国家高程基准、测区抵偿高程面或测区平均高程面。

（2）三级和三级以下公路、独立桥梁、隧道及其他构造物等小测区，可不经投影，采用平面直角坐标系统在平面上直接进行计算。

2. 中桩坐标的计算

"逐桩坐标"即各个中桩的坐标，其计算和测量方法是按"从整体到局部"的原则进行的。其步骤如下：

（1）导线点坐标。采用两阶段勘测设计或一阶段设计的公路，遇地形困难的路段，一般都要先作平面控制测量，而路线的平面控制测量多采用导线测量的方法，在有条件时可优先

表 1-2-10

直线交点坐标、曲线要素及转角表

交点编号 (1)	交点坐标 X (2)	交点坐标 Y (3)	交点桩号 (4)	转角值 (5)	半径 (6)	缓和曲线长度 (7)	切线长度 (8)	曲线长度 (9)	外距 (10)	校正值 (11)	第一缓和曲线起点 (12)	第一缓和曲线终点或圆曲线起点 (13)	曲线中点 (14)	第二缓和曲线起点或圆曲线终点 (15)	第二缓和曲线终点 (16)	直线主度 (m) (17)	交点间距 (m) (18)	计算方位角 (°′″) (19)	桩号 (20)	增减长度 (m) (21)	备注 (22)
起点	41808.204	90033.595	K0+000.000								K0+000					395.939	652.716	138°44′00.0″			
2	41317.589	90464.099	K0+652.716	右35°35′25.0″	800.000	0.000	256.777	396.394	40.199	16.620	K0+395.939		K0+594.136		K0+792.333	205.102	507.230	74°19′25.0″			
3	40796.308	90515.912	K1+159.946	左57°32′52.0″	250.00	50.000	162.511	301.100	35.692	23.922	K0+997.435	K1+047.435	K1+147.985	K1+248.535	K1+298.535	558.274	763.616	116°46′33.0″			
4	40441.519	91219.007	K1+923.562	左34°32′06.0″	150.00	40.000	66.753	130.412	7.545	3.094	K1+856.809	K1+896.809	K1+922.015	K1+947.222	K1+987.221	328.672	579.711	82°14′27.0″			
5	40520.204	91796.474	K2+503.273	右78°53′21.0″	200.000	45.000	187.380	320.375	59.533	54.385	K2+315.893	K2+360.893	K2+476.081	K2+591.268	K2+636.268	0.031	261.693	161°07′48.0″			
6	40221.113	91898.700	K2+764.966	左51°40′28.0″	224.130	40.000	128.667	242.140	25.224	15.194	K2+636.299	K2+676.299	K2+757.369	K2+838.439	K2+878.439	325.556	506.352	109°27′20.0″			
7	40047.399	92390.466	K3+271.318	左34°55′51.0″	150.000	40.000	67.323	131.499	7.715	3.197	K3+203.995	K3+243.995	K3+269.720	K3+295.494	K3+335.444	348.604	531.662	74°31′29.0″			
8	40190.108	92905.941	K3+802.980	右22°25′25.0″	600.000	0.000	118.932	234.820	11.674	3.044	K3+684.048		K3+801.458		K3+918.868	460.307	576.195	96°56′54.0″			
终点	40120.034	93480.920	K4+379.175								K4+379.175										

采用全球定位系统（简称 GPS）测量方法。导线测量方法，又有经纬仪导线法、光电测距仪法和全站型电子速测仪法。其中全站仪可以直接读取导线点的坐标，其他方法可以在测得各边边长及夹角后，用坐标增量法逐点推算坐标。用 GPS 定位技术观测，则可在测站之间不通视的情况下，高精度、高效率地获得测点的三维坐标，这是今后公路勘测中作控制测量的发展方向。

（2）计算交点坐标。以导线点为依据在现场直接测得路线各交点的坐标（直接定线）。纸上定线的交点坐标可以在图纸上量取，而直接定线的交点坐标若是全站仪测量则也可以很方便地获得。

（3）计算各中桩坐标。可先计算直线和曲线主要点坐标，然后计算缓和曲线、圆曲线上每个中桩的坐标。计算公式在本章中已列出，将计算结果列于表 1-2-11 中。

表 1-2-11　　　　　　　　　　　　　逐桩坐标表

桩号		坐标（m）		方位角	桩号		坐标（m）		方位角
		X	Y				X	Y	
K1	+500.00	40632.336	90840.861	116°46′33.0″	K2	+100.00	40465.757	91396.895	82°14′27.0″
K1	+540.00	40614.316	90876.572	116°46′33.0″	K2	+120.00	40468.458	91416.712	82°14′27.0″
K1	+570.00	40600.801	90903.355	116°46′33.0″	K2	+140.00	40471.158	91436.529	82°14′27.0″
K1	+600.00	40587.286	90930.139	116°46′33.0″	K2	+160.00	40473.858	91456.346	82°14′27.0″
K1	+630.33	40573.623	90957.216	116°46′33.0″	K2	+180.00	40476.558	91476.163	82°14′27.0″
K1	+669.00	40556.202	90991.740	116°46′33.0″	K2	+200.00	40479.258	91495.980	82°14′27.0″
K1	+680.00	40551.246	91001.561	116°46′33.0″	K2	+220.00	40481.959	91515.797	82°14′27.0″
K1	+700.00	40542.236	91019.416	116°46′33.0″	K2	+240.00	40484.659	91535.613	82°14′27.0″
K1	+720.00	40533.226	91037.272	116°46′33.0″	K2	+260.00	40487.359	91555.430	82°14′27.0″
K1	+750.00	40519.711	91064.055	116°46′33.0″	K2	+280.00	40490.059	91575.247	82°14′27.0″
K1	+780.00	40506.196	91090.838	116°46′33.0″	K2	+300.00	40492.759	91595.064	82°14′27.0″
K1	+800.00	40497.186	91108.694	116°46′33.0″	ZH	+315.89	40494.905	91610.809	82°14′27.0″
K1	+820.00	40488.176	91126.549	116°46′33.0″	K2	+340.00	40497.902	91634.730	84°05′26.5″
K1	+840.00	40479.166	91144.405	116°46′33.0″	HY	+360.89	40499.302	91655.568	88°41′08.7″
ZH	+856.31	40471.593	91159.412	116°46′33.0″	K2	+380.00	40498.828	91674.665	94°09′37.3″
K1	+870.00	40465.708	91171.216	115°56′42.1″	K2	+440.00	40496.383	91694.506	99°53′23.8″
HY	+896.81	40455.191	91195.860	109°08′09.7″	K2	+420.00	40491.969	91714.005	105°37′10.3″
K1	+900.00	40454.177	91198.885	107°55′03.1″	K2	+440.00	40485.631	91732.965	111°20′56.7″
QZ	+922.01	40448.963	91220.253	99°30′30.3″	K2	+460.00	40477.431	91751.198	117°04′43.2″
K1	+940.00	40447.061	91238.126	92°38′19.1″	QZ	+476.08	40469.544	91765.206	121°41′06.9″
YH	+947.00	40446.902	91245.344	89°52′59.9″	K2	+500.00	40455.794	91784.761	128°32′16.2″
K1	+960.00	40447.413	91258.112	85°46′43.6″	K2	+520.00	40442.573	91799.757	134°16′02.6″
K1	+980.00	40449.567	91277.993	82°29′23.3″	K2	+540.00	40427.920	91813.357	139°59′49.1″
HZ	+987.22	40450.531	91285.148	82°14′27.0″	K2	+560.00	40411.983	91825.427	145°43′35.6″
K2	+000.00	40452.257	91297.811	82°14′27.0″	K2	+580.00	40394.921	91835.845	151°27′22.1″
K2	+010.00	40453.607	91307.719	82°14′27.0″	YH	+591.27	40384.875	91840.947	154°43′35.6″
K2	+030.00	40456.307	91327.536	82°14′27.0″	K2	+600.00	40376.910	91844.518	156°56′35.0″
K2	+050.00	40459.007	91347.353	82°14′27.0″	K2	+620.00	40358.262	91851.740	160°17′15.4″
K2	+070.00	40461.707	91367.170	82°14′27.0″	GQ	+636.27	40342.893	91857.077	161°07′48.0″

续表

桩号		坐标（m）		方位角	桩号		坐标（m）		方位角
		X	Y				X	Y	
K2	+650.00	40329.916	91861.563	160°31'48.6"	K2	+700.00	40284.324	91881.898	149°57'30.4"
K2	+670.00	40311.291	91868.655	157°30'02.7"					

三、路线平面设计图

路线平面设计图是道路设计文件的重要组成部分。该图全面、清晰地反映了道路平面位置和经过地区的地形、地物等，它是设计人员设计意图的重要体现。平面设计图无论对提供有关部门审批、专家评议、日后指导施工、恢复定线等方面都有重要作用。

1. 平面图的比例尺和测绘范围

公路路线平面图是指包括道路中线在内的有一定宽度的带状地形图。若为供工程可行性研究、初步设计阶段的方案研究与比选，可采用 1:10000 的比例尺测绘，但作为初步设计、施工图设计的设计文件组成部分应采用更大的比例尺，一般常用的是 1:2000 比例尺。路线初步设计、施工图设计可用 1:500 或 1:1000 比例尺。

路线带状地形图测绘宽度，一般为中线两侧各 100～200m。若有比较线，应将比较线包括进去。

2. 路线平面图的内容及绘制方法

（1）导线及道路中线的展绘。在展绘导线或中线以前，需按图幅的合理布局，绘出坐标方格网，坐标网格尺寸采用 5cm 或 10cm，要求图廓网格的对角线长度和导线点间长度误差均不大于 0.5mm。然后按导线点（或交点）坐标（X, Y）精确地点绘在相应位置上。每张导线图展绘完毕后，用三棱尺逐点复核各点间距，用半圆仪校核每个角度是否与计算相符，再校核导线 1～2 边的方位角，复核无误后，按"逐桩坐标表"所提供的数据，展绘曲线，并注明各曲线主要点，以及里程桩、百米桩、断链桩位置。对导线点、交点逐个编号，注明路线在本张图中的起点和终点里程等。

路线一律按前进方向从左至右画，在每张图的拼接处画出接图线。在图的右上角注明共×张、第×张。在图纸的空白处注明曲线元素及主要点里程。

（2）控制点的展绘。各种比例尺的地形图均应测出和展绘各等级三角点、导线点、图根点、水准点等，并按规定的符号表示。

（3）各种构造物的测绘。各类建筑物、构筑物及其主要附属设施应按《工程测量规范》（GB 50026—2007）的规定测绘和表示。各种线状地物，如管线及高、低压电线等应实测其支架或电杆的位置。对穿越路线的高压线实测其悬垂线距地面的高度并注明千伏。地下管线应详细测定其位置。道路及其附属物应按实际形状测绘。公路交叉口应注明每条公路的走向。铁路应注明轨面高程，公路应注记路面类型，涵洞应注明洞底标高。

（4）水系及其附属物的测绘。海洋的海岸线位置、水渠顶边及底边高程、堤坝顶部及坡脚的高程、水井井台高程、水塘塘顶及塘底的高程，河流、水沟等应注明水流流向。

（5）地形、地貌、植被、不良地质地带等均应详细测绘并用等高线和国家测绘局制定的"地形图图式"符号及数字注明。

公路路线平面设计图示例见图 1-2-11、图 1-2-12。

曲线表

JD	A (Y/Z)		R	T	L	E	ZY	YZ
249	Y	51°47′	35	16.99	31.53	3.91	K53+093.81	K53+125.44
250	Z	65°08′	25	15.97	28.42	4.66	+145.48	+173.90
251	Y	87°17′	25	23.84	38.00	9.55	+194.12	+232.20
252	Z	26°26′	75	17.61	34.00	2.04	+242.35	+275.95
253	Y	38°39′	45	15.78	30.36	2.09	+346.88	+377.24
254	Z	38°42′	90	31.61	60.79	5.39	+340.83	+401.62
255	Y	6°20′	300	16.60	33.16	0.40	+431.83	+464.88
256	Z	1°41′	不设曲线					
257		51°10′	90	43.09	80.37	9.78	+583.45	+663.82

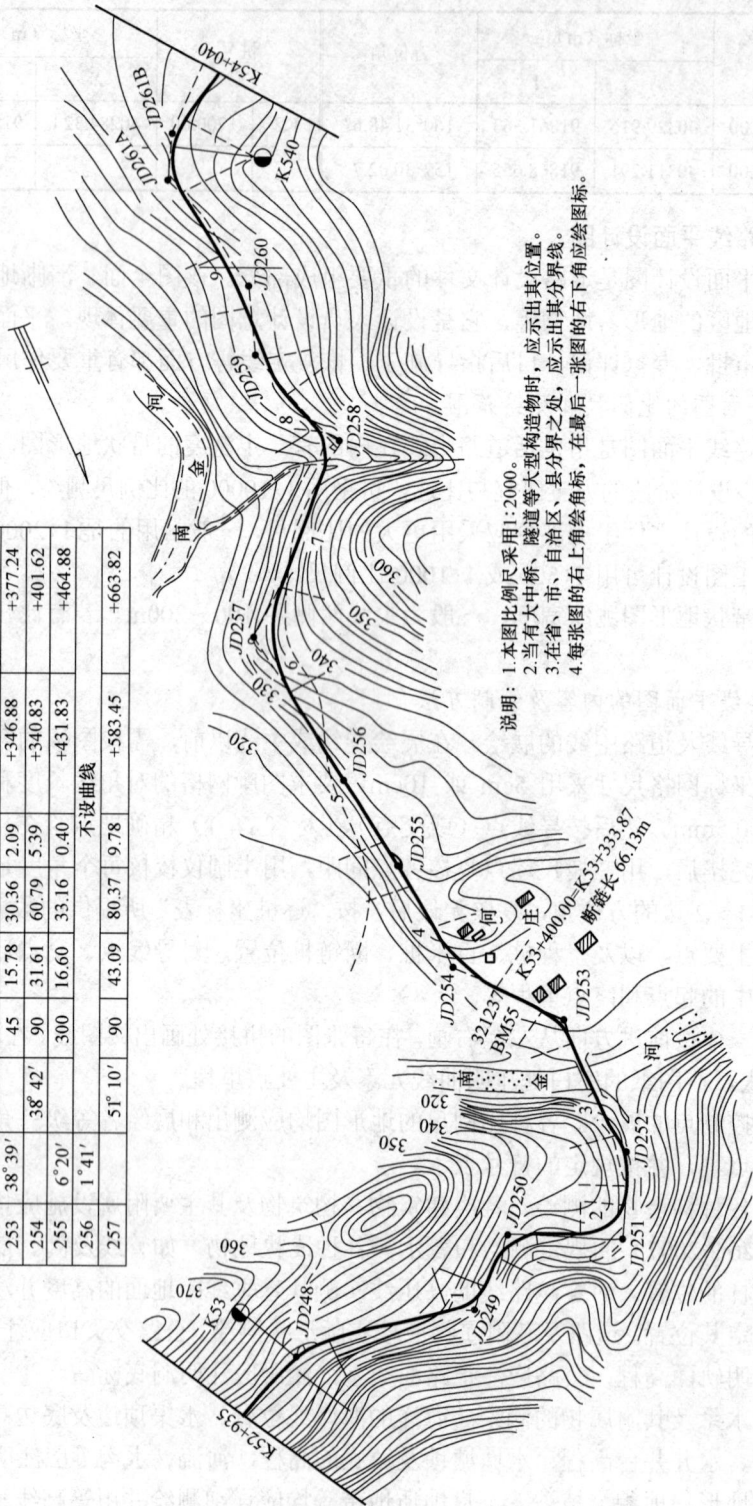

说明：1.本图比例尺采用1:2000。
2.当有大中桥、隧道等大型构造物时，应示出其位置。
3.在省、市、自治区、县分界之处，应示出其分界线。
4.每张图的右上角绘角标，在最后一张图的右下角应绘图标。

图 1-2-11　路线平面图

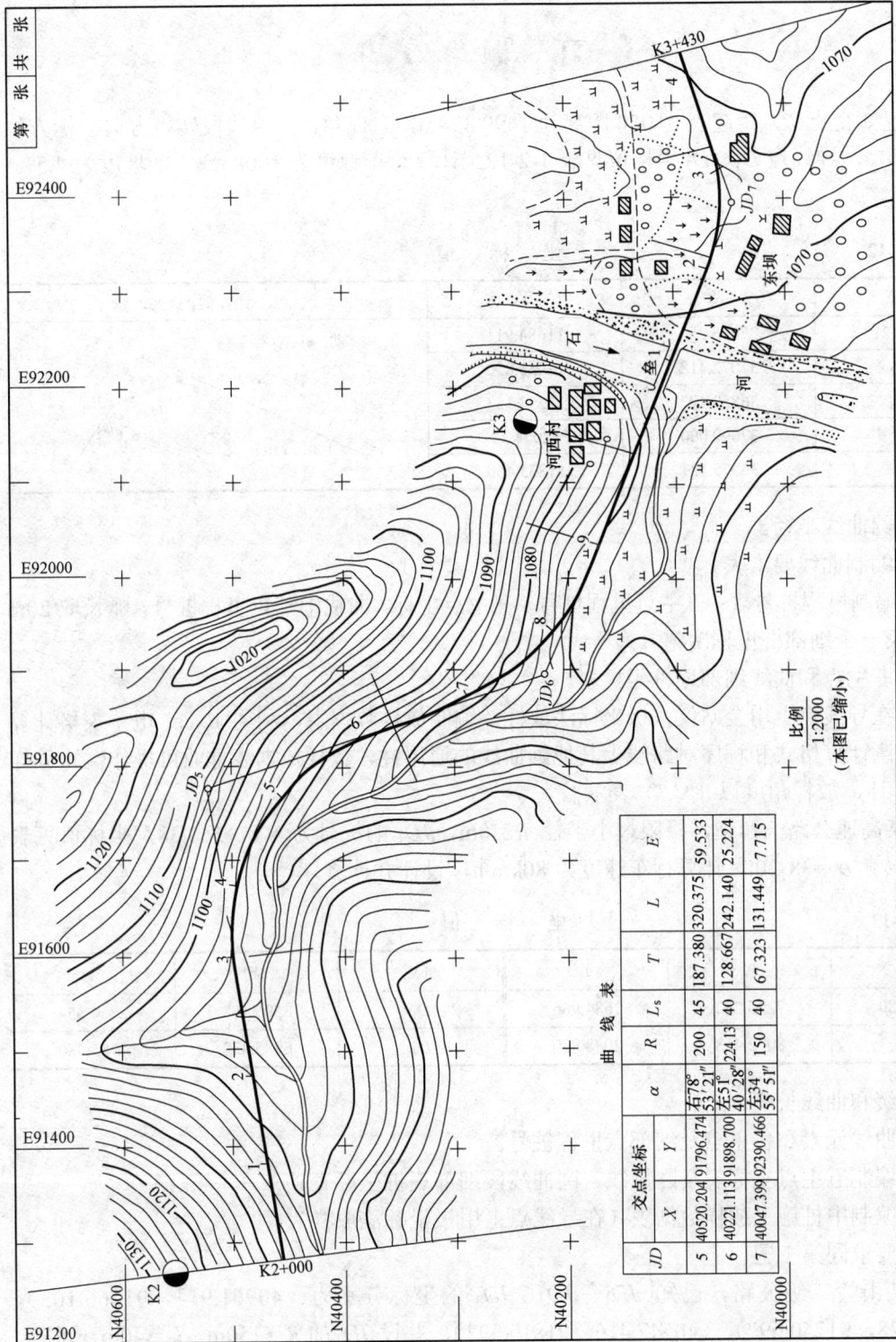

曲 线 表

JD	交点坐标		α	R	L_s	T	L	E
	X	Y						
5	40520.204	91796.474	右78°53′2″	200	45	187.380	320.375	59.533
6	40221.113	91898.700	左51°40′28″	224.13	40	128.667	242.140	25.224
7	40047.399	92390.466	左34°55′51″	150	40	67.323	131.449	7.715

比例
1:2000
(本图已缩小)

图 1-2-12 路线平面图

习　题

1. 已知交点 JD_2 距起点 0+000 距离为 1499.398m，右偏角，两直线段转折方向坐标方位角为 $\bar{\alpha}_1$、$\bar{\alpha}_2$，导线点 D_1、D_2 坐标值见表 1-2-12。计算行车速度为 100km/h，横坡度为 4.5%。设计并计算。

表 1-2-12　　　　　　　　　　　　　　坐　标　值

桩点	X	Y	计算简图
1+076.210	37276.252	11684.911	
JD_2	37072.418	12055.830	
JD_3	36859.477	12253.153	
D_1	37000.000	12054.25	
D_2	36975.421	11835.450	

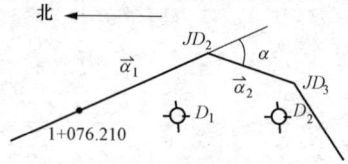

（1）圆曲线半径。

（2）编制曲线要素表。

（3）编制里程桩号表：三主点里程桩号、三主点坐标，曲线细部点里程桩号，弧长取 20m（注意：第一个细部桩里程凑整）。

（4）三主点和曲线细部逐桩坐标表。

（5）在导线点上用全站仪按极坐标法放样，编制放样数据表，利用 Excel 电子表格计算制表。注意计算格式和程序对路线上其他圆曲线的通用性，放样数据表外业可操作性 ［放样距离以 m 计，放样角度以（°′″）表示］。

2. 某高速公路一弯道，极限最小半径 R250m，JD_1 的桩号为 K17+568.38，坐标值见表 1-2-13，转角 α =38°30′，计算行车速度为 80km/h，设计并计算。

表 1-2-13　　　　　　　　　　　　　　坐　标　值

桩点	X	Y	桩点	X	Y
K16+880	7276.252	1684.966	D_1	8500.458	2854.354
JD_1	8072.458	2088.830	D_2	6985.427	1755.480

（1）缓和曲线长度。

（2）曲线元素和各主点及细部点里程桩号。

（3）编制五主点坐标表及回旋线、圆曲线段细部逐桩坐标表。

（4）编制中桩施工放样数据表（在导线点上用极坐标法放样）。

上机要求同第 1 题。

3. 某山岭二级公路，已知 JD_1、JD_2、JD_3 的坐标分别为（40961.914，91066.103）、（40433.528，91250.097）、（40547.416，91810.392），并设 JD_2 的 R = 150m，l_0 = 40m，求：

（1）JD_2 的曲线元素及主要点里程。

（2）计算曲线的 ZH、HY、QZ、YH 和 HZ 五个主要点坐标。

（3）用计算机语言编制曲线元素、主要点里程和中桩坐标的通用程序。

第三章 道路纵断面

第一节 概 述

沿着道路中线的竖向剖面即为路线的纵断面。它是一条反映路中线地面高低起伏变化及路线设计坡度等情况的空间线。纵断面设计的主要任务就是根据汽车的动力特性、道路的运行等级、当地的自然地理条件及工程经济情况，研究空间线几何构成的尺寸及起伏情况，以使达到行车安全迅速、运输经济合理及乘客感觉舒适的目的。

纵断面图是道路纵断面设计的主要成果，也是道路设计的重要技术文件之一。把道路的纵断面图、横断面图与平面图结合起来，就能准确地定出道路的空间位置。

在纵断面图上，通过路基中线的原地面各点的连线，称为地面线（又称黑线）。它是根据中线上各桩点的高程而点绘的一条不规则的折线，反映地面沿中线的起伏变化情况；另一条是设计线（又称红线），它是经过技术上、经济上及美学上等多方面比较后定出的一条具有规则形状的几何线，反映道路路线的起伏变化情况。

纵断面设计线是由直线和竖曲线组成的。直线（即均匀坡度线）有上坡和下坡，是用高差和水平长度表示的。直线的坡度和长度影响着汽车的行驶速度和运输的经济及行车的安全，它们的一些临界值的确定和必要的限制，是以通行的汽车类型及行驶性能来决定的。

在直线的坡度转折处为了平顺过渡要设置竖曲线，按坡度转折形式的不同，竖曲线有凹有凸，其大小用半径和弧长表示。

在路中线上表示地面各点的标高称为地面标高。在设计线上表示道路中线标高（面层上行车标高）称为设计标高。在任一桩点上设计标高与地面标高之差，称为该处的施工高度。施工高度的大小决定了路堤的高度和路堑的深度（含路面结构层厚度）。当设计线在地面线上面时，路基筑成路堤（填方）；当设计线在地面线下面时修筑成路堑（挖方）。

本章从汽车行驶特点和工程经济性出发，讨论纵断面的设计和计算。

第二节 纵坡及坡长设计

一、设计一般要求及设计标准

1. 一般要求

为了使纵坡设计经济合理，在全面掌握勘测资料基础上，综合分析，反复比较设计方案，达到纵坡最优化设计。一般要求为：

（1）纵坡设计必须满足 JTG B01—2014 的各项规定。

（2）为保证车辆能按一定速度安全顺适地行驶，纵坡应具有一定的平顺性，起伏不宜过大和过于频繁，尽量避免采用极限纵坡值，合理安排缓和坡段，不宜连续采用极限长度的陡坡夹最短长度的缓坡。避免出现凹凸连续路段、凹陷隐蔽路段，使司机视觉不良，产生莫测感，影响行车速度和安全，避免连续上坡或下坡路段，避免设置反坡段。越岭线上垭口附近的纵坡应尽量缓和。

（3）较长连续上坡路段，宜将最陡的纵坡放在底部，接近顶部的纵坡宜平缓。

（4）纵坡设计应对沿线地形、地下管道、地质、水文、气候和排水等综合考虑，视具体情况加以处理，以保证道路的稳定与通畅。

（5）纵坡设计应考虑填挖平衡，尽量使挖方用作就近路段填方，以减少借方和弃方，降低造价和节省用地。

（6）地下水位较高的平原微丘区，池塘、湖泊等的分布区，纵坡除应满足最小纵坡要求外，还应满足最小填土高度要求，保证路基稳定。

（7）大、中桥引道及隧道两端接线等，纵坡应缓和，避免突变。交叉处前后的纵坡也应平缓。

（8）在实地调查基础上，充分考虑通道、农田水利等方面的要求。

（9）结合我国国情，一般公路适当照顾当地民间运输工具、农业机械等要求。

2. 设计标高规定

纵断面上的设计标高，即路基的设计标高，规定如下：

（1）新建公路的路基设计标高。高速公路和一级公路采用中央分隔带外侧边缘标高；二、三、四级公路采用路基边缘标高。

（2）改建公路的路基设计标高。按新建公路的规定办理，也可视具体情况而采用中央分隔带中线或行车道中线标高。

3. 路基设计洪水频率

沿河及受水浸淹的路线，路基设计标高应高出设计洪水频率的计算水位以上 0.5m。设计洪水频率见表 1-3-1。

表 1-3-1　　　　　　　　　　　　　路基设计洪水频率表

公路等级	高速公路	一	二	三	四
设计洪水频率	1/100	1/100	1/50	1/25	具体确定

二、路线纵坡度

顺路线前进方面的上下坡，就是路线的纵坡度，纵坡度用百分数表示，沿路线前进方向，上坡（升高）为正，下坡（降低）为负。例如，某段路的纵坡度是+5%，就表示该路段每前进 100m，升高 5m。通常按比例计算纵坡度（见图 1-3-1），即

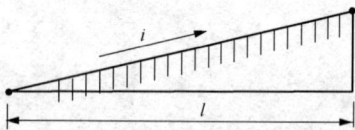

图 1-3-1　纵坡度

$$i = \frac{H_2 - H_1}{l} \times 100\% \qquad (1\text{-}3\text{-}1)$$

式中　　i——纵坡度（%），上坡为正，下坡为负；

　　　　l——两点间水平距离（m）；

H_1、H_2——纵坡起、终点纵断高程（m）。

三、纵坡限制

1. 最大纵坡

最大纵坡是指在纵坡设计时各级道路允许采用的坡度极限值。它是道路纵断面设计的重要控制指标。在地形起伏较大地区，直接影响路线的长短、使用质量、运输成本及造价。因

此决定最大纵坡应当慎重。确定最大纵坡的依据：

（1）汽车的动力特性。按照道路上行驶的车辆类型及其动力特性来确定汽车在规定速度下的爬坡能力，以决定道路的极限纵坡度。

（2）计算车速。道路等级愈高，行车密度愈大，要求行车速度愈快，这就要求纵断面的坡度愈平缓；相反，在等级较低的道路上，则可采用较大的纵坡。

（3）自然因素。道路所经过地区的地形起伏，海拔高度、气温、雨量等自然因素均影响汽车的行驶条件和爬坡能力。如长期冰冻地区，须避免采用陡坡，以防止行车滑溜。

根据以上三点，考虑工程经济及参考国外资料，各级公路最大纵坡见表1-3-2。

表1-3-2 各级公路最大纵坡

公路等级	高速公路			一级公路			二级公路		三级公路		四级公路	
计算行车速度（km/h）	120	100	80	100	80	60	80	60	40	30	30	20
最大纵坡（%）	3	4	5	4	5	6	5	6	7	8	8	9

JTG B01—2014及JTG D20—2006对最大纵坡补充规定：

（1）城市道路最大纵坡约相当于公路按计算行车速度的最大纵坡减小1%。

（2）高速公路受地形条件或其他特殊情况限制时，经技术经济论证合理，最大纵坡可增加1%。

（3）设计速度为40、30、20km/h的公路，改建工程利用原有公路的路段，经技术经济论证，最大纵坡可增加1%。

（4）位于海拔2000m以上或积雪冰冻地区的四级公路，最大纵坡不应大于8%。

（5）非机动车交通比例较大路段，为照顾其交通要求可视具体情况将纵坡适当放缓：平原、微丘区一般不大于2%～3%；山岭重丘区一般不大于4%～5%。

（6）小桥与涵洞处纵坡按路线规定采用；大、中桥上纵坡不宜大于4%，桥头引道纵坡不宜大于5%；紧接大、中桥桥头两端的引道纵坡应与桥上纵坡相同。

（7）隧道内纵坡一般应大于0.3%且小于3%，但独立明洞和短于100m的隧道其纵坡不受此限；紧接隧道洞口的路线纵坡应与隧道内纵坡相同。高速公路、一级公路的中、短隧道最大纵坡，当条件受限制时，经技术经济论证后最大纵坡可适当加大，但不宜大于4%。

2. 最小纵坡

为使道路上行车快速、安全和通畅，希望道路纵坡设计得小一些为好。但是，在长路堑及其他横向排水不畅路段，为保证排水要求，防止积水渗入路基而影响其稳定性，均应设置不小于0.3%的最小纵坡。

当必须设计平坡（0%）或纵坡小于0.3%时，边沟应作纵向排水设计。在弯道超高横坡渐变段上，为使行车道外侧边缘不出现反坡，设计最小纵坡不宜小于超高允许渐变率。

干旱少雨地区最小纵坡可不受上述限制。

3. 平均纵坡

平均纵坡是指一定长度的路段纵向相对高差与路线长度之比，为了合理运用最大纵坡，以保证车辆安全顺利地行驶的限制性指标。如图1-3-2所示，平均纵坡用下式计算，即

$$i_{平均}=\frac{h_1+h_2+\cdots+h_n}{l_1+l_2+\cdots+l_n}$$ （1-3-2）

式中　　　$i_{平均}$——平均纵坡；

h_1、h_2、…、h_n——各路段高差；

l_1、l_2、…、l_n——各路段的水平距离。

JTG B01—2014 规定：二级、三级、四级公路越岭路线的平均纵坡，一般以接近 5.5%（相对高差为 200～500m）和 5%（相对高差大于 500m）为宜，并注意任何相连 3km 路段的平均纵坡不宜大于 5.5%。

4. 合成坡度

合成坡度是指在设有超高的平曲线上，超高横向坡度和纵坡的合成坡度值。如图 1-3-3 所示，合成坡度用下式计算，即

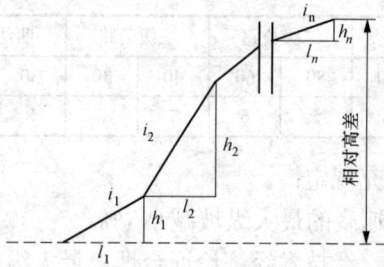

图 1-3-2　平均纵坡简图　　　　　　　　图 1-3-3　合成坡度简图

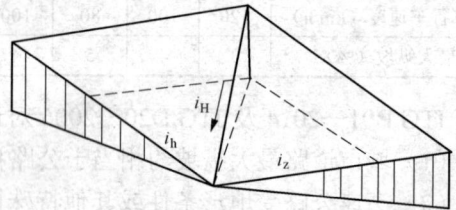

$$i_H = \sqrt{i_h^2 + i_z^2} \tag{1-3-3}$$

式中　　i_H——合成坡度（%）；

i_h——横向超高坡度或路面横坡（%）；

i_z——纵坡坡度（%）。

JTG D20—2006 规定，在设有超高的平曲线上，超高与纵坡的合成坡度值不得超过表 1-3-3 的规定。

表 1-3-3　　　　　　　　　　　　　合　成　坡　度　值

公路等级	高速公路			一级公路			二级公路		三级公路		四级公路
计算行车速度（km/h）	120	100	80	100	80	60	80	60	40	30	20
合成坡度最大值（%）	10.0	10.0	10.5	10.0	10.5	10.5	9.0	9.5	10.0	10.0	10.0

JTG D20—2006 规定：

（1）当陡坡与小半径平曲线相重叠时，在条件许可情况下，以采用较小的合成坡度为宜。

（2）冬季路面有积雪结冰地区、自然横坡较陡峻的傍山路段、非汽车交通比率高的路段合成坡度值不大于 8%。

（3）为了保证路面排水，合成坡度的最小值不宜小于 0.5%。在超高过渡的变化处，合成坡度不应设计为 0%。当合成坡度小于 0.5% 时，应采取综合排水措施，以保证排水通畅。

5. 纵坡折减

海拔较高的地区，汽车发动机功率因空气稀薄而降低，相应地降低了汽车的爬坡能力。因此，设计速度小于或等于 80km/h 位于海拔 3000m 以上的高原地区，各级公路最大纵坡按表 1-3-4 予以折减。最大纵坡折减后，如大于 4%，仍用 4%。

表1-3-4　　　　　　　　　　　　　　　高原纵坡折减值

海拔（m）	3000～4000	4000～5000	5000以上
折减值（%）	1	2	3

四、坡长限制

1. 最大坡长限制

主要是汽车上坡时为发挥使用大牵引力，多用低速挡。如坡长过长，长时间使用低速挡会使发动机发热过分而使效率降低，水箱沸腾，行驶无力。而下坡时，则因坡度过陡、坡度过长而使刹车频繁，影响行车安全。因此，对较陡纵坡的坡长应加以限制。坡长限制值见表1-3-5。

表1-3-5　　　　　　　　　　公路不同纵坡最大长度限制　　　　　　　　　　m

公路等级		高速公路			一级公路			二级公路		三级公路		四级公路	
计算行车速度		120	100	80	100	80	60	80	60	40	30	30	20
纵坡坡度（%）	3	900	1000	1100	1000	1100	1200	1100	1200				—
	4	700	800	900	800	900	1000	900	1000	1100	1100	1100	1200
	5		600	700	600	700	800	700	800	900	900	900	1000
	6			500		500	600	500	600	700	700	700	800
	7									500	500	500	600
	8									300	300	300	400
	9										200	200	300
	10												200

高速公路和一级公路纵坡及坡长的选用应充分考虑车辆运行质量的要求。对高速公路即使纵坡为2%，其坡长也不宜过长。二级、三级、四级公路当连续纵坡大于5%时，应在不大于表1-3-5所规定的长度处设缓和坡段。缓和坡段的纵坡应不大于3%，其长度应符合表1-3-5的规定。当连续陡坡是由几个不同坡度值的组合时，应按平均坡度法验算该路段是否符合坡长限制规定。

2. 最小坡长限制

最小坡长是指纵面线形上两个变坡点之间的最小长度，若其长度太短，几何构成上，不能设置两端的竖曲线，使变坡频繁，纵向起伏，行车顺适性差。因此，为使纵断面线形不致因起伏频繁而呈锯齿形的状态，且便于平面线形的合理布设，应对最小坡长加以限制。最小坡长通常以计算行车速度行驶9～15s的行程作为规定值，并按下式计算作为参考值，即

$$L_{min} = \frac{v}{3.6}t \qquad (1-3-4)$$

式中　L_{min}——最小坡长（m）；

　　　v——各级公路的计算行车速度值（km/h）；

　　　t——行程时间（s），一般情况下参考表1-3-6取值。

表1-3-6　　　　　　　　　　　　　　行　程　时　间

计算行车速度（km/h）	60	40	30	20
行程时间（s）	9	11	12	15

JTG D20—2006 综合考虑了计算行车速度和地形，规定的最小坡长见表 1-3-7。

表 1-3-7 　　　　　　　　　　　　各级公路最小坡长

公路等级	高速公路			一级公路			二级公路		三级公路		四级公路	
计算行车速度（km/h）	120	100	80	100	80	60	80	60	40	30	30	20
纵坡最小长度（m）	300	250	200	250	200	150	200	150	120	100	100	60

3. 缓和段坡长

当连续陡坡长度大于最大坡长限制的规定值时，应在其间设置纵坡不大于 3% 的缓和坡段，以改善汽车在较大纵坡坡道上行驶的不利状况。JTG D20—2006 规定，缓和坡段的最小长度不小于表 1-3-7 中最小坡长的规定。

五、纵坡设计方法

1. 设计准备

根据实测中桩纵断面水准资料点绘出路线纵断面地面线，绘出平面直线、曲线示意图，可以将资料制成 Excel 电子表格，利用图表工具自动生成图，或用专用软件绘图，标注出中桩桩号和地面标高、土壤地质说明资料及有关勘测资料。

2. 标注纵面控制点

所谓控制点，就是指影响纵坡设计的高程控制点。"控制点"可有两类，一类是属于控制性质的"控制点"；控制路线纵坡设计线必须通过它，或限制从上方或下方通过。这类"控制点"主要有路线起终点、垭口、重要桥梁及特殊涵洞、隧道的控制标高，路线交叉点，地质不良地段的最小填土和最大挖深标高，沿溪（河）线的洪水位标高，重要城镇通过位置的标高及受其他因素限制路线必须通过的控制点标高等。第二类是属于参考性的"控制点"，叫经济点。对于山岭重丘区的公路，除应标出控制性质的"控制点"以外，还应考虑各横断面上填挖基本平衡的经济点，如图 1-3-4 所示，以便降低工程造价。横断面上的经济点有以下三种情况：

（1）当地面横坡不大时，可在中桩地面标高上下找到填方和挖方基本平衡的标高，纵坡通过此标高时，在该横断面上挖方数量基本上等于填方数量，则此标高叫经济点，如图 1-3-4（a）所示。

（2）当地面横坡较陡，填方往往不易填稳，且坡脚伸得很远时，用多挖少填或全部挖出路基的方法比砌筑护脚经济，这时多挖少填或全挖路基的标高为经济点，如图 1-3-4（b）所示。

（3）当地面横坡很陡，无法填方时，需砌筑挡土墙，因此，宁愿全部挖出路基或深挖，这时全部挖出路基或深挖路基的标高也是经济点，如

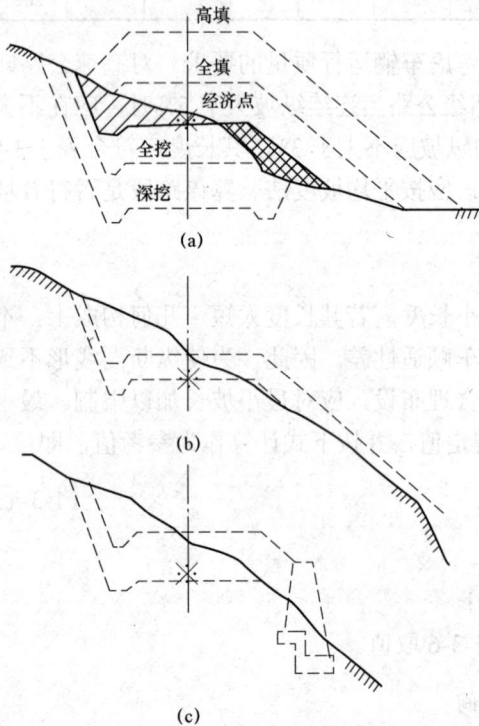

图 1-3-4　横断面上的经济点

（a）半填半挖；（b）多挖少填；（c）全挖路基

图 1-3-4（c）所示。

"经济点"通常是用"路基横断面透明模板"来确定，如图 1-3-5 所示。"路基横断面透明模板"可用透明描图纸或透明胶片制成，其上按横断面图的比例绘出路基宽度（挖方地段还应包括两侧边沟的宽度）和各种不同坡度的边坡线（上方为挖方，下方为填方）。使用时，将"路基横断面透明模板"扣在绘好地面线的横断面图上，使中线重合，根据地面横坡的大小，上下移动"模板"，使填方和挖方面积大致相等或工程造价最经济，此时，"模板"上的路基顶面与该断面中桩的地面高之间的高差就是经济填挖值。将此值按比例点绘到纵断面图的相应中桩位置上，即为该断面的"经济点"。纵坡线通过的经济点越多，则工程量越少，投资就越省。

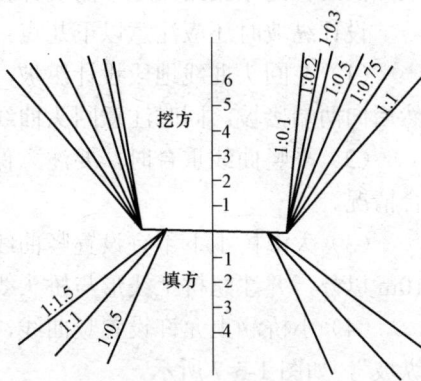

图 1-3-5 路基横断面透明模板

3. 试定纵坡线

试定纵坡线（简称试坡）主要是在已标出"控制点"的纵断面图上，根据技术标准、选线意图，考虑各经济点和控制点的要求及地形变化情况，初步定出纵坡设计线的工作。

试坡应以"控制点"为依据，照顾多数经济点。当个别"控制点"确实无法照顾时，应对控制点重新研究，以便采取弥补措施。试坡的要点可归纳为："前后照顾，以点定线，反复比较，以线交点"。前后照顾就是说要前后坡段统盘考虑，不能只局限于某一坡段上。以点定线就是按照纵面技术标准的要求，满足"控制点"，参考"经济点"，初步定出坡度线。然后用三角板推平行线的办法，移动坡度线，反复试坡，对各种可能的坡度线方案进行比较，确定既符合标准，又保证控制点要求，而且土石方量最省的坡度线，将其延长交出变坡点初步位置。

4. 调整纵坡线

调整纵坡线（简称调坡）主要根据以下两方面进行：

（1）结合选线意图。将试坡线与选线时所考虑的坡度进行比较，两者应基本相符。若有脱离实际情况或考虑不周现象，则应全面分析，找出原因，权衡利弊，决定取舍。

（2）对照技术标准。详细检查设计最大纵坡、坡长限制、纵坡折减，以及平纵线形组合是否符合技术标准的要求。特别要注意陡坡与平曲线、竖曲线与平曲线、桥头接线、路线交叉，隧道及渡口码头等地方的坡度是否合理，发现问题及时调整修正。

调整坡度线的方法有抬高、降低、延长、缩短纵坡线和加大、减小纵坡度等。调整时应以少脱离控制点、少变动填挖高度为原则，以便调整后的纵坡与试定纵坡基本相符。

5. 核对纵坡线

核对纵坡线主要在有控制意义的特殊横断面图上进行，如选择高填、深挖、挡土墙、重要桥涵及人工构造物及其他重要控制点的断面等。其做法是：在纵断面图上直接由厘米格读出相应桩号的填挖高度，将此值用"透明模板"套在相应横断面地面线上，检查若有填挖过大、坡脚落空、挡墙太高、桥涵填土不够及其他边坡不稳现象，则需调整纵坡线。核对纵坡线是保证纵面设计质量的重要环节，对某些复杂地段，如山区横坡陡峻的傍山线，这一工作尤为必要。

6. 确定纵坡线

经调整核对合理后，即可确定纵坡线（简称定坡）。所谓定坡就是把坡度值、变坡点位置

（桩号）和高程确定下来。坡度值一般是用三角板推平行线办法，直接读厘米格子得出，要求取值到千分之一，即 0.1%。变坡点位置直接从图上读出，一般要调整到整 10m 桩位上。变坡点的高程是根据路线起点的设计标高由已定的坡度、坡长依次推算而来。

设计纵坡时还应注意以下几点：

（1）在回头曲线地段设计纵坡，应先按回头曲线的标准要求确定回头曲线部分的纵坡，然后向两端接坡。同时注意回头曲线地段不宜设竖曲线。

（2）平竖曲线重合时，要注意保持技术指标均衡，位置组合合理适当，尽量避免不良组合情况。

（3）大中桥上下不宜设置竖曲线。如桥头路线设有竖曲线，其起（终）点应在桥头两端 10m 以外，并注意桥上线形与桥头线形变化均匀，不宜突变，如图 1-3-6 所示。

（4）小桥涵上允许设置竖曲线，为保证路线纵面平顺，应尽量避免出现急变的"驼峰式纵坡"，如图 1-3-7 所示。

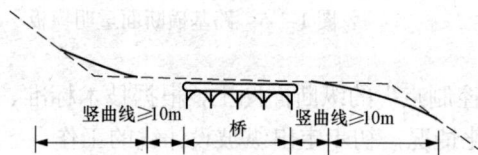

图 1-3-6　桥头纵坡

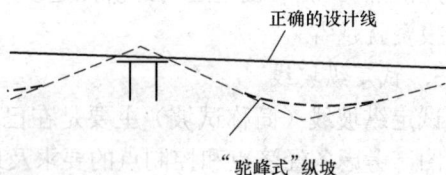

图 1-3-7　小桥涵纵坡

（5）注意交叉口、桥梁及引道、隧道、城镇附近、陡坡急变处纵坡的特殊要求。

（6）纵坡设计时，如受控制点约束导致纵面线形起伏过大，纵坡不够理想，或者土石方工程量过大而又无法调整时，可用纸上移线的办法修改平面线形，从而改善纵面线形。

第三节　竖　曲　线

一、坡角及竖曲线线形

在纵断面设计线的变坡点处，为保证行车安全，缓和纵坡折线而设的曲线称为竖曲线。变坡点处转角称为变坡角，以 ω 表示。ω 值近似等于相邻两纵坡度的代数差，即 $\omega = i_1 - i_2$。式中，i_1、i_2 分别为相邻纵坡线的坡度值，上坡为正，下坡为负。如图 1-3-8 所示，$\omega_1 = i_1 - (-i_2) = i_1 + i_2$，$\omega_1$ 为正，变坡点在曲线上方为凸形竖曲线。$\omega_2 = -i_2 - i_3 = -(i_2 + i_3)$，$\omega_2$ 为负，变坡点在曲线下方为凹形竖曲线。

1. 凸形竖曲线

凸形竖曲线设置的目的在于缓和纵坡转折线，保证汽车的行车视距。如图 1-3-9 所示，当变坡角较大时，不设竖曲线就可能影响视距。JTG B01—2014 规定，无论变坡角大小如何，均需设置竖曲线，以保证行车安全与平顺。

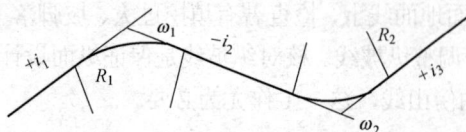

图 1-3-8　竖曲线与变坡角

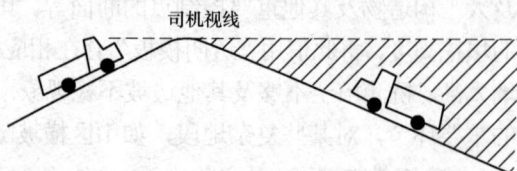

图 1-3-9　凸曲线设置目的

2. 凹形竖曲线

凹形竖曲线主要为缓和行车时汽车的颠簸与震动而设置,汽车沿凹形竖曲线路段行驶时,在重力方向受到离心力作用而发生颠簸和引起弹簧负荷增加,因此在确定凹形竖曲线半径时,要对离心加速度予以限制。

二、竖曲线半径

JTG B01—2014 规定:各级公路及城市道路在变坡点处均应设置竖曲线,竖曲线形式可采用二次抛物线或圆曲线。JTG B01—2014 将竖曲线半径分为极限最小半径和一般最小半径。极限最小半径是汽车在纵坡变更处行驶时,为了缓冲和保证视距所需的最小半径的计算值,该值在受地形等特殊情况约束时方可采用。为了安全和舒适,一般采用极限最小半径的 1.5～2.0 倍的数值,见表 1-3-8。

表 1-3-8 各级公路竖曲线半径和最小长度

公路等级		高速公路			一级公路			二级公路		三级公路		四级公路	
计算行车速度（km/h）		120	100	80	100	80	60	80	60	40	30	30	20
凸形竖曲线半径（m）	极限最小值	11000	6500	3000	6500	3000	1400	3000	1400	450	250	250	100
	一般最小值	17000	10000	4500	10000	4500	2000	4500	2000	700	400	400	200
凹形竖曲线半径（m）	极限最小值	4000	3000	2000	3000	2000	1000	2000	1000	450	250	250	100
	一般最小值	6000	4500	3000	4500	3000	1500	3000	1500	700	400	400	200
竖曲线最小长度（m）		100	85	70	85	70	50	80	50	35	25	25	20

汽车在凹形竖曲线路段行驶时,离心加速度为

$$a = \frac{u^2}{R}$$

将 u（m/s）化成 v（km/h）并整理,得

$$R_{凹} = \frac{u^2}{a} = \frac{v^2}{3.6^2 a} = \frac{v^2}{13a} \quad (1\text{-}3\text{-}5)$$

式中 u、v——以 m/s 和 km/h 计的行车速度;

a——离心加速度（m/s²）,a 一般控制在 0.5～0.7（m/s²）内,但考虑行驶的舒适、视觉的平顺及夜间行车的要求,取 $a = 0.277$m/s² 时,则

$$R_{min} = \frac{v^2}{3.6} \quad (1\text{-}3\text{-}6)$$

计算结果列入表 1-3-8 作为 JTG B01—2014 规定的凹形竖曲线极限最小半径。

竖曲线半径应尽量选用较大值,以利视觉和安全。当采用大半径竖曲线后,曲线上纵坡小于 0.3%,且又有一定长度的路段不利排水时,应重新选定坡值,以利排水。

三、竖曲线最小长度

为满足汽车驾驶员操作的需要,当坡差很小时,由计算得来的曲线往往很短,这样的竖曲线,会给驾驶员一种很急促的折曲感觉,为了避免这种情况出现,JTG B01—2014 规定了最小竖曲线长度,其长度是以计算行车速度行驶 3s 的距离而确定的,即

$$L \geq \frac{5}{6}v \quad (1\text{-}3\text{-}7)$$

式中　L——竖曲线最小长度（m）；

　　　　v——计算行车速度（km/h）。

JTG B01—2014 规定，竖曲线最小长度值见表 1-3-8。

四、竖曲线的连接

竖曲线之间连接时，可以在其间保留一段直坡段，也可以不留直坡段而布置成同向或反向复曲线形式，只要不使两竖曲线相交或搭接即可。若两相邻的竖曲线相距很近，中间直坡段太短，应将两者合并成复曲线形式。在一般情况下，应力求两竖曲线之间留一段直坡段 L，坡长建议以不小于汽车行驶 3s 的距离为宜，即

$$L \geqslant \frac{v}{3.6} \times 3 = 0.83v \tag{1-3-8}$$

式中　L——直线段最小长度（m）；

　　　　v——计算行车速度（km/h）。

五、竖曲线要素

竖曲线要素，即竖曲线长度 L、切线长度 T 和外距 E，如图 1-3-10 所示。设 R 为竖曲线半径，ω 为两纵坡段的变坡角，则由几何关系得：

曲线长

$$L = R\omega$$
$$\omega = (i_1 - i_2)（\text{rad}） \tag{1-3-9}$$

因纵坡很小，可忽略切线与其投影的距离差，即实际计算时，切线长 T 以水平计量距离。而当 ω 很小时，切线长

$$T \doteq \frac{1}{2}L = \frac{R}{2}(i_1 - i_2) = \frac{R}{2}\omega \tag{1-3-10}$$

外距 $E = R\left(\sec\frac{\omega}{2} - 1\right)$

由 $\Delta AC'O$ 得出下列关系

$$(R + E)^2 - T^2 = R^2$$

$$E = \frac{T^2}{2R}$$

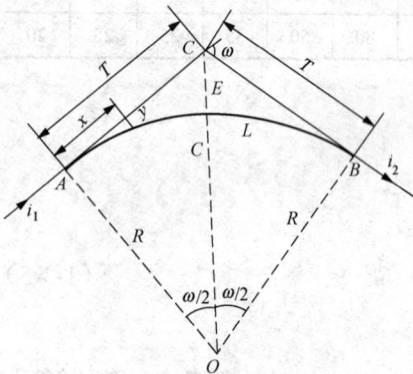

图 1-3-10　竖曲线要素

E 与 $2R$ 相比甚小，忽略不计，则

$$E = \frac{T^2}{2R} = \frac{L^2}{8R} = \frac{R(i_1 - i_2)^2}{8} = \frac{T\omega}{4} \tag{1-3-11}$$

如已知 ω 与 T，则可求曲线半径

$$R = \frac{2T}{\omega} \tag{1-3-12}$$

为了计算竖曲线上标高，竖曲线中间各点纵横坐标 x、y 值按下式计算，即

$$y = \frac{x^2}{2R} \tag{1-3-13}$$

式中　x——竖曲线起讫点至所求桩点之间的距离。

　　　　y——竖曲线各点的纵距，凸形竖曲线为负值，凹形竖曲线为正值，当 $x=T$ 时，$y=E$。

对于凸形竖曲线，曲线设计标高=坡段上设计标高-y。对于凹形竖曲线，曲线设计标高=坡段上设计标高+y。

六、竖曲线设计及计算

（1）半径的选择。竖曲线半径的选择主要考虑以下因素：

1）选择半径应符合表 1-3-8 规定的竖曲线最小半径和最小长度的要求。

2）在不过分增加土石方工程数量的情况下，为使行车舒适，应采用较大的半径。

3）结合纵断面起伏情况和标高控制要求，确定合适的外距值，按外距控制选择半径，即

$$R = \frac{8E}{\omega^2} \qquad (1\text{-}3\text{-}14)$$

4）考虑相邻竖曲线的连接（即保证最小直坡段长度或不发生重叠）限制曲线长度，按切线长度选择半径，即

$$R = \frac{2T}{\omega} \qquad (1\text{-}3\text{-}15)$$

5）过大的竖曲线半径将使竖曲线过长，从施工排水方面来看都是不利的，选择半径时应加以注意。

（2）几何要素计算。几何要素 ω、L、T、E 计算公式见式（1-3-9）～式（1-3-11）。

（3）计算竖曲线上任意点的纵距 y，如图 1-3-11 所示

起点桩号 = 变坡点桩号 - T

起点高程 = 变坡点高程 - Ti_1

x = 任意点桩号 - 起讫点间距离

$$y = \frac{x^2}{2R}$$

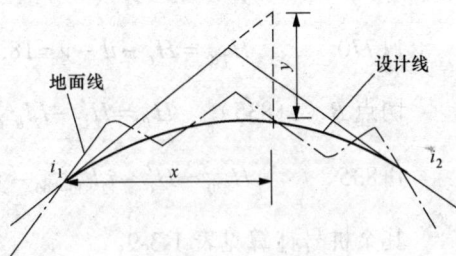

图 1-3-11 竖曲线纵距

（4）计算设竖曲线后各桩号处的设计高程设计高程=高程±y。

（5）点绘竖曲线。

（6）计算施工高度，填绘有关资料，整理，上墨完成纵断面设计图。施工高度为地面高与设计高之差。

七、竖曲线设计计算实例

[例 1-3-1] 已知变坡点 C 桩号为 1+800。其两端纵坡为升坡 0.55%和降坡 0.5%，C 点在纵断面图上的计算标高 H_C' 为 18.152，全段为水泥混凝土路面，试设竖曲线，计算竖曲线要素，并计算曲线高程，道路计算行车速度为 80km/h。

解 1．曲线要素计算

根据 v=80km/h，查表 1-3-8 得竖曲线最小长度为 70m。该路系水泥混凝土路面，常用板块尺寸为 3.75m×5m。如取切线长度为 35m，可安排曲线范围内 14 块水泥混凝土板，以利在竖曲线两端起始点设置胀缝。据此设 T=35m，计算其他竖曲线要素

$$L \approx 2T = 70\text{m}$$

$$R = \frac{L}{w} = \frac{70}{0.55\% - (-0.5\%)} = \frac{70}{0.0105} = 6666.67$$

$$= 6667\text{m}$$

查表 1-3-8，v=80km/h 时，凸形竖曲线一般最小半径为 3000m，现取 6667m 远大于规定值，可得理想线形，且竖曲线最小长度也符合要求，即

$$E = \frac{L^2}{8R} = \frac{70^2}{8 \times 6667} = 0.092$$

2．曲线各点的里程

根据变坡点 C 点里程 K1+800 求曲线上各点里程。

$$
\begin{array}{lll}
\text{变坡点} C & 1+800 \\
(-) \quad T & 35 \\
\hline
\text{起点} \quad A & 1+765 \\
(+) \quad L & 70 \\
\hline
\text{终点} \quad B & 1+835 \\
\end{array}
$$

曲线上其他各点里程由起点里程+整数弧长 l=10m 计算，但注意在起点后第一个细部点桩号凑整。

3．竖曲线上各点高程计算

变坡点 C 点处（K1+800）曲线高程　$H_C = H_C' - E = 18.152 - 0.092 = 18.06$

切点 A（1+765）　　$H_A = H_C' - il = 18.152 - 0.0055 \times (800 - 765) = 17.96$

1+770　　　　$H_{770} = H_C' - il - y = 18.152 - 0.0055 \times (800 - 770) - \frac{(770 - 765)^2}{2 \times 6667} = 17.985$

切点 B（1+835）　　$H_B = H_C' - i_2 l_{B-C} = 18.152 - 0.005 \times (835 - 800) = 17.977$

1+835　　　$H_{830} = H_C' - i_2 l_{830-800} - y_2 = 18.152 - 0.005(830 - 800) - \frac{(835 - 830)^2}{2 \times 6667} = 18.000$

其余桩号计算见表 1-3-9。

表 1-3-9　　　　　　　　　竖 曲 线 计 算 表

	C 点桩号	H_C'	i_1	i_2	ω
	1+800	18.152	0.55%	−0.50%	1.05%
计算要素	T	$L = 2T$	$R = L/\omega$	$E = L^2/8/R$	l
（m）	35	70	6667	0.092	10
点编号 A	1+765	1765	17.960	0	17.960
	桩号	距离	坡段高程	$y = x^2/2/R$	竖曲线高程
1	1+770	1770	17.987	0.002	17.985
2	1+780	1780	18.042	0.017	18.025
3	1+790	1790	18.097	0.047	18.050
C	1+800	1800	18.152		18.152
4	1+810	1810	18.102	0.047	18.055
5	1+820	1820	18.052	0.017	18.035
6	1+830	1830	18.002	0.002	18.000

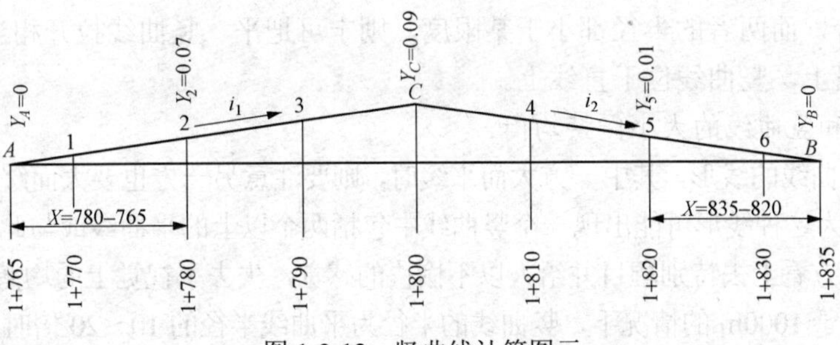

图 1-3-12 竖曲线计算图示

第四节 平纵曲线线形组合设计

一、平、纵线形的组合

当竖曲线与平曲线组合时，竖曲线宜包含在平曲线之内，且平曲线应稍长于竖曲线。凸形竖曲线的顶部或凹形竖曲线的底部，应避免插入小半径平曲线或将这些顶点作为反向曲线的转向点。在长的平曲线内，如必须设置几个起伏的纵坡，需用透视图法检验。

进行平、竖曲线组合设计时，根据经验做到以下各点，便能得到较好的线形。

1. 平曲线与竖曲线重合

最理想的线形是平、竖曲线的顶点相重合或对应，如图 1-3-13（a）所示，但往往不太可能。如果平、竖曲线的顶点错开不超过曲线长度的 1/4，仍然可以得到比较满意的外观，如图 1-3-13（b）所示。如果错开一半，那就会出现配合得很差的线形，如图 1-3-14 所示。配合得好的线形是竖曲线的起、终点最好分别放在两个缓和曲线中间，其中任一点都不要放在缓和曲线以外的直线上，也不要放在圆弧段之内，图 1-3-15 下部实线所示的情况是平、竖曲线配合的例子。

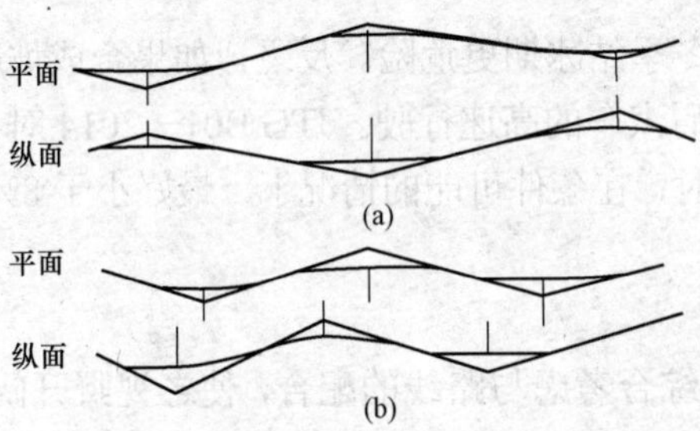

图 1-3-13 平、竖曲线组合

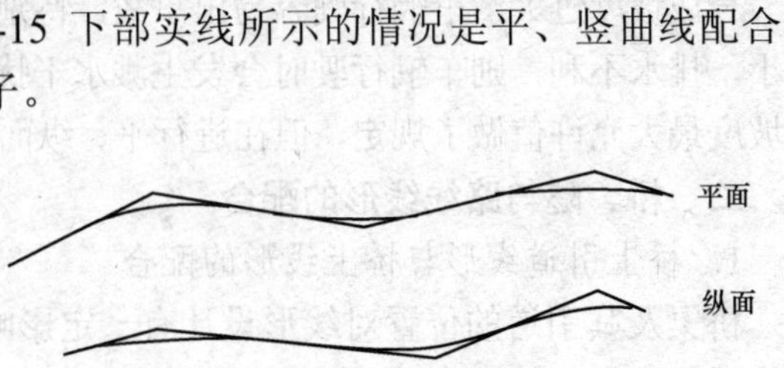

图 1-3-14 平、竖曲线错开

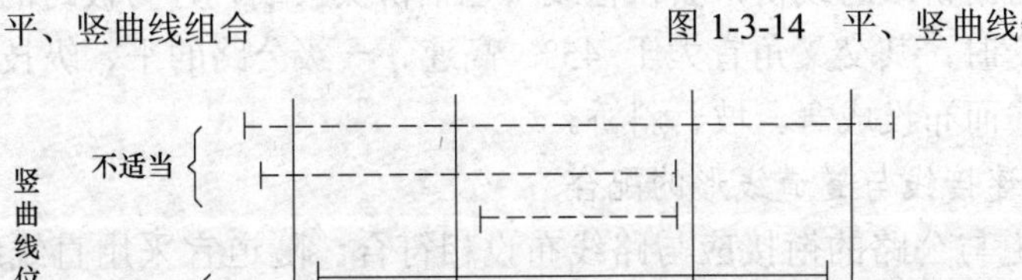

图 1-3-15 平、竖曲线的配合

若平、竖曲线的半径都很大，则平竖曲线的位置可不受上述限制；若做不到竖曲线与平曲线较好的配合，而两者的半径都小于某限度，则宁可把平、竖曲线拉开相当距离，使平曲线位于直线坡段上，竖曲线位于直线上。

2. 平曲线和竖曲线的大小保持均衡

平曲线与竖曲线的线形，其中一方大而平缓时，则要注意另一方也要大而缓，切不能使另一方变化过多。因为这种线形可能出现一个竖曲线中包括两个以上的平曲线或与此相反的情况，并且线形较短的一方看上去特别醒目并给人以不愉快的感觉，失去了视觉上的均衡性。根据经验，在平曲线半径大于 1000m 的情况下，竖曲线的半径为平曲线半径的 10～20 倍时，即可获得线形的均衡性。表 1-3-10 是考虑了视觉、工程费用平衡后的平、竖曲线半径大小的均衡值。

表 1-3-10　　　　　　　　　　　　　平、竖曲线半径的均衡

平曲线半径（m）	500	700	800	900	1000	1100	1200	1500	2000
竖曲线半径（m）	10000	12000	16000	20000	25000	30000	40000	60000	100000

3. 避免在竖曲线的顶、底部插入小半径的平曲线

图 1-3-16　平曲线内纵断面线形反复凸凹

如果在凸形竖曲线的顶部有小半径的平曲线，则不仅不能引导视线而且要急转方向盘而致使行车危险。在凹形竖曲线的底部有小半径的平曲线时，也会因为汽车在较高车速状态下急转弯，而可能发生危险。一个平曲线内必须避免纵断面线形反复凸凹，要尽量做到一个平曲线对应一个竖曲线。在一个平曲线内，纵断面线形反复凸凹时，往往形成看得见脚下和前方，而看不见中间凹陷的线形，如图 1-3-16 所示。

4. 选择适宜的合成坡度

合成坡度过大，车辆行驶容易出事故，特别是在冬季结冰期更危险。反之，如果合成坡度过小，排水不利，则车辆行驶时会发生溅水干扰，妨碍汽车的高速行驶。JTG B01—2014 对合成坡度最大允许值做了规定，但在进行平、纵面组合时，在条件可能的情况下，最好小于 8%。

二、桥、隧与路线线形的配合

1. 桥上引道线形与桥上线形的配合

桥梁及其引道的位置对线形设计有一定影响，应综合考虑与路线的配合，使之视野开阔，视线诱导良好。跨河桥或跨线桥，其桥位线（包括桥头接线）宜与被跨的河流或铁路、公路正交，当必须斜交时，其交叉角宜大于 45°。高速、一级公路的平、纵技术指标较高，必要时其桥梁应随路线而布设成弯、坡、斜桥。

2. 隧道洞口连接线与隧道线形的配合

各级公路隧道与公路的衔接应与路线布设相符合，隧道宜采用直线线形，必须设置在曲线段时，应采用不设超高的圆曲线半径，并满足行车视距的要求。当受地形条件及特殊情况限制，布置在设超高的圆曲线区段时，其各项技术指标应符合路线布设的有关规定。隧道洞口的连接线应与隧道线形相协调。两端洞口连接线的纵坡应有一段距离与隧道纵坡保持一致。

高速、一级公路一般应设计为上、下行分离的两座独立隧道。两相邻隧道最小净距应视围岩类别、断面尺寸、施工方法、爆破震动影响等因素确定。凡上、下行分离的隧道洞口两

端，应选择适当位置在洞口连接线间设置出口和联络线，供转向和抢险救灾用。

三、线形与环境的协调

1. 线形与环境相配合

平、纵面线形必须注意与所经地区的环境相配合。对计算行车速度高的公路，线形设计和周围环境配合尤为重要。应充分利用自然风景（如孤山、湖泊、大树）或人工建筑物（如水坝、桥梁、农舍），或在路旁设置一些设施等，以消除景观单调感，使公路与大自然融为一体。

2. 线形与环境相协调

尽量少破坏公路周围的地貌、地形、天然树林、建筑物等。横断面设计要使边坡造型和绿化与现有景观相适应，弥补挖方或填方对自然景观的破坏。当公路以挖方穿越山脊或通过宽阔林区时，路线应布设成曲线，以保持自然景观的连续。为减轻在长公路直线上驾驶的单调感，使驾驶者能看到前方显著的景物，应根据技术和景观要求合理选定构造物的造型，使公路构造物成为自然景观中的一部分，有条件时，可适当放缓边坡或将边坡的变坡点修整圆滑，使边坡接近于自然地面的形式，增进路容美观。公路两侧的绿化应避免形式和内容上的单一化，必要时应将绿化作为诱导视线，点缀风景及改造环境的一种措施进行专门设计。

第五节　纵断面设计及纵断面图

一、纵断面设计原则

（1）遵循道路平、纵、横综合设计原则，纵断面纵坡设计时必须以平曲线资料为依据，结合横断面上地形、地物、超高、加宽的方向和数值确定相应设计标高。

（2）路线经过水文地质不良地段时，应提高路基标高以保证路基稳定。当受规划标高限制不能提高路基时，应采取稳定路基措施。

（3）沿河路线路基标高一般应高出表 1-3-11 所规定的洪水频率计算水位 0.5m 以上。对于桥涵标高，应在桥涵设计洪水频率水位以上，并考虑结构厚度及涵洞的覆土要求。

表 1-3-11　　　　　　　　　　　　　路基和桥涵设计洪水频率

构造物名称＼公路等级	高速公路	一级	二级	三级	四级
特大桥	1/300	1/300	1/100	1/100	1/100
大、中桥	1/100	1/100	1/100	1/50	1/50
小桥	1/100	1/100	1/50	1/25	1/25
涵洞及小型排水构造物、路基	1/100	1/100	1/50	1/25	不作规定

（4）山区道路及新辟道路的纵断面设计应综合考虑土石方平衡、汽车运输经济效益等因素，合理确定设计标高。

（5）纵坡宜平缓起伏，不宜过大与频繁，变坡点处尽量设置大半径竖曲线，避免极限纵坡值；缓坡段配合地形布设；垭口处纵坡要放缓；越岭线应尽量避免设置反坡段。

（6）非机动车与机动车混合行驶的车行道，宜按非机动车爬坡能力设计纵坡度。

（7）城市道路纵断面设计应参照城市规划控制标高，其数值依横断面宽度而定。

旧路改建在旧路面上加铺结构层时，不能影响沿路范围的排水。纵坡小于 0.3% 的路段应设锯齿形边沟。

　　（8）城市道路纵断面设计要妥善处理地下管线覆土的要求，并减小埋深，节约工程造价。

二、纵断面设计方法与步骤

　　纵断面设计主要是确定纵坡大小、坡长及竖曲线，最后计算直线段与曲线段上各整桩与加桩高程。

　　1. 测量与绘制地面高程线

　　路线平面线形确定后，沿着各里程桩号实测地面高程。凡地形起伏变化处应设加桩，河流两岸、桥位、涵洞中心及两侧，挡土墙起始处，支路及城市道路交叉口交点，沿线主要建筑物出入口地坪均应设置加桩，测量高程用 1:1000 或 1:2000 比例尺在厘米方格纸上手工绘出地面线或在计算机上绘图，竖向比例用 1:200 或 1:100，平坦地区的道路也可用 1:50 竖向比例尺。

　　2. 确定设计线

　　拟定立面控制点的标高，控制点是指道路的起始点标高，垭口、桥梁、涵洞、铁路、隧道的要求标高，交叉点的标高，路基最小填土高度，沿河线的洪水位标高，沿街地坪标高，地下管线的覆土深度等。连接这些控制点，试拉坡度线，根据道路等级检查最大纵坡、坡长等是否符合规定，对挡土墙，填挖较大处进行检查，如挡土墙工程过大，坡脚交不上地面则要调整纵坡。

　　确定和计算竖曲线要素，并在图中以 ⌐⌐ 和 ⌐⌐ 表示凸、凹竖曲线（见图 1-3-17）。同时竖曲线应与全线各段平曲线线形协调。平曲线表示在纵断面图的下部表格中，圆曲线用符号 ⌐⌐ 或 ⌐⌐ 表示，设有缓和曲线的平曲线用符号 ⌐⌐ 或 ⌐⌐ 表示，斜线表示缓和曲线段。开口朝上为左偏；开口朝下为右偏。在表栏中注明圆曲线三主点和缓和曲线五主点起、中、讫点符号：*ZY*、*QZ*、*YZ* 或 *ZH*、*HY*、*QZ*、*YH*、*HZ*。

　　坡值及坡长也需填写在说明栏中，变坡点一般设在里程整桩处。

　　3. 纵向边沟设计

　　道路边沟沟底纵坡一般不平行于中心线纵坡，根据边坡周围地面标高情况确定沟底纵坡。

三、纵断面图

　　纵断面图是路线纵面设计的最后成果，是公路设计文件的主要组成文件之一。图上表示的内容必须详细准确，把道路的纵断面图、横断面图和平面图结合起来，就能完整地表达出道路的空间位置。

　　纵断面图是由上、下两部分内容组成的，上部主要用来绘制地面线和纵坡设计线；标注竖曲线及其要素；沿线桥涵及人工构造物的位置、结构类型、孔数和孔径；与道路、铁路交叉的桩号及路名；沿线跨越的河流名称、桩号、常水位和最高洪水位位置、编号和标高；断链桩位置、桩号及长短链关系等。

　　下部主要用来填写有关内容，自下而上分别填写：直线及平曲线，里程桩号，地面标高，设计标高，填挖高度，土壤地质说明，设计排水沟沟底线及其坡度、距离、标高、流水方向。纵断面采用直角坐标，以横坐标表示里程桩号；纵坐标表示高程。为了明显地反映沿中线地面起伏，纵向比例尺比横向比例尺大 10 倍。通常纵坐标采用 1:200（城市道路为 1:50～1:100）比例尺。横向采用 1:2000（城市道路采用 1:500～1:1000）比例尺。

　　公路纵断面如图 1-3-17 与图 1-3-18 所示。

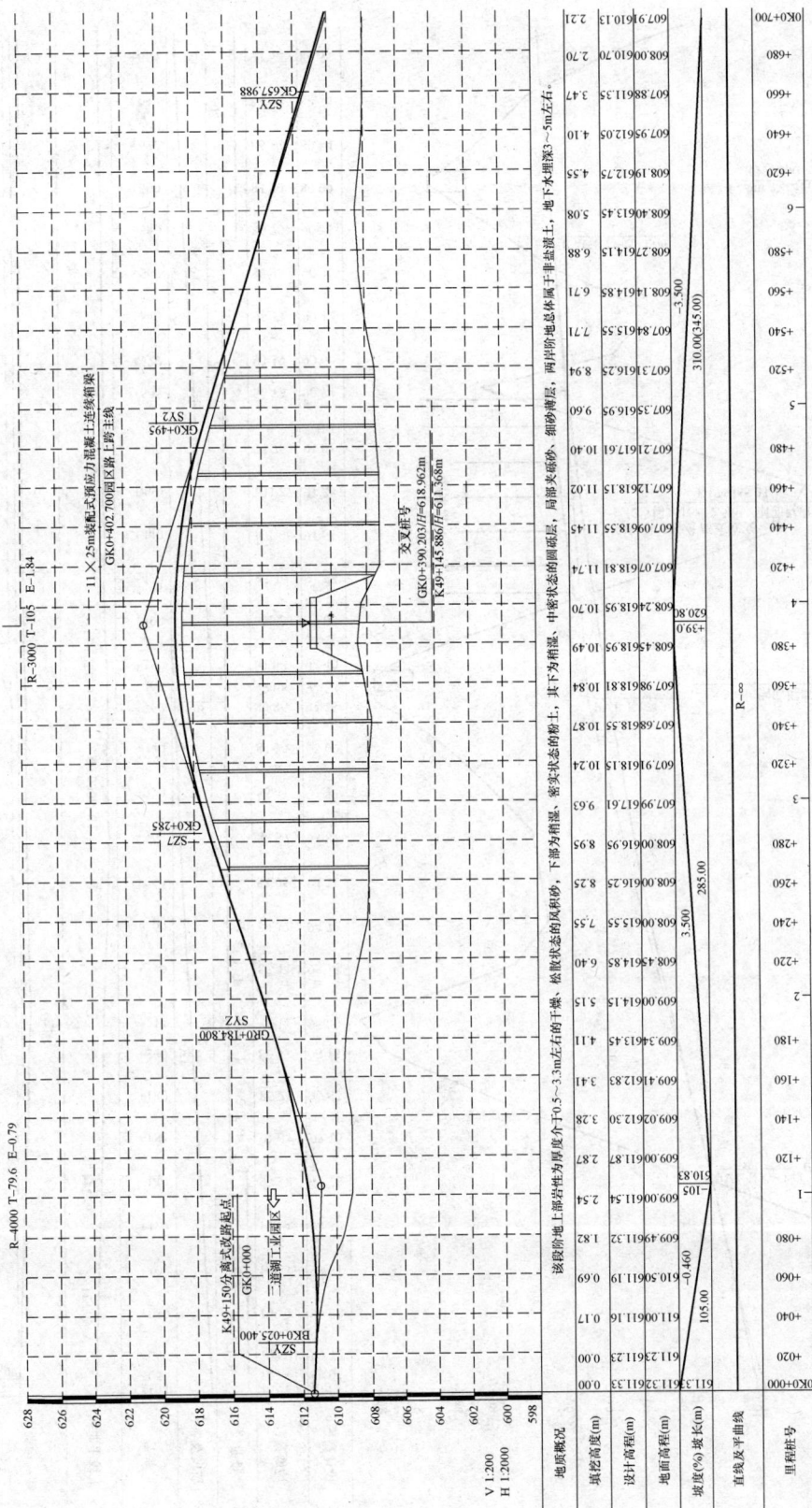

图 1-3-17 公路纵断面图

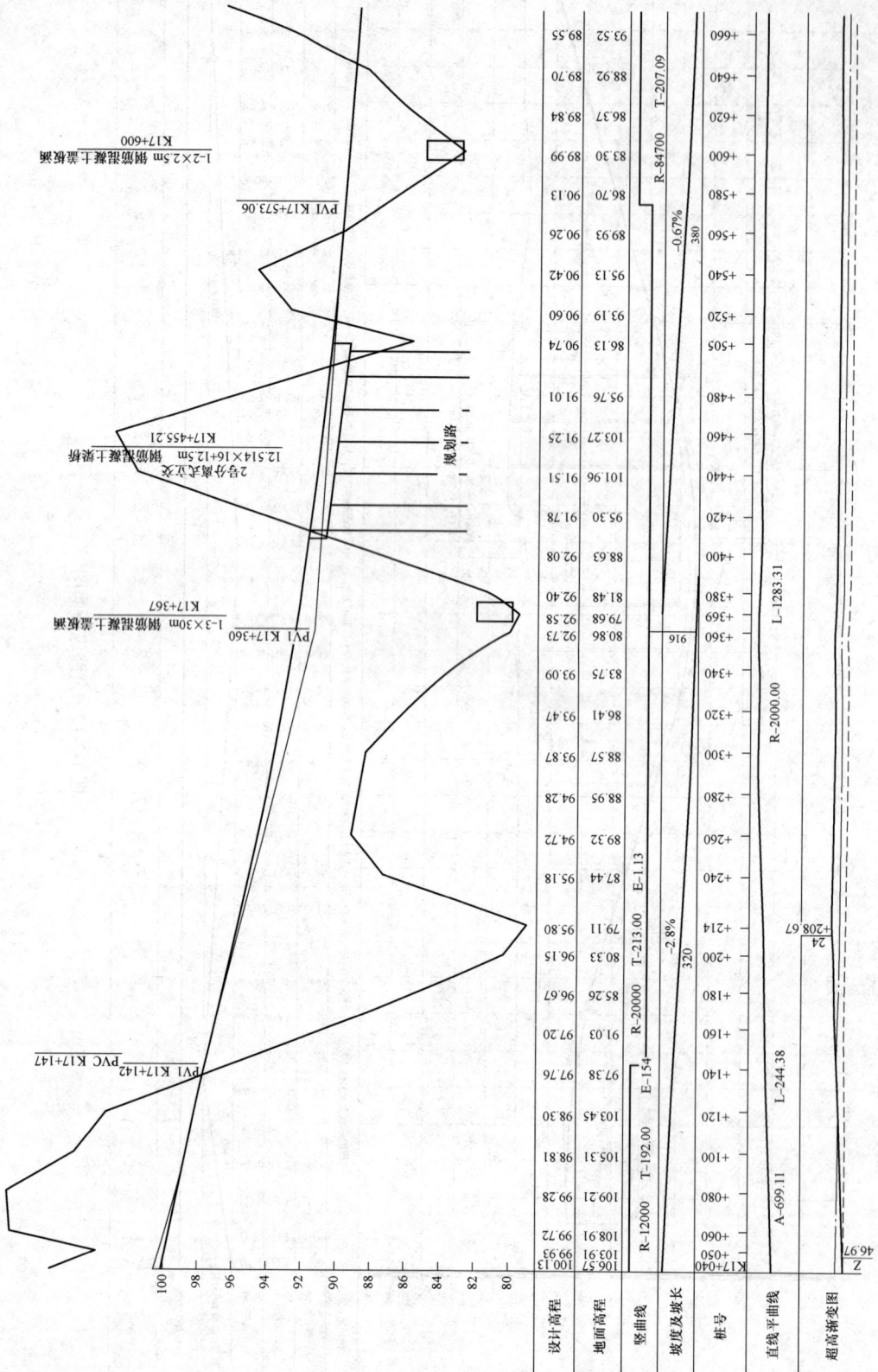

图 1-3-18 纵断面图

纵断面设计图绘制利用 CAD（Computer Aided Design）技术进行优化设计和图纸绘制。纵断面图应按规定采用标准图纸和统一格式（通常用 A3 纸）装订成册。

习 题

1．某条道路变坡点桩号为 K14+860.00，高程为 780.72m，i_1=1.0%，i_2=4.5%，竖曲线半径为 4800m。

（1）判断凸、凹性；

（2）计算竖曲线要素；

（3）计算竖曲线起点、K14+800、K14+860、K14+900 及终点的设计标高。

2．某平原微丘区二级公路，计算行车速度为 80km/h，有一处弯道半径为 256m，该段纵坡初定为 5%，超高横坡度为 8%，请检查合成坡度，若不满足要求，该弯道上允许最大纵坡度为多少？

3．计算行车速度为 80km/h。变坡点桩号为 K1+440，其两端纵坡为降坡−1.7%和升坡2.23%。变坡点在纵断面图上的计算标高为 35.340m。计算竖曲线要素及竖曲线上各主点的桩号为整 10m 桩的设计标高（建议用 Excel 电子表格计算）。

第四章 道路横断面

道路横断面是指中线上各点的法向切面，即垂直道路中心线方向的垂直剖面，称为横断面，所作的图形称为横断面图，它反映了路基的形状和尺寸，横断面图是道路主要技术设计成果之一。

第一节 路基横断面组成及尺寸

一、横断面组成

公路横断面由车行道、路肩、分隔带、边沟、边坡及护坡组成，两端路肩边缘之间的距离称为路基宽度。若含边沟、边坡、排水沟、截水沟等，称为地界宽度，为征地范围。高等级公路横断面组成如图 1-4-1 所示，一般公路横断面组成如图 1-4-2 所示，某高速公路路基标准横断面实例如图 1-4-3 所示。

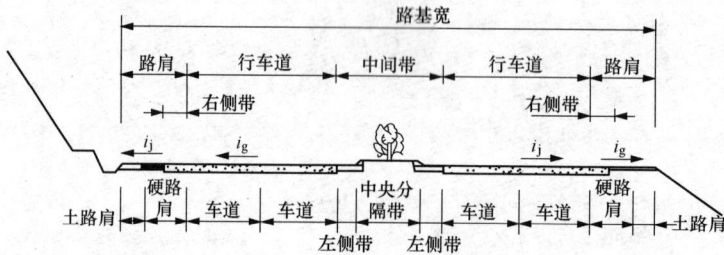

图 1-4-1 高等级公路横断面

横断面规划与设计的主要任务是在满足交通、环境、公用设施、管线敷设及排水要求的前提下，经济合理地确定各组成部分几何尺寸和路面横坡。

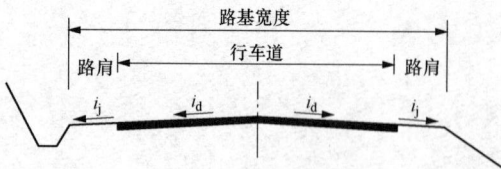

图 1-4-2 一般公路横断面

二、路基横断面

各级公路路基横断面一般规定如图 1-4-4 所示。

三、路基宽度

1. 路基宽度组成

路基宽度是指公路路幅顶面的宽度，即两路肩外缘之间的宽度。路基宽度由行车道、中间带、路肩、应急停车带等部分的宽度组成。当设有中间带、变速车道、爬坡车道、紧急停车带时，尚应包括这些部分的宽度。

2. 路基宽度规定

JTG B01—2014 规定，路基宽度见表 1-4-1。表中"一般值"系一般情况下采用，"变化值"是在地形受限制及其他特殊原因需增减时采用。

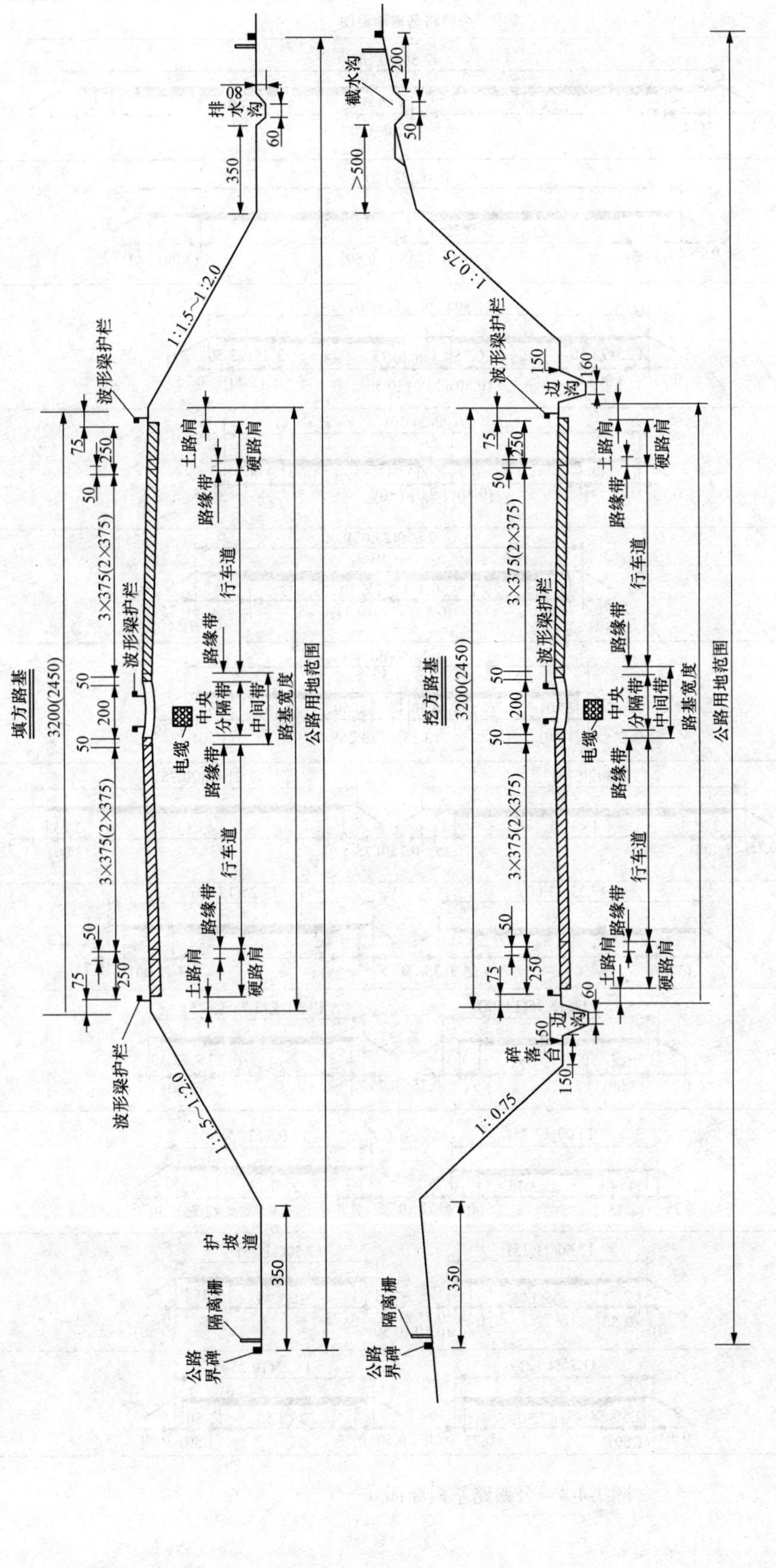

图 1-4-3 高等公路路基横断面图

公路等级			公路路基横断面图

高速公路　整体式断面　120 km/h

八车道：42.50(40.50)
0.75　3.25(3.00)　4×3.75　0.75(0.50)　3.00(2.00)　0.75(0.50)　4×3.75　3.25(3.00)　0.75

六车道：35.00(33.00)
0.75　3.25(3.00)　3×3.75　0.75(0.50)　3.00(2.00)　0.75(0.50)　3×3.75　3.25(3.00)　0.75

四车道：27.50或28.00(25.50)
0.75　3.25或3.50(3.00)　2×3.75　0.75(0.50)　3.00(2.00)　0.75(0.50)　2×3.75　3.25或3.50(3.00)　0.75

高速公路　整体式断面　100 km/h

四车道：26.00(24.50)
0.75　3.00(2.75)　2×3.75　0.75(0.50)　2.00(1.50)　0.75(0.50)　2×3.75　3.00(2.75)　0.75

高速公路　整体式断面　80 km/h

四车道：24.50(23.00)　1.50
0.75(0.50)　2.75(2.50)　2×3.75　0.50(0.25)　0.50(0.25)　2×3.75　2.75(2.50)　0.75(0.50)

高速公路　整体式断面　60 km/h

四车道：22.50(20.00)　1.50
0.50(1.50)　2.50(1.50)　2×3.50　0.50(0.25)　0.50(0.25)　2×3.50　2.50(1.50)　0.50

高速公路　分离式断面　120 km/h

八车道：21.00(20.75)　｜　21.00(20.75)
0.75　3.25(3.00)　4×3.75　1.25　0.75　0.75　1.25　4×3.55　3.25(3.00)　0.75

六车道：17.25(17.00)　｜　17.25(17.00)
0.75　3.25(3.00)　3×3.75　1.25　0.75　0.75　1.25　3×3.75　3.25(3.00)　0.75

高速公路　分离式断面　120 km/h

四车道：13.50或13.75(13.25)　｜　13.50或13.75(13.25)
0.75　3.25或3.50(3.00)　2×3.75　1.25　0.75　1.25　2×3.75　3.25或3.50(3.00)　0.75

高速公路　分离式断面　100 km/h

四车道：13.00(12.75)　｜　13.00(12.75)
0.75　3.00(2.75)　2×3.75　1.00　0.75　1.00　2×3.75　3.00(2.75)　0.75

高速公路　分离式断面　80 km/h

四车道：12.50(11.75)　｜　12.50(11.75)
0.75(0.50)　2.75(2.50)　2×3.75　0.75　0.75(0.50)　0.75(0.50)　2×3.75　2.75(2.50)　0.75(0.50)

高速公路　分离式断面　60 km/h

四车道：11.25(10.25)　｜　11.25(10.25)
0.50　2.50(1.50)　2×3.50　0.75　0.50　0.50　0.75　2×3.50　2.50(1.50)　0.50

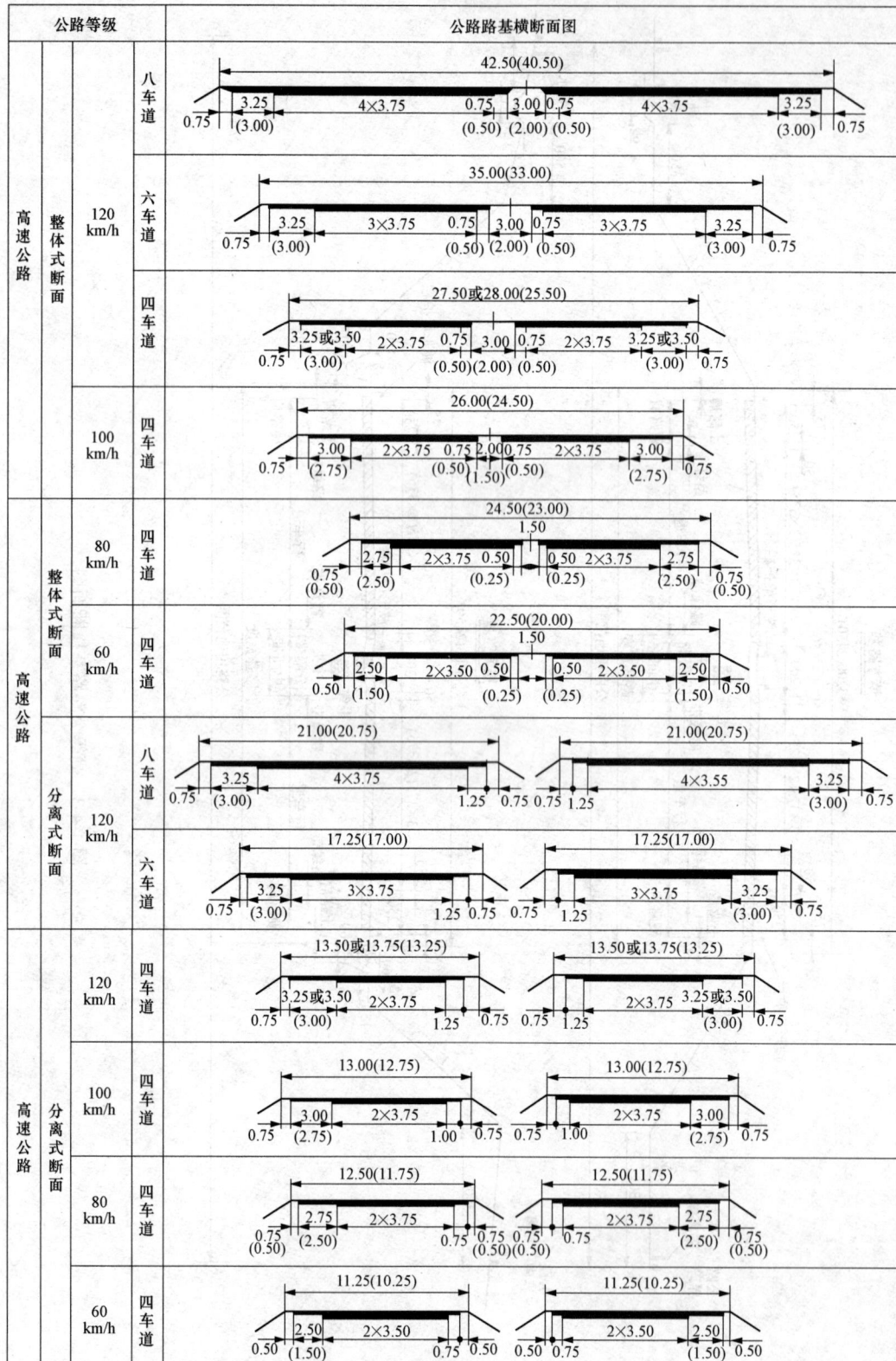

图 1-4-4　公路路基横断面（一）

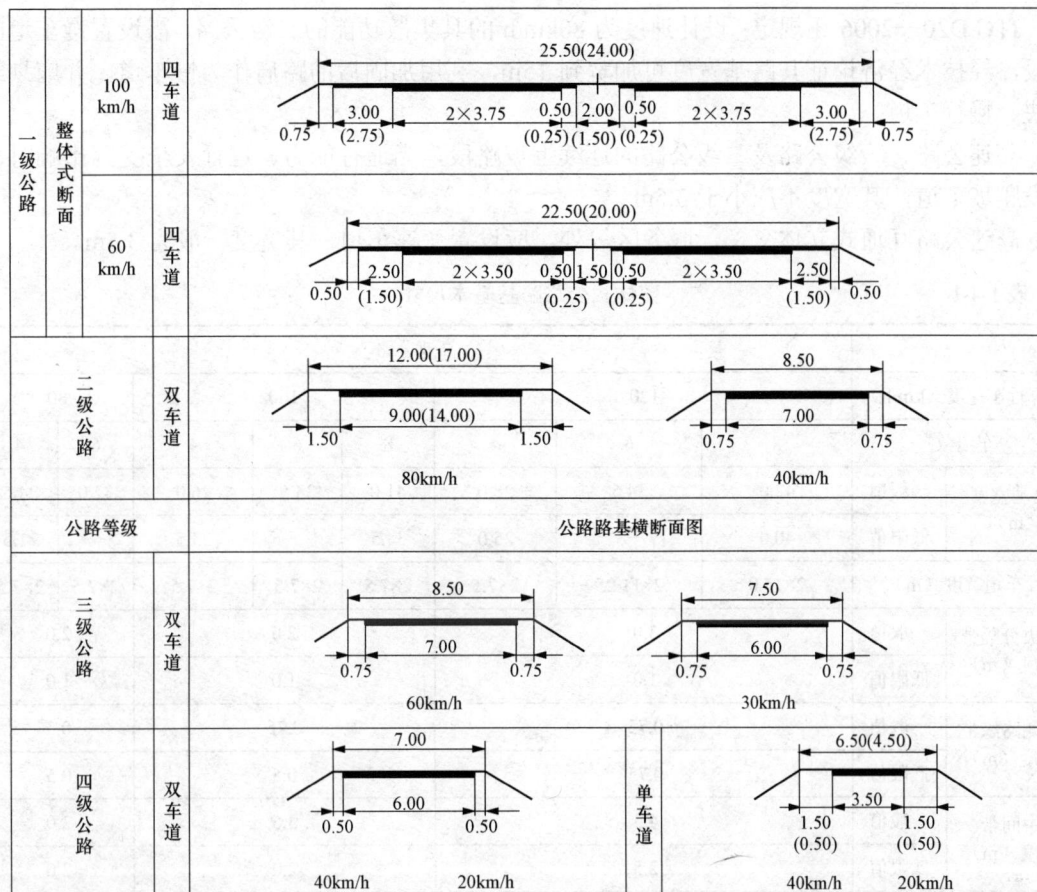

图 1-4-4　公路路基横断面（二）

四、路基高度

路基设计标高应使路肩边缘高出路基两侧地面积水高度，同时要考虑地下水、毛细水和冰冻的作用，不致影响路基的强度和稳定性。无中央分隔带的公路，应为路基边缘高度；有中央分隔带的公路，应为中央分隔带外侧边缘的高度；在设置超高加宽路段，则为设置超高加宽前的路基边缘高度。

沿河及受水浸淹的路基设计标高，应高出表 1-3-1 规定设计洪水频率的计算水位加壅水高、波浪侵袭高和 0.5m 的安全高度。

五、行车道宽度

行车道是由快车道和慢车道组成的，是指专为纵向排列、安全顺适地通行车辆为目的而设置的公路带状部分，是公路上供各种车辆行驶部分的总称。行车道宽度直接影响公路的通行能力、行车速度、行车安全、工程造价。双车道公路应满足对向车辆错车、超车行驶所需的余宽，四车道公路应满足车辆并列行驶所需的宽度。

行车道宽度与汽车宽度、汽车行驶速度、交通量、交通组成等因素有关。其宽度由车辆的几何宽度和余宽两部分组成。我国设计车辆宽度规定为 2.5m。余宽分同向车之间余宽、对向车之间余宽和车辆与行车道边缘所需余宽三种情况。根据行车调查及测定资料确定，一般采用 1～1.25m。JTG B01—2014 规定的各级公路车道宽度见表 1-4-1。

　　JTG D20—2006 还规定：设计速度为 80km/h 的具集散功能的二级公路，需设置慢车道的路段，经技术经济论证其路基宽度可加宽到 15m，利用加固后的路肩作为慢车道，并应划线分快、慢行车道。

　　高速公路、一级公路及二级公路的连续上坡路段，当通行能力、运行安全受到影响时，应设爬坡车道，其宽度不应小于 3.5m。

　　高速公路互通式立体交叉、服务区等处，应设置变速车道，其宽度一般为 3.5m。

表 1-4-1　　　　　　　　　　　　　　整体式公路路基基本尺寸

		高速公路							
计算行车速度（km/h）		120			100			80	
车道数		8	6	4	8	6	4	6	4
路基宽度（m）	一般值	42.0	34.5	28.0	41.0	33.5	26.0	32.0	24.5
	低限值	40.0	—	25.0	38.5	—	23.5	—	21.5
行车道宽度（m）		2×15.0	2×11.25	2×7.5	2×7.5	2×7.5	2×7.5	2×7.5	2×7.5
中央分隔带宽度（m）	一般值	3.0			2.0			2.0	
	低限值	1.0			1.0			1.0	
左侧路缘带宽度（m）	一般值	0.75			0.75			0.5	
	低限值	0.75			0.5			0.5	
中间带宽度（m）	一般值	4.5			3.5			3.0	
	低限值	2.5			2.0			2.0	
硬路肩宽度（m）	一般值	3.0 或 3.5			3.0			2.5	
	低限值	3.0			2.5			1.5	
土路肩宽度（m）	一般值	0.75			0.75			0.75	
	低限值	0.75			0.75			0.75	

		一级公路					二级公路		三级公路		四级公路	
计算行车速度（km/h）		100		80		60	80	60	40	30	20	
车道数		6	4	6	4	4	2	2	2	2	2	1
路基宽度（m）	一般值	33.5	26.0	32.0	24.5	23.0	12.0	10.0	8.5	7.5	6.5	4.5
	最小值	—	23.5	—	21.5	20.0	10.0	8.5				
行车道宽度（m）		2×11.25	2×7.5	2×11.25	2×7.5	2×7.0	2×7.5	2×7.5	2×7.0	2×6.5	2×3.0	1×3.0
中央分隔带宽度（m）	一般值	2.0		2.0		2.0						
	低限值	1.0		1.0		1.0						
左侧路缘带宽度（m）	一般值	0.75		0.5		0.5						
	低限值	0.5		0.5		0.5						
中间带宽度（m）	一般值	3.5		3.0		3.0						
	低限值	2.0		2.0		2.0						

续表

		一级公路			二级公路		三级公路		四级公路	
硬路肩宽度（m）	一般值	3.0	2.5	2.5	1.5	0.75	—	—	—	—
	低限值	2.5	1.5	1.5	0.75	0.25	—	—	—	—
土路肩宽度（m）	一般值	0.75	0.75	0.5	0.75	0.75	0.75	0.5	0.25	0.5
	低限值	0.75	0.75	0.5	0.5	0.5	0.75	0.5	0.25	0.5

注 1. 高速公路、一级公路的路基宽度，一般情况下采用表 1-4-1 中的"一般值"。有条件时，特别是平原微丘区可适当增加硬路肩宽度，并相应增加路基宽度。当地形条件及其他特殊情况限制时，局部地段可采用表 1-4-1 中的"低限值"，但不得在很长路段甚至全线采用"变化值"。

　　2. 四级公路一般采用 3.5m 的行车道和 6.5m 的路基。当交通量较大或有特殊需要时，可采用 6.0m 的行车道和 7.0m 的路基。在工程特别艰巨的路段或交通很小的公路，可采用 4.5m 的路基，但应按规定设置错车道。

　　3. 受条件限制时，计算行车速度为 120km/h 的四车道高速公路，宜采用 28.0m 的路基宽度，当地形条件及其他特殊情况限制时，可采用 26.0m 的路基宽度。

　　4. 受条件限制时，中央分隔带可采用低限值，但埋设管线等设施时，其宽度不得小于 2.0m。

六、路肩

1. 组成及作用

路肩是位于行车道外缘至路基边缘，具有一定宽度的带状结构部分。路肩通常由右侧路缘带（高速公路和一级公路）、硬路肩和土路肩组成，如图 1-4-5 所示。

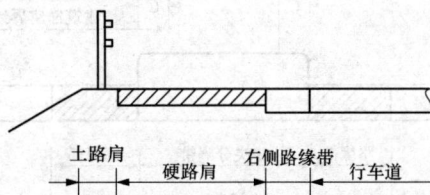

图 1-4-5　路肩组成

（1）路缘带。JTG D20—2006 规定，高速公路和一级公路在路肩宽度内应设置右侧路缘带，是路肩的组成部分，与行车道连接，用行车道的外侧标线或不同的路面颜色来表示。其作用主要是诱导驾驶员视线和分担侧向余宽功能，以利于行车安全，其宽度为 0.5m。

（2）硬路肩。硬路肩是在路肩中靠近行车道用加固材料处理的、具有一定强度的结构部分，可承受偶然的车辆荷载。其作用是，供车辆临时行驶、停放和慢交通使用，并作为底基层、基层和面层的横向支承。主要是在高速公路、一级公路以及二、三四级公路在村镇附近和混合交通量大的路段使用。

（3）土路肩。各级公路均应设置土路肩，其最小宽度见表 1-4-1。

土路肩的作用是：①增加路幅的富余宽度，供临时紧急停车、错车或堆放养路材料之用。同时对提高行车道通行能力也有辅助作用。②保护行车道等主要结构的稳定，作为路面横向支承之用。③显示行车道的边缘线，有利于司机的视线诱导，开阔视野，增加行车的舒适感和安全感。④为公路的其他设施（如护墙、护栏、绿化、电杆、地下管线等）提供设置场地。⑤为公路养护操作及避车提供空间。⑥挖方路段，可增加弯道视距。

2. 路肩宽度

根据我国土地的利用情况和路肩的功能，在满足路肩功能最低要求条件下，尽量采用较窄宽度。路肩宽度见表 1-4-1。

高速公路、一级公路的路肩宽度应考虑发生故障车辆随时都可在路肩上停置所需的宽度，并在路肩宽度内设右侧路缘带，其宽度一般为 0.5m。

设计速度为 120km/h 的四车道高速公路，右侧路肩采用 3.5m；六、八车道高速公路，宜采用 3.0m。

高速公路采用分离式断面时，行车道左侧应设硬路肩，其宽度一般为：计算行车速度为 120km/h 时采用 1.25m；计算行车速度等于 100km/h 时采用 1.0m。

二级公路的硬路肩可供非汽车交通使用。非汽车交通量较大的路段，也可采用全铺的方式，以充分利用。

二级、三级、四级公路在路肩上设置路用设施时，不得侵入该等级公路的建筑限界以内。

七、中间带

JTG B01—2014 规定，高速公路和一级公路整体式路基必须设置中间带，中间带是指在两个不同行驶方向行车道之间的地带。中间带由两条左侧路缘带及中央分隔带组成，如图 1-4-6 所示。

中间带的主要作用是：

（1）分隔往返车流，防止对向车辆互撞，减少事故，保证车速。

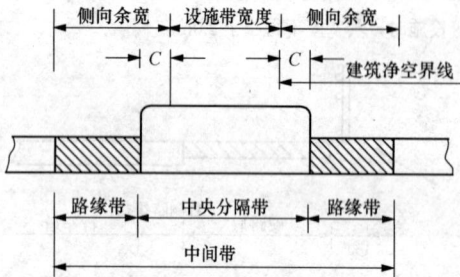

图 1-4-6　中间带

（2）杜绝车辆在路上随意调头，防止交通混乱。

（3）减少夜间对向车车灯产生的眩光。

（4）为设置沿线设施如交通标志、护栏、防眩网和绿化提供用地。

（5）为公路分期改建提供储备用地。

（6）显示行车道位置，起视线诱导作用。

（7）宽分隔带可供障碍车辆临时停放及检修之用。

（8）设置地下管线。

中间带的宽度：包括两条左侧路缘带宽度和分隔带宽度。左侧路缘带宽为 0.5～0.75m。分隔带宽度由设施带宽和两侧余宽值组成，余宽值一般为 0.5m，设施带宽主要由植树与设置防护棚的需要确定，一般为 0.25～2.00m，综合以上要求，中间带的宽度见表 1-4-1。

中央分隔带的形状多种多样。有斜式和拱式两种，前者用于宽中央分隔带，后者用于窄中央分隔带。分隔带表面有平（或凹）和凸两种形状，前者用于宽分隔带，后者用于窄分隔带。

八、路基横断面其他组成部分

1. 紧急停车带及错车道

紧急停车带是指高速及一级公路行车道右侧，为使故障车辆紧急停车，将硬路肩局部加宽的地段，如图 1-4-7 所示。错车道是指单车道的公路可通视的一定距离内，供车辆交错避让用的一段加宽车道，如图 1-4-8 所示。

高速、一级公路，当右侧硬路肩的宽度小于 2.5m 时，应设紧急停车带。紧急停车带的设置间距不宜大于 2km，紧急停车带的宽度一般为 5.00m，有效长度一般为 50m，并设置 100m 和 150m 左右的过渡段。

四级公路，当采用 4.5m 的单车道路基时，应在不大于 300m 的距离内设置错车道。错车道应设在有利地点，并使驾驶人员能看到相邻两错车道间驶来的车辆。设置错车道路段的路基宽度不小于 6.5m，有效长度不小于 20m。

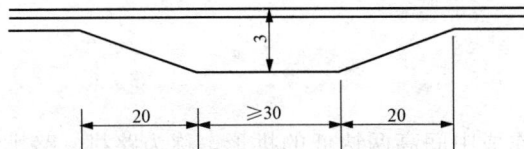

图 1-4-7　紧急停车带（单位：m）

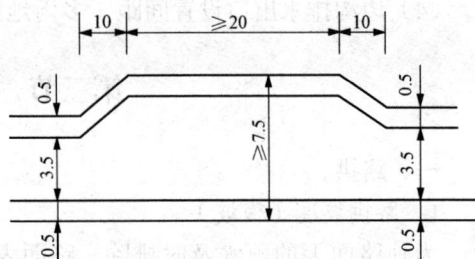

图 1-4-8　错车道（单位：m）

2．爬坡车道和变速车道

爬坡车道是设置在上坡路段供慢速上坡车辆行驶专用的车道。其作用是在陡坡路段将大型车和慢速车从主线分离出去，从而提高主线的通行能力。爬坡车道通常是在高速公路和一级公路，当纵坡大于 4%时，设爬坡车道，其宽度一般为 3.5m。

变速车道是高等级公路上的加速和减速车道的总称。加速车道是在高速及一级公路入口处设置的专供驶入车辆加速的车道。减速车道则是在高速公路和一级公路出口处设置的专供车辆减速使用的车道。一般在互通式立体交叉、服务区、停靠站的出入口均应设置变速车道，其宽度一般为 3.5m。

第二节　路缘石与边沟

一、路缘石

路缘石是设在路面边缘与横断面其他组成部分分界处的标石，如人行道边部的缘石，分隔带、交通岛、安全岛等四周的缘石，以及路面与路肩分界处的缘石。

缘石的形式有立式、斜式与平式。立式用于城市道路车行道路面的两侧。斜式或平式适用于出入口、人行道两端及人行横道两端，便于推行儿童车、轮椅及残疾人车通行。郊区道路路肩与路面边缘采用平式路缘石。在分隔带端头或路口转弯半径处，缘石应作成曲线形。

立式缘石又称侧石，其顶面高出路面边缘 10～20cm，通常采用 15cm。为保证隧道、桥梁、线形弯曲或陡峻路段的行车安全，缘石可加高至 25～40cm。缘石的埋设深度，应考虑能抵抗人行道荷载的侧压力。

缘石材料可用坚硬的石料或水泥混凝土制作。后者的抗压强度不宜低于 30MPa。

二、边沟

边沟（见图 1-4-3）的功能是排除路面及上边坡处汇集的地表水，以确保安全行车和路基与边坡的稳定，一般在公路路堑及低填方地段设置。边沟形式大多采用梯形，在石质地段可采用三角形。

梯形边沟的设置宜遵守如下规定：

（1）底宽和深度不小于 0.4m。

（2）边沟纵坡一般不小于 0.3%，特殊情况下允许减至 0.2%；当边沟纵坡较大，易使土壤产生冲刷时，应对边沟进行加固。

（3）边沟的边坡度一般为 1:1～1:1.5，其中一侧与填方段或挖方段边坡一致。

（4）边沟排水出口设置间距，多雨地区以 200～300m 为宜，一般不宜超过 500m。

第三节 路 拱 与 超 高

一、路拱

1. 路拱坡度（横坡）

为使路面上的雨水及时排除，路面表面作成中间高两边低的拱形，称为路拱。路拱坡度的横向倾斜度，以百分率来表示，称为路拱横坡。路拱坡度主要是考虑路面排水的要求，路面越粗糙，要求路拱坡度越大。但路拱坡度过大对行车不利，故路拱坡度应限制在一定范围内。不同路面的路拱横坡应根据路面类型、有利于路面排水和行车安全平稳，按表 1-4-2 规定的数值采用。在选用时，高速、一级公路整体式路基的路拱宜采用双向路拱坡度，由路中央向两侧倾斜，位于中等强度降雨地区时，路拱坡度宜为 2%；位于严重强度降雨地区时，路拱坡度可适当增大；位于降雪地区时，每侧行车道路面可采用双向排水。对于六、八车道的高速公路，因其路基宽度大，路拱平缓不利横向排水，宜采用较大的路面横坡。

表 1-4-2　　　　　　　　　　　不同路面的路拱横坡

路 面 类 型	路拱坡度（%）	路 面 类 型	路拱坡度（%）
沥青混凝土、水泥混凝土	1.0～2.0	碎、砾石等粒料路面	2.5～3.5
其他黑色路面、整齐石块	1.5～2.5	低级路面	3.0～4.0
半整齐石块、不整齐石块	2.0～3.0		

分离式路基，每侧行车道可设置双向路拱，也可采用单向横坡，并向路基外侧倾斜。但在积雪冻融的地区，应设置双向路拱。在干旱和有积雪、浮水地区，应采用低值，多雨地区采用高值；当道路纵坡较大、路面较宽、行车速度较高、交通量和车辆载重量较大，或常有拖挂车行驶时，应采用低值，反之则采用高值。土路肩的横向坡度比路面横坡大 1.0%～2.0%。在设有超高的横断面上，对于路面外侧的路肩横坡设计应避免过大的横坡转折，为了满足行车要求，外侧路肩采用与路面超高大致相同的坡度。

2. 路拱形式

车行道路拱的基本型式有直线型、折线型和抛物线型。

（1）直线型路拱。简单的直线型路拱是由两条倾斜的直线组成，见图 1-4-9（a）。由于这种路拱中部呈屋脊型，对行车不便，仅用于横坡小的双车道水泥混凝土路面。

直线接不同方次的抛物线型路拱，在路面两边部分的坡度较平缓，适用于路面宽度大于 20m 的柔性路面，见图 1-4-9（b）。

（2）折线型路拱。折线型路拱是指由路中心向路边逐渐增大横坡的若干段短折线组成路拱，见图 1-4-9（c）。由于路拱的直线段较短，横坡变化缓，对行车、排水均有利，适用于多车道的水泥混凝土路面。

（3）抛物线型路拱。如图 1-4-9（d）所示，抛物线型路拱的特点是车行道中间部分坡度小，近缘石部分横坡度大，对行车和排水均有利，适用于路面宽度小于 20m 的柔性路面。抛物线型路拱以车行道中心为原点（O），以水平方向为 x 轴，纵坐标值 y 与 x 的关系按不同方次的抛物线公式，可由表 1-4-3 求得。

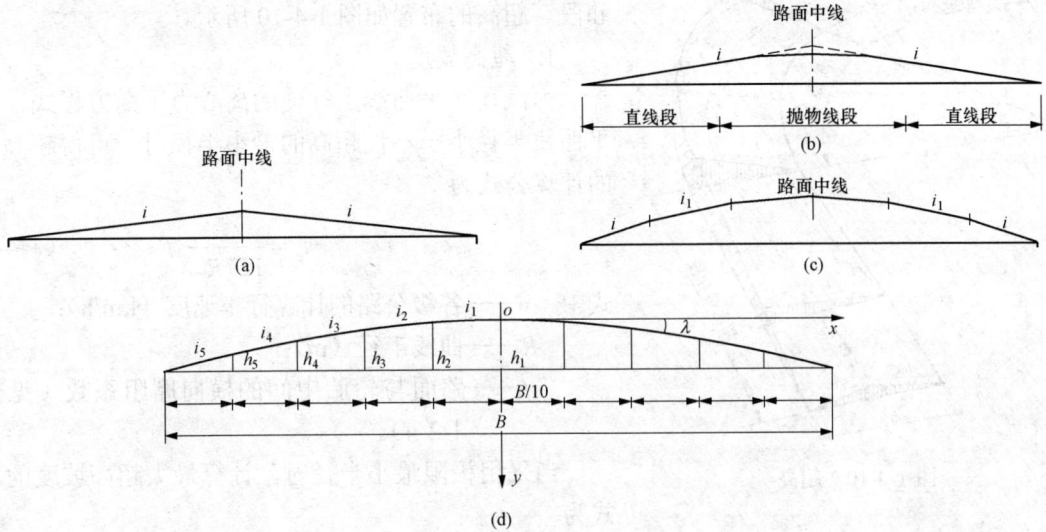

图 1-4-9 路拱示意图

（a）直线型；（b）直线接抛物线型；（c）折线型；（d）抛物线型

表 1-4-3 抛物线型路拱各点高度及点间的横坡比较

抛物线型路拱类型	计算公式	高度及坡度\点位	路拱各点高度及各点间的横坡						备注
			0	B/10	2B/10	3B/10	4B/10	5B/10	
二次抛物线	$y = \dfrac{4h}{B^2} \cdot x^2$	高度	h_1	$0.96h_1$	$0.84h_1$	$0.64h_1$	$0.36h_1$	0	$i_{平均}=2\%$ $B=7m$ 或14m
		坡度（%）	0.4	1.2	2.0	2.8	3.6		
半立方式抛物线	$y = h\left(\dfrac{x}{B/2}\right)^{3/2}$	高度	h_1	$0.91h_1$	$0.75h_1$	$0.54h_1$	$0.29h_1$	0	
		坡度（%）	0.9	1.6	2.1	2.5	2.9		
修正三次抛物线	$y = \dfrac{4h}{B^3}x^3 + \dfrac{h}{B} \cdot x$	高度	h_1	$0.90h_1$	$0.77h_1$	$0.59h_1$	$0.34h_1$	0	
		坡度（%）	1.0	1.3	1.8	2.5	3.4		

注 1. 二次抛物线型路拱适用在路面宽度小于 12m 而横坡度又较大的中级或低级路面上。

2. 半立方抛物线型路拱适用于中级路面，道路宽度在四车道（或 16m）以内、横坡度为 3% 或大于 3% 的道路。

3. 修正三次抛物线型路拱适用于沥青类路面，路宽在四车道（或 16m）以内、横坡度为 2.5% 或小于 2.5% 的道路。

4. x 为距中心的横向距离（m）；y 为相应于 x 点的竖向距离（m）；h 为路拱高度，$h=Bi/2$；i 为路面平均横坡（%），即路拱坡度。

二、超高

为抵消车辆在曲线路段上行驶时所产生的离心力，在该路段横断面上设置的外侧高于内侧的单向横坡，称为超高。当汽车行驶在设有超高的弯道上时，汽车自重分力将抵消一部分离心力，从而提高行车的安全性和舒适性。

超高设于平曲线的圆曲线范围内，两端用过渡段与直线相连。从直线段的双向横坡渐变

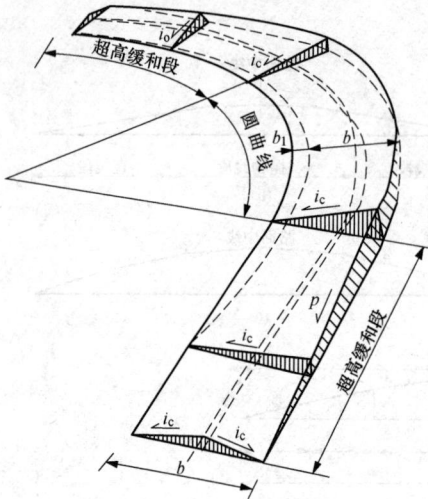

图 1-4-10　超高

到圆曲线路段具有超高单向横坡的过渡段称为超高缓和段。超高的布置如图 1-4-10 所示。

1. 超高坡度

由汽车在平曲线上行使的离心力平衡方程式，当平曲线半径小于不设超高的最小半径时，可得超高值的计算公式为

$$i_c = \frac{v^2}{127R} - f \qquad (1\text{-}4\text{-}1)$$

式中　v——各级公路的计算行车速度（km/h）；

　　　R——曲线半径（m）；

　　　f——路面与轮胎中间的横向摩阻系数（见表 1-2-4）。

当采用极限最小半径时，计算最大超高坡度的公式为

$$i_{c\max} = \frac{v^2}{127R_{\min}} - f \qquad (1\text{-}4\text{-}2)$$

最大超高坡度的限值与气候条件、地形、地区、汽车与低速行驶的频率、路面施工的难易程度等因素有关。从保证汽车转弯时有较高速度和乘客舒适性来看，要求超高横坡应尽量大一点，但考虑车辆组成不同，车速不一，特别是在弯道上停车（$v=0$），有可能向弯道内侧滑移的危险；另外，在冰雪状态下，过大的超高对车辆起动及刹车不利。

JTG B01—2014 规定，当平曲线半径小于不设超高的最小半径时，应在曲线上设置超高。超高的横坡度按计算行车速度、半径大小，结合路面类型、自然条件和车辆组成等情况确定。高速、一级公路的最大超高值为 10%，其他公路为 8%。在积雪、严寒地区，由于汽车起动、刹车时会产生打滑现象，因此规定各级公路的最大超高不宜大于 6%。

各级公路根据圆曲线半径设置的超高值列于表 1-4-4。

位于曲线上的行车道、中间带和路肩，以及爬坡车道、加减速车道，均应根据圆曲线半径的大小、自然条件和公路等级等按规定设置超高。

2. 超高缓和段长度

由直线段的双向横坡断面逐渐变到圆曲线段全超高的单向横坡断面，其间必须设置超高缓和段。为了行车舒适性和排水，对超高缓和段长度必须加以规定。通常按超高后行车道外边缘的渐变率来计算。

双车道公路的超高缓和段长度按式（1-4-3）计算，即

$$L_c = \frac{B\Delta_i}{p} \qquad (1\text{-}4\text{-}3)$$

式中　L_c——超高缓和段长度（m）；

　　　B——旋转轴至行车道（或路缘带）外侧边缘的宽度（m）；

　　　Δ_i——超高坡度与路拱坡度代数差（%）；

　　　P——超高渐变率，即旋转轴线与行车道（或路缘带）外侧边缘线之间相对升降的比率，其值见表 1-4-5。

表1-4-4

圆曲线半径与超高值

半径(m) / 超高(%)	高速公路						一级公路					
公路等级	$v=120$km/h		$v=100$km/h		$v=80$km/h		$v=100$km/h		$v=80$km/h		$v=60$km/h	
	一般情况	积雪冰冻地区	一般情况	积雪冰冻地区	一般情况	积雪冰冻地区	一般情况	积雪冰冻地区	一般情况	积雪冰冻地区	一般情况	积雪冰冻地区
2	<5500(<7550)~2860	<5500(<7550)~2730	<4000(<5250)~2150	<4000(<5250)~2000	<2500(<3350)~1410	<2500(<3350)~1360	<4000(<5250)~2150	<4000(<5250)~2000	<2500(<3350)~1410	<2500(<3350)~1360	<1500(<1900)~870	<1500(<1900)~800
3	<2860~1990	<2730~1840	<2150~1480	<2000~1320	<1410~960	<1360~890	<2150~1480	<2000~1320	<1410~960	<1360~890	<870~590	<800~500
4	<1990~1500	<1840~1340	<1480~1100	<1320~920	<960~710	<890~600	<1480~1100	<1320~920	<960~710	<890~600	<590~430	<500~320
5	<1500~1190	<1340~970	<1100~860	<920~630	<710~550	<600~400	<1100~860	<920~630	<710~550	<600~400	<430~320	<320~200
6	<1190~980	<970~710	<860~690	<630~440	<550~420	<400~270	<860~690	<630~440	<550~420	<400~270	<320~240	<200~135
7	<980~790		<690~530		<420~320		<690~530		<420~320		<240~170	
8	<790~650		<530~400		<320~250		<530~400		<320~250		<170~125	
9												
10												

续表

超高(%)	二级公路 v=80km/h 一般情况	二级公路 v=80km/h 积雪冰冻地区	二级公路 v=60km/h 一般情况	二级公路 v=60km/h 积雪冰冻地区	三级公路 v=40km/h 一般情况	三级公路 v=40km/h 积雪冰冻地区	三级公路 v=30km/h 一般情况	三级公路 v=30km/h 积雪冰冻地区	四级公路 v=30km/h 一般情况	四级公路 v=30km/h 积雪冰冻地区	四级公路 v=20km/h 一般情况	四级公路 v=20km/h 积雪冰冻地区
2	<2500 (<3350) ~1410	<2500 (<3350) ~1360	<1500 (<1900) ~870	<1500 (<1900) ~800	<600 (<800) ~470	<600 (<800) ~410	<350 (<450) ~250	<350 (<450) ~230	<350 (<450) ~250	<350 (<450) ~230	<150 (<200) ~140	<150 (<200) ~110
3	<1410 ~960	<1360 ~890	<870 ~590	<800 ~500	<470 ~310	<410 ~250	<250 ~170	<230 ~140	<250 ~170	<230 ~140	<140 ~90	<110 ~70
4	<960 ~710	<890 ~600	<590 ~430	<500 ~320	<310 ~220	<250 ~150	<170 ~120	<140 ~80	<170 ~120	<140 ~80	<90 ~70	<70 ~40
5	<710 ~550	<600 ~400	<430 ~320	<320 ~200	<220 ~160	<150 ~90	<120 ~90	<80 ~50	<120 ~90	<80 ~50	<70 ~50	<40 ~30
6	<550 ~420	<400 ~270	<320 ~240	<200 ~135	<160 ~120	<90 ~60	<90 ~60	<50 ~35	<90 ~60	<50 ~35	<50 ~40	<30 ~15
7	<420 ~320		<240 ~170		<120 ~80		<60 ~40		<60 ~40		<40 ~30	
8	<320 ~250		<170 ~125		<80 ~55		<40 ~30		<40 ~30		<30 ~15	
9												
10												

注　括号值为路拱大于2%的不设超高值最小半径。

表 1-4-5　　　　　　　　　　　超 高 渐 变 率

设计车速 （km/h）	超高旋转轴位置		设计车速 （km/h）	超高旋转轴位置	
	绕中线旋转	绕边线旋转		绕中线旋转	绕边线旋转
120	1/250	1/200	40	1/150	1/100
100	1/225	1/175	30	1/125	1/75
80	1/200	1/150	20	1/100	1/50
60	1/175	1/125			

根据式（1-4-3）求得的超高缓和段长度，应凑整成 5m 的倍数，并不小于 10m 的长度。

多车道公路的超高缓和段长度，视车道数按式（1-4-3）计算之值乘以下列系数：

行车道边缘到旋转轴距离为 1.5 车道时，乘以 1.2；

行车道边缘到旋转轴距离为 2 车道时，乘以 1.5；

行车道边缘到旋转轴距离为 3 车道时，乘以 2.0。

在确定超高缓和段长度时，应注意，超高的过渡应在回旋线全长范围内进行，但当超高渐变率过小时（为保证排水，超高渐变率不得小于 1/330），可只设在该回旋线的某一区段范围之内。

第四节　平 曲 线 加 宽

一、加宽含义

汽车在曲线路段上行驶时，后轮轨迹偏向曲线内侧，为适应行车需要，弯道内侧相应增加路面、路基宽度，称为平曲线加宽。平曲线半径等于或小于 250m 时，应在平曲线内侧加宽。

JTG B01—2014 规定，行车道宽度，是按计算行车速度，设计车辆最大宽度 2.5m 加上一定的余宽度来确定的。但是，汽车在曲线部分行驶时，前后轮的轮迹是不同的，而且，驾驶人员保持车辆在车道中心线上也较困难，弯道部分的路面宽度比直线段需要宽些。加宽值与平曲线半径、设计车辆的轴距有关，轴距愈长，加宽值愈大，同时，也要考虑弯道上行车困难外加的宽度。

图 1-4-11 所示为对于普通载重汽车单车道加宽，图 1-4-12 所示为半挂车单车道加宽。

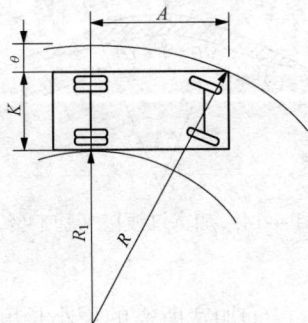

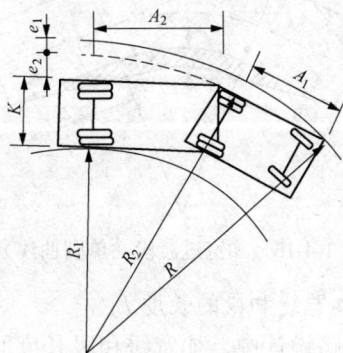

图 1-4-11　单车道加宽　　　　　　　　图 1-4-12　半挂车单车道加宽

二、加宽值

圆曲线上加宽值与曲线半径、设计车辆的轴距有关，同时还要考虑弯道上行驶车辆摆动及驾驶员的操作所需的附加宽度，因此，圆曲线上的加宽值由几何需要的加宽和汽车转弯时摆动加宽两部分组成。

JTG B01—2014 根据三种标准车的轴距，其轴距加前悬的长度分别为 5、8m 和（5.2+8.8）m，规定出双车道路面三类不同加宽值见表 1-4-6。

表 1-4-6　　　　　　　　　　　　　　　平　曲　线　加　宽　值

加宽类别	加宽值（m）／汽车轴距加前悬（m）／平曲线半径（m）	250～200	<200～150	<150～100	<100～70	<70～50	<50～30	<30～25	<25～20	<20～15
1	5	0.4	0.6	0.8	1.0	1.2	1.4	1.8	2.2	2.5
2	8	0.6	0.7	0.9	1.2	1.5	2.0	—	—	—
3	5.2+8.8	0.8	1.0	1.5	2.0	2.5				

四级公路和山岭、重丘区的三级公路采用第 1 类加宽值，其余各级公路采用第 3 类加宽值。对不经常通行集装箱运输的半挂车的公路，可采用第 2 类加宽值。

单车道公路曲线加宽采用表 1-4-6 规定值折半。由三条以上车道组成的行车道，其路面的加宽值应另行计算；对于分道行驶的公路，若平曲线半径较小，其内侧车道的加宽值应大于外侧车道的加宽值，设计时应通过计算确定其差值。

一、二、三级公路及路基宽度为 4.5m 的四级公路，其路面加宽后，路基也应加宽。四级公路路基采用 6.5m 以上时，若路面加宽后剩余的路肩宽度不小于 0.5m，则路基可不予加宽；若小于 0.5m，则应加宽路基以保证路肩宽度不小于 0.5m。

三、加宽缓和段

为了使路面和路基均匀变化，设置一段从加宽值为零逐渐加宽到全加宽的过渡段，称为加宽过渡段，如图 1-4-13、图 1-4-14 所示。加宽缓和段（或超高缓和段）范围内，如无缓和曲线和超高缓和段，则应另设加宽缓和段。

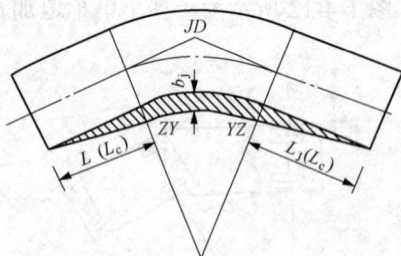

图 1-4-13　加宽过渡段（单圆曲线）　　　　图 1-4-14　加宽过渡段（基本型）

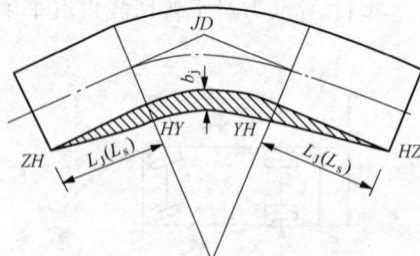

1. 加宽缓和段的长度 L_J

在公路设计中，加宽缓和段长度取决于三方面的要求：①加宽所需的最小长度。在不设缓和曲线或超高缓和段时，加宽缓和段长度应按渐变率 1:15 且不小于 10m 的要求设置。②超高缓和段长度 L_c。③缓和曲线长度 L_s。

设置缓和曲线或超高缓和段时,加宽缓和段长度采用与缓和曲线或超高缓和段长度相同的数值。

不设缓和曲线的超高段,加宽缓和段一般设于紧接圆曲线起、终点的直线段上,在地形困难地段,允许将超高、加宽缓和段的一部分插入曲线,但插入曲线内的长度不得超过超高、加宽缓和段长度的一半。

2. 缓和段加宽值 b_x

二、三、四级公路的加宽缓和段的设置,应采用在相应的回旋线或超高、加宽缓和段全长范围内按其长度成比例增加的方法,即加宽缓和段上任一点的加宽值(b_x)与该点到加宽缓和段起点的距离(L_x)同加宽缓和段全长(L)的比率($k=L_x/L$)成正比,即

$$b_x=kb \qquad (1-4-4)$$

式中 b——圆曲线部分路面加宽值(m)。

各级汽车专用公路设置加宽缓和段时,应采用高次抛物线过渡。

加宽缓和段上任一点的加宽值(b_x)为

$$b_x=(4k^3-3k^4)\,b \qquad (1-4-5)$$

第五节 路 基 横 断 面 设 计

一、基本要求

路基横断面是中线上各桩点位的法向剖面,它由横断面设计线与横断面地面线围成的面所组成。路基横断面设计就是在各桩位的横断面地面线的基础上,确定横断面设计线的形状、尺寸、结构的工作。其主要目的是:①为路基施工提供资料数据(即提供路基横断面设计图);②为计算路基土石方提供面积资料。

路基是支承路面,形成连续行车道的带状土、石结构物。它既要承受由路面传来的车辆荷载,又要承受大自然因素的作用。因此,路基设计必须要满足以下基本要求:

(1)路基的结构设计应根据其使用要求和当地自然条件(包括水文地质和材料情况),并结合施工条件进行设计。使路基既要有足够的强度和稳定性,又要便于施工,经济节约。为此,在设计前要充分调查沿线地质、水文、地形、气象资料。在山岭重丘区要特别注意地形和地质条件的影响,选择适当的断面形式、边坡坡度及防治病害的措施。在平原微丘区注意最小填土高度,并设置必要排水设施。

(2)路基的断面形式和尺寸应根据公路的等级、设计标准和设计任务书的规定及公路的使用要求,结合具体条件确定。一般路基可参照典型横断面图设计。特殊路基则应进行单独计算设计。

(3)路基设计应兼顾当地农田基本建设的需要。在取土、弃土、取土坑设置、排水设计等方面与农田改土、农田水利、灌排沟渠等相配合,尽量减少废土占地、防止水土流失和淤塞河道。

二、典型横断面

通常路基横断面设计均不作单独设计,参照常用的一般路基横断面图(典型横断面)设计。《公路路基设计规范》(JTG D30—2015)规定的常见典型横断面如图 1-4-15 所示。

三、横断面设计步骤

(1)根据外业横断面测量资料点绘横断面地面线(一般在现场与测量同时进行)。

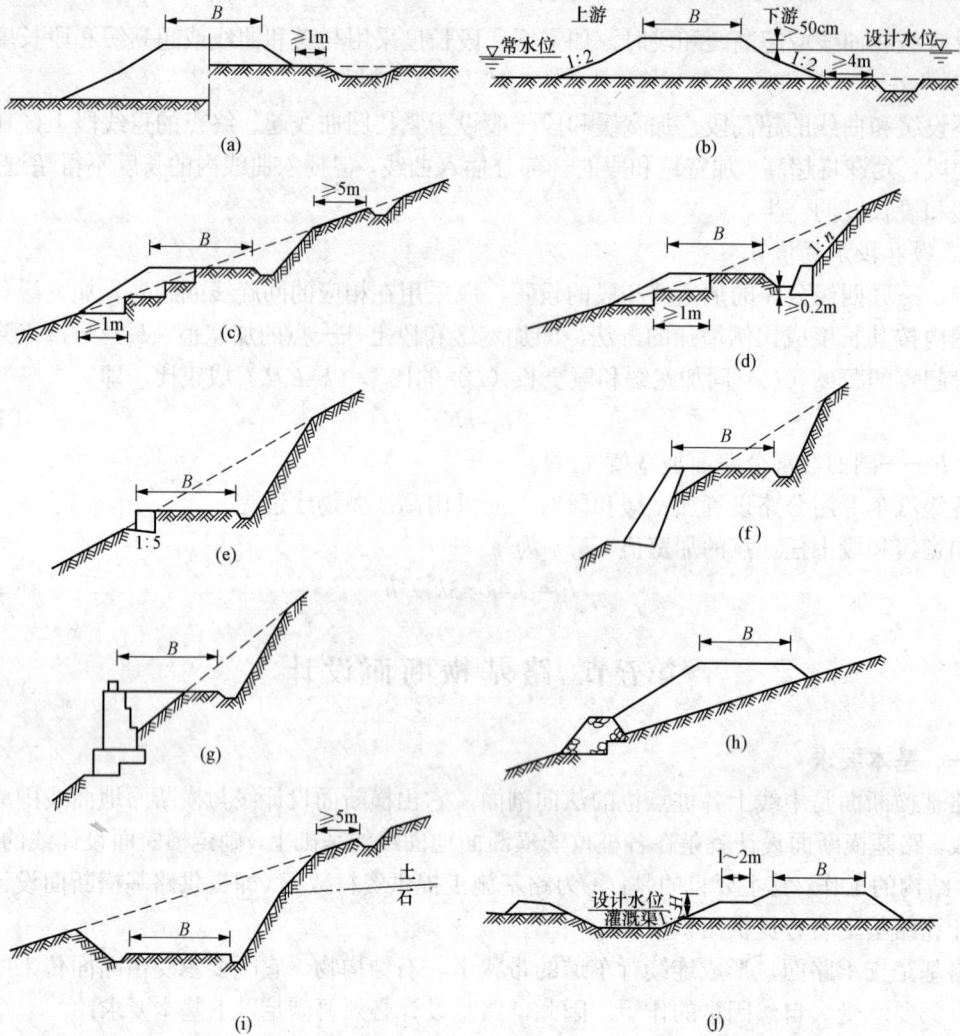

图 1-4-15 典型路基横断面图

（a）一般路堤；（b）沿河路堤；（c）半挖半填路基；（d）矮墙路基；（e）护肩路基；

（f）砌石路基；（g）挡土墙路基；（h）护脚路基；（i）挖方路基；（j）利用挖渠土填筑路基

（2）根据路线及路基资料，将横断面的填、挖值及有关资料（如路基宽度、加宽值、超高坡度、缓和段长度、平曲线半径等）抄于相应桩号的断面上。

（3）根据地质调查资料，示出土石界线，设计边坡度，并确定边沟形状和尺寸。

（4）绘横断面设计线，又叫"戴帽子"。设计线应包括路基、边沟、边坡、截水沟、加固及防护工程、护坡道、碎落台、视距台等，在弯道上的断面还应示出超高、加宽等。一般直线上的断面可不示出路拱坡度。

（5）计算横断面面积，上墨完成全图。

四、横断面设计成果

1. 标准横断面图

一条公路在全线范围内应选择有代表性的典型横断面，做出路基标准横断面图。图中应注明用地界、绿化、护栏、防护网位置、路堤和路堑边坡，以及横断面各组成部分的详细尺寸和布置，作为施工的标准图式。其比例一般为 1:100 或 1:200。设计示例如图 1-4-16 所示。

2. 路基横断面图

路基横断面图是每一个中桩位置的法向剖面图，它反映每个桩位处横断面的尺寸及结构，是路基施工及横断面面积计算的依据。其示例见图 1-4-16。图中应绘出地面线和设计线（包括边沟、边坡、开挖台阶、视距台等），并注明地界，挡土墙、驳岸、护坡、护脚等构造物均可绘于该图上，注明起讫桩号、坊工种类及断面尺寸（另绘有防护工程设计图的只注明起讫桩号），比例一般用 1:200。

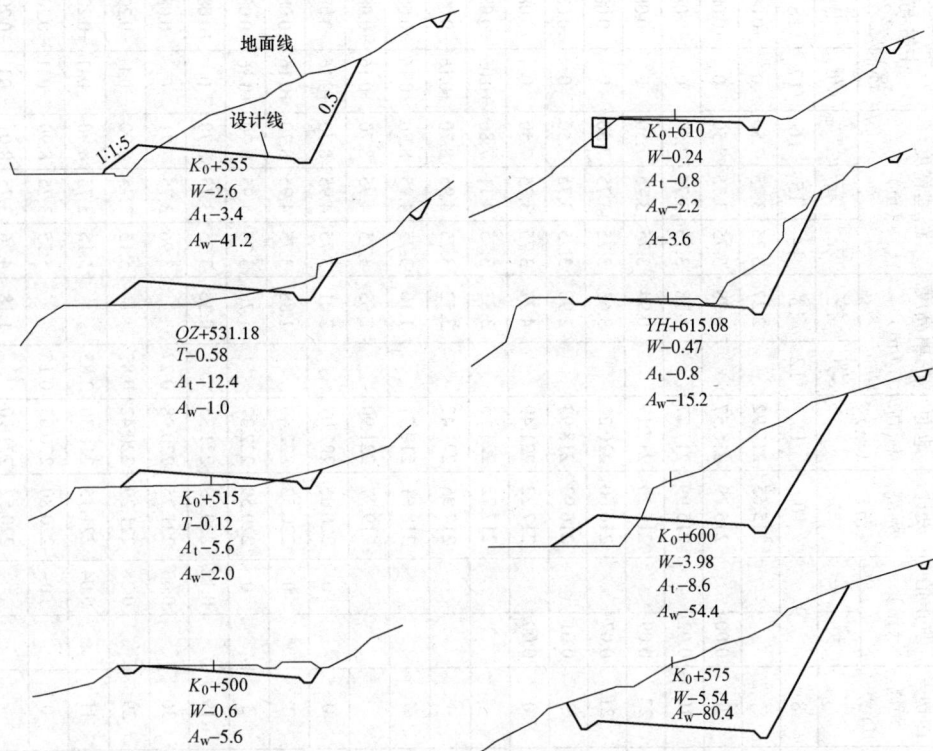

图 1-4-16　横断面图

3. 特殊路基设计图

对于特殊情况下的路基（如高填深挖路基、临河路基、不良地质地段路基等）应单独设计，并绘制特殊路基设计图。图中应示出地质、各种防护工程设施及构造物布置大样图。比例尺用 1:100～1:500，必要时应加绘比例尺为 1:200～1:2000 的平面图及水平比例 1:200～1:2000，垂直比例为 1:20～1:200 的纵断面图。

4. 路基设计表

路基设计表是公路路线设计的主要技术文件之一，它是综合路线平、纵、横面的设计资料汇编成的。在表中列有平面线形及纵断线形资料，如中桩桩号、地面标高，平曲线、竖曲线情况，设计标高、施工高度等；还有横断面情况，如路基宽度、路拱坡度、小半径弯道上的超高及加宽等。路基设计表在施工现场使用极为方便。路基设计表见表 1-4-7，共列出 22 栏，1～13 栏的数据是据平面及纵断面设计资料填写的，14～22 栏是据横断面设计资料填写

表1-4-7

路 基 设 计 表

桩号	平曲线		纵坡(%)及坡长(m)	竖曲线		未设竖曲线前之线设计标高(m)	距切点距离(m)	改正值(m)		设计标高(m)	地面标高(m)	挖填高度(m)		路基宽度(m)			路基边缘及中桩与设计标高之差(m)			施工时中桩挖填高度(m)		备注
	左	右		凹	凸			+	-			填	挖	左	右	全宽	左	中	右	填	挖	
1	2	3	4	5	6	7	8	9		10	11	12	13	14	15	16	17	18	19	20	21	22
K13+225			$\frac{+1.3}{270}$							215.65	217.92		2.27	3.75	3.75	7.50	0	+0.08	0		2.19	表例为三级山岭重丘公路路面宽 b=6.0m 路肩宽 a=0.75m 路拱坡度2% 路肩坡度3%
+236				13+240			0	0.00		215.79	216.57		0.78	3.75	3.75	7.50	0	+0.08	0		0.70	
+250			$\frac{216.23}{+270}$	R3000 E0.16 T-30		215.97	10	0.02		215.99	217.77		1.78	3.75	3.75	7.50	0	+0.08	0		1.70	
+263						216.14	23	0.09		216.23	217.17		0.94	3.75	3.75	7.50	0	+0.08	0		0.86	
+279						216.53	21	0.07		216.60	220.27		3.63	3.75	3.75	7.50	0	+0.08	0		3.55	
+291						216.92	9	0.01		216.93	218.93		2.90	3.75	3.75	7.50	0	+0.08	0		2.82	
+300				13+300			0	0.00		217.22	221.49		4.27	3.75	3.75	7.50	+0.05	+0.08	0		4.19	
+315			$\frac{+3.3}{170}$							217.72	221.55		3.83	3.75	4.11	7.86	+0.16	+0.08	0		3.75	超高坡 i_b=2% 加宽值 E=1.2m
ZY+321.97										217.95	221.47		3.52	3.75	4.95	8.70	+0.16	+0.08	-0.02		3.44	
+342										218.61	219.71		1.10	3.75	4.95	8.70	+0.16	+0.08	-0.02		1.02	
QZ+362.01		JD170 R_{-60}			+399		0		0	219.27	221.90		2.63	3.75	4.95	8.70	+0.16	+0.08	-0.02		2.55	
+386					R1500 T-41 E-0.56				0	220.06	222.07		2.01	3.75	4.95	8.70	+0.16	+0.08	-0.02		1.93	
+400			$\frac{221.84}{440}$			220.52	1		0	220.52	222.40		1.88	3.75	4.95	8.70	+0.16	+0.08	-0.02		1.80	
YZ+402.05						220.59	3		0	220.59	222.37		1.78	3.75	4.95	8.70	+0.16	+0.08	-0.02		1.70	
+418						221.11	19		0.12	220.99	221.35		0.36	3.96	3.75	7.71	0	+0.08	+0.07		0.28	
+435						221.68	36		0.43	221.25	220.98	0.27		5.15	3.75	8.90	-0.11	+0.20	+0.43	0.35		
ZY+452.05						221.57	29		0.28	221.29	220.42	0.87		5.15	3.75	8.90	-0.11	+0.20	+0.43	1.07		超高横坡=6% 加宽值 E=1.4m
QZ+469.64		JD171 R_{-40}				221.19	11		0.04	221.15	218.30	2.85		5.15	3.75	8.90	-0.11	+0.20	+0.43	3.05		
YZ+487.22							0		0	220.80	220.65	0.15		4.26	3.75	8.01	-0.11	+0.20	+0.16	0.35		
+500			$\frac{+2.2}{260}$		+481					220.52	221.70		1.18	3.75	3.75	7.50	0	+0.20	0		0.98	
+520										220.08	220.10		0.02	3.75	3.75	7.50		+0.08			0.06	

的，17～19栏分别填写路基宽度及超高情况。对半径较小的弯道注意填写超高和加宽值。特别是缓和曲线段和超高缓和段各桩号断面上的超高，加宽值需逐个计算，详细填写。

表1-4-7还有几点特殊说明：

（1）第10栏（设计标高）是指未设超高、加宽路基边缘标高。

（2）第17、18、19栏（路基边缘及中桩与设计标高之差）中，当无超高、加宽时，路基边缘的高程就是设计标高。当弯道上设有超高、加宽时，弯道上的断面以及缓和段上的断面在路基边缘点的高差将上升或下降，差值应进行计算。

（3）第20、21栏等于第12栏或第13栏与第18栏之差值。

（4）路基设计表具有列表计算的规律性，利用Excel电子表格软件工具列表并进行计算，通用性和计算速度将大大提高。

第六节 路基土石方计算

一、横断面面积计算

路基填挖的断面面积，是指断面图中原地面线与路基设计线所包围的面积，高于地面线者为填，低于地面线者为挖，两者应分别计算。下面介绍几种常用的面积计算方法。

1. 积距法

如图1-4-17所示，将断面按单位横宽划分为若干个梯形与三角形条块，每个小条块的近似面积为

$$F_i = bh_i \tag{1-4-6}$$

则横断面面积为

$$F = bh_1 + bh_2 + \cdots + bh_n = b\sum_{i=1}^{n}h_i \tag{1-4-7}$$

当$b=1m$时，则F在数值上就等于各小条块平均高度之和$\sum h_i$。

想要求得$\sum h_i$的值，可以用卡规逐一量取各条块高度的累积值。当面积较大卡规张度不够用时，也可用厘米方格纸折成窄条代替卡规量取积距。用积距法计算面积简单、迅速。若要进一步提高精度，可增加测量次数最后取其平均值。

2. 坐标法

如图1-4-18所示，已知断面图上各转折点坐标(x_i, y_i)，则断面面积为

$$F = \frac{1}{2}\sum_{i=1}^{n}(x_i y_{i+1} - x_{i+1} y_i) \tag{1-4-8}$$

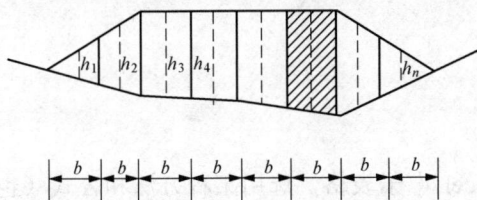

图1-4-17 横断面面积计算（积距法）　图1-4-18 横断面面积计算（坐标法）

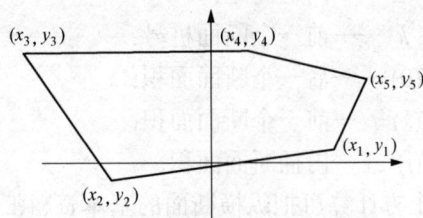

坐标法精度较高，适宜于用计算机计算。

3. 几何图形法

几何图形法是把填方和挖方面积分成规则的几何图形，用简便的几何公式计算各图形面积，然后相加，此法常用于面积较大时的横断面，用 Excel 电子表格通用软件计算较为方便。

计算横断面面积还有数方格法、求积仪法等。

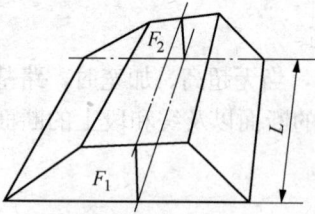

图 1-4-19 体积计算

二、土石方数量计算

计算出各桩号的填挖方断面面积，就可计算土石方体积，具体计算可采用下列几种计算公式。

1. 棱柱体体积公式

若相邻两断面均为填方或均为挖方且面积大小相近，则可假定两断面之间为一棱柱体（见图 1-4-19），其体积的计算公式为

$$V = \frac{1}{2}(F_1 + F_2)L \qquad (1\text{-}4\text{-}9)$$

式中　V——体积，即土石方数量（m^3）；

F_1、F_2——相邻两断面的面积（m^2）；

L——相邻断面之间的距离（m）。

此法计算简易，较为常用，一般称为"平均断面法"。

2. 棱台体体积公式

若相邻断面面积相差甚大，则与棱台更为接近。其计算公式为

$$V = \frac{1}{3}(F_1 + F_2)L\left(1 + \frac{\sqrt{m}}{1+m}\right) \qquad (1\text{-}4\text{-}10)$$

$$m = \frac{F_1}{F_2}$$

其中，$F_1 > F_2$。

第二种方法的精度较高，特别是用计算机计算时应尽量采用。

3. 辛卜生求积公式

当采用规则法计算面积时，可以根据各边的几何尺寸，内插若干个中间断面，体积计算可用辛卜生求积公式

$$V(I) = \frac{L}{3k}\left[F(0) + F(k) + 4\sum_{j=1}^{\frac{k}{2}}F(2j-1) + 2\sum_{j=1}^{\frac{k}{2}-1}F(2j)\right] \qquad (1\text{-}4\text{-}11)$$

式中　L——两桩间距；

k——前一个断面桩号；

$F(0)$——后一个断面面积；

$F(k)$——前一个断面面积；

$F(j)$——内插断面面积。

土方计算可把纵横断面的基本资料汇集成 Excel 电子表格，选用某种方法和公式（也可用几种方法和公式计算对比，汇集 Excel 电子表格后，几种公式计算不会太大增加计算工作量）计算断面面积和土石方方量。

用上述方法计算的土石方体积中，是包含了路面体积的。若所设计的纵断面有填有挖且基本平衡，则填方断面中多计的路面面积与挖方断面中少计的路面面积相互抵消，其总体积与实际体积相差不大。但若路基是以填方为主或以挖方为主，则最好是在计算断面面积时，填方要扣除、挖方要增加路面所占的那一部分面积。特别是路面厚度较大时更不能忽略。

三、路基土石方调配

路基土石方是公路工程的一项主要工程量，在公路设计和路线方案比较中，路基土石方数量的多少是评价公路测设质量的主要技术经济指标之一。在编制公路施工组织计划和工程概算时，还需将计算的路基土石方数量汇总确定全线路基土石方数量。

地面形状是很复杂的，填挖方不是简单的几何体，所以其计算只能是近似的，计算的精确度取决于中桩间距、测绘横断面时采用点的密度和计算公式与实际情况的接近程度等。计算时一般应按工程的要求，在保证使用的前提下力求简化。

土石方调配的目的是确定填方用土的来源、挖方弃土的去向，以及计价土石方的数量和运量等。通过调配合理地解决各路段土石方平衡与利用问题，使从路堑挖出的土石方，在经济合理的调运条件下移挖作填，达到填方有所"取"，挖方有所"用"，避免不必要的路外借土和弃土，以减少占用耕地和降低公路造价。

1. 土石方调配原则

（1）在半填半挖断面中，应首先考虑在本路段内移挖作填进行横向平衡，然后作纵向调配，以减少总的运输量。

（2）土石方调配应考虑桥涵位置对施工运输的影响，一般大沟不作跨越调运，同时尚应注意施工的可能与方便，尽可能避免和减少上坡运土。

（3）为使调配合理，必须根据地形情况和施工条件，选用适当的运输方式，确定合理的经济运距，用以分析工程用土是调运还是外借。

（4）土方调配"移挖作填"固然要考虑经济运距问题，但这不是唯一的指标，还要综合考虑弃方或借方占地、赔偿青苗损失及对农业生产影响等。有时移挖作填虽然运距超出一些，运输费用可能稍高一些，但如能少占地，少影响农业生产，这样，对整体来说也未必是不经济的。

（5）不同土方和石方应根据工程需要分别进行调配，以保证路基稳定和人工构造物的材料供应。

（6）位于山坡上的回头曲线路段，要优先考虑上下线的土方竖向调运。

（7）土方调配对于借土和弃土应事先同地方商量，妥善处理。借土应结合地形、农田规划等选择借土地点，并综合考虑借土还田、整地造田等措施。弃土应不占或少占耕地，在可能条件下宜将弃土平整为可耕地，防止乱弃乱堆，或堵塞河流，损坏农田。

2. 土石方调配方法

土石方调配方法有多种，如累积曲线法、调配图法及土石方计算表调配法等，目前生产上多采用土石方计算表调配法，该法不需绘制累积曲线图与调配图，直接可在土石方表上进行调配，其优点是方法简捷，调配清晰，精度符合要求。该表也可由 Excel 电子表格完成。具体调配步骤是：

（1）土石方调配是在土石方数量计算与复核完毕的基础上进行的，调配前应将可能影响运输调配的桥涵位置、陡坡、大沟等注在表旁，供调配时参考。

（2）弄清各桩号间路基填挖方情况并作横向平衡，明确填缺与挖余数量。

（3）在作纵向调配前，应根据施工方法及可能采取的运输方式定出合理的经济运距，供土石方调配时参考。

（4）根据填缺挖余分布情况，结合路线纵坡和自然条件，本着技术经济和支农的原则，具体拟定调配方案。方法是逐桩逐段地将毗邻路段的挖余就近纵向调运到填缺内加以利用，并把具体调运方向和数量用箭头标明在纵向利用调配栏中。

（5）经过纵向调配，如果仍有填缺或挖余，则应会同当地政府协商确定借土或弃土地点，然后将借土或弃土的数量和运距分别填注到借方或废方栏内。

（6）土石方调配后，应按下式进行复核检查

$$横向调入+纵向调入+借方=填方$$

$$横向调出+纵向调出+弃方=挖方$$

$$挖方+借方=填方+弃方$$

以上检查一般是逐页进行复核的，如有跨页调配，须将其数量考虑在内，通过复核可以发现调配与计算过程有无错误。经核证无误后，即可分别计算计价土石方数量、运量和运距等，为编制施工预算提供土石方工程数量。

3. 关于调配计算的几个问题

（1）经济运距。填方土料来源：①路上纵向调运；②就近路外借土。一般情况调运路堑挖方来填筑距离较近的路堤还是比较经济的。但如调运的距离过长，以致运价超过了在填方附近借土所需的费用时，移挖作填就不如在路堤附近就地借土经济。因此，采取"调"还是"借"，有个限度距离问题，这个限度距离即所谓"经济运距"，其值按式（1-4-12）计算，即

$$L_经 = \frac{B}{T} + L_免 \tag{1-4-12}$$

式中 B——借土单价（元/m^3）；

   T——远运运费单价 [元/（m^3·km）]；

   $L_免$——免费运距（km）。

由上可知，经济运距是确定借土或调运的限界，当调运距离小于经济运距时，采取纵向调运是经济的；反之，则可考虑就近借土。

（2）平均运距。土方调配的运距，是指从挖方体积的重心到填方体积的重心之间的距离。在路线工程中为简化计算起见，这个距离可简单地按挖方断面间距中心至填方断面间距中心的距离计算，称平均运距。

在纵向调配时，当其平均运距超过定额规定的免费运距，应按其超运运距计算土石方运量。

（3）运量。土石方运量为平均运距与土石方调配数量的乘积。

在生产中，工程定额是将平均运距 10m 划为一个运输单位，称为"一级"，20m 为两个运输单位，称为二级，余类推。在土方计算表内可用符号①、②表示。不足 10m，仍按一级计算或四舍五入。于是

$$总运量=调配（土石方）方数×n$$

$$n = \frac{L - L_免}{10} \tag{1-4-13}$$

式中 n——平均运距单位（级）；

   L——平均运距；

$L_免$——免费运距。

在土石方调配中，所有挖方无论是"弃"或"调"，都应予以计价。但对于填方则不然，要根据用土来源决定是否计价。如果是路外借土，则要计价。倘若是移挖作填调配利用，则不应再计价，否则形成双重计价。因此计价土石方必须通过土石方调配表来确定，其数量为

$$计价土石方数量=挖方数量+借方数量$$

一般工程上所说的土石方总量，实际上是指计价土石方数量。一条公路的土石方总量，一般包括路基工程、排水工程、临时工程、小桥涵工程等项目的土石方数量。对于独立大、中桥梁、长隧道的土石方工程数量应另外计算。

4. 计算表格调配土石方实例

计算表格调配法不需单独绘图，直接在土石方表上调配，具有方法简便、调配清晰的优点，是目前生产上广泛采用的方法。

表格调配法又可有逐桩调运和分段调运两种方式。一般多采用分段调运。方法步骤如下：

（1）横向调运。按表 1-4-8 中第 24～29 项进行，即计算本桩利用、填缺、挖余，以石代土时应填入土方栏，并用符号区分（表 1-4-8 中用括号表示）。

（2）纵向调运。按表 1-4-8 中第 30 项进行。

1）确定经济运距。

2）根据填缺、挖余情况结合调运条件拟定调配方案，确定调运方向和调运起讫点，并用箭头表示。

3）计算调运数量和运距。调配的运距是指计价运距，就是调运挖方重心到填方重心的距离减去免费运距。调运挖方和填方重心可根据土石方情况估定（一般也可以近似采用挖方或填方路段的中点位置）。计价运距以 10m 为一个运距单位标于箭头旁边。

（3）计算借方数量、废方数量和总运量

$$借方数量=填缺-纵向调入本桩的数量$$
$$废方数量=挖余-纵向调出本桩的数量$$
$$总运量=纵向调运量+废方调运量+借方调运量$$

计算后分土、石填入表 1-4-8 中第 31～35 项。

（4）复核。

1）横向调运复核

$$填方=本桩利用+填缺$$
$$挖方=本桩利用+挖余$$

2）纵向调运复核

$$填缺=纵向调运方+借方$$
$$挖余=纵向调运方+废方$$

3）总调运量复核

$$挖方+借方=填方+废方$$

以上复核一般是按逐页小计进行的，最后应按每千米合计复核。

（5）计算计价土石方。计价土石方是指概预算编制中需单独计算费用的土石方数量。土石方中所有的挖方都应予以计价。但对于填方则不然，因为移挖作填的调运方已在挖方中计算了费用，若再计价则会形成双重计价，因此不应再计价，只有在路外的借方才计价。因此，

表 1-4-8

路基土石方数量计算表

桩号	横断面面积(或为半面积)(m²) 挖	填 土	填 石	平均面积(m²) 挖	填 土	填 石	距离(m)	总数量	松土 %	松土 数量	普通土 %	普通土 数量	硬土 %	硬土 数量	软石 %	软石 数量	次坚石 %	次坚石 数量	坚石 %	坚石 数量	填方数量 土	填方数量 石	本桩利用 土	本桩利用 石	填缺 土	填缺 石	挖余 土	挖余 石	应运明挖纵向调配示意	借方数量及运距 土	借方数量及运距 石	废方数量及运距 土	废方数量及运距 石	总运量(m³) 土	总运量(m³) 石
(列号) 1	2	3	4	5	6	7	8	9	10	11	12	13	14	15	16	17	18	19	20	21	22	23	24	25	26	27	28	29	30	31	32	33	34	35	36
K14+000	60.0			71.1			17	1209			20	242	10	121			50	604	20	242							363	846	调至上 合里 土:363 右:500				346③		1038
+017	82.2			84.3		5.0/2.0	8	674				135		67				337		135		40/16					202	416					329③		987
+025	86.4		10.0/4.0	43.2	39.0	5.0/2.0	12	518				103		52				259	30	104	468		155(279)	56	34	104	113	40							
+037		78.0			73.8		4	353						71				176		106	295		71(242)	84	295	442		451	土:202 右:(40)						886
+041		69.6	54.6	39.2	34.8	27.3	9	564			20		20	113				282		169	313	60/24				336	145	582							
+050	78.4		56.0	56.4	26.3	55.3	10	727						145				364		218		164		60	59	400	89	338	土:347 右:882(66)②			148	443②	694	1895
+060	34.4		56.0	60.6	24.0	56.0	12	447						89				224		134		442	71	58	210		70	265						105	609
+072	86.8		44.0	55.9	22.0	50.0	8	75						15				37	30	23		336	14	15	144	336	35	389	土:105 右:480(129)①				45		
+080	25.0	24.6		12.5	12.0	22.0/1.0	6	72										36		22	74	400	64	8	176	400	148	440					440		
+086		28.0	2.0	12.0	4.0	1.5	8	350						14				175		105	210	132/6	115(24)		58	80		832					832		
+094	12.0	20.0	1.0	35.0	7.0	0.5	6	496						70				248		149	144	15	60		215			275	右:(215) 土:654 右:1449(450)			148	60	105	
+100	24.0			31.0	3.0		10	580						99				290		174	176	8	76(29)											799	
+108	46.0			29.0			16	1040						116				520		312	72		14(56)												
+114	16.0			52.0			20	380						208				190		114	64														
+124	42.0	24.0		38.0	10.5		20	70						76				35		21	140														
+140	62.0			7.0	28.5		10							14							60														
+160	14.0	21.0					10														105														
+180		36.0																			285														
+190																																			
+200							200																												
小计(合计)								7555				480		1270				3777		2028	2406	1597/46	585(630)	281	1191	1362	1165	4858				148	2495	799	5416

注：
1. (4)、(7)、(23) 栏中的"○"表河湖石。
2. (24)、(30) 栏中的"○"表以代石出。分以为运距。
3. (31)、(32)、(33)、(34) 栏中分子为数量，分母为运距。
4. (31)、(32) 栏系借普通土和次坚石，如有不同，另加说明。

计价土石方必须通过土石方调配后才能确定其数量，即

$$计价土石方=挖方数量+借方数量$$

一般工程中指的某公路的土石方总数量，就是指计价土石方总数量。

习 题

1. 高速公路整体式路基横断面的组成及各部分的作用分别是什么？
2. 车行道路拱线形的基本形式有哪些？各自的适用条件是什么？
3. 超高缓和段长度由什么决定？
4. 平曲线在什么情况下，需要加宽？加宽值如何选取？
5. 平曲线加宽缓和段的长度由什么决定？
6. 某三级公路，计算行车速度 $v=30km/h$，路面宽 7m，路拱坡度 2%。路肩宽 0.75m，路肩坡度 3%。弯道 $\alpha=34°50'08''$，$R=150m$，$L_s=40m$，交点桩号为 K7+086.42。试求下列桩号的路基路面宽度和横断面上 5 个特征点的高程与设计高程之差：K7+030、K7+080、K7+140、K7+160（圆曲线上的全加宽与超高值按 JTG D20—2006 办理）。

第五章　道　路　交　叉

　　纵横交错的道路形成很多交叉口，它是道路交通的咽喉，正确合理地规划设计交叉口，对于提高道路的通行能力，避免交通阻塞、减少交通事故、提高车速具有重要意义。

　　公路与公路（或铁路）在同一平面上相交，称为平面交叉，又称为交叉口，而高程不同的互相交叉称为立体交叉。

第一节　交通分析和交通组织

一、交叉口的交通分析

　　进出交叉口的车辆，由于行驶方向的不同，形成不同的交错方式，产生不同性质的交错点（碰撞点）：①分流点。同一行驶方向的车辆，向不同方向分开行驶的地点，称为分流点。②合流点。来自不同行驶方向的车辆，以较小的角度向同一方向汇合行驶方向的地点，称为合流点（或称汇合点）。③冲突点。来自不同行驶方向的车辆，以较大的角度（或接近 90°）相互交叉的交会点称为冲突点。图 1-5-1 所示为无信号灯交叉的交错点；图 1-5-2 所示为有信号灯交叉口的交错点。

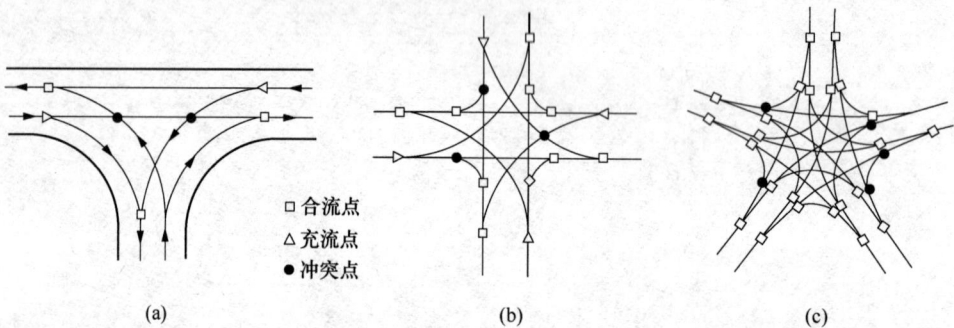

（a）　　　　　（b）　　　　　（c）

1-5-1　无信号灯交叉口的交错点

（a）三叉路口；（b）四叉路口；（c）五叉路口

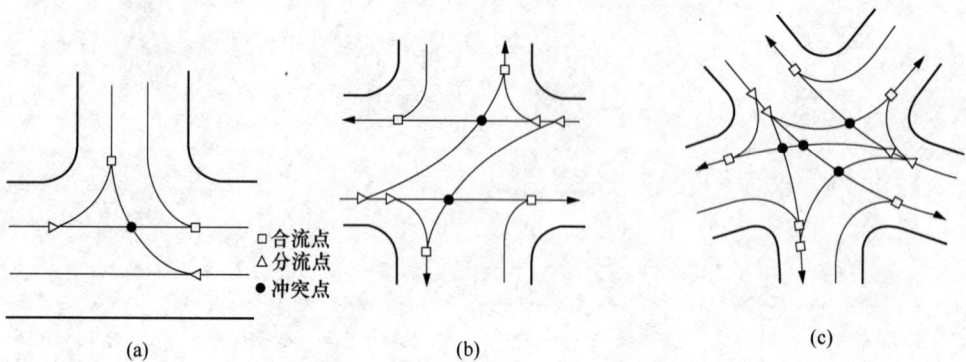

（a）　　　　　（b）　　　　　（c）

图 1-5-2　有信号灯交叉口的交错点

（a）三叉路口；（b）四叉路口；（c）五叉路口

三种不同类型交错点的存在，直接影响交叉口的行车速度、通行能力，也是发生交通事故的主要原因。其中以左转车与直行车，以及直行车与直行车所产生的冲突点，对交通的影响和危险性最大。产生冲突最多的是左转弯车辆。在十字交叉口上如无左转弯车辆，则冲突点就可从16个减少到4个；五路交叉冲突点可从50个减少到5个。表1-5-1列出交叉口的交错点数目。

表 1-5-1 <center>**交 叉 口 的 交 错 点**</center>

交错点类型	无信号控制			有信号控制		
	相交道路的条数			相交道路的条数		
	3条	4条	5条	3条	4条	5条
分流点	3	8	15	2或1	4	4
合流点	3	8	15	2或1	4	6
左转车流冲突点	3	12	45	1或0	2	4
直行车流冲突点	0	4	5	0或0	0	0
交错点总数	9	32	80	5或2	10	14

如何正确处理和组织左转弯车辆，以保证交叉口的交通顺畅和安全，是设计交叉口的关键。通常减少或消除冲突点的方法有下列几方面：

1. 合理规划、设置平行道路

（1）设置平行道路可以在交通量多的路段开辟单行道，变双向交通为单向交通，使交叉口冲突点明显减少；

（2）平行道路上个别交叉口必要时可禁止左转弯，使左转车辆绕街坊行驶变左转为右转；

（3）规划道路系统时，特大城市可以规划非机动车专用道路系统，以减少非机动车车辆与机动车车辆的冲突。

2. 交通管制

（1）以信号控制交叉口，用时间分隔车流，同一时间内只允许某一方向的车流通行。按顺序开放各路交通，使冲突点减少，见图1-5-2。

（2）限制部分交通，限制大型载货汽车进入中心街道；定时限制非机动车交通，如非上下班时间在某些主要交通干道上禁止通行自行车。

（3）禁止左转弯交通，通常在交通量特别多的路口，由于左转车辆常阻挡直行交通，引起与对方车流的冲突，所以采用禁止左转的办法来改善某一交叉口交通的矛盾。

（4）组织实施单向交通，即由一对相距较近的平行道路使对向车流分道通行，可以消除左转车和对向直行车流之间的冲突，缓解交叉口矛盾。

3. 工程设施方面

设置环形交叉，变冲突点为交织点。重要路口设置立体交叉，使用空间分隔车流、消灭冲突点。

二、交叉口的交通组织

1. 交通组织原则

交叉路口供分流行驶用的车道数，应根据路口流量和流向确定。进口道与出口道的直行车道数应相同。

交叉路口交通岛的位置应按车流顺畅的流线形设置。

进、出口道分隔带或交通标线应根据渠化要求布置，并应与路段上的分隔设施衔接协调。

2. 渠化交通

设置交通标线、标志和交通岛等，引导车辆和行人各行其道的方法，称为渠化交通。渠化交通的具体做法是：

（1）用分车线或分隔带、交通岛等，把不同行驶方向和速度的车辆划分车道行驶，避免车辆相互侵占车道和干扰行车线路，从而减少车辆相互碰撞的机会，提高行车安全。

（2）布置交通岛，限制车辆行驶方向，使斜交对冲的车流变为直角交叉或较大锐角交叉。

（3）利用交通岛的布置，限制车道宽度，控制车速，防止超车。

（4）使不同行驶方向的车辆，在临近交叉口时就划分车道分别行驶。

（5）在道路上划分快、慢车道，保证车辆的正常行驶。

（6）适当拓宽交叉口，增划车道数，缩减进口道断面处每一条车道的宽度，使进口断面处的车道数多于路段的车道数。

（7）设置交通岛，交通岛是高出路面岛状设施，又可分为中心岛、导流岛和安全岛。中心岛是设置在平面交叉中央的圆形岛。导流岛是将车流引向规定进行路线而设置的交通岛。安全岛设置在路口车行道中间，供行人横穿道路临时停留用。

（8）交通岛系用路缘石围筑而成，其形状为直线连接圆弧而构成的图形，为防止车辆驶入，缘石高度一般为 15～25cm，有行人通过的交通安全岛高度宜为 12～15cm。交通岛顶端处应做成圆弧状，半径不小于 0.5m。交通岛外侧与车道外侧，应保留一定宽度的侧带以策安全。为诱导视线，在岛端宜作醒目的路面标线。交通岛根据其大小、位置和用途可采用不同方式标示边界，一般采用下列方式：

1）用缘石标界，交通岛高出路面。

2）用路面标线标界，岛的全部或部分面积上标以斑马线。

3）用路面边缘标界，岛为未铺路面的区域，在其边界处可立标柱或者在路面边缘以外堆土。

4）交通岛端部应醒目明了，并在外形上能诱导车辆前进方向。楔形端应做成圆形，行车道到楔形端的内移距，应根据交通岛的大小和位置确定。

（9）在渠化交通中交通岛的设置，应根据交叉口上各车道的行驶方向绘制行车轨迹线，所得出的非行驶区即为交通岛的位置。

（10）设置停车线，停车线设在人行横道（第二条线）后至少 1m 处，通常与相交道路中心线平行。停车线位置宜尽量靠近交叉口，以缩小交叉区域，减少车辆通过交叉口的时间，但应保证一条路上过交叉口的绿灯尾车，不干扰侧向另一条路绿灯头车的顺利通过。

（11）在宽阔的道路或重要交叉口上设置行人信号灯，其显示为"绿灯—绿闪—红灯"。绿闪时间用来保证行人安全通过道路。行走速度按 1.2m/s 计算，则计算绿闪时间公式为

$$t_{闪} = \frac{B}{v} = \frac{B}{1.2} \qquad (1\text{-}5\text{-}1)$$

式中　$t_闪$——绿闪时间（s）；

　　　B——路宽（m）；

　　　v——行人步行速度，取 1.2m/s。

3. 行人交通组织

为行人交通提供安全方便地通过条件对保证交叉口的交通安全和提高交叉口通行能力具有重要意义。

（1）交叉口转角处人行道。转角处人行道宽度，应等于或大于路段人行道宽度，人流繁多或机动车流量大时，宜用栏杆分隔车行道与人行道。

拟远期设置人行立交的交叉口，人行道的宽度还应考虑天桥或地道出入口踏步的所需宽度，为此转角处要加宽人行道。

（2）人行横道。在交叉口进口道处，用斑马线等标线规定行人横穿车道的步行范围称人行横道。

人行横道的设置方向，原则上应垂直于道路，使行人过街距离最短，并可缩短交通信号控制中对行人的配时。X 形交叉口的人行横道，可以平行于相交道路设置，以减小交叉口面积，从而减少信号控制中的损失时间（黄灯时间）。

第二节 道路平面交叉设计

道路的平面交叉以公路与公路的平面交叉为主要组成部分,平面交叉的技术标准和密度,直接影响公路的通行能力、使用品质及交通安全。

平面交叉路线应为直线并尽量正交。当必须斜交时，交叉角应大于 45°。平面交叉点前后各交叉公路的停车视距长度所构成的三角形范围内，应保证通视。当条件受限制时，这两个停车视距离均可减少 30%，并应在适当位置设置限制车速的标志。

平面交叉范围内的纵坡宜设置为平坡。紧接该段的纵坡，一般不应大于 3%,困难地段不应大于 5%。

一级、二级公路平面交叉，根据需要应设转弯车道、变速车道、交通岛或加铺平缓的转角。转弯车道的宽度一般为 3m，并根据各交叉路的等级设置适当的缓和段。

一、平面交叉设计原则

1. 设计原则

（1）平面交叉的形式应根据各相交公路的交通量、计算行车速度、交通组成及其在公路中的作用，并结合地形、用地条件和投资等因素确定。

（2）改善已建平面交叉，应调查交叉的现状、交通事故、交通量增长的资料。

（3）几何设计应结合交通管理方式，优先保证主要公路或交通量大的一方的通畅。

（4）各相交公路应保证相应的计算行车速度所对应的最小视距，交叉范围内的路段宜采用直线。需要采用曲线时，半径宜大于不设超高的最小圆曲线半径。纵坡应平缓，坡段的最小长度应符合标准规定。

2. 计算行车速度

（1）交叉范围内两公路计算行车速度，原则上应与该公路的计算行车速度一致。两相交公路等级相同或交通量相近时，平面交叉范围内直行交通的计算行车速度可降低，但与公路计算行车速度之差不应大于 20km/h。

（2）停车横穿或左转弯的车辆，应按转弯半径所限定的速度行驶。

（3）右转弯车辆的速度，应根据被交公路行车交叉范围内的直行计算行车速度和转弯时分流、合流的情况等因素确定。通过有信号控制的公路交叉口计算行车速度可按表 1-5-2 选用。

表 1-5-2　　　　　　　　　　公路交叉路口计算行车速度　　　　　　　　km/h

公路计算行车速度	80	60	40	30	20
路口计算行车速度	55	40	30	25	20

二、平面交叉设计形式

平面交叉的类型按几何形状可分为 T 形、Y 形、十字形和环形交叉。

1. T 形和 Y 形平面交叉

（1）加铺转角式交叉。交通量不大，车速不高，转弯车辆少时，可采用加铺转角式交叉，如图 1-5-3 所示，一般适用于三、四级公路。

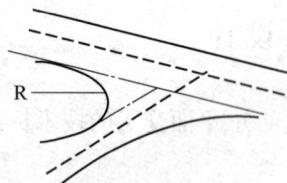

（2）分道转弯式交叉。交通量不大，转弯车辆较多，需采取设置导流岛、划分车道等措施时，可采用分道转弯式交叉，如图 1-5-4 所示，一般适用于三、四级公路。

图 1-5-3　加铺转角式交叉　　　　　图 1-5-4　分道转弯式交叉

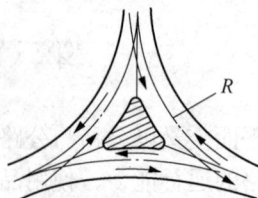

（3）加宽路口式交叉。交通量较大、转弯车辆较多，根据转向交通量情况，需采取增设变速车道、转弯车道等措施时，可采用加宽路口式交叉，一般适用于二级公路。

主要公路右转弯交通量大时，可采用如图 1-5-5 所示的增设右转弯车道的 T 形交叉。

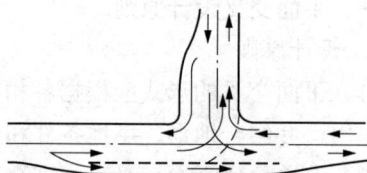

主要公路交通量大、速度高，且以左转弯和直行运行为主、右转弯运行为次时，可采用如图 1-5-6 所示的增设左转弯车道的 T 形交叉。

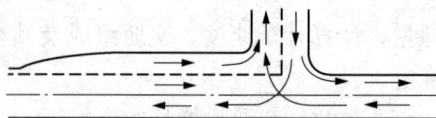

图 1-5-5　增设右转弯车道的 T 形交叉　　　　图 1-5-6　增设左转弯车道的 T 形交叉

主要公路交通量大，且转弯交通量也大时，可采用如图 1-5-7 所示的增设左转弯和右转弯车道的 T 形交叉。

（4）渠化 T 形交叉。根据左、右转弯车流的情况，也可采用如图 1-5-8 所示或其他组合形式的渠化 T 形交叉。

图 1-5-7　增设左转弯和右转弯车道的 T 形交叉

2. 十字形平面交叉

（1）简易十字形交叉。简易十字形交叉如图 1-5-9 所示，一般适用于三、四级公路或地方道路，也可用于斜交角不大于 30°和转弯交通量较小的主要公路同次要公路的交叉。

（2）设附加车道的十字形交叉。设附加车道的十字形交叉如图 1-5-10 所示。在交叉范围内主要公路上设置附加车道，提高直行和转弯运行的通行能力，一般适用于二级公路。

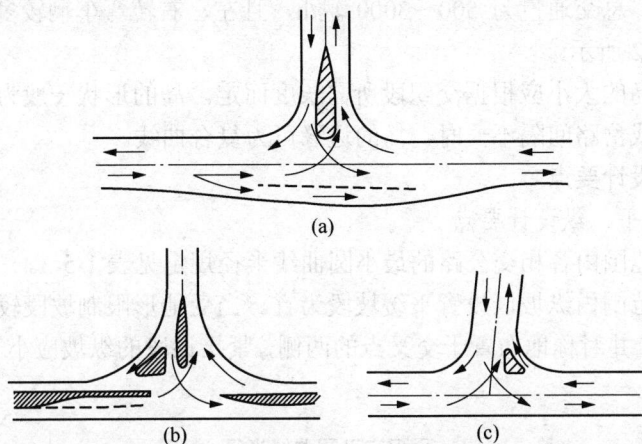

图 1-5-8　渠化的 T 形交叉

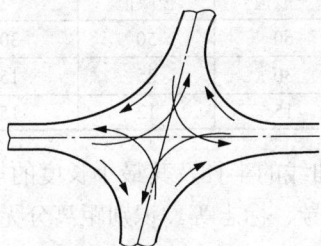

图 1-5-9　简易十字形交叉　　　　图 1-5-10　设附加车道的十字形交叉

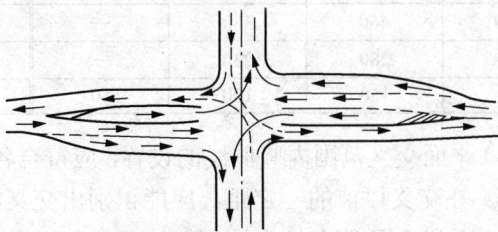

（3）渠化十字形交叉。渠化十字形交叉的设计应根据直行和转弯交通量的大小、比例和交通组成等情况而确定。几种典型的渠化十字形交叉如图 1-5-11 所示。各级公路均适用。

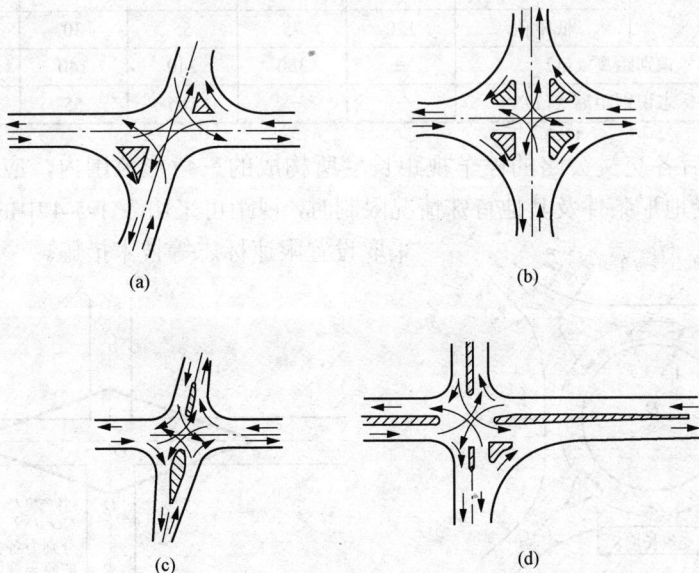

图 1-5-11　渠化十字形交叉

3. 环形平面交叉

多条公路交叉，总交通量为 500～3000 辆/h，且左、右转弯车辆较多时，可考虑采用环形交叉，如图 1-5-12 所示。

环形交叉中心岛的大小应根据交织段所需长度而定。岛的形状一般为圆形。当各岔路的交通量有显著差别或岔路间隔不一时，岛的边缘可为复合曲线。

三、平面交叉设计要点

1. 相交公路的平、纵设计要点

（1）平面交叉范围内各相交公路的最小圆曲线半径规定见表 1-5-3。

（2）平面交叉范围内纵坡以设置平缓坡段为宜。当受地形限制坡段较短时，其长度应符合最小坡长的规定，并对称地布置于交叉点的两侧，紧接该段的纵坡应小于 3%，特殊情况下应不大于 5%。

表 1-5-3   平面交叉圆曲线半径

计算行车速度（km/h）	主要公路（m）		次要公路（m）	计算行车速度（km/h）	主要公路（m）		次要公路（m）
	一般值	极限值			一般值	极限值	
100	460	380	—	40	60	50	30
80	280	230		30	30	25	15
60	150	120	60	20	15	12	15

（3）平面交叉范围内竖曲线的设置，应符合各级公路竖曲线的半径及其最小长度的规定。

（4）在交叉以前的一定距离应能识别出交叉的存在和信号、标志等。识别距离分无信号控制、信号控制和停车标志控制等情况，其规定见表 1-5-4。

表 1-5-4   平面交叉视距与识别距离

计算行车速度（km/h）		100	80	60	40	30	20
停车视距（m）	一般值	160	110	75	40	30	20
	低限值	120	75	55	30	25	15
信号控制的信号识别距离（m）		—	350	240	140	100	60
停车标志控制的标志识别距离（m）		—	—	105	55	35	20

平面交叉前后各交叉公路的停车视距长度所构成的三角形范围内，应保证通视，如图 1-5-13 所示。当受地形条件及其他特殊情况限制时，视距可采用表 1-5-4 中的低限值，但必须采取设置限速标志等技术措施。

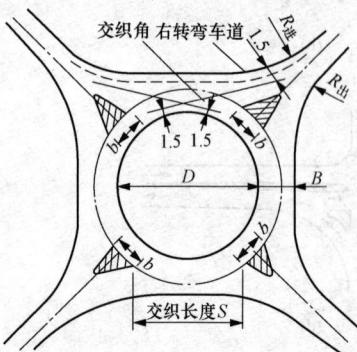

图 1-5-12 环形交叉（尺寸单位：m）

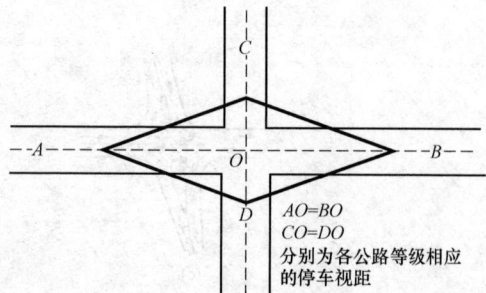

图 1-5-13 平面交叉视距三角形

2. 转弯处平、纵设计要点

（1）平面交叉处的圆曲线半径，应根据平面交叉的类型、交通量、计算行车速度和交叉角等确定。

加铺转角式交叉，其转弯车速一般在 10～25km/h 范围内，连接行车道边缘的曲线半径应符合表 1-5-5 的规定。

表 1-5-5　　　　　　　　　　　加铺转角边缘的圆曲线半径

公路等级		二		三		四	
		平原微丘	山岭重丘	平原微丘	山岭重丘	平原微丘	山岭重丘
右转弯车速（km/h）		20～25	15～20	15～20	15	10～15	10
不同交叉角的圆曲线半径（m）	45°	27～35	25～27	25～27	25	25～27	27
	60°	23～32	17～23	17～23	17	17～20	20
	80°	20～30	13～20	13～20	13	12～13	12
	90°	19～30	12～19	12～19	12	10～12	10
	100°	19～29	11～19	11～19	11	9～11	9
	120°	18～29	10～18	10～18	10	8～10	8
	135°	18～28	10～18	10～18	10	7～10	7

（2）转弯交通量大、速度较高时，应根据所需速度计算确定右转弯车道或分道转弯式交叉的转弯车道平曲线半径。

（3）平曲线的曲率过渡段可采用复曲线或回旋线。

（4）转弯处的纵坡、横坡和标高，应与相交公路相适应，并保证平面交叉范围内的路面排水流畅。

（5）交通量大、转弯车辆多时，可增设减速车道和加速车道。

3. 变速车道

平面交叉在需要加速合流和减速分流处，应设置加速或减速的变速车道。变速车道的线形应满足车辆在合流、分流和变速行驶过程中各处对速度的要求。变速车道宽度为 3.0～3.5m。

变速车道长度，应根据公路等级、使用性质、速度变化范围、车辆特性和纵坡等因素经计算确定，一般情况下可采用表 1-5-6 所列数值。

表 1-5-6　　　　　　　　　　　变 速 车 道 长

路别	计算行车速度（km/h）	降低一级的速度（km/h）	减速车道长度（m）（$a = -2.5m/s^2$）			加速车道长度（m）（$a = 1.0m/s^2$）		
			到停车	到20km/h	到40km/h	从停车	从20km/h	从40km/h
主要公路	100	80	100	90	70	250	230	190
	80	60	60	50	30	140	120	80
	60	50	40	30	20	100	80	40
	50	40	30	20	—	60	50	—
	40	30	20	10	—	40	20	—
	30	20	10	—	—	20	—	—

路别	计算行车速度（km/h）	降低一级的速度（km/h）	减速车道长度（m）($a = -2.5\text{m/s}^2$)			加速车道长度（m）($a = 1.0\text{m/s}^2$)		
			到停车	到20km/h	到40km/h	从停车	从20km/h	从40km/h
次要公路	80	60	45	40	25	90	80	50
	60	50	30	20	10	65	55	25
	50	40	20	15	—	40	30	—
	40	30	15	10	—	25	15	—
	30	20	10			10	—	

注　表列变速车道长度不包括三角形渐变段长度和停留车道长度。

四、渠化设计

平面交叉处交通量较大时，应作渠化设计，即采用交通岛、路面标线等设施疏导车流。

1. 渠化设计原则

（1）渠化的行驶路线应简单明了，过于复杂的设计容易使车辆误行，反而降低使用效果。

（2）应避免交通流的分流、合流集中于一点。

（3）导流车道的宽度应适当，过宽会引起车辆并行，容易发生碰撞事故。

（4）驾驶者驶近导流设施前应能醒目地觉察到导流设施的存在。交通岛的端部应视情况设置标志、标线和照明等设施。

2. 交通岛

交通岛可按使用要求分别采用导流岛或安全岛。

（1）导流岛。

1）导流岛一般采用缘石围成高出路面实体岛。岛面窄小时，可采用路面标线表示的隐形岛。

2）导流岛边缘的线形为直线与圆曲线的组合，其端部最小圆曲线半径为 0.5m，见表1-5-7。

3）当导流岛特别大时，导流岛端部内移距在主要公路一侧按 1/10～1/20 过渡，在次要公路一侧按 1/5～1/10 过渡。

表 1-5-7　　　　　　　　　　导 流 岛 端 部 半 径

R_a（m）	R_b（m）	R_c（m）
0.5	0.5～1.0	0.5～1.5

4）导流岛及分隔带各部分的要素如图 1-5-14 所示，其最小尺寸规定见表 1-5-8。

表 1-5-8　　　　　　　　　　导流岛各要素的最小值

图示	1-5-14（a）			1-5-14（b）			1-5-14（c）		
要素	W_a	L_a	R_a	W_b	L_b	R_b	W_c	L_c	R_c
最小值（m）	1.5	5.0	0.5	2.0	5.0	0.5	(D+1.5)	5.0	1.5

（2）安全岛。计算行车速度大于 60km/h 的公路，若平面交叉处横穿的行人较多，且横穿

距离较长，则应设置安全岛，以确保行人的安全。

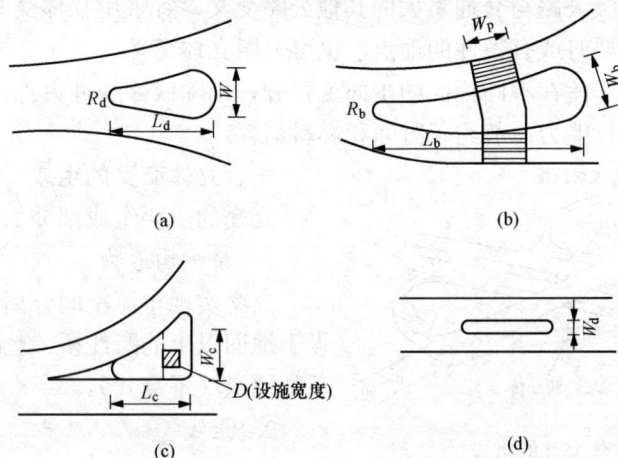

图 1-5-14　导流岛的要素
（a）只分隔交通流时；（b）兼作安全岛时；（c）设置设施时；（d）分隔带无斜线时

五、其他设施设置

1. 人行横穿设施

平面交叉处穿越岔口的人行设施，应根据行人流量和公路等级确定。人行横穿设施可采用人行横道或人行天桥或人行通道。

2. 标志、标线和信号

（1）平面交叉应根据总体布置、细节处理和交通管理方式的情况设置相应的标志、标线和信号。

（2）平面交叉范围内应设有限速标志和指路标志。设有左、右转弯等多条附加车道或渠化复杂时还应有车道指路标志。

（3）路面标线除与交叉区间路段相同的车道分界线、车道边缘线等标线外，还应根据设施内容标有铺面交通岛或分隔带的界线和斑马线、岛端导向线等标线。

（4）平面交叉为信号控制时，应根据交通管理设计的意图，配置相应的信号及其相位配时系统。

3. 栅栏、绿篱

交通量大和横穿行人多的平面交叉，可设置栅栏或绿篱，以防止行人在人行横道以外穿越车道。栅栏或绿篱的高度应不妨碍公路的视距要求。

4. 反光镜

在特殊情况下，对视距不良的小型平面交叉，可根据具体情况，设置反光镜。

第三节　道路立体交叉设计

立体交叉（简称立交）是利用跨线构造物使道路与道路（或铁路）在不同标高交叉的连接方式。高速公路与其他各级公路交叉，应采用立体交叉。立体交叉形式有互通式立体交叉或分离式立体交叉。

互通式立体交叉的形式、设置的间距及加（减）速车道、匝道的设计，应根据有关规范及具体情况确定。一级公路与交通量大的其他公路交叉，宜采用立体交叉。其他各级公路的交叉，当交通条件需要时或有条件的地点，也可采用立体交叉。

立交可使各方向车流在不同标高的平面上行驶，消除或减少冲突点；车流可连续运行，提高了高速道路的通行能力；节约了时间和燃料消耗。

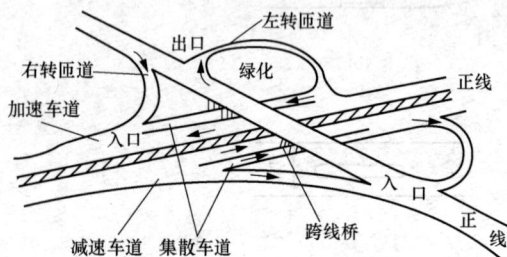

图 1-5-15　立体交叉的组成

一、立体交叉的组成

立交的主要组成部分如图 1-5-15 所示。

1. 跨线构造物

立交实现车流空间分离的主体构造物，包括设于地面以上的跨线桥（上跨式）及设于地面以下的地道（下穿式）。

2. 正线

相交道路的直行车行道，包括连接跨线构造物两端到地坪标高的引道和交叉范围内引道以外的直行路段。

3. 匝道

供上、下相交道路转弯车辆行驶的连接道，包括匝道与正线及匝道与匝道之间的跨线桥（或地道）。

4. 出口与入口

由正线驶出进入匝道的道口为出口，由匝道驶入正线的道口为入口。

5. 变速车道

为适应车辆变速行驶的需要，而在正线右侧的出入口附近设置的附加车道称为变速车道。出口端为减速车道，入口端为加速车道。

立体交叉的范围一般是指各相交道路出入口变速车道渐变段顶点以内包含的正线和匝道的全部区域。

二、立体交叉的设置条件

立体交叉是用跨线桥或地道使相交路线在高程不同的平面上互相交叉的交通设施。立体交叉以空间分隔车流的方式，避免车流在交叉口形成冲突点，减少延误，提高通行能力和运输效率。立体交叉常用于高速公路、快速路、重要的一级公路和部分城市主干路。

由于立体交叉占地面积大、施工复杂、投资额大，因此兴建立交的决策，应根据技术经济论证和规划确定。设置条件概括如下：

1. 相交道路等级高

高速公路或快速路与各级道路相交，一般公路或主干路与交通繁忙的其他道路相交，并通过技术经济论证，可设置立体交叉。

2. 交叉口的交通量大

进入交叉的设计小时交通量超过 4000~6000 辆/h，相交道路为四车道以上，对平面交叉采取改善交通的组织措施难以奏效时，可设置立体交叉。

3. 地形适宜

结合兴建跨河桥或跨铁路立交，增建桥梁边孔，改善交通，且有明显经济效益时，可设置立体交叉。

4. 道路与铁路交叉时

符合下列条件时，可设置立体交叉。

（1）高速公路、快速公路与铁路交叉。

（2）一般公路、城市道路与铁路交叉，道口交通量较大或铁路调车作业繁忙致使封闭道口的累计时间较长时。

（3）高等级公路、城市主次干路与铁路交叉，而且在道路交通高峰时间内经常发生一次封闭时间较长时。

（4）地形条件不利于采用平面交叉，又危及行车安全时。

三、立体交叉的形式

立交的形式多种多样，其中应用最广泛的有10余种。按跨越方式，可分为上跨式和下穿式两种；而按交通功能，则可分为分离式（简单立交）和互通式，其中互通式又有部分互通式和完全互通式。常用立体交叉的基本类型如图1-5-16所示。

1. 上跨式和下穿式立体交叉

上跨式立交桥的主交叉构筑物高于地面交通设施，如图1-5-17（a）所示。而下穿式立交桥的主交叉构筑物则低于地面交通设施，如图1-5-17（b）所示。上跨与下穿均指用于分离式或互通式立交中的直行交通对地面线的相对位置。

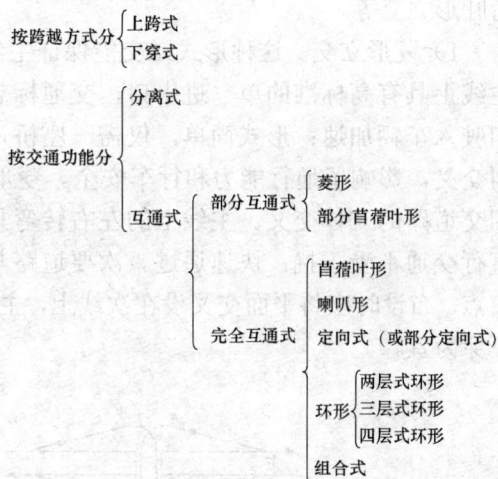

图 1-5-16　立体交叉的基本类型

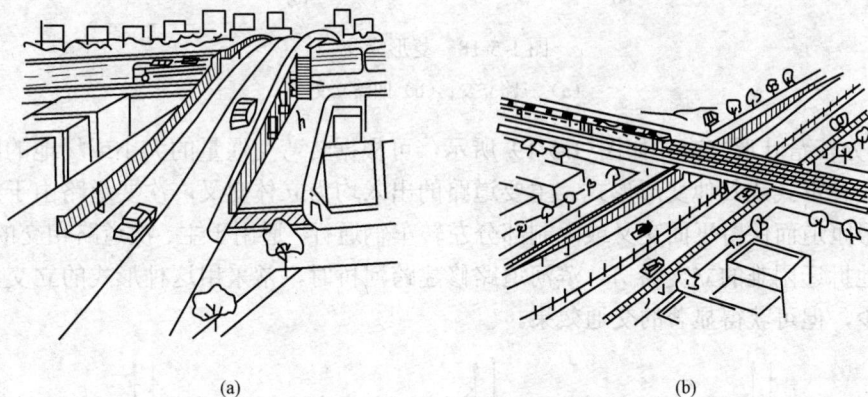

(a)　　　　　　　　　　　　(b)

图 1-5-17　上跨式、下穿式立交示意图

（a）上跨式；（b）下穿式

2. 分离式立体交叉

分离式立交又称简单立交，是指上下层道路之间互不连通的立体交叉形式。在相交路线交叉处，仅需建造供直行方向车流通行的立交桥。

通常分离式立交适用于道路与铁路的立体交叉或高速公路与三、四级公路之间的立体交叉，也即适用于道路等级、性质或交通量相差悬殊的交叉口。例如，城市快速路与次要道路或支路相交时，采用分离式立交可不受转弯交通的干扰，保证主要道路的交通快速通畅。又如，旧城区路网密度大，交叉口间距短，为了增大互通式立交的间距，在以直行交通为主的交叉口，左转弯交通可在其他道路绕行时，常兴建这种立交。

3. 互通式立体交叉

上下两层之间用匝道或其他方式连接的主体交叉称为互通式立交，分为部分互通式、完全互通式和环形立交。

（1）部分互通式立交。部分互通式立交采用部分匝道连通上下道路，因受地物限制，或因某方向交通量少而不设匝道，以保留次要道路上的平面交叉，常用形式有菱形立交和半苜蓿叶形立交等。

1）菱形立交。这种形式立交能保证主线直行车辆快速通畅；转弯车辆绕行距离较短；主线上具有高标准的单一进出口，交通标志简单；主线下穿时匝道坡度便于驶出车辆减速和驶入车辆加速；形式简单，仅需一座桥，用地和工程费用小。但次线与匝道连接处为平面交叉，影响了通行能力和行车安全。菱形立交如图 1-5-18 所示，由四条匝道呈菱形连接相交道路的立体交叉。主线上的左右转弯只有单一的进出口，便于驾驶者识别，主干线的直行交通不受干扰，快速通过。次要道路与匝道连接处存在两处平面交叉，每处有三个冲突点，布设时应将平面交叉设在次线上，主线上跨或下穿应视地形和排水条件而定，一般以下穿为宜。

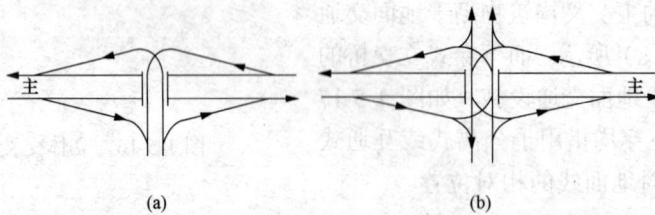

图 1-5-18　菱形立交

（a）三路立交；（b）四路立交

2）部分苜蓿叶形立交。如图 1-5-19 所示，可根据转弯交通量的大小或场地的限制，采用图示任一种形式或其他变形形式。主要道路的出入均为立体交叉，次要道路由于少设一条或几条环形匝道而保留平面交叉或限制部分左转车辆通行；适用于主、次道路相交的交叉口，或城市用地拆迁困难的立交路口。滨河道路修建跨河桥时，常采用这种形式的立交，工程造价增加很少，但可获得显著的交通效果。

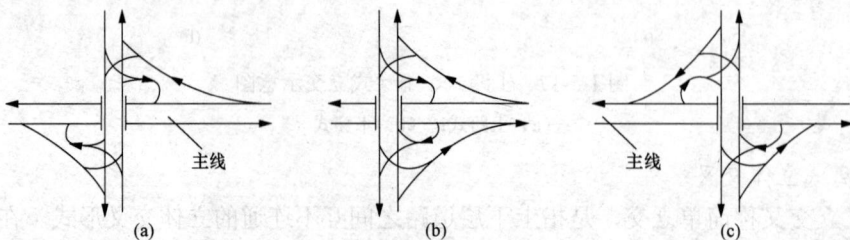

图 1-5-19　部分苜蓿叶形立交

这三种形式立交的主线直行车快速通畅；单一驶出方式简化了主线上的标志；仅需一座桥，用地和工程费用较小；远期可扩建为全苜蓿叶形立交。但次线上存在平面交叉，有停车等待和错路运行的缺点。

布设时应使转弯车辆的出入尽可能少妨碍主线的交通，最好使每一转弯运行均为右转弯出入，不得已时应优先考虑右转出口。另外，平面交叉口应布置在次线上。

（2）完全互通式立交。相交道路的车流轨迹线全部在空间分离的交叉。它是一种比较完善的高级形式，匝道数与转弯方向数相等，各转向都有专用匝道，适用于高速道路之间及高速道路与其他高等级道路相交。其代表形式有喇叭形、苜蓿叶形、Y 形、X 形等。

1）喇叭形立交。如图 1-5-20 所示，是三路立交的代表形式，可分为 A 式和 B 式。经环圈式左转匝道驶入主线（或正线）为 A 式，驶出主线时为 B 式。

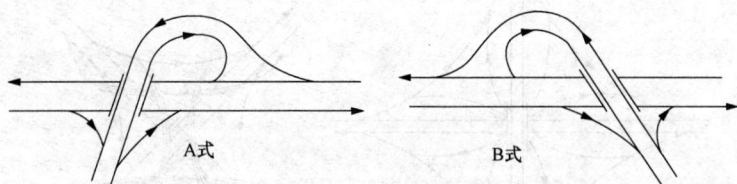

图 1-5-20　喇叭形立交

布设时应将环圈式匝道设在交通量小的方向上，主线交通量大时宜采用 A 式。次线上跨对转弯交通视野有利，下穿时宜斜交或弯穿。

2）苜蓿叶形立交，如图 1-5-21 所示。该立交平面形似苜蓿叶，交通运行连续而自然，无冲突点，可分期修建，仅需一座构造物。但这种立交占地面积大，左转绕行距离较长，环圈式匝道适应车速较低，且桥上下存在交织；多用于高速道路之间的立交。

3）子叶式立交。如图 1-5-22 所示，只需一座构造物，造价较低，造型美观。但交通行动条件不如喇叭形好，正线存在交织，多用于苜蓿叶形立交的前期工程。布设时以正线下穿为宜。

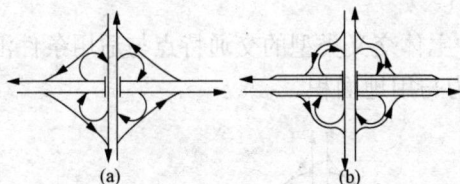

图 1-5-21　苜蓿叶式立交
（a）标准形；（b）带集散车道形

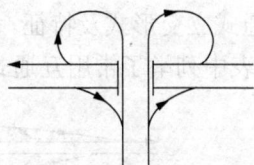

图 1-5-22　子叶式立交

4）Y 形立交。如图 1-5-23 所示。

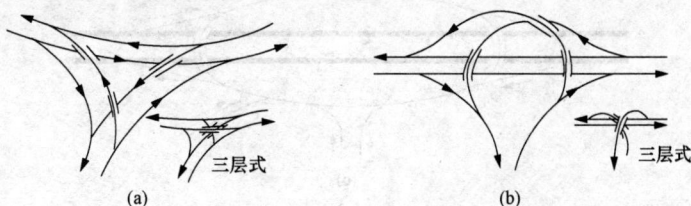

图 1-5-23　Y 形立交
（a）定向 Y 形；（b）半定向 Y 形

Y 形立交能为转弯车辆提供高速的定向或半定向运行；无交织，无冲突点，行车安全；方向明确，路径短捷，通行能力大；正线外侧占地宽度较小，但需要构造物多，造价较高。

5）X 形立交，又称半定向式立交，如图 1-5-24 所示。图 1-5-24（b）为对角左转匝道拉开布置。

各方向运行都有专用匝道，自由流畅，转向明确；无冲突点，无交织，通行能力大；适应车速高。但占地面积大，层多桥长，造价高，在城区很难实现。

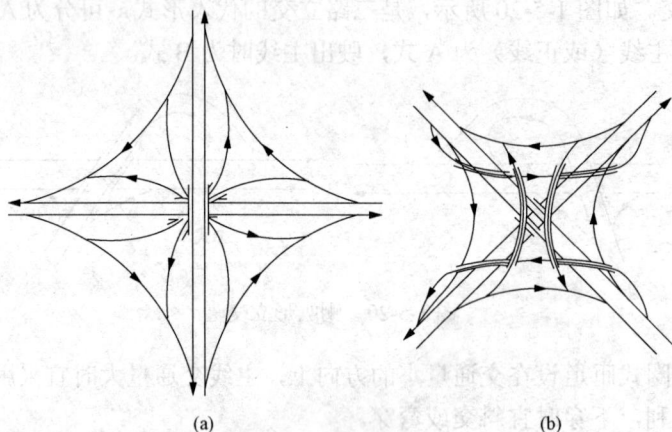

(a)　　　　　　　　　　　　　(b)

图 1-5-24　X 形立交

（3）环形立交。相交道路的车流轨迹线因匝道数不足而共同使用，且有交织路段的交叉，如图 1-5-25 所示；适用于主要道路与一般道路交叉，以用于五条以上道路相交为宜。这种立交能保证主线直通，交通组织方便，无冲突点，占地较少。但次要道路的通行能力受到环道交织能力的限制，车速受到中心岛直径的影响，构造物较多，左转车辆绕行距离长。中心岛可采用圆形、椭圆形或其他形状。

（4）互通式立交形式及特征。归纳总结了各种主体交叉类型的交通特点与适用条件汇总于表 1-5-9，表中列举了常用互通式立交的通行能力与用地面积。

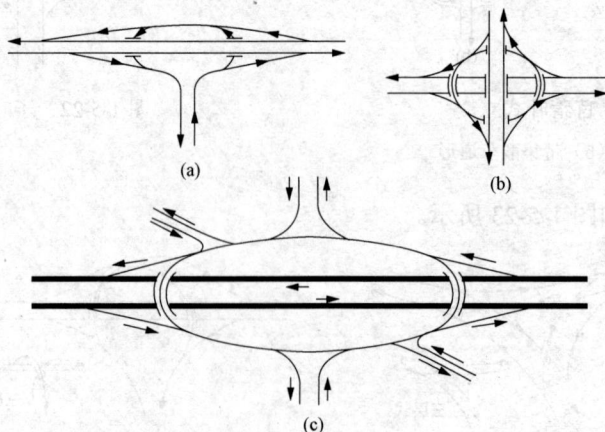

(a)　　　　　　　　　　　　　(b)

(c)

图 1-5-25　环形立交

（a）三路；（b）四路；（c）多路

表 1-5-9　互通式立交形式及特性一览表

类别	立交形式	车速（km/h）		交叉口通行能力（pud/h）	匝道特点	交通组织		用地（ha）	相交道路等级	适用场合
		直行	转弯			机非组合	冲突点（机动车）			
部分互通式立交	菱形	30~80	25~35	5000~7000	1. 左转车行驶距离不长 2. 匝道单向交通	分道行驶	次要道路有 6 点	2.5~3.5	高速路或快速路与主干路相交	郊区高速公路
	部分苜蓿叶形	30~80	25~35	6000~8000	匝道上双向交通，左转绕行 270°	分道行驶	交叉口每处有 3 点	3.5~5.0	高速公路或快速路与主干路相交	市区郊区
	部分定向型	60~80	40~60		主要车流方向设置定向匝道单向交通	分层行驶	保留平交部分，有冲突点	2.5~3	快速路与主干道相交	郊区市区
完全互通式立交	喇叭形	60~80	30~40	6000~8000	一个方向左转车、绕行距离长、匝道双向交通	分道行驶	无	3.5~4.5	高速公路与快速路或与主干道相交	郊区收费集中的高速公路
	苜蓿叶形	60~80	30~40	9000~13000		分道行驶	机非有冲突 16 点	7.0~9.0	高速公路与高速公路、快速路与快速路相交	郊区市边缘区
	定向型	80~100	70~80	13000~15000	不需绕行路线、便捷	分层行驶	无	8.5~12.5	直行与转弯交通均大的道路	市区郊区
环形立交	二层式	60~80	25~35	5000~7000	次路直行与左右转弯在环道上绕行	混合行驶	有交织	2.5~3	快速路与主干路相交	市区
	三层式	60~80	25~35	5000~7000	环道供转弯交通	分层行驶	有交织	2.5~3	同等级	市区
	四层式	60~80	25~35	5000~7000	环道供转弯交通	分层行驶	有交织	2.5~3	主路与主路相交	市区

四、立体交叉的匝道设计

匝道是用以连接上下各层道路供左、右转弯车辆行驶的道路。

1. 匝道的类型

（1）右转弯匝道，直接从主干线右转弯驶出并右转进入主线的匝道，如图 1-5-26（a）所示。

（2）环形匝道，多用于左转弯行驶的匝道形式。车辆由干线的右侧出口，并以约 270° 转弯进入相交道路以免与直行车冲突，如苜蓿叶形和喇叭形立交中左转匝道，如图 1-5-26（b）所示。

（3）定向式匝道，有直接和半直接两种接入方式。左转车从左侧直接分叉，左转弯到相交道路后，从左侧汇入车流，称为直接转向，如图 1-5-26（c）所示。其路线短捷，但从左侧汇入车流不利安全。左转车从右侧分出，左转弯到相交道路后，从右侧汇入车流，称为半直接转向，如图 1-5-26（d）所示。其路线较长，但汇入时有利安全。

（4）迂回式匝道，也有两种接入式。左转车从右分出后跨越相交道路的对向车流，从左侧汇入车流［见图1-5-26（e）］，它不利于高速安全行驶；另一种左转车从右分出后，再从右侧汇入车流［见图1-5-26（f）］，有利于干道车辆安全高速行驶，但行驶距离较长。

2. 匝道计算行车速度

匝道计算行车速度见表1-5-10。

表1-5-10　　　　　　　　　　　　　匝道计算行车速度　　　　　　　　　　　km/h

主线计算行车速度（km/h）		120	100	80	60
互通式主体交叉分级	一级	80～50	70～40	60～35	50～35
	二级	70～40	60～35	50～30	40～30
	三级	60～35	50～35	45～30	35～30

注　本表不适用于通道进、出口。

3. 匝道的横断面及设计

匝道宜设计为单向行驶。如采用双向行驶，则应设置分隔带，将对向交通流分隔，匝道交通量较小时，还可采用路面划线分隔。供单向行驶的匝道的路面宽度，因考虑机动车的故障临时停车不得小于7m。机动车和非机动车混行的匝道总宽宜不小于12m，而且弯道处还需考虑加宽。城市立交匝道上人行道宽度不小于3m。匝道横断面组成见表1-5-11。

表1-5-11　　　　　　　　　　　　　匝道的横断面组成　　　　　　　　　　　m

车道类型	图　式
单向单车道	7.00+a(6.00+a) 0.75(0.50)　1.00　3.50+a　2.50(1.50)　0.75(0.50) 0.50
单向双车道或对向双车道	8.50+a 0.25　0.75　7.00+a　0.75　0.25 0.75　0.50　　0.50　0.50
对向分离双车道	14.00+a+b(12.00+a+b) 0.25　2.50(1.50)　3.50+a+b　2.00(1.50)　3.50+a　2.50(1.50)　0.25 0.75　0.50　0.50　0.50　0.50　0.50 1.00(0.50)

注　a、b为加宽值。

匝道各组成部分宽度：行车道宽度3.50；中间带应包括中央分隔带和两侧路缘带宽度，中央分隔带宽度1.00m（若设置刚性护栏时可取0.60m）；路缘带宽度0.50m；土路肩宽度0.75m或0.5m。

硬路肩宽度：

（1）单车道匝道右侧应设硬路肩，其宽度包括路缘带在内为2.50m，特殊困难可减小为1.50m；左侧硬路肩宽度为1.00m。

（2）双车道匝道，当交通量小，通行能力有较大富裕时，可不设硬路肩，保留路缘带。

（3）匝道的车道、硬路肩宽度与主线不同时，应在匝道范围内设置渐变率为 1/20～1/30 的过渡段，在与主线合流和分流处其宽度应同主线的车道和硬路肩宽度一致。

4. 匝道的平面线形

（1）平曲线半径。决定立交规模大小的因素，除了立交主体和线形外，合理选择匝道的计算行车速度和平曲线半径是很重要的。立交的匝道计算车速和匝道的半径是匝道平面设计的依据。为了保证进出主线的车辆能够迅速、安全地通过立交，匝道的通行能力应达到最大值，而工程投资则最省。因此，匝道计算行车速度应控制在不大于载重车辆满载时的最大车速，又不小于货运车辆的最佳车速。

高速公路喇叭形匝道设计环形时必须注意如下事项：

1）流入匝道上用的环形，原则上应使用单圆，不得已时，小圆（R_1）与大圆（R_2）之比最好应为 1:1.5～1:2 以内 [见图 1-5-26（g）]；

2）流出匝道上用的环形，小圆（R_1）与大圆（R_2）之比应小于 1:1.20，做成光滑的椭圆形 [见图 1-5-26（h）]。

当流入环的最小半径小，而流出 S 形匝道的线形半径又大时，应采用卵形，且不能与 S 形匝道最小半径部分直接接触。这是使总面积较小且能使流入、流出线形较好的方法。

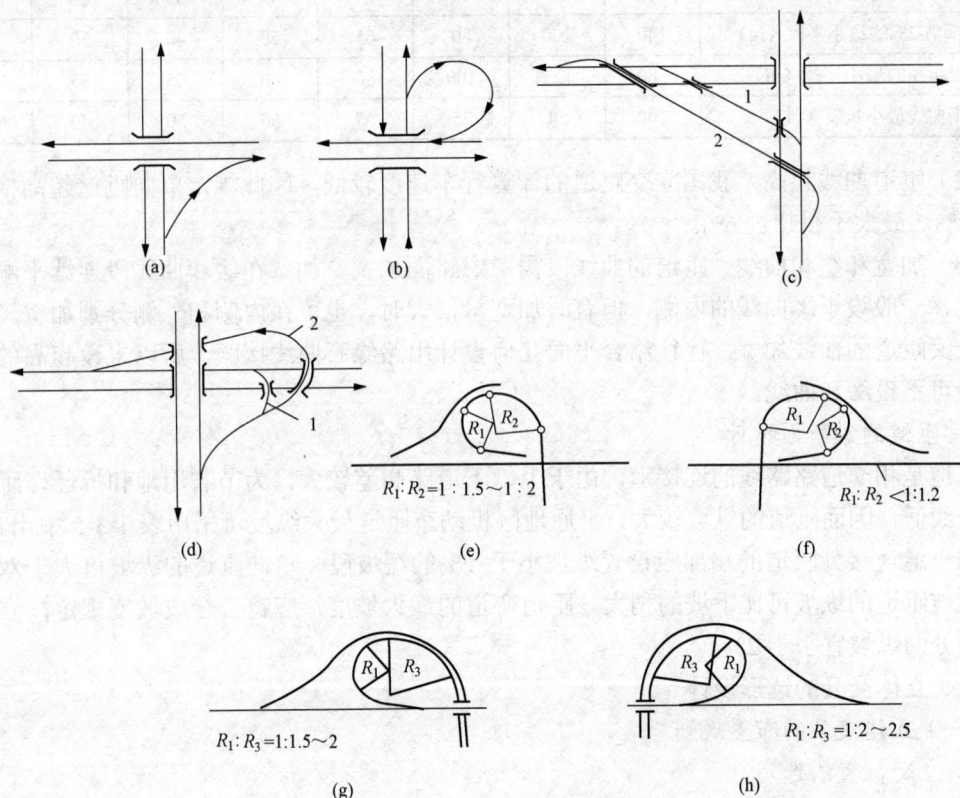

图 1-5-26　立交匝道形式示意图

（a）右转匝道；（b）环形左转匝道；（c）定向左转匝道；（d）迂回左转匝道；
（e）流入环形匝道；（f）流出环形匝道；（g）流入椭圆形匝道；（h）流出椭圆形匝道

对于流入匝道而言，采用单圆环形匝道时，圆半径为 50～60m。如用椭圆形环，则大圆与小圆的半径比应为 1.5~2，见图 1-5-26 （g）。对流出匝道而言，用单圆环形匝道且小圆半径为 50m 以内时，应采用复合曲线（椭圆形）。椭圆的大圆与小圆的半径比应以 2~2.5 为好，见图 1-5-26 （h）。

城市中匝道半径则取决于立交所在位置的地形和地物。

因用地和拆迁量限制，曲线半径有时不可能取得太大，但过分降低标准，将影响立体交通的使用效果。通常匝道平曲线的最小半径是指加宽前匝道内侧机动车道中线的半径，宜采用大于或等于表 1-5-12 所列超高横坡 i=2%的最小半径。在城市立体交叉匝道端部的横坡往往受到干道纵坡的影响，而不能做得太大。对于双向行车或机动车非机动混行的匝道，设置超高横坡度就更为困难，此时可采用不设超高的最小半径。匝道曲线最小半径及平曲线最小长度见表 1-5-12。

表 1-5-12   **匝道圆曲线最小半径及平曲线最小长度**

匝道计算行车速度（km/h）	60	50	45	40	35	30	25	20
横向力系数 μ	0.18			0.16			0.14	
超高横坡 6%的最小半径（m）	120	80	65	50	40	30	20	15
超高横坡 4%的最小半径（m）	130	90	75	60	45	35	25	20
超高横坡 2%的最小半径（m）	140	100	80	65	50	40	30	20
不设超高的最小半径（m）	180	125	100	80	60	45	35	30
平曲线最小长度（m）	100	54	75	65	60	50	40	35

（2）匝道曲线超高。我国立交匝道的计算行车速度较低，因此规定单向匝道超高横坡为 2%~4%，最大不得超过 6%。

（3）加宽和缓和曲线。匝道的曲线段需考虑路面加宽。加宽在缓和曲线段连续平顺地逐渐变化，一般设于平曲线的内侧，但有时加宽量很大时，也可在内侧和外侧分别加宽。城市立体交叉匝道的曲线加宽，往往结合平面几何设计用路缘石曲线接顺，所以未设超高的平曲线路段可不设缓和曲线。

5. 匝道的纵断面设计

匝道是相交道路路线的连接道，由于上、下道路高差较大，为节省用地和拆迁，匝道车速比干线低，因而匝道的纵坡较大。平原地区机动车匝道最大纵坡可采用表 1-3-5 中山丘值。匝道与干道连接处匝道的端部应设置纵坡小于 2%的缓坡段。单向匝道的纵坡可大于双向匝道，上坡匝道的纵坡可比下坡的稍大。匝道弯道的最大坡度，应符合合成坡度规定，立交回头曲线处的纵坡宜小于 2%。

五、立体交叉的选形设计

（一）立体交叉的布置规划

1. 立交位置的选定

互通式立交位置的选定，应以现有道路网或已批准的规划为依据。在保证主线畅通的前提下，综合考虑立交对地区交通的分散和吸引作用、立交的设置条件、技术上的合理性、经济上的可行性及拟选立交的形式等，一般应选择在地势平坦开阔、地质良好、拆迁较少及相交道路具有较高的平纵线形指标处。

通常，应根据下列条件选定立交的位置：

（1）相交道路的性质。如高速道路之间及其与其他各级道路相交，一级公路与交通繁忙的一般公路相交，均应设置互通式立交。

（2）相交道路的任务。高速道路与通往大城市，重要政治、经济中心，重要港口、机场、车站和游览胜地的道路相交处应设置互通式立交。

（3）相交道路的交通量。公路上未作具体规定，城市道路规定进入交叉口的交通量达4000～6000辆/h（小汽车），相交道路为四车道以上。

（4）地形条件。当交叉所在地形条件适宜修建立交时可采用，如高填方路段与其他道路交叉处，较高的桥头引道与滨河路交叉等。

（5）经济条件。修建立交的年平均投资费用应小于平面交叉口的年经济损失总额，否则是不合理的。

2. 立交的间距

确定互通式立交间距时，主要应考虑以下影响因素：

（1）能均匀地分散交通。相邻立交之间保持合适的间距，应与其担负的交通量均衡。间距过大会使交通联系不便；间距过小则又影响高速道路功能的发挥，且使建设投资增加。

（2）能满足交织路段长度的要求。相邻立交之间要有足够的交织路段，以便在相邻立交出入口之间设置足够的加减速车道。交织路段是指前一个立交匝道的合流点到后一个立交匝道的分流点之间的距离。

（3）满足标志和信号布置需要。相邻立交之间应保证足够的距离，在此路段内设置一系列标志和信号，以便连续不断地告诉驾驶员下一立交出口的到来。

（4）驾驶员操作顺适的要求。相邻立交之间的距离如果过近，特别是在城市道路上，因互通式立交的平面连续变化，纵断面起伏频繁，会对车辆运行、驾驶操作及景观均不利。

对互通式立交的标准间距，公路与城市道路不尽相同。公路上，在大城市、重要工业区周围为5～10km；一般地区为15～25km；最大间距以不超过30km为宜；最小间距不应小于4km。城市道路上互通式立交的间距一般比公路小，但最小间距按正线计算行车速度为80、60km/h 和 50km/h，分别采用 1、0.9km/h 和 0.8km/h。

3. 立交形式选择因素

立交形式选择的目的是提供行车效率高，安全舒适，适应设计交通量和计算行车速度，满足车辆转弯需要，并与环境相协调的立交形式。形式选形是否合适，不仅影响立交本身的功能，如通行能力、行车安全和工程经济等，而且对地区规划、地方交通的发挥及市容环境等都有密切关系。

影响因素可概括为道路、交通、环境及自然条件，具体内容如图1-5-27所示。

4. 立交形式选择的基本原则

互通式立交形式的选择，应遵循下列基本原则：

（1）立交的形式首先取决于相交道路的性质、任务和远景交通量等，确保行车安全畅通和车流的连续。相交道路等级高时应采用完全互通式立交；交通量大、计算行车速度高的行车方向要求线形标准高、路线短捷、纵坡平缓；车辆组成复杂时要考虑个别交通的需要。在城市道路上，若是机、非交通量都很大的车流分离行驶，可采用三层或四层立交。

（2）选定的立交形式应与所在地的自然环境条件相适应，要充分考虑区域规划、地形地质条件、可能提供的用地范围、周围建筑物及设施分布现状等。在满足交通要求前提下综合

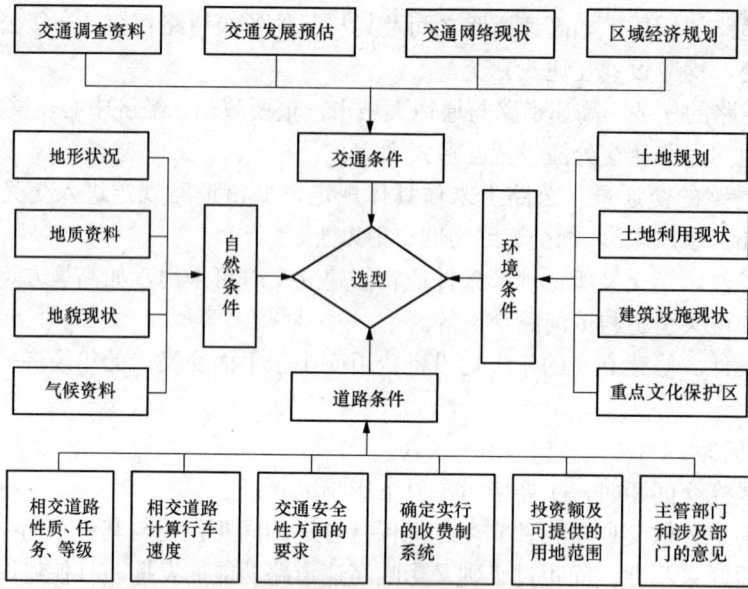

图 1-5-27　影响立交形式的基本因素

分析研究，力求合理利用地形，工程营运经济，与环境相协调，造型美观，结构新颖合理。

（3）选型应全面考虑近远期结合，既要考虑近期交通要求，减少投资费用，又要考虑远期交通发展需要改建提高的可能。

（4）选型应从实际出发，有利施工、养护和排水，尽量采用新技术、新工艺、新结构，以提高质量、缩短工期和降低成本。

（5）选型和总体布置要全面安排，分清主次，考虑平面线形指标和竖向标高的要求。如铁路与道路相交，常以铁路上跨为宜，可减小净空高度；高速道路与其他道路相交，原则上高速道路不变或少变，其他道路抬高或降低；城市立交以非机动车道不变或少变，有利于行人及自行车通行。

（6）选型应与定位相结合。立交的形式随所在位置的地形地物及环境条件而异，通常先定位后选形，并使选形与定位结合考虑。

5. 立交形式选择的步骤和要点

（1）初定立交的基本形式。首先选择立交的总体布局，如上跨式或下穿式；完全互通式、交织式或部分互通式；二层式、三层式或四层式；机、非分行或混行；是否考虑行人交通，是否收费等。在此基础上进一步选择立交的基本形式，如菱形、Y 形等。

根据影响立交形式选择的主要因素，表 1-5-13 列出常用立交形式的选择条件，可供参考。

对公路立交确定基本形式时，应根据各方向的交通量，结合地形、地物、当地交通条件综合考虑而定，并注意以下几点：

1）直行和转弯交通量均大，相交公路的计算行车速度较高、要求用较高的速度集散时，可采用定向式或半定向式立交。

2）相交公路等级相差较大，且转弯交通量不大时，可用菱形、部分苜蓿叶形或喇叭形。

3）不设收费站的高速公路、一级公路相交时，可用苜蓿叶形。但其规模和用地较大，在无专用集散车道的情况下易出现交通阻塞和事故，应慎重选用。

4）部分苜蓿叶形有两处相隔较近的平面交叉，对次线直行交通不利，当各向转弯交通量相差悬殊时，应在适当象限内布置匝道，将冲突减至最低程度。

5）汽车专用公路与一般公路相交，不设收费站时，应优先采用菱形；若设收费站而主线转弯交通量较小，允许匝道上存在平交。

6）苜蓿叶形的环圈形匝道以单车道为宜。若交通量接近或大于单车道通行能力，则应采用半定向式或定向式匝道。

表 1-5-13　　　　　　　　　　　　互通式立交形式的选择

项目 立交形式	计算行车速度（km/h）			交叉口总通行能力（辆/h）	占地面积（ha）	相交道路等级及交叉口情况
	直行	左转	右转			
定向型立交	80～100	70～80	70～80	13000～15000	8.5～12.5	（1）高速公路相互交叉； （2）高速公路与市郊快速路相交
苜蓿叶形立交	60～80	30～40	30～40	9000～13000	7.0～9.0	（1）高速公路相互交叉； （2）高速公路与快速路、主干路相交； （3）用地允许的市区主要交叉口
部分苜蓿叶形立交	30～80	25～35	30～40	6000～8000	3.5～5.0	（1）高速公路与快速路、主干路相交； （2）苜蓿叶形立交的前期工程
菱形立交	30～80	25～35	25～35	5000～7000	2.5～3.5	（1）高速公路与次要公路相交； （2）快速路与主干路相交
三、四层式环形立交	60～80	25～35	25～35	7000～10000	4.0～4.5	（1）快速路相互交叉； （2）市区交叉口； （3）高等级公路与次要道路相交
喇叭形立交	60～80	30～40	30～40	6000～8000	3.5～4.5	（1）高速公路与快速路相交； （2）高等级公路相互交叉； （3）用地允许的市区交叉口
三路环形立交	60～80	25～35	25～35	5000～7000	2.5～3.0	（1）高等级公路相互交叉； （2）市区 T 形、Y 形交叉口
三路子叶式立交	60～80	25～35	25～35	5000～7000	3.0～4.0	（1）高等级公路相互交叉； （2）苜蓿叶形立交的前期工程
三路定向型立交	80～100	70～80	70～80	8000～11000	6.0～7.0	（1）高速公路相互交叉； （2）地形适宜的双向分离式道路相交

注　相交道路按六车道计，交通量为当量小汽车。

（2）立交几何形状及结构的选择。立交的几何形状及结构对行车速度、运行时间、行车视距、视野范围、服务水平及通行能力等影响较大。在基本形式的基础上，通过仔细研究，对立交的总体结构进行安排和匝道布置，如跨线构造物的布置，出入口的位置，匝道布置象限，内外匝道采用整体式或分离式，匝道的平、纵、横几何形状及尺寸等。

（3）立交方案比较。有时产生几个立交方案，经过多方案的技术、经济比较，选择合理的立交形式和适当的规模，以做出满足交通功能要求、适合现场条件、工程量小、投资省的立交方案。方案比较的方法较多，下面简要介绍综合评价法和技术经济比较法。

1）综合评价法。是对建立的综合评价指标体系，借助运筹学的层次分析法或模糊数学的方法或两者的结合使用，通过各影响因素权重的计算和综合分析比较，以寻求整体最优或较优的立交方案，作为决策的依据。

建立一个合理、实用和科学的综合评价指标体系，对评价结果的全面性、公正性及可靠性至关重要。图 1-5-28 所示为立交方案综合评价指标体系之一，它是一个三级梯阶结构，方案评价是由下而上逐级进行，将低一级评判结果作为高一级评判的输入，直到最终得到结果。

权重是各因素之间相对重要程度的反映。为使权重取值科学，不过分偏差，常采用系统工程中的特尔斐法，即发放专家调查表。该表应有选择地向专家发放，收回后还应用作正态分布的假设检验，以保证调查质量。

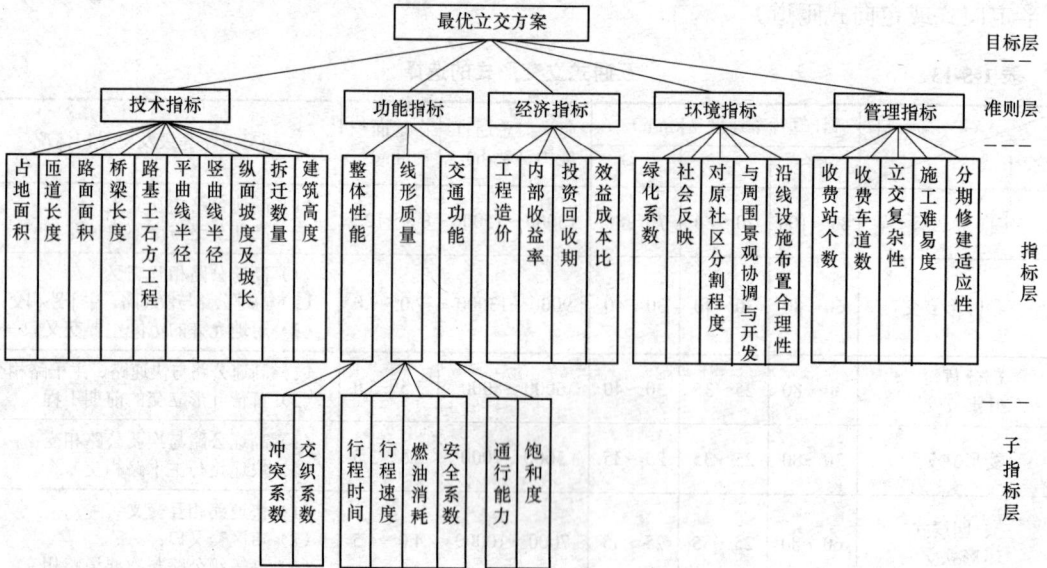

图 1-5-28　立交方案综合评价指标体系

为能统一比较，需要把有量纲或无量纲的各指标换算成 0、1 之间的实数，称为评价指标的量化处理。对定量的指标（如匝道长度、通行能力等）通过计算直接或间接得到；对定性的指标（如社会反映、分期修建适应性等），很难计算获得，可用模糊数学的方法得到。

2）技术经济比较法。直接计算各立交方案的技术、使用及经济指标值，逐项进行对比分析，选出最佳方案。各指标的具体内容为：

a. 技术指标。包括占地面积 F、以单车道计的匝道总长度 L_1、以单车道计的立交范围内主线全部车道长度 L、匝道路面面积 S_1、主线路面面积 S、以单车道计的跨线桥总长度 L_0、路基土石方体积 W。

b. 使用指标。包括汽车在相邻道路上两固定点间以计算行车速度左转运行时间 $T_左$和右转运行时间 $T_右$、以最佳车速计算的左转运行时间 $t_左$ 和右转运行时间 $t_右$。

c. 经济指标。包括立交范围的路基、路面及跨线构造物等总造价 C、立交一年的养护费用 A、一年运输费用 B。

（二）立体交叉的设计资料和设计步骤

1. 设计资料

在立体交叉设计之前，应通过实地勘测、调查收集下列所需设计资料：

（1）自然资料。测绘立交范围 1:500～1:2000 的地形图，详细标注建筑物的建筑线、种类、层高、地上及地下各种杆柱和管线；调查并收集用地发展规划，水文、地质、土壤、气候资料；收集附近的国家控制点和水准点资料等。

（2）交通资料。收集各转弯及直行交通量、交通组成，推算远景交通量，绘制交通量流量流向图，调查非机动车和行人流量等。

（3）道路资料。调查相交道路的等级、平纵面线形、横断面形式和尺寸，相交角度、控制坐标和标高，路面类型及厚度，确定净空高度、设计荷载、计算行车速度及平纵横指标等。

（4）排水资料。收集立交所在区域的排水制度、现状和规划，各管渠位置、埋深和尺寸。

（5）文书资料。收集设计任务书、上级主管部门的具体要求、意见及有关文件等。

（6）其他资料。调查取土、弃土和材料来源，施工单位、季节、工期和交通组织与安全。

2. 设计步骤

（1）初拟方案。根据交通量和地形条件，在地形图或其上覆盖的透明纸上勾绘出各种可能的立交方案。

（2）确定比较方案。对初拟方案进行分析，应考虑线形是否顺适，半径能否满足，各层间可否跨越，拆迁是否合理，选 2～4 个比较方案。

（3）确定推荐方案。在地形图上按比例绘出各比较方案，完成初步平纵设计、桥跨方案和概略工程量计算，做出各方案比较表，全面比较后确定推荐方案（一般 1～2 个）。应考虑交通是否流畅安全，各匝道的平纵横及相互配合是否合适，立交桥的结构、布置是否合理，设计和施工难易程度，整体工程的估价，养护营运条件及立交的造型和绿化等。

（4）确定采用方案。对推荐方案视需要做出模型或透视图，征询有关方面意见，最后定出采用方案。应权衡造价与方案，近期与远期，局部与全局的关系，也可采用分期修建方案。

（5）详细测量。对采用方案实地定线并详细测量，收集进一步技术设计所需的全部资料。

（6）技术设计。完成技术设计与全部施工图和工程预算。

以上（1）～（4）为初步设计阶段，（5）～（6）为施工图设计阶段。

第四节　道路与铁路及管线交叉

一、道路与铁路交叉

道路与铁路交叉不存在互通问题，所以无需设置连接道，形式简单。道路与铁路交叉分为平面交叉（又称道口）和立体交叉两种。

1. 设置条件与位置选择

（1）设置条件。一般根据道路等级与性质、道路与铁路的交通量及道口封闭延误损失等因素确定是平交还是立交。

高速公路、一级公路和快速路与铁路交叉时，必须设置立体交叉。其他各级道路与铁路交叉，符合下列情况之一者，应设置立体交叉：

1）与国家干线铁路交叉时；

2）与有大量调车作业的铁路交叉时；

3）行驶无轨电车的道路与铁路交叉时；

4）地形适宜而不过多增加工程数量时；

5）受地形等限制采用平交会危及安全时；

6）确有特殊需要时。

（2）位置选择。交叉位置应按以下原则选定：

1）应选在铁路轨线最少的地段；

2）道路、铁路路线以直线为宜，并尽量正交，当必须斜交时，交叉角不应小于 45°；

3）尽量利用高路堤或深路堑作为立交；

4）不应设在铁路站场、道岔等范围内。

2. 道路与铁路立体交叉设计要点

道路与铁路立交形式有道路上跨或下穿两种，应根据总体规划，并考虑通视条件、地下设施、地形、地质、水文、环境、施工等因素综合比较后确定。

（1）平面要求。立交范围平面线形及桥头直线距离应分别符合道路与铁路路线设计的要求，并以直线为宜；可不考虑道路超车视距要求；道路引道范围内不得另有平面交叉。

（2）纵面要求。道路上跨时，其桥上和引道纵坡应符合道路有关规定。道路下穿时，纵坡不宜大于 4%；当非机动车多时不得大于 3%；当机、非分离行驶时，两者可在不同标高上。

（3）横断面要求。无论道路上跨或下穿，行车道宽度都不应缩减；人行道宽度可视人流量而定，但每侧不应小于 1.5m。各组成部分宽度发生变更时应在引道上设置过渡段，其外边缘渐变率为 1/15～1/30。

（4）净空要求。道路上跨时，跨线桥的孔径应根据地形、地质情况和桥下净空要求等确定。桥下净空高度应符合铁路建筑界限有关规定。当道路下穿时，铁路路线桥桥下净空的宽度应包括该道路横断面的所有组成部分。净高应符合道路有关规定，并预留路面改建高度。

（5）路基路面要求。道路的路面应铺筑次高级以上路面。下穿的道路应考虑地面水、地下水、毛细水和冰冻作用对路基强度和稳定性的影响，并采取相应措施。

（6）排水要求。立交范围内的排水设计，应对铁路的排水系统进行综合考虑，合理设置，不得妨碍既有排水系统的能力。道路下穿时排水要求与互通式立交相同。

二、道路与管线交叉

按照管线的性质和用途，可分为管道和电缆两大类。管道主要有给水管、污水管、雨水管、燃气管、暖气管、输油管等；电缆包括电力线、电信线、无轨电车及地铁电力线等。根据管线的布设位置，可有地下埋设和空中架设两种。一般管道都敷设在地下，称为地下管线；而多数电缆是架设在地面杆柱上，称为地上杆线。但也有少数电缆埋设在地下。道路与管线应尽量正交，必须斜交时交角不宜小于 45°。

（一）道路与地上杆线交叉

为确保行车安全和架空电缆的正常使用，地上杆线须按行业规范合理布置，并满足最小净空高度要求。道路与各种地上杆线交叉时，架空线与路面的最小净空高度见表 1-5-14。

表 1-5-14　　　　　　　　架空线与路面的净空高度

杆线名称	电信线	照明电线	无轨电车线	电力线（kV）				
				配电线		送电线		
				<1	1～10	35～110	154～220	330
最小垂直高度（m）	5.5	5.5	6.0	6.0	7.0	7.0	8.0	8.0

（二）道路与地下管线交叉

道路与地下管线交叉时，应以地下管网规划为依据，并应近远期结合，对各种管线综合考虑，合理确定其位置与标高。

对重要平面交叉、立体交叉、广场或水泥混凝土等刚性路面下，应预埋过街管或预留沟，其结构强度应满足道路施工荷载和路面行车荷载的要求。

1. 埋式电缆

对埋式电力电缆应该用管道保护，管顶到路面基底的深度应不小于 1.0m。对埋式电信电缆，二级以上公路应用管道保护，管顶到路面基底的深度一般不小于 1.0m，受限制时应不小于 0.8m；三、四级公路不需管道保护，缆顶到路面基底不小于 0.8m，受限制时应不小于 0.7m。埋式电缆距排水沟底应不小于 0.5m。

2. 地下管道

道路与地下管道交叉时，管顶距路面基底不小于 1.0m，距排水沟底不小于 0.5m。冰冻地区管道应埋设在冰冻线以下。

习 题

1. 完全互通式立交与部分互通式立交的主要区别何在？图 1-5-29 所示立体交叉属哪种类型？试画出其行驶路线。

2. 图 1-5-30 所示立体交叉属哪一种类型？请用粗线标出其交织路段。采用什么方法可消除主线上的交织路段？试画示意图说明。

3. 图 1-5-31 所示一 T 形路口，相交道路均为各向三车道。如 AC 为主要的左转交通方向，且用地不受限制。试规划一喇叭形立交。假定匝道采用二车道，试分析说明分、合流处的车道数。

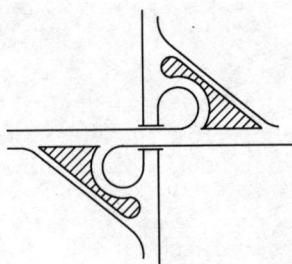

图 1-5-29

图 1-5-30

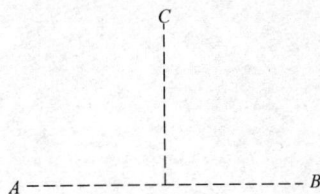

图 1-5-31

第二篇

道路路基与路面

道路是由路基、路基防护和路面组成。路基由土、石材料在原地面上填筑或开挖而成，结构简单。典型的路基横断面有路堤、路堑、半挖半填三种形式。为了保证路基的稳定和安全使用，需要配套排水和防护设施。铺筑在路基顶面上的路面结构，是用各种材料分层铺筑而成。按所处层位和作用的不同，路面结构层主要由面层、基层、垫层组成。本篇将分别讨论路基、路基防护和路面结构层。

第一章 道 路 路 基

路基是道路的基本结构，是支撑路面结构的基础，与路面共同承受行车荷载的作用，同时承受气候变化和各种自然灾害的侵蚀和影响。

路基在结构形式上较简单，但受地形、地质、水文和气候等自然因素的影响极大。如果设计和施工不当，本身容易产生各种各样的病害，导致路面破坏，影响交通和行车安全。

作为公路建筑的主体，路基工程具有以下特点：①工程量大；②投资大；③占地面积大；④使用劳动力多；⑤施工工期长；⑥施工中受气候影响大。

路基设计主要是：确定路基宽度及横断面几何尺寸，结合平纵面设计确定路拱横坡、超高等。

本章主要讨论路基组成与作用、软基处理、路基防护等。

第一节 路基组成与作用

一、路基的基本要求

路基除断面尺寸应符合设计标准外，还应满足下列基本要求：

（1）具有足够的整体稳定性。路基是直接在地面上填筑或挖去一部分地面建成的。路基建成后，改变了原地面的天然平衡状态。在工程地质不良地区，修建路基则可能加剧原地面的不平衡状态;开挖路堑使两侧边坡土体失去支承力，可能导致边坡坍塌或滑坡；天然坡面特别是陡坡面上的路提，可能因自重而下滑。对于上述种种情况，都必须因地制宜地采取一定措施来保证路基的整体稳定性。

（2）具有足够的强度。公路上的行车荷载，通过路面传递给路基，对其产生一定压力，路基自重及路面的重量也给予路基和地基一定压力。这些压力都可使路基产生一定的变形，使路面变形而遭到破坏，直接影响路面的使用品质。因此，要求路基应具有足够的强度，以保证外力作用下，不致产生超过容许范围的变形。

（3）具有足够的水温稳定性。路基在地面水和地下水作用下，其强度将显著地降低。特别是在季节性冰冻地区，由于水温状况的变化，路基将发生周期性冻融作用，使路基强度急剧下降。因此，对路基不仅要求其具有足够的强度，而且还应保证在最不利的水温状况下，强度不至于显著地降低，以使路面处于正常稳定状态，也即要求路基具有足够的水温稳定性。

二、路基组成

路基由横断面几何尺寸及路基结构组成。

（一）路基横断面几何尺寸组成

各级公路路基标准横断面及几何尺寸已在第一篇第四章中做了讲述。路基几何尺寸主要指宽度、高度和边坡坡度。路基宽度取决于公路技术等级；路基高度（包括路中心线的挖填深度，路基两侧的边坡高度）取决于纵坡设计及沿线地形；路基边坡坡度取决于地质、水文条件，并由边坡稳定性和横断面经济性等因素比较选定。就路基稳定性和横断面经济性的要求而论，路基的边坡坡度及相应的稳定性措施，是路基设计的基本内容。

（二）路基结构组成

路基主要由土、石材料在原地面上填筑或开挖而成，结构简单。由于地形的变化和填挖高度的不同，使得路基横断面也各不相同。路基结构断面的典型形式，可归纳为路堤（填方路基）、路堑（挖方路基）和填挖结合路基（半挖半填）三种，见图 2-1-1。

1. 路堤

图 2-1-1 所示为路堤的几种常见的横断面形式，其中填土高度低于 1m 者为矮路堤，1～18m（土质）或 1～20m（石质）为一般路堤，高于 18m（或 20m）为高路堤。

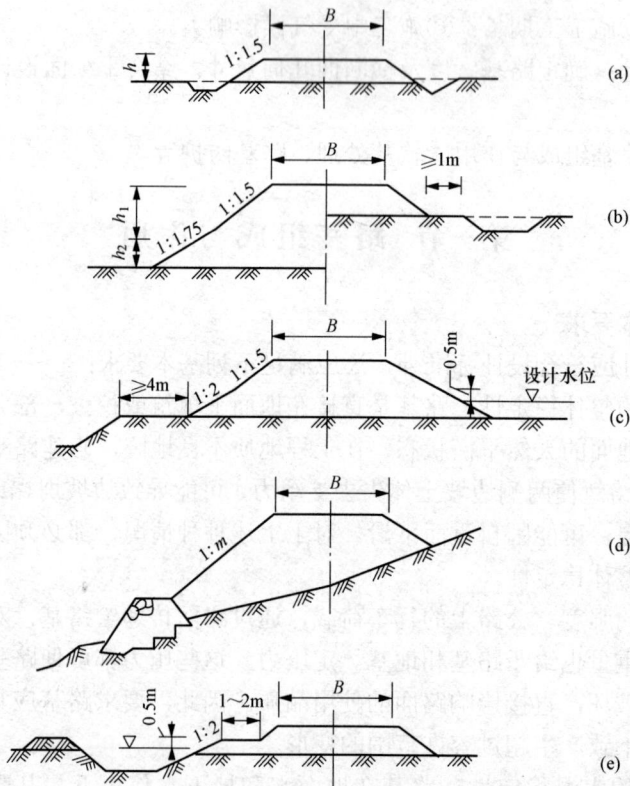

图 2-1-1　填方路堤典型横断面

（a）矮路堤；（b）一般路堤；（c）沿河路堤；（d）护脚路堤；（e）挖渠填筑路堤

确定路堤边坡坡度是路基设计的基本任务。公路路堤边坡坡度，习惯用边坡高度 h 与边坡

宽度 b 之比值来表示。为了方便起见，通常将高度差取为 1，相对的水平距离是几，这个坡度就是 1 比几，如 1:0.5、1:1.5，如图 2-1-2 所示。边坡坡度的大小关系到边坡稳定和工程造价，边坡愈陡，稳定性愈差；边坡愈缓，土石方数量愈大，造价升高，且受水冲刷面积也大，有时反而不利。因此，在确定边坡坡度时，要权衡利弊，力求合理。

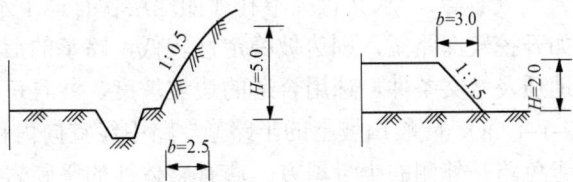

（1）填土路堤边坡。路堤的边坡坡度，在路堤基底情况良好时，一般参照表 2-1-1 所列数值，结合已成公路的实践经验采用。

图 2-1-2　路堤边坡坡度示意图

填方高度大于 8～12m 的一般路堤，边坡坡度要相应放缓。地面横坡较陡时，填方有可能沿山坡下滑。为减少占地宽度，可设置石砌坡脚，见图 2-1-1（d）。

若路堤为开挖水渠填筑而成，则水渠与路堤之间设置 1～2m 的平台作为护坡道，见图 2-1-1（e）。护坡道应高出水渠的设计水位加浪高，再加 0.5m。

沿河路堤受水浸淹部分的边坡应采用 1:2，并视水流等情况采取边坡加固措施。

表 2-1-1　　　　　　　　　　　　路堤边坡坡度表

填料种类	边坡最大高度（m）			边坡坡度		
	全部高度	上部高度	下部高度	全部坡度	上部坡度	下部坡度
一般黏性土	20	8	12	—	1:1.5	1:1.75
砾石土、粗砂、中砂	12	—	—	1:1.5	—	—
碎石土、卵石土	20	12	8	—	1:1.5	1:1.75
不易风化的石块	20	8	12	—	1:1.3	1:1.5

注　用大于 25cm 的石块填筑路堤，边坡采用干砌者，其边坡坡度应根据具体情况确定，粉土边坡可根据具体情况适当放缓。

（2）填石路堤边坡。在岩石地段的半填路基或跨越深沟的路堤，通常利用挖方路基的石料进行填筑。浸水路基的受水淹部分，可用开山石料或天然石料（漂、砾石）进行填筑。当石料不足时，也可在路基外部填石，内部填土，并在填石部分与填土部分的结合面设置反滤层，以防止填土流失，影响路基稳定。

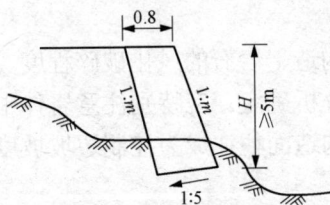

填石路堤的坡面应采用大于 25cm 的石块码砌，坡度可采用 1:1。

当填石路堤边坡采用大于 40cm 的开山片石砌筑（错缝、排紧）时，称为砌石路堤，见图 2-1-3。其边坡坡度可根据砌石高度按表 2-1-2 确定。

图 2-1-3　砌石路堤

表 2-1-2　　　　　　　　　　　　砌石路堤边坡坡度

高度 H（m）	外坡坡度 1:m	内坡坡度 1:m
<5	1:0.5	1:0.3
<10	1:0.67	1:0.5
<15	1:0.75	1:0.6

2. 路堑

路堑开挖后破坏了原地层的天然平衡状态，其稳定性主要取决于地质与水文条件，以及边坡深度和边坡陡度。当地质条件较差（如岩层倾向边坡、岩性软弱极易风化、岩石破碎或为土夹石等），水文状况不利（如地层含有地下水，当地暴雨量集中或地面排水不易等）时，如开挖较深路堑，则边坡稳定性较低，路基的后遗病害较多。所以深路堑的设计，需要根据地质及水文条件，选用合适的边坡坡度，并且可以自下而上逐层放缓而呈折线形边坡，见图2-1-4（a）。陡峻山坡上的半路堑、路中线宜向内移动，尽量采用台口式路基，见图2-1-4（b），避免路基外侧的少量填方。遇有整体性的坚硬岩层，为节省石方工程，有时可采用半山洞路基，见图2-1-4（c）。但要确保安全可靠，不得滥用，免成后患。

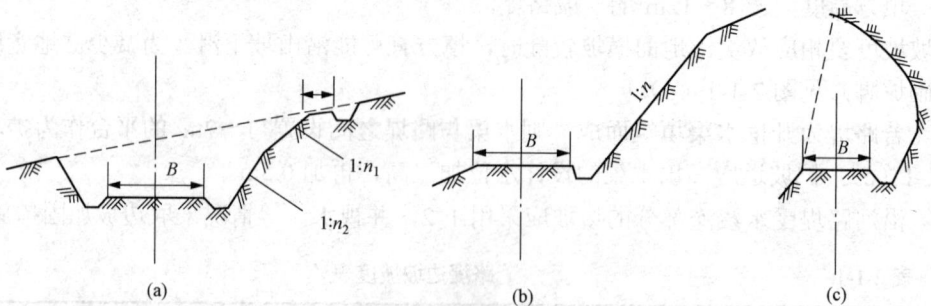

图 2-1-4　路堑横断面图

路堑或挖方路基边坡的稳定性主要和当地的工程地质、水文地质和地面排水条件及施工方法有关。此外，地貌、气候等因素对其稳定性也有很大影响。应结合上述因素，参考当地稳定的自然山坡和人工边坡（已建成道路的边坡）坡度等，论证确定路堑边坡。

当路堑边坡为均质或薄层互层且高度不大时，宜采用直线形边坡；当边坡较高或由多层土组成，宜采用折线形边坡；若边坡由多层土组成且很高，或是易风化的软质岩石边坡及松散粗粒土类边坡，宜采用台阶式。

（1）土质路堑边坡。土质（包括粗粒土）路堑边坡应根据边坡高度、土的密实程度、地下水和地面水的情况、土的成因及生成年代等因素来确定，一般可参照表2-1-3选用。

一般土质边坡的挖方高度不宜超过30m。

（2）岩石路堑边坡。岩石挖方边坡坡度应根据岩性、地质构造、岩石的风化破碎程度、边坡高度，以及地下水、地面水的情况和施工方法等因素综合分析确定。应特别注意岩体中的构造面（层理、节理、片理、不整合面、断层等）的情况，构造面往往成为控制边坡坡度的主要因素，一般情况下，可参照表2-1-4确定。

表 2-1-3　　　　　　　　　　土质路堑边坡坡度表

密实程度	边坡高度（m）	
	<20	20～30
胶结	1:0.3～1:0.5	1:0.5～1:0.75
密实	1:0.5～1:0.75	1:0.75～1:1.0
中密	1:0.75～1:1.0	1:1.0～1:1.5
较松	1:1.0～1:1.5	1:1.5～1:1.75

表 2-1-4 岩石挖方边坡坡度表

岩石种类	风化破碎程度	边坡高度（m）	
		<20	20～30
1. 各种岩浆岩 2. 厚层灰岩或硅、钙质砾岩 3. 片麻、石英、大理岩	轻度 中等 严重 极重	1：0.1～1：0.2 1：0.1～1：0.3 1：0.2～1：0.4 1：0.3～1：0.75	1：0.1～1：0.2 1：0.2～1：0.4 1：0.3～1：0.5 1：0.5～1：1.0
1. 中薄层砂、砂岩 2. 中薄层灰岩 3. 较硬的板岩、千枚岩	轻度 中等 严重 极重	1：0.1～1：0.3 1：0.2～1：0.4 1：0.3～1：0.5 1：0.5～1：1.0	1：0.2～1：0.4 1：0.3～1：0.5 1：0.5～1：0.75 1：0.75～1：1.25
1. 薄层砂、页岩 2. 千枚岩、云母、绿泥、滑石岩及炭质页岩	轻度 中等 严重 极重	1：0.2～1：0.4 1：0.3～1：0.5 1：0.5～1：1.0 1：0.75～1：1.25	1：0.3～1：0.5 1：0.5～1：0.75 1：0.75～1：1.25 1：1.0～1：1.5

挖方边坡高度超过 30m 时，其边坡坡度应根据现场情况，调查附近天然山坡及人工边坡的状况后，论证确定。对于采用大爆破施工及地震烈度较高的路段，应适当放缓边坡。

3. 填挖结合路基

位于山坡上的路基，通常采用路中心线的设计标高即原地面标高。其目的减少土石方数量，避免高填深挖和保持土石方数量的横向挖填平衡，即形成挖填结合的路基横断面。如果山坡比较平缓，路中心线的挖填很小，路基全宽将形成半挖半填的横断面，事实上山坡并非平整，路中心线标高受纵坡设计制约，任一横断面的挖填比例随着山坡横坡度大小不同，变化很大。从路基稳定性考虑，较陡山坡上的路基宁挖勿填或多挖少填；在陡峭山坡上，尤其是沿溪路线，为减少石方的开挖数量，避免大量废方堵塞溪流，有时又需要少挖多填。因此，挖填结合的路基，兼有路堤和路堑的设置要求，在选定路线和线形设计时，应予统一安排，进行路线的平、纵、横三者综合设计，权衡利弊，择优而定。

第二节 软 基 处 理

所谓软土，从广义上讲，就是强度低、压缩性高的软弱土层。由软土组成的地基具有以下特点：

（1）地基承载力低。

（2）地基的沉降和差异沉降较大。

（3）地基沉降历时长。

在软土地基上修筑路基，若不加处理，往往会发生路基失稳或过量沉陷，导致公路破坏或不能正常使用。习惯上常把淤泥、淤泥质土、软黏性土总称为软土。软土的特性主要表现为天然含水率高、孔隙比大。软土划分见表 2-1-5。

我国软土多分布在江河湖海等处，但也在丘陵低洼和山区谷地赋存。由于其成因类型不同，厚度不一，性质各异，因此不能一律对待，首先应查明各地区特点和地质、土质条件，有针对性地采取有效对策，做出合理的处理。软土地基处理的目的主要是改善地基的工程性质，包括改善地基土的变形特性和渗透性，提高其抗剪强度。

表 2-1-5   软 土 划 分

土类 \ 指标	含水量 W_0（%）	孔隙比 e	压缩系数 a（kPa^{-1}）（在 100～200kPa 压力下）	饱和度 S_T（%）	内摩擦角 ϕ（快剪）（°）
黏土	>40	>1.20	>0.05	>95	<5
中低流限黏土	>30	>0.95	>0.03	>93	<5

道路经过泥沼（泽地、鱼塘、稻田、土质不好的水分饱和区），对路基形成软弱基础。而路基自身荷载较大，要求地基应具有足够的承载能力，以保持地基稳定，软基处理是公路工程技术人员研究课题之一，也是路基施工的一个难点。

软基处理方法较多，按其作用机理大致分为换填土层、排水固结、挤压密实、胶结硬化、调整土层机理结构等方法。

一、换填土层法

用好土替换软土，将路基基底下一定深度范围的湿软土层挖去，换强度较高的砂、碎（砾）石、灰土或优质素土，以及其他性能稳定、无侵蚀性的土类压实。其目的是提高地基承载力，减少沉降量。在工期紧张，当地有合格换填材料时，是一种有效的措施。

换填的方法有换土、抛石、爆破排淤。

（1）换土。当软弱层薄，位于地表，施工排水方便时，可将软弱层挖除，用适宜材料回填并压实，一般换砂垫层厚度在 1m 左右，具体换填的深度要根据实际工程的承载力确定。

（2）抛石。采用较大的片石，从路堤中部向两侧抛投，使淤泥或软土挤出，待抛石填出水面后，用重型压路机压实，在其上铺设反滤层，再填土。抛石排淤，适用于排水困难的洼地，软弱层呈流动状态、厚度不超过 3m、表面无硬壳、石料方便的地区。

（3）爆破排淤。将炸药埋在软弱层中爆炸，把淤泥或软土排走，填入一般黏性土或透水材料。爆破法的换填深度大，工效较高，适用于软弱层较厚的软基。对于路堤较高，且工期紧张的工程，可先爆后填。对稠度较大、相对不稳定的泥沼或软土，可先填后爆，填料随爆下沉，以避免回淤。对稠度小、回淤较慢的泥沼或软土，可先爆后填，爆破一段应立即回填一段。

二、排水固结法

泥沼和软土地基，常处于被水饱和的状态，可通过加压排水，以促进固结沉降，提高抗剪强度。在路基工程中，一般利用路堤填料自重进行加压。为了缩短排水路径，加快固结过程，可设砂垫层和砂井等。

砂垫层法是在路堤底部的地面上铺设厚度一般为 0.6～1.0m 的砂砾或碎石材料。它适用于软弱层薄和路堤高度不大的情况。但施工时须严格控制填土速率，因而工期较长。此外，砂垫层也可用以确保施工机械的进入和方便施工运输。

砂井是用钻探、沉入钢管或高压射水等方法在地基中形成井孔，再灌以粗、中砂。砂井法是三向排水固结，地基加固效果较好，常用于软弱层厚度超过 5m，而路堤较高时，一般砂井直径为 0.2～0.3m，井距（中心间距）为井径的 8～10 倍，常用范围为 2～4m，平面上呈矩形或梅花形布置。井深应穿过地基可能的滑动面和主要受压层；若软土较薄或下卧透水层，则砂井贯穿整个软土层，对排水固结更有利。砂井顶部应铺设砂垫层或十字交叉的砂沟，以排除砂井中流出的水；砂垫层或砂沟厚 0.4～0.5m，砂沟宽度约为砂井直径的 2 倍，见图 2-1-5。

若将砂料预先装在聚丙烯等编织的细长袋内，然后放入土中，即为袋装砂井。一般直径为 7cm 的袋装砂井，与普通砂井的排水效果基本相同。袋装砂井，因直径较小，能节省砂料，可选用轻型机具施工，质量又易保证，从而获得广泛的应用。

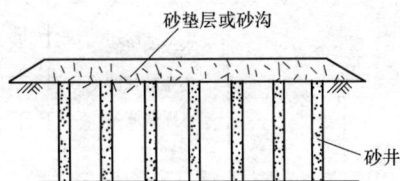

图 2-1-5 砂井法

三、挤压密实法

控制适宜的含水量，对软弱地基进行挤密、压实，提高基底强度和降低压缩性，可采用振动碾压、挤密、重锤夯实和强夯等方法。

1. 振动碾压

对于非黏性土及松散杂填土，振动压实效果良好。对一般土质振动压实时间长一些效果好，对矿渣、碎砖、瓦块为主的建筑垃圾，时间约为 1s 多些即可；含细炉渣等细颗粒填土，振动时间 3～5s，有效深度为 1.2～1.5m。

2. 挤密

在地基中用锤击、振冲、爆破等方法成孔，然后在孔中分层填入砂、碎石、灰土或石灰等材料，压实成直径为 0.2～0.3m 的挤密砂桩或石灰桩等桩体，并与桩间挤密的土共同组成复合地基，挤密砂桩适宜于处理松散砂土地基。石灰桩通常用来挤密软土地基，而生石灰的吸水、膨胀、发热及离子交换作用，使加固效果更显著。挤密桩在平面上按梅花形布置，桩距为桩径的 3.5 倍，桩长按加固土层厚度及加固要求确定。

3. 重锤夯实

重锤夯实法加固地基，可提高地基表层土的强度。对湿陷性黄土，可降低地表的湿陷性，对杂填土，可减少表层土的强度不均一性。重锤夯实法适用于地下水位 0.8m 以下稍湿的一般黏性土、砂土、湿陷性黄土、杂填土等。重锤一般是用钢筋混凝土制成的截头圆锥体（底部垫钢板），质量为 1.5t 或稍重，锤底直径为 1～1.5m。起重设备的能力为 8～15t，落距高一般为 2.5～4.5m。重锤的夯击遍数，一般以最后两次的平均夯沉量不超过规定值来控制，即一般黏性土和湿陷性黄土为 1～2cm，砂土为 0.5～1.0cm。实践结果表明，一般是 8～12 遍，作用深度约为锤底直径的一倍。

4. 强夯

在重锤夯实法的基础上，经过研究和实践，20 世纪 60 年代末期出现所谓强夯法，也称动力固结法，它是以 8～12t（甚至 20t）重锤，8～20m 落距（最高达 40m），对土基进行强力夯击，利用冲击波和动应力，达到土基加固的目的。此项新技术出现，迅速在国际上得到广泛运用，效果十分显著，我国也正在研究和运用。

强夯法至今还没有一套成熟和完善的理论和设计方法，但实践证明，它具有施工简单、加固效果好、使用经济、运用面较广等优点。国外资料说明，经强夯法处理的地基，其承载力可提高 2～5 倍，压缩性降低 2～10 倍，广泛用于杂填土（各种垃圾）、碎石土、砂土、黏性土、湿陷性黄土及泥炭和沼泽土，不但陆地上使用，也可水下夯实。缺点是需要相应的机具设备，操作时噪声和振动较大，不宜在人口密集或附近防震要求高的地点使用。我国津、沪等地，不仅成功运用，而且在加固饱和软黏土地基方面，取得了新的成果与经验。

四、化学加固法

利用化学溶液或胶结剂，采用压力灌注或搅拌混合等措施，使土颗粒胶结起来，达到对土基加固的目的，称为化学加固法，又称胶结法。加固效果取决于土的性质和所用化学剂，也与施工工艺有关，按照化学剂与施工工艺对此法的分类见图 2-1-6。

化学加固法
- 化学剂
  - 水玻璃浆液
  - 丙烯酸氨浆液
  - 水泥浆液
  - 纸浆液
- 施工工艺
  - 浅层搅拌法
  - 深层搅拌法
  - 高压喷射法
  - 灌浆法

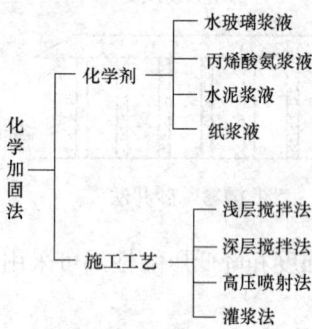

图 2-1-6 化学加固方法分类

1. 化学剂

目前化学溶液主要有：①以水玻璃溶液为主的浆液，其配方较多，常用的是水玻璃浆液和氯化钙浆液配合使用，价格昂贵，使用受到限制。②以丙烯酸氨为主的浆液，我国研制的丙强是其中一种，加固效果较好，因价高也难以广泛采用。③水泥浆液，是由高强度等级的硅酸盐水泥，配以速凝剂而组成的常用浆液。④以纸浆溶液为主的浆液，如重铬酸盐木质素和木铵，加固效果好，但有毒性，且易污染地下水。以上四类，目前以水泥浆液使用较多。今后发展的关键应是研制高效、无毒、易渗的化学浆液。

2. 施工工艺

浅层搅拌法，将石灰、水泥等接合料掺入表层土内，加以拌和，并进行碾压，而形成一硬层。它的处治深度不超过 1.5m。

深层搅拌法，利用特制搅拌机械在地层内边压送接合料边搅拌，形成加固土桩体或墙体（加固深度可达 20m 以上），以提高地基的承载能力，限制软土的侧向挤动及截阻地下的渗透水流。

高压喷射法，用高压脉冲泵使浆液通过特殊的喷嘴高速喷出，强制土和浆液混合，胶结硬化后，就在地基中形成柱状或壁状的加固体。喷射的浆液材料常用水泥浆，如果地下水流速较快，为防止浆液流失，需掺速凝剂（如三乙醇胺、氯化钙等）。

灌浆法是指利用机械压力或电化学原理通过注浆管把浆液注入地层内，浆液以填充和渗透等方式，赶走土颗粒间或岩石裂隙中的水分和空气并占据其位置，经过一定时间后，浆液将原岩土层胶结成整体。其用途甚广，除加固地基外，还可用来整治坍方滑坡，防护坡面和堤岸等。

五、反压护道

软基路堤的加固处治，也可采用改变路堤结构，调整地基应力的办法。

反压护道，是在路堤两侧填筑适当高度和宽度的护坡道，使路堤下软土向两侧隆起的趋势得以平衡（压住）。这种方法施工简便，不需砂石材料，但占地较多。反压护道一般采用单级形式，如图 2-1-7 所示。其高度为路堤高度的 0.3～0.5 倍，但不得超过地基容许的极限高度，而宽度应通过稳定性验算确定。

六、塑料排水板法

塑料排水板也称塑料排水带，有波浪形、口琴形等多种形状。中间是挤出成型的塑料芯板，是排水带的骨架和通道，其断面呈并联十字，两面以非织造土工织物包裹作滤层，芯带起支撑作用并将滤层渗进来的水向上排出，是

图 2-1-7 反压护道法

淤泥、淤质土、冲填土等饱和黏性土及杂填土运用排水固结法进行软基处理的良好垂直通道，大大缩短软土固结时间。该法与袋装砂井的作用原理相同，设计方法也基本相同，只是所用材料不一样而已。塑料排水板的断面，如图 2-1-8 所示。目前国内厂家生产的多为宽 10mm、

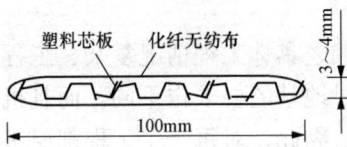

图 2-1-8　塑料排水板

厚 4mm 的带状有横槽的塑料板，其外包有土工布。SPB-1 型塑料排水板技术性能见表 2-1-6。塑料排水板的施工与袋装砂井基本相同。与袋装砂井比较，塑料排水板具有施工速度较快，效率高，施工机械轻便，对软土地基的扰动较小，可工厂化生产，抗折能力较强等优点。该法可单独使用，但一般是结合砂垫层或其他方法一起使用。

表 2-1-6　　　　　　　　　　SPB-1 型塑料排水板技术性能

性能		计量单位	型号			备注
			SPB-1A	SPB-1B	SPB-1C	
材料			塑料板芯外面包裹土工滤膜			
截面尺寸	宽度	mm	100±2	100±2	100±2	
	厚度	mm	>3.5	>4.0	>4.5	
纵向透水量		m³/s	15×10⁻⁶	25×10⁻⁶	40×10⁻⁶	侧压 350kN/m
复合体抗拉强度		kN/10cm	>1.0	>1.3	>1.5	延伸率为 10%时
复合体延伸率		%	<10	<10	<10	拉力为 1kN/10cm
每卷长度		m	200	200	200	

七、加筋法

加筋法是指在人工填土的垫层、土坡、路堤或挡墙内铺设土工合成材料；或在地基及边坡内打入树根桩、碎石桩、土钉和土锚。

1. 土工合成材料

土工合成材料是一种新型的岩土工程材料。它以人工合成的聚合物，如塑料、化纤、合成橡胶等为原料，制成各种类型的产品，置于土体内部、表面或各层土体之间，发挥加强或保护土体的作用。土工合成材料可分为土工织物、土工膜、特种土工合成材料和复合型土工合成材料等类型。在软土地基表层铺设一层或多层土工织物，可以减少路堤填筑后的地基不均匀沉降，又可以提高地基的承载能力，同时也不影响排水。对于淤泥之类高含水量的超软弱地基，在采用砂井及其他深层加固法之前，土工织物铺垫可作为前期处理，以提高施工的可能性。

2. 土钉墙技术

土钉一般是通过钻孔、插筋、注浆来设置，但也有通过直接打入较粗的钢筋和型钢、钢管形成土钉。土钉沿通长与周围土体接触，依靠接触界面上的黏结摩阻力，与其周围土体形成复合土体，土钉在土体发生变形的条件下被动受力，并主要通过其受剪工作对土体进行加固，土钉一般与平面形成一定的角度，故称为斜向加固体。土钉适用于地下水位以上或经降水后的人工填土、黏性土、弱胶结砂土的基坑支护和边坡加固。

3. 加筋土

加筋土是将抗拉能力很强的拉筋埋置于土层中，利用土颗粒位移与拉筋产生的摩擦力使土与加筋材料形成整体，减少整体变形和增强整体稳定。拉筋是一种水平向增强体。一般使用抗拉能力强、摩擦系数大而耐腐蚀的条带状、网状、丝状材料，如镀锌钢片、铝合金、合成材料等。

　　各种地基处理方法都有它的适用范围、局限性和优缺点。加之具体工程情况复杂、工程地质条件千变万化、各个工程间地基条件差别很大，具体工程对地基的要求也不同。而且机具材料等条件也会因工作部门不同、地区不同而有较大的差别。因此，对每一个工程都要进行具体细致分析，应从地基条件、处理要求、工程费用及材料、机具来源等各方面进行综合考虑，以确定合适的地基处理方法。在确定地基处理方法时，可根据工程具体情况，对几种地基处理方法进行技术、经济及施工进度等比较。通过比较分析可以采用一种地基处理方法时，还要由两种或两种以上的地基处理方法组成的综合处理方案。同时在确定地基处理方法时，还要注意节约能源、注意环境保护，避免因为地基处理对地面水和地下水产生污染，振动噪声对周围环境产生不良影响等。

第三节　路　基　施　工

　　路基土石方工程量大，分布不均匀，不仅与自身的排水、防护、加固等相互制约，而且同公路工程的其他工程项目，如桥涵、隧道、路面及附属设施相互交错。路基施工，在质量标准、技术操作、施工管理等方面具有特殊性。它是公路工程施工组织管理及控制工程进度的关键。

　　路基施工的方法较多，按其技术特点可分为人工及简单机械施工、机械化施工、爆破法施工等方法。本节针对机械化施工方法讨论路基施工。

　　路基施工主要内容大致可归纳为施工前的准备工作和基本工作两大部分。

　　一、施工前准备

　　施工前准备工作是组织施工的第一步。准备工作内容大致可归纳为施工组织准备、施工测量、填料试验、场地清理和试验路段参数确定五个方面，具体内容见图2-1-9。

　　二、路基施工规定及要求

　　路基施工应满足设计和使用要求，并把试验检测作为主要技术手段，指导施工。应以挖作填，减少土地占用和环境污染。

　　石质路基施工尽可能不采用大爆破方法，必需时应按大爆破规定做出专门设计。

　　1. 施工排水

　　土质路基的挖填中，施工排水是施工的保证。具体要求是：

　　（1）各施工层表面不应有积水，填方路堤应根据土质情况和气候状况，形成路拱，作成2%～4%的排水横坡。挖方施工中，路基各层顶面应及时形成纵、横坡，确保在施工过程中，能及时排泄雨水。

　　（2）雨季施工或因故中断施工时，应将表面及时修理平整并压实。

　　（3）路堑或边坡内发生地下水渗流时，应设置排水沟、集水井、渗沟等设施降低地下水位或将地下水排出。路基施工前应先做好截水沟、排水沟等排水及防渗设施。排水沟的出口应通至桥涵进出口处。

　　2. 路基施工取土和弃土

　　路基施工取土和弃土直接关系到合理利用土地和环境保护。

　　（1）路线两侧的取土坑，应按设计规定的位置设置。取土深度可根据用土量和取土坑面

路基施工准备内容

- 施工准备
  - 设计交底、施工调查、核实工程量
  - 编制实施性施工组织设计、施工网络计划、开工报告报批
  - 临建工程、施工便道(桥)、水电通信、安全标志
- 施工测量
  - 导线控制网复测及加密，容许误差
    - 角度 $\pm 16''\sqrt{n}$
    - 坐标 $\pm 1/1000$
  - 水准点复测及加密，容许误差
    - 高速、一级路：$\pm 20\sqrt{L}$
    - 二级以下路：$\pm 30\sqrt{L}$
  - 中线复测、标定路线主要控制桩
    - 交点
    - 转点
    - 圆曲线三主点
    - 缓和曲线五主点
  - 施工放样
    - 地界桩
    - 路堤坡脚
    - 路堑堑顶
    - 控制点标高,填 (+) 挖 (-) 高度
    - 边沟、取土坑、护坡道、弃土堆位置桩
    - 边坡
- 填料试验
  - 液限、液性指数、塑限、塑性指数、天然稠度
  - 颗粒大小分析
  - 含水量
  - 密度及相对密度
  - 土击实试验
  - 土的强度测定(CBR)
  - 有机质及溶盐含量试验
- 场地清理
  - 临时用地计划
  - 拆迁：房屋、道路、渠道、通信、电力设施、上下水道、坟墓及其他建筑物
  - 挖掘与清除：树木（根）、灌木林
  - 清表土：种植土、杂草松土
- 试验路段参数确定
  - 填料最佳含水量
  - 松铺厚度
  - 碾压遍数
  - 机械配套
  - 施工方案

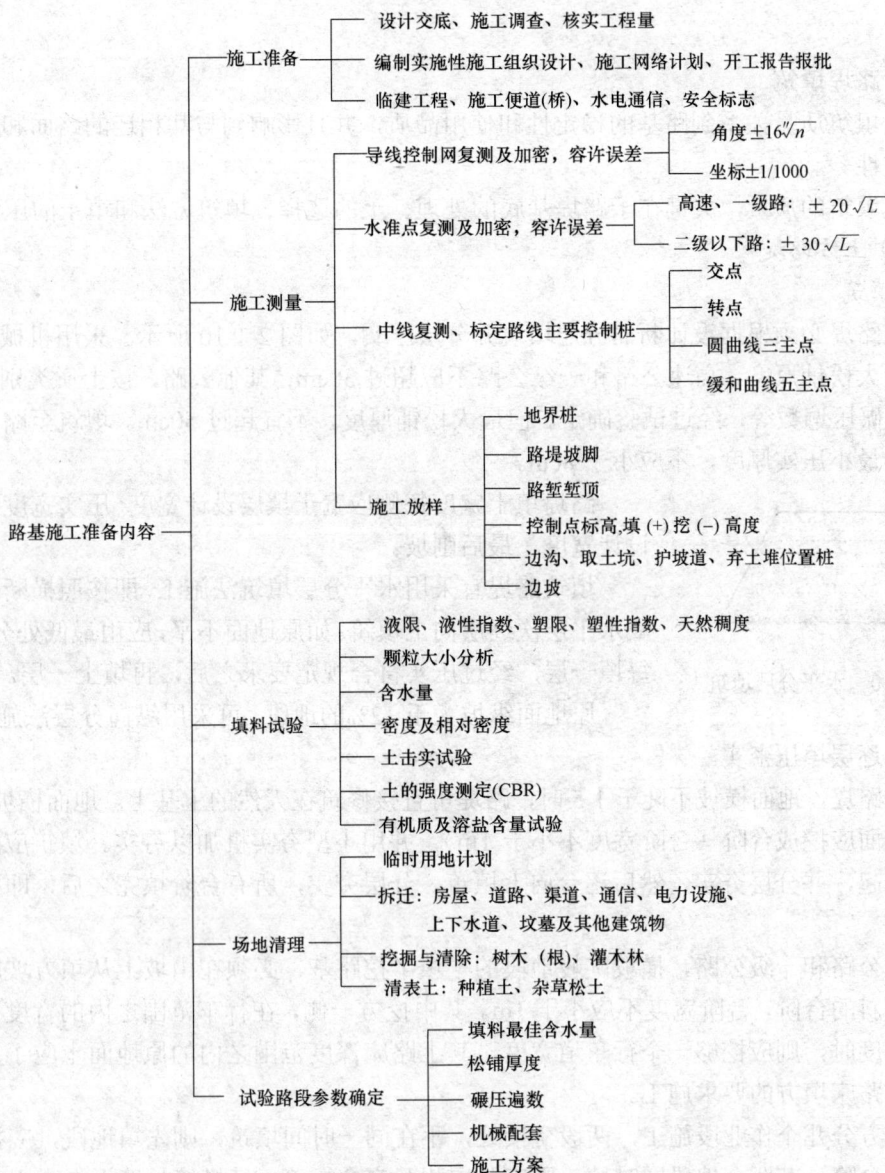

图 2-1-9 路基施工准备内容

积确定。取土坑应有规则的形状，坑底应设置纵、横向坡度和完整的排水系统。取土时不得使作业面积水。

取土坑原地面的草皮、腐殖土或其他不宜用作填料的土均应废弃、处理。如系耕地种植土，宜先挖出堆置一边备用。

（2）护坡道应严格按设计规定施工，设计无规定时，路基边缘与取土坑底之高差大于 2m 时，对于一般公路，应设置 1～2m 的护坡道；对于高速公路、一级公路，应设置宽度不小于 3m 的护坡道。护坡道应平整密实，并作成 1%～2% 向外倾斜的横坡。

弃土堆应少占耕地，除设计图规定位置外，可设于就近的低地和路堑山脚的一侧。当地面横坡缓于 1:5 时，可设于路堑的两侧。当沿河弃土时，不得堵塞河流，挤压桥孔和造成河

岸冲刷。

三、路堤填筑

路堤填筑质量关系到路基的稳定性和使用品质，并且影响到与其相连的路面和人工构造物的稳定性。

路堤填筑的质量，关键在于路堤基底的处理、土的选择、填筑方法和填土的压实。

（一）土方路堤

1. 填筑

土方路堤必须根据设计断面分层填筑并分层压实，如图 2-1-10 所示。采用机械压实时，分层的最大松铺厚度，高速公路和一级公路不应超过 30cm；其他公路，按土质类别、压实机具功能、碾压遍数等，经过试验确定。但最大松铺厚度，不宜超过 50cm。填筑至路床顶面最后一层的最小压实厚度，不应小于 8cm。

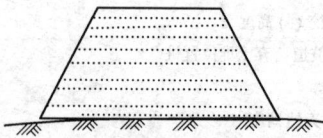
图 2-1-10 水平分层填筑

路堤填土宽度每侧应宽于填层设计宽度，压实宽度不得小于设计宽度，最后削坡。

填筑路堤宜采用水平分层填筑法施工，即按照横断面全宽分成水平层次逐层向上填筑。如原地面不平，应由最低处分层填起，每填一层，经过压实符合规定要求之后，再填上一层。

原地面纵坡大于 12% 的地段，可采用纵向分层法施工，沿纵坡分层，逐层填压密实。

山坡路堤，地面横坡不陡于 1:5 时，路堤可直接修筑在天然的土基上。地面横坡陡于 1:5 时，原地面应挖成台阶（台阶宽度不小于 1m），并用小型夯实机加以夯实。填筑应由最低一层台阶填起，并分层夯实，然后逐台向上填筑，分层夯实，所有台阶填完之后，即可按一般填土进行。

高速公路和一级公路，横坡陡峻地段的半填半挖路基，必须在山坡上从填方坡脚向上挖成向内倾斜的台阶，台阶宽度不应小于 1m。其中挖方一侧，在行车范围之内的宽度不足一个行车道宽度时，则应挖够一个行车道宽度，其上路床深度范围之内的原地面土应予以挖除换填，并按路床填方的要求施工。

若填方分几个作业段施工，两段交接处，不在同一时间填筑，则先填地段，应按 1:1 坡度分层留台阶。若两个地段同时填，则应分层相互交叠衔接，其搭接长度不得小于 2m。

对于陡峻山坡半挖半填路基，设计边坡外面的松散弃土应在路基竣工后全部清除。

不同土质混合填筑路堤时，应符合下列规定：

（1）以透水性较小的土填筑于路堤下层时，应作成 4% 的双向横坡；如用于填筑上层，除干旱地区外，不应覆盖在由透水性较好的土所填筑的路堤边坡上。

（2）不同性质的土应分别填筑，不得混填。每种填料层累计总厚不宜小于 0.5m。

（3）凡不因潮湿或冻融影响而变更其体积的优良土应填在上层，强度较小的土应填在下层。

（4）河滩路堤填土，应连同护道在内，一并分层填筑。可能受水浸淹部分的填料，应选用水稳性好的土料。河槽加宽、加深工程应在修筑路堤前完成。构造物应提前修建。

（5）机械作业时，应根据工地地形、路基横断面形状和土方调配图等，合理地规定机械运行路线。土方集中工点，应有全面、详细的机械运行作业图据以施工。

（6）两侧取土，填高在 3m 以内的路堤，可用推土机从两侧分层推填，并配合平地机分层整平。土的含水量不够时，用洒水车洒水，并用压路机分层碾压。

填方集中地区路堤的施工，可按以下方法进行：

（1）取土场运距在 1km 范围内时，可用铲运机运送，辅以推土机开道、翻松硬土、平整取土段、清除障碍和助推等。

（2）取土场运距超过 1km 范围时，可用松土机械翻松，用挖掘机或装载机配合自卸汽车运输，用平地机平整填土，压路机碾压。

2. 压实及压实度

细粒土、砂类土和砾石土不论采用何种压实机械，均应在该种土的最佳含水量±2%之内压实。当土的实际含水量不位于上述范围内时，应均匀加水或将土摊开、晾晒，使达到上述要求后方可进行压实。运输上路的土在摊平后，其含水量若接近于压实最佳含水量时，应迅速压实。

当需要对土采用人工加水时，达到压实最佳含水量所需要的加水量可按式（2-1-1）估算

$$m = (W - W_0)\frac{Q}{1 + W_0} \tag{2-1-1}$$

式中　m——所需加水量（kg）；

　　　W——土原来的含水量；

　　　W_0——土的压实最佳含水量；

　　　Q——需要加水的土的质量（kg）。

需要加的水宜在取土的前一天浇洒在取土坑内的表面，使其均匀渗透入土中，也可将土运至路堤上后，用水车均匀、适量地浇洒在土中，并用拌和设备拌和均匀。

各种压实机具碾压不同土类的适宜厚度和所需压实遍数与填土的实际含水量及所要求的压实度大小有关，应根据试验路段的试验结果确定。

用铲运机、推土机和自卸汽车推运土料填筑路堤时，应平整每层填土，且自中线向两边设置 2%～4%的横向坡度，及时碾压，雨季施工时更应注意。

压路机碾压路基时应按下列规定进行：

（1）碾压前应对填土层的松铺厚度、平整度和含水量进行检查，符合要求后方可进行碾压。压实应根据现场压实试验提供的松铺厚度和控制压实遍数进行。

（2）高速公路和一级公路路基填土压实宜采用振动压路机或 35～50t 轮胎压路机进行。采用振动压路机碾压时，第一遍应不振动静压，然后先慢后快，由弱振至强振。

（3）各种压路机的碾压行驶速度开始时宜用慢速，最大速度不宜超过 4km/h；碾压时直线段由两边向中间，小半径曲线段由内侧向外侧，纵向进退式进行；横向接头对振动压路机一般重叠 0.4～0.5m。对三轮压路机一般重叠后轮宽的 1/2，前后相邻两区段（碾压区段之前的平整预压区段与其后的检验区段）宜纵向重叠 1.0～1.5m。应达到无漏压、无死角，确保碾压均匀。

（4）使用夯锤时，首遍各夯位宜紧靠，如有间隙，则不得大于 15cm，次遍夯位应压在首遍夯位的缝隙上，如此连续夯实直至达到规定的压实度。

3. 质量标准

（1）土质路基压实度 K。土基的最大干密度表征着土基的强度和稳定性，它是衡量压实质量的一项重要指标。我国目前以压实度作为控制压实的标准。所谓压实度 K，就是工地上

实际达到的干密度 δ 与最大的干密度 δ_0 之比，即

$$K = \frac{\delta}{\delta_0} \times 100\% \qquad\qquad (2\text{-}1\text{-}2)$$

最大干密度 δ_0 是在室内用标准击实试验所得的，其相应的含水量即为最佳含水量 W_0。

压实度 K 值的确定，需根据道路所在地区的气候条件、土基的水温状况、道路等级和路面类型等因素进行综合考虑。《公路路基设计规范》（JTJ 013—1995）对路基压实度做了具体的规定，见表 2-1-7。

表 2-1-7 路 堤 压 实 度

路基部位		路面底面以下深度（m）	压实度（%）		
			高速公路、一级公路	二级公路	三、四级公路
上路堤	轻、中等及重交通	0.8～1.5	≥94	≥94	≥93
	特重、极重交通	1.2～1.9	≥94	≥94	—
下路堤	轻、中等及重交通	1.5 以下	≥93	≥92	≥90

注 表列数值系按《公路土工试验规程》（JTG E40—2007）重型击实试验法求得的最大干密度的压实度。

（2）施工现场质量控制：

1）试验室用标准击实试验法求得最大干密度 δ_0 和相应的最佳含水量 W_0。

2）现场测定土基实际达到的干密度 δ 和含水量 W，较常用的方法是用核子密度湿度仪（简称核子仪）法现场测定。

3）比较：当 $\delta > \delta_0$，$W \approx W_0$ 时，减少碾压次数；

$\delta < \delta_0$，$W > W_0$ 时，含水量大，翻晒晾土；

$\delta < \delta_0$，$W \approx W_0$ 时，压实不够，增加压实遍数；

$\delta < \delta_0$，$W < W_0$ 时，含水量小，洒水碾压。

经验最佳含水量：手握成团，落地即散。

（二）石方路堤

1. 填筑

（1）填石路堤的石料强度不应小于 15MPa（用于护坡的不应小于 20MPa）。填石路堤石料最大粒径不宜超过层厚的 2/3。填石路堤（包括分层填筑岩块及倾填爆破石块）的紧密程度在规定深度范围内，以通过 12t 以上振动压路机进行压实试验，当压实层顶面稳定，不再下沉（无轮迹）时，可判为密实状态，即压沉值为零。

（2）高速、一级公路和铺设高级路面的其他等级公路的填石路堤均应分层填筑，分层压实。二级及二级以下且铺设低级路面的公路在陡峻山坡段施工特别困难或大量爆破以挖作填时，可采用倾填方式将石料填筑于路堤下部，但倾填路堤在路床底面下不小于 1.0m 范围内仍应分层填筑压实。

（3）分层松铺厚度：高速公路及一级公路不宜大于 0.5m；其他公路不宜大于 1.0m。

（4）填石路堤倾填前，路堤边坡坡脚应用粒径大于 30cm 的硬质石料码砌。当设计无规定时，填石路堤高度小于或等于 6m 时，码砌厚度不应小于 2m。

（5）逐层填筑时，应安排好石料运输路线，专人指挥，按水平分层，先低后高、先两侧

后中央卸料，并用大型推土机摊平。个别不平处应配合人工用细石块、石屑找平。

（6）当石块级配较差、粒径较大、填层较厚、石块间的空隙较大时，可于每层表面的空隙里扫入石渣、石屑、中粗砂，再以压力水将砂冲入下部，反复数次，使空隙填满。

（7）人工铺填粒径 25cm 以上石料时，应先铺填大块石料，大面向下、小面向上，摆平放稳，再用小石块找平，石屑塞缝，最后压实。人工铺填块径 25cm 以下石料时，可直接分层摊铺，分层碾压。

（8）填石路堤的填料如其岩性相差较大，则应将不同岩性的填料分层或分段填筑。如路堑或隧道基岩为不同岩种互层，允许使用挖出的混合石料填筑路堤，但石料强度、粒径应符合规定。

（9）用强风化石料或软质岩石填筑路堤时，应按土质路堤施工规定先检验其 CBR 值是否符合要求，CBR 值不符合要求时不得使用，符合使用要求时，应按土质筑堤的技术要求施工。

（10）高速公路及一级公路填石路堤路床顶面以下 50cm 范围内应填筑符合路床要求的土料并分层压实，填料最大粒径不得大于 10cm。其他公路填石路堤路床顶面以下 30cm 范围内宜填筑符合路床要求的土料并压实，填料最大粒径不应大于 15cm。

2. 压实

（1）填石路堤在压实之前，应用大型推土机摊铺平整，个别不平处，应用人工配合以细石屑找平。

（2）填石路堤均应压实并宜选用 12t 以上的重型振动压路机、2.5t 以上的夯锤或 25t 以上的轮胎压路机压（夯）实。当缺乏上述的压实机具时，可采用重型静载光轮压路机压实并减少每层填筑厚度和减小石料粒径，其适宜的压实厚度应根据试验确定，但不得大于 50cm。采用重型振动压路机或夯锤压实填石路堤时，可加厚至 1.0m。

（3）填石路堤压实时的操作要求，应先压两侧（即靠路肩部分）后压中间，压实路线对于轮碾应纵向互相平行，反复碾压。对夯锤应成弧形，当夯实密实程度达到要求后，再向后移动一夯锤位置。行与行之间应重叠 40～50cm，前后相邻区段应重叠 100～150cm。

（4）填石路堤压实到要求的紧密程度所需的碾压或夯压的遍数应经过试验确定。

（三）土石路堤

利用天然土石混合材料填筑路堤在工程中应用较为普遍。优化填筑方案，控制填筑质量，路堤的施工可取得理想效果。

1. 填筑

（1）天然土石混合材料中所含石料强度大于 20MPa 时，石块的最大粒度不得超过压实层厚的 2/3，超过的应清除；当所含石料为软质岩（强度小于 15MPa）时，石料最大粒径不得超过压实层厚，超过的应打碎。

（2）土石路堤不得采用倾填方法，均应分层填筑，分层压实，每层铺填厚度应根据有关机械类型和规格确定，不宜超过 40cm。

（3）压实后渗水性差异较大的土石混合填料应分层或分段填筑，不宜纵向分幅填筑。如确需纵向分幅填筑，应将压实后渗水良好的土石混合料填筑于路堤两侧。

（4）当土石混合填料来自不同路段，其岩性或土石混合比相差较大时，应分层或分段填筑。如不能分层或分段填筑，应将含硬质石块的混合料铺于填筑层的下面，且石块不得过分集中或重叠，上面再铺含软质石料混合料，然后整平碾压。

（5）土石混合填料中，当石料含量超过 70% 时，应先铺填大块石料，且大面向下，放置平衡，再铺小块石料、石渣或石屑嵌缝找平，然后碾压；当石料含量小于 70% 时，土石可混合铺填，但应避免硬质石块（特别是尺寸大的硬质石块）集中。

（6）高速及一级公路土石路堤的路床顶面以下 30～50cm 范围内应填筑符合路床要求的土并分层压实，填料最大粒径不大于 10cm。其他公路填筑砂类土厚度应为 30cm，最大粒径不大于 15cm。

2. 压实

（1）土石路堤的压实度可采用灌砂法或水袋法检测。其标准干容重应根据每一种填料的不同含石量的最大干容重做出标准干密度曲线，然后根据试坑挖取试样的含石量，从标准干容重曲线上查出对应的标准干密度。

（2）如几种填料混合填筑，则应从试坑挖取的试样中计算各种填料的比例，利用混合填料中几种填料的标准干容重曲线查得对应的标准干容重，用加权平均的计算方法，计算所挖试坑的标准干容重。

（3）土石路堤的压实标准应符合表 2-1-7 的规定。当按填石规定方法检验时，土石路堤的紧密程度在规定深度范围内，以通过 12t 以上振动压路机进行压实试验，当压实层顶面稳定，不再下沉（无轮迹）时，可判为密实状态，即压沉值为零。

四、路堑开挖

路堑按岩土性质，可分为土方路堑和石方路堑。开挖方法和施工方案差异较大。

（一）土方路堑开挖

1. 开挖方案

土方路堑开挖，根据路堑深度和纵向长度，可按下列方式进行：

（1）横挖法。以路堑整个横断面的宽度和深度，从一端或两端逐渐向前开挖的方式称为横挖法，如图 2-1-11 所示。该法适用于短而深的路堑。

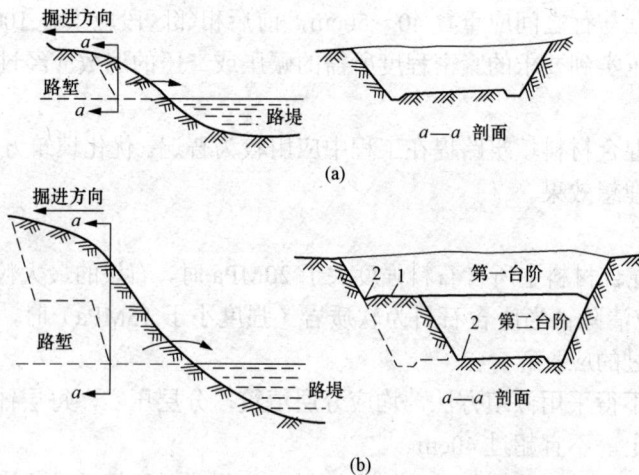

图 2-1-11　横向全宽挖掘法

（a）一层横向全宽挖掘法；（b）多层横向全宽挖掘法

1—第一台阶运土道；2—临时排水沟

1）用人力按横挖法挖路堑时，可在不同高度分几个台阶开挖，其深度视工作与安全而定，一般宜为 1.5～2.0m。无论自两端一次横挖到路基标高或分台阶横挖，均应设单独的运土通道及临时排水沟。

2）机械按横挖法挖路堑且弃土（或以挖作填）运距较远时，宜用挖掘机配合自卸汽车进行。每层台阶高度可增加到 3～4m，其余要求与人力开挖路堑相同。

3）路堑横挖法也可用推土机进行。若弃土或以挖作填运距超过推土机的经济运距，可用推土机推土堆积，再用装载机配合自卸汽车运土。机械开挖路堑时，边坡应配以平地机或人工分层修刮平整。

（2）纵挖法。沿路堑全宽以深度不大的纵向分层挖掘前进时称为分层纵挖法，如图 2-1-12（a）所示。该法适用于较长的路堑开挖。

先沿路堑纵向挖掘一个通道，然后将通道向两侧拓宽，如图 2-1-12（b）所示。上层通道拓宽至路堑边坡后，再开挖下层通道，如此向纵深开挖至路基标高称为通道纵挖法。该法适用于路堑较长、较深，两端地面纵坡较小的路堑开挖。

沿路堑纵向选择一个或几个适宜处，将较薄一侧堑壁横向挖穿，使路堑分成两段或数段，各段再纵向开挖称为分段纵挖法，如图 2-1-12（c）所示。该法适用于路堑过长，弃土运距过远的傍山路堑，其一侧堑壁不厚的路堑开挖。

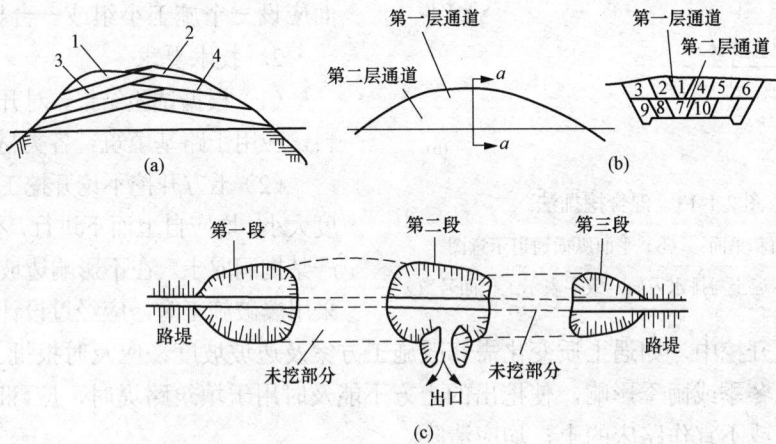

图 2-1-12 纵向挖掘法

（a）分层纵挖法（图中数字为挖掘顺序）；（b）通道纵挖法（图中数字为拓宽顺序）；（c）分段纵挖法

1）当采用分层纵挖法挖掘的路堑长度较短（不超过 100m），开挖深度不大于 3m，地面坡度较陡时，宜采用推土机作业。

2）推土机作业时每一铲挖地段的长度应能满足一次铲切达到满载的要求，一般为 5～10m，铲挖宜在下坡时进行。对普通土下坡坡度宜为 10%～18%，不得大于 30%；对于松土下坡坡度不宜小于 10%，不得大于 15%。傍山卸土的运行道应设有向内稍低的横坡，但应同时留有向外排水的通道。

3）当采用分层纵挖法挖掘的路堑长度较长（超过 100m）时，宜采用铲运机作业。

4）对于拖式铲运机和铲运推土机，其铲斗容积为 4～8m³ 的适宜运距为 100～400m；容积为 9～12m³ 的适宜运距为 100～700m。自行式铲运机适宜运距可照上述运距加倍。铲运机在路基上的作业距离不宜小于 100m。

有条件时宜配备一台推土机（或使用铲运推土机）配合铲运机作业。

5）铲运机运土道，单道宽度不应小于4m，双道宽度不应小于8m。重载上坡纵坡不宜大于8%。弯道应尽可能平缓，避免急弯。路面表层应在回驶时刮平，重载弯道处路面应保持平整。

6）铲运机作业面的长度和宽度应能使铲斗易于达到满载。

在地形起伏的工地，应充分利用下坡铲装。取土应沿其工作面有计划地均匀进行，不得局部过度取土而造成坑洼积水。

7）运机卸土场的大小应满足分层铺卸的需要，并留有回转余地。填方卸土应边走边卸，防止成堆，行走路线外侧边缘至填方边缘的距离不宜小于20cm。

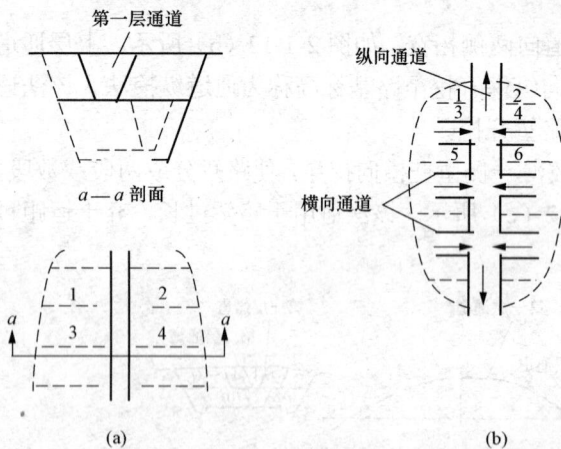

图 2-1-13　混合挖掘法

（a）横面和平面；（b）平面纵横通道示意图

（图中箭头表示运土与排水方向，数字表示工作面号数）

（3）混合挖掘法。当路线纵向长度和挖深都很大时，宜采用混合式开挖法，即将横挖法与通道纵挖法混合使用。先沿路堑纵向挖通道，然后沿横向坡面挖掘，以增加开挖坡面，如图 2-1-13 所示。每一坡面应设一个施工小组或一台机械作业。

2. 技术要求

（1）根据试验结果，对开挖出的适用材料，应用于路基填筑。各类材料不应混杂。

（2）土方开挖不论开挖工程量和开挖深度大小，均应自上而下进行，不得乱挖超挖。严禁掏洞取土。在不影响边坡稳定的情况下采用爆破施工时，应经过设计审批。

（3）路堑开挖中，如遇土质变化需修改施工方案及边坡坡度，应及时报批。

（4）因受冬季或雨季影响，使挖出的土方不能及时用于填筑路堤时，应翻晒晾干。难以晾干压实的土或不宜作路床的土，均应清除。

（5）挖方路基施工标高，应考虑因压实的下沉量，其值应由试验确定。

（6）各级公路零填及路堑路床的压实度应达到表 2-1-7 或表 2-1-8 的规定。

（二）石方路堑开挖

石方路堑根据开挖岩石的类别、风化程度和节理发育程度确定开挖方式，对于软石和强风化岩石，尽可能地用机械直接开挖，不能用机械直接开挖，则采用爆破法开挖。

1. 爆破开挖程序

爆破法开挖石方应按以下程序进行：施爆区地下管线等调查→炮位设计与设计审批→配备专业施爆人员→机械或人工清除施爆区覆盖层和强风化岩石→钻孔→爆破器材检查与试验→炮孔（或坑道、药室）检查与废渣清除→装药并安装引爆器材→布置安全岗和施爆区安全员→炮孔堵塞→撤离施爆区和飞石、强地震波影响区内的人、畜→起爆→清除瞎炮→解除警戒→测定爆破效果（包括飞石、地震波对施爆区内外构造物的损害及造成的损失）。

2. 石方爆破方法

根据石方的集中程度、地质、地形条件、路基断面形状，选择最佳爆破方法，是石方爆破的关键。工程中常用的爆破方法有浅孔爆破法、深孔爆破法、药壶爆破法和洞室爆破法，路堑石方在公路工程中采用综合爆破，即结合各种爆破方法的最佳使用特性，综合配套使用的一种较先进的爆破方法。归纳起来一般包括小炮和洞室炮两大类。小炮主要包括钢钎炮、深孔爆破等钻孔爆破及药壶炮和猫洞炮；洞室炮则以药量划分为大炮（药量 1t 以上）和中小炮（药量 1t 以下）两大类。路堑开挖石方爆破方法见图 2-1-14。

图右侧为树状图：

爆破方法
- 小炮
  - 钢钎炮（眼炮）
  - 深孔爆破
  - 微差爆破
  - 光面爆破和预裂爆破
  - 药壶炮（烘膛炮）
  - 猫洞炮（蛇穴炮）
- 洞室炮
  - 抛掷爆破（扬弃爆破）
  - 抛塌爆破（斜坡地形半路堑）
  - 临空爆破（多面临空）
  - 定向爆破
  - 松动爆破

3. 爆破技术

公路路堑开挖一般不采用大爆破施工，而是采用中小型爆破。《公路路基施工技术规范》（JTG F90—2015）中对中小型爆破技术做了具体规定。较常用爆破包括裸露药包炮、炮眼炮、药壶炮、猫洞炮。

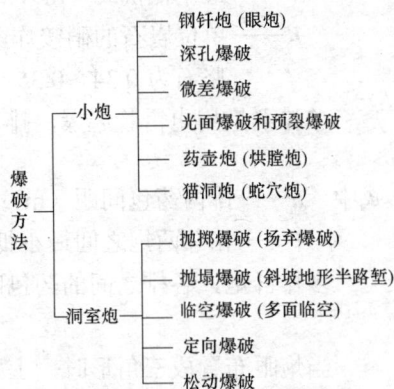

图 2-1-14 路堑开挖石方爆破方法

（1）裸露药包炮是将药包置于被炸物体表面或经清理的石缝中，药包表面用草皮或稀泥覆盖，然后进行爆破，这种方法限用于破碎孤石或大块岩石的二次爆破。

（2）炮眼炮根据岩石的坚硬程度决定炮眼深度，可按下式计算

$$L=CH \tag{2-1-3}$$

式中 L——炮眼深度（m）；

H——爆破岩石的厚度，阶梯高度（m）；

C——系数，坚石为 1.0～1.15，次坚石为 0.85～0.95，软石为 0.7～0.9。

炮眼间距，视岩石的类别、节理发育程度，参照式（2-1-4）计算确定，即

$$a=bW \tag{2-1-4}$$

式中 a——炮眼间距（m）；

W——最小抵抗线（m）；

b——系数，采用火雷管起爆为 1.2～2.0，采用电雷管起爆为 0.8～2.3。

当使用多排排炮爆破时，炮眼应按梅花形布置，炮排距约为同排炮孔距的 0.86 倍。

装药量，炮眼的装药高度一般为炮孔深度的 1/3～1/2，特殊情况下也不得超过 2/3。对于松动爆破或减弱松动爆破，装药高度可降到炮孔深度的 1/4～1/3。

提高爆破效果的措施，为提高爆破效果，可选用空心炮（炮眼底部设一段不装药的空心炮孔）、石子炮（底部或中部装一部分石子）或木棍炮（用直径为炮孔直径 1/3、长 6～10cm 的木棍装在炮眼底部或中部）进行爆破。

（3）药壶炮（葫芦炮）。药壶炮是将炮眼底部扩大成葫芦形，以便将炸药基本集中于炮眼底部的扩大部分，以提高爆破效果的一种炮型。葫芦炮炮眼较深，它适用于均匀致密黏土（硬土）、次坚石、坚石。对于炮眼深度小于 2.5m、节理发育的软石，地下水较发育或雨季施工时，不宜采用。

葫芦炮炮眼深度一般为 5～7m，不宜靠近设计边坡布设，药室距设计边坡线的水平距离不宜小于最小抵抗线。

葫芦炮的用药量按下式计算

$$Q=KW^3 \tag{2-1-5}$$

式中　Q——炸药量（kg）；

　　　W——最小抵抗线（m），一般为阶梯高度 0.5～0.8 倍；

　　　K——单位岩石的硝铵炸药消耗量（kg/m³），软石为 0.26～0.28，次坚石为 0.28～0.34，坚石为 0.34～0.35。

单排群炮用电雷管起爆，排内药包间距为

$$a = （0.8～1.0）W \tag{2-1-6}$$

式中　a——排内药包间距（m）；

　　　W——相邻两炮之间最小抵抗线的平均值（m）。

多排群炮，各排之间的药包间距为

$$b = 1.5W \tag{2-1-7}$$

当炮眼布置成三角形时，上下层药包间距为

$$a = 2W_{下} \tag{2-1-8}$$

式中　$W_{下}$——下层最小抵抗线（m）。

（4）猫洞炮。猫洞炮是将集中药包直接放入直径为 0.2～0.5m、炮眼深 2～6m 的水平或略有倾斜的炮洞中的一种炮型。它适用于硬土、胶结良好的古河床、冰渍层、软石和节理发育的次坚石。坚石可利用裂隙修成导洞或药室。这种炮型对大孤石、独岩包等爆破效果更佳。

炮眼深度应与阶梯高度、自然地面横坡相配合，遇高阶梯时要布置多层药包。烘膛应根据岩石类别，分别采用浅眼烘膛、深眼烘膛和内部扩眼等方法。

药量计算：

当被炸松的岩体能坍塌出路基时

$$Q = KW^3 f(\alpha) d \tag{2-1-9}$$

式中　Q——用药量（kg）；

　　　W——最小抵抗线（m）；

　　　K——形成标准抛掷漏斗的单位药量（kg），一般不宜用抛掷爆破，而是用松动爆破或减弱松动爆破，用药量为抛掷爆破的 1/2～1/3；

　　$f(\alpha)$——抛坍系数，$f(\alpha)=26/\alpha$；

　　　α——地面横坡度（°）；

　　　d——堵塞系数，可近似用 $d = 3/h$ 计算，其中 h 为眼深（m）。

当被炸松的岩体不能坍塌出路基时

$$Q = 0.35KW^3 d \tag{2-1-10}$$

式中符号同前，其中 0.35 系数相当于式中 $\alpha = 70°～75°$ 时的情况。

炮孔间距为

$$a = （1.0～1.3）W \tag{2-1-11}$$

式中　W——相邻两药包计算抵抗线的平均值（m）；

　1.0～1.3——系数，可根据岩石硬度、节理发育程度及地面坡度（α）的大小选定，当 $\alpha<70°$ 时，宜采用 1.0～1.2，当 $\alpha>70°$ 时，可采用 1.2～1.3，但须注意，间距过大会使爆破物块度过大，增加二次爆破数量。

4. 技术要求

（1）为确保边坡稳定，靠挖方边坡的两列炮，宜用小型排炮微差爆破，且用松动爆破或减弱松动爆破，药室距设计边坡线的水平距离不小于炮孔间距的1/2，炮眼钻进的倾斜度同设计边坡坡度。如为分幅工作面，路堑中幅标高已下降，靠边坡的开挖石方宽度不大，可考虑用光面爆破，使边坡成型良好，减少刷坡工作量。

（2）预裂孔是使边坡成型良好、减少边坡坍塌、减轻对边坡外建筑物的地震波造成损失等的良好施工工艺，对于岩层产状不佳或边界外建筑较多，或挖方边坡较高等情况，均宜采用。

（3）裸露药包法，也称裸炮，这种方法施爆简便，但炸药能量利用率低。凡有条件打眼的，宜用炮眼法，对于无条件使用炮眼法施工的，则用裸炮施爆。

（4）药壶炮（葫芦炮）的爆破效果比炮眼法好，炸药能量利用率较高。但这种炮施工工艺较繁，炮眼钻好后，应进行扩孔（扩药室），爆破物大块径较多，需进行二次爆破。但由于它的效果好，使用群炮，每次爆破量大，因此仍是一种广泛采用的爆破方法。施工中应注重施爆和扩孔时的安全，要严格控制扩孔用药量和每次扩孔的炮孔数，以免扩孔飞出物损伤人、畜。

（5）石质路堑边坡清刷及路床检验，应符合下列要求：

1）石质挖方边坡应顺直、圆滑、大面平整。边坡上不得有松石、危石。凸出于设计边坡线的石块，其凸出尺寸不应大于20cm，超爆凹进部分尺寸也不应大于20cm。对于软质岩石，凸出及凹进尺寸均不应大于10cm，否则应进行处理。

2）挖方边坡应从开挖面往下分级清刷边坡，下挖2～3m时，应对新开挖边坡刷坡，对于软质岩石边坡可用人工或机械清刷，对于坚石和次坚石，可使用炮眼法、裸露药包法爆破清刷边坡，同时清除危石、松石。清刷后的石质路堑边坡不应陡于设计规定。

3）石质路堑边坡如因过量超挖而影响上部边坡岩体稳定时，应用浆砌片石补砌超挖坑槽。

4）石质路堑路床底高应符合设计要求，开挖后的路床基岩面标高与设计标高之差应符合表2-1-9的要求，如过高，应凿平；过低，应用开挖的石屑或灰土碎石填平并碾压密实。

5）石质路堑路床顶面宜使用密集小型排炮施工，炮眼底标高宜低于设计标高10～15cm，装药时宜在孔底留5～10cm空眼，装药量按松动爆破计算。

6）石质路床超挖大于10cm的坑洼当有裂隙水时，应采用渗沟连通，渗沟宽不宜小于10cm，渗沟底略低于坑洼底，坡度不宜小于6‰，使可能出现的裂隙水或地表渗水由浅坑洼渗入深坑洼，并与边沟连接。如渗沟底低于边沟底则应在路肩下设纵向渗沟，沟底应低于深坑洼底至少10cm，宽不宜小于60cm；纵向渗沟由填方路段引出。

五、路基质量标准

路基表面平整坚实，无软弹和翻浆，路拱合适，排水良好。压实度和整体强度符合设计。路基边坡应修整密实、直顺、平整稳定，曲线圆滑。

取土坑、弃土堆的位置适当、整齐、无水土流失和淤塞河道情况。土方路基质量标准允许偏差见表2-1-8。

表2-1-8　　　　　　　　　　土 方 路 基 允 许 偏 差

项次	检查项目	允许偏差	
		高速公路、一级公路	其他公路
1	路基压实度（%）	不低于表2-1-7的规定	

续表

项次	检查项目	允许偏差	
		高速公路、一级公路	其他公路
2	弯沉（0.01mm）	不大于设计计算值	
3	纵断高程（mm）	10、−20	10、−30
4	中线偏位（mm）	50	100
5	宽度（mm）	不小于设计值	
6	平整度（mm）	20	30
7	横坡（%）	±0.5	±0.5
8	边坡	不陡于设计值	

第四节　路基排水与边坡防护

一、路基排水

水是形成路基病害的主要原因之一。水对路基的危害有：使路基湿软，降低承载力；引起冰胀、翻浆或边坡滑坍，甚至路基整体滑动；掺有膨胀土的路基会带来毁灭性破坏。

根据水源的不同，影响路基的水流可分为地面水和地下水两大类，与此相应的有地面排水和地下排水两方面。

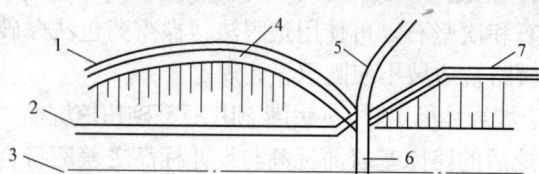

图 2-1-15　地面排水系统示意图

1—截水沟；2—边沟；3—公路中线；
4—排水沟；5—河沟；6—涵洞；7—路堤边沟

1. 地面水排除

地面水的来源是降雨。为了防止降雨冲毁路肩和边坡，必须做好地面水的排除。地面排水系统包括边沟、截水沟与排水沟等，如图 2-1-15 所示。

（1）边沟。沿路堑或路堤两侧设置边沟，以排除路面、路肩、边坡及路基附近地面降雨径流。边沟的横断面形式多为梯形，如图 2-1-16 所示。在石质路堑边沟也可作成三角形或矩形。梯形边沟的底宽和沟深均不小于 0.4m。边沟纵坡一般不小于 0.5%，特殊情况可小于 0.3%。

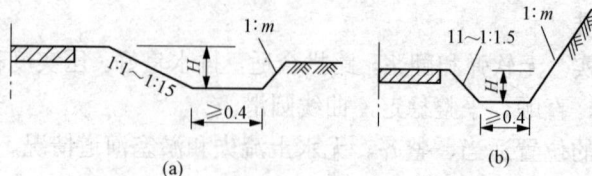

图 2-1-16　梯形边沟

（2）截水沟。在路基挖方边坡上方的山坡上，大致与公路平行，开挖截水沟（又称天沟），截住山坡流水，保护挖方边坡不受水流冲刷。土质边坡的天沟距挖方距离 d 要大于 6m，并利用挖沟土方，修筑平台，见图 2-1-17（a）。截水沟一般用梯形断面，底宽不小于 0.5m。沟深视流量而定，也不宜小于 0.5m，边坡为 1:1～1:1.5，其纵坡最小 0.3%～0.5%，也不宜超过

3%，以 1%为宜。在出水口处，纵坡加大，必要时设跌水或急流槽，将水泄入排水沟。

在山坡路堤内侧设置的截水沟，截住山坡来水，以防侵蚀路基，见图 2-1-17（b）。此种截水沟相当于边沟，应开挖在原山坡上，并用挖土机填成单向倾斜 2%的土台。

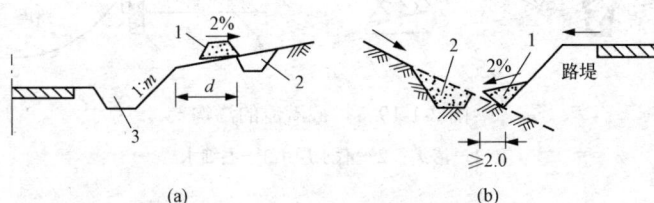

图 2-1-17 截水沟

（a）路堑截水沟；（b）山坡路堤内侧截水沟

1—土台；2—截水沟；3—边沟

（3）排水沟。在有边沟和截水沟的路段，应每隔 500m（多雨地区 300m）设置一条排水沟，将边沟和截水沟的水排入涵洞、桥下或河沟。排水沟断面尺寸由排水量确定。

（4）跌水与急流槽。跌水与急流槽是路基地面排水沟渠的特殊形式，用于陡坡地段排水，沟底纵坡可达 45°。由于流速快，一般宜采用浆砌块石或混凝土预制块砌筑，并且有相应的防护与加固措施。

跌水的构造有单级和多级之分，沟底也有等宽和变宽两种。跌水由进水口、跌水槽和出水口三部分组成；跌水槽部分由跌水墙、平台和消能设备组成。跌水两端的土质沟渠应注意加固，保持水流畅通，不致产生水流冲刷和淤积，以充分发挥跌水的排水效能。

急流槽的纵坡比跌水的平均纵坡更陡，结构的坚固稳定性要求更高，是山区公路回头曲线沟通上、下线路基排水及沟渠出水口的一种常见排水设施。急流槽的构造由进水口、急流槽和出水口三部分组成。急流槽多用浆砌片石、块石或混凝土砌筑。

（5）倒虹吸与渡水槽。在水流需要横跨路基，同时受到设计标高限制的情况下，可以采用管道或沟槽，从路基底部或上部架空跨越，前者称倒虹吸，后者称为渡水槽。

倒虹吸埋置不宜过深，以填土高度不超过 3m 为宜。

渡水槽相当于渡水桥，其作用是在路基上空将两侧沟渠连接起来，以保证水流畅通。其设计与受力与桥梁相似。

2. 地下水排除

当地下水位过高或毛细水侵蚀路基或有潜流、泉水冲蚀路基时，则须降低地下水位或拦截潜流、排除泉水，保护路基。

（1）降低地下水位。当地下水埋藏较浅时，通常用明沟排除，明沟多用梯形断面。当地下水埋藏较深时，则可在明沟底下开挖矩形沟槽，内

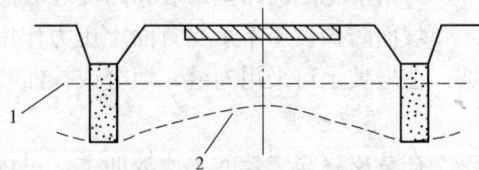

图 2-1-18 降低地下水位的渗沟

1—原地下水位；2—降低后地下水位

填透水料（如砂、砾石、排水管等）构成渗沟，以降低地下水位，见图 2-1-18。

（2）拦截潜流。当地层中有潜水流向路堤时，则需修拦截潜流的渗沟，见图 2-1-19，截住潜流。这种渗沟需通到堤外的排水沟，将潜流通畅排出。

（3）排除泉水。用暗沟将泉水引出路基排入边沟，见图 2-1-20。

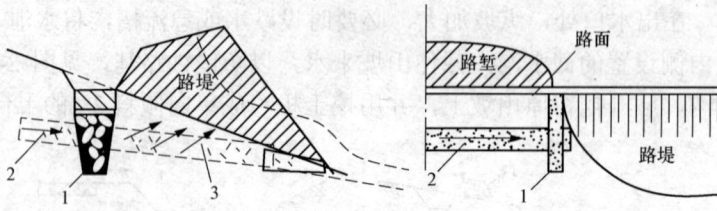

图 2-1-19　拦截潜流的渗沟

1—渗沟；2—潜水层；3—毛细水

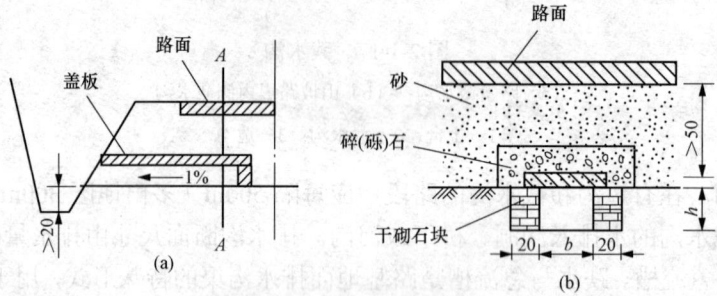

图 2-1-20　排除泉水的暗沟

（a）沿路横断面的剖面；　（b）A-A 剖面

3. 排水系统的整体规划

综上所述，路基排水有地面水与地下水。作排水设计必须综合考虑，全面规划组成一个整体的排水系统。其要点有：

（1）排水必须有出路。按边沟的水流入排水沟，排水沟的水流入涵洞、桥下或河沟中，在平面图上构成排水系统。

（2）水流要通畅。按排水系统各级排水沟的纵向坡降的要求，在纵断面上规划设计各级排水沟的进出口的高程。

根据以上要点，规划好排水系统后，再设计边沟、截水沟、排水沟的断面尺寸。

二、边坡面防护

对抗滑稳定的路堑山坡和路堤边坡需作坡面防护，以防雨水冲刷、气候影响。

坡面防护设施不承受背面土压力作用。在土坡上通常采用草皮护坡、骨架护坡、砌石护坡；在岩坡上可采用勾缝、填缝或抹面喷浆等。

1. 草皮护坡

在草皮容易生长的土质坡面上，可选用适合于当地土质及气候的草籽直接播种。在土质不良时，可先铺一层 3～5cm 的种植土，然后再种草。在边坡较陡和坡面冲刷严重地区宜用铺草皮的方法植草。铺设草皮应用竹木小桩将草皮钉在坡面上，以免脱落，见图 2-1-21。施工时可请专门绿化公司，从事植草工作。

2. 骨架护坡

在土质较松的路堑山坡或路堤坡面上，通常采用骨架护坡，即用浆砌石或混凝土在坡面上作成人字形骨架（见图 2-1-22）或拱形骨架（将人字骨架改为半圆形），在骨架空间植草。骨架两侧为排水沟，用浆砌石或混凝土作成。

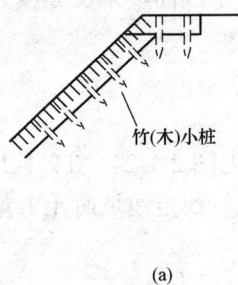

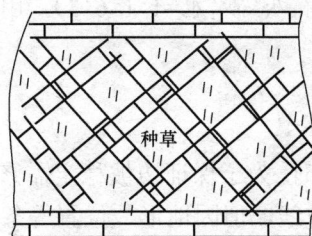

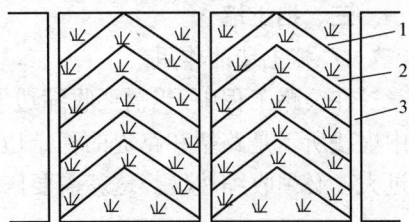

图 2-1-21　草皮护坡

（a）小桩钉草皮；（b）方格式铺草皮

图 2-1-22　人字形骨架护坡

1—人字形骨架；2—植草区；3—排水沟

3. 砌石护坡

在坡度陡于 1:1 的土质边坡和易风化或破碎的岩石边坡通常采用砌石护坡，砌石护坡有干砌片石和浆砌片石两种。

干砌片石护坡用于边坡较缓或有地下水渗出的坡面，厚度一般为 25～35cm，下设 10～20cm 的砂砾石垫层，起反滤、整平和防冻胀的作用。浆砌片石护坡用于边坡较陡或土质松软的坡面。厚度依坡高及坡度大小而定，一般为 25～40cm，每隔 10～15m 为一段，段间设沉降伸缩缝，缝为空缝。浆砌石护坡在靠下部应留排水孔，孔后设反滤层以排泄护坡背面积水。在有冻胀的地区，护坡背后也应设砂砾石垫层。

砌石护坡的坡脚基础应选用大石块砌筑。基础的形式有墁石基础和脚墙基础，见图 2-1-23。

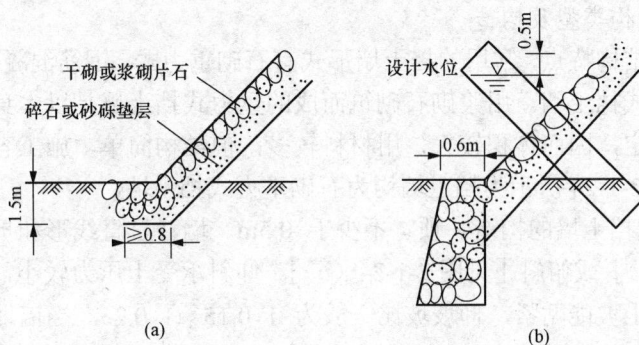

图 2-1-23　砌石护坡

（a）墁石基础；（b）脚墙基础

4. 勾缝填缝

对较坚硬的岩石边坡的裂隙，为防止水分侵入造成病害，可采用勾缝或填缝处理。窄且浅的裂缝可用水泥砂浆勾缝，深而宽的裂缝则应用水泥混凝土填注，封住裂缝。

5. 抹面喷浆

易风化的岩面边坡，要及时抹面或喷浆，以防风化剥落。对较平整的坡面，可用三合土（石灰:炉渣:黏土=1:5:1）或四合土（石灰:炉渣:黏土:砂=1:9:3:6）混合浆抹面，厚度为 2～10cm，用人工捶面至出浆为止。但这种抹面耐久性差。在不平整的坡面上最好采用喷浆护面。

喷浆材料多用水泥石灰砂浆（水泥：石灰：砂：水=1：1：6：3），用喷浆机喷于坡面，浆层厚度为1～2cm。

三、挡土墙

1. 挡土墙的作用

在公路工程中，当需要收缩边坡时，为了保证边坡稳定需修挡土墙，见图 2-1-24。图 2-1-24中虚线所示是路堑和路堤的稳定边坡线，但因地形、位置等条件限制或修稳定边坡时土方量过大，必须收缩边坡，这就需要修建挡土墙。

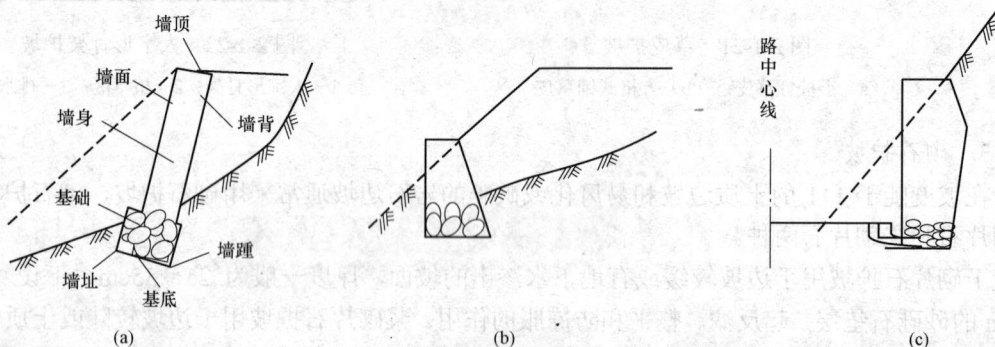

图 2-1-24　　挡土墙作用示意图

（a）减少路肩填方的路肩墙；　（b）需收缩路堤边坡的路堤墙；　（c）路中心位置靠近山坡而需收缩路堑边坡的路堑墙

挡土墙与护坡不同。护坡是在边坡稳定的条件下保护坡面，以防雨水冲蚀和气候破坏。挡土墙必须承受墙背的土压力来保证边坡稳定。因而挡土墙的结构与护坡不同，造价较高。

2. 挡土墙的结构类型及构造

按所用材料和结构特点，常用的挡土墙形式有石砌重力式、钢筋混凝土薄壁式和锚定式。

（1）石砌重力式挡土墙。用浆砌石砌筑而成的重力式挡土墙是以本身的重力来抵抗墙背的土压力而维持稳定，因而体积较大，用材料较多；但结构简单，施工容易，能就地取材，因而普遍应用。图 2-1-24 所示为挡土墙均为石砌重力式挡土墙。

1）石砌重力式挡土墙的构造。顶宽不少于 0.5m。墙背呈直线形和折线形。直线形有仰斜［见图 2-1-24（a）］或俯斜［见图 2-1-24（b）］。仰斜承受土压力较小，用于路堑，土方开挖量较小，墙壁与土坡能贴紧，仰坡坡比一般为 1：0.15～1：0.25。当墙址地面横坡较陡时，采用俯斜可减小墙高。俯斜坡比一般为 1：0.2～1：0.4。折线形背坡有凸形［见图 2-1-24（c）］或衡重式［见图 2-1-26（a）］。凸形墙背多用于路堑，可减少墙上部尺寸。衡重式墙背设有衡重台，利用衡重台上的填土重和全墙重心后移增加墙体的稳定性和减小断面尺寸。衡重台上、下墙高之比通常采用 2:3。墙面都采用直线，其坡比在地面横坡陡时采用 1：0.05～1：0.20，地面平缓时采用 1：0.15～1：0.35。

2）石砌重力式挡土墙的基础。挡土墙都直接修建在天然地基上。当地基承载力不足时，常采用浆砌石或混凝土扩大基础，见图 2-1-25（a）。加宽宽度不小于 0.2m，加宽高度按所用材料的抗剪和抗弯强度或材料刚性角（浆砌石为 35°，混凝土为 40°）来确定。

基础埋置深度在土基上不小于 1.0m，有水流冲刷时，应在冲刷线以下 1.0m，并在冻结线以下 0.25m。在岩石地基上基础埋置深度 h 及襟边宽度 L，视地基岩层情况而定：轻风化的硬质岩石，h=0.2m，L=0.2～0.6m；风化或软质岩石，h=0.4m，L=0.4～1.0m；坚实的粗粒土，h=1.0m，L=1.0～2.0m。地基内可能出现滑动面时，基底应埋置在滑动面以下0.5m（岩基）或2.0m（土基）。

3）石砌重力式挡土墙的排水孔。为了迅速排掉墙后积水，减少对墙身的水压力，墙体必须设置排水孔。排水孔宜分层交错布置。墙背填料为细粒土时，应在墙背设反滤

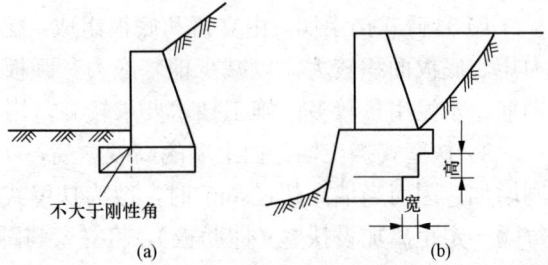

图 2-1-25 挡土墙基础

（a）扩大基础；（b）台阶基础

层，仅在墙的下部设一排排水孔，见图 2-1-26。圆孔排水孔的直径为 5～10cm，方孔尺寸为 5cm×10cm、10cm×10cm 或 15cm×20cm，孔的间距为 2～3m。

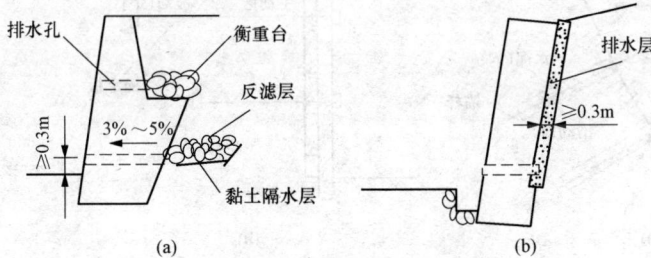

图 2-1-26 挡土墙的排水孔

（a）双排排水孔；（b）单排排水孔

下排（或单排）排水孔的出口底部应高出边沟水位，浸水挡土墙应高出常水位 30cm。

4）石砌重力式挡土墙的沉降伸缩缝。为适应地基不均匀沉降墙体应在地基性质和墙高突变处，从墙顶到基础设沉降缝。为适应砌体干缩和温度变化，墙体应设伸缩缝。通常将两缝结合在一起成沉降伸缩缝。在非岩地基上，沉降伸缩缝的间距为 10～15m。岩基上缝距可适当增大。缝宽一般为 2～3cm。缝内可用胶泥填塞或仅设空缝。但在渗水量大时应用沥青麻筋或沥青木板填塞。

（2）钢筋混凝土薄壁式挡土墙。有悬臂式和扶壁式两种，见图 2-1-27。

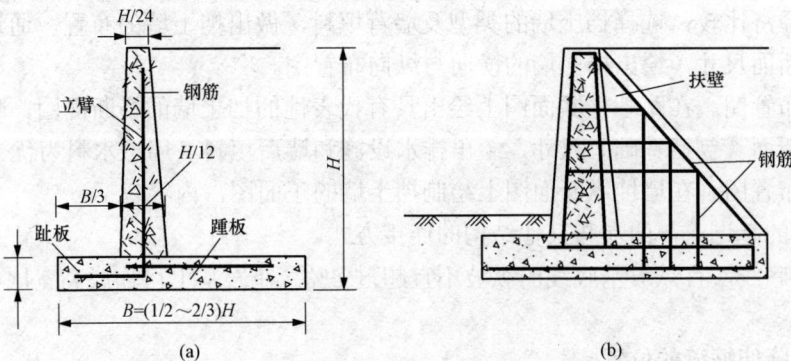

图 2-1-27 钢筋混凝土薄臂式挡土墙

（a）悬臂式；（b）扶壁式

1）悬臂式挡土墙。由立臂和底板组成。配有钢筋的薄立臂以抗弯力矩抵抗土压力的倾覆力矩。底板面积较大，以减少地基应力。踵板上的土重可提高抗倾覆能力。这种挡土墙需用钢筋、水泥用量较多，施工技术要求较高，用于缺乏石料的地区。

2）扶壁式挡土墙。挡土墙的高度愈高，立壁下部弯矩也愈大，钢筋和混凝土的用量将急剧增加。因而当墙高超过 6m 时，改为扶壁式挡土墙较为经济。扶壁式挡土墙是沿墙长方向每隔一定距离加设扶壁（即肋板），将立壁与踵板连接起来，可以大大减小立壁中的弯矩，从而使立壁的配筋和混凝土方量减少，达到经济合理。

钢筋混凝土薄壁式挡土墙伸缩缝间距不超过 30m，通常用企口缝。

（3）锚定式挡土墙。有锚杆式、锚定板式和桩板式等形式，见图 2-1-28。

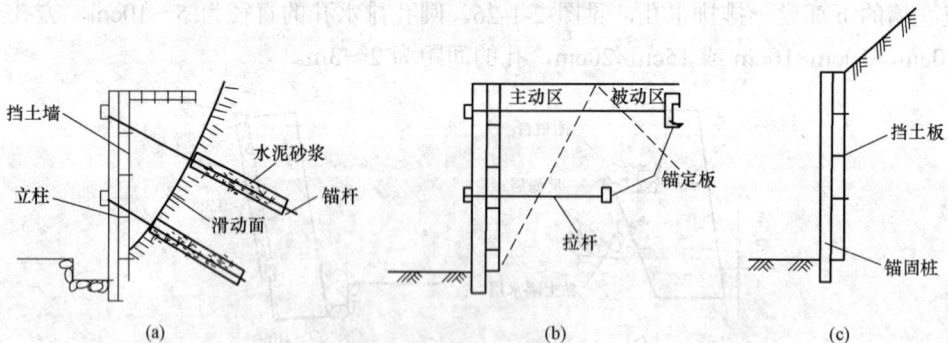

图 2-1-28　锚定式挡土墙

（a）锚杆式；（b）锚定板式；（c）桩板式

1）锚杆式挡土墙。用挡土板作墙挡土，用锚杆拉住立柱稳定挡板。板、柱均可用混凝土预制构件进行装配。锚杆必须深入到稳定岩土地基内；适用于路堑边坡。

2）锚定板式挡土墙。与锚杆式挡土墙的不同点是立柱的锚定是用锚定板；适用于路堤边坡。

3）桩板式挡土墙。挡土板的稳定是用打入稳定地基中的锚固桩。在地基较差、滑坡整治地段，用这种挡土墙稳定山体，可不作大面积开挖。

3. 挡土墙的规划设计

挡土墙的规划设计，应根据墙址处的地形、地质、水文、当地材料和施工条件，综合考虑，进行技术经济比较，选择挡土墙的类型及墙背填料，做出挡土墙的布置，通过稳定及应力计算确定横断面尺寸，绘出挡土墙的横向与纵向布置图。

（1）横向布置图。在路基横断面图上绘出具有代表性的挡土墙的横断面图，包括挡土墙的位置和墙身断面（包括基础）尺寸，绘出排水设施和墙后填料（用透水料为优）。

（2）纵向布置图。在墙址纵断面图上绘制挡土墙的正面图，内容包括：

1）挡土墙的起讫点，两端与其他结构的连接方式。

2）绘出基底线，有纵坡基底线的纵坡不宜超过 5%，在岩基上可作成高宽比不大于 1:2 的台阶。

3）绘出沉降伸缩缝的位置。

4）绘出排水孔的位置，示出孔数、间距和尺寸等。

在曲线路段的挡土墙需设计成曲线形，则尚需绘出平面图。图 2-1-29 所示是挡土墙纵断面图的一个示例。

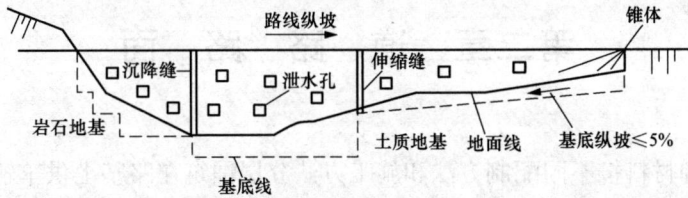

图 2-1-29 挡土墙的纵断面布置图

习 题

1．作为公路建筑的主体，路基工程具有哪些特点？
2．路基设计应满足哪些基本要求？
3．路堤施工前需完成的准备工作有哪些？
4．软基处理的方法有哪些？
5．填方路堤的施工方法有哪些？
6．挖方路堑的施工方法有哪些？

第二章 道 路 路 面

　　路面是用各种材料按不同配制方法和施工方法分层铺筑在路基上供车辆行驶的层状结构物。虽然无路面的路基能行驶车辆，但它抵御自然因素和车辆荷载的能力很差、晴天易起尘、雨天泥泞，行车时会使其表面崎岖不平、车辆颠簸打滑、行车速度低，甚至影响通行，并且使行车油耗大、机件耗损严重。在路基上铺筑路面后，道路条件及行车条件都得到改善，车辆行车不受气候干扰，增加行车安全性，降低运输成本。路面的质量也对发挥道路的运输经济效益有着十分重要的作用。本章将分节讨论路面功能及结构层、路面基层、柔性路面和刚性路面。

第一节　路面功能及结构层

一、路面功能
（1）使汽车在道路上能全天候地行驶，不因降水等一般性气候因素影响而中断行车；
（2）保证车速；
（3）为车辆提供快速、安全、舒适和经济的行车表面；
（4）降低运输成本；
（5）延长道路使用年限。

二、对路面的要求
　　为了保证路面具有良好的稳定性和足够的强度，表面平整、抗滑，并能够排水，各级道路的行车道、路缘带、变速车道、爬坡车道、硬路肩和应急停车带等均应铺筑路面，并对路面提出如下要求：

　　1. 强度和刚度

　　汽车的行驶使路面受到车轮的垂直力和水平力作用；同时还受到车辆的震动力和冲击力作用；在车身后面还会产生真空吸力作用。

　　在上述各种外力的综合作用下，路面结构内会产生不同大小的压应力、拉应力和剪应力。如果这些应力超过路面结构整体或某一组成部分的强度，则路面会出现断裂、沉陷、波浪和磨损等一系列破坏现象。因此，路面结构整体及其各组成部分必须具备足够的强度，以抵抗在行车作用下所产生的各种应力，避免破坏。

　　所谓刚度，是指路面抵抗变形的能力。路面结构整体或某一组成部分刚度不足，即使强度足够，在车轮荷载作用下也会产生过量的变形，影响正常行车和舒适性，从而形成车辙、沉陷、波浪等破坏，久而久之也会造成路面破坏。

　　因此，路面结构要满足应力和强度之间、荷载和变形之间、应力和应变之间要求的条件，使整个路面结构及其各组成部分的变形量控制在容许的范围内，满足刚度要求。

　　2. 稳定性

　　经常受到温度和水分变化的影响，路面结构层的力学性能也随之不断发生变化，导致强度和刚度不稳定，造成路面变形及破坏。例如，沥青路面夏季高温下易软化，冬季低温下易收缩脆裂；水泥路面高温时易拱胀开裂，低温时易收缩断裂。因此，要研究路面结构的温度和湿度状况及其对路面结构性能的影响，根据当地气候条件修筑足够稳定的路面结构。

3. 耐久性

路面结构要随行车荷载和冷热、干湿气候因素的多次重复作用，逐渐产生疲劳破坏和塑性形变累积，使得强度及刚度衰变。另外，路面材料本身各项性能由于老化衰变，都会导致路面破坏，缩短了路面的使用年限。因此，路面结构必须具备足够的抗疲劳强度及抗老化和抗形变累积的能力，即满足路面耐久性的要求。

4. 表面平整度

不平整的路表面会增大行车阻力，使车辆产生附加的振动，造成行车颠簸，影响行车的速度和安全、驾驶的平稳度和乘客的舒适感。这种附加的振动作用还会对路面施加冲击力，加剧路面破坏、汽车机件的损坏和轮胎的磨损，增大油料消耗。不平整的路面还会积滞雨雪，雨雪积滞下渗加速路面的破坏。因而路面要求具有一定的平整度，尤其是行车速度快的高级路面，有更高的路面平整度要求。

路面的平整度同整个路面结构和面层材料的强度和抗变形能力有关。强度和抗变形能力差的路面结构和面层极易出现沉陷、车辙和推挤破坏，从而形成不平整的路面。路面的平整度依靠严格的施工质量控制及运营期的及时养护，同时也与路面结构、路面材料、施工工艺、优质的施工机具有很大关系。

5. 表面抗滑性能

汽车在光滑的路面上行驶时，车轮与路面之间应有足够的附着力或摩擦阻力，否则在雨雪天气高速行车、转弯、紧急制动、爬坡、突然起动时易发生打滑或空转，降低行车速度，并容易引发交通事故。因此路表面应具备足够的抗滑性能，行车速度越高，对抗滑性能要求越高。

路表面的抗滑能力可以通过采用坚硬、耐磨、表面粗糙的骨料组成路面表层材料来实现，也可采用一些工艺性措施来实现，如水泥混凝土路面的刷毛或刻槽等。除此以外应及时清除路面表面的积雪、浮水或污泥，加强养护，使路面表面满足抗滑要求。

6. 少尘性

汽车在砂石路面上行驶时，车身后面产生的真空吸力将表层细粒材料吸出而飞扬尘土。扬尘会导致路面结构松散，促使路面坑洞的形成，进而加速汽车机件的损坏、缩短行车视距、降低行车速度、造成环境污染，对路旁农作物也带来不良影响，因此路面要具有少尘性。

三、路面结构及层次

道路路面根据使用要求、受力情况和自然因素等作用程度的不同，把路面结构自上而下分成若干层次来铺筑。

一般按面层、基层、垫层来分层，见图 2-2-1。结构层次的划分不是一成不变的。低等级公路层次相对少，高等级公路层次相对多；刚性路面层次相对少，柔性路面层次相对多；坚固路基的路面层次相对少，湿软路基路面层次相对多。

修筑在土基上的碎（砾）石路面、块石路面或水泥混凝土路面，仅有一个层次。我国当前流行的石灰土基层上的沥青面层结构，只有两个层次。土路面，仅有一个层次。但为适应某种结构性能的需要，又增设层次，例如，为了减轻或消除石灰土基层开裂而反射到沥青面层而设置的碎石缓冲层；为防止沥青面层沿基层表面滑移而设置的沥青混合料连接层；为便利水泥混凝土面层沿着基层表面伸缩移动而设置的沥青砂整平层等。道路改建过程中，在旧碎（砾）石路面上加铺沥青或水泥混凝土面层，则旧路面即成为新路面的基层。在旧碎石路面上加铺石灰土补强层和沥青或水泥混凝土面层，则旧路面成为新路面的底基层，而石灰土即成为基层。

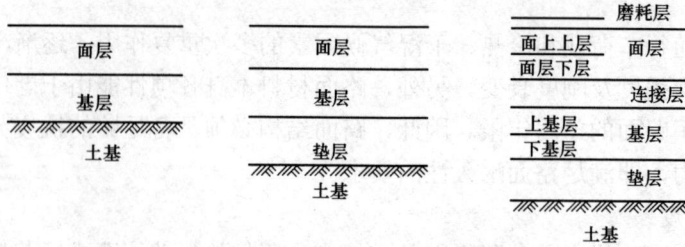

图 2-2-1　路面结构层划分

为了减小雨水对路面的浸湿和渗透入路基，防止减弱路面结构的强度，面层应筑成直线型或抛物类型的路拱。另外，由路缘石、硬路肩、土路肩共同组成路面，见图 2-2-2。

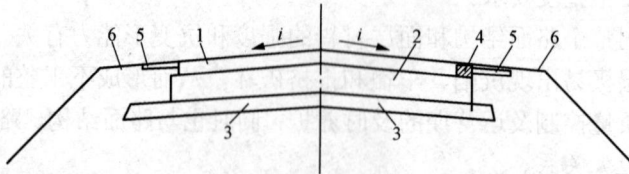

图 2-2-2　路面组成

i—路拱横坡度；1—面层；2—基层；3—垫层；4—路缘石；5—硬路肩；6—土路肩

1. 面层

面层是直接与行车和大气接触的表面层次，承受行车荷载的垂直力、水平力和冲击力作用，受雨水的侵蚀和气温变化的不利影响最大。与其他层次相比，面层应具备较高的结构强度、刚度和稳定性，而且应耐磨、不透水，表面应有良好的抗滑性和平整度。

面层修筑材料有水泥混凝土、沥青混凝土、沥青碎（砾）石混合料、泥结碎石及块石等。

用沥青材料铺筑的面层常分为两层：沥青贯入式下层、沥青混凝土上层。路面面层类型见表 2-2-1。

表 2-2-1　　　　　　　　　　　　　路面面层类型

路 面 等 级	面 层 类 型
高级路面	（1）沥青混凝土； （2）水泥混凝土
次高级路面	（1）沥青贯入式； （2）沥青碎石； （3）沥青表面处治
中级路面	（1）碎、砾石（泥结或级配）； （2）半整齐石块； （3）其他粒料
低级路面	（1）粒料加固土； （2）其他当地材料加固或改善

2. 基层

基层主要承受由面层传来的车荷载垂直力，并把它扩散到垫层和土基中，实际上基层是路面结构中的主要承重层，因此基层应有足够的强度和刚度，并应具有良好的扩散应力的性能。当面层透水时，基层不能阻止雨水的渗入，所以基层结构应有足够的水稳性。

基层修筑材料有：各种结合料（如石灰、水泥或沥青等），稳定土或稳定碎（砾）石，贫水泥混凝土，天然砂砾，各种碎石或砾石、片石、块石或圆石，各种工业废渣（如煤渣、粉煤灰、矿渣、石灰渣等）所组成的混合料以及它们与土、砂、石所组成的混合料等。

基层有时可分两层铺筑，其上层称基层（或上基层），下层则称底基层（或下基层）。底基层主要用当地材料修筑。

3. 垫层

垫层设置在土基与基层之间，其功能是改善土基的湿度和温度，以保证面层和基层的强度、刚度和稳定性不受冻胀翻浆作用的不良影响，同时还能起到扩散应力、减小土基产生的应力和变形，以及阻止路基土挤入基层的作用。因此垫层通常设在排水不良的湿软路堑段和有冰冻翻浆路段。

在地下水位较高地区铺设的能起隔水作用的垫层称隔离层；在冻深较大地区铺设的能起防冻作用的垫层称防冻层。

垫层修筑材料有两类：一类是用松散粒料，如砾、碎石、炉渣、片石或圆石等组成的透水性垫层；另一类是由整体性材料，如石灰土或炉渣石灰土等组成的稳定性垫层。材料强度不一定要高，但水稳性和隔热性要好。

四、路面的等级

路面的等级是按公路的等级、面层的使用品质、材料组成类型，以及结构强度和稳定性的不同，按表 2-2-2 分级。

表 2-2-2   路 面 等 级

公路等级	高速公路	一	二	三	四
采用的路面等级	高级	高级	高级或次高级	次高级或中级	中级或低级

各级路面的强度和刚度、稳定性、耐久性、平整度、抗滑性、少尘土性，由高级到低级逐渐降低，而养护和运输成本逐级增大；一次性建设投资，高级路面最大，低级路面最小，高级路面需要质量高的修筑材料，而低级路面可充分利用沿途地方材料。

各等级路面特点及性能比较详见表 2-2-3。

表 2-2-3   各等级路面特点及性能比较表

路面等级 \ 性能	强度和刚度	稳定性	耐久性	平整度	使用寿命	养护费用	运输成本	建设投资	材料要求
高级	高	好	耐久	平整	长	低	低	大	质量高
次高级	较高	较好	一般	一般	较长	较高	较高	较少	选择面较宽
中级	低	差	差	低	短	高	高	低	选择面宽
低级	最低	很差	差	很低	短	高	最高	低	地方材料

五、路面的分类

路面的分类一般按力学性能分为柔性路面、刚性路面和半刚性路面。

柔性路面用各类沥青混合材料作面层，刚度小，在荷载作用下所产生的弯沉变形较大，路面结构本身抗弯拉强度较低，车轮荷载通过各结构层向下传递到土基，使土基受到较大的单位压力，因而土基的强度和稳定性对路面结构强度有较大影响。

刚性路面以水泥混凝土面板作面层，抗压强度和抗弯拉强度很高，弹性模量大，呈现出较大的刚性。水泥混凝土面板在车轮荷载作用下的弯沉变形极小，荷载通过混凝土板体的扩散分布作用，传递到土基上的单位压力比柔性路面要小得多。

半刚性路面是以半刚性基层（灰土砂砾、二灰砂砾和水泥砂砾）与沥青混合料面层组成结构层。半刚性基层具有强度高、稳定性好、刚度大等优点。但有性脆，抗变形能力差，在湿度或温度变化及荷载作用下易开裂的缺点；各种力学性能指标介于柔性和刚性路面之间，是一种具有发展前途的新型路面结构。

各类路面结构组成及材料见表 2-2-4。

表 2-2-4　　　　　　　　　　　各类路面结构组成及材料

结构类型 \ 结构层	基　　　　层	面　　　层
柔性路面	水泥（石灰，沥青）稳定土（碎石）、贫水泥混凝土、砂砾、碎石、砾石、片石、块石、圆石、工业废渣（煤渣、粉煤灰、矿渣、石灰渣）混合料	沥青混凝土或沥青混合料
刚性路面	同上	水泥混凝土（面板）
半刚性路面	石灰土、灰土结集料，石灰粉煤灰（二灰）、石灰粉煤灰结集料、水泥结集料	沥青混凝土或沥青混合料

六、路面排水

各级公路，应根据当地降水与路面的具体情况设置必要的排水设施，及时将降水排出路面，保证行车安全。高速与一级公路的路面排水，一般由路肩排水与中央分隔带排水组成；二级及二级以下公路的路面排水，一般由路拱坡度、路肩横坡和边沟排水组成。

路肩排水设施由路面横坡、三角形集水槽、泄水口和急流槽等组成，设计时应注意选择适当的泄水口位置。

中央分隔带的排水设施与它的布置形式、路线线形（直线或曲线）等有关。当中央分隔带有雨水浸入时，应设置中央分隔带地下排水系统。

第二节　路　面　基　层

基层在路面结构层中起着承上启下的重要作用，路面的等级越高对基层的要求越严格，应从材料的选择、铺筑厚度、施工质量等环节上保证其强度、刚度及水稳性。按铺筑的材料，基层划分为三大类：结合料稳定类基层，块、碎（砾）石基层和工业废渣基层，如图 2-2-3 所示。

一、结合料稳定类基层

将土粉碎，掺入适量水泥、石灰、沥青等结合料，并拌匀摊铺，按照一定技术要求和在最佳含水量时压实成型，养生形成结合料稳定土基层。在缺乏砂石地区，利用稳定土作为高级、次高级路面的基层，可以大大降低工程造价，节省运力，加快施工进度。与砂石材料相比，稳定土路面具有一定的抗拉强度和良好的稳定性。由于稳定土的耐磨性差，一般作为路面的基层。

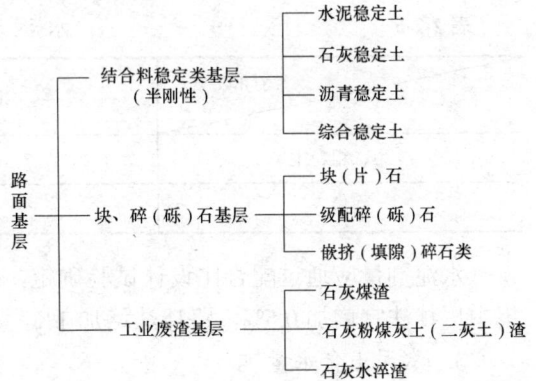

图 2-2-3　路面基层

（一）水泥稳定土基层

水泥稳定土是用水泥做结合料所得混合料的一个广义的名称，它既包括用水泥稳定各种细粒土，也包括用水泥稳定各种中粒土和粗粒土。将土粉碎，掺入适量水泥，按照一定技术要求拌匀的混合料，在最佳含水量时压实，经养护成型的基层称为水泥稳定土基层。掺入适量的碎（砾）石铺筑时，称为水泥稳定碎（砾）石基层。

水泥稳定土属半刚性基层，其特点是力学强度、稳定性和板体性较高。但因水泥和各种粒料土（粗细土和中粒土）经水拌和压实后，由于蒸发和混合料内部发生水化作用，混合料的水分会不断减少，而发生了毛细管作用、吸附作用、分子间力的作用、材料矿物晶体或胶凝体层间水的作用和碳化收缩作用等引起水泥稳定材料收缩而产生裂缝，当上面的沥青层较薄时，这些裂缝会反射到面层上来。

1. 水泥稳定土的土质

土的类别和性质是影响水泥土强度的主要因素之一。砂砾土、砂土、粉土和黏土均可用水泥稳定。表 2-2-5 列出了各类土用水泥稳定后的一些特性。

表 2-2-5　　　　　　　　　　水 泥 稳 定 土 特 性

土　类	无侧限抗压强度（MPa）	弯拉弹性模量（MPa）	CBR
级配良好的砾石、砂、黏土、砂或砾石	1.8～10.5 以上	$(7 \sim 21) \times 10^3$	>600
粉质砂、砂质黏土	1.7～3.5	7×10^3	600
粉质、砂质黏土，级配差的砂	0.7～1.7	$(3.5 \sim 7) \times 10^3$	200
粉土、粉质黏土、级配很差的砂	0.35～1.35	小于 3.5×10^3	100
重黏土	<0.7	1.4×10^3	50

注　CBR 值为加州承载比，是评定土基及其他路面材料承载能力的指标。

2. 水泥成分和剂量

对于同一种土，水泥矿物成分是决定水泥土强度的主要因素。硅酸盐水泥的稳定效果比铝酸盐水泥好。

水泥土的强度，在很大程度上还取决于水泥的数量，即随着水泥剂量的增加，水泥土的物理—力学性质将显著改善。但增加水泥用量，会提高成本，经济上不合理。因此要根据技术和经济两个方面的因素综合地加以确定。保证水泥土达到规定强度和稳定性的前提下，尽可能降低水泥剂量。但水泥最小剂量应符合表 2-2-6 的规定。

表 2-2-6　　　　　　　　　　　　　　　水 泥 最 小 剂 量

土类＼拌和方法	路拌法	集中厂拌法
中、粗粒土	4%	3%
细粒土	5%	4%

水泥剂量应通过配合比设计试验确定，但设计剂量宜在试验剂量的基础上适量增加，对集中厂拌法宜增加 0.5%，路拌法增加 1%。粗粒料做基层时，应控制水泥剂量不超过 6%。

3. 水泥土含水量

水泥土混合料中的含水量对水泥土的强度有重大影响。含水量不足，不能保证水泥的完全水化和水解作用。正常水化所需要的水量约为水泥质量的 20%。

4. 施工工艺过程

水泥、土和水拌和愈均匀，水泥土的强度和稳定性愈高，拌和不均匀会使水泥剂量少的地方强度不能满足设计要求，而水泥剂量多的地方会产生裂缝。

施工中土打碎后，过筛控制大粒径团块含量，拌和的混合料必须及时摊铺和碾压成型，一般控制在 2h 内。压实度要求达到 98%（轻型压实标准）。水泥土基层成型后必须湿润养生。每天洒水 4～6 次，保持湿润，养生达 7d 以上。

（二）石灰稳定土基层

在粉碎的土中，掺入适量石灰，按照一定技术要求，将拌匀摊铺的混合料在最佳含水量时压实，形成石灰土基层。在石灰土中，掺入质量比小于 50% 的碎（砾）石，称为碎（砾）石灰土基层。

影响石灰土基层强度的因素有土质、灰质、石灰剂量、含水量与密实度等。

1. 石灰稳定土土质

各种成因的亚砂土、亚黏土、粉土类土和黏土类土都可以用石灰稳定土。石灰土强度随土的塑性指数增加而增大。粉质黏土的稳定效果最佳。重黏土由于不易粉碎和拌和，稳定效果较差，容易使路面缩裂。塑性指数偏小的土，则施工时难以碾压成型。因此，一般采用塑性指数为 10～20 的土，易于粉碎均匀，便于成型，铺筑效果较好。

土中某些盐分及腐殖质对石灰土有不良作用，应控制其含量。

2. 石灰灰质和剂量

（1）灰质。各种化学组成的石灰均可用于稳定土。钙石灰稳定土的初期强度高，镁石灰稳定土的后期效果好。石灰的等级愈高，稳定效果愈好，细度愈大与土粒的作用愈充分，效果愈好。

石灰使用时应注意：尽量缩短石灰的存放时间，最好在生产后 3 个月内投入使用；生石灰和石灰下脚料都要加水消解，使其成为粉状熟石灰。否则路面成型后，生石灰块遇水会爆裂崩解，造成路面松散。

（2）剂量。所谓石灰剂量是按消石灰占干土重的百分率计，剂量较低时（小于 3%～4%），石灰主要起稳定作用。当剂量增加时，石灰土的强度和稳定性均提高。但当剂量超过一定范围，过多的石灰在土的空隙中以自由灰存在，将导致石灰土的强度下降。具体选用应根据路面结构层位要求的强度、水稳性、冻稳性，结合土质、石灰质量、气候和水文等因素参照表

2-2-7 选定。

表 2-2-7 石灰土石灰剂量范围

结构层位	土 类	
	粉性土、黏性土	砂性土
基层	11～14	14～16
底基层	9～11	11～14
垫层	6～9	9～11

3. 含水量及养生

水分是石灰土的重要组成部分。施工中，土中水分可保证土团得到最大限度的粉碎和均匀的拌和，并在最小压实功能的情况下达到最佳密实度。根据经验，石灰土的最佳含水量为素土的最佳含水量、拌和过程中蒸发所需的水量（约为 1.5%）与石灰反应过程所需的水量（约为 0.2×石灰剂量）三者之和。

石灰在反应过程中仍需要大量水分，因此基层成型后要继续养生，补充适量的水分，保持石灰土中水不因蒸发散失而减少。

4. 石灰土基层的施工

石灰土基层属整体性半刚性材料，太薄受弯拉会引起断裂，太厚施工中不便于拌和均匀和碾压密实，一般压实成型厚度控制在 8～15cm。

石灰土基层施工工艺如图 2-2-4 所示。

5. 石灰稳定类基层质量标准

石灰稳定类材料的压实度（按重型击实标准）及 7d（在非冰冻区 25℃、冰冻区 20℃条件下湿养 6d、浸水 1d）龄期的无侧限抗压强度应满足表 2-2-8 的要求。

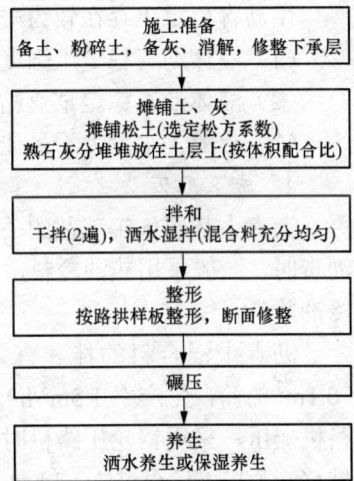

图 2-2-4 石灰土基层施工工艺框图

表 2-2-8 石灰稳定类基层、底基层的压实度及 7d 抗压强度

层位	土类	高速、一级公路		二级和二级以下公路	
		压实度（%）	抗压强度（MPa）	压实度（%）	抗压强度（MPa）
基层	粗粒土 中粒土	—	—	≥97	≥0.8
	细粒土	—		≥95	
底基层	粗粒土 中粒土	≥96	≥0.8	≥95	0.5～0.7
	细粒土	≥95		≥93	

（三）沥青稳定土基层

将土粉碎，用液体石油沥青、煤沥青、乳化沥青等为结合料，拌和均匀，摊铺碾压密实成型的基层称为沥青稳定土基层。

1. 沥青结合料

通常采用慢凝液体石油沥青、低强度等级煤沥青和沥青膏浆。液体石油沥青的强度等级应根据当地气温、施工条件、土类等确定。用煤沥青来稳定土比石油沥青更有效。而沥青膏浆适用于稳定砂性土。

2. 土质

各种土都可以用液体沥青来稳定。但当采用较黏稠的沥青稳定时，选用亚砂土、轻亚砂土等低黏性土可取得良好的效果。黏性较大的土可采用综合稳定的方法，即在掺加沥青之前在土中掺加少量活化剂。例如，亚黏土，如先用少量石灰处治（<2%），不仅土团易于粉碎并易于拌和，且有利于强度的形成与水稳性的提高，具有显著的稳定效果。

3. 沥青稳定土的缺点

用沥青稳定土存在较为严重的缺点，使其使用受到一定限制，主要缺点：

（1）液体沥青稳定土强度形成较慢，并且随着土含水量的增加，强度会显著下降。

（2）液体沥青稳定重亚黏土和黏土没有足够的水稳性，在湿度较大的地区不宜使用。

（3）土的含水量大于最佳含水量和温度低于15℃时，土和结合料不能很好拌和和压实。

4. 施工工艺

沥青土基层施工工艺的关键在于拌和与碾压。结合料采用液体石油沥青或低强度等级煤沥青时，一般采用热油冷料，油温为120～160℃。结合料采用乳化沥青或沥青膏浆时，则用冷油冷料。

沥青土混合料的拌和有人工与机械两种方式。国内目前采用的拌和机形式有间歇式（0.1m³的筒，生产率1.5m³/h）与连续式（生产率10～12m³/h）两种，沥青土最好用轮胎式压路机碾压，采用钢轮压路机时，可选用轻型或中型，只压一遍即可，多压时可能出现裂缝或推移。尤其压后再过2～3d复压1～2遍效果更好，如先用钢轮压一遍再用轮胎压几遍，平整度与密实度会更好。

（四）综合稳定土基层

综合稳定是以沥青、水泥或石灰为主要稳定剂，外掺少量活性物质或其他材料，也可采取相应技术措施，以提高和改善其技术性质，以稳定剂的不同将综合稳定土分为沥青土方面、石灰土方面和水泥土方面的综合稳定土。

1. 沥青土方面

常用的添加剂有无机盐和表面活性物质。无机盐类有石灰、水泥、石膏及其他多价阳离子无机盐（如氯化铁、氯化钙、硫酸铁、硫酸铝）等。其中石灰是常用的一种，它的综合稳定效果也最好。在土用沥青处治前，先添少量（2%～3%）的石灰使土粒表面活化，可以促进化学吸附作用的产生。此外，添加石灰还可使土中细分散颗粒产生凝聚，从而降低土的塑性和湿陷性，使沥青与土易于拌和。由于石灰能够吸收多余的水分，因而可与沥青一起稳定湿土。

表面活性物质有阳离子（如有机碱）和阴离子（如有机酸、有机盐）两种，掺入土中能与土粒发生作用，使土的极性降低，从而提高土与沥青的亲和性，增强沥青与土粒之间的作用。表面活性物质用量一般为沥青剂量的5%～10%。

2. 石灰土方面

掺加剂有火山灰物质（粉煤灰和煤渣）、氯化钙、石灰电解质等形成石灰综合稳定土。单纯用石灰稳定砂性土效果较差,而采用石灰—火山灰物质综合稳定土具有明显的水硬性性质,高温硬化快,具有较高的后期强度,综合稳定效果显著提高。

石灰土中掺入氯化钙,可以加速石灰土的硬化过程,使其早期达到较高的强度。氯化钙有吸湿和降低溶液冰点的作用,对石灰土的硬化均会起良好的作用。氯化钙用量一般为干土重的 0.5%～1%,可提高石灰土强度 10%～20%。

稳定土中的电解质在混合料中能生成碱性介质,促进土中部分硅和铝酸盐溶解,提高土的交换能量,促进各种反应的进行。

3. 水泥土方面

添加剂有石灰、氯化钙、氢氧化钠及石膏、聚丙烯、松香脂等表面活性憎水物质。在用水泥稳定之前,先往土中掺入少量的石灰、氯化钙或其他电解质,使与土粒之间进行离子交换和化学反应,从而加速水泥的硬化过程,并减少水泥用量。

二、块、碎(砾)石基层

按照使用材料通常有块(片)石、级配碎(砾)石类和嵌挤型碎石类基层。

1. 块(片)石基层

块石基层采用锥形块石、片石或圆石手工摆砌,并用碎石嵌缝压实。铺砌厚度控制在 20cm 以内,一般铺在砂、砂砾、煤渣垫层上,也可直接铺在土基上。摆砌好一段块石后,即撒铺嵌缝料,用粒径为 15～35mm 的碎石填充紧密,用压路机按先轻后重、先边缘后中间的顺序进行洒水碾压,碾压至无显著轮迹,碎石无挤动的推移为止。

块石基层具有较高的强度和稳定性,但整体性差。

2. 级配碎(砾)石类基层

级配碎(砾)石是各种粗细碎(砾)石集料和石屑(砂)各占一定比例,且其颗粒组成符合密实级配要求的混合料,经铺压成型后可用作路面的基层或中级路面面层。

级配碎(砾)石混合料的颗粒组成和塑性指数应满足表 2-2-9 和表 2-2-10 的规定,级配曲线宜圆滑、居中。

表 2-2-9　　　　　　　　　　级配碎石基层的集料级配范围

编号	通过下列筛孔(mm)的质量百分率(%)										液限(%)	塑性指数
	60	50	40	30	20	10	5	2	0.5	0.074		
1	100	90～100	85～95		60～80	40～65	27～50	15～35	10～20	4～10	<25	<6
2		100	90～100		65～85	45～70	30～55	15～35	10～20	4～10		
3			100	90～100	75～90	50～70	30～55	15～35	10～20	4～10		

表 2-2-10　　　　　　　　　　级配砾石基层的集料级配范围

编号	通过下列筛孔(mm)的质量百分率(%)										液限(%)	塑性指数
	60	50	40	30	20	10	5	2	0.5	0.074		
1	100	90～100	85～95		60～80	40～65	27～50	15～35	10～20	4～10	≤25	≤6
2		100	90～100		65～85	45～70	30～55	15～35	10～20	4～10	≤25	≤6
3			100	90～100	75～90	50～70	30～55	15～35	10～20	4～10	≤25	≤6
4			100		85～100	60～80	30～50	15～30	10～20	2～8	≤25	≤6

3. 嵌挤型碎石类

以尺寸较均匀的轧制碎石作为骨料,并以石渣和石屑嵌缝及黏土或石灰土灌缝,增加密实度和稳定性。按施工方法和灌缝材料的不同,这类碎石可分为干压碎石、水结碎石、泥结碎石和泥灰结碎石。

干压碎石是将碎石材料撒铺后直接压实而成的。为了提高压实效果,可在压实前适量洒水,以降低碎石颗粒间的摩擦力,并依靠石粉的胶结作用,这种做法为水结碎石。采用黏土浆或石灰土浆作为灌缝材料,以提供黏结力的碎石材料,便是泥结碎石或泥灰结碎石。泥灰结碎石的水稳定性优于泥结碎石。

嵌挤碎石类的强度,主要依靠碎石颗粒之间通过压实而得到的锁结作用,同时还部分取决于灌缝材料所提供的少量黏结作用。因此,碎石应带有棱角、近于正方形,具有较高强度和韧度。碎石颗粒的尺寸范围大致为 5~75mm,通常可以划分为六个等级,见表 2-2-11。颗粒最大尺寸,按层厚和石料强度而选定,石料较硬时,不宜超过压实层厚的 0.8 倍,石料较软时可采用较大尺寸。

表 2-2-11　　　　　　　　　　　　碎石颗粒分级

名　称	粒径范围（mm）	用　途
粗粒碎石	50~70	骨料
中粒碎石	35~50	
细粒碎石	25~35	
石渣	15~25	
石屑	5~15	嵌缝料
石粉	0~5	封面料

三、工业废渣基层

利用工矿企业大量废渣,如钢铁厂的矿渣和钢渣,化工厂的电石渣、漂白粉和硫铁矿渣,火力发电厂的粉煤灰和煤渣等,既解决了筑路材料,又为工矿企业解决了废渣堆放的处理问题,具有显著的经济效益和环保意义。

利用工业废渣铺筑的基层主要有:石灰煤渣基层、石灰粉煤灰土基层、石灰水淬渣基层。

1. 石灰煤渣基层

石灰煤渣(简称二渣)基层是用煤渣和石灰按一定配合比,加水、拌和、摊铺、碾压而成的基层。二渣中如掺入一定量的粗骨料便成为三渣。掺入一定量的土,便成为石灰煤渣土,常用的配合比见表 2-2-12。石灰煤渣、石灰煤渣土和三渣基层皆具有水硬性,物理力学性质基本上与石灰土基层相似,但其强度与水稳性都比石灰土好。

2. 石灰水淬渣基层

石灰水淬渣基层是指水淬化铁炉渣与石灰按一定配合比混合,加水拌匀、摊铺、碾压而成的基层,简称水淬渣基层。水淬渣基层的强度比石灰煤渣、石灰煤渣土基层高,具有很好的板体性与水稳性,它还具有一定的抗弯强度和较小的弯沉值,是一种优良的半刚性基层。考虑石灰水淬渣基层具有较高的强度及尽量少用石灰,一般配合比(质量比)为石灰:水淬渣=(10~15):(90~85)。

表 2-2-12　　　　　　　　　　石灰煤渣土的配比

混合料名称	材料用量（质量%）			
	消石灰	煤渣	亚黏土	碎石或工业废渣
石灰煤渣土（二渣土）	9～15	65～70	15～25	—
	12	28～58	30～60	—
石灰煤渣土（二渣）	20～30	70～80	—	—
三渣	7～10	12～30	—	60～80

3. 石灰粉煤灰土基层

石灰粉煤灰土基层，也称二灰土基层，是以石灰、粉煤灰与土按一定配比混合，加水拌匀、摊铺、碾压并养护而成型的一种基层结构。它具有比石灰土稍高的强度，有一定的板体性与水稳性。常用的配比（质量比），石灰∶粉煤灰∶土为 12∶35∶53（体积比为 1∶2∶3）。

第三节 柔 性 路 面

在柔性基层上铺筑一定厚度的沥青混合料面层，因其具有较大的塑性变形能力而称为柔性路面。柔性路面是由具有黏性、弹塑性的结合料和颗粒所组成的路面，最广泛采用的是沥青路面。

以沥青混合料为面层的沥青路面，各结构层具有一定的塑性，弯沉变形较大，抗弯拉强度较小，主要依靠抗压、抗剪强度抵抗车荷载作用。沥青路面被破坏主要取决于荷载作用下的垂直位移和水平拉应变(力)，土基的刚度和稳定性对路面结构整体强度和刚度有较大影响。

柔性路面的优点为：①沥青路面由于车轮与路面两级减振，因此行车舒适性好、噪声小；②柔性路面对路基、地基变形或不均匀沉降的适应性强；③沥青路面修复速度快，碾压后即可通车。

柔性路面的缺点：①压实的混合料空隙率大，耐水性差，宜产生水损坏，一个雨季就可能造成路面大量破损；②沥青材料的温度稳定性差，脆点到软化点之间的温度区间偏小，包不住天然高低温度，冬季易脆裂，夏季易软化；③沥青是有机高分子材料，耐老化性差，使用数年后，将产生老化龟裂破坏；④平整度的保持性差，不仅沉降会带来平整度劣化，而且材料软化会形成车辙。

一、路面等级与类型

路面等级、面层类型应与公路等级、交通量相适应。路面等级、面层类型的选择应根据公路等级与使用要求、设计年限内标准轴载的累计当量轴次、筑路材料和施工机械设备等因素按表 2-2-13 确定。对有特殊使用要求的公路，其路面等级与面层类型的选择可根据实际情况选用。

表 2-2-13　　　　　　　　　　路面类型的选择

公路等级	路面等级	面 层 类 型	设计年限（年）	设计年限内累计标准轴次（万次/一车道）
高速、一级公路	高级路面	沥青混凝土	15	>400

续表

公路等级	路面等级	面 层 类 型	设计年限（年）	设计年限内累计标准轴次（万次/一车道）
二级公路	高级路面	沥青混凝土	12	>200
	次高级路面	热拌沥青碎石混合料、沥青贯入式	10	100～200
三级公路	次高级路面	乳化沥青碎石混合料、沥青表面处治	8	10～100
四级公路	中级路面	水结碎石、泥结碎石、级配碎（砾）石、半整齐石块路面	5	≤10
	低级路面	粒料改善土	5	

二、结构层厚度

（1）路面面层、基层、底基层的结构和厚度，应与公路等级、气候、水文、筑路材料、交通量及其组成等相适应。为了方便施工组织和管理，路面结构层次不宜太多，材料变化不宜频繁。

（2）基层或底基层厚度应根据交通量大小、材料的力学性能和扩散应力的效果、压实机具的功能及有利于施工等因素选择各结构层的厚度。表 2-2-14 列出了各种结构层的适宜厚度及施工的最小厚度，可供设计时参考。

表 2-2-14 　　　　　　　　　　各类结构层的最小厚度 　　　　　　　　　　cm

结构层类型		施工最小厚度	结构层适宜厚度
沥青混凝土、热拌沥青碎石	粗粒式	5.0	5～8
	中粒式	4.0	4～6
	细粒式	2.5	2.5～4
沥青石屑		1.5	1～1.5
沥青砂		1.0	1.5～2.5
沥青贯入式		4.0	4～8
沥青上拌下贯式		6.0	6～10
沥青表面处治		1.0	层铺1～3，拌和2～4
水泥稳定类		15.0	16～20
石灰稳定类		15.0	16～20
石灰工业废渣类		15.0	16～20
级配碎、砾石		8	10～15
泥结碎石		8	10～15
填隙碎石		10	10～12

沥青路面结构一般由多层（3层以上）组成，通常有面层、基层、低基层、垫层。

三、面层

面层可由1～3层组成，表面层应根据使用要求设置抗滑耐磨、密实稳定的沥青层；中面层、下面层应根据公路等级、气候条件等选择适当的沥青结构层。

（一）一般规定

1. 沥青面层的技术要求

沥青路面应具有坚实、平整、抗滑、耐久的品质，同时，还应具有高温抗车辙、低温抗开裂、抗水损害及防止雨水渗入基层的功能。

2. 沥青面层分类及适用范围

沥青路面的沥青类结构层本身，属于柔性路面范畴，但其基层除柔性材料外，也可采用刚性的水泥混凝土，或半刚性的水硬性材料。沥青路面有多种分类方法，按骨料种类不同分为：沥青砂、沥青土、沥青碎（砾）石混合料等；按沥青材料品种不同分为：石油沥青路面、煤沥青路面、天然沥青路面和渣油路面。但较普遍的分类方法是按其施工方法、技术品质和使用特点分为：沥青混凝土路面、热拌沥青碎石路面、乳化沥青碎石混合料路面、沥青贯入式路面、沥青表面处治路面五种类型。

沥青混凝土适用于做各级公路的沥青路面面层。对高速公路、一级公路的表面层、中面层、下面层均应采用沥青混凝土；二级公路的表面层也可用沥青混凝土。

二级及二级以下公路的面层宜用热拌沥青碎石铺筑或沥青贯入式碎石（含上拌下贯式）。

三级、四级公路的面层、旧沥青面层宜用乳化沥青碎石混合料或沥青表面处治上加铺罩面或抗滑层、磨耗层等。

3. 选择沥青

高速、一级公路的沥青路面，应选用符合《重交通道路石油沥青技术要求》（GB/T 15180—2010）的沥青，以及经过试验论证、行之有效的改性沥青。

二级及二级以下公路的沥青路面，可采用符合"中、轻交通道路石油沥青技术要求"的沥青或改性沥青。

沥青路面所用沥青强度等级，应根据气候条件、面层结构类型、施工方法和施工季节等按表 2-2-15 选用。

表 2-2-15　　　　　　　　　　　各类沥青路面选用的沥青强度等级

气候分区	路面类型 沥青强度等级 沥青种类	沥青表面处治路面	沥青贯入式路面	沥青碎石路面	沥青混凝土路面
寒区	石油沥青	A-140 A-180	A-140 A-180	AH-90　AH-110 AH-130 A-100	AH-90　AH-110 A-100
温区	石油沥青	A-100 A-140 A-180	A-140 A-180	AH-90　AH-110 A-100	AH-70　AH-90 A-60　A-100
热区	石油沥青	A-60 A-100 A-140	A-60 A-100 A-140	AH-50　AH-70 AH-90 A-100　AH-60	AH-50　AH-70 A-60　A-100

注　1. 气候分区应根据工程所在地年最低月平均气温划分。

　　2. 年最低月平均气温为−10℃以下属寒区。

　　3. 年最低月平均气温为 0～−10℃属温区。

　　4. 年最低月平均气温为 0℃以上属热区。

　　5. A 表示普通石油沥青；AH 表示重交通石油沥青。

乳化沥青应符合《公路沥青路面施工技术规范》(JTG F40—2004)中"道路乳化石油沥青技术要求"的规定。对酸性石料、潮湿的石料及低温季节施工,宜选用阳离子乳化沥青;对碱性石料及在与水泥、石灰、粉煤灰共同使用时,宜选用阴离子乳化沥青。为提高使用性能可选用改性乳化沥青。

煤沥青不宜用于沥青面层,一般仅作为透层沥青使用。

4. 集料的技术要求

各种沥青面层的粗集料、细集料、填料应符合《公路沥青路面施工技术规范》(JTG F40—2004)的有关规定。

5. 沥青路面抗滑性能

(1) 高速、一级公路的沥青路面应具有良好的抗滑性能,其抗滑性能应符合表 2-2-16 的要求。

表 2-2-16   抗 滑 标 准

公里等级	竣 工 验 收 值		
高速公路 一级公路	横向力系数 SFC	摆值 F_b(BPF)	构造深度 TC(mm)
	≥54	≥45	≥0.55

(2) 设计高速、一级公路的沥青表面层时,应选用抗滑、耐磨石料,其石料磨光值应大于 42。常用的抗滑、耐磨石料有玄武岩、安山岩、片麻岩、辉绿岩、砂岩、花岗岩、闪长岩、硅质石灰岩以及经轧制破碎的砾石等。当采用酸性石料时,为提高石料与沥青之间的黏结力,可掺入适量的水泥、石灰或抗剥落剂,掺量应通过试验确定;也可采用黏结力强的改性沥青。

(3) 高速、一级公路的表面层应根据各地气候条件、石料质量、交通量等因素,综合考虑沥青面层的抗滑、密水、耐久、抗开裂、抗车辙等技术要求,选择适当的级配类型和表面层厚度。除旧沥青面层上加铺抗滑层外,一般表面层厚度不宜小于 4.0cm。

(4) 二级及三级公路应根据各路段的具体情况采取必要的技术措施,以提高路面抗滑性能。

(5) 抗滑性能指标。

1) 摩擦系数:高速公路、一级公路宜在竣工后第一个夏季采用摩擦系数测定车,以(50±1)km/h 的车速测定横向力系数(SFC)。

2) 路面宏观构造深度。路面宏观构造深度,应在竣工后第一个夏季用铺砂法或激光构造深度仪测定。

3) 竣工后第一个夏季测定沥青面层横向力系数(或摆值)、路面宏观构造深度,应符合表 2-2-16 规定的竣工验收值的要求。

6. 沥青混合料的压实度

沥青混凝土、沥青碎石的压实度当以马歇尔试验密度为标准密度时,对高速公路、一级公路压实度应达到 95%,其他等级公路应达到 94%。当以试验段的密度为标准密度时,均应达到 98% 的压实度。

(二) 高级路面

1. 沥青混凝土

沥青面层可由单层或双层或三层沥青混合料组成,各层混合料的组成设计应根据其层厚和层位、气温和降雨量等气候条件、交通量和交通组成等因素，按表 2-2-17 选用适当的最大粒径及级配类型，使之满足对沥青面层使用功能的要求。

选择沥青面层各层级配时，应至少有一层是 I 型密级配沥青混凝土，以防止雨水下渗。三层式沥青面层的表面层采用抗滑表层时，中面层应用 I 型密级配沥青混凝土，下面层宜根据当地气候、交通量采用 I 型或 II 型沥青混凝土。双层式沥青面层的表面层采用抗滑层时，下面层应用 I 型密级配沥青混凝土；若采用半开级配或开级配热拌沥青碎石做表面层时，应在沥青面层下设下封层。多雨地区采用乳化沥青碎石混合料做面层时，必须设置下封层或上封层。

表 2-2-17　　　　　　　　　　沥青混合料类型的选择（方孔筛）

层位	沥青层厚度（cm）	混合料类别	高速公路、一级公路		二级及二级公路以下
			三层式	双层式	
表面层	2.5～4 4～5	细粒式 中粒式	AC-13 AC-16	AC-13 AC-16	AC-13　AM-13 AC-16
中面层	4～6 5～6	中粒式 细粒式	AC-20 AC-25	—	—
下面层	4～5 5～6 6～8	中粒式 细粒式 粗粒式	AC-20 AC-25 AC-30	AC-20 AC-25 AC-30	AC-20　AM-25 AC-25 AC-30　AM-30
上基层 调平层	5～6 6～8 8～10	粗粒式 粗粒式 特粗粒式	AM-25 AM-30 AM-40	AM-25 AM-30 AM-40	AM-25 AM-30
抗滑表层	2.5～4	细粒式 中粒式	AK-13A AK-13B AK-16A AK-16B	AK-13A AK-13B AK-16A AK-16B	AK-13A AK-16A

注　AC 为沥青混凝土；AM 为沥青碎石；AK 为抗滑面层。

2. 沥青混合料配合比设计

沥青混合料配合比设计按马歇尔试验法进行，沥青混合料的技术指标应符合表 2-2-18 的要求。

表 2-2-18　　　　　　　　　　热拌沥青混合料马歇尔试验技术指标

试验项目	沥青混合料类型	高速公路、一级公路	其他公路
击实次数（次）	沥青混凝土	两面各 75	两面各 50
	沥青碎石、抗滑表层	两面各 50	两面各 50
稳定度（kN）	I 型沥青混凝土	>7.5	>5.0
	II 型沥青混凝土、抗滑表层	>5.0	>4.0
流值（0.1mm）	I 型沥青混凝土	20～40	20～45
	II 型沥青混凝土、抗滑表层	20～40	20～45
空隙率（%）	I 型沥青混凝土	3～6	3～6
	II 型沥青混凝土、抗滑表层	4～10	4～10
	沥青碎石	>10	>10

续表

试验项目	沥青混合料类型	高速公路、一级公路	其他公路
沥青饱和度（%）	Ⅰ型沥青混凝土	70～85	70～85
	Ⅱ型沥青混凝土、抗滑表层	60～75	60～75
	沥青碎石	40～60	40～60

3．沥青混凝土的稳定性

对高速、一级公路的表面层和中面层的沥青混凝土作配合比设计时，应进行车辙试验，以检验沥青混凝土的高温稳定性。高温稳定性是以温度 60℃、0.7MPa 轮压条件下进行车辙试验所获得的动稳定度表示，对高速公路的表面层、中面层沥青混合料，其动稳定度不应低于 800 次/mm；对一级公路的表面层、中面层沥青混合料不应低于 600 次/mm。

4．沥青混凝土的水稳性

高速、一级、二级公路的沥青混凝土应具有良好的水稳性。沥青混合料的水稳性指标，除通常采用浸水马歇尔试验和沥青与矿料的黏附性试验，以检验沥青混合料受水损害时的抗剥落性能外，对年最低气温低于–21.5℃的寒冷地区，还应增加沥青混合料冻融劈裂残留强度试验。沥青混合料的水稳性指标应符合表 2-2-19 的规定。

表 2-2-19　　　　　　　　　　　　　**沥青混合料水稳性指标**

年降雨量（mm）	>1000	500～1000	250～500	<250
沥青与石料的黏附性（级）不低于	4	4	3	3
浸水马歇尔试验（48h）残留稳定度（%）不低于	75	70	65	60
冻融劈裂试验残留强度（%）不低于	70	70	65	

5．沥青玛蹄脂碎石混合料

沥青玛蹄脂碎石混合料（简称 SMA），是一种以沥青、矿粉及纤维稳定剂组成的沥青玛蹄脂结合料，填充于间断级配的矿料骨架中，所形成的沥青混合料；具有抗滑耐磨、密实耐久、抗疲劳、抗高温车辙、减少低温开裂的优点；适用于高速、一级公路做抗滑表层使用，其厚度宜为 3.5～4.5cm。

SMA 应选用磨光值大于 42 的硬质石料，最大粒径宜为 13mm 或 16mm。应选用针入度较小、黏度较大的沥青，并宜采用改性沥青，油石比不宜小于 6.2%。纤维稳定剂的用量，对木质素纤维为混合料总质量的 0.3%，矿物纤维为混合料总质量的 0.4%。

SMA 混合料的矿料级配及配合比设计可采用国内成功的经验及方法进行，5mm 以上粗集料用量不低于 70%，0.074mm 通过量宜为 8%～13%，马歇尔稳定度不宜低于 6.2kN，空隙率宜控制在 2%～4%范围内。但必须进行车辙试验检验，动稳定度不应低于 1500 次/mm。

（三）次高级路面

1．热拌沥青碎石

热拌沥青碎石的配合比设计应根据实践经验和马歇尔试验的结果，并通过施工前的试拌、试铺确定。热拌沥青碎石的级配可参照有关规定执行。

2．乳化沥青碎石混合料

乳化沥青碎石混合料的面层宜作成双层式，若用单层式应根据当地降雨量设置下封层或上封层。混合料配合比设计可根据当地成功的经验或试拌、试铺确定。

3. 沥青贯入式路面

沥青贯入式面层的厚度一般为 4～8cm。当沥青贯入式路面的上部加铺拌和的沥青混合料时，也称为上拌下贯，此时拌和层的厚度宜为 3～4cm，其总厚度为 7～10cm。乳化沥青贯入式路面厚度不宜大于 5cm。沥青贯入式面层之下应做下封层，以避免雨雪下渗至基层，或滞留在面层与基层之间而导致路面破坏。

4. 沥青表面处治

沥青表面处治按施工方法分类有层铺法和拌和法。

（1）层铺法可分为单层、双层、三层，厚度宜为 1.0～3.0cm。单层表处厚度为 1.0～1.5cm；双层表处厚度为 1.5～2.5cm；三层表处厚度为 2.5～3.0cm。层铺法沥青表面处治和乳化沥青表面处治集料的规格按有关规定执行。

（2）拌和法沥青表面处治路面可采用热拌热铺或冷拌冷铺法施工，其混合料级配可参照有关规定执行。拌和法沥青表处路面厚度宜为 3～4cm。

采用拌和法施工时，基层顶面应洒透层沥青或黏层沥青或做下封层，使面层与基层之间接合紧密，防止雨雪下渗。

四、路面设计指标

1. 路面设计弯沉值

弯沉：是在一定的荷载作用下，路表面的竖向变形。它是反映路面整体承载能力高低和使用状况好坏的最直观、最简单的指标。

路面设计弯沉值：是根据设计年限内一个车道上预测通过的累积当量轴次、道路等级、面层和路面结构类型而确定的弯沉设计值。

路面设计弯沉值的大小随公路等级、交通量、轴型、面层和基层类型等因素而异。一般认为：在一定轴型的荷载作用下，路面的变形越大，达到某一破坏状态时的容许通过轴次就越少；反之，则越多。

路面设计弯沉值根据公路等级，在设计年限内累计标准当量轴次、面层和基层类型按式（2-2-1）计算确定，即

$$L_d = 600 N_e^{-0.2} A_c A_s A_b \qquad (2\text{-}2\text{-}1)$$

式中 L_d——路面设计弯沉值（0.01mm）；

N_e——设计年限内一个国产车累计当量轴次；

A_c——公路等级系数，高速、一级公路为 1.0，二级公路为 1.1，三、四级公路为 1.2；

A_s——面层类型系数，沥青混凝土面层为 1.0，热拌沥青碎石、乳化沥青碎石、上拌下贯或贯入式路面为 1.1，沥青表面处治为 1.2，中、低级路面为 1.3；

A_b——基层类型系数，对半刚性基层、底基层总厚度等于或大于 20cm 时，A_b=1.0；若面层与半刚性基层间设置等于或小于 15cm 级配碎石层、沥青贯入碎石、沥青砂石的半刚性基层结构，A_b 可取 1.0；柔性基层、底基层 A_b=1.6，当柔性基层厚度大于 15cm、底基层为半刚性下卧层时，A_b 可取 1.6。

2. 容许拉应力

路面结构层的容许拉应力：是指路面结构在行车荷载的反复作用下，达到临界破坏状态时所容许的最大拉应力。

高速、一级、二级公路的沥青混凝土面层或半刚性材料基层、底基层，在进行拉应力验算时，结构层底面计算点的拉应力 σ_{m} 应小于或等于该层材料的容许拉应力 σ_{k}，即

$$\sigma_{\mathrm{m}} \leqslant \sigma_{\mathrm{k}} \tag{2-2-2}$$

容许拉应力 σ_{k} 按式（2-2-3）计算，即

$$\sigma_{\mathrm{k}} = \frac{\sigma_{\mathrm{sp}}}{K_{\mathrm{s}}} \tag{2-2-3}$$

式中 σ_{k}——路面结构层材料的容许拉应力（MPa）；

σ_{sp}——沥青混凝土或半刚性材料的劈裂强度（MPa），对沥青混凝土是指 15℃时的劈裂强度，对水泥稳定类材料为龄期 90d 的劈裂强度（MPa），对二灰稳定类、石灰稳定类的材料为龄期 180d 的劈裂强度（MPa）；

K_{s}——抗拉强度结构系数。

对沥青混凝土面层

$$K_{\mathrm{s}} = 0.09 A_{\mathrm{a}} N_{\mathrm{e}}^{0.22} / A_{\mathrm{c}} \tag{2-2-4}$$

式中 A_{a}——沥青混凝土级配类型系数，细、中粒为 1.0，粗粒为 1.1。

对无机结合料稳定集料类

$$K_{\mathrm{s}} = 0.35 N_{\mathrm{e}}^{0.11} / A_{\mathrm{c}} \tag{2-2-5}$$

对无机结合料稳定细粒土类

$$K_{\mathrm{s}} = 0.45 N_{\mathrm{e}}^{0.11} / A_{\mathrm{c}} \tag{2-2-6}$$

3. 路面厚度计算

（1）路面厚度是根据多层弹性理论、层间接触条件为完全连续体系时，在双圆均布荷载作用下，轮隙中心处实测路表弯沉值 l_{s} 等于设计弯沉值 l_{d} 的原则进行计算，即

$$l_{\mathrm{s}} = l_{\mathrm{d}} \tag{2-2-7}$$

其力学图式如图 2-2-5 所示。

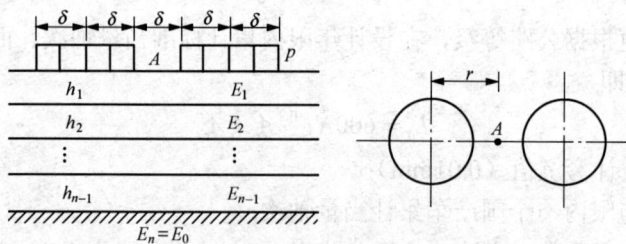

图 2-2-5 路表弯沉值计算图式

路表弯沉值按式（2-2-8）计算

$$l_{\mathrm{s}} = 1000 \cdot \frac{2p\delta}{E_0} a_{\mathrm{c}} F \tag{2-2-8}$$

$$a_{\mathrm{c}} = f\left(\frac{h_1}{\delta}, \frac{h_2}{\delta}, \frac{h_{n-1}}{\delta}, \frac{E_2}{E_1}, \frac{E_3}{E_2}, \frac{E_0}{E_{n-1}}\right) \tag{2-2-9}$$

$$F = 1.63\left(\frac{l_{\mathrm{d}}}{2000\delta}\right)^{0.38}\left(\frac{E_0}{p}\right)^{0.36}$$

式中　　　l_s——路面实测弯沉值（0.01mm）；

　　　　F——弯沉综合修正系数；

　　　　a_c——理论弯沉系数；

　　　p、δ——标准车型的轮胎接地压强（MPa）和当量圆半径（cm）；

E_0 或 E_n——土基回弹模量值（MPa）；

E_1、E_2、E_{n-1}——各层材料回弹模量值（MPa）；

h_1、h_2、h_{n-1}——各结构层厚度（cm）。

（2）已知某车道累计轴次或设计弯沉值、各结构层的回弹模量与劈裂强度、土基回弹模量及已知结构层的厚度，利用专用设计程序即可求得某一结构层的厚度。

（3）设计时，应先选某一层作为设计层，拟定面层和其他各层的厚度。当采用半刚性基层和底基层结构时，可选任一层为设计层；当采用半刚性基层而以粒料类材料为底基层时，应拟定面层、底基层厚度，以半刚性基层为设计层才能得到合理的结构；当采用柔性基层、底基层的沥青路面时，宜拟定面层、底基层的厚度，求算基层厚度，当求得基层厚度太厚时，可考虑选用沥青碎石或乳化沥青碎石做上基层，以减薄路面总厚度，增加结构强度和稳定性。

4. 路面弯沉值竣工验收

（1）路面竣工时的整体刚度，以不利季节用 BZZ-100 标准轴载（我国路面设计双轮组单轴载 100kN 作标准轴载，以 BZZ—100 表示）作用下，轮隙中心处实测路表弯沉的代表值 l_r 评定。当以设计弯沉值为控制指标时，路面代表弯沉值应等于或小于路面的设计弯沉值，即

$$l_r \leqslant l_d \qquad (2\text{-}2\text{-}10)$$

式中　l_r——实测每千米路面的代表弯沉值（0.01mm）；

　　　l_d——设计弯沉值（0.01mm）。

当路面结构厚度计算以层底拉应力为控制指标时，应根据拉应力计算所得的结构厚度，重新计算路表弯沉值，并以该值作为路面弯沉值的验收值。

（2）代表弯沉值检测，应在路面竣工后第一年不利季节，用标准轴载 BZZ-100 的汽车，实测路表弯沉值。对半刚性基层结构宜用 5.4m 的弯沉仪测定；对柔性基层结构宜用 3.6m 的弯沉仪测定。检测时，当沥青厚度小于或等于 5cm 时，可不进行温度修正；路表温度在 20℃±2℃ 范围内，也不进行温度修正；其他情况均应进行温度修正。

（3）测定代表弯沉时，应以每千米每一双车道为一评定路段，每路段检查 80～100 个点，对多车道公路应按车道数与双车道之比相应增加测点数。路段的代表弯沉值 l_r 按式（2-2-11）计算，即

$$l_r = \bar{l} + Z_a S \qquad (2\text{-}2\text{-}11)$$

式中　$\bar{l}$——评定路段路代表弯沉值的平均值；

　　　S——评定路段代表弯沉值的标准差；

　　　Z_a——与保证率有关的系数，高速、一级公路 Z_a=1.645，二级公路 Z_a=1.5，三、四级公路 Z_a=1.3（沥青路面 Z_a=1.5）。

（4）当用自动弯沉车或落锤式弯沉仪测定时，首先应建立自动弯沉车或落锤式弯沉仪与贝克曼梁检测之间的相关关系，并将自动弯沉车或落锤式弯沉仪测得的弯沉值换算为贝克曼梁的弯沉值，再计算路段的代表弯沉值。用自动弯沉车或落锤式弯沉仪测定路表弯沉时，应按 5m 的间距等距离布置测点。

第四节　刚 性 路 面

刚性路面是指水泥混凝土路面，主要包括素混凝土、钢筋混凝土、连续配筋混凝土、碾压式混凝土、钢纤维混凝土等面层板与基（垫）层所组成的路面。

广泛采用的是就地浇筑的素混凝土路面，简称混凝土路面。这种路面是以水泥与水合成的水泥浆为结合料、碎（砾）石为骨料、砂为填充料，按适当的配合比例，经拌和、摊铺、振捣、整平和养生而筑成，除了在接缝区和局部范围（边缘和角隅）外，不配置钢筋的混凝土路面。本节主要讨论水泥混凝土面板。

一、特点及基本要求

1. 刚性路面的优点

（1）强度高、刚度大、耐久性好。混凝土路面具有较高的抗压、抗弯拉和抗磨耗强度，因此，具有较高的承载能力和扩散荷载的能力，而且耐久性好，一般可以使用20～30年以上。

（2）稳定性好。环境温度和湿度对水泥混凝土路面的力学强度的影响很小，因而，其热稳定性、水稳定性和时间稳定性均较好。尤其是强度将随时间逐渐增高，而不会出现"老化"现象。

（3）平整度和粗糙度较好。虽有接缝，但是起伏变化小，基本上能满足汽车行驶的平整性要求；路表面经过拉毛或轧槽处理，为路面提供了一定的粗糙度。

（4）养护费用少、运输成本低。水泥混凝土路面坚固耐久，经常性的养护维修工作量小，养护费用较低。

（5）色泽鲜明、反光能力强，有利于夜间行车。

2. 刚性路面的缺点

（1）有接缝。混凝土面板为了适应热胀冷缩的需要，必须设置接缝，而在接缝设置之后带来一系列问题：接缝是路面的薄弱点，如果处理不当，容易导致板边和板角破坏；接缝增加了施工和养护作业的复杂性；接缝易引起行车跳动，影响行车的舒适性。

（2）竣工后不能立即开放交通。施工结束后要经过90天的湿治养生，才能开放交通。

（3）挖掘和修补困难。路面破坏后，挖掘和修补工作相当困难，而且严重影响交通。地下管线维修的难度也非常大。

（4）阳光下反光太强。水泥混凝土路面反光强烈，阳光下使驾驶员有很明显的刺目感觉。

（5）对超载敏感。水泥混凝土属于脆性材料，一旦车辆荷载超出混凝土的极限强度，将引起面板的断裂。

（6）对水泥和水的需求量大。水泥混凝土面板板厚、体积大，所需要的原材料较多。

（7）施工前的准备工作繁重。施工前需要施工放样、支立模板、布置接缝、敷设钢筋等。

3. 面板基本要求

混凝土面板的弯拉强度应满足设计要求，表面应平整、耐磨、抗滑，板的横断面一般采用等厚度形式。其厚度和平面尺寸应符合《公路水泥混凝土路面设计规范》（JTG D40—2011）对各类混凝土路面设计的规定。

4. 结构层的组合

水泥混凝土路面的结构层一般由水泥混凝土面板、基层、垫层（不良地质水文条件下）

和土基组成。

（1）水泥混凝土面板。面层板断面一般采用等厚度形式，最小厚度为18cm；路面板宽度一般按每车道宽，不大于4.5m；路面板长度一般采用4～5m，最长不超过6m。

（2）基层。要求基层平整、坚实，具有抗变形能力强、整体性好、透水性小和耐冲刷的性能。采用整体性好（具有较高弹性模量）的材料修筑基层可保障混凝土路面良好使用特性和延长路面使用寿命。设置基层，可以起到防止唧泥（是指车辆通过时基层细料和水一起从板接缝处挤出，由缝中喷溅出稀泥浆的现象）、冰冻以及排除渗入的地表水、隔断地下毛细水，缓和土基不均匀变形对面板影响的作用，并可为面板提供方便的施工条件。

（3）垫层。不良地质水温条件的路段，宜加设垫层，最小厚度为15cm。

（4）土基。要求土基必须密实、稳定、不产生过量的沉陷和不均匀变形。除此之外，应按规定设置路肩和排水系统。

二、设计理论

1. 标准轴载和轴载换算

水泥混凝土路面设计以重100kN的单轴荷载作为标准轴载。

各级轴载p_i的作用次数N_i按式（2-2-12）换算为标准轴载p_s的作用次数N_s，即

$$N_s = \sum_{i=1}^{n} a_i N_i (p_i / 100)^{16} \tag{2-2-12}$$

式中　p_i——各级轴载单轴重或双轴总重（kN）；

a_i——轴数系数，单轴时，$a_i = 1$，双轴时，$a_i = 1.46 \times 10^{-5} p_i^{-0.3767}$；　　（2-2-13）

N_i——各级轴载的作用次数（次/d）。

小于或等于40kN（单轴）和80kN（双轴）的轴载，可略去不计。

2. 交通分级

水泥混凝土路面的交通分级，按使用初期设计车道每日通过的标准轴载作用次数N_s分为四级，见表2-2-20。

表2-2-20　　　　　　　　　　　　　交 通 分 级

交通等级	使用初期设计车道标准轴载作用次数N_s（次/d）
特重	>1500
重	200～1500
中等	5～200
轻	≤5

3. 设计使用年限和累计作用次数

水泥混凝土路面的设计使用年限，一般按表2-2-21采用，也可按特定使用要求确定。设计使用年限内设计车道的标准轴载累计作用次数N_e，可按式（2-2-14）确定，即

$$N_e = \frac{N_s [(1+\gamma)^t - 1] \times 365}{\gamma} \eta \tag{2-2-14}$$

式中　N_s——使用初期设计车道标准轴载作用次数（次/d）；

γ——交通量年平均增长率（%），由调查确定；

t ——设计使用年限（a）；

η ——车轮轮迹横向分布系数，按表 2-2-22 选用。

表 2-2-21 水泥混凝土路面设计年限

交通等级	设计使用年限（a）	交通等级	设计使用年限（a）
特重	30	中等	20
重	30	轻	20

4. 基层顶面的当量回弹模量和计算回弹模量

设计新建公路时，基层顶面的当量回弹模量 E_t，可根据土类、路基干湿状态、所拟定的基（垫）层结构类型和厚度 h_b，参照《公路水泥混凝土路面设计规范》（JTG D40—2011）附录 B、C 确定；土基和材料的回弹模量值 E_0 和 E_1，查图 2-2-6 确定。

表 2-2-22 车轮轮迹横向分布系数 η

公 路 等 级		纵缝边缘处
高速、一级公路		0.17～0.22
二、三、四级公路	行车道宽>7m	0.34～0.39
	行车道宽≤7m	0.54～0.62

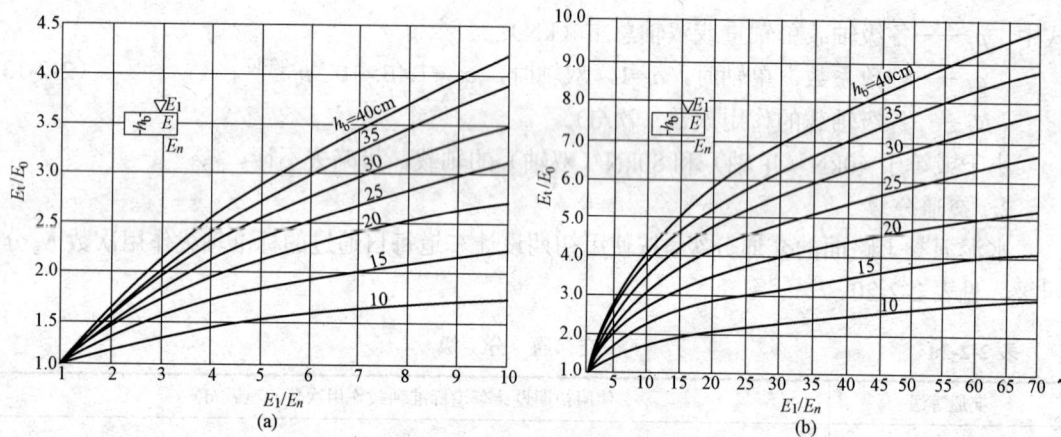

图 2-2-6 当量回弹模量 E_t 计算图

(a) $E_1/E_0 \leqslant 10$； (b) $E_1/E_0 > 10$

基层顶面的当量回弹模量 E_t 确定后，应按式（2-2-15）计算基层顶面的计算回弹模量 E_{tc}，即

$$E_{tc} = nE_t \tag{2-2-15}$$

$$n = 1.718 \times 10^{-3} \left(\frac{hE_c}{E_t} \right)^{0.8} \tag{2-2-16}$$

式中 n ——模量修正系数，计算荷载应力时，按式（2-2-16）确定，计算温度应力时，$n=0.35$；

h ——混凝土面板厚度（cm）；

E_t ——基层顶面的当量回弹模量（MPa）；

E_c——混凝土弯拉弹性模量（MPa）。

5. 混凝土设计强度和弯拉弹性模量

混凝土的设计强度以龄期 28d 的弯拉强度为标准。各级交通要求的混凝土设计弯拉强度不得低于表 2-2-23 的规定。当混凝土浇筑后 90d 内不开放交通时，可采用 90d 龄期强度。其值一般可按 28d 龄期强度的 1.1 倍计。

混凝土弯拉弹性模量以试验实测为宜。如无条件，可按表 2-2-23 选用。

表 2-2-23   混凝土设计弯拉强度和弹性模量

交通等级	特重	重	中等	轻
设计弯拉强度 f_{cm}（MPa）	5.0	5.0	4.5	4.0
弯拉弹性模量 E_c（$\times 10^3$MPa）	30	30	28	27

6. 混凝土面板内最大温度梯度

混凝土面板最大温度梯度计算值 T_g，可依据公路所在地的公路自然区划按表 2-2-24 选用。

表 2-2-24   最大温度梯度计算值 T_g

公路自然区划	II、V	III	IV、VI	VII
T_g（℃/cm）	0.83~0.88	0.90~0.95	0.86~0.92	0.93~0.98

注 海拔高时，取高值；湿度大时，取低值。

三、板的平面尺寸和板厚计算

1. 板的平面尺寸

混凝土面板一般采用矩形。其纵向和横向接缝应垂直相交，纵缝两侧的横缝不得互相错位。

纵向缩缝间距（即板宽）可按路面宽度和每个车道宽而定，其最大间距不得大于 4.5m。横向缩缝间距（即板长）应根据当地气候条件、板厚和已有经验确定，一般采用 4~5m，最大不得超过 6m。

2. 临界荷位

产生最大综合疲劳损坏的临界荷位，选用板的纵缝边缘中部，如图 2-2-7 所示。

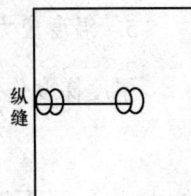

3. 混凝土面板的初估厚度及最小厚度

（1）在计算确定混凝土面板所需的厚度时，各级交通下的初估厚度可参照表 2-2-25 中所列范围选取。

图 2-2-7 临界荷位

表 2-2-25   混凝土面板的初估厚度

交通等级	特重	重	中等	轻
初估厚度 h_i（cm）	>25	23~25	21~23	<21

（2）混凝土面板最小厚度为 18cm。

4. 荷载应力计算

标准轴载 p_s 在临界荷位处产生的荷载疲劳应力 σ_p 由式（2-2-17）确定，即

$$\sigma_p = k_r k_f k_e \sigma_{ps} \tag{2-2-17}$$

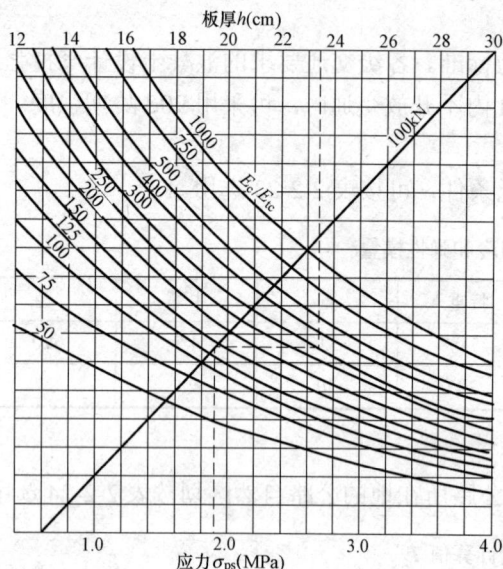

图 2-2-8　单轴轴载作用于纵缝边缘中部的应力计算图

式中　σ_{ps}——标准轴载 p_s 在临界荷位处产生的未考虑接缝传荷能力的荷载应力（MPa），可按初估板厚 h_i 和混凝土弹性模量与基层顶面计算回弹模量的比值 E_c/E_{tc}，由图 2-2-8 确定；

k_r——考虑接缝传荷能力的应力折减系数，纵缝为设拉杆的平缝或缩缝时，k_r 可取为 0.87～0.92（刚性和半刚性基层取低值，柔性基层取高值），不设拉杆的平缝或自由边时，取 k_r 为 1.0；

k_f——考虑设计使用年限内荷载应力累计疲劳作用的疲劳应力系数，按式（2-2-18）确定，即

$$k_f = N_e^{0.0516} \tag{2-2-18}$$

N_e——设计使用年限内标准轴载累计作用次数（次），按式（2-2-14）确定；

k_e——考虑超载和动载等因素对路面疲劳损坏的综合影响系数，按交通等级由表 2-2-26 取用。

表 2-2-26　　　　　　　　综　合　影　响　系　数　k_e

交通等级	特重	重	中等	轻
k_e	1.45	1.35	1.20	1.05

5. 温度应力计算

温度梯度作用在板边缘中点处产生的温度疲劳应力 σ_t，按式（2-2-19）确定，即

$$\sigma_t = k_t \sigma_{tm} \tag{2-2-19}$$

式中　k_t——温度应力累计疲劳作用的疲劳应力系数，按所在地区公路自然区划和最大温度应力与混凝土设计弯拉强度的比值 σ_{tm}/f_{cm}，由表 2-2-27 确定；

σ_{tm}——最大温度梯度时混凝土板的温度应力（MPa），按式（2-2-20）确定，即

$$\sigma_{tm} = \frac{\alpha_c E_c h T_g}{2} k_x \tag{2-2-20}$$

α_c——混凝土的线膨胀系数（1/℃），通常可取为 1×10^{-5}/℃；

E_c——混凝土弯拉弹性模量（MPa）；

h——混凝土面板厚度（cm）；

T_g——所在地混凝土面板的最大温度梯度（℃/cm），按表 2-2-24 取用；

k_x——考虑温度沿板厚非线性分布的温度应力系数，按板长 L 与板相对刚度半径 r 的比

值 L/r 和板厚 h，由图 2-2-9 确定，其中

$$r = 0.537h(E_c / E_{tc})^{1/3} \qquad (2\text{-}2\text{-}21)$$

表 2-2-27　　　　　　　　　　温度应力疲劳作用系数 k_t

σ_{tm}/f_{cm}	公路自然区划					
	II	III	IV	V	VI	VII
0.20	0.350	0.358	0.278	0.273	0.338	0.354
0.25	0.427	0.439	0.378	0.373	0.415	0.436
0.30	0.485	0.502	0.447	0.449	0.476	0.497
0.35	0.533	0.554	0.502	0.508	0.527	0.546
0.40	0.574	0.598	0.584	0.556	0.570	0.587
0.45	0.609	0.637	0.588	0.598	0.608	0.621
0.50	0.641	0.627	0.622	0.634	0.643	0.652
0.55	0.669	0.703	0.654	0.665	0.674	0.679
0.60	0.695	0.732	0.682	0.694	0.704	0.703
0.65	0.719	0.758	0.708	0.702	0.731	0.726
0.70	0.741	0.783	0.732	0.744	0.756	0.746

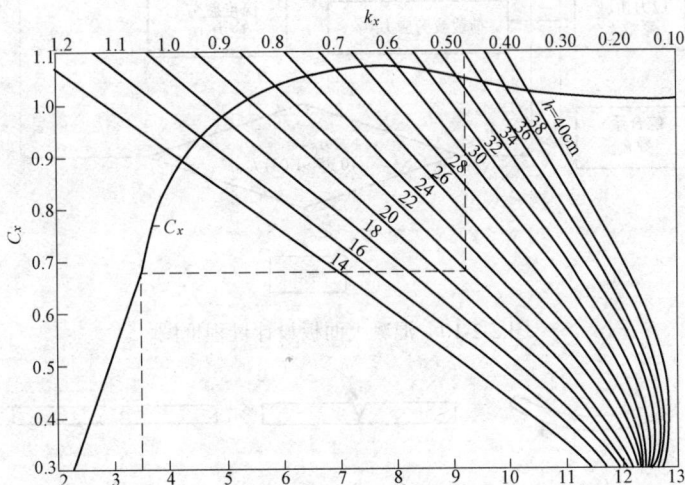

图 2-2-9　温度应力系数 k_x 图

6. 板厚确定

按路面所承受的交通等级，参照表 2-2-25 选择初估板厚 h_i，由式（2-2-17）和式（2-2-19）分别求得荷载疲劳应力 σ_p 和温度疲劳应力 σ_t。当两者之和不大于混凝土设计弯拉强度 f_{cm} 的 103% 和不低于 f_{cm} 的 95% 时，则初估板厚可作为设计板厚 h。否则，应改选初估板厚，或改变板的平面尺寸，重新计算，直到满足上述要求为止。

板厚设计过程框图，见图 2-2-10。

四、接缝的构造与布置

混凝土面层是由一定厚度的混凝土板组成的，它具有热胀冷缩的性质。由于一年四季气

温的变化，混凝土板会产生不同程度的膨胀和收缩。而在一昼夜中，白天气温升高，混凝土板顶面温度较底面为高，这种温度差会造成板的中部隆起。夜间气温降低，板顶面温度较底面为低，会使板的周边和角隅翘起，如图 2-2-11（a）所示。这些变形会受到板与基础之间的摩阻力和黏结力，以及板的自重和车轮荷载等的约束，致使板内产生过大的应力，造成板的断裂［见图 2-2-11（b）］或拱胀等破坏。

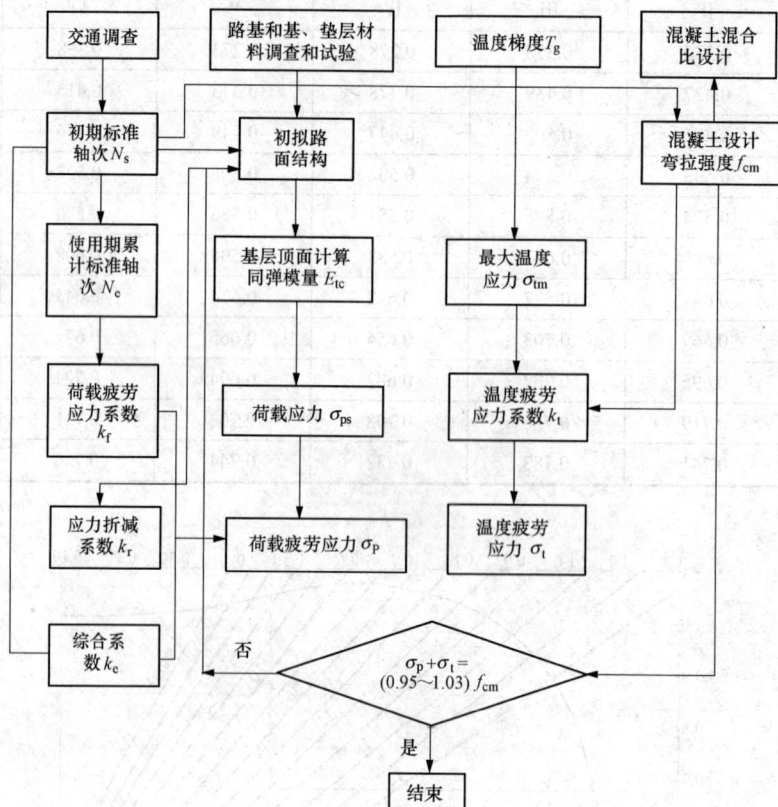

图 2-2-10 混凝土面板设计过程框图

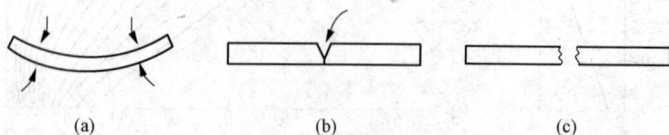

图 2-2-11 混凝土由于温度坡差引起的变形

（a）角隅翘起；（b）断裂；（c）温度均匀下降板的开裂

由图 2-2-11 可知，由于翘曲而引起的裂缝，在裂缝发生后被侵害的两块板体尚不致完全分离，倘若板体温度均匀下降引起收缩，则会使两块板体被拉开，如图 2-2-11（c）所示，从而失去荷载传递作用。

为避免这些缺陷，混凝土路面不得不在纵横两个方向建造许多接缝，把整个路面分割成为许多板块，如图 2-2-12 所示。

横向接缝是垂直于行车方向的接缝，共有三种：缩缝、胀缝和施工缝。缩缝保证板因温度和湿度的降低而收缩时沿该薄弱断面缩裂，从而避免产生不规则的裂缝。胀缝保证板在温度升高时能部分伸张，从而避免产生路面板在热天的拱胀和折断破坏，同时胀缝也能起到缩缝的作用。另外，混凝土路面每天完工及因雨天或其他原因不能继续施工时，应尽量做到胀缝处。如不可能，也应做至缩缝处，并作成施工缝的构造形式。

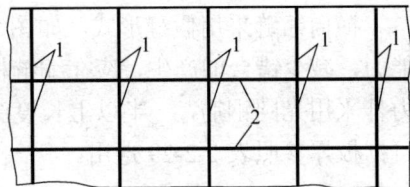

图 2-2-12 板的分块与接缝

1—横缝；2—纵缝

在任何形式的接缝处板体都不可能是连续的，其传递荷载的能力总不如非接缝处。而且任何形式的接缝都不免要漏水。因此，对各种形式的接缝，都必须为其提供相应的传荷与防水的设施。

（一）纵缝

纵缝是指平行于道路中线的接缝。包括沿施工纵向分仓边缘的施工缝和设在两条纵向施工缝间的纵向缩缝，其构造见图 2-2-13。

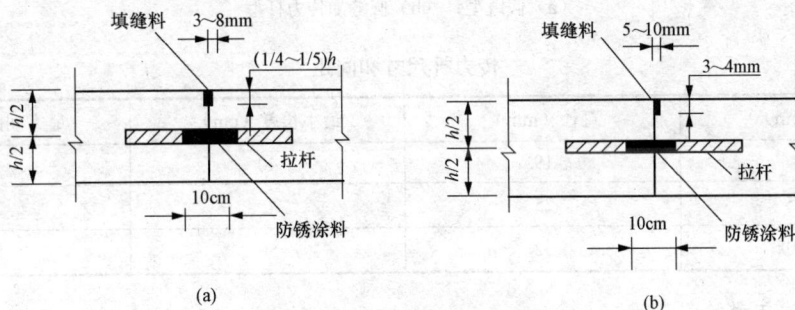

图 2-2-13 纵缝构造

（a）纵向缩缝构造；（b）纵向施工缝构造

一次铺筑宽度大于 4.5m 时，应设置纵向缩缝。纵向缩缝采用假缝，并应设置拉杆，如图 2-2-13（a）所示。一次铺筑宽度小于路面宽度时，应设置纵向施工缝，形式上采用平缝，并应设置拉杆，如图 2-2-13（b）所示。

拉杆主要起拉紧相邻板块不让它们分离的作用，一般选用螺纹钢筋，设在板厚中央，其直径、长度和间距可根据板厚与板宽，参照表 2-2-28 选用。

表 2-2-28 拉杆的间距、直径和长度

板宽 B（m）	最大间距（mm）	板厚 h（cm）	直径（mm）	最小长度（cm）
3.00	90	21~25	14	70
3.50	80	21~25	14	70
3.75	70	21~25	14	70
4.50	60	21~25	14	70

（二）横缝

横缝是垂直于道路中线的接缝，包括缩缝、胀缝和施工缝。

1. 横向缩缝

设置横向缩缝的目的是减小收缩应力和温度翘曲应力。横向缩缝间距即为板长，一般采用等间距布置，相邻板的横缝应对齐。

　　横向缩缝采用假缝形式，如图 2-2-14（a）所示。在交通繁重的道路上，为提高接缝传荷能力，减少错台的产生，应在缩缝板厚中央处设置滑动式传力杆，如图 2-2-14（b）所示。传力杆采用光圆钢筋，一半以上长度涂以沥青或套上塑料套。传力杆的长度、直径及横向间距，可据板厚参照表 2-2-29 选用。

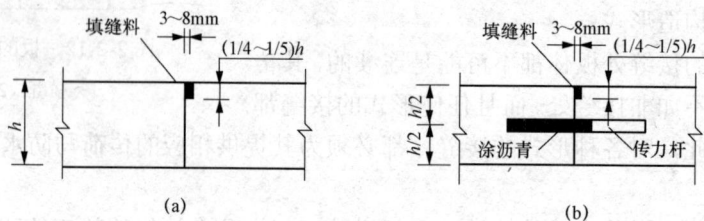

图 2-2-14　横向缩缝构造

（a）假缝型；（b）假缝加传力杆型

表 2-2-29　　　　　　　　　　　传力杆尺寸和间距

板厚 h（cm）	直径（mm）	最小长度（cm）	最大间距（cm）
<20	19	40	30
21～25	25	45	30
26～30	32	50	30

2. 横向施工缝

　　因施工需要而中断混凝土浇筑时，应设置横向施工缝。一般采用加传力杆的平缝形式，如图 2-2-14（b）所示。传力杆的设置要求与缩缝内的相同，施工缝宜设在缩缝位置处。

3. 胀缝

　　设置胀缝的目的是为混凝土面层的膨胀提供伸长的余地，以避免产生过大的热压应力。

　　除在夏季高温时施工且混凝土板厚超过 20cm 时可不设胀缝外，其他季节施工或采用膨胀性大的骨料时需设胀缝，其间距为 100～200m。邻近桥梁或其他固定结构物处、与沥青路面相接处、小半径曲线和纵坡变换处、与水泥混凝土路面相交处，以及路面板厚度变化处，均应设置胀缝。邻近结构物或与沥青路面相接时，在混凝土路面端部的两条或三条横缝均应设为胀缝。

　　隧道内的路面受温差影响较小，可不设胀缝，但在隧道洞口附近应予设置。

　　胀缝采用平缝形式，缝宽 2～2.5cm，并在胀缝处板厚中央设置滑动传力杆，以提供传荷能力，如图 2-2-15 所示。传力杆用光面钢筋，杆长一半加 5cm 范围涂以沥青，涂沥青的一端

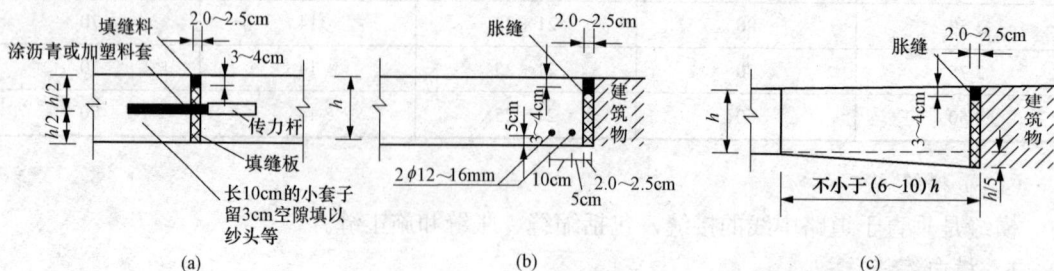

图 2-2-15　胀缝构造

（a）传力杆（滑动）型；（b）边缘钢筋型；（c）厚边型

端头套铁皮或塑料套筒，内留空隙（填以弹性材料），使板伸长时传力杆能位移。传力杆的尺寸和布置与缩缝的相同。与结构物交接处的胀缝无法设传力杆，可采用在板厚 6～10 倍范围内加厚边部（约 1/5 板厚）的措施，或采用加边缘钢筋。

（三）接缝材料

接缝槽口超过 3mm 时，均需加以填封，填封材料有填缝料和填缝板。

填缝料应富有弹性、可压缩性大、不透水、耐疲劳，并能同混凝土表面黏附牢。常用的填缝料有沥青玛碲脂、沥青橡胶混合料、聚氯乙烯胶泥、聚氨酯及氯丁橡胶嵌缝条和沥青橡胶嵌缝条等。填缝板应选用能很好适应混凝土的膨胀收缩、施工时不易变形、耐久性良好的材料，如油浸或沥青浸制的软木板、木丝或甘蔗板等。

第五节 路 面 施 工

一、对路面工程的基本要求

在路面施工中，按照"路基稳定，基层坚实，面层耐用"的综合施工思想进行施工。对路面工程总的要求是能够承载，不宜变形，不得破坏，利于行车。对路面的具体要求如下。

1. 路面结构高强、稳定、坚实且耐久

路面强度广义上讲应有各层强度和整体强度之分。归纳目前国内外表达路面整体强度的方法主要有两种：一种是一定变形下的荷载（如国外的 CBR）；另一种是一定荷载下的变形（如我国的回弹弯沉）。

路面结构稳定性可直接理解为路面强度降低的幅度不能太大或不超过允许范围。由于路面直接暴露在大气层中，自然界有水圈和水循环，路面稳定性受自然因素影响较大。大量试验证明：路面材料随温度和湿度变化而发生材料和结构的体积、几何性质、物理性质变化，即随温度升降和湿度变化而发生胀缩致使强度和刚度大幅度下降。理论研究表明：由于路面吸收太阳辐射导致路表温度高于气温，但路表温度变化与气温变化同步，尤其是沥青路面吸热量高，温度增幅高于水泥路面。而气温的周期性变化导致不同时期不同路面材料和结构的胀缩不同，当受到的约束不能释放时，就产生温度应力和湿度应力，往往引起路面的早期破坏，这些因素使得施工复杂化。目前，对路面水温稳定性评判是模拟自然因素作用做强度对比试验，如水泥稳定土或石灰稳定土基层的冻融循环试验等。

2. 路面表面平整、抗滑性好且耐磨

高速、安全、舒适行车的要求，提出了路面表面平整、抗滑和耐磨性能指标。抗滑性目前用构造深度和专门的抗滑试验测定。平整度使用 3m 直尺或平整度测定仪测定。路面的抗滑性一般是通过选择面层材料的质量和规格来控制；耐久性一般是采用一些新型结构等，如沥青路面采用的 SMA 等路面或改性路面结构，并通过混合料的车辙试验来控制。

3. 正确的施工程序与工艺措施

施工中，通常有针对表观、外形和尺寸的控制和内在质量控制两个核心环节。因此要严格按照"七十二字"方针，合理组织工、料、机，科学安排各工序，严格控制原材料，正确把握各工艺，即施工准备充分、施工组织合理、工程定位正确、施工尺寸准确、各部标高合适、工程用料合格、施工程序得当、施工工艺精湛、质量检查及时、确保施工安全、保护景观环境、合同承诺有效。

二、沥青路面施工技术

1. 沥青路面施工一般要求

（1）原材料进厂要求。厂拌沥青混凝土所用原料及施工配合比必须经过试验合格方可使用。外购原材料必须有生产厂家出具的合格证、试验报告和批量进料单，在工地施工方试验室、驻地监理试验室和第三方甲级试验室同时抽样检验，三方试验结果吻合并具有见证试验报告为合格的材料方可使用。

（2）施工阶段要求。

1）施工测量。施工前及时进行工作面高程、横坡等测量，按设计给定的面层高程、厚度、横坡等指标进行测量，根据测量结果打桩挂基准线，每10m 钉一个桩，事先确定不同横坡段及渐变段，小弯道及超高部位每 5m 钉一个桩。拟定施工质量控制措施，并经测量专业工程师确认。

2）工作面清理。在对路肩破损混凝土方砖处理完毕后，必须对工作面进行清理，达到工作面干净无杂物的要求。

3）交通导改与封闭。工作面清理完毕后必须断绝交通，除运料车辆外，完全封闭。然后组织专门人员对需要做局部处理的地方进行处理。

4）透层油喷洒。摊铺前对已验收的基层进行清扫，清除杂物后开始喷洒透油层，油量为 $1.0kg/m^2$，在透油层上撒铺 $3m^3/1000m^2$ 的石屑小料，进行滚动轮压，封闭交通 48h，开始沥青混凝土摊铺。施工人员到位、分工明确、组织管理系统健全有效。

5）机械的调配。摊铺机要求性能先进，全部操作计算机化、自动化，能自动找平及双侧通过传感器，可通过外面的基准线测出纵、横坡度。摊铺机数量至少要二用一备，施工中底层及基层的施工建议采用多台同型号同机型摊铺机成梯队联合作业，相邻两摊铺机的距离应为 10m 左右，全宽一次完成，完全消灭纵向冷接缝，减少横缝，保证路面的平整度。混合料生产供应必须有保障，并能满足施工进度要求。

6）混合料运输。可使用载重一般为 20t 左右的自卸汽车运输，每车必备有苫布。运输车辆要保证施工现场有运料车等候卸料，供料连续，车辆型号尽量统一。车厢应涂上适量的防粘剂。经外观和温度检验合格后方可运往摊铺现场。

7）卸料的监管。卸料必须由专人指挥，混合料卸料揭开苫布前经监理现场外观和温度检验合格后方可进行摊铺。卸料车应缓慢倒车向摊铺机靠近，停在距摊铺机 0.3～0.5m 处，有摊铺机前行与之接触，两机接触后即可卸料，卸料车挂空挡，由摊铺机推动向前行驶，直至卸料完毕离去。每车料从生产到卸料时间应控制在 8h 内。

8）混合料的摊铺。在进行大面积正式铺筑前，一般要选择长度不小于 200m 且与铺筑路段条件相同的或相近的路段进行试验段施工，目的是检验施工组织、施工工艺、机械设备与组合是否适宜，同时通过试验路段的铺筑确定摊铺系数、摊铺与碾压温度及碾压遍数等施工参数，以及验证沥青混凝土配合比质量。

a. 试验路段摊铺。摊铺试验路段工作开始时，摊铺机处于冷状态，自动控制部分不十分正常，而起步时计算机控制的调整也需要一些时间和距离，在这段调整距离内测量人员要每 5m 测量纵向及左右两点的高差，以掌握横坡或高程是否符合要求，一般需要调试 2～3 次，当摊铺机进入正常工作后，每 10m 测一次纵、横断面的高程，以便控制纵、横坡度与设计相符。

当采用两台摊铺机联合作业时，相邻距离为 10m 左右，必须考虑加宽段的施工工艺，当两台摊铺宽度不能满足时，用备用的摊铺机进行加宽段铺筑，避免人工摊铺造成纵向接缝。为进一步保证质量，摊铺机走基准线，基准线测放好后，摊铺机就位，进行预热调试，摊铺机起步 10m 以内人工细致找补及调整。摊铺厚度为设计厚度乘以松铺系数，此数据来源于试验路段。在摊铺过程中监理人员要上、下午对现场取样的沥青混合料做一组试验，测出混合料的稳定值、流值和筛分情况，以便发现问题及时调整。对雨淋料、花料、糊料一律不准上机。摊铺速度要保持恒速、连续，不应时快时慢，无特殊情况不得中途停止，一般控制在 2～4m/min，根据混合料供应情况和摊铺机数量及配合情况，适当进行调整。摊铺温度不低于160℃。摊铺环境当地面温度低于 15℃ 时，不宜摊铺，雨天及雨后地面有水或潮湿时及预报降水概率大于 60% 时，不得进行铺筑。

b. 试验路段碾压。碾压压路机选用振动压路机及钢轮静力压路机。碾压一般分为三个阶段，即初压、复压和终压。碾压时，专业工程师必须测试摊铺后的油面温度，标出初压、复压、终压施工段，可以插小旗方式控制，前方以跨越小旗半个压路机身为控制线，后方以重叠 5～8m 为原则，以便控制碾压合理、全面、均匀。压路机应在每天正式开工前加水、加油并调试好，防止粘轮可以采用清水加洗衣粉调成的混合液进行喷涂，水量不宜过大，以不粘轮为原则。压路机在当天铺筑油面上应保持行走状态，施工过程中加水、加油及调整，应在终压完毕的油面上进行，严禁油温高时停机造成凹陷而影响平整度，严禁在未成活的油面上转弯或错轮。压路机停机和起步时应保证慢起步、慢停机，尽量减少摊铺机暂停次数。无论是初压、复压、终压，碾压的基本原则为在直线段和未设超高的曲线段，由外侧纵向平行于路中心线逐步向路内侧碾压；在超高曲线段则由低向高，先轻后重。第一遍碾压在边缘处应预留 20cm 边不压，待第二遍碾压时将其压实，以防产生推移和纵裂。初压选用 8～10t 的中轻静力钢轮压路机，紧随摊铺机后进行，碾压速度宜与摊铺速度相近，一般在 1.5～2km/h，碾压遍数 1～2 遍。也可选用振动压路机在停振或微振状态下进行碾压。复压选用 12t 以上的振动压路机或 12～15t 的静力三轮压路机，紧随初压后进行，碾压温度不宜低于 150℃。碾压速度宜控制在 2.5～4km/h。碾压遍数一般在 2～3 遍。终压以消除复压留下的轮迹为主，采用静力钢轮和停振的振动压路机碾压，碾压温度控制在 120℃以上，碾速为 4～5km/h，碾压遍数一般在 1～2 遍。

c. 试验路段接缝。接缝设置原则为力求将接缝数量减到最少，必须设缝时应尽量采用热接缝。纵缝宜采用热接缝。两台或多台摊铺机平行作业，后一摊铺带侧需留有 20～30cm 暂不压，留到后一摊铺带一起压。

横缝大多为冷接缝，采用垂直端面平接缝，设缝方法建议用挡木法或切缝法。端面处理时，在下次摊铺前端面涂刷适量粘接沥青。横缝碾压应采用双轮或三轮钢轮压路机先横向跨缝碾压，第一遍碾轮大部压在已完的路面上，只有 6～15cm 压在新铺的一侧，以后每压一遍向新铺的一侧延伸 15～20cm，直至全部碾轮压在新铺的一侧，然后改为纵向碾压，直至到达要求的密实度为止。同时对每道横缝应用 3m 直尺检查平整度。相邻上、下两层横缝的位置应错开 1m 以上。

沥青混凝土路面摊铺、碾压完毕，要达到平整密实，无泛油、松散、裂缝，平整度、密实度、厚度、宽度均应符合规范要求和设计要求。

9）初期保护。铺筑层在碾压完毕尚未冷却到 50℃ 以下前应暂不开放交通；包括通行车辆，特别是轴重大或施工时间在气温高的夏季尤为重要，如必须提前开放交通，需洒水冷却强降温。在交通开放前，应禁止重型施工机械特别是重型压路机停放。在开放交通初期，应禁止车辆急刹车和急转弯。

10）新旧路面接茬施工要求。当道路施工有新旧路接茬时，为避免由于路基的不均匀沉降致使路面开裂，建议采取如下控制措施：将新旧石灰粉煤灰碎石结构的接缝作成台阶状，并在接缝处的石灰粉煤灰碎石顶面上铺土工格栅，摊铺底层油时，将油面接缝和石灰粉煤灰碎石接缝错开 1~2m。

2. 沥青贯入式路面施工

（1）施工准备。沥青贯入式路面施工前，基层必须清扫干净。当需要安装路缘石时，应在路缘石安装完成后施工。路缘石应予遮盖。乳化沥青贯入式路面必须浇洒透层或黏层沥青。沥青贯入时路面厚度小于或等于 5cm 时，也应浇洒透层或黏层沥青。

（2）施工方法。沥青贯入式路面施工步骤如下：

1）摊铺主层集料。采用随时摊铺机、平地机或人工摊铺主层集料（铺筑后严禁车辆通行）。撒布后应采用 6~8t 的轻型钢筒式压路机自两侧向中心碾压，碾压速度宜为 2km/h，每次轮迹重叠约 30cm，碾压一遍后检验路拱和纵向坡度，当不符合要求时，应调整找平后再压。然后用重型的钢轮压路机碾压，每次轮迹重叠 1/2 左右，宜碾压 4~6 遍直至主层集料嵌挤稳定，无显著轮迹为止。

2）浇洒第一层沥青。采用乳化沥青贯入时，为防止乳液下漏过多，可在主层集料碾压稳定后，先撒布一部分上一层嵌缝料，再浇主层沥青。

3）撒布第一层嵌缝料。采用集料撒布机或人工撒布第一层嵌缝料。撒布后尽量扫匀，不足处应找补。当使用乳化沥青时，石料撒布必须在乳液破乳前完成。

4）第一次碾压。用 8~12t 钢筒式压路机碾压嵌缝，轮迹重叠轮宽的 1/2 左右，宜碾压 4~6 遍，直至稳定为止。碾压时随压随扫，使嵌缝料均匀嵌入。因气温较高使碾压过程中发生较大推移现象时，应立即停止碾压，待气温稍低时再继续碾压。

5）循环洒、撒、压。按上述方法浇撒第二层沥青、撒布第二层嵌缝料，然后碾压，再浇洒第三层沥青。

6）撒布封层料。按撒布嵌缝料方法与撒布封层料相同。

7）做最后碾压。采用 6~8t 压路机做最后碾压，宜碾压 2~4 遍，然后开放交通。

8）做初期养护。沥青贯入式路面开放交通后应按规范要求控制交通，作初期养护。

铺筑上拌下贯式路面时，贯入层不撒布封层料，拌和层应紧跟贯入层施工，使上下成为一体。贯入部分采用乳化沥青时应待其破乳、水分蒸发且成型稳定后方可铺筑拌和层，当拌和层与贯入部分不能连续施工，且要在短期内通行施工车辆时，贯入层部分的第二遍嵌缝料应增加用量 2~3m³/1000m²，在摊铺拌和层沥青混合料前，应做补充碾压，并浇洒黏层沥青。

3. 热拌沥青混合料路面施工

（1）施工准备。

1）基层或下卧层质量检查。沥青面层施工前应对基层进行检查，基层质量不符合要求的不得铺筑沥青面层。以旧沥青路面做基层时，应根据旧路面质量，确定对原有补、铣刨处理、加铺罩面层。旧沥青路面的整平应按高程控制铺筑，分层整平的一层最大厚度不宜超过 100mm。以旧的水泥混凝土路面做基层加铺沥青面层时，应根据旧路面质量，确定处置工艺，确认能满足基层要求后方能加铺沥青层。旧路面处理后必须彻底清除浮灰，根据需要做适当的铣刨处理，洒布黏油层，再铺筑新的结构层。

新建沥青路面的基层按结构组合设计要求，选用沥青稳定碎石路面、沥青贯入式路面、级配碎石路面、级配砂砾等柔性基层，水泥稳定土或粒料、石灰与粉煤灰稳定土或粒料的半刚性基层；碾压时水泥混凝土、贫混凝土等刚性基层，以及上部使用柔性基层，下部使用半刚性基层的混合式基层。半刚性基层沥青路面的基层与沥青层宜在同一年内施工，以减少路面开裂。

2）沥青与混合料施工温度控制。石油沥青加工及沥青混合料施工温度应根据沥青强度等级及黏度、气候条件、铺装层的厚度确定。普通沥青结合料的施工温度宜通过在135℃及175℃条件下测定的黏度-温度曲线按表2-2-30的规定确定。缺乏黏度曲线数据时，可参照表2-2-31的范围选择，并根据实际情况确定使用高值或低值。当表2-2-31中温度不符合实际情况时，允许做适当调整。

表 2-2-30　　　　　　　　　　确定沥青混合料拌和压实的适宜温度

黏度		适宜于拌和的沥青结合料黏度		适宜于压实的沥青结合料黏度		测定方法
表观黏度		（0.17±0.02）Pa·s		（0.28±0.03）Pa·s		T 0625
运动黏度		（170±20）mm²/s		（170±20）mm²/s		T 0619
赛波特黏度		（85±10）s		（85±10）s		T 0623

施工工序		石油沥青的强度等级			
		50 号	70 号	90 号	110 号
沥青加热温度（℃）		160~170	155~165	150~160	145~155
矿料加热温度（℃）	间隙式拌和机	集料加热温度比沥青温度高10~30℃			
	连续式拌和机	矿料加热温度比沥青温度高5~10℃			
沥青混合料出料温度（℃）		150~170	145~165	140~160	135~155
混合料储料仓储存温度（℃）		储料过程中温度降低不超过10℃			
混合料废弃温度（℃）>		200	195	190	185
运输到现场温度（℃）≥		150	145	140	135
混合料摊铺温度（℃）≥	正常施工	140	135	130	125
	低温施工	160	150	140	135
开始碾压的混合料内部温度（℃）≥	正常施工	135	130	125	120
	低温施工	150	145	135	130
碾压终了的表面温度（℃）≥	钢轮压路机	80	70	65	60
	轮胎压路机	85	80	75	70
	振动压路机	75	70	60	55
开放交通的路表面温度不高于		50	50	50	45

聚合物改性沥青混合料的施工温度根据实践经验并参照表2-2-31选择。通常宜比普通沥青混合料的施工温度提高10~20℃。对采用冷态乳胶直接喷入法制作的改性沥青混合料，集料烘干温度应进一步提高。

SMA混合料的施工温度应视纤维品种和数量、矿粉用量的不同，在改性沥青混合料的基础上做适当提高。

表 2-2-31　　　　　　　　聚合物改性沥青混合料的正常施工温度范围　　　　　　　　　℃

工序	聚合物改性沥青品种		
	SBS 类	SBR 胶乳类	EVA、PE 类
沥青加热温度	160～165		
改性沥青现场制作温度	165～170	—	165～170
成品改性沥青加热温度≤	175		175
集料加热温度	190～220	200～210	185～195
改性沥青 SMA 混合料出厂温度	170～185	160～180	165～180
混合料最高温度（废弃温度）	195		
混合料储存温度	拌和出料后降低不超过 10		
摊铺温度≥	160		
初压开始温度≥	150		
碾压终了的表面温度≥	90		
开放交通时的路表温度≤	50		

（2）施工程序与主要工艺。

1）整修下承层。沥青路面的下层必须平整、坚实，其外形和质量符合要求，对宽度、厚度、平整度、标高、尺寸做全面测量，并再次测定压实度，在 CBR 和弯沉值均符合规范要求的前提下才可修筑。

2）基准线铺设。基准线是摊铺机标高控制和安置纵坡传感器的依据，必须准确设定。一般采用直径为 2～2.5mm 的弹簧钢丝，用间距为 5～10m 的立杆固定。每段长度以 200m 为宜，测量放出并严格控制标高。标桩数量视坡度变化而定。敷设基准线时，将其一端固定，另一端通过弹簧秤紧连于张紧器上。有时基准线的两头都装有弹簧秤和张紧器，便于张力的调整。敷设的基准线除了应按规定的纵坡保证各支点都处于正确的标高位置外，还要注意其正向走向的正确性，最好使每根立杆与路中线的距离相等，这样就兼做导向线。

3）自动调平装置与熨平板。摊铺机应有足够的容量，并可调整宽度，能够调节和控制摊铺厚度，并能对摊铺层进行初步压实。摊铺机中最重要的工作装置为自动找平的熨平板单元，用于对螺旋摊铺器所摊铺的沥青混合料进行预压、整形和整平，以便为随后的压路机压实创造条件。熨平板前沥青混合料是松散的，但熨平板后的沥青混合料已稍加压实。在摊铺机就位并调整完毕后，在开始施工之前或临时停工再工作时，应做好摊铺机和熨平板的预热保温工作，对熨平板加热的目的是减少熨平板及其附件与沥青混合料的温度差。当利用现成的基准面有较平整的下承层或路缘石，甚至坚实的边沟等，作为传感器的接触件有滑撬、平衡梁，应视所参考的基准面时，对于底层的铺筑，视原基层平整情况，可采用长短不一的平均直梁或带小脚或小滚轮的平衡梁。以铺好的路面作基准大多用于摊铺纵向邻接的摊铺带，此时由于已铺路面较为平整，可采用滑撬，应置入放在路边缘 30～40cm 处较为可靠，因为冷接茬的基准是碾压后的路面，而路边缘可能因碾压有所变形。如果是热接茬施工，小滑撬可放置在未碾压路面的边缘处。

4）安装纵向传感器并检查调整。

5）拌制混合料。沥青混合料必须在沥青拌和厂采用拌和机械（间歇式拌和机或连续式拌和机）拌制，集料与沥青混合料取样应符合现行试验规程要求；生产温度应符合要求；拌和时间根据具体情况经试拌确定，以沥青均匀裹覆集料为度；对于间隙式拌和宜备有保温性能好的成品储料仓，储存过程中混合料降温不得大于 10℃，改性沥青储存时间不宜超过 24h，普通沥青储存时间不宜超过 71h，SMA 混合料只限当天使用，开级配沥青磨耗层（Open Graded Asphalt Fric-tion Course，OGFC）混合料宜随拌随用；生产添加纤维料的混合料，添加剂必须充分分散拌和均匀；沥青混合料出厂时应逐车检测沥青混合料的质量和温度，记录出场时间，签发运料单。

6）混合料的运输。热拌沥青混合料宜采用较大吨位的运料车运输，但不得超载、急刹车、急转弯、掉头使透层、封层造成损伤。摊铺过程中运料车应在摊铺机前 100～300mm 处停住，空挡等候，由摊铺机推动前进开始缓缓卸料，避免撞击摊铺机。SMA 及 OGFC 混合料在运输、等候过程中，如发现有滴漏，应采取措施避免。

7）混合料的摊铺。热拌沥青混合料应采用沥青摊铺机摊铺，在喷洒有黏层的路面上铺筑改性沥青混合料或 SMA 时，宜使用履带式摊铺机。在路面狭窄部分、平曲线半径过小的匝道或加宽部分，以及小规模工程不能采用摊铺机铺筑时可用人工摊铺混合料。

8）沥青路面的压实成型。

a. 碾压的技术要求。压实成型的沥青路面应符合压实度及平整度要求。沥青混凝土的压实层最大厚度不宜大于 100mm，沥青稳定碎石混合料的压实层厚度不宜大于 120mm，但当采用大功率压路机且经试验证明能达到压实度时允许增大到 150mm。沥青路面施工应配备足够的压路机，选择合理的压路机组合方式及初压、复压、终压的碾压步骤，以达到最佳效果。压路机应以慢而均匀的速度碾压，碾压路线及方向不应突然改变而导致混合料推移。碾压区长度应大致稳定，两端的折返位置应随摊铺机前进而推进，横向不得在相同断面上。

b. 沥青混合料初压。通常宜采用钢轮压路机静压 1～2 遍。碾压时应将压路机的驱动轮面向摊铺机，从外侧向中心碾压，在超高路段则由低向高碾压，在坡道上应将驱动轮从低处向高处碾压。初压后应检查平整度、路拱，有严重缺陷时进行修整乃至返工。

c. 沥青混合料的复压。复压紧随初压，且不得随意停顿。碾压段的总长度应尽量缩短，通常不超过 60～80m。采用三轮钢筒式压路机时，总质量不宜小于 12t，相邻碾压带宜重叠后轮的 1/2 宽度，并不应少于 200mm。采用重型轮胎压路机进行搓揉碾压，以增加密水性，总质量不宜小于 25t，相邻碾压带应重叠 1/3～1/2 的碾压轮宽度。对路面边缘、加宽及港湾式停车带等大型压路机难以碾压的部位，宜采用小型振动压路机或振动夯板作补充碾压。

d. 沥青混合料的终压。紧接在复压后进行，若复压后已无明显轮迹时可免去终压。终压可选用双轮钢筒式压路机或关闭振动的振动压路机碾压不少于 2 遍，至无明显轮迹为止。

e. SMA 路面压实要求。除沥青用量较低，经试验证明采用轮胎压路机碾压有良好的效果外，不宜采用轮胎压路机碾压，以防将沥青结合料搓揉挤压上浮，宜采用振动压路机或钢筒式压路机碾压。振动压路机应遵循"紧跟、慢压、高频、低幅"的原则，OGFC 宜采用小于 12t 的钢筒式压路机碾压。碾压不得在未碾压成型路段上转向、调头、加水或停留。在当天成型的路面上，不得停放各种机械设备或车辆，不得散落矿料、油料等杂物。

4. 冷拌沥青混合料路面施工

（1）适用范围。冷拌沥青混合料适用于三级及三级以下公路的沥青面层、二级公路的罩面层施工，以及各级公路沥青路面的基层、连接层或整平层。冷拌改性沥青混合料可用于沥青路面的坑槽冷补。冷拌沥青混合料宜采用乳化沥青或液体沥青拌制，也可采用改性乳化沥青，各种结合料类型及规格应符合规范要求。冷拌沥青混合料宜采用密级配沥青混合料，当采用半开级配的冷拌沥青碎石混合料路面时，应铺筑上封层。

（2）施工程序与施工工艺。

1）冷拌沥青混合料宜采用拌和厂机械拌和沥青摊铺机摊铺的方式。缺乏厂拌条件时也可采用现场路拌及人工摊铺方式。冷拌沥青混合料施工应注意防止混合料离析。

2）采用阳离子乳化沥青拌和时，宜先用水使集料湿润，若湿润后仍难以与乳液拌和均匀，应改用破乳速度更慢的乳液，或用浓度为 1%～3% 的氯化钙水溶液代替水润湿集料表面。

3）混合料的拌和时间应根据实际情况调节并通过试拌确定，矿料中加进乳液后的机械拌和时间不宜超过 30s，人工拌和时间不宜超过 60s。

4）已拌和好的混合料应立即运至现场进行摊铺，并在乳液破乳前结束。在拌和与摊铺过程中已破乳的混合料，应予以废弃。

5）乳化沥青冷拌混合料摊铺后宜采用 6t 左右的轻型压路机初压 1～2 遍，使混合料初步稳定，再用轮胎压路机或钢筒式压路机碾压 1～2 遍。当乳化沥青开始破乳、混合料由褐色转变成黑色时，改用 12～15t 轮胎压路机碾压，将水分挤出，复压 2～3 遍后停止，待晾晒一段时间，水分基本蒸发后继续复压至密实。当复压过程中有推移现象时停止碾压，待稳定后再碾压。当天不能完全压实时，可在较高气温状态下补充碾压。当缺乏轮胎压路机时，也可采用钢筒式压路机或较轻的振动压路机碾压。

6）乳化沥青混合料路面的上封层应在压实成型、路面水分完全蒸发后加铺。

7）乳化沥青混合料路面施工结束后宜封闭交通 2～6h，并注意做好早期养护。开放交通初期，应设专人指挥，车速不得超过 20km/h，不得刹车或掉头。

8）冷拌沥青混合料施工遇雨应立即停止铺筑，以防雨水将乳液冲走。

三、混凝土路面的施工

1. 面层混凝土材料

修筑水泥混凝土面层所用的混合料，比其他结构物所使用的混合料要有更高的要求，因为它受到动荷载的冲击、摩擦和反复弯曲作用，同时还受到温度和湿度反复变化的影响。面层混合料必须具有较高的抗弯拉强度和抗磨性、良好的耐冻性，以及尽可能低的膨胀系数和弹性模量。此外，湿混合料还应有适当的施工和易性，一般规定其坍落度为 0～30mm，工作稠度约 30s。在施工时，应力求混凝土强度满足设计要求。通常，要求面层混凝土的 28d 抗弯拉强度达到 4.0～5.0MPa，28d 抗压强度达到 30～35MPa。

混凝土混合料中的粗集料（>5mm）宜选用岩浆岩或未风化的沉积岩碎石。最好不用石灰岩碎石，因它易被磨光，导致表面过滑。碎石的强度和磨耗率应满足表 2-2-32 中所列的要求。合乎使用要求的砾石也可采用，但由于砾石混合料的强度（特别是弯拉强度）低于碎石混合料，故在使用时宜掺加占总量 1/2～1/3 以上的轧碎砾石。砾石混凝土一般用于双层式板的下层。采用连续级配的集料，混凝土的和易性和均匀性较好；采用间断级配的集料则强度较高。颗粒的最大粒径，不宜超过板厚的 1/4～1/3，对连续级配一般取为 40～50mm，对间断级配取为 60～65mm。集料中按质量计的针、片状颗粒含量不宜大于 15%，含泥量不得大于 1%，石粉含量不得大于 1.5%。此外，硫酸盐（以 SO_3 计）含量不大于 1%。

表 2-2-32　　　　　　　　　　　碎石的强度和磨耗率要求

类　型	抗压强度（MPa）不低于		磨耗机中的磨耗率（%）不大于	
	岩浆岩	沉积岩（饱水）	岩浆岩	沉积岩
单层或双层的上层	120	80	5	7～8
双层的下层	80	60	6	10

混凝土中小于 5mm 的细集料可用天然砂。要求颗粒坚硬耐磨，具有良好的级配，表面粗糙有棱角，有害杂质含量少，砂中含泥量按质量计不得大于 3%，云母含量不宜大于 2%。

面层混凝土一般使用强度等级为 425、525 或 625 的普通硅酸盐水泥，水泥混凝土中水泥用量约为 300～350kg/m³，对双层式混凝土路面的下层可用 325 号水泥，用量可降至 270kg/m³。

拌制和养生混凝土用的水，以饮用水为宜。对工业废水、污水、海水、沼泽水、酸性水（pH<4）和硫酸盐含量较多（按 SO_4 计超过水重 1%）的水，均不允许使用。混凝土的用水量为 130～170L/m³。

为保证混凝土具有足够的强度和密实度，水灰比应为 0.45～0.55。水灰比低时混凝土和易性差，可添加塑化剂或减水剂。混合料的含砂率一般为 28%～33%。

为使混凝土路面提早开放交通，可在混凝土中掺加早强剂。掺入早强剂的混凝土，能使路面在铺筑 3～5d 后，即可开放交通。

2. 施工准备

（1）选择混凝土拌和场地。根据施工路线的长短和所采用的运输工具，混凝土可集中在一个场地拌制，也可以在沿线选择几个场地，随工程进展情况迁移。拌和场地的选择首先要考虑使运送混合料的运距最短。同时拌和场地还要接近水源和电源。此外，拌和场应有足够的面积，以供堆放砂石材料和搭建水泥库房。

（2）进行材料试验和混凝土配合比设计。根据技术设计要求与当地材料供应情况，做好混凝土各组成材料的试验，进行混凝土各组成材料的配合比设计。

（3）基层的检查与整修。基层的宽度、路拱与标高、表面平整度和压实度，均应检查其是否符合要求。如有不符之处，应予整修，否则，将使面层的厚度变化过大，而增加其造价或减少其使用寿命。半刚性基层的整修时机很重要，过迟难以修整且很费工。当在旧砂石路面上铺筑混凝土路面时，所有旧路面的坑洞、松散等损坏，以及路拱横坡或宽度不符合要求之处，均应事先翻修调整压实。

混凝土摊铺前，基层表面应洒水润湿，以免混凝土底部水分被干燥的基层吸收，变得疏松以致产生细裂缝，有时也可在基层和混凝土之间铺设薄层沥青混合料或塑料薄膜。

3. 混凝土面板施工程序

混凝土面板施工程序（见图 2-2-16）包括：①安装模板；②安设传力杆；③混凝土的拌和与运送；④混凝土的摊铺和振捣；⑤接缝；⑥表面整修；⑦养生与填缝。

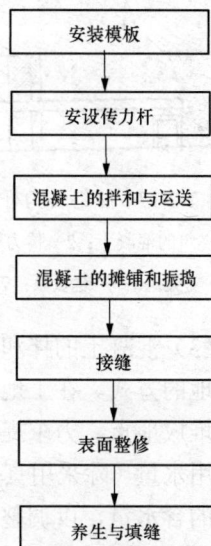

图 2-2-16　混凝土面板施工程序

（1）安装模板。安装两侧模板：在摊铺混凝土前，应先安装两侧模板。如果采用手工摊铺混凝土，则边模的作用仅在于支撑混凝土，可采用厚 4～8cm 的木模板，在弯道和交叉路缘处，应采用厚 1.5～3cm 的薄模板，以便弯成弧形。条件许可时宜用钢模，这不仅节约木材，而且保证工程质量。钢模可用厚 4～5mm 的钢板冲压制成，用厚 3～4mm 的钢板与边宽 40～50mm 的角钢或槽钢组合构成。当用机械摊铺混凝土时，必须采用钢模。

侧模按预先标定的位置安放在基层上，两侧用铁钎打入基层以固定位置。模板顶面用水准仪检查其标高，不符合时予以调整。模板的平面位置和高程控制都很重要，稍有歪斜和不平，都会反映到面层，使其边线不齐，厚度不准和表面呈波浪形。因此，施工时必须经常校验，严格控制。

模板内侧应涂刷肥皂液、废机油或其他润滑剂，以便利拆模。

（2）安设传力杆。当两侧模板安装好后，即在需要设置传力杆的胀缝或缩缝位置上安设传力杆。混凝土板连续浇筑时设置胀缝传力杆的做法，一般是在嵌缝板上预留圆孔以便传力杆穿过；嵌缝板上面设木制或铁制压缝板条；其旁再放一块胀缝模板，按传力杆位置和间距，在胀缝模板下部挖成倒 U 形槽，使传力杆由此通过。传力杆的两端固定在钢筋支架上，支架脚插入基层内，见图 2-2-17。

对于混凝土板不连续浇筑结束时设置的胀缝，宜用顶头木模固定传力杆的安装方法，即在端模板外侧增设一块定位模板，板上同样按照传力杆间距及直径钻成孔眼，将传力杆穿过端模板孔眼并直至外侧定位模板孔眼。两模板之间可用按传力杆一半长度的横木固定，见图 2-2-18。继续浇筑邻板时，拆除挡板、横木及定位模板，设置胀缝板、木制压缝板条和传力杆套管。

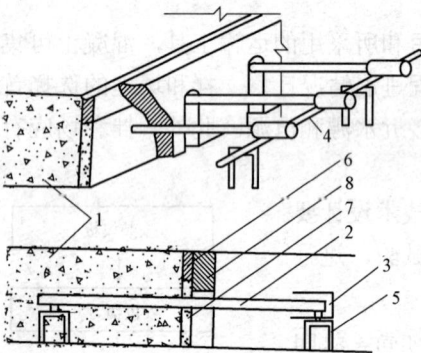

图 2-2-17　胀缝传力杆安设（钢筋支架法）
1—先浇筑的混凝土；2—传力杆；3—金属套筒；4—钢筋；
5—支架；6—压缝板条；7—嵌缝条；8—胀缝模板

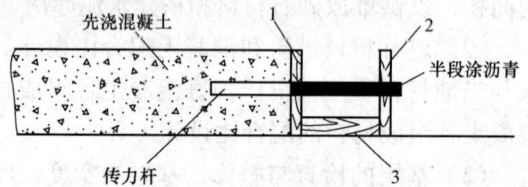

图 2-2-18　胀缝传力杆安设（顶头木模固定法）
1—端头挡板；2—外侧定位模板；3—固定横木

（3）混凝土的拌和与运送。混合料的制备常采用在工地由拌和机拌制，而后用汽车运送到工地的方式。在工地制备混合料时，应在拌和场地上，合理布置拌和机和砂石、水泥等材料的堆放地点，力求提高拌和机的生产率。拌制混凝土时，要准确掌握配合比，特别要严格控制用水量（除采用真空吸水工艺外）。每天开始拌和前，应根据天气变化情况，测定砂、石材料的含水量，以调整拌制时的实际用水量。每拌所用材料应过秤。量配的精确度对水泥为±1.5%，砂为±2%，碎石为±3%，水为±1%。每一工班应检查材料量配的精确度至少 2 次，每半天检查混合料的坍落度 2 次。拌和时间为 1.5～2.0min。

混合料用手推车、翻斗车或自卸汽车运送。合适的运距视车辆种类和混合料容许的运输时间而定。通常，夏季不宜超过 30～40min，冬季不宜超过 60～90min。高温天气运送混合料时应采取覆盖措施，以防混合料中水分蒸发。运送用的车厢必须在每天工作结束后，用水冲洗干净。

（4）摊铺和振捣。当运送混合料的车辆运达摊铺地点后，一般直接倒向安装好侧模的路槽内，并用人工找补均匀。要注意防止出现离析现象。摊铺时应考虑混凝土振捣后的沉降量，虚高可高出设计厚度约10%，使振实后的面层标高与设计相符。

混凝土混合料的振捣器具，应由平板振捣器（2.2～2.8kW）、插入式振捣器和振动梁（各1.1kW）配套作业。混凝土路面板厚在22cm以内时，一般可一次摊铺，用平板振捣器振实，凡振捣不到之处，如面板的边角部、窨井、进水口附近，以及安设钢筋的部位，可用插入式振捣器进行振实；当混凝土板厚较大时，可先插入振捣，然后再用平板振捣，以免出现蜂窝现象。

平板振捣器在同一位置停留的时间，一般为10～15s，以达到表面振出浆水，混合料不再沉落为度。平板振捣后，用带有振捣器的、底面符合路拱横坡的振动梁，两端搁在侧模上，沿摊铺方向振动拖平。拖振过程中，多余的混合料将随着振动梁的拖移而刮去，低陷处则应随时补足。随后，再用直径为75～100mm的长无缝钢管，两端放在侧模上，沿纵向滚压一遍。必须注意，当摊铺或振捣混合料时，不要碰撞模板和传力杆，以避免其移动变位。

（5）接缝。

1）胀缝。先浇筑胀缝一侧混凝土，取去胀缝模板后，再浇筑另一侧混凝土，钢筋支架浇在混凝土内不取出。压缝板条使用前应涂废机油或其他润滑油，在混凝土振捣后，先抽动一下，而后最迟在终凝前将压缝板条抽出。抽出时为确保两侧混凝土不被扰动，可用木板条压住两侧混凝土，然后轻轻抽出压缝板条，再用铁抹板将两侧混凝土抹平整。缝隙上部浇灌填缝料，留在缝隙下部的嵌缝板是用沥青浸制的软木板或油毛毡等材料制成的预制板。

2）横向缩缝。即假缝，用下列两种方法筑做。

a．切缝法。在混凝土捣实整平后，利用振动梁将T形振动刀准确地按缩缝位置振出一条槽，随后将铁制压缝板放入，并用原浆修平槽边。当混凝土收浆抹面后，再轻轻取出压缝板，并用专用抹子修整缝缘。这种做法要求谨慎操作，以免混凝土结构受到振动和接缝边缘出现不平整（错台）。

b．锯缝法。在结硬的混凝土中用锯缝机（带有金刚石或金刚砂轮锯片）锯割出要求深度的槽口。这种方法可保证缝槽质量和不扰动混凝土结构。但要掌握好锯割时间，过迟了，因混凝土过硬而使锯片磨损过大且费工，而且更主要的是可能在锯割前混凝土会出现收缩裂缝。过早了，混凝土因还未结硬，锯割时槽口边缘易产生剥落。合适的时间视气候条件而定，炎热而多风的天气，或者早晚气温有突变时，混凝土板会产生较大的湿度或温度差，使内应力过大而出现裂缝，锯缝应早在表面整修后4h即可开始。如天气较冷，一天内气温变化不大，锯割时间可晚至12h以上。

3）纵缝。筑做企口式纵缝，模板内壁作成凸榫状。拆模后，混凝土板侧面即形成凹槽。需设置拉杆时，模板在相应位置处要钻成圆孔，以便拉杆穿入。浇筑另一侧混凝土前，应先在凹槽壁上涂抹沥青。

（6）表面整修与防滑措施。混凝土终凝前必须用人工或机械抹平其表面。当用人工镘平抹光时，不仅劳动强度大、工效低，而且还会把水分、水泥和细砂带至混凝土表面，致使它比下部混凝土或砂浆有较高的干缩性和较低的强度。而采用机械抹面时可以克服以上缺点。目前国产的小型电动抹面机有两种装置：装上圆盘即可进行粗光，装上细抹叶片即可进行精光。在一般情况下，面层表面仅需粗光即可。抹面结束后，有时再用拖光带横向轻轻拖拉几次。

为保证行车安全，混凝土表面应具有粗糙抗滑的表面。最普通的做法是用棕刷顺横向在抹平后的表面上轻轻刷毛，也可用金属丝梳子梳成深 1～2mm 的横槽。近年来，国外已采用一种更有效的方法，即在已硬结的路面上，用锯槽机将路面锯割成深 5～6mm、宽 2～3mm、间距 20mm 的小横槽；也可在未结硬的混凝土表面塑压成槽，或压入坚硬的石屑来防滑。

至于防滑标准，目前各国仍无统一的规定。国际道路会议路面防滑委员会建议，新铺混凝土路面的抗滑标准是：当车速为 45km/h 时，摩擦系数的最低值为 0.45，车速为 50km/h 时，最低值为 0.40。该数值我国目前可参照使用。

（7）养生与填缝。为防止混凝土中水分蒸发过快而产生缩裂，并保证水泥水化过程的顺利进行，混凝土应及时养生。一般用下列两种养生方法：

1）湿法养生。混凝土抹面 2h 后，当表面已有相当硬度时，用手指轻压不现痕迹时即可开始养生。一般采用湿麻袋或草垫，或者用厚 20～30mm 的湿砂覆盖于混凝土表面。每天均匀洒水数次，使其保持潮湿状态，至少延续 14 天。

2）塑料薄膜养生。当混凝土表面不见浮水，用手指按压无痕迹时，即均匀喷洒塑料溶液（由轻油溶剂、过氯乙烯树脂、苯二甲酸和二丁酯分别按 88%:9%:3%的质量比配制而成），形成不透水的薄蜡黏附于表面，从而阻止混凝土中水分的蒸发，保证混凝土的水化作用。

填缝工作宜在混凝土初步结硬后及时进行。填缝前，首先将缝隙内泥砂杂物清除干净，然后浇灌填缝料。

理想填缝料应能长期保持弹性、韧性，热天缝隙缩窄时不软化挤出，冷天缝隙增宽时能胀大并不脆裂，同时还要与混凝土粘牢，防止土砂、雨水进入缝内。此外，还要耐磨、耐疲劳、不易老化。实践表明，填料不宜填满缝隙全深，最好在浇灌填料前用多孔柔性材料填塞缝底，然后再加填料，这样在夏天胀缝变窄时填料不至受挤而溢至路面。常用填缝料有下列几种：

1）聚氯乙烯类填缝料。它适宜灌注各种接缝（包括胀缝、缩缝等），有软化点与耐热度高而低温塑性较好的优点，且价格适中，施工方便。特别是 ZJ 型填缝料，由于出厂已经配制成单组分材料，因此使用更为方便。

2）沥青玛碲脂。它具有价格便宜、施工方便的优点，但低温延伸率较差，故适宜于南方地区。同时应特别加强养护修理。

3）聚氨酯填缝料。它具有较高的耐热性和较大的低温延伸性，但价格昂贵，灌注后成型较慢，适宜于严寒地区采用。

4）氯丁橡胶条。仅适用于填塞胀缝，施工较麻烦，且与路面缝壁不易粘牢靠，容易从胀缝中被吸出，加之价格较贵，故目前不常使用。

4. 冬季和夏季施工

混凝土强度的增长主要依靠水泥的水化作用。当水结冰时，水泥的水化作用即停止，而混凝土的强度也就不再增长，而且当水结冰时体积会膨胀，促使混凝土结构松散破坏。因此，混凝土路面应尽可能在气温高于 5℃时进行施工。由于特殊情况必须在低温情况下（昼夜平均气温低于 5℃和最低气温低于−3℃时）施工时应采取下述措施：

（1）采用高强度等级（425号以上）快凝水泥，或掺入早强剂，或增加水泥用量。

（2）加热水或集料。较常用的方法是仅将水加热，主要因为：①加热设备简单，水温容易控制；②水的热容量比粒料热容量大，1kg水升高1℃所吸收的热量比同样重的粒料升高1℃所吸收的热量多4倍左右，所以提高水温方法最为有效。拌制混凝土时，先用温度超过70℃的水同冷集料相拌和，使混合料在拌和时的温度不超过40℃，摊铺后的温度不低于10℃（气温为0℃时）～20℃（气温为-3℃时）。

（3）混凝土做面后，表面应覆盖蓄热保温材料，必要时还应加盖养生暖棚。在气温超过25℃时施工，应防止混凝土的温度超过30℃，以免混凝土中水分蒸发过快，致使混凝土干缩而出现裂缝，必要时可采取下列措施：

1）混合料在运输途中要加以遮盖；

2）各道工序应紧凑衔接，尽量缩短施工时间；

3）搭设临时性的遮光挡风设备，避免混凝土遭到烈日暴晒并降低吹到混凝土表面的风速，减少水分蒸发。

习 题

1．试简述刚性路面与柔性路面各自的优缺点。

2．画出刚性路面和柔性路面的结构层简图（标注出各层主要建筑材料）并分析两者不同。

3．简述混凝土路面胀缝和缩缝构造及设置目的。

4．路面的基本要求有哪些？

5．制定稳定土基层的施工方案（机拌和路拌），画程序框图。

第三篇

桥、涵、隧道工程基础

道路遇到江河湖泊或山谷深沟或海湾、海峡就需修桥。当河的流量小，洪水小且河道无通航要求，或山谷较浅且汛期洪水小时，也可修筑填方，而在填方下设置涵洞排泄洪水。

此外，当道路与道路立体交叉时，也需要修桥或在填方路基中修涵洞作为通道。

道路遇到丘陵、山岭，以往多修盘山道，绕线爬山，再绕线下山。其缺点是：增加了公路里程，增加行车时间和运营费，行车安全性降低，易出车祸，对自然环境破坏大。因此，现代的道路则修建隧道。修建隧道在施工技术上比盘山绕线要复杂困难。但从长期运营看，隧道远优于盘山绕线。

总之，修建道路，逢河（谷）架桥（或修涵洞），遇山开隧道。桥、涵、隧道是道路的组成部分。本篇将分章予以介绍。

第一章 桥 梁 工 程

第一节 桥梁的类型与构造

一、桥梁的主要类型

桥梁由承载结构（桥跨结构）、支承结构和基础组成。承载结构是直接承受行人、车辆的重量并使之通过的结构，因在桥体上部，所以又称上部结构。支承结构是支持承载结构，并将荷载传到基础的结构，因在桥体下部，所以又称下部结构。

按照桥的组成结构不同，桥梁有下列几种主要类型：

1. 梁桥

承载结构是梁而得名。支承结构是桥台（位于桥两端）与桥墩（位于桥的中部）。两个桥墩中线之间的空间称为跨。单跨桥只有两个桥台，多跨桥除了两端的桥台外，中间还有桥墩，见图 3-1-1。

梁桥外力（恒荷载和活荷载）的作用方向

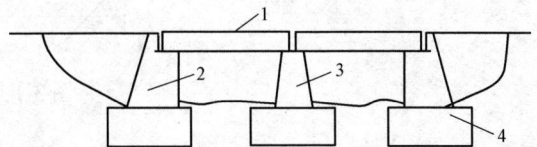

图 3-1-1 梁桥

1—梁；2—桥台；3—桥墩；4—基础

与承载结构的轴线接近垂直，梁内产生弯矩，需用抗弯能力强的材料（钢、钢筋混凝土等）建造。我国古代也有用石料修建的石梁桥。这些材料修建的梁桥，跨度不超过 25m。当跨度很大，以及承受很大荷载的特大桥梁时，可建造钢结构桁架桥或预应力混凝土梁桥。

2. 拱桥

主要承载结构是拱圈或拱肋，图 3-1-2 所示为拱桥概貌。

拱式桥在竖向荷载作用下，桥台或桥墩将承受水平推力。由于拱以受压力为主，通常用抗压强度高的石、混凝土或钢筋混凝土建造。应特别一提的是：我国的石拱桥技术在古代就很有成就，如举世闻名的河北赵县赵州桥和北京永定河上的卢沟桥。

近年来，我国拱桥设计建造水平取得了很大成就。我国建成了世界上最大跨度的石拱桥——净跨径为 146m 的山西晋城丹河大桥；世界最大跨径的钢筋混凝土拱桥——主跨 420m

的四川万县长江大桥；世界最大跨径的钢结构拱桥——主跨 552m 的重庆朝天门大桥。

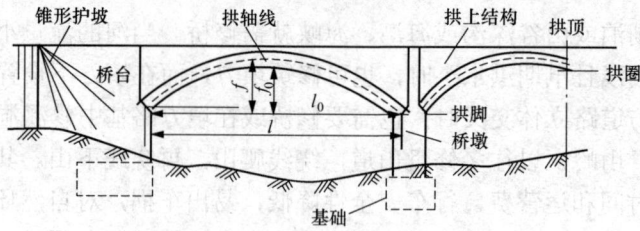

图 3-1-2 拱桥概貌

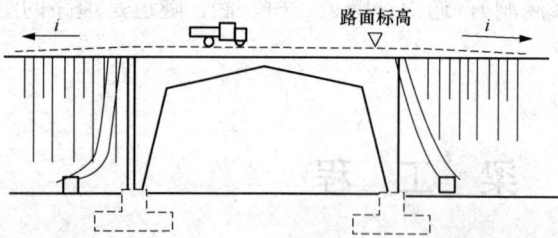

图 3-1-3 刚架桥之一例

3. 刚架桥

此类桥的主要承载结构是梁（或板）和主柱（或竖墙）整体结合在一起的刚架结构，见图 3-1-3。梁和柱连接处有很大的刚性。在竖向荷载作用下，梁主要受弯，柱脚处有水平压力，其受力状况介于梁桥与拱桥之间。

4. 悬索桥

悬索桥的支承结构是悬挂在两边塔架上的缆索，通过吊在缆索上的吊杆吊起桥的承载结构，见图 3-1-4。在竖向荷载作用下，缆索受到很大拉力，所以要在塔架的后方修筑非常巨大的锚碇结构。

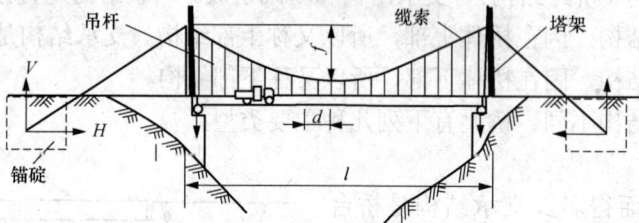

图 3-1-4 悬索桥

5. 斜拉桥

斜拉桥是由承压的塔、受拉的索与承弯的梁体组合起来的一种结构体系，见图 3-1-5。20 世纪 50 年代初，联邦德国首先修建了钢斜拉桥，梁体用拉索多点拉住，好似多跨弹性支承连续梁，使梁体内弯矩减小、降低了建筑高度；又因栓焊连接与正交异性板的箱形断面构造的应用，使结构充分利用材料的受力特性，从而减轻了结构、节省了材料。这种体系因而发展很快，各国竞相采用，最大跨径已达 1104m。预应力混凝土斜拉桥是在近 40 年中发展起来的，至今其最大跨径的结构体系已达 530m。

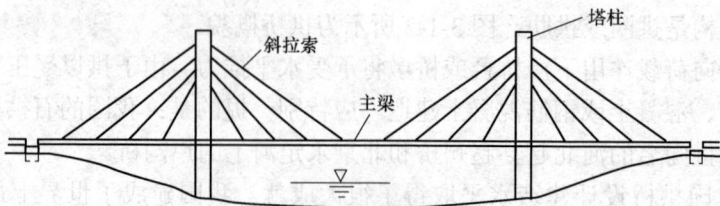

图 3-1-5 斜拉桥

6. 组合体系桥

除了以上5种桥梁的基本体系以外，根据结构的受力特点，由几种不同体系的结构组合而成的桥梁称为组合体系桥。梁拱组合是最为常见的，其中梁和拱都是主要承重结构，两者相互配合共同受力。由于吊杆将梁向上（与荷载作用的挠度方向相反）吊住，这样就显著减小了梁中的弯矩；同时由于拱与梁连接在一起，拱的水平推力就传给梁来承受，这样梁除了受弯以外尚且受拉。这种组合体系桥比一般简支梁桥能跨越更大的跨度，而对墩台没有推力作用，因此，梁拱组合体系桥对地基要求就与一般简支梁桥一样了。图 3-1-6（a）所示为钢桁梁和钢拱的组合，图 3-1-6（b）所示为钢梁与悬吊系统的组合，图 3-1-6（c）所示为钢梁与斜拉索的组合，图 3-1-6（d）所示为斜拉桥与悬索的组合。

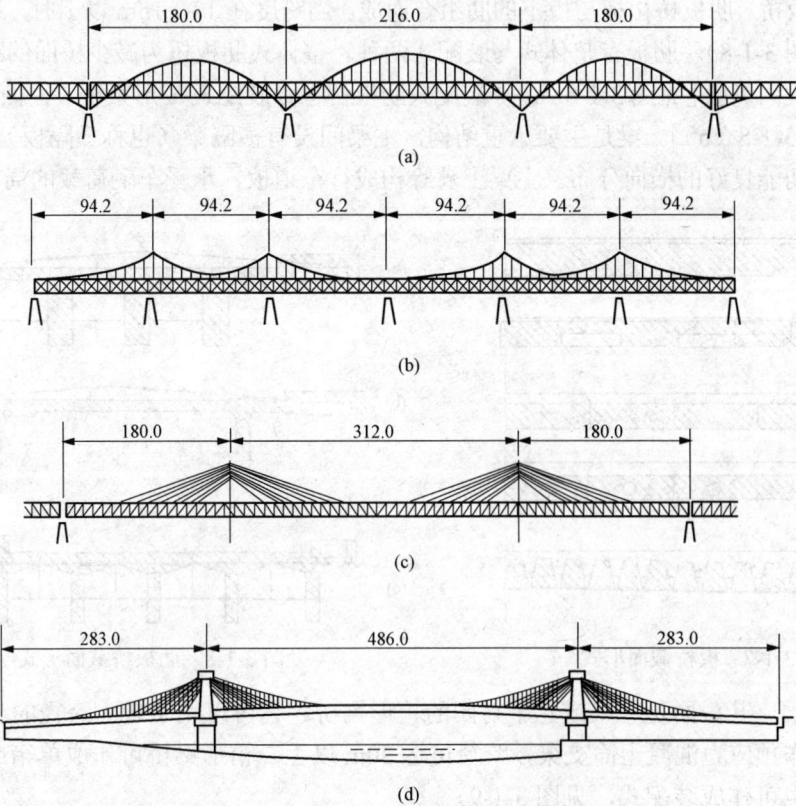

图 3-1-6　组合体系桥梁

（a）九江长江大桥；（b）丹东鸭绿江大桥；（c）芜湖长江大桥；（d）纽约布鲁克林大桥

二、混凝土梁桥

1. 钢筋混凝土与预应力混凝土梁桥

钢筋混凝土梁桥利用了钢筋的抗拉强度高和混凝土抗压性能好的优点，能工业化施工，耐久性、整体性好，适应性强。但本身结构自重大，占全部设计荷载的 30%~60%，跨度愈大自重所占的比值显著增大，这就大大限制了钢筋混凝土梁桥的跨径。装配式钢筋混凝土简支梁合理的最大跨径在 20m 左右，悬臂梁与连续梁为 60~70m。因此，对跨径大的钢筋混凝土梁桥，则应用预应力混凝土。预应力混凝土能减小构件截面，节省钢材 30%~40%。显著降低自重所占全部设计荷载的比重，增大跨越能力。预应力混凝土简支梁的跨径已达 50~

60m，悬臂梁、连续梁最大跨径已接近 250m。

2. 钢筋混凝土梁桥承载结构的截面形式

钢筋混凝土梁桥的承载结构截面形式有板、肋板和箱梁等几种。

（1）板桥。板桥可以用钢筋混凝土作成，也可以用预应力混凝土作成，有整体式和装配式两种。整体式简支梁板桥的跨径在 10m 以下，跨径不超过 8m 的多采用装配式板桥。整体式板桥截面形式主要为矩形或矮肋式，见图 3-1-7（a）、（b）。装配式板桥截面形式为矩形或空心，见图 3-1-7（c）、（d）。此外，还有装配与整体组合式截面，见图 3-1-7（e），是以小型预制构件安装后作底模，再在其上现浇混凝土结合式整体。在起重设备能力小的情况下，可采用这种方式。

（2）肋板桥。肋板桥由板与板下的肋组合而成。当跨度在 13～15m 以上时，通常采用肋板式梁桥（见图 3-1-8）。肋板有整体式与装配式两种。整体式肋板桥为减少桥面的跨径，可在两主肋之间增设内纵肋[见图 3-1-8（a）]。装配式肋板桥也称装配式 T 形梁桥，主梁间距多在 20m 以内 [见图 3-1-8（b）]。梁是主要承重结构，主梁间设有横隔梁（也称横隔板），以保证车辆荷载各主梁间能良好的横向分布。主梁上翼缘构成行车道板，承受车辆荷载的局部作用。

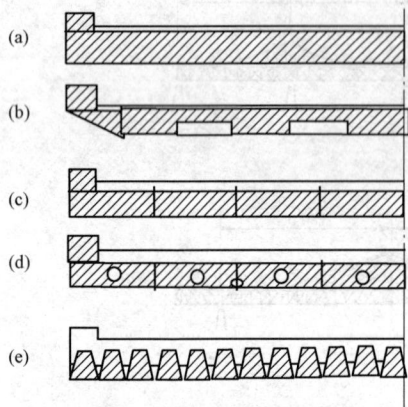

图 3-1-7 板桥截面形式

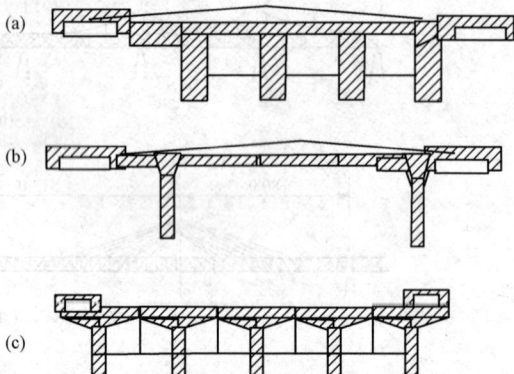

图 3-1-8 肋板桥截面形式

（3）箱梁。其截面是一个或几个封闭的箱形梁桥。它可以用于较大跨径的悬臂梁、连续梁，也可用作预应力混凝土简支梁，跨径可达 30m 以上。箱形梁桥可作成单箱或多箱，可作成整体式，也可作成装配式，见图 3-1-9。

图 3-1-9 箱形梁桥横截面形式

3. 钢筋混凝土梁桥的桥面构造

钢筋混凝土梁桥桥面部分包括桥面铺装、防水排水设备、伸缩缝、人行道和栏杆等。

（1）桥面铺装。即行车道铺装，也就是桥面保护层，保护行车道免于直接磨耗和主梁免受雨水侵蚀，并分布车轮的集中荷载。桥面铺装主要采用水泥混凝土与沥青混凝土，其厚度为 6～8cm。为使铺装层具有足够的强度和良好的整体性，一般在混凝土铺装中设 $\phi4$～6mm 的钢筋网。对中、低级公路桥梁可用沥青表面处治或泥结碎石铺装。

（2）防水排水设备。为了将透过铺装层渗过的雨水汇集到泄水管，在铺装层下边设置防水层。常用的防水层由两层油毛毡和三层沥青胶砂相间组合而成，一般厚 1～2cm。使用这种防水层，在车轮作用下，铺装层容易起壳开裂。以树脂为基料，掺水煤焦油、沥青等增塑剂制成的树脂焦油防水层，使用效果较优。

为了尽快排除桥面积水，桥面需具一定的纵横坡，当桥面纵坡大于 2%、桥长小于 50m时，可在引道两侧设置流水槽，以免雨水流入路基；当桥面纵坡大于 2%、桥长大于 50m 时，需每隔 12～15m 设置一个泄水管；当桥面纵坡小于2%时，则每隔 3～7m 设置一个泄水管。泄水管可沿行车道两侧左右对称排列，也可交错排列。泄水管距缘石的距离为 0.1～0.5m，见图 3-1-10（a）。泄水管也可布置在人行道下面，见图 3-1-10（b）。泄水管可用铸铁管，也可用钢筋混凝土管，直径为 10～15cm。

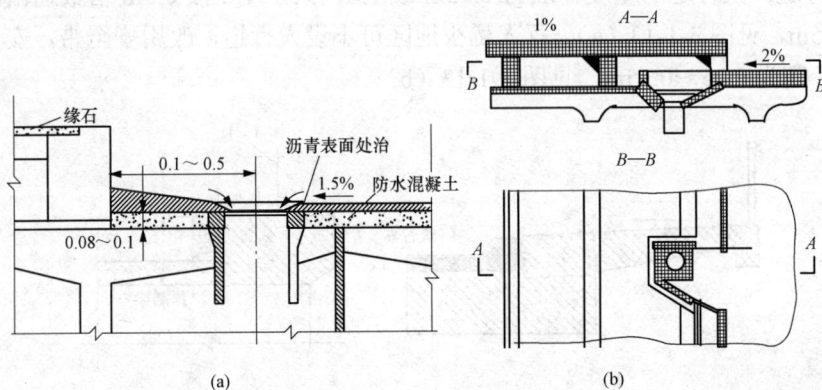

图 3-1-10　泄水管位置

（3）伸缩缝。为适应温度变化和车辆荷载引起的纵向位移，需设伸缩缝，其位置在两梁端之间、梁端与桥台之间或桥梁的铰接处。

在伸缩缝处，栏杆与桥面铺装都要断开，伸缩缝与桥面连接必须牢固，以防受车辆冲击而破坏。常用的伸缩缝材料为锌铁皮与橡皮。

锌铁皮伸缩缝，锌铁皮弯成 U 形长条，以适应伸缩缝变形。在行车道部分为两层，上锌铁皮弯曲部分开有ϕ6mm、孔距 30mm 的梅花眼，上置石棉纤维过滤器，使渗入上锌铁皮的雨水渗到下锌铁皮 U 形槽排出桥外。在人行道上 U 形锌铁皮采用单层，见图 3-1-11。

锌铁皮伸缩缝易损坏，车辆行驶常有突跳感觉。所以近来多改用橡胶伸缩缝，见图3-1-12。橡胶带用氯丁橡胶制成，具有两个

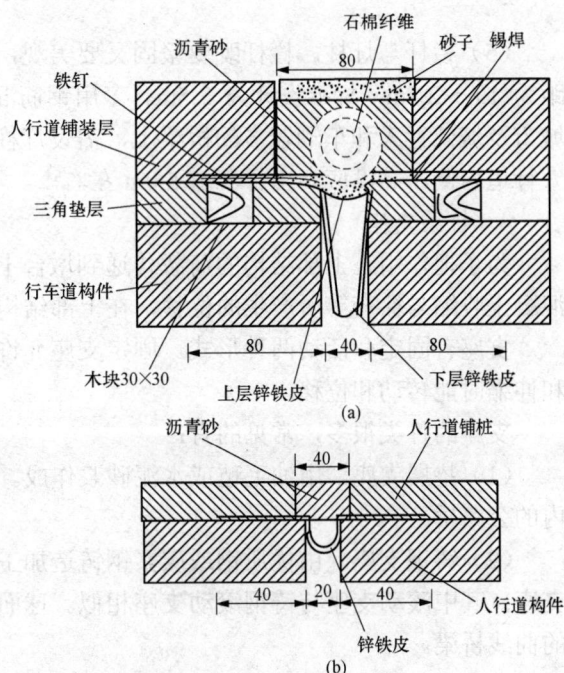

图 3-1-11　锌铁皮伸缩缝构造图（单位：mm）

或三个圆孔。在梁端预埋件上焊上角钢，涂上胶后，将橡胶带嵌入即可。

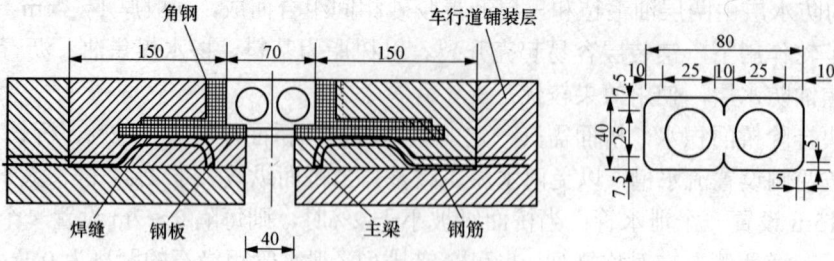

图 3-1-12　橡胶带伸缩缝

（4）人行道。人行道的宽度一般为 0.75m 或 1m，大于 1m 按 0.5m 倍数递增，高出行车道 0.25~0.35m，见图 3-1-13（a）。行人稀少地区可不设人行道，改用安全带，安全带宽度不小于 0.25m，高为 0.25~0.35m，见图 3-1-13（b）。

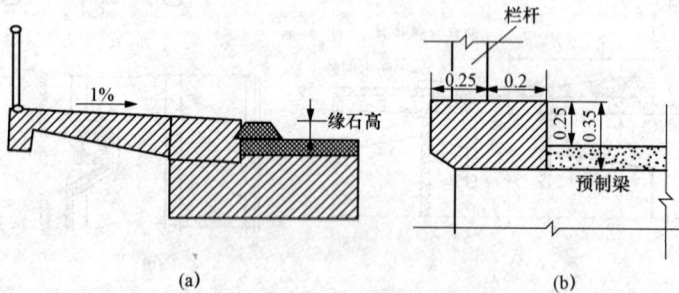

图 3-1-13　人行道与安全带

（5）栏杆与灯柱。栏杆既要坚固又要美观，高度一般为 0.8~1.2m，标准设计为 1m，间距为 1.6~2.7m，标准设计为 2.5m。多用钢筋混凝土、钢、铸铁或钢与混凝土组合而成。在城市及城郊行人和车辆较多的桥梁上，需设灯柱在桥面上照明，灯柱可利用栏杆，也可设在人行道内侧，高度应高出行车道 5.0m 左右。

4. 桥梁支座

为了把作用在上部结构的荷载传递到墩台上，并使上部结构能适应活荷载、温度变化、混凝土收缩与徐变等所产生的位移，在上部结构与墩台之间需设支座。

支座有固定和活动两种形式。固定支座允许桥梁自由转动而不能位移，活动支座在绕曲和伸缩时能转动和位移。

支座的种类很多，常见的有：

（1）垫层支座。用油毛毡或水泥砂浆作成。压实厚度不小于 10mm。用于跨径在 10m 以内的公路桥。

（2）铸钢支座。由优质钢或碳素钢铸造加工而成，常用的有固定和滚动两种。新型钢球支座：其中滚动支座与铸钢滚动支座相似。球面支座，能全向转动，用于要求能多方向转动的曲线桥梁。

（3）钢筋混凝土支座。有摆柱支座和混凝土铰支座两种。摆柱支座上锚固筋插入梁体，下锚固筋插入墩台，用于跨径大于 20m 的梁桥。混凝土铰支座是最简单的中心可转动的支座，用于大跨径的桥梁中；缺点是不能抵抗拉力，不能调整高度，转动量小，不便更换与修理。

（4）橡胶支座。板式橡胶支座由整层薄橡胶片与刚性加劲薄钢板黏结而成，每层橡胶片厚 5mm，薄钢板厚 2mm，支承反力 2940kN 左右，用于中等跨径桥梁，是一种比较理想的桥梁支座。

此外，还有一种盆式橡胶支座。橡胶置于扁平的钢盆内，盆顶用钢盖盖住。支座能承受相当大的压力，承载力 1000～2000kN。在均匀承载力的情况下，可微量转动。

5. 桥梁墩、台

桥梁墩（台）主要由墩（台）帽、墩（台）身和基础三部分组成，根据墩（台）身构造不同，墩、台大致分为重力式墩、台和轻型墩、台两大类。

（1）重力式墩、台。依据自身重量来平衡外力而保持稳定。用石料或片石混凝土砌筑。最常用的重力式桥台为重力式 U 形桥台（见图 3-1-14）。台身支承承载结构，并承受台后土压力，翼墙连接路堤；适用于填土高度为 8～10m 的中等以上跨径的桥梁。台背宜用渗水性较好的土料填筑，并做好台背排水。

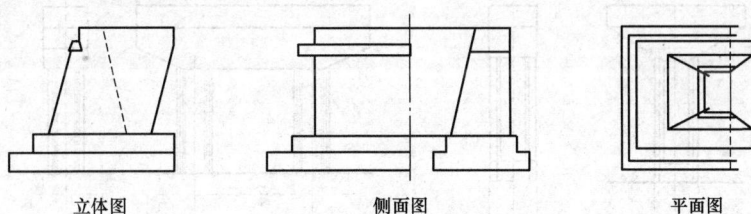

立体图　　　　　　侧面图　　　　　　平面图

图 3-1-14　重力式 U 形桥台

墩帽直接支承承载结构，厚度不小于 0.3～0.4m（大跨径桥梁取最大值），并设有 0.05～0.10m 的搭口。用 200 号混凝土浇筑并加构造筋。

（2）轻型墩台。轻型墩台为钢筋混凝土结构，有薄壁式、双柱式等。薄壁式桥台适用于软弱地基，有悬臂式、撑墙式等，见图 3-1-15。悬臂式桥台的混凝土和钢材用量较高。撑墙式的模板用量较多。双柱式桥台，见图 3-1-16，所受土压力较小，适用于地基承载力较低、台身较高、填土高度小于 5m、跨度较大的桥梁。

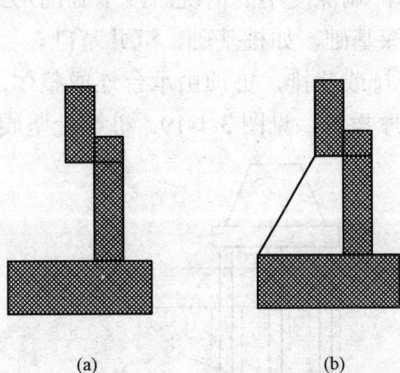

(a)　　　　　　(b)

图 3-1-15　薄壁轻型桥台

（a）悬臂式；（b）撑墙式

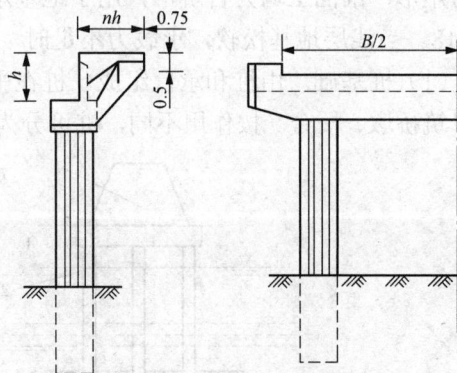

图 3-1-16　双柱式桥台

轻型桥墩有钢筋混凝土薄壁墩、柱式墩等。薄壁墩的截面形式有一字形、工字形、箱形、圆形薄壁空心，薄壁墩的高度一般不大于 7m。一字形的薄壁墩构造简单，适用于地基承载力较弱地基，图 3-1-17 所示为已建成的薄壁墩。柱式桥墩是公路桥梁中广为应用的桥墩形式。柱式桥墩由基础以上的承台、柱式墩身和盖梁组成。墩身沿桥横向由 1～4 根立柱组成，柱身是直径为 0.6～1.5m 的圆柱或方形、六角形等形式。当墩高大于 6～7m 时，可设横系梁加强柱身横向联系，图 3-1-18 所示为柱式墩。

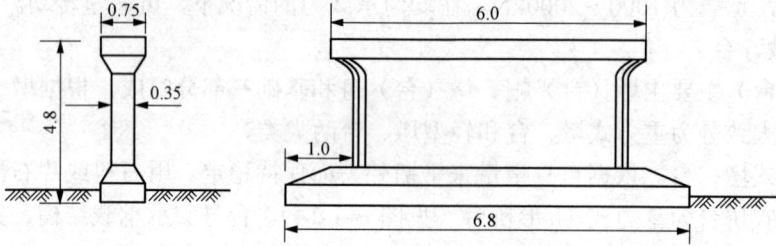

图 3-1-17 一字薄壁墩的实例

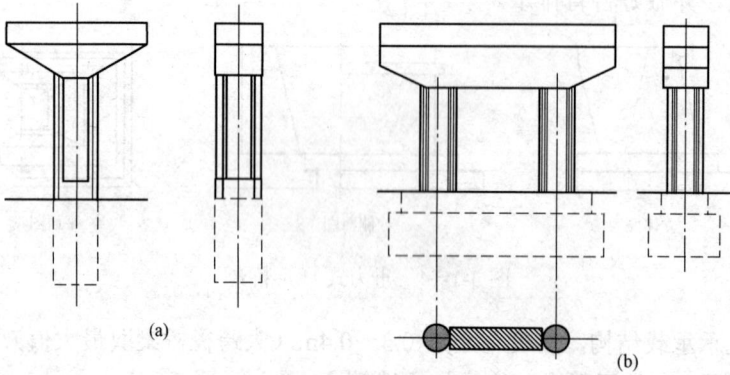

图 3-1-18 柱式墩示意图

（a）单柱式；（b）双柱式

6. 桥梁基础

桥梁基础埋深在 5m 以内为浅基础，大于 5m 为深基础。浅基础为刚性扩大基础，平面形状为矩形，剖面上均为台阶形，用于地基承载力高、冲刷深度小的情况。浅基础的形式见图 3-1-18。当浅层地基松软，承载力不足时，则需采用深基础，如桩基础、沉井基础。

（1）桩基础。由桩和承台组成。桩在平面上为一排或几排，桩顶由承台连成整体，承台上修筑桥墩、桥台。按作用不同，桩可分为支承桩与摩擦桩，见图 3-1-19。桩端处坚硬地基，

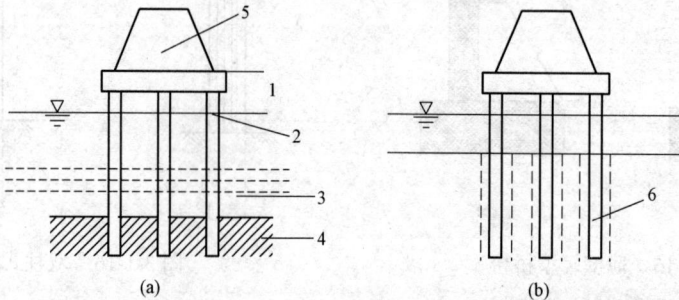

图 3-1-19 桩基础

1—承台；2—支承桩；3—松软土层；4—持力层；5—墩身；6—摩擦桩

依靠桩底土层支承垂直荷载的桩称为支承桩（或柱），主要依靠桩侧与土的摩阻力支承垂直荷载的桩称为摩擦桩。桩基础的施工方法有下列几类：

1）打入。将预制好的钢筋混凝土管桩或实心桩、钢桩用打桩机打入地基到设计深度。这种施工方法是用于桩径在 0.6m 以下，地基为细砂性土、黏土、塑性土及松散碎卵石层。含大卵石、漂石的地基，这种方法难以施工。

2）钻孔灌注：用钻机钻孔（在地基较好时，也可用人工挖孔），在孔内放入钢筋骨架，灌注混凝土成桩。这种施工方法是用于砂性土、黏土、碎卵石类土层中。在流砂、淤泥或有承压水地层中，则不适用这种施工方法。

3）管柱。用振动桩锤将直径为 1～5m 的预制钢筋混凝土或预应力混凝土管柱垂直下沉到基岩（一般以高压水和吸泥机配合）。然后用凿岩机在管柱内凿岩造孔，下放钢筋骨架笼，灌注混凝土，将管柱与基岩连接。管柱每节长度 4、8、10m，接头用法兰盘和螺栓连接。这种方法用于深水及各种覆盖层中施工，我国武汉长江大桥的基础即用此法建成。

（2）沉井基础。沉井是用混凝土、钢筋混凝土或砖石作成井筒状的结构物。施工时将沉井定位于桥梁基础位置的地表，在井内挖土依靠沉井自身重量克服井外壁的摩阻力下沉直至设计标高，然后用混凝土封底并填塞井孔，构成沉井基础，见图3-1-20。沉井基础整体性强，稳定性好，承受荷载能力大，水下施工不需围堰，施工简易。但在有流砂和大卵石地层中施工困难。沉井的平面形状有圆形、矩形等，最常用的是矩形两端加半圆的圆端沉井，圆端能使河水顺畅，井内挖土也较容易。

7. 护坡、护岸、导流工程

桥梁工程除了基本结构外，还需修建护坡、护岸。跨沟、河的桥梁，还需修建导流工程。

（1）护坡。多采用砌石锥形护坡（可用砌石，也可用混凝土），也有八字墙。

（2）护岸。跨河桥梁，易受水流冲刷的河岸，在桥的上、下游河岸则需作护岸工程。护岸工程多采用砌石或预制混凝土砌筑。

（3）导流工程。为使水流能顺直从桥孔通过，有时需沿桥墩方向修筑导流堤。导流堤通常用浆砌石或混凝土。在流冰的河道上为防止流冰冲击桥墩，在桥墩上可修建破冰棱体，见图3-1-21。

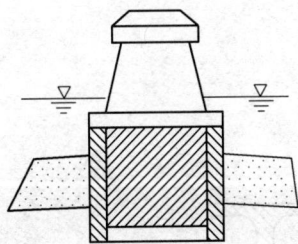

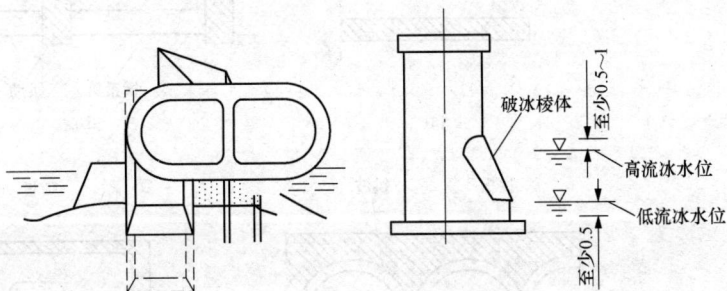

图 3-1-20　沉井基础　　　　　　　　　图 3-1-21　桥梁的破冰棱体

三、拱桥

1. 拱桥的基本组成及特点

拱桥在我国公路桥梁中使用很广泛。按使用的建筑材料不同有圬工（主要是浆砌石，也有砖、混凝土）拱桥、钢筋混凝土拱桥和钢拱桥。

拱桥与其他桥梁一样，也是由上部结构（桥跨结构）和下部结构组成，其几个主要组成部分的名称见图 3-1-22。

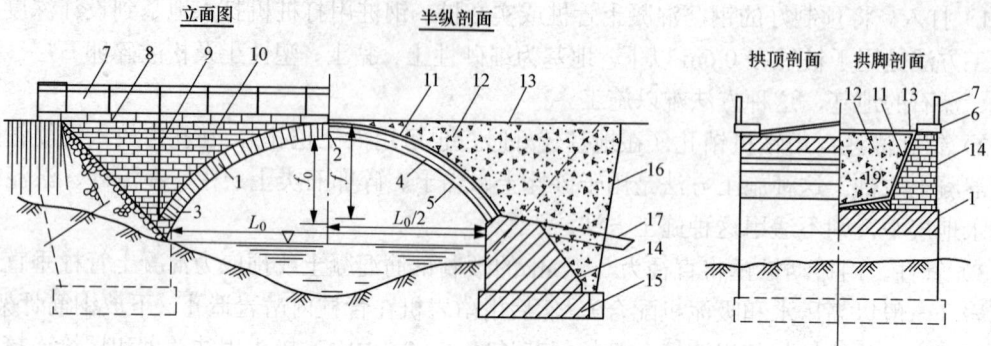

图 3-1-22 拱桥的主要组成部分

1—拱圈；2—拱顶；3—拱脚；4—拱轴线；5—拱腹；6—拱背；7—栏杆；
8—檐石；9—伸缩缝；10—具有镶面的侧墙；11—防水层；12—拱腹填料；
13—桥面铺装；14—桥台台身；15—桥台基础；16—桥台翼墙；17—盲沟

拱桥的桥跨结构（上部结构）由拱圈和其上的建筑所组成，在竖向荷载作用下，桥的支座处不仅产生竖向反力，而且产生水平推力。由于拱是主要承受压力的结构，因此常用承压性能好的圬工材料构造，能就地取材，构造简单，承载潜力大，跨越能力大，养护费用小。但圬工自身重量大，水平推力大，对地基要求较高。为了减轻拱重，采用钢筋混凝土拱桥，不仅使桥跨结构，而且也使墩台、基础的工程量都相应减少，提高了拱桥的经济性，并扩大了拱桥的使用范围。

2. 拱圈及拱铰

（1）拱圈（主拱圈）。它是主要承重结构。拱轴线的形式有圆弧形、双曲线形和悬链线形。依拱圈截面形式不同，拱桥有板拱、肋拱、双曲拱、箱形拱，见图 3-1-23。双曲拱桥是我国 1964 年创造出的一种新颖拱桥，省料、易施工、跨径达 90～150m。

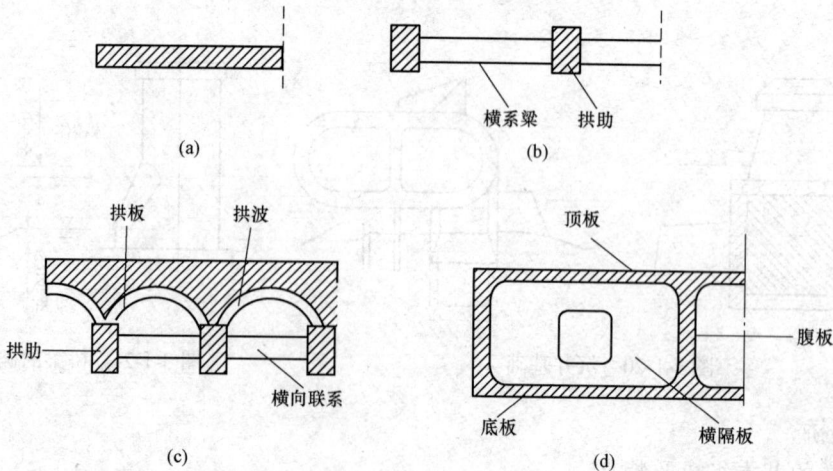

图 3-1-23 主拱圈的截面

（a）板拱；（b）肋拱；（c）双曲拱；（d）箱形拱

（2）拱铰。为了减小由于基础位移、温度变化、混凝土收缩及徐变等在拱圈内引起的附加应力，在地基不甚良好的情况下，可在拱圈的拱脚及拱顶设置拱铰，则成三铰拱，仅在两拱脚设置的是二铰拱桥。

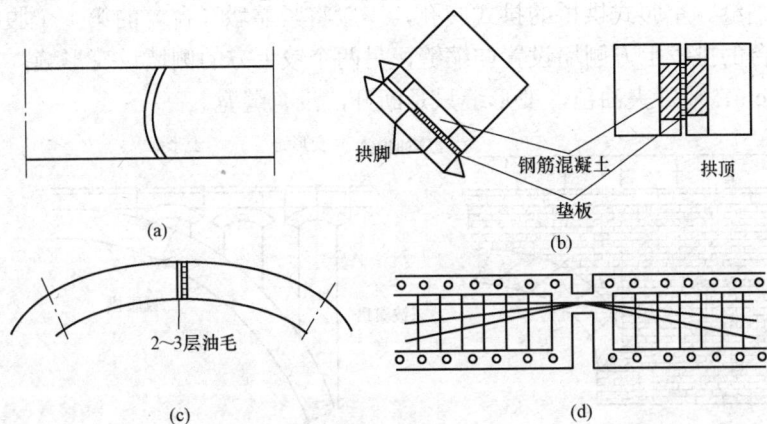

图 3-1-24　拱铰

（a）弧形铰；（b）铅垫铰；（c）平铰；（d）不完全铰

较常采用的拱铰有弧形铰、铅垫铰、平铰、不完全铰，见图 3-1-24。弧形铰由一个曲率半径为 R_1 的凸面和一个曲率半径为 R_2 的凹面两弧形构成。R_2 与 R_1 的比值在 1.2～1.5 之间。弧形铰可用钢筋混凝土、混凝土或石料作成。铅垫铰用厚度为 15～20mm 的铅垫板外包锌、铜（10～20mm）薄片作成。垫板宽度为拱圈高度的 1/4～1/3。平铰可用油毛毡、低强度等级砂浆或直接干砌接头，用于跨度较小的拱桥或空腹拱。不完全铰用于腹拱圈或人行桥中。钢铰用于大跨径拱桥。

3. 拱上建筑

拱圈以上到桥面系统称拱上建筑。拱上建筑形式有实腹式与空腹式两种。

（1）实腹式拱上建筑。由拱上侧墙、填料和桥面构成实腹。拱腹填料用砾卵石、粗砂、黏土或其他混合料夯实，透水性好、成本低。当散料不易取得时，可用干砌石砌筑。

（2）空腹式拱上建筑。大、中跨径的拱桥，特别是矢高较大时，用空腹式拱上建筑，减少了填料用量和重量，使拱圈负荷减轻。空腹式拱上建筑有拱式腹孔和梁式腹孔两种，见图 3-1-25。拱式腹孔多用圬工拱桥，外观显得笨重，对地基要求也高。腹拱的跨径一般为 2.5～5.5m。腹拱的拱圈可用板拱、双曲拱、微弯拱和扁壳等形式。大跨径的钢筋混凝土拱桥多采用梁式腹孔，桥的构造轻巧，减轻拱上重量和地基承载力。梁式腹孔的梁可采用简支梁、连续梁、连续刚架等。

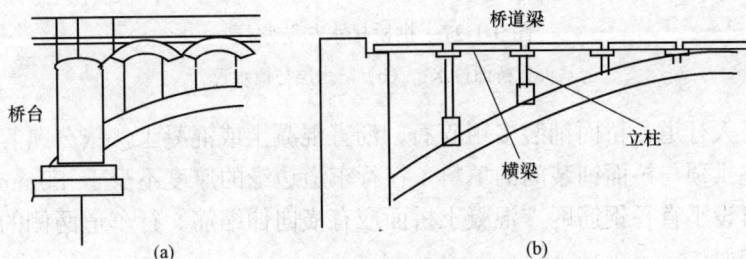

图 3-1-25　空腹

（a）拱式腹孔；（b）梁式腹孔

4. 拱上建筑的细部构造

（1）伸缩缝与变形缝。在荷载作用、材料收缩及温度变化的影响下，拱圈与拱上建筑顶部因变形产生开裂，应用伸缩缝将拱上建筑与墩台分开。跨径较小的实腹式拱桥，可仅在两脚的上方设伸缩缝。空腹式拱桥的拱式腹孔，一般将紧靠墩（台）的第一个腹拱圈作成三铰拱，并在靠墩台的拱铰上方侧墙设置伸缩缝，另两个铰上方的侧墙设变形缝，见图 3-1-26。伸缩缝宽 2～3cm，通常夹油毡，变形缝只是断开，没有缝宽。

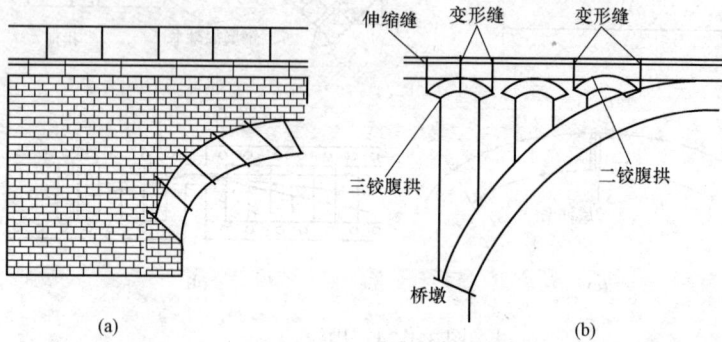

图 3-1-26　拱上的伸缩缝

（a）实腹式拱的伸缩缝；（b）拱式腹孔的伸缩缝与变形缝

（2）排水及防水层。拱桥排水包括桥面排水与渗水排除。桥面作成 1.5%～3%的横坡，在桥栏下边设斜泄水管将水排到墙侧以外；也可靠桥栏设垂直泄水管排出渗水，见图 3-1-27。防水层常用二毡三油或三毡四油作成。雨水较少地区，也可涂沥青。要求较低的桥梁也可用石灰三合土、石灰黏土砂浆或黏土胶泥作的防水层。

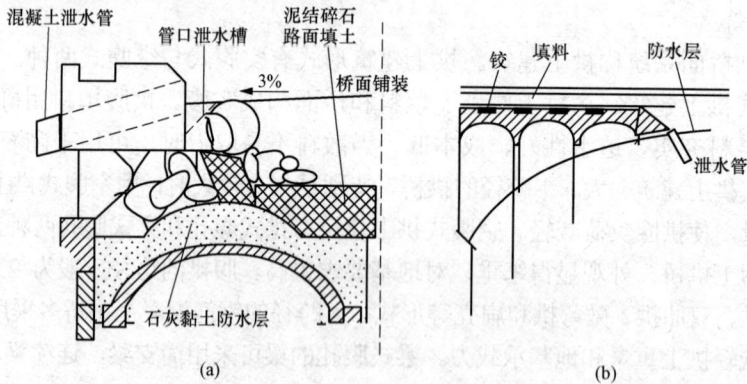

图 3-1-27　拱桥排水与防水层

（a）桥面排水；（b）防水层与泄水管

（3）桥面及人行道。桥面铺装多用碎石、沥青混凝土或混凝土，依公路等级和路面使用的材料而定。在拱顶与桥面铺装间的填料，在行车道边缘的厚度不少于 80mm。拱顶部分的混凝土桥面内可设小直径钢筋网。混凝土桥面应有横向伸缩筋。行车道两侧的人行道及栏杆的构造与梁桥相似。

5. 桥台与桥墩

（1）桥台。桥台的形式有重力式 U 形、齿槛式、空腹式、轻型和组合式。重力式 U 形桥台与梁桥的 U 形桥台相似。轻型桥台是相对重力式桥台而言，减小了桥台尺寸，依靠台后的弹性抗力来平衡拱桥的推力，用于小跨径拱桥。组合式桥台是在台身后加后座，以抵抗拱的推力。图 3-1-28 示出齿槛式及空腹式桥台。前者用于软基、河床冲刷不大的小跨径拱桥，后者用于地基较软、冲刷较小的大、中跨径拱桥。

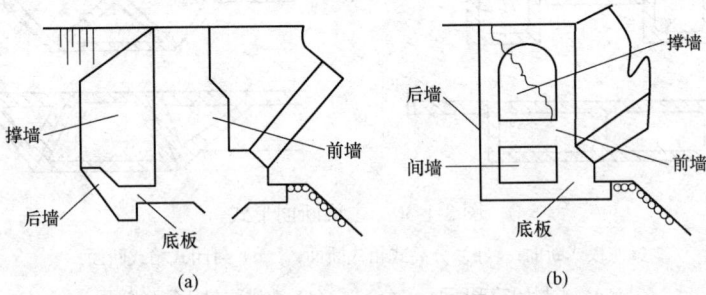

图 3-1-28 拱桥桥台

（a）齿槛式；（b）空腹式

（2）桥墩。拱桥桥墩有重力式、柱式和单向推力桥墩。前两者与梁桥桥墩相似。单向推力墩是为防止多孔拱桥中一孔破坏危及全桥，或在采用无支架或早脱架施工时，承受裸拱或全桥对桥墩的单向推力。每隔 3～5 孔设置一个单向推力墩。斜撑式及不等跨的重力式单向推力墩见图 3-1-29。

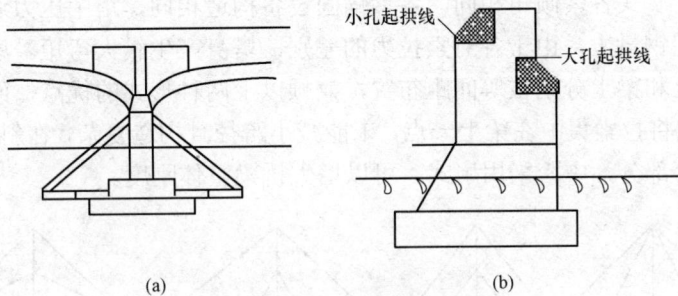

图 3-1-29 单向推力墩

（a）斜撑墩；（b）重力式

6. 拱桥基础及其他建筑

拱桥台基可用扩大基础、桩基、沉井、管柱等形式，与梁桥相似。齿槛式或空腹式则作成底板。

其他建筑有锥形护坡、护岸、导流建筑等与梁桥相似。

四、混凝土斜拉桥

斜拉桥由主梁、索塔及拉索几部分组成。

1. 主梁

混凝土斜拉桥主梁常用断面形式有板式和箱梁式，见图 3-1-30。

板式梁用在索距较密且桥宽不大的情况。分离式箱梁整体抗扭刚度较差。封闭式箱梁抗扭能力很大，缺点是节段重量大、风动荷载大。图 3-1-30（e）、（f）为其改进形。半封闭箱梁有良好的风动力性能，特别适合索距较密的宽桥。

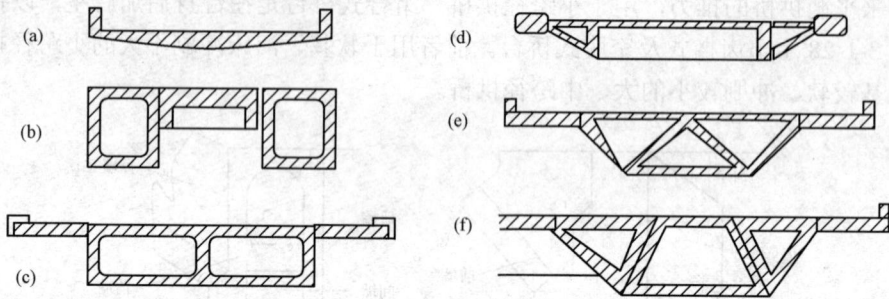

图 3-1-30　主梁断面形式

（a）板式断面；　（b）分离式箱式断面；　（c）封闭式箱式断面；

（d）半封闭箱形断面；　（e）、（f）改进的封闭箱形断面

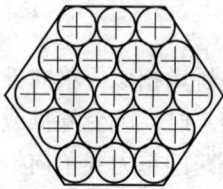

图 3-1-31　拉索断面

2. 拉索

常用的有平行钢丝束、钢绞索和封闭式钢索，见图 3-1-31。钢绞索由平行钢丝扭绕而成。我国多用平行钢丝束。

拉索的布置形式有辐射式、平行式、扇式和星式四种，见图 3-1-32。辐射式拉索的斜拉力较小，但拉索汇集塔顶，锚头拥挤，构造处理较困难，且塔身从顶到底受到最大压力，要求较大刚度保证压曲稳定。平行式各索倾角相同，各索锚固设备构造相同，塔中压力逐段向下加大，有利塔的稳定，但用钢量大，由于各对索拉力的差别，塔身产生较大弯矩。扇式介于以上两种之间，拉索在塔上和梁上分别按等间距布置，兼顾以上两种形式的优点，而减少缺点，因此采用得较多。星式将拉索集中在梁上一点，未能减小跨径且构造复杂，在斜拉桥边跨不大时，可将星式用于边跨部分，中跨采用扇式，可以增大桥梁整体刚度。

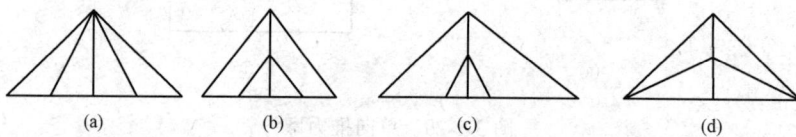

图 3-1-32　拉索形式

（a）辐射式；　（b）平行式；　（c）扇式；　（d）星式

3. 索塔

从桥梁纵向看，索塔的形式有单柱式、A 形和倒 Y 形，见图 3-1-33。单柱式构造简单，应用较多。后两种能更好承受弯矩，加强抗振能力。从桥梁横向看，索塔的形式有门式、A 形、双柱式和单柱式，见图 3-1-34。门式塔用于横向荷载较大情况。双柱式用于横向荷载不大情况，A 形的横向刚度特别好，单柱式用于单平面索的斜拉桥。索塔的横截面有实心、工字形或箱形几种。

索塔的柱脚连接方式有索塔与桥墩固结、索塔与主梁固结、塔脚与桥墩铰接几种方法。

索塔与桥墩固结，整体结构刚度大，混凝土斜拉桥多采用这种方式。采用单柱式索塔时或在不均匀沉陷地基上的桥梁用门式塔时，可采用索塔与主梁固结。塔脚与桥墩铰接，能消除塔脚弯矩，对软基上的桥梁有利，但使结构总刚度降低。

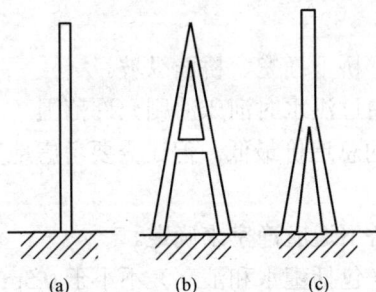

图 3-1-33 索塔纵向形式
（a）单柱式；（b）A 形；（c）倒 Y 形

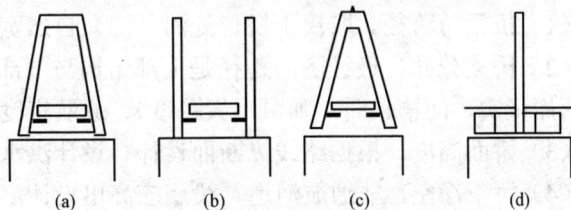

图 3-1-34 索塔横向形式
（a）门式；（b）双柱式；（c）A 形；（d）单柱式

第二节 桥梁的总体规划设计

一、桥梁设计的基本要求

桥梁设计必须满足安全、耐久、适用、环保、经济和美观的要求。

（1）安全。桥梁各部分结构的强度、刚度和稳定性必须满足要求，也必须有抗地震、飓风的能力，确保安全。

（2）耐久。桥梁结构必须采取有效的防腐、排水措施使结构主体在正常养护情况下不因钢筋锈蚀、钢结构锈蚀等因素导致使用功能受限。

（3）适用。桥面行车道与人行道的宽度必须满足交通畅通，桥下净空应满足泄洪与通航或通车要求。

（4）环保。桥梁方案选择过程中要注意避开环境敏感区，注意保护环境、节约能源。

（5）经济。优化设计，合理选择跨径、结构形式和建筑材料，使上、下部结构总造价最低。

（6）美观。造型优美，与环境相协调。

此外，采用的结构形式，应便于施工，易于保证工程质量和安全施工。

二、桥位选择

桥位正确与否影响到桥的工程量、造价和运行中桥的安全和运行费用，应慎重对待。桥位选择应重点考虑以下几点：

（1）大、中桥位应服从路线的总方向，路与桥综合考虑，小桥应服从路线定向（大、中、小桥的划分标准见表 3-1-1）。

（2）跨河桥梁应选在河流通顺、河面较窄、水位稳定的河段，桥的中线尽可能与洪水主流方向正交。

（3）桥位处地质坚硬、覆盖层较浅。特别注意避免通过断层、溶洞、软弱夹层地带。

（4）桥位应保证桥头引道线路平顺。

（5）施工场地布置、材料运输及便道设置等施工要求，也应考虑。

表 3-1-1　　　　　　　　　大、中、小桥的划分标准

桥梁分类	特大桥	大桥	中桥	小桥	涵洞
多孔桥全长 L（m）	$L>1000$	$1000 \geq L \geq 100$	$100>L>30$	$30 \geq L \geq 8$	—
单孔桥全长 L_0（m）	$L_0>150$	$150 \geq L_0 \geq 40$	$40>L_0 \geq 20$	$20>L_0 \geq 5$	$L_0<5$

三、桥梁的纵断面设计

桥梁的纵断面设计包括确定总跨径、分孔、桥面标高、桥下净空、桥面纵坡。

（1）桥梁总跨径。取决于桥位处河（沟）自然宽度和通过洪水时河床冲刷允许范围。

（2）桥梁分孔。最经济的跨径是上部结构与下部结构的总造价最低。但还需要考虑地基（如两岸坚实、河槽软弱，则可用大跨度）、通航宽度等。

（3）桥面高度。根据路线纵断面设计、设计洪水位及桥下通航净空来确定。

（4）桥下净空。非通航河道，梁底应高出设计洪水位（包括壅水和浪高）不小于 0.5m，高出最高洪水水位 0.75m，支座底面高出设计洪水位不小于 0.5m；无铰拱桥允许设计洪水位高出拱脚，但不得超过拱圈矢高的 2/3，拱顶底高出设计洪水位不小于 1.0m。通航及道桥下净空尺寸见表 3-1-2。

表 3-1-2　　　　　　　　　　　　　　通航和道桥下净空尺寸

航道等级	天然及渠化河流（m）				限制性航道（m）			
	净高 H	净宽 B	上宽度 b	侧高 h	净高 H	净宽 B	上宽度 b	侧高 h
I-（1）	24	160	120	7.0				
I-（2）		125	95	7.0				
I-（3）	18	95	70	7.0				
I-（4）		85	65	8.0	18	130	100	7.0
II-（1）	18	105	80	8.0				
II-（2）		90	70	8.0				
II-（3）	10	50	40	6.0	10	65	50	6.0
III-（1）								
III-（2）		70	55	6.0				
III-（3）	10	60	45	6.0	10	85	65	6.0
III-（4）		40	30	6.0		50	40	6.0
IV-（1）		60	50	4.0				
IV-（2）	8	50	41	4.0	8	80	66	3.5
IV-（3）		35	29	5.0		45	37	4.0
V-（1）	8	46	38	4.0				
V-（2）	8	38	31	4.5	8	75～7	62	3.5
V-（3）	8.5	28～30	25	5.5、3.5	8.5	38	32	5.0、3.5
VI-（1）					4.5	18～22	14～17	3.4
VI-（2）	4.5	22	17	3.4				
VI-（3）						25～20	19	3.6
VI-（4）	6	18	14	4.0	6	28～30	21	3.4

航道等级	天然及渠化河流（m）				限制性航道（m）			
	净高 H	净宽 B	上宽度 b	侧高 h	净高 H	净宽 B	上宽度 b	侧高 h
Ⅶ-（1）					3.5	18	14	2.8
Ⅶ-（2）	3.5	14	11	2.8		18	14	2.8
Ⅶ-（3）	4.5	18	14	2.8	4.5	25～30	19	2.8

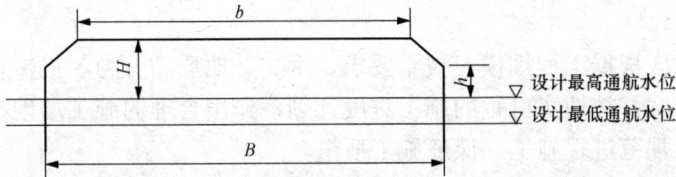

注 1. 在平原河网地区建桥遇特殊情况时，可按具体条件研究确定。

2. 桥墩（或桥柱）侧如有显著的紊流，则通航孔桥墩（或墩柱）间的净宽值应为本表的通航净宽加两侧紊流区的宽度。

3. 当不得已将水上过河建筑物建在通航条件较差或弯曲的河段上，其净宽应在表列数值的基础上，根据船舶航行安全的需要适当放宽。

（5）桥面纵坡。大、中小桥面纵坡不宜大于 4%，桥上引道纵坡不宜大于 5%，市镇桥面纵坡不得大于 3%。

四、桥梁横断面设计

桥梁横断面设计包括行车道宽度、桥上空间净空、桥面横坡与人行道和自行车道宽度。

（1）行车道宽度。各级公路桥面行车道净宽标准见表 3-1-3。

表 3-1-3　　　　　　　各级公路桥面行车道净宽标准

公路等级	桥面行车道净宽（m）	车道数
高速公路、一	≥2×净-7.5	≥4
二	净-9 或净-7	2
三	净-7	2
四	净-7 或净-5	2 或 1

（2）桥上净空高度。高速、一、二级公路为 5.0m。三、四级公路为 4.5m。

（3）桥面横坡。为利于桥面排水从桥面中央向两侧设 1.5%～3.0%的坡度。在弯道桥梁上，应按路线要求予以加宽和设置超高。

（4）人行道和自行车道的宽度。应根据实际需求确立，人行道的宽度为 0.75m 或 1.0m。大于 1.0m 时按 0.5m 倍数增加。

五、桥的平面布置

桥梁及桥头引道的线形应与路线布设相互协调，各项技术指标应符合路线布设的规定。高速公路、一级公路上的特殊大桥，以及二、三、四级公路上的大、中桥线形，一般为直线。

从桥下泄洪要求及桥梁安全角度考虑，桥梁纵轴线应尽可能与洪水主流流向正交。对通航河流上的桥梁，为保证航行安全，通航河道的主流应与桥梁纵轴线正交。当斜交不能避免时，交角不宜大于5°；当交角大于5°时，应增大通航孔跨径。对于一般小桥，为了改善路线线形，或城市桥梁受原有街道的制约时，也允许修建斜交桥，但从桥梁本身的经济性和施工方便来说，斜交角通常不宜大于45°。

第三节　桥梁结构施工

桥梁施工单位应根据工程规模、技术要求、水文、地质、劳力、机械设备能力等条件，选择最优的施工方案，按切实可行的施工进度计划，作出合理的施工场地布置，在监理工程师的监督下按施工规范进行施工，保证施工质量。

桥的类型不同，施工方法也不同，下面主要介绍梁桥、拱桥的施工方法。

一、梁桥施工

（一）钢筋混凝土简支梁桥的制造工艺

1. 模板支架

模板应符合下列要求：

（1）具有足够的强度、刚度和稳定性，能可靠地承受施工过程中可能产生的各项荷载。

（2）保证工程结构物的设计形状、尺寸及各部分相互之间位置的正确性。

（3）构造和制作力求简单，装拆既要方便又要尽量减少构件的损伤，以提高装、拆、运的速度和周转使用的次数。

（4）模板的接缝务必严实、紧密，以确保新浇混凝土在强烈振动下不致漏浆。

按制作材料分类，桥梁施工常用的模板有木模板、钢模板、钢木结合模板。目前我国公路桥梁上用得最多的还是钢模板。随着工业的发展，既能节约木材义可提高预制质量而且经久耐用的钢模板将逐步得到使用和推广。

木模板的基本构造由紧贴于混凝土表面的壳板（又称面板）、支承壳板的肋木和立柱或横挡组成，如图 3-1-35 所示。

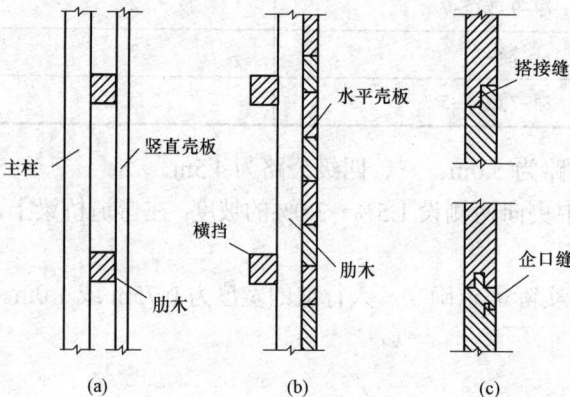

图 3-1-35 模板的基本构造

图 3-1-36 所示为梁桥常用的模板构造。在拼装钢模板时，所有紧贴混凝土的接缝内部都用止浆垫使接缝密闭不漏浆，止浆垫一般采用柔软耐用和弹性大的厚度为 5.8mm 的橡胶板或厚度为 10mm 左右的泡沫塑料。

就地浇筑梁桥时，需要在梁下搭设简易支架（或称脚手架）来支承模板、浇筑的钢筋混凝土及其他施工荷载的重力。对于装配式桥的施工，有时也要搭设简易支架作为吊装过程中的临时支承结构和施工操作之用。

目前在桥梁施工中采用较多的是钢支架，并以立柱式支架为多，如图 3-1-37 所示。

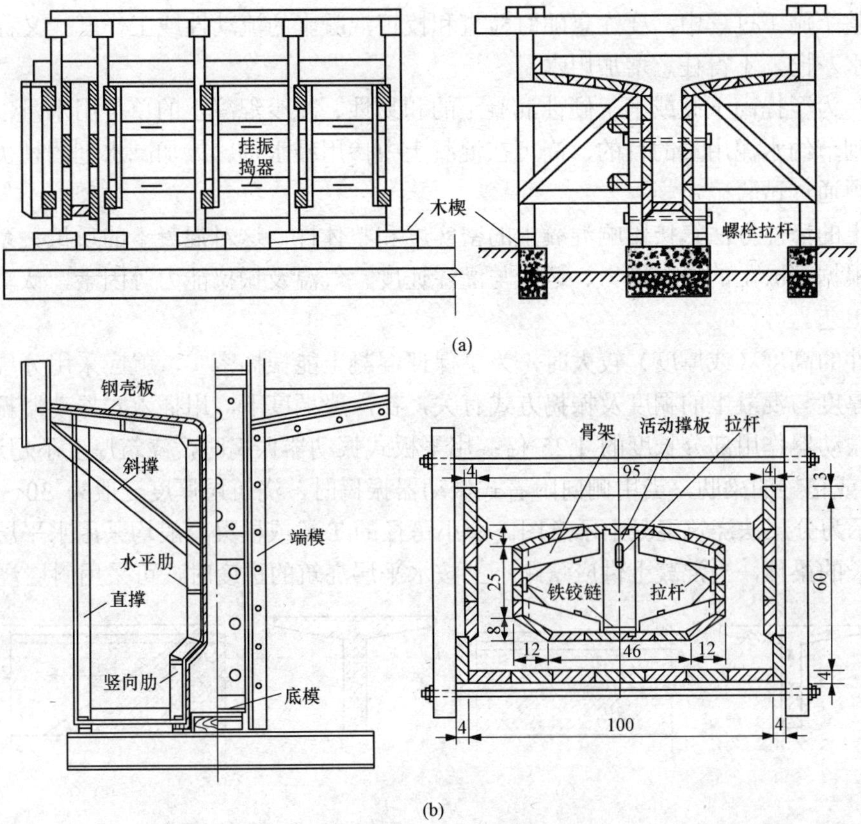

(a)

(b)

图 3-1-36 梁桥常用的模板构造

(a) T形梁的木模构造; (b) 钢模板的组成

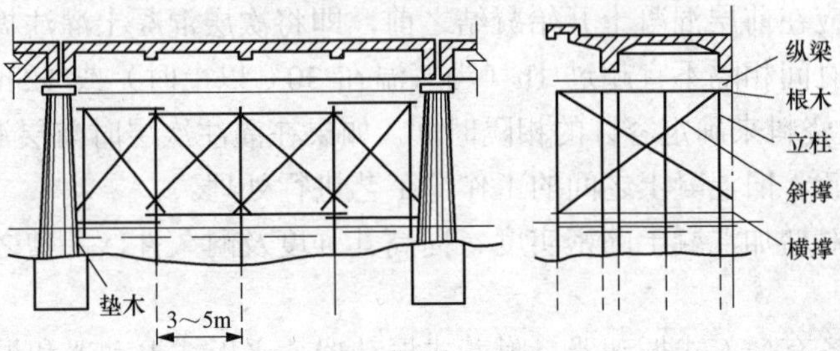

图 3-1-37 简易支架

2. 钢筋工作

钢筋工作的特点是:加工工序多,包括钢筋整直、切断、除锈、下料、弯制、焊接或绑扎成型等,而且钢筋的规格和型号尺寸也比较多。鉴于钢筋的加工质量和布置在浇筑混凝土后再也无法检查,故必须仔细认真地严格控制钢筋工作的施工质量。

装配式T梁常用预先焊成的钢筋骨架进行安装。骨架的焊接一般采用电弧焊。骨架要有足够的刚性,以便在搬运、安装和灌筑混凝土过程中不致变形、松散。

钢筋经整直、除去污锈后,即可按图纸要求进行划线下料工作。

3. 混凝土工作

混凝土工作包括拌制、运输、灌注和振捣、养护及拆模等工序。混凝土一般应采用机械搅拌。在整个施工过程中，要注意随时检查和校正混凝土的流动性或工作度（又称坍落度），严格控制水灰比，不得任意增加用水量。

目前，为了提高干硬或半干硬性混凝土的和易性、减少混凝土的单位用水量以提高其强度并且达到节约水泥用量的目的，尚可在混凝土中掺用减水剂。掺加减水剂的种类、数量、方法都必须通过试验确定。

混凝土的灌注方法直接影响混凝土的密实度和整体性，这对混凝土的质量关系很大。因此，必须根据混凝土的拌制能力、运距与灌注速度、气温及振捣能力等因素，认真制定混凝土的灌注工艺。

当构件的高度（或厚度）较大时，为了保证混凝土能振捣密实，就应采用分层浇筑法。浇筑层的厚度与混凝土的稠度及振捣方式有关，在一般稠度下，用插入式振动器振捣时，浇筑厚度为振动器作用部分长度的 1.25 倍；用平板式振动器振捣时，浇筑厚度不超过 20cm。薄腹 T 梁或箱梁的梁肋，当用侧向附着式振动器振捣时，浇筑层厚度一般为 30～40cm。图 3-1-38 所示为分层法浇筑混凝土示意图。中小跨径的 T 梁或板梁一般均采用水平层浇筑；对于又高又长的梁体，当混凝土供应量跟不上按水平层浇筑的进度时，可采用斜层浇筑法。

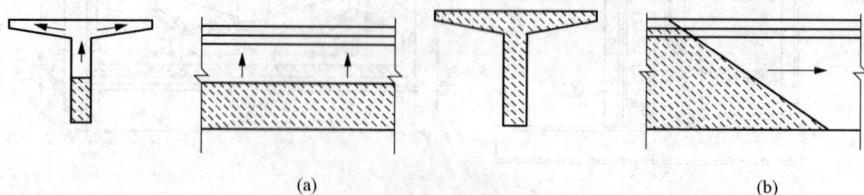

(a)   (b)

图 3-1-38　分层法浇筑混凝土

（a）水平层浇筑；（b）斜层浇筑

分层浇筑时，应在前层混凝土开始凝结之前，即将次层混凝土灌注捣实完毕。在此情况下，上、下层灌注时间相隔不宜超过 1h（当气温在 30℃以上时）或 1.5h（当气温在 30℃以下时）；也可由试验资料来确定容许的相隔时间。如果在灌注次层时前层混凝土已经凝结，则应根据有关规定按新、旧混凝土之间的工作缝工艺进行处理。

混凝土的振捣对增加混凝土的密实度、提高其强度及耐久性，并使之达到内实外光起到重要作用。

混凝土振捣设备有插入式振动器、附着式振动器、平板式振动器和振动台等。

平板式振动器用于大面积混凝土施工，如桥面基础等；附着式振动器是挂在模块外部振捣，借振动模板来振捣混凝土；插入式振动器常用软管式的，只要构件断面有足够的地方插入振捣器，它的效果比平板式及附着式要好。

混凝土每次振捣的时间要很好掌握，振捣时间过短或过长均有弊病，一般以振捣至混凝土不再下沉、无显著气泡上升、混凝土表面出现薄层水泥浆、表面达到平整为适度。

混凝土浇筑后即需进行适当的养护，以保持混凝土硬化发育所需要的温度和湿度。目前在桥梁施工中采用最多的是在自然气温条件下（5℃以上）的自然养护方法。此法在混凝土终凝后，在构件上覆盖草袋、麻袋、稻草或砂子，经常洒水，以保持构件经常处于湿润状态。

为了加速模板周转和施工进度，也可采用蒸汽法养护混凝土。当昼夜平均气温低于 5℃或最低气温低于-3℃时，就必须采用冬期施工的技术措施。

（二）预应力混凝土简支梁桥的制造工艺

预应力混凝土简支梁按制作工艺可分为先张法和后张法两类，下面扼要阐述先张法和后张法的施工工艺。

1. 先张法

先张法的制造工艺是在灌注混凝土前张拉预应力筋，将其临时锚固在张拉台座上，然后立模浇筑混凝土，待混凝土达到规定强度（不得低于设计强度等级的 70%）时，逐渐将预应力筋放松，这样就因预应力筋的弹性回缩通过其与混凝土之间的黏结作用，使混凝土获得预压应力。

（1）台座。重力式（也称礅式）台座是靠自重和土压力来平衡张拉力所产生的倾覆力矩，并靠土壤的反力和摩擦力抵抗水平位移。当现场地质条件较差，台座又不很长时，可采用具有钢筋混凝土传力柱组成的槽式台座。

（2）预应力筋的制备和张拉。先张法预应力混凝土梁可采用冷拉Ⅲ、Ⅳ级螺纹粗钢筋、高强钢筋、钢绞线和冷拉低碳钢丝作为预应力筋。预应力筋的制备工作，包括下料、对焊、镦粗或轧丝、冷拉等工序。下料长度必须精确计算，以防止下料过长或过短造成浪费或给张拉、锚固带来困难。

为了提高钢筋的强度和节约钢材，预应力粗钢筋在使用前一般需要进行冷拉（即在常温下，用超过钢筋屈服强度的拉力拉伸钢筋）。

钢筋冷拉按照控制方法可分为单控（即仅控制冷拉伸长率）和双控（即同时控制应力和冷拉伸长率）两种。目前由于受钢材质量的影响，因此单按哪一种控制都不能保证质量，最好能采用"双控"冷拉，这样既可保证质量，还可在设计上充分利用钢材强度。冷拉工艺的应力和伸长率控制及其注意事项应按有关规定进行。

预应力筋在台座上的张拉工作，必须严格按照设计要求和张拉操作规程进行。

2. 后张法

后张法是先浇筑构件（或块体），并在设置预应力钢筋的部位预留孔道，如图 3-1-39（a）所示，待混凝土达到一定强度后（一般不低于设计规定强度的 75%），在孔道内穿入预应力钢筋（也可在成孔材料中先穿入预应力筋），利用构件本身作为施加预应力的台座，根据不同的锚固体系用液压千斤顶张拉预应力钢筋，并同时压缩混凝土［见图 3-1-39（b）］，张拉到控制应力后，将预应力钢筋用锚具固定在构件上，然后往孔道内压入水泥浆［见图 3-1-39（c）］。采用后张法时，预应力的建立主要是依靠构件两端的锚固装置。

后张法不需要台座，而且预应力钢筋可采用折线或曲线布置，因而可以更好地适应设计荷载的分布状况，后张法预应力混凝土适用于现场施工的构件与结构。后张法的主要缺点是：预应力钢筋的锚固需要锚具，成本较高，工艺也较复杂。

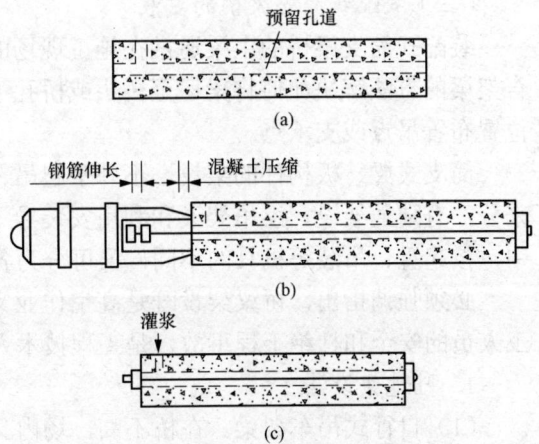

图 3-1-39 后张法预应力混凝土构件施工工序

（1）预应力筋的制备。无论用什么材料制作预应力筋，都应注意其下料长度应为 $L=L_0+L_1$，其中 L_0 为凝土预留孔道长度；L_1 为工作长度，它视构件端面上锚垫板厚度与数量、锚具类型、张拉设备类型和工作条件等而定。对于用镦头锚具的钢丝束，为保证每根钢丝下料长度相等，就要求钢丝在应力状态下切断下料。钢绞线在使用前应进行预拉，以减小其构造变形和应力松弛损失，并便于等长控制。下料时最好采用电弧熔割法，使切口绞线熔焊在一起。

（2）预应力筋孔道成型。孔道成型是后张法梁体施工中的一项重要工序。它的主要工作内容有选择和安装制孔器、抽拔制孔器和孔道通孔检验等。

制孔器可分为抽拔式与埋置式两类。埋置式制孔器主要采用由薄铁皮卷制的波纹形管。预埋铁皮套管能使成孔均匀，摩阻力小，但使用后不能回收，因而成本较高。目前在小跨径简支 T 形梁中较少采用。抽拔式制孔器的最大优点是能够周转重复使用，经济而省钢材，故目前使用较广。我国常用的抽拔式制孔器有橡胶管制孔器和钢管制孔器两种。前者用夹布胶管或钢丝网胶管制成，能承受 5kN 以上的工作拉力。采用胶管制孔时，也可以管内插入衬管或芯棒来加强其刚度。钢管制孔器抽拔力大，但不能弯曲，仅适用于短而直的孔道。

（3）预应力筋的张拉工艺。当梁体混凝土的强度达到设计强度的 70%以上时，才可进行穿束张拉。穿束前，可用空气压缩机吹风等方法清理孔道内的污物和积水，以确保孔道畅通。

后张法张拉预应力筋所用的液压千斤顶按其作用可分为单作用（张拉）、双作用（张拉和顶紧锚塞）和三作用（张拉、顶锚和退楔）三种形式；按其结构特点则可分为锥锚式、拉杆式和穿心式三种形式。

（4）孔道压浆。孔道压浆是为了保护预应力筋不致锈蚀，并使预应力筋与混凝土梁体黏结成整体，从而既能减轻锚具的受力，又能提高梁的承载能力、抗裂性和耐久性。孔道压浆用专门的压浆泵进行，压浆时要求密实、饱满，并应在张拉后尽早完成。

（5）封端。孔道压浆后应立即将梁端水泥浆冲洗干净，并将端面混凝土凿毛。在绑扎端部钢筋网和安装封端模板时，要妥善固定，以免在灌筑混凝土时因模板走动而影响梁长。

（三）装配式简支梁桥的安装

装配式简支梁桥的主梁通常在施工现场的预制场内或可在桥梁厂内预制。为此，就要配合架梁的方法解决如何将梁运至桥头或桥孔下的问题。梁在起吊和安放时，应按设计规定的位置布置吊点或支承点。

简支式梁、板构件的架设，不外乎起吊、纵移、横移、落梁等工序。从架梁的工艺类别来分，有陆地架设、浮吊架设和利用安装导梁或塔架、缆索的高空架设等，每一类架设工艺中，按起重、吊装等机具的不同，又可分为各种独具特色的架设方法。

必须强调指出，桥梁架设既是高空作业又需要重而大的机具设备，在施工中如何确保施工人员的安全和杜绝工程事故，是工程技术人员的重要职责。

1. 陆地架设法

（1）自行式吊车架梁。在桥不高，场内又可设置行车便道的情况下，用自行式吊车（汽车吊车或履带吊车）架设中、小跨径的桥梁十分方便，如图 3-1-40（a）所示。此法视吊装重量不同，还可采用单吊（一台吊车）或双吊（两台吊车）两种。其特点是机动性好，不需要动力设备，不需要准备作业，架梁速度快。一般吊装能力为 150～1000kN，国外已出现 4100kN 的轮式吊车。

（2）跨墩门式吊车架梁。对于桥不太高，架桥孔数又多，沿桥墩两侧铺设轨道不困难的情况，可以采用一台或两台跨墩门式吊车来架梁，如图 3-1-40（b）所示。此时，除了吊车行走轨道外，在其内侧尚应铺设运梁轨道，或者设便道用拖车运梁。梁运到后，就用门式吊车起吊、横移，并安装在预定位置。

在水深不超过 5m、水流平缓、不通航的中、小河流上，也可以搭设便桥并铺轨后用门式吊车架梁。

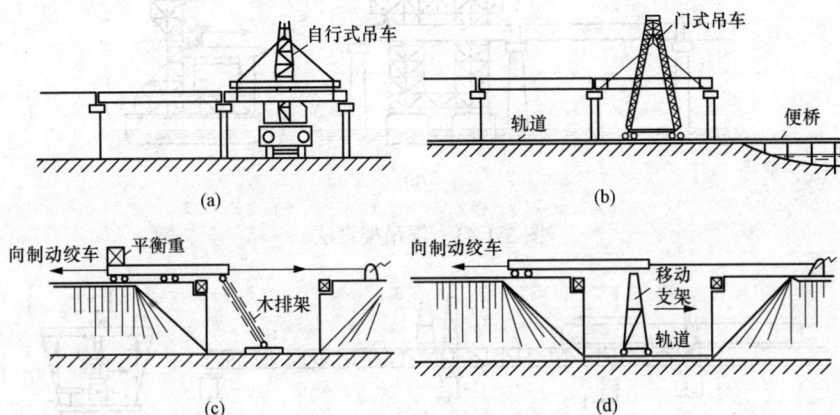

图 3-1-40　陆地架设法

（3）摆动排架架梁。用木排架或钢排架作为承力的摆动支点，由牵引绞车和制动绞车控制摆动速度。当预制梁就位后，再用千斤顶落梁就位。此法适用于小跨径桥梁，如图 3-1-40（c）所示。

（4）移动支架架梁。对于高度不大的中、小跨径桥梁，当桥下地基良好、能设置简易轨道时，可采用木制或钢制移动支架来架梁，如图 3-1-40（d）所示。随着牵引索前拉，移动支架带梁沿轨道前进，到位后再用千斤顶落梁。

2. 浮吊架设法

（1）浮吊船架梁。在海上或深水大河上修建桥梁时，用可回转的伸臂式浮吊架梁比较方便，如图 3-1-41（a）所示。这种架梁方法，高空作业较少、施工比较安全，吊装能力大，工效高，但需要大型浮吊。浮吊架梁时需在岸边设置临时码头来移运预制梁。国外目前采用浮吊的吊装能力已达 30000kN 以上。

（2）固定式悬臂浮吊架梁。在缺乏大型伸臂式浮吊时，也可用钢制万能杆件或贝雷钢架拼装固定式的悬臂浮吊进行架梁，如图 3-1-41（b）所示。用此法架梁时，需要在岸边设置运梁栈桥，以便浮吊从栈桥上起运预制梁。

3. 高空架设法

（1）联合架桥机架梁。此法适用于架设中、小跨径的多跨简支梁桥，其优点是不受水深和墩高的影响，并且在作业过程中不阻塞通航。

联合架桥机由一根两跨长的钢导梁、两套门式吊机和一个托架（又称蝴蝶架）三部分组成，如图 3-1-42 所示。导梁顶面铺设运梁平车和托架行走轨道。门式吊车顶横梁上设有吊梁用的行走小车；为了不影响架梁的净空位置，其立柱底部还可作成在横向内倾斜的小斜腿，这样的吊车俗称拐脚龙门架。

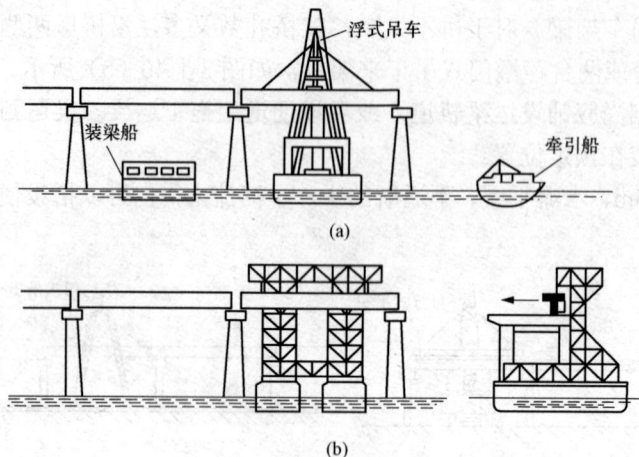

图 3-1-41　浮吊架设法

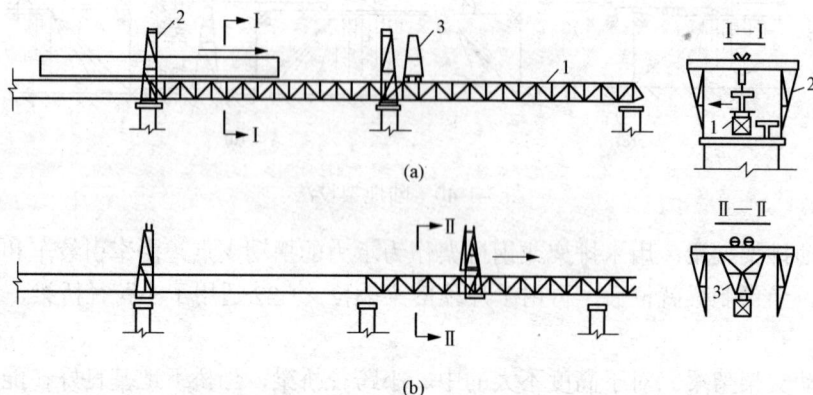

图 3-1-42　联合架桥机架梁

1—钢导梁；2—门式吊车；3—托架（运送门式吊车）

　　用此法架梁时作业比较复杂，需要熟练的操作工人，而且架梁前的准备工作和架梁后的拆除工作比较费时。因此，此法用于孔数多、桥较长的桥梁比较经济。

　　（2）闸门式架桥机架梁。在桥高、水深的情况下，也可用闸门式架桥机（或称穿巷式吊机）来架设多孔中、小跨径的装配式梁桥。架桥机主要由两根分离布置的安装梁、两根起重横梁和可伸缩的钢支腿三部分组成，如图 3-1-43 所示。安装梁用四片钢桁架或贝雷桁架拼组

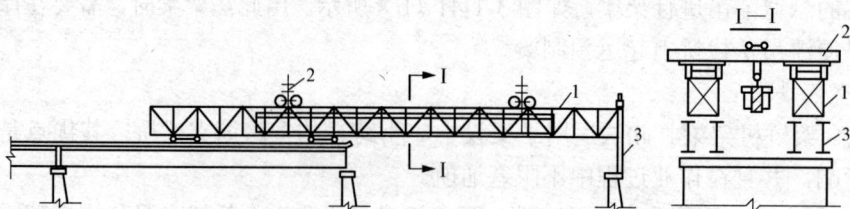

图 3-1-43　闸门式架桥机架梁

1—安装梁；2—起重横梁；3—可伸缩支腿

而成，下设移梁平车，可铺设在已架设梁顶面的轨道行走。两根型钢组成的起重横梁支承在能沿安装梁顶面轨道行走的平车上，横梁上设有带复式滑车的起重小车。其架梁步骤为：

1）将拼装好的安装梁用绞车纵向拖拉就位，使可伸缩支腿支承在架梁孔的前墩上；安装梁不够长时，可在其尾部用前方起重横梁吊起预制梁作为平衡压重。

2）前方起重横梁运梁前进，当预制梁尾端进入安装梁巷道时，用后方起重梁将梁吊起，继续运梁前进至安装位置后，固定起重横梁。

3）借起重小车落梁安放在滑道垫板上，并借墩顶横梁将梁（除一片中梁外）安装就位。

4）采用以上步骤并直接用起重小车架设中梁，整孔梁架完后即铺设移运安装梁的轨道。重复上述工序，直至全桥架梁完毕。

用此法架梁，由于有两根安装梁承载，起吊能力较大，可以架设跨度较大较重的构件。我国已用这种类型的吊机架设了全长 51m、重 131t 的预应力混凝土 T 形梁。当梁较轻时用此法就可能不经济。

（四）预应力混凝土连续梁桥的施工

预应力混凝土连续梁桥的施工方法甚多，有整体现浇、装配—整体施工、悬臂法施工、顶推法施工和移动式模架逐孔施工等。整体现浇需要搭设满堂支架，既影响通航，又要耗费大量支架材料，故对于大跨径多孔连续梁桥很少采用。以下分别介绍几种常用的施工方法。

1. 装配—整体施工法

装配—整体施工法的基本构思是：将整根连续梁按起吊安装设备的能力先分段预制，然后用各种安装方法将预制构件安装至墩、台或轻型的临时支架上，再现浇接头混凝土，最后通过张拉部分预应力筋，使梁体成为连续体系。在实践中，此法适用的最大跨径为 40~50m。

2. 悬臂法施工

自从 20 世纪 50 年代初欧洲开始兴起桥梁悬臂法施工以来，进一步促进了预应力混凝土悬臂体系梁桥的迅速发展。

悬臂法施工是从桥墩开始对称地、不断悬出接长的施工方法。悬臂法施工一般分为悬臂浇筑法和悬臂拼装法，悬臂浇筑是在桥墩两侧对称逐段就地浇筑混凝土，待混凝土达到一定强度后，张拉预应力筋，移动机具、模板继续施工。悬臂拼装法则是将预制节段块件，从桥墩两侧依次对称安装节段，张拉预应力筋，使悬臂不断接长，直至合拢，如图 3-1-44 所示。

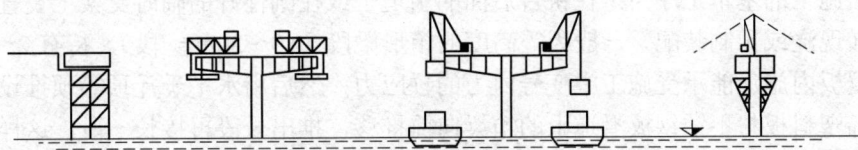

图 3-1-44 悬臂法施工概貌

（1）悬臂浇筑法。悬臂浇筑法（简称悬浇）适用于大跨径的预应力混凝土悬臂梁桥、连续梁桥、T 形刚构桥、连续刚构桥等结构。其施工特点是无须建立落地支架，无须大型起重与运输机具，主要设备是一对能行走的挂篮（见图 3-1-45）。挂篮可在已经张拉锚固并与墩身连成整体的梁段上移动，绑扎钢筋、立模、浇筑混凝土、预施应力都在挂篮上进行。完成该段施工后，挂篮对称向前各移动一节段，进行下一对梁段施工，如此循序渐进，直至悬臂梁段浇筑完成。

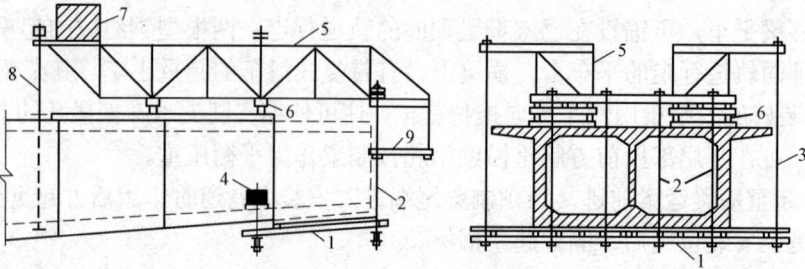

图 3-1-45　挂篮结构简图

1—底模架；2~4—悬吊系统；5—承重结构；6—行走系统；7—平衡重；8—锚固系统；9—工作平台

悬浇法施工特别适合于宽深河流和山谷，施工期水位变化频繁，不宜水上作业及通航频繁且施工时需留有较大净空等河流上桥梁的施工。

但悬臂浇筑法在施工中也有不足：梁体部分不能与墩柱平行施工，施工周期较长，而且悬臂浇筑的混凝土加载龄期短，混凝土收缩和徐变影响较大。

（2）悬臂拼装法。悬臂拼装法施工是在预制场将梁体分段预制，然后用船或平车运至架设地点，并用吊机向墩柱两侧对称均衡地拼装就位，张拉预应力筋。重复这些工序直至拼装完全部块件为止。

分段预制块件的长度取决于运输、吊装设备的能力，通常块件长度为 2.0~6.0m，重量从几十吨到 200t 以上。预制块件要求尺寸准确，特别是拼装接缝要密贴，预留孔道的对接要顺畅。为此，通常采用间隔法来预制块件，使得先完成块件的端面成为浇筑相邻块件时的端模，在浇筑相邻块件之前，应在先浇块件端面上涂刷肥皂水等隔离剂，以便分离出坑。

悬臂拼装法施工的主要优点是：梁体块件的预制和下部结构的施工可同时进行，拼装成桥的速度比现浇的快，可显著缩短工期；块件在预制场内集中制作，质量较易保证；梁体塑性变形小，可减少预应力损失，施工不受气候影响等。缺点是：需要占地较大的预制场地；为了移运和安装需要较大型的机械设备。

3. 顶推法施工

随着预应力混凝土技术的发展和高强低摩阻滑道材料（聚四氟乙烯塑料）的问世，目前顶推法施工已成为架设连续梁桥的先进工艺，得到了广泛的应用。

顶推法施工的基本工序为：在桥台后面的引道上或在刚性好的临时支架上设置制梁场，集中制作（现浇或预制装配）一般为等高度的箱形梁段（10~30m 一段），待有 2~3 段后，在上、下翼板内施加能承受施工中变号内力的预应力，然后用水平千斤顶等顶推设备将支承在四氟乙烯塑料板与不锈钢板滑道上的箱梁向前推移，推出一段再接长一段，这样周期性地反复操作直至最终位置，进而调整预应力（通常是卸除支点区段底部和跨中区段顶部的部分预应力筋，并且增加和张拉一部分支点区段顶部和跨中段底部的预应力筋），使满足后加恒荷载和活荷载内力的需要，最后，将滑道支承移置成永久支座，至此施工完毕。

由于四氟乙烯板与不锈钢板间的摩擦系数为 0.02~0.05，故对于梁重即使 10000t，也只需 5000kN 以下的力即可推出。

顶推法施工又可分单向顶推和双向顶推及单点顶推和多点顶推等。图 3-1-46（a）所示为一般单向单点顶推的情况。顶推设备只设在一岸桥台处。在顶推中为了减少悬臂负弯矩，一般要在梁的前端安装一节长度为顶推跨径 0.6~0.7 倍的钢导梁，导梁应自重轻而刚度大。单向顶推最宜于建造跨度为 40～60m 的多跨连续梁桥。当跨度更大时，就需在桥墩间设置临时支墩。对于特别长的多联多跨桥梁也可以应用多点顶推的方式使每联单独顶推就位，如图 3-1-46（b）所示。在此情况下，在墩顶上均可设置顶推装置，且梁的前、后端都应安装导梁。

图 3-1-46（c）所示为三跨不等跨连续梁采用从两岸双向顶推施工的图式。用此法可以不设临时墩而修建中跨跨径更大的连续梁桥。

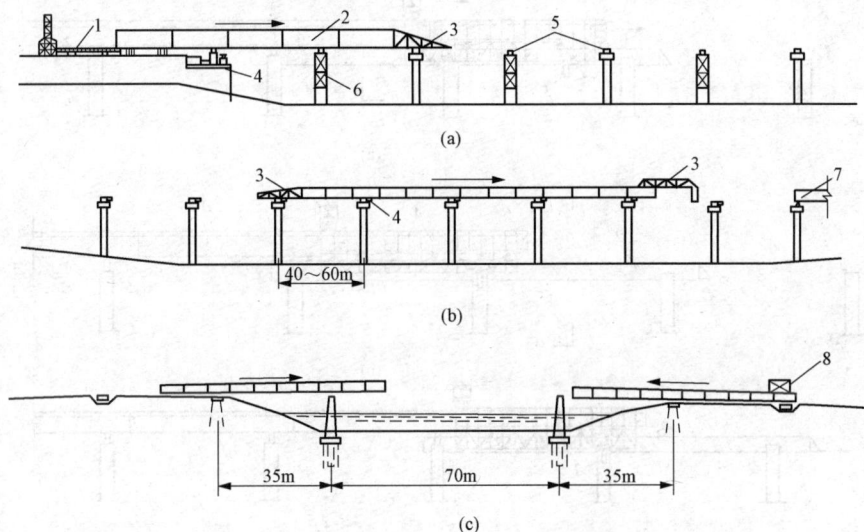

图 3-1-46　连续梁顶推法施工示意图

（a）单向单点顶推；（b）按每联多点顶推；（c）双向顶推

1—制梁场；2—梁段；3—导梁；4—千斤顶装置；5—滑道支承；6—临时墩；7—已架完的梁；8—平衡重

顶推法施工中采用的主要设备是千斤顶和滑道装置，它们按不同传力方式而异。

采用顶推法施工，每一节段的一个循环需 6～8d；全梁顶推完毕后，即可调整、张拉和锚固部分预应力筋，进行灌浆、封端、安装永久支座，主体工程即告完成。

4. 移动式模架逐孔施工法

移动式模架逐孔施工法，是近年来以现浇预应力混凝土桥梁施工的快速化和省力化为目的发展起来的，它的基本构思是：将机械化的支架和模板支承（或悬吊）在长度稍大于两跨、前端作导梁用的承载梁上，然后在桥跨内进行现浇施工，待混凝土达到一定强度后就脱模，将整孔模架沿导梁前移至下一浇筑桥孔，如此有节奏地逐孔推进直至全桥施工完毕。

此法适用于跨径达 20～80m 的等跨和等高度连续梁桥施工，平均推进速度约为每昼夜3m，鉴于整套施工设备需要较大投资，故所建桥梁孔数愈多、桥愈长、模架周转次数愈多，则经济效益就愈佳。采用此法施工时，通常将现浇梁段的起讫点设在连续梁弯矩最小的截面处（约为由支点向前 $0.2L$ 处，L 为跨径），预应力筋锚固在浇筑接缝处，当浇筑下一孔梁段前再用连接器将预应力筋接长。

图 3-1-47 所示为采用支承式移动模架逐孔施工的推进图式和构造简图。梁的外模架设置在承载梁和模架梁上。前端平车在导梁上行走，后端平车在已建成的梁上行走。图 3-1-47（a）所示为浇筑混凝土和张拉预应力筋的工位。此时梁体新浇混凝土的重量传至承载梁和模架梁；后者通过前、后端的平车分别支承在承载梁和已经完成的梁上。待混凝土达到规定强度并脱

模后，由前端支承平车和后端悬吊平车将模架梁连同模架前移于新的浇筑孔，如图 3-1-47（b）所示。模架梁到位后，用设置在模架梁上的托架将模架梁临时支承在桥墩两侧，用牵引绞车将导梁移至前孔并使承载梁就位，如图 3-1-47（c）所示，最后松去托架而使前端平车承重并固定位置后，就开始新的浇筑循环。

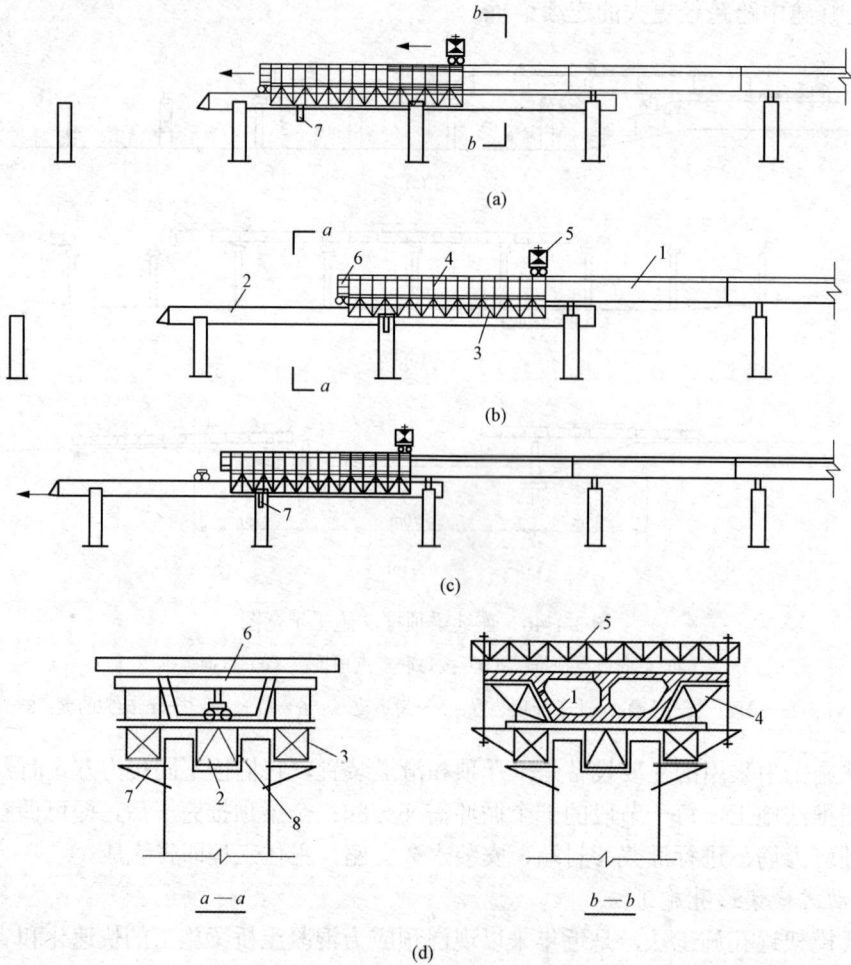

图 3-1-47　移动式模架逐孔施工法

（a）浇筑混凝土，施加预应力；（b）脱模移动模架梁；（c）模架梁就位后，移动导梁，
浇筑混凝土前准备工作；（d）剖面图

1—已完成的梁；2—导梁；3—模架梁；4—模架；5—后端横梁和悬吊平车；
6—前端横梁和支承平车；7—模架梁支承托架；8—墩台留槽

二、拱桥施工

拱桥的施工，从方法上大致可分为有支架施工和无支架施工两大类。在我国，前者常用于石拱桥和混凝土预制块拱桥；后者多用于肋拱、双曲拱、箱形拱、桁架拱桥等。目前也有采用两者相结合的施工方法。

（一）有支架施工

石拱桥、现浇混凝土拱桥及混凝土预制块砌筑的拱桥，都采用有支架的施工方法修建，其主要施工工序有材料的准备、拱圈放样（包括石拱桥拱石的放样）、拱架制作与安装、拱圈及拱上建筑的砌筑等。

拱圈或拱架的准确放样，是保证拱桥符合设计要求的基本条件之一。石拱桥的拱石，要按照拱圈的设计尺寸进行加工，为了保证尺寸准确，需要制作拱石样板。现在一般都是采用放出拱圈（肋）大样的办法来制作样板的，样板用木板或锌铁皮在样台上按分块大小制成。

1. 拱架

拱架需支承全部或部分拱圈和拱上建筑重量，并保证拱圈的形状符合设计要求。拱架要有足够的强度、刚度和稳定性。同时，拱架又是一种施工临时结构，故要求构造简单、装拆方便并能重复使用，以加快施工进度，减少施工费用。

拱架的种类很多，按使用材料可分为木拱架、钢拱架、竹拱架、竹木拱架等形式。

图 3-1-48 所示为立柱式拱架的结构形式，它的上部是由斜梁、立柱、斜撑和拉杆等组成的拱形桁架，下部是由立柱及横向联系（斜夹木、水平夹木）组成的支架，上、下部之间放置卸架设备（木楔或砂筒等）。

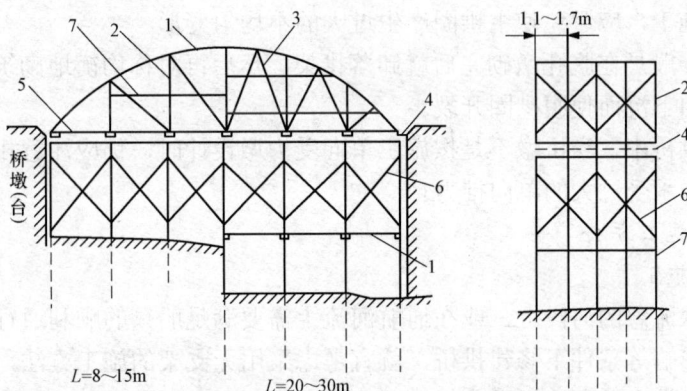

图 3-1-48 立柱式拱架的结构形式

1—斜梁；2—立柱；3—斜撑；4—卸架设备；5—拉杆；6—斜夹木；7—水平夹木

2. 拱圈及拱上建筑的施工

修建拱圈时，为保证在整个施工过程中拱架受力均匀，变形最小，使拱圈的质量符合设计要求，必须选择适当的砌筑方法和顺序。一般根据跨径大小、构造形式等分别采用不同繁简程度的施工方法。

通常跨径在 10～15m 以下的拱圈，可按拱的全宽和全厚，由两侧拱脚同时对称地向拱顶砌筑，并使在拱顶合拢时，拱脚处的混凝土未初凝或石拱桥拱石砌缝中的砂浆尚未凝结。

稍大跨径时，最好在拱脚预留空缝，由拱脚向拱顶按全宽、全厚进行砌筑（浇筑混凝土），为了防止拱架的拱顶部分上翘，可在拱顶区段适当预先压重，待拱圈砌缝的砂浆达到设计强度 70% 后（或混凝土达到设计强度），再将拱脚预留空缝用砂浆（或混凝土）填塞。

大、中跨径的拱桥，一般采用分段施工或分环（分层）与分段相结合的施工方法。分段施工可使拱架变形比较均匀，并可避免拱圈的反复变形，如图 3-1-49 所示。

另外，还需注意封拱（合拢）时的大气温度是否符合设计要求，如设计无明确要求，则宜在气温较低时（凌晨）进行。

当跨径大、拱圈厚度较大时，可将拱圈全厚分层（即分环）施工，按分段施工法修建好一环合拢成拱，待砂浆或混凝土强度达到设计要求后，再浇筑（或砌筑）上面的一环。这样第一环拱圈就能参与拱架共同承受第二环拱圈结构的重力。以后各环均照此进行。这样可以大大地减少拱架的设计荷载。

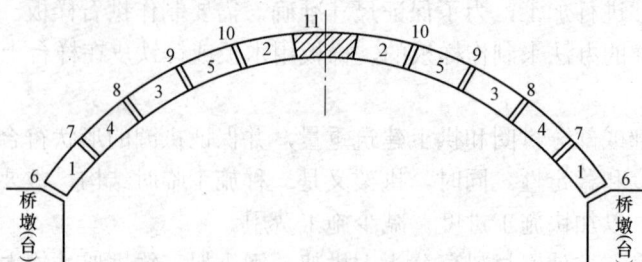

图 3-1-49　拱圈分段施工的一半顺序

拱上建筑的施工，应在拱圈合拢，混凝土或砂浆达到设计强度 30% 后进行。对于石拱桥，一般不少于合拢后三昼夜。

拱上建筑的施工，应避免使主拱圈产生过大的不均匀变形。

空腹式拱桥一般是在腹孔墩砌完后就卸落拱架，然后再对称均衡地砌筑腹拱圈，以免由于主拱圈的不均匀下沉而使腹拱圈开裂。

在多孔连续拱桥中，当桥墩不是按施工单向受力墩设计时，仍应注意相邻孔间的对称均衡施工，避免桥墩承受过大的单向推力。

（二）无支架施工方法

1. 缆索吊装施工

在峡谷或水深流急的河段上，或在通航河流上需要满足船只的顺利通行，或在洪水季节施工并受漂流物影响等条件下修建拱桥，就宜考虑采用无支架的施工方法，即可采用大型浮吊、缆索架桥设备等多种方法架设。

缆索架桥设备由于具有跨越能力大、水平和垂直运输机动灵活、施工比较稳妥方便等优点，因此，在修建公路拱桥时较多采用，并得到了很大发展和积累了丰富的经验。

拱桥缆索吊装施工大致包括拱肋（箱）的预制、移运和吊装，主拱圈的拼装、合拢，拱上建筑的砌筑，桥面结构的施工等主要工序。可以看出，除缆索吊装设备，以及拱肋（箱）的预制、移运和吊装，拱圈的拼装、合拢等几项工序外，其余工序都与有支架施工方法相同（或相近）。

缆索吊装设备，按其用途和作用可以分为主索、工作索、塔架和锚固装置 4 个基本组成部分。其中主要机具设备包括主索、起重索、牵引索、扣索、浪风索、塔架（包括索鞍）、地锚（地垄）、滑轮、电动卷扬机或手摇绞车等。其布置形式如图 3-1-50 所示。

主索：也称为承重索或运输天线，两端锚固于地锚。

起重索：用来控制吊物的升降（即垂直运输），一端与卷扬机滚筒相连，另一端固定于对岸的地锚上。

牵引索：用来牵引行车在主索上沿桥跨方向移动（即水平运输）。

扣索：当拱肋分段吊装时，需用扣索分段悬挂拱肋及调整拱肋接头处的标高。

浪风索：也称缆风索，用来保证塔架、扣索排架等的纵、横向稳定及拱肋安装就位后的横向稳定。

塔架及索鞍：塔架是用来提高主索的临空高度及支承各种受力钢索的重要结构。

塔架顶上设置了为放置主索、起重索、扣索等用的索鞍，它可以减少钢丝绳与塔架的摩阻力，使塔架承受较小的水平力，并减少钢丝绳的磨损。

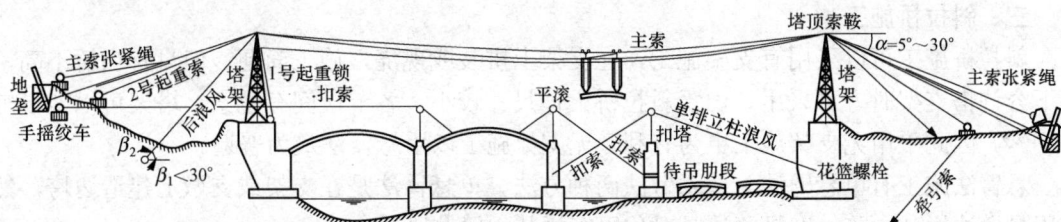

图 3-1-50　缆索吊装及其布置形式

地锚：也称地垄或锚碇，用于锚固主索、扣索、起重索及绞车等。地锚的可靠性对缆索吊装的安全有决定性影响。

电动卷扬机及手摇绞车：用作牵引、起吊等的动力装置。电动卷扬机速度快，但不易控制。对于一般要求精细调整钢索长度的部位多用手摇绞车，以便于操纵。

其他附属设备：如各种捯链葫芦、花篮螺栓、钢丝卡子（钢丝扎头）、千斤绳、横移索等。

2. 转体施工法

拱桥转体施工法可按转动方向分为竖向转体施工法和平面转体施工法两大类。

（1）竖向转体施工。该方法是在竖直位置浇筑拱肋混凝土，或者单孔拱桥利用桥的两岸斜坡地形作支架浇筑拱肋混凝土，然后从两边逐渐放倒预制拱肋搭接成桥。20 世纪 50 年代，意大利曾用此法修建了多姆斯河桥等，跨径已达 70m。

这样的施工方法比用拱架施工可节省投资和材料，但如果跨径过大，拱肋过长，则竖向转动不易控制、施工过程中易出现问题，故一般只宜在中、小跨径拱桥中使用。

（2）平面转体施工。这是 1979 年我国四川省首创成功的一种新型施工方法，其施工要点是：将拱圈分为两个半跨，分别在两岸利用地形作简单支架（或土牛拱胎），现浇或预制拼装拱肋（拱桁），安装拱肋间横向联系（如横隔板、横系梁等），把扣索（钢丝绳或高强钢丝束）的一端锚固在拱肋的端部（靠拱顶附近），使扣索自拱顶经过肋上的临时支架延伸至桥台尾部并锚固，然后用液压千斤顶（或手摇卷扬机和链条滑车）收紧扣索，使拱肋脱模（或脱架），借助铺有聚四氟乙烯板或其他润滑材料和钢件的环形滑道（如用二硫化钼作润滑剂的球形铰加钢轮滑道），用手摇卷扬机牵引，慢速地将拱肋转体合拢，最后进行主拱圈和拱上建筑的施工。

3. 其他施工方法

（1）支架横移法。支架横移法仍属有支架施工方式。由于拱架费用高（有的高达桥梁总造价的 25%），为了提高支架重复利用率，减少支架数量和费用，于是对于由多个箱肋组成拱圈的宽桥可以沿桥宽方向分几次施工，即只需架设承受单一箱肋重量的较窄的支架，随着拱圈的安装进度，将支架沿桥跨的横方向移动而重复使用。此法适用于桥不高、水不深、基础较好的大跨径拱桥施工。

（2）斜吊式悬臂施工法。大跨度拱桥，也可像梁桥悬臂法施工那样，利用挂篮和斜吊钢筋（或扣索）进行悬臂法施工。

（3）刚性骨架施工法。这种方法是用劲性钢材（如角钢、槽钢等型钢）作为拱圈的受力钢材，在施工过程中，先把这些钢骨架拼装成拱，作施工钢拱架使用，然后再现浇混凝土，把这些钢骨架埋入拱圈（拱肋）混凝土中，形成钢筋混凝土拱。该方法的优点是可以减少施工设备的用钢量，整体性好，拱轴线易于控制，施工进度快等。但结构本身的用钢量大且需用型钢较多，故在桥梁工程中尚不多用。我国近年来利用钢管混凝土作为劲性骨架已建成多座大跨度钢筋混凝土拱桥。

三、斜拉桥施工

斜拉桥施工可以采用有支架施工，在支架上拼装或现浇，施工简便。但只有当桥不高、桥下容许搭支架时方可采用。由于斜拉桥梁体尺寸较小，各节段间有拉索，塔架可以架设辅助钢索。因此采用无支架施工更为有利，无支架施工以用悬臂法最为普遍。

悬臂法施工有单悬臂法与双悬臂法两种方法。单悬臂法是在支架或支墩上建造边垮，然后用悬臂法拼装中跨，双悬臂法是对称平衡拼装主梁节段。

悬臂法的施工程序是先修建索塔，然后逐步张拉拉索与安装预制梁节。图 3-1-50 所示为我国上海松江泖港桥（混凝土斜拉桥）采用单悬臂法的施工程序示意图。该桥索塔浇筑是采用滑模逐节施工，主梁安装是用边跨内的两个辅助墩及架设的临时墩来安装预制的边跨主梁节段，桥墩两侧共长 40m 的一段是在支架上现浇，现浇段两端各留 0.5m 宽的湿接缝。随着边跨各阶段的整体化，即可进行中跨的悬臂拼装。在悬臂逐步前伸时，依次安装及张拉拉索。

图 3-1-51（a）所示墩顶现浇梁段及第一段塔柱已完成。临时索及Ⅰ、Ⅰ′索张拉，2～9 梁段安装完毕。

图 3-1-51（b）所示，拆除部分现浇段支架，2、3 两段整体化，塔柱第二段完成，安装拉索挂篮及辅助索，安装 2′梁段，湿接缝，张拉Ⅱ、Ⅱ′索，2′梁段完成，3′梁段上桥。如此继续安装 3′梁段、4′梁段……直到各梁段安装完成。然后安装人行道、栏杆、桥面铺装，调整索力和锚固，主体工程即告完成。

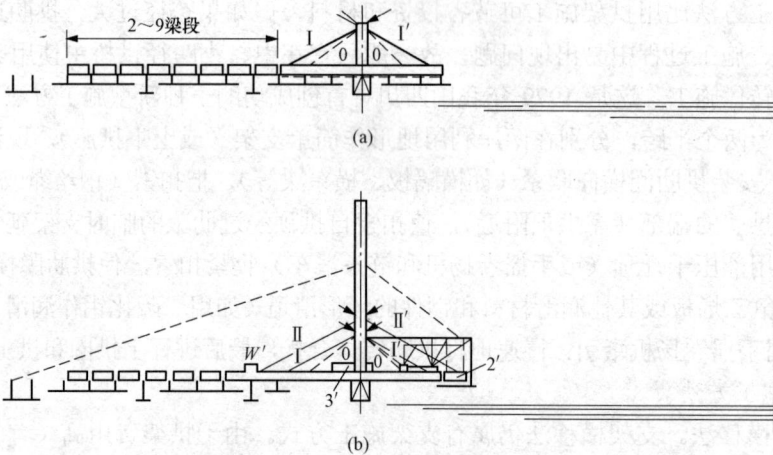

图 3-1-51　单臂悬臂法示例

习题

1．梁桥的主要施工方法有哪些，各自的特点是什么？
2．桥台的作用是什么？
3．拱桥的基本组成及主要施工方法有哪些？
4．斜拉桥由哪些构件组成，各构件的作用是什么？
5．桥梁设计的基本原则是什么？

第二章 涵 洞 与 通 道

　　涵洞是埋置在公路填方中的排水结构物，当公路填方段与河沟交叉且河沟流量较小时可修建涵洞。通道是埋置在公路填方中的通人、通车的结构物。两者在用途上不同，在结构上有很多相似之处，不同之点将在本章的有关部分说明。

第一节 涵洞与通道的构造

一、涵（道）构造形式

　　涵洞与通道由洞（道）身与进、出口建筑组成，如图 3-2-1 所示。洞（道）身承受土压力和行车荷载并将其传给地基。进、出口建筑连接路基边坡。对于涵洞，进、出口应形成良好的水流条件，位于涵洞上游的洞口称进水口，位于涵洞下游的洞口称出水口。

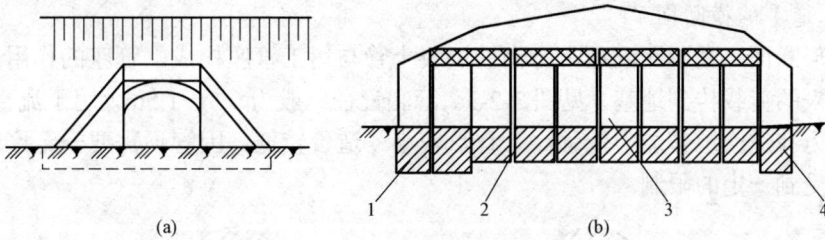

图 3-2-1　涵洞

（a）涵洞口正面；（b）洞身纵断面

1—进水口；2—变形缝；3—洞身；4—出水口

　　根据河沟深浅不同，洞（道）顶部填土厚度不同，洞（道）可分为明洞（道）与暗洞（道）。明洞（道）顶部不填土，直接作路基层与铺装路面，用在河沟浅处。顶部填土厚度大于 50cm，则为暗洞（道），用在河沟深度较大处。

　　涵洞孔径尺寸主要根据过水流量的大小来确定。

　　按照水力特性，涵洞分为无压涵洞、压力涵洞、半压力涵洞、倒虹吸管四种，如图 3-2-2 所示。

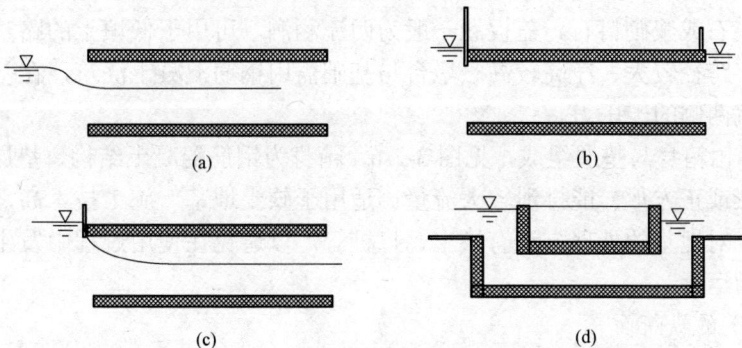

图 3-2-2　涵洞按水力特性分类

（a）无压涵洞；（b）压力涵洞；（c）半压力涵洞；（d）倒虹吸管

（1）无压涵洞。进口水流深度小于洞口高度，洞内水流具有自由面。这是通常采用的形式，可以采用管涵、盖板涵、拱涵、箱涵等。

（2）压力涵洞。进口水深淹没了洞口，洞内全长均充满水流，无自由水面，洞壁承受着内水压力。这种情况通常采用钢筋混凝土管；洞身结构复杂，且上游要雍水；用在沟深、高路堤，且雍水不造成淹没损失的情况。

（3）半压力涵洞。进口水深淹没洞口，且在进水口处充满洞口，洞内其他部分都具有自由水面。这种情况应尽量避免采用，如流量变化较大，洞内有可能出现明压流交替，洞身容易受到破坏。仅在涵洞高度受到路堤高度限制时才采用。这种情况最好采用圆形钢筋混凝土管或矩形箱涵。

（4）倒虹吸管。公路与灌溉渠道交叉时，路基填土不高，路线两侧渠水位高于涵洞进出口时，则采用倒虹吸管。管身承受内水压力，属压力涵管。进、出口可用圬工作成竖井或钢筋混凝土管作成斜管道。

通道多采用拱式、盖板式，其尺寸大小根据通人或通车的要求来确定。明式通道多采用钢筋混凝土墩台搭设钢筋混凝土面板构成。

二、洞身构造

1. 涵（道）的横断面

（1）圆形断面。圆形涵洞通常为钢筋混凝土管与圬工管座构成。管座的作用是稳定管位和将管身传来的荷载传到地基，见图 3-2-3。管涵管径一般为 0.5～1.5m，用于流量小的情况；承受荷载能力和适应地基能力较强；工程量较小、造价较低；因管顶需要一定厚度的填土，低路堤使用受到一定的限制。

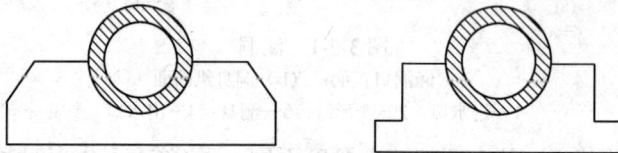

图 3-2-3　圆形涵洞

（2）拱形断面。洞（道）身由拱圈和涵台和基础组成，见图 3-2-4。拱圈形状多为圆弧。砌筑材料多用浆砌石，跨径较大者，拱圈用浆砌料石。拱涵多就地取材，施工技术简易。

（3）盖板涵（道）。由盖板、涵台和基础组成（见图 3-2-5）。盖板为钢筋混凝土，涵台与基础多用浆砌块石或浆砌料石。盖板涵一般为明流涵洞，可用于低填土的路基上。通汽车、拖拉机的通道，跨径较大、净高较高。墩台与基础需用钢筋混凝土浇筑，在基础内尚需设置横跨梁，以抵抗两侧的土压力。

（4）箱涵。由箱身与垫层组成，见图 3-2-6，箱身为钢筋混凝土结构，垫层用混凝土。箱涵的断面为矩形或正方形，能排泄较大流量；适用于软土地基，施工技术高，造价高。在软基上修建箱涵，对地基的处理方法有换土、打桩等，以避免在使用过程中发生过大或不均匀沉降，不能正常运行。

2. 涵（道）的纵断面

涵洞洞底必须具有一定的纵坡，一般在 0.4%～5%范围内。过小容易造成洞内淤积，过大容易造成冲刷。河沟比降较大时，由进水口与出水口沟底高程确定的纵坡可能较大，当洞

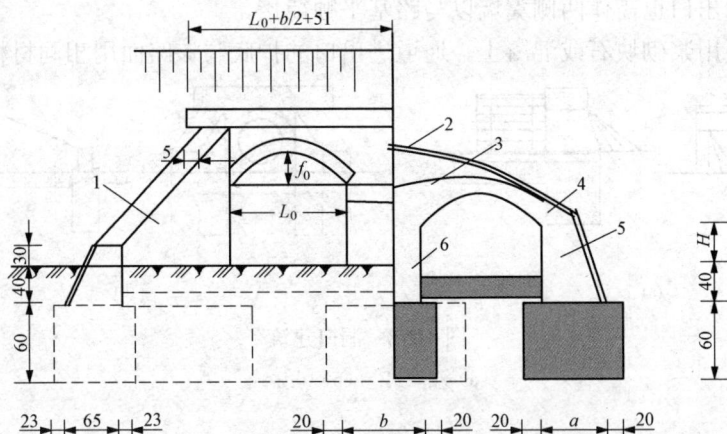

图 3-2-4 拱形洞（道）

1—八字翼墙；2—胶泥防水层；3—拱圈；4—护拱；5—台身；6—墩身

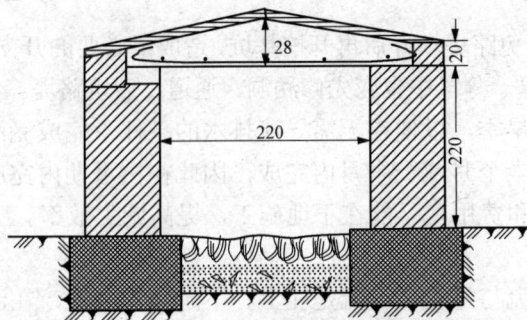

图 3-2-5 盖板涵

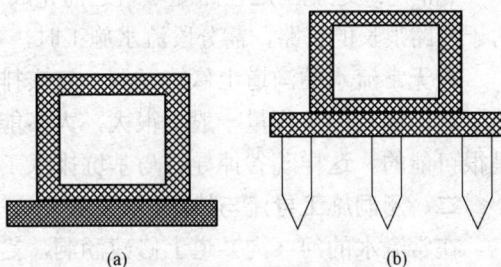

图 3-2-6 箱涵

（a）垫层上的箱涵；（b）桩基上的箱涵

底纵坡大于 5% 时，洞底宜作成台阶式，见图 3-2-7。洞身应根据地基土的情况，每 4～6m 设一道沉降缝。缝内设置防水层，通常用沥青油毡。通道的纵坡依地形而定，可以为平底（纵坡为 0.1%），但为了排泄雨水，应具有不小于 0.3% 的纵坡。特别注意的是，切不可作成进出口高而通道内低的情况，以致降雨时通道内形成水坑。通道内的纵坡也不能过大、超过该条道路的允许最大纵坡。

三、洞口建筑

为了使涵洞进出口与路基平顺衔接，保持水流通畅，使上下游河床、洞口基础和两侧路基免受冲刷，涵洞的进出口需作洞口建筑。洞口建筑由两侧翼墙和护底组成。常用

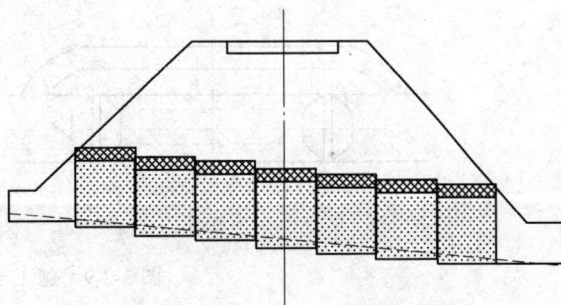

图 3-2-7 底坡大于 5% 的涵洞纵断面

的翼墙有端墙式 [见图 3-2-8（a）] 和八字式 [见图 3-2-8（b）]。端墙是一个锥形体，与涵洞轴线垂直并挡住路堤边坡，构造简单，但水力条件不佳。八字墙与涵身轴线一般成 30° 交角；工程量小，施工简单，通常多用。

通道的进、出口也需作两侧翼墙以与路基平顺衔接。

洞口建筑多用浆砌块石或混凝土。通道进出口的护底与该路面用相同材料铺装。

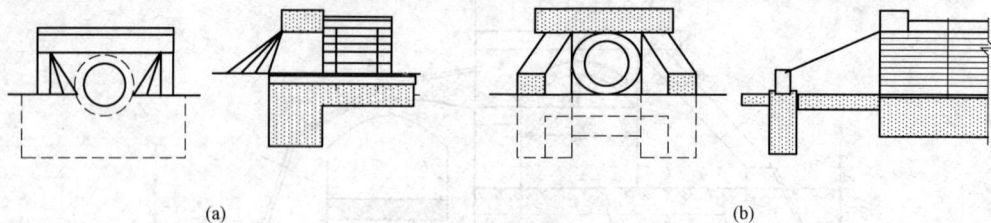

图 3-2-8 洞口建筑

(a) 端墙式; (b) 八字式

第二节 涵洞与通道施工

一、涵洞与通道施工时段的选择

涵洞与通道施工应在路堤填筑之前完成,以免路堤填好后再开挖基坑,造成不必要的开支。对于线路很长的公路,需分段流水施工时,在每一分段中也应先修涵洞、通道,后筑路堤。

在无常流水的沟道上修筑涵洞,宜安排在旱季,以便在无需导流排水的条件下完成涵洞施工。因涵洞的工程量一般不很大,大多能在半个月或一个月内完成,因此在枯水期内完成是很可能的。这样既省掉导流与基坑排水工作和费用,又能在干地施工,提高施工效率。

二、涵洞施工导流与排水

在常流水的河(沟)道上修建涵洞,需导流与排水。导流是在上、下游修筑围堰,在涵洞位置的一侧开挖导流渠,在施工期间让水流由导流渠泄走,见图 3-2-9 (a)。

基坑开挖及在基坑中修筑基础时,基坑中渗水的排除,通常用离心式水泵。水泵按所需排水量的大小选择。

如果地形条件允许,也可先在河边的滩地上修筑涵洞,待涵洞修好后,再在上游开引渠,将水流引入涵洞,见图 3-2-9 (b)。在下游开退水渠,将水流泄入下游河道。

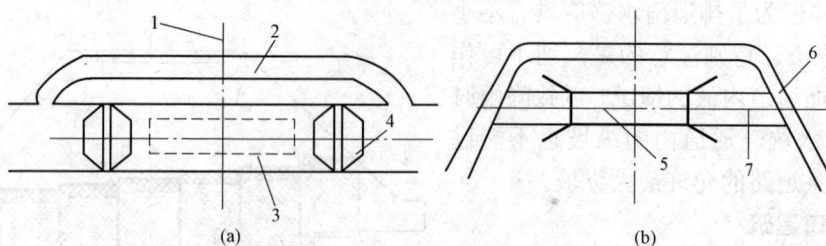

图 3-2-9 施工导流平面布置

(a) 原河床施工; (b) 滩地施工

1—公路中心线; 2—导流渠; 3—涵洞位置; 4—围堰; 5—涵洞; 6—原河床; 7—引水渠

三、涵(道)体施工

涵洞与通道施工工种主要有浆砌石、混凝土和钢筋混凝土工程。浆砌石基础施工多用灌浆法,即先将块石在基坑内安砌好,再用水泥砂浆灌缝,灌浆时应用钢钎插捣,务求灌满、灌实所有块石间的缝,大的缝应用小片石填塞。涵台则用挤浆法施工,每层砌石前,先在底层铺水泥砂浆,然后从一端向另一端依次挤浆砌石,即在先砌的块石侧面倒一层水泥砂浆,后砌块石与之挤紧,使缝间水泥砂浆密实。石拱圈的施工方法与石拱桥的拱圈施工方法相同,采用有支架施工法。

混凝土和钢筋混凝土的施工技术与钢筋混凝土桥相同,施工时应注意下列特点:

(1)钢筋混凝土涵管施工多采用预制管安装,这种情况先安管后砌(浇)筑管座。安管前先在管两端做好座垫,安管时将管放置其上,测定校准高程后,临时固定,再砌(浇)筑管座。预制管采用承插接头,在承插缝口用沥青砂胶或石棉水泥等止水材料封堵。直径较大的涵管则多采用现场浇筑,先砌管座,再在其上浇筑管身。管身浇筑需立内模与外模,外模在顶部 90°范围内为开口。施工程序是先外模,再扎钢筋和安内模,最后浇筑混凝土。混凝土浇筑应从两侧平起,分层捣固,直至封顶。

(2)盖板涵或通道的轴线与公路的中心有正交与斜交两种情况。斜交涵洞与通道的跨径不是两台的垂直距离,而是沿公路中线方向的距离,在施工放样时应予以留意。另外,正斜交与反斜交的盖板斜度方向不同,在预制盖板时不能混同。

(3)箱涵的混凝土浇筑先浇筑底板,待达一定强度后,再立两侧外模;架立两壁钢筋,立内模和绑扎顶部钢筋,最后浇筑混凝土。混凝土应从两侧平起浇筑,分层捣固,直到封顶。

(4)台背填土。台背填土是指涵洞或通道两侧背面的填土。涵体在挖方中应在路堤填筑之前回填,在填方中应与路堤同步进行填筑。台背填土需用透水性材料分层夯实,或用小型压路机分层碾压,密实度应不低于98%,以免日后沉陷,影响路面平整,造成跳车的不良后果。

第三节　涵 洞 身 长 计 算

涵洞长度计算,在涵洞设计工作中是很重要的数据之一。在平原地区大多数涵洞为正交,且填土较低,流水坡度较缓,涵洞计算相对简单。以正交箱涵为例,说明涵洞身长及标高的计算。

[例3-2-1]正交 1–4×3 箱涵,中桩纵断高程和进口底板高程已确定,横断面尺寸如图 3-2-10 所示(图中标注以 m 为单位),进行涵洞身长、标高等设计计算。

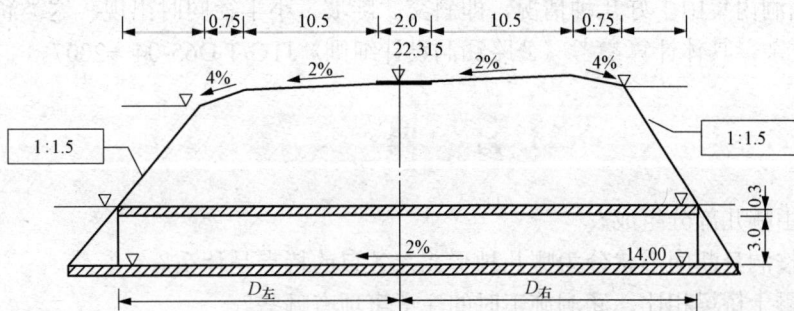

图 3-2-10　正交箱涵计算图示

解　右肩标高　　　　$22.315 + 10.5 \times 2\% - 0.75 \times 4\% = 22.495\,\text{m}$

浮土厚度　　　　　　$22.495 - 14.000 - 3.3 = 5.195\,\text{m}$

边坡宽度	$5.195 \times 1.5 = 7.7925$ m
右半长	$1 + 10.5 + 0.75 + 7.7925 = 20.0425$ m
全长	$20.0425 \times 2 = 40.085$ m
（1）左底板标高	$14.000 - 40.085 \times 2\% = 13.1983$ m
左肩高	$22.315 - 10.5 \times 2\% - 0.75 \times 4\% = 22.075$ m
左涵顶	$13.1983 + 3.3 = 16.4983$ m
左边坡宽	$(22.075 - 16.4983) \times 1.5 = 8.3651$ m
左半长	$12.25 + 8.3651 = 20.6151$ m
全长	$20.0425 + 20.6151 = 40.6576$ m
（2）左底板标高	$14.000 - 40.6576 \times 2\% = 13.1868$ m
左涵顶	$13.1868 + 3.3 = 16.4868$ m
左边坡宽	$(22.075 - 16.4868) \times 1.5 = 8.3823$ m
左半长	$12.25 + 8.3823 = 20.6323$ m
全长	$20.0425 + 20.6323 = 40.6748$ m
（3）左底板标高	$14.000 - 40.6748 \times 2\% = 13.1865$ m
左涵顶	$13.1865 + 3.3 = 16.4865$ m
左边坡宽	$(22.075 - 16.4865) \times 1.5 = 8.3828$ m
左半长	$12.25 + 8.3828 = 20.6328$ m
全长	$20.0425 + 20.6328 = 40.6753$ m
（4）左底板标高	$14.000 - 40.6753 \times 2\% = 13.1865$ m
左涵顶	$13.1865 + 3.3 = 16.4865$ m
左边坡宽	$(22.075 - 16.4865) \times 1.5 = 8.3828$ m
左半长	$12.25 + 8.3828 = 20.6328$ m
全长	$20.0425 + 20.6328 = 40.6753$ m

所以涵洞全长 40.6753m。

除正交涵洞外，在地形复杂的山区，常需设置陡坡涵洞、斜交涵洞；为了节省挖基的土石方工程，洞内常常需要变更流水坡度；线路曲线半径较小的斜交涵洞还要考虑曲线影响。有时在一个涵洞内集中了好几种情况，即斜交、陡坡、小半径同时出现。这类涵洞长度计算工作相对较复杂，具体计算参考《公路涵洞设计细则》JTG/T D65-04—2007。

习 题

1. 涵洞由哪几部分组成？
2. 涵洞按洞身断面形状分为哪几种形式，各自的特点是什么？
3. 与混凝土桥梁相比，涵洞施工时的注意事项有哪些？
4. 涵洞的结构形式有哪几种？简述适用条件。
5. 简述涵洞身长计算的步骤。

第三章 公 路 隧 道

第一节 隧 道 的 类 型 及 构 造

一、公路隧道的类型

公路隧道有穿通山丘的山岭隧道、穿过河海底的水底隧道和城市中的地下隧道三种。隧道在山岭地区可用做克服地形或高程障碍，改善线形，提高车速，缩短里程，节约燃料，节省时间，减少对植被的破坏，保护生态环境；还可用做克服落石、塌方、雪崩、雪堆等危害。在城市可减少用地，构成立体交叉，解决交叉路口的拥挤阻塞，疏导交通；在江河、海峡、港湾地区，可不影响水路通航。修建隧道既能保证路线平顺、行车安全、提高舒适性和节省运费，又能增加隐蔽性、提高防护能力和不受气候影响。

目前，世界上最长的单洞公路隧道——挪威洛达尔隧道，全长约 24.5km。位于挪威中部地区，东起洛达尔城，西至艾于兰城市，是连接首都奥斯陆与第二大城市卑尔根的咽喉要道。过去，来往于奥斯陆和卑尔根的车辆不仅要在洛达尔乘 3h 的轮渡穿越松恩峡湾，还要在洛达尔和艾于兰之间翻越地势险峻的山路，并且冬季冰冻时期禁止通行。洛达尔隧道通车后，两地间的行车时间从原先的 14h 缩短至 7h，车辆在冬季照常通行。

二、公路隧道的构造

公路隧道由道身与洞口组成，见图 3-3-1。

1. 道身平、横、纵面

隧道平面线形应综合考虑地形地质条件、洞口接线、隧道通风、车辆运行安全和施工条件等因素，并与隧道自身建设及连接区间的公路整体线形协调一致而选定。当采用曲线隧道时，不宜采用设超高的平曲线，且不应采用需加宽断面的平曲线。隧道

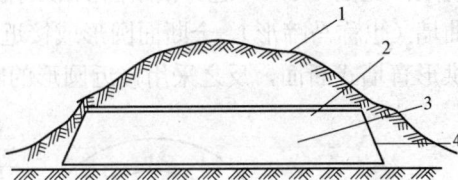

图 3-3-1 公路隧道

1—山丘；2—隧道衬砌；3—隧道；4—洞口

不设超高的圆曲线最小半径应符合规定。受特殊条件限制，隧道平面线形需采用设超高的平曲线时，其超高值应按规定进行停车视距与会车视距验算，以保证驾驶员在紧急情况下有充分的时间迅速停车，避免交通事故。隧道平面线形宜采用直线或较大半径的曲线，并保持线形的均衡过渡。隧道内不宜采用 S 形曲线，受地形地质条件限制确需设置 S 形曲线时，S 形曲线两圆曲线半径之比不宜过大，以 $R_1/R_2 \leqslant 2$ 为宜（R_1 为大圆曲线半径，R_2 为小圆曲线半径）。

公路隧道纵断面线形，应以行车安全、排水、通风、防灾为基础，并根据施工期间的排水、出渣、材料运输等要求确定。隧道内应尽量设置缓坡，但隧道内最小纵坡不应小于 0.3%。特长、长隧道最大纵坡宜控制在 2.5% 以下，中、短隧道最大纵坡宜控制在 3% 以下。中、短隧道受地形等条件限制时，应综合权衡隧道后期运营与工程建设费用，采用一定措施提高隧道行车安全性后，最大纵坡可适当加大到 4%；在特别困难的条件下，经技术经济论证，最大纵坡还可加大至 5%。短于 100m 的隧道，隧道纵坡可与隧道外路线的纵坡要求相同。隧道的纵坡形式，一般宜采用单向坡；地下水发育的长隧道和特长隧道可以采用双向人字坡。隧道

内纵坡变化处应设置大半径竖曲线平缓过渡，以保证驾驶员有足够的视线。

隧道净空是指隧道衬砌的内轮廓线所包围的空间，包括公路建筑限界（见图 3-3-2）、通风管道、照明设备、防灾设备、监控设备、运行管理设备等附属设备所需要的足够的空间，以及富裕量和施工允许误差等，见图 3-3-3。其中，建筑限界是指建筑物（如衬砌和其他任何部件）不得侵入的一种限界。公路隧道的建筑限界包括车道、路肩、路缘带、人行道等的宽度，以及车道、人行道的净高。

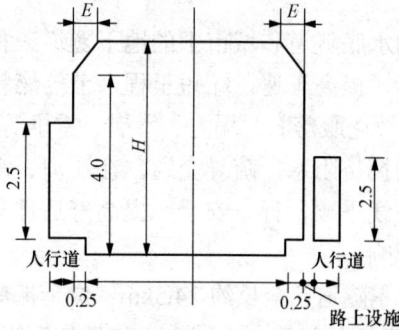

图 3-3-2　隧道建筑限界（单位：m）

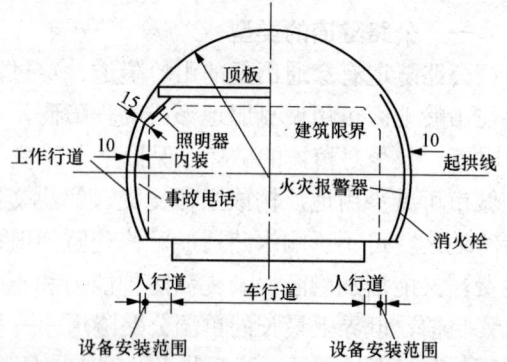

图 3-3-3　隧道净空（单位：cm）

2. 道身衬砌

在软弱地层中的隧道需要衬砌，以保证围岩稳定，安全通车。衬砌由顶拱、边墙和仰拱组成，见图 3-3-4。道身横断面的形式根据土压的性质可使用圆拱直墙（也称城门形）、圆拱曲墙（也称马蹄形）、全断面圆形或接近圆形等形式。一般而论，在地质条件较好的地层采用拱形直墙式断面，反之采用接近圆形的断面。

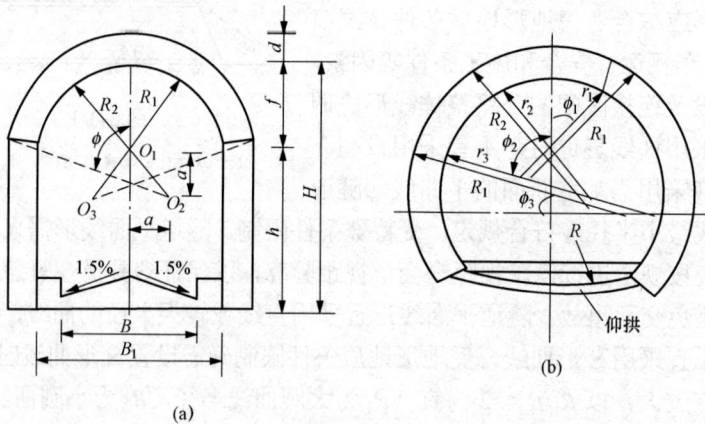

图 3-3-4　公路隧道衬砌形式

（a）城门形；（b）马蹄形

在坚硬的整体岩石层中，隧道可不衬砌。在隧道底部地层稳定且两侧压力不大，则可不修仰拱。在稳定岩层中，可只修顶拱。

隧道的衬砌材料应具有足够的强度、耐久性、抗渗性、耐腐蚀性和抗冻性等，同时应当价格便宜，就地取材，便于机械化施工；通常采用混凝土、钢筋混凝土、喷射混凝土、喷锚、石料或装配式材料。

3. 洞口

公路隧道的洞口是隧道与明线部分的连接点,其作用为保护道口周边地层的稳定和安全(即挡土结构物的功能)、引离地表流水、保证行驶车辆安全顺利出入、在城市附近应考虑与周围景观的协调等。洞口位置应根据地形、地质条件,同时结合环境保护、洞外有关工程及施工条件、营运要求,通过经济、技术比较后确定。

为了保证洞口的岩土稳定,隧道入(出)口处应修建洞门。所用建筑材料根据仰坡岩土稳定、通风采光要求及建筑美观上的要求并考虑经济条件来选择,通常多用浆砌石、混凝土砌筑。常用的山岭隧道洞门形式有端墙式、翼墙式和环框式(见图 3-3-5)。端墙式洞门是最常见的一

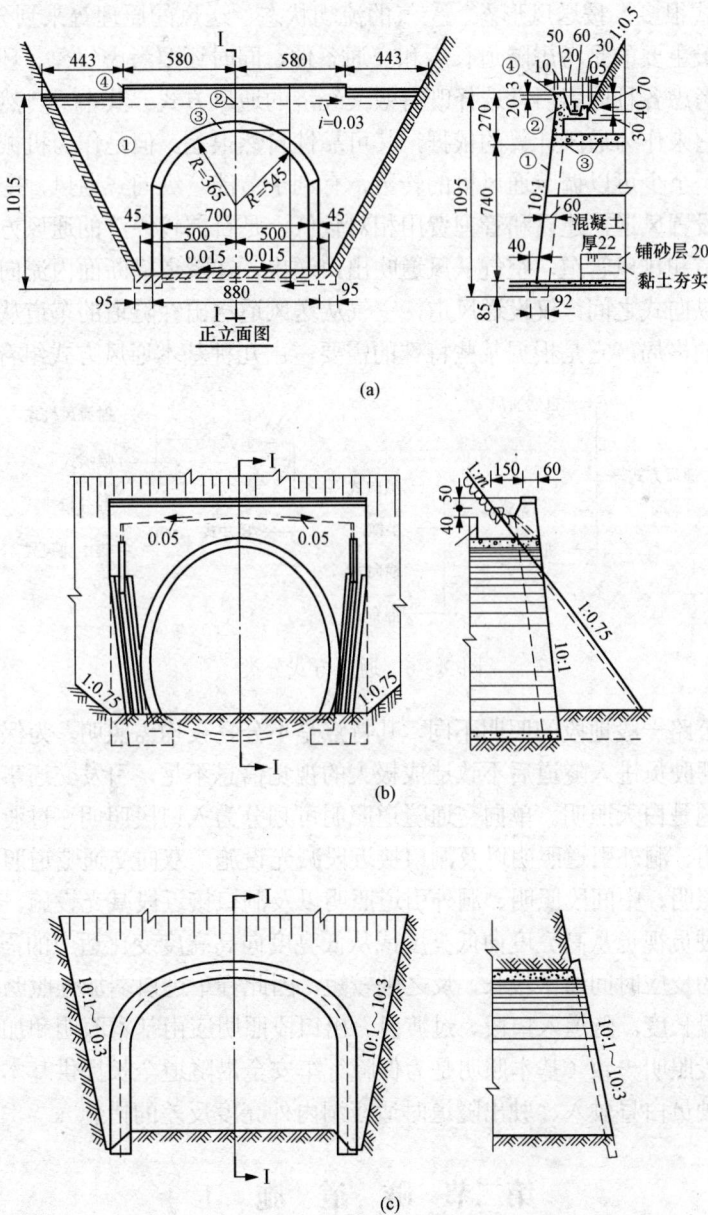

(a)

(b)

(c)

图 3-3-5 隧道洞口形式(单位:cm)

(a)端墙式;(b)翼墙式;(c)环框式

种洞门形式。这种洞门是在隧道口正面设置一面能抵御山体纵向推力的端墙，端墙的作用在于支护洞口仰坡稳定，并汇集排除仰坡地面的水流。此种洞门适用于地形开阔、岩质基本稳定的地区。当洞口的岩体较差、山体纵向推力较大时，在端墙洞门的单侧或两侧加设翼墙，称为翼墙式洞门。翼墙和端墙共同起着保持路堑边坡稳定和抵抗山体纵向推力的作用。翼墙前面与端墙垂直，墙顶面一般与边坡的延长面一致，上设排水沟，汇集仰坡及洞顶的地表水排至路堑排水沟。当洞口岩层坚硬而稳定、完整不易风化、地形陡峻且无排水要求时，可将洞门环框和洞身衬砌用同一种材料整体浇筑而形成环框式洞门。这种洞门一般不承载。

4. 隧道通风与照明设施

隧道通风方式很多，按送风形态、空气的流动状态、送风的原理等来划分，见图 3-3-6。选择通风方式时最主要的是考虑隧道长度和交通条件，同时还要考虑气象、环境、地形及地质等条件。在充分考虑各种因素后，选择既有效又经济的通风方式。其中，自然风的变化是复杂而不稳定的，用它来作为通风计算的依据，其可靠性自然很差。但是作为机械通风时的辅助作用，却不应忽视，至少可以调节通风机的转数，有利于节能。纵向式通风，空气是沿隧道轴向净空内流动，不设置风道，建设和管理费用相对较低，是目前较经济的通风方式。横向式通风同时设置送风管道和排风管道，空气从风道吹出口送出，在隧道横断面内流向排风道。半横向式处于横向式和纵向式之间，仅设送风道，空气从送风道送出经隧道的车道从洞口排出。混合式通风没有固定的格局，它是根据某些特殊的需要，由几种基本通风方式组合而来。

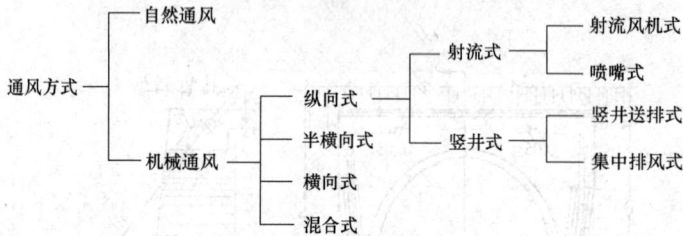

图 3-3-6 通风方式分类

隧道照明与公路一般地段的照明不同，其特点是不分昼夜均需照明。为保证行驶于白天亮度、广阔视野的驾驶员进入隧道后不致造成极大的视觉信息不足，引发交通事故，因而隧道照明解决的主要问题是白天照明。单向交通隧道照明可划分为入口段照明、过渡段照明、中间段照明、出口段照明、洞外引道照明以及洞口接近段减光设施。双向交通隧道照明可划分为入口段照明、过渡段照明、中间段照明、洞外引道照明以及洞口接近段减光设施。隧道照明分区段设置是为满足驾驶员视觉从高亮度向低亮度或从低亮度向高亮度变化适应的需求。视觉从高亮度向低亮度适应的反应时间通常较长，反之则较短，因此行车进口端加强照明段长度大于行车出口端加强照明段长度。隧道入口段、过渡段、出口段照明应由基本照明和加强照明组成；基本照明应与中间段照明一致（基本照明是为保障行车安全沿隧道全长提供基本亮度的措施；加强照明是解决驾驶员白昼驶入、驶出隧道时适应洞内外亮度反差的措施）。

第二节 隧 道 施 工

隧道施工根据地质条件、水文条件、埋深、断面形状及尺寸、施工技术条件、工期等许多因素有各种不同的施工方法,施工既有一般土建工程施工特点,又有地下工程施工的特点。从目前的认识水平出发,隧道的施工方法大致可作以下分类,见表 3-3-1。

表 3-3-1 隧道施工方法分类

大分类	小分类	
明挖法	基坑开挖法	
	盖挖法	
	沉管法	
暗挖法	钻爆法	矿山法
		新奥法
	非钻爆法	盾构法
		掘进机法
		顶进法

明挖法是将围岩自地表揭开,在围岩明露的情况下逐层逐段下挖,至设计高程后再施工洞室结构,然后做好洞顶回填。它适用于上覆岩土厚度在 12m 以内(或到 20m),且地面上一定范围无建筑物或设施的情况。

明挖的基坑法实际是降低地下水位,然后自地面开始分层分段开挖,随时刷放边坡,必要时予以支护(型钢支护、连续墙支护、混凝土灌注桩支护、土钉墙支护、锚杆索支护、钢筋混凝土和钢结构支撑支护等),直到设计高程后,再作衬砌结构施工及防水工程与洞顶回填。明挖的基坑法,因其施工简单、快捷、经济、安全,是可以首选的技术。但因其对环境的影响较大,或会干扰地面交通,或缺乏必要的施工场地条件,故近年来又发展了一种盖挖法。

盖挖法可以先在边坡有支护(连续墙、混凝土灌注桩等)条件下,向下开挖到一定深度,然后顶部由盖板框架结构棚起,以改善环境和交通。然后,在盖板的保护下再向下开挖,直至完成洞室结构。此时,如自上而下逐层开挖、逐层做结构,则称为逆作法;如一次开挖到底再自下而上做结构,则称为正作法。逆作法适用于地质条件复杂、开挖断面较大的情况。这种方法在城市隧道工程中具有明显的优越性。

暗挖法就是由选择的洞口开始,沿洞线推进,在地下边开挖、边支护、边衬砌、边回填,必要时也可在沿线布置若干个竖井或旁支洞,以便增多开挖面,加速开挖速度。隧道贯通后,竖井可作为通风通道。竖井的施工方法分为正井法和反井法。正井法一般采用人工钻爆法自地面向下开挖,在井口布置吊挂设备,提升出渣。正井法的特点是上井口直通地面,地面出渣不受限,造价低。反井法是先自上而下钻导孔,导孔作为后续扩孔之用,也可探明地质情况,期间产生的渣料以高压水或压缩空气喷出地面;接着换装扩挖钻头,自下而上扩孔开挖,扩挖产生的渣料以重力方式落于井底;最后如果竖井设计直径大于扩挖直径,需要自上而下扩挖至竖井设计直径。反井法需有已挖通的平洞相连,以供开挖中出渣或更换扩挖钻头之用。

主要的暗挖法有钻爆法(又分为传统的矿山法和新奥法)、盾构法、掘进法和顶进法。钻爆法是用炸药爆破坑道范围内的岩体,从而达到开挖的目的。它对围岩的扰动破坏较大,有时由于爆破振动致使围岩产生坍塌,故一般只适用于岩质隧道。采用矿山法施工,隧道开挖后受爆破影响,造成岩体破裂形成松弛状态,随时都有可能塌落,其施工方法是按分部顺序采取分割式一块一块地开挖,并要求边挖边撑以求安全,所以支撑复杂,木材耗用多。随着喷锚支护的出现，使分部数目得以减少，进而发展成新奥法。钻爆法的施工顺序是测量、布置炮眼位置和钻孔、装药、连线、起爆、通风、出渣、衬砌。对于软土中的土质隧道，盾构法具有明显优势。它集开挖、支护、衬砌、回填于一身，得到了软土中"游龙"的美名。这种软土盾构法施工原理的进一步扩展，形成了岩体中的隧道掘进机施工方法。掘进机由机架、刀盘（装在机架前面）和推进缸、皮带机等组成。刀盘上装有若干把切削刀。开挖时，刀盘转动，切削刀切割岩石，推进缸推动机架前进，连续开挖，皮带机连续出渣。掘进机用在地质条件良好、岩石硬度适中、岩性变化不大的场合。大多适用开挖圆形断面，通过调整刀盘倾角也能开挖非圆形断面。掘进机多用全断面开挖，施工安全、节省劳力。这种施工方法不仅适用于隧道，而且可用于大型地铁车站及水工压力斜井的开挖。

隧道施工主要包括开挖与衬砌两个过程。

一、隧道开挖

隧道开挖方式视地质条件和洞室尺寸有所不同，常见的有全断面开挖、台阶法开挖与分部开挖三种，见图 3-3-7。

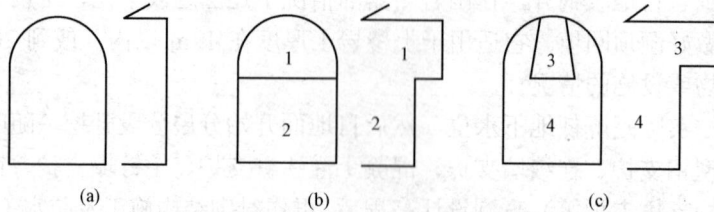

图 3-3-7　隧道开挖方式

（a）全断面开挖；（b）台阶法开挖；（c）上导洞开挖

1—上部开挖面；2—下部开挖面；3—上导洞；4—扩大部分

（1）全断面开挖。隧道开挖断面较小（包括净空与衬砌），或用大型机械施工（如用挖掘机与自卸汽车出渣），可采用全断面开挖方式。

（2）台阶法开挖。是将整个断面分成上下两个断面先后开挖。上层先向前掘进，下层跟后掘进。上层超前一般为 2.0～3.5m，超前太多，上层清渣不太方便。这种开挖方式不需大型施工机械。在较软弱地层中，上层开挖一段后，将顶拱衬砌好，再开挖下层，保证施工安全。

（3）分部开挖。先开挖一个面积较小的导洞，再扩大开挖至全断面。在较弱地层中，用上导洞（导洞在断面上部），可先衬砌顶拱，在顶拱保护下开挖以下部分。在坚固稳定的岩层中多采用下导洞（导洞在断面下部），以利上部开挖时出渣。在围岩较差时，用导洞法开挖。导洞法开挖虽然工效较低，但可以较好地解决围岩压力与支撑困难的矛盾，且在含瓦斯的地层中开挖时，超前的导洞有利于对瓦斯的及时监测预报，防止事故出现。导洞法还可以通过采用多导洞（拱部多导洞或边墙多导洞），并与台阶法结合来组织施工，更有利于处理大断面，尤其是特大断面开挖中开挖支护与围岩性质的结合。

二、隧道衬砌

衬砌材料通常用混凝土、钢筋混凝土、喷射混凝土、喷锚、石料或装配式材料，施工方法有现浇法、压浆法与喷锚法。

（1）现浇法。施工时，在纵向要分段进行浇筑，分段长度一般为 4～18m。分段宜利用永久伸缩缝，当永久缝间距过大或无永久缝时，则应设施工缝分段。分段浇筑的顺序有跳仓浇筑和分段留空档浇筑等，见图 3-3-8。

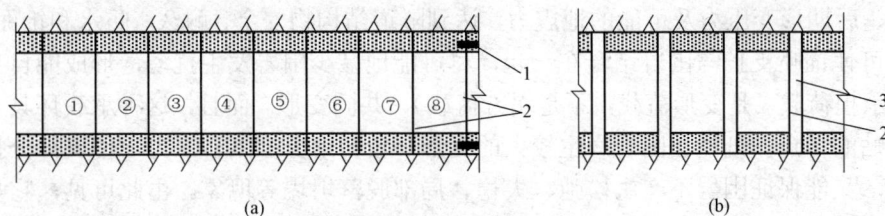

图 3-3-8　隧洞浇筑分段

（a）跳仓浇筑；（b）分段留空档浇筑

1—止水；2—分缝；3—空档

跳仓浇筑是先浇 1、3、5…段，后浇 2、4、6…段。分段留空档浇筑的空档宽 1m 左右，最后浇筑。所以采用这些方法，是为避免混凝土凝固收缩而产生裂缝。

在横断面上通常分块浇筑，将横断面的衬砌分为底拱（底板）、侧拱（侧墙）和顶拱，见图 3-3-9。在围岩比较坚固稳定的情况下，先浇底拱，再浇侧墙，最后浇顶拱；在围岩软弱时，则先浇筑顶拱，再底拱和侧拱。

混凝土浇筑的施工方法，与桥梁中混凝土浇筑方法相同。

（2）压浆法。又称预填骨料压浆法，是将组成混凝土的粗骨料预先填入模板中，尽可能振实以后，再用灌浆泵压入水泥砂浆，见图 3-3-10。

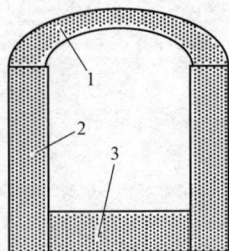

图 3-3-9　隧道衬砌分块

1—顶拱；2—边墙；3—底拱

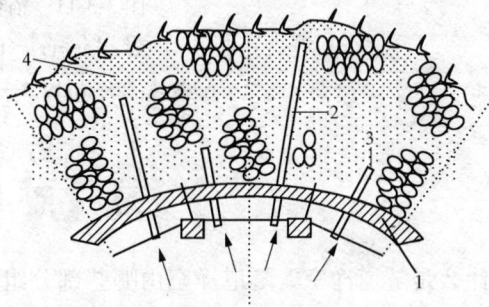

图 3-3-10　预填骨料压浆法

1—模板；2—长灌浆管；3—短灌浆管；4—预填骨料

（3）喷锚法。喷锚法是喷射混凝土、锚杆［见图 3-3-11（a）所示为楔缝式锚杆］、钢筋网喷射混凝土等结构组合起来的支护形式。可以根据不同围岩的稳定状况，采用锚喷支护中的一种或几种结构的组合。用机械方法加固隧道围岩，可设锚杆；张挂金属网，可提高喷混凝土支护层的抗拉能力、抗裂性、抗震性。

基于锚杆支护的出现、喷射混凝土机的研发以及对围岩压力发展规律的认识，产生了一种新的隧道修建理论，即新奥法。该法是在隧道断面开挖时，尽可能迅速、连续地观测围岩的变形和位移，并及时以锚喷作为临时支护［第一次衬砌，见图 3-3-11-（b）］，以封闭岩体的张拉裂隙和节理，加固围岩结构面，利用它在岩块间镶嵌咬合的自锁作用稳定围岩，控制围岩的应力和变形，防止松弛、坍塌和产生松散压力等作用。然后逐步增加支护措施（加厚喷层，增设锚杆、钢筋网等），以提高支护层的抗拉能力、抗裂性和抗震性，至基本稳定后，再加做模注混凝土的"二次衬砌"（原来的临时支护成为永久衬砌的一个组成部分），以便承受水压力、后期形变压力及可能的地震力，达到隧道结构物安全、耐久、防水和饰面的要求。这种方法可使锚喷支护与围岩结合在一起，尽可能地减少围岩发生扰动，形成能自身稳定的承载环，承担荷载（是变形荷载，不是塌方荷载），共同变形。而且，这种承载环具有柔性及与围岩密贴的特点，既能让围岩产生较大的变形，较多地分担围岩压力，使支护分担的变形压力减小，又能保证围岩不产生松弛、失稳、局部脱落坍塌等现象。由此可见，它与以往那种开挖、支撑、衬砌、回填的被动施工方法具有明显的不同。它突出了充分利用围岩自稳支撑能力和信息化（量测、调整施工方案与参数）两个核心点。

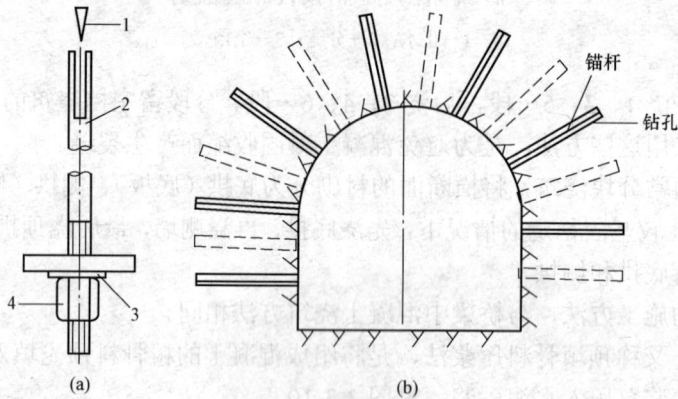

图 3-3-11 锚杆支护

（a）楔缝式锚杆；（b）锚杆布置

1—楔块；2—锚杆；3—垫板；4—螺母

习 题

1. 什么是隧道净空？隧道净空由哪些部分组成？
2. 常用的山岭隧道洞口形式有哪些？各有什么特点？
3. 选择隧道通风方式要考虑哪些因素？基本的隧道通风方式有哪些？
4. 常见的隧道施工方法有哪些？
5. 简述隧道开挖方式和各自的特点。
6. 简述隧道衬砌方式和各自的特点。
7. 简要说明新奥法的原理。

第四篇

道路施工机械及机械化施工

　　施工机械是现代公路建设的重要保障。由于公路建设迅速发展，施工机械及机械化施工的重要性越来越充分地显示出来。在公路施工中，只有使用先进的施工机械，合理地组织机械化施工，才能满足工程质量要求，加快施工进度，节省工程费用。随着科学技术的发展，施工机械的技术性能和自动化程度不断提高，新产品新机型不断出现，只有了解和掌握了施工机械方面的知识，才能更好地选用机械设备，组织机械化施工，并取得良好的技术经济效益。本篇主要介绍现代公路施工中常见机械设备和机械化施工等方面的有关知识。

第一章　土石方机械

第一节　概　述

　　土方机械包括推土机、装载机、挖掘机、铲运机等几个重要机种，它们是工程机械中用途最广泛的一大类机械，也是公路施工，特别是高等级公路施工中土方工程的主要施工机械，在公路路基施工中，土方机械担负着土方的铲装、填、挖、运输、整平等作业，具有施工速度快、作业质量高等优点，是现代公路建设中不可缺少的机种。

一、推土机

1. 推土机的特点和作用

　　推土机是由工业拖拉机和装于前方的推土装置组成。它具有结构简单、操纵灵活、用途广泛和生产效率高等特点，广泛用于建筑、筑路、采矿、油田、水电、港口、农林及国防等各类工程建设中。推土机主要承担以下土方作业：

　　（1）切削、推运。一般运距范围 20～100m。能铲运土及松散物料，还能整修路基、场地等。

　　（2）开挖、堆积。开挖沟槽、河床，堆积土石方、填筑路堤。

　　（3）回填、平整。回填基坑、沟壕，平整道路、广场。

　　（4）疏松、压实。疏松荒地，压实地面等。

　　（5）其他用途。清除路障与积雪，铲除树根，还可作为各种拖式机械的牵引机，也可作为铲运机的助推机使用。此外，在大型推土机后加装松土器可用于翻松硬土、旧沥青混凝土路面，凿裂风化岩石。

　　推土机的作业对象主要是各级土、砂石料及风化岩等。

　　推土机的分类、特点及适用范围见表 4-1-1。

　　推土机的发展趋势向大型化、多功能方向发展，同时注意安全、防污染和舒适等要求。

2. 推土机的工作装置

　　推土机的主要工作装置是推土装置，它有直铲、角铲、U 形推土板和缓冲推土板几种形式，最常用的是直铲和角铲两种。

　　直铲由推土板左右两侧的推杆、斜撑杆和操纵油缸组成，如图 4-1-1（a）所示。推土板是用来切削和推运土方的，其下缘镶有刀片，如磨损过度尚可更换。推土机的牵引力是由顶推杆传递给推土板的。直铲的推土板垂直于拖拉机纵轴线安装，工作时只能将土方向前推进。推土板在操纵油缸作用下实现提升、下降、固定和浮动四个动作。

表 4-1-1　　　　　　　　　　　常用推土机分类、特点及适用范围

分类形式	分类	特点及适用范围
按发动机功率分	小型	发动机功率小于 44kW
	中型	发动机功率 59～103kW
	大型	发动机功率 118～235kW
	特大型	发动机功率大于 235kW
按行走机构分	履带式	此类推土机与地面接触行走部件为履带，由于它附着牵引力大、接地比压低、爬坡能力强、能在较为险恶工作环境作业等优点，因此，是推土机的代表机种
	轮胎式	此类推土机与地面接触的行走部件为轮胎，具有行驶速度高、作业循环时间短、运输转移不损坏路面、机动性好等优点
按用途分	普通型	此类推土机具有通用性，它广泛地应用于各类土石方工程中，主机为通用的工业拖拉机
	专用型	此类推土机适用于特定工况，具有专一性能，属此类推土机的有湿地推土机、水陆两用推土机、水下推土机、爆破推土机、船舱推土机、军用快速推土机等
按铲刀形式分	直铲式	也称固定式。此类推土机的铲刀与底盘的纵向轴线构成直角；铲刀的切削角是可调的。对于重型推土机，铲刀还具有绕底盘的纵向轴线旋转一定角度的能力。一般来说，特大型与小型推土机采用直铲式的居多，因为它的经济性与坚固性较好
	角铲式	也称回转式。此类推土机铲刀，除了能调节切削角度外，还可在水平方向上，回转一定角度（一般为±25°），角铲式推土机作业时，可实现侧向卸土。应用范围较广，多用于中型推土机
	U 形推土板	与直铲推土板相比，高宽尺寸大，作业时减少了溢土损失，在推土板前增加了积土量，适用于易挖材料和推运轻质材料
	缓冲推土板	尺寸较小，但很坚固，用于助推用的推土机上，助推铲运机取土和上坡时不会割伤铲运机的轮胎
按传动方式分	机械传动式	此类推土机的传动系，全部由机械零部件所组成。具有制造简单、工作可靠、传动效率高等优点，但操作笨重、发动机容易熄火、作业效率较低
	液力机械传动式	此类推土机的传动系，由液力变矩器、动力换挡变速箱等液力与机械相配合的零部件组成。具有操纵灵活、发动机不易熄火、可不停车换挡、作业效率高等优点，但制造成本较高、工地修理较难。它仍是目前产品发展的主要方向
	全液压传动式	此类推土机，除工作装置采用液压操纵外，其行走装置的驱动也采用了液压马达。具有结构紧凑、操作轻便、可原地转向、机动灵活等优点，但制造成本高、维修较难。由于液压马达等元件制造难度较大，目前国内发展尚受一定限制
	电气传动式	此类推土机的工作装置、行走机构均采用电动机作动力。它具有结构简单、工作可靠、作业效率高、污染少等优点，但受电源、电缆的限制，使用受到局限。一般用于露天矿、矿井作业为多
按提升铲刀的方式分	钢绳式	铲刀升降由钢绳操纵。它简单可靠、维修方便。但不能强制切土，影响性能，所以发展受到一定限制
	液压式	铲刀在液压油缸作用下升降。它可实现强制切土，作业性能较好，有取代钢绳的趋势

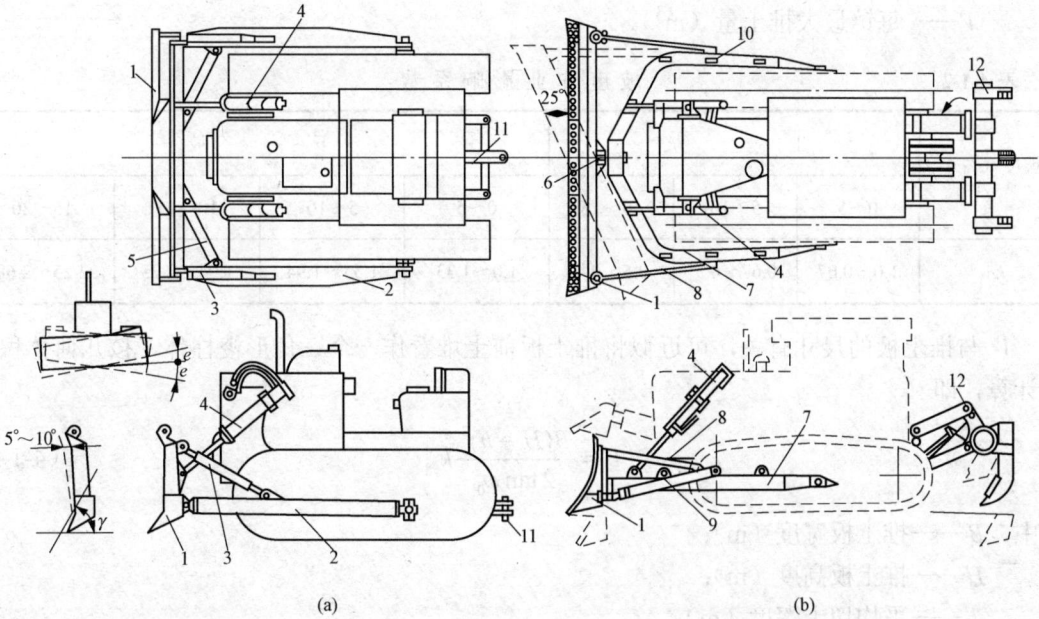

图 4-1-1　履带式推土机的工作装置

1—推土板；2—推杆；3—斜撑杆；4—操纵油缸；5—拉杆；6—球铰；7—拱形架；

8—上撑杆；9—下撑杆；10—拱形架上的支座；11—挂钩；12—松土器

角铲也称回转式推土机，在它的推土板后部中央，通过球铰与拱形架相连，见图 4-1-1（b）。其两侧也用球铰与上、下撑杆相连。因此这种推土板除可当直铲使用外，还可从直铲位置在水平面内向左或向右转一角度；当推土机向前直驶时，斜置的推土板能使铲取的土壤向一侧移动，实现铲土、运土和卸土三过程的连续作业。这一特性对于回填沟槽、山侧开路和清除地面等作业均十分方便有效。

U 形推土板与直铲推土板相比，高宽尺寸增大，两侧有挡板，作业时减少了溢土损失，在推土板前增加了积土量，因此它适宜于挖土方和推运轻质松散材料。缓冲推土板的尺寸较小，但很坚固，没有刀刃，用于助推用的推土机上，用作助推机时，不会割伤前面机械的轮胎。此外，推土机还可更换工作装置，用于清除荆棘、伐树等。

3. 推土机的使用

（1）生产率计算。

1）挖运土方时生产率计算。推土机挖运土方时，其生产率是以单位时间内挖运土方的量来计算的。其生产率计算公式为

$$Q_t = \frac{3600Vk_{时}k_{漏}k_{坡}}{T} \tag{4-1-1}$$

式中　Q_t——挖运土方作业生产率（m³/h，松方）；

　　　T——一个挖运土方周期循环时间（s）；

　　$k_{时}$——推土机作业时间利用系数，一般取为 0.85～0.90；

　　$k_{漏}$——铲刀土量损漏系数，取决于运土距离 L，$k_{漏}=1-0.0005L$；

　　$k_{坡}$——坡度作业影响系数，按表 4-1-2 取；

V——每铲最大推土量（m³）。

表 4-1-2　　　　　　　　　坡 度 作 业 影 响 系 数

坡度（%）	上　　坡			下　　坡			
	0～5	5～10	10～15	0～5	5～10	10～15	15～20
$k_坡$	1.0～0.67	0.67～0.5	0.5～0.4	1.0～1.33	1.33～1.94	1.94～2.25	2.25～2.68

V 与推土板的尺寸有关，可近似将推土板前土堆看作一个三角形棱柱体，按几何体积进行计算，即

$$V = \frac{B(H-h)^2}{2\tan\varphi_0}k_充 \tag{4-1-2}$$

式中　B——推土板宽度（m）；

H——推土板高度（m）；

h——平均切土深度（m）；

φ_0——土的自然坡度角，按表 4-1-3 选取；

$k_充$——土的充盈系数，见表 4-1-4。

2）平地时作业生产率计算

$$Q_p = \frac{3600(B\sin\varphi - m)lk_时}{n\left(\dfrac{l}{v}+t_5\right)} \tag{4-1-3}$$

式中　Q_p——平地时作业生产率（m²/h）；

B——铲刀宽度（m）；

φ——铲刀水平面回转角（°）；

m——相邻两次平整通道间重叠部分，一般取 0.3m；

l——平整地段长度（m）；

$k_时$——时间利用系数，可取为 0.85～0.90；

n——每一段平整次数；

v——平地速度，宜取 0.8～1.0m/s；

t_5——推土机转向时间，一般取为 10s。

表 4-1-3　　　　　　　　　土 的 自 然 坡 度 角

状态 \ 种类	碎石	砾石	砂　石			黏　土		轻亚黏土	种植土
			粗砂	中砂	细砂	肥土	贫土		
干	35°	40°	30°	28°	25°	45°	50°	40°	40°
湿	45°	40°	32°	35°	30°	35°	40°	30°	35°
饱和	25°	35°	37°	25°	20°	15°	30°	20°	25°

表 4-1-4 推土板的充盈系数 $k_充$

土的分类	岩土的性质	$k_充$
易推的土	土质松软，推土板很易推满，如含水量小的砂质土、壤土和贮料堆	0.9~1.1
一般土	土质松软，但不易推满的土，如含砾石的砂、碎石	0.7~0.9
难推的土	含水量大的黏性土，干硬的土，含大砾石的砂，自然地面	0.6~0.7
很难推的土	爆破石渣，大块石	0.4~0.6

（2）推土机的合理使用。上述推土机生产率计算公式中，除铲刀的几何尺寸是常数外，其他参数均为可变参数，影响这些变量的因素有人为因素和客观因素。推土机合理使用，主要是解决人为因素的影响，它与施工方法、施工组织及操作技能有关。提高推土机的使用效率主要从以下几方面着手：

1）减少土壤散失，增加推运土方量 V。为了提高推运土方量 V，在条件许可的情况下，可采取沟槽推土法、分段推土法、多机并列推土法、加翼板推土法。这几种方法可单独使用，也可几种方法同时综合使用，视施工现场具体情况而定。

2）合理选定作业路线、减少作业循环时间。推土机作业路线的合理选定，对提高其工效十分重要，作业路线的选定，要遵循铲土、运土、空返三个主要过程的运距最短原则，铲土路线和运土路线应是直线，并力求一致，如有曲线段应要求平顺，避免出现大转弯而造成大量的土壤散失。

3）注重机械设备的保养和操纵人员素质的提高，减少不应有的停机时间，以提高时间利用系数 $k_时$。

二、铲运机

1. 铲运机的用途和分类

铲运机是一种利用装在前后轮轴或左右履带之间的带有铲刃的铲斗，在行进中顺利完成铲削、装载、运输和卸铺土方作业的铲土运输机械。铲运机具有较高的技术经济指标，近年来在国内外发展很快，被广泛用于公路、铁路、水利和露天矿山工程中，在公路工程中主要用来挖路堑、填筑路堤、搬运土方等。

铲运机主要用于中距离（100~2000m）大规模土方转移工程。它适于Ⅰ~Ⅲ级土壤的铲运作业，在Ⅳ级土壤或冻土中进行铲运作业时，应预先进行松土；铲运机不能在混有大石块、树桩的土壤中作业。

铲运机主要根据斗容量、卸载方式、装载方式、行走机构、动力传递方式及操纵系统等进行分类，见表4-1-5。

表 4-1-5 铲运机的分类

分类	特点	分类	特点
按斗容量分	小型：铲斗容量<5m³ 中型：铲斗容量 5~15 m³ 大型：铲斗容量 15~30 m³ 特大型：铲斗容量>30 m³	按卸载方式分	自由卸载式 半强制卸载式 强制卸载式

续表

分　类	特　点	分　类	特　点
按行走方式分	拖式 自行式	按动力传递方式分	机械传动 液力机械传动 电力传动 液压传动
按行走装置分	轮胎式 履带式	按工作机构的 操纵方式	机械式 液压式
按装载方式分	普通式 升运式		

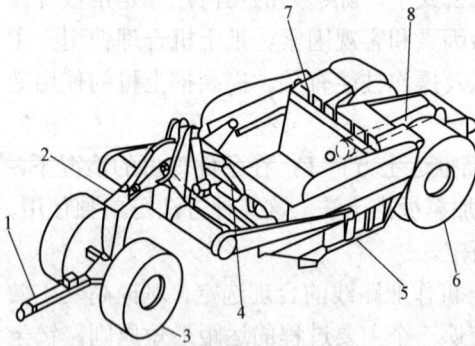

图 4-1-2　CTY11 型液压拖式铲运机外形

1—拖把总成；2—辕架总成；3—前轮总成；

4—斗门总成；5—铲斗总成；6—后轮总成；

7—尾架卸土板总成；8—液压系统

2. 铲运机的结构

（1）拖式铲运机的总体构造。拖式铲运机由工作装置、牵引装置、行走装置和操纵系统四大部分组成，图 4-1-2 所示为国产 CTY11 型液压拖式铲运机外形。

工作装置即铲运斗，包括斗体、斗门及尾架。牵引装置包括拖杆和辕架。行走装置包括轮轴和轮胎。液压操纵系统包括油泵、操纵阀、工作油缸及软管、油箱等。

（2）自行式铲运机的总体构造。自行式铲运机一般由单轴牵引车和铲运斗两部分组成，图 4-1-3 所示为 CL7 型自行式铲运机外形。牵引车主要包括发动机、传动系统、转向系统、制动系统和车架

等；铲运斗主要由斗门、斗体和操纵机构等组成。升运式铲运机还包括链板升降机构。双发动机自行式铲运机，其后部装有一台辅助发动机，用于铲装和重载上坡时驱动后轮。

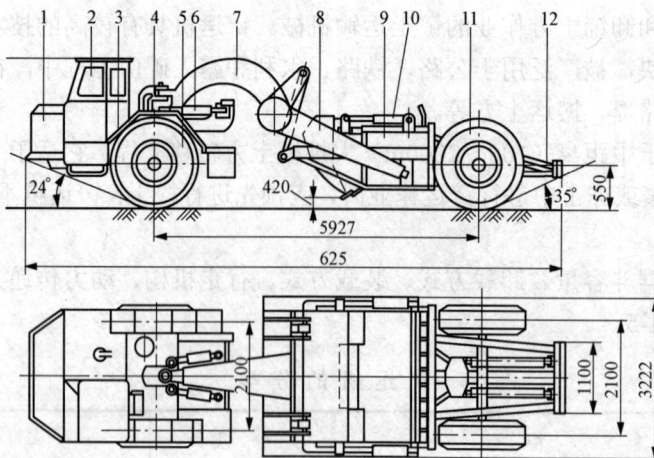

图 4-1-3　CL7 型自行式铲运机外形

1—发动机；2—驾驶室；3—传动装置；4—中央枢架；5—前轮；6—转向油缸；

7—象鼻梁；8—铲斗门；9—铲斗；10—斗门油缸；11—后轮；12—尾架

3. 铲运机的使用

（1）铲运机的作业过程。铲运机的作业过程由铲装、运土、卸土和回驶四个过程组成一个工作循环。

铲运机在取土场地上行驶，升起斗门，放下铲斗依靠斗口刀片切削土壤，并将土装入斗内，这是铲装作业；待土装满后，关闭斗门，升起铲斗，铲运机重载运行，这是运土作业；当土运至卸土处，打开斗门，放下铲斗并使斗口距地面一定的距离，机械在慢行中卸土，并利用铲刀将卸下的土壤刮平，这是卸土作业；卸土作业完成后，斗门关闭，铲斗提起，机械空驶返回取土区，准备进行下一个作业循环，这是回驶过程。

在铲装松土时，为了将铲斗装满至堆尖容量，或者在铲装较硬土壤时，增加足够的牵引力，通常使用助推机在铲运机尾部顶推助铲。

（2）铲运机作业生产率计算。铲运机属于循环作业式的土方工程机械，其生产率计算公式为

$$Q = \frac{3600 V k_{充} k_{时}}{T} \tag{4-1-4}$$

式中 Q——铲运机的生产率（m^3/h，松方）；

V——铲斗铲装容量（m^3）；

$k_{充}$——铲斗充盈系数，与物料性质有关，见表 4-1-6；

$k_{时}$——时间利用系数；

T——铲运机工作循环时间，它是铲装时间 t_1、运土时间 t_2、卸土时间 t_3、回驶时间 t_4、换挡时间 t_5、转向调头时间 t_6 之和（s）。

表 4-1-6 铲斗充盈系数 $k_{充}$

材料	砂	普通土	黏土	碎岩
$k_{充}$	0.9	0.8	0.7	0.6

从上述生产率的计算公式，可以看出影响铲运机生产率的主要因素有铲斗的充盈系数 $k_{充}$、每一工作循环时间 T 和时间利用系数 $k_{时}$。这些因素与驾驶员的操纵熟练程度和施工组织安排有关。

为提高铲斗充盈系数，可采取以下措施：

1）对于Ⅲ级以上的土壤或冻土，因挖掘阻力较大，可先用松土器将土壤破松后再铲挖，每次松土深度不宜超过 20～30cm，否则将增加机械的行驶阻力。另外，还须在铲土前清除树根、杂草与大石块等。

2）尽量采用下坡地形作业，坡角最好为 7°～8°。

3）当铲挖较坚硬土壤而又无松土器时，可用推土机作为助推机，顶推铲运机，通常这样可提高工效 40%～70%。

4）交替铲土，也称跨铲法。其具体作业方法见图 4-1-4。先在取土场第一作业区上取土，并在相邻两铲道间留出 1/2 铲刀宽的土不铲，然后从第二区上取土，且铲土起点后移的距离为铲土道长

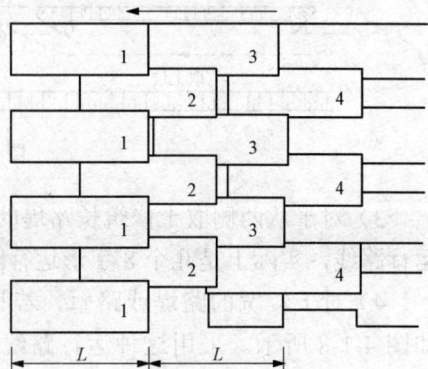

图 4-1-4 跨铲法

L—铲土长度；——挖土方向

度的一半。随后依次交替进行铲土作业。这种作业的特点是,在铲土后半段因切土宽度减小而使铲土阻力降低,从而使铲运机有足够的功率使铲斗装满,同时又可缩短铲土道长度和铲土时间,提高铲装工效。

合理选定作业路线,能减少作业循环时间,通常有以下几种作业方式:

1)在高度或深度小的路堤填筑和路堑开挖工程中,如果工作面大、运距短(200m),可采用椭圆形运行路线进行施工,见图4-1-5。采用这种作业路线时,铲运机完成一个工作循环有两次转向。由于路线形式简单,容易选择,故被广泛采用。

2)对于取土坑较长的路堤填筑工程,可采用8字形运行路线,见图4-1-6。这种运行路线,实际上是两椭圆形路线的连接,它缓解了两个180°的急转弯。此外,在一次工作循环中,可完成两次铲土和卸土作业,且重载与空载的行驶路线较短,故其工效比椭圆形运行路线高。

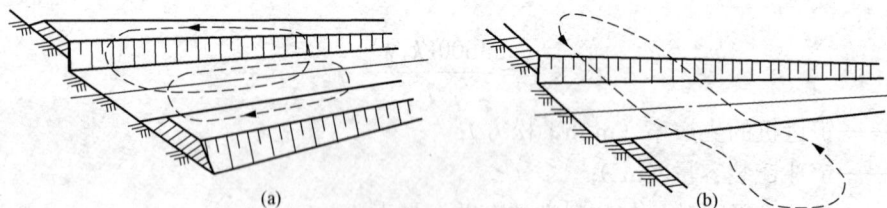

图 4-1-5　椭圆形行驶路线

(a)纵向;(b)横向

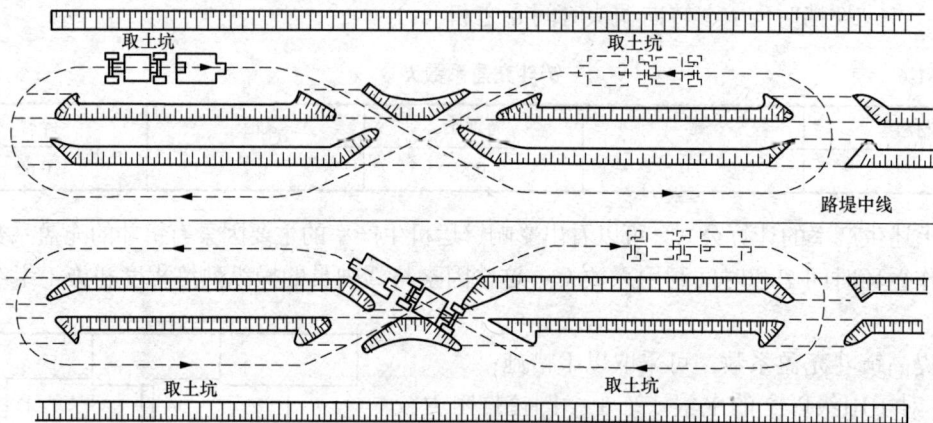

图 4-1-6　8字形行驶路线

3)对于从两侧取土修筑长路堤的工程,可采用之字形运行路线,如图4-1-7所示。这种运行路线,实际上是几个8字形运行路线的首尾相接。

4)对于较宽的路堤或路堑,若其宽度足够铲运机横向铲土,则采用螺旋形运行路线,如图4-1-8所示。采用这种运行路线时,运行一圈就可进行两次铲土和卸土作业,且运距较短。

(3)铲运机的适用范围。主要取决于运距、机种、道路状况和运输材料的性质等。铲运机是根据运距、地形、土质来选用的,其中适用运距和作业阻力是选择铲运机的主要依据,铲运机的类型及适用范围见表4-1-7。

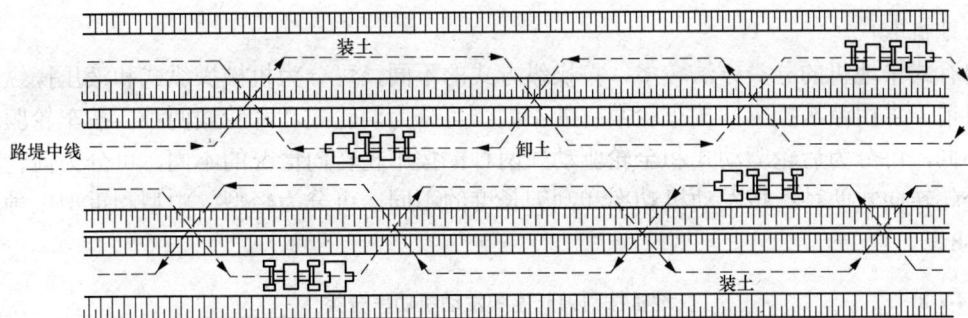

图 4-1-7 铲运机"之"字形运行填筑路堤

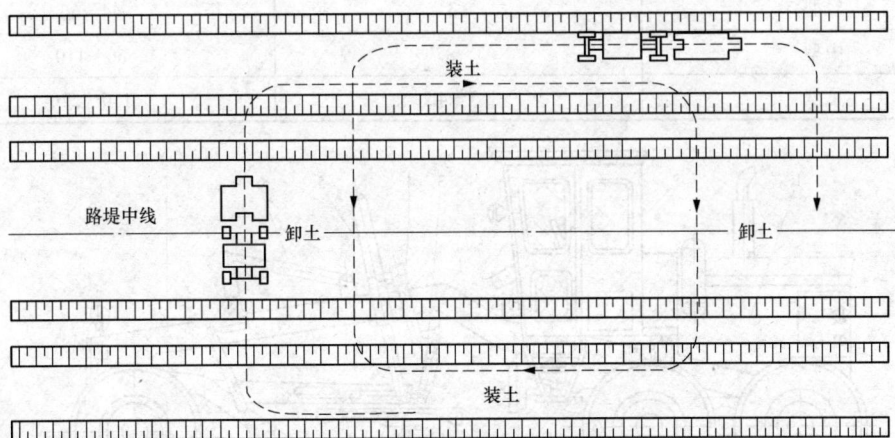

图 4-1-8 铲运机螺旋形运行填筑路堤

表 4-1-7 铲运机的类型及适用范围

类　别			堆装斗容（m³）		适用运距（m）		道路坡度（%）
			一般	最大	一般	最佳	
拖式铲运机			2.5～18	24	100～1000	100～300	15～30
自行式铲运机	单发动机	普通装载式	10～30	50	200～2000	200～1500	5～8
		链板装载式	10～30	35	200～1000	200～600	5～8
	双发动机	普通装载式	10～30	50	200～2000	200～1500	10～15
		链板装载式	9.5～16	34	200～1000	200～600	10～15

三、平地机

1. 平地机的类型

平地机是一种以刮刀为主，配以多种作业装置，进行土地平整和整形作业的施工机械，其外形见图 4-1-9。它广泛用于公路、铁路、机场、停车场等大面积场地的整平作业。在公路施工中，可用平地机进行路基基底处理，完成草皮或表层剥离；从路线两侧取土，填筑高度小于 1m 的路堤；整修路堤的断面，旁刷边坡；开挖路槽和边沟；在路基上拌和摊铺路面基层材料，修整和养护土路；清除杂草和扫雪。

平地机按行走方式可分为自行式和拖式两种。拖式平地机因机动性差，操作费高已被自行式平地机取代。

　　自行式平地机的分类方法较多，按操纵方式的不同，可分为机械操纵式和液压操纵式两种，目前，多用液压操纵；按车轮数目的不同，可分为四轮式和六轮式两种；按车轮驱动情况的不同，可分为后轮驱动式和全轮驱动式两种；按车轮转向情况的不同，可分为前轮转向式和全轮转向式两种；按发动机功率和刮刀长度的不同，可分为轻型、中型和重型三种，见表 4-1-8。

表 4-1-8　　　　　　　　　地机按刮刀长度和发动机功率分类

类　　型	刮刀长度（m）	发动机功率（kW）
轻型	<3	44～66
中型	3～3.7	66～110
重型	3.7～4.2	110～220

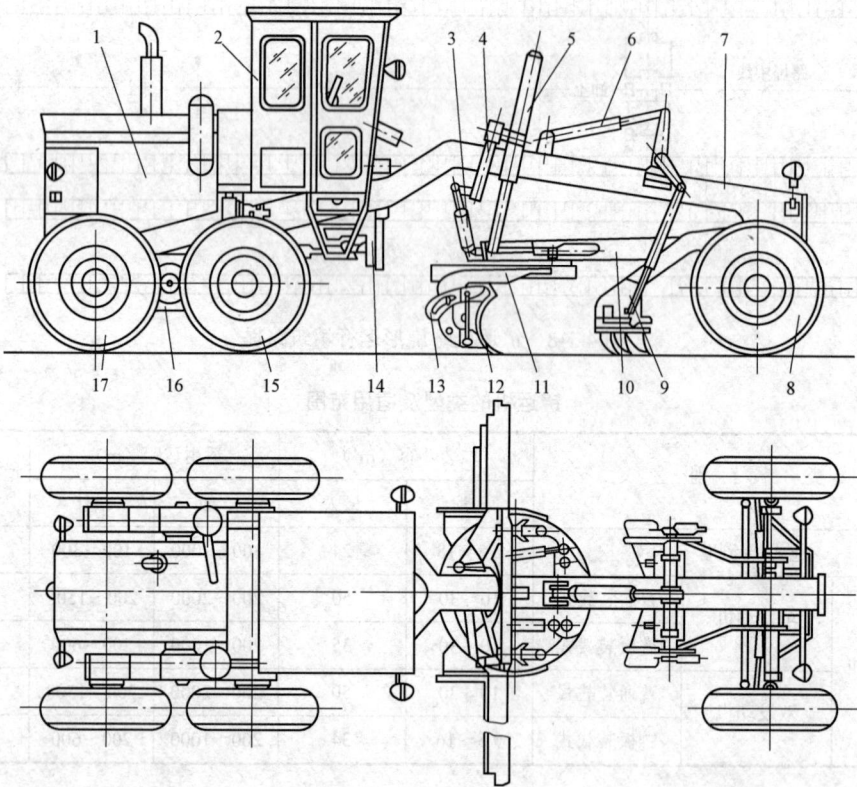

图 4-1-9　平地机外形图

1—发动机；2—驾驶室；3—牵引架引出油缸；4—摆架机构；5—升降油缸；
6—松土器收放油缸；7—车架；8—前轮；9—松土器；10—牵引架；11—回转圈；
12—刮刀；13—角位器；14—传动系统；15—中轮；16—平衡箱；17—后轮

　　平地机的主要工作装置是装有刀片的刮刀，它具有高度的灵活性，可以根据工作需要随时形成与行驶方向不同的各种夹角；可以在垂直面上形成必要的倾斜角度；也可以横向伸出机体；是公路工程中整型和平整作业的专用机械。

2. 平地机的使用

平地机是一种连续作业的土方机械，它在作业时，铲土、运土和卸土三道工序连续进行。下面以修整路型为例，介绍平地机的施工工序。

在作业前，应根据土质的不同调整好刮刀的铲土角和平面角，然后先从路堤的一侧慢速前驶，同时将刮刀倾斜，使其前置端切入土中。这时被切下的土壤沿刮刀侧卸于路基上。当行驶至路段终了时，掉头从另一侧照上述方法回来，这就是铲土过程。然后按原来的环形路线将已铲挖的土堆逐次移向路中心，这是移土过程。最后刮平遗土，并修整路拱，完成整平过程。

平地机的生产率计算根据施工作业对象的不同采取的计算方法也不同，对于以切削为主的作业，如切挖沟渠、表层土剥离等，一般按每小时完成的土方量计算生产率；对于以平整场地、铺设路面为主的作业，一般按每小时完成的施工面积计算生产率。

（1）切削土方时的生产率计算公式

$$Q_1 = \frac{3600ALk_{时}}{T} \tag{4-1-5}$$

式中　Q_1——平地机生产率（m³/h，松方）；

A——刮刀每次铲土的横断面积（m²）；

L——每一铲土行程的长度（m）；

T——每一工作行程所花的时间（s）；

$k_{时}$——时间利用系数，一般为 0.85～0.90。

（2）平整场地作业时的生产率计算公式

$$Q_2 = \frac{L(b\sin\alpha - 0.5)k_{时}}{n\left(\dfrac{L}{v} + t_1\right)} \tag{4-1-6}$$

式中　Q_2——平整场地生产率（m²/h）；

b——铲刀长度（m）；

L——平整场地长度（m）；

α——铲刀水平回转角；

n——所需行程数；

v——作业时行驶速度（m/h）；

t_1——掉头一次所需时间（h）；

$k_{时}$——时间利用系数。

3. 使用注意事项

（1）每天出车前，必须检查制动装置和转向装置等各部件。

（2）机器下坡时必须挂挡，防止超速。

（3）平地机非作业行驶时，必须将铲刀、耙子等作业装置提升到最高位置，并将铲刀斜置，铲刀两端不得超出后轮外侧。

（4）平地机车身长、轴距大，因而转弯半径大，故在调头和转向时应使用低速挡，在正常行驶时应用前轮转向，只有在场地狭窄场合才允许使用后轮转向。

（5）铲刀回转、铲土角调整及牵引架向机外引出都必须在停机时进行，应避免铲刀调整时可能与轮胎等发生碰撞。

（6）在较坚硬地面松土时应缓慢下齿，以免折断齿尖，不得使用平地机代替推土机完成繁重的推土及松土作业。

（7）禁止平地机拖拉其他机械。

四、单斗挖掘机

1. 挖掘机的用途及类型

单斗挖掘机是进行土方开挖的一种主要施工机械，广泛用于土建、水利、电力、矿山、交通运输等各个行业。在各类工程施工中，挖掘机主要完成以下工作：

（1）开挖建筑物或厂房基础；

（2）剥离采矿场覆盖层；

（3）开挖路堑、路基、沟渠、运河，疏浚水道；

（4）采石场、隧道内、地下厂房和堆料场中的装载作业；

（5）更换工作装置后可进行浇筑、起重、安装、打桩、夯土等作业。

单斗挖掘机的种类很多，按其使用的动力设备不同，可分为内燃机驱动和电动机驱动两种类型；按传动装置不同，可分为机械传动式、半液压传动式和全液压传动式；按行走机构不同，可分为履带式、轮胎式和步行式，一般常用的为履带式和轮胎式，只有矿山、水利上使用的巨型挖掘机才采用步行式行走机构；按工作装置在水平面可回转的范围分：有全回转式（360°）和非全回转式（<270°）；按工作装置类型分有正铲、反铲、抓铲和拉铲四种基本类型。此外，还可更换工作装置，进行起重、打桩等作业；正铲挖掘机宜用于挖掘高于停机面Ⅰ～Ⅳ级的土壤，反铲挖掘机适用于挖掘停机面以下的土壤，拉铲挖掘机也是用来挖掘低于停机面的土壤，特别适宜开挖河渠等，抓斗挖掘机可用来挖掘停机面以上或以下的土壤，最适用于开挖垂直而狭窄的深坑。按用途不同，可分为建筑型、采矿型、剥离型、隧道挖掘机等。目前在公路施工中使用最多的是单斗液压反铲挖掘机。

挖掘机的类型和工作装置如图 4-1-10 和图 4-1-11 所示。

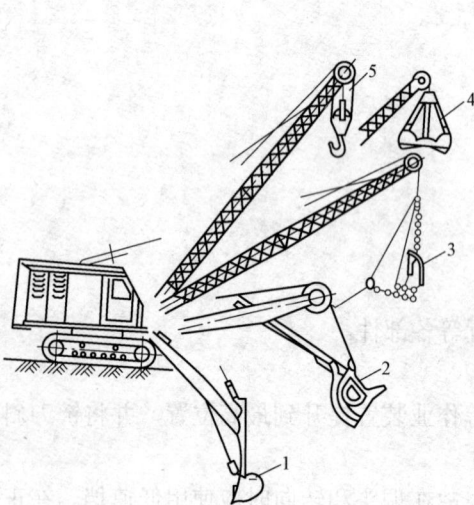

图 4-1-10　单斗挖掘机工作装置类型

1—反铲；2—正铲；3—拉铲；4—抓斗；5—起重

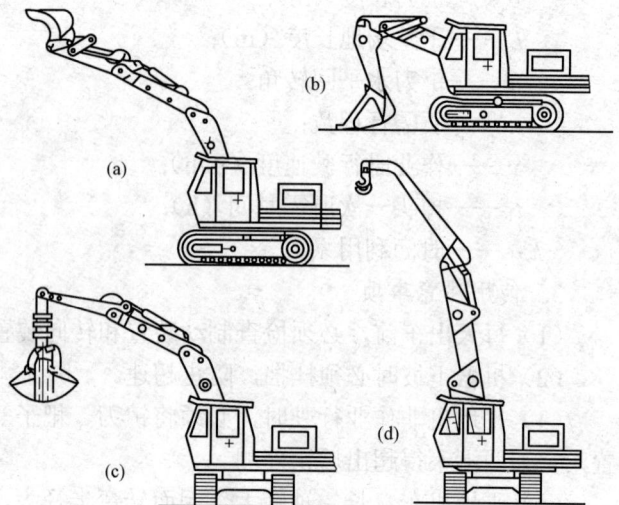

图 4-1-11　液压式单斗挖掘机工作装置主要形式

（a）反铲；（b）正铲或装载；（c）抓斗；（d）起重

2. 挖掘机的使用

单斗挖掘机由工作装置、上部转台和行走装置三大部分组成。它是一种循环作业的土方机械，每一个循环包括挖掘、回转、卸料和返回四个过程，在这四个过程中行走装置不移动，只有当铲斗离工作面较远时，行走装置才移动以调整挖掘机的工作位置。

单斗挖掘机的生产率是以单位时间内所挖掘的土方量来计算的，即

$$Q = \frac{3600qk_充}{Tk_松}k_时 \tag{4-1-7}$$

式中　Q——单斗挖掘机的实际生产率（m³/h，自然方）；

　　　q——铲斗容量（m³）；

　　　$k_充$——铲斗充盈系数，是铲斗内所装土壤体积与铲斗几何容积之比，与所挖掘土壤的性质有关；

　　　$k_时$——时间利用系数；

　　　$k_松$——土壤的可松性系数，是土方处于自然状态的密度与挖掘后松土密度之比。

在选择挖掘机时，除了根据作业性质选择挖掘机的类型，根据工程量选择挖掘机的生产能力和数量外，还要根据工作面的尺寸来选择挖掘机的工作尺寸，这样才能更好地施工、提高工效。正铲挖掘机的主要工作尺寸和结构尺寸见图 4-1-12。

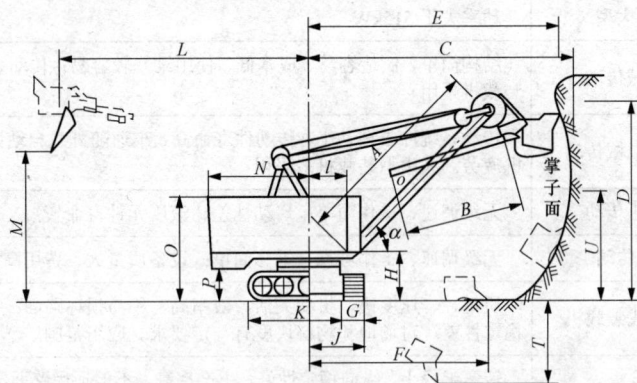

符号	名　称	数值	单位	符号	名　称	数值	单位
A	动臂长度	10.5	m	K	履带的长度	6.0	m
B	斗柄长度	7.29	m	L	最大卸载半径	12.65	m
C	最大挖掘半径	14.4	m	M	最大卸载高度	5.56	m
D	最大挖掘高度	10.1	m	N	机尾距中心距离	6.3	m
E	最大挖掘高度的半径	13.7	m	O	机棚顶距地面高度	5.35	m
F	地面上最大挖掘半径	9.26	m	P	转台尾部离地高度	1.68	m
G	履带板宽度	0.9	m	a	动臂倾角	45	°
H	动臂铰座离地高度	2.37	m	T	地面以下挖掘深度	2.92	m
I	动臂铰座距中心距离	2.25	m	U	动臂推压轴的高度	6.24	m
J	履带的宽度	5.2	m				

图 4-1-12　WD400 型挖掘机的结构尺寸和工作尺寸

　　使用挖掘机时，在施工组织方面应注意机械的组合配套，特别是当挖掘机与自卸汽车配合作业时，不能停机待车，也不能车停机忙。此外，选择汽车的装载能力时还应考虑其与铲斗的几何容量相匹配，一般挖掘机铲装 3～5 斗，最多不超过 7～8 斗就能装满一车。

五、装载机

1. 概述

　　装载机的主要用途是铲取散粒材料并装上车辆或料斗，还可用于装运、挖掘、平整地面和牵引车辆；如更换工作装置，尚可用于抓举和起重等作业。在公路施工中，它主要用于路基工程的填挖、沥青和水泥混凝土料场的集料、装料等作业。由于它具有作业速度快、效率高、操作轻便等优点，因而得到迅速发展，成为公路施工中的主要机种之一。

　　装载机的分类、特点及适用范围见表 4-1-9。

表 4-1-9　　　　　　　　　　　　　装载机分类、特点及适用范围

分类形式	分类	特点及适用范围
发动机功率	小型	功率小于 74kW
	中型	功率 74～147kW
	大型	功率 147～515kW
	特大型	功率大于 515kW
传动形式	机械传动	结构简单、制造容易、成本低、使用维修较容易；传动系统冲击振动大。仅小型装载机采用
	液力机械传动	传动系统冲击振动小，传动件寿命高、车速随外载自动调节、操作方便、减少司机疲劳。大中型装载机多采用
	液压传动	无级调速、操作简单；启动性差、液压元件寿命较短。仅小型装载机上采用
	电传动	无级调速、工作可靠、维修简单，设备质量大、费用高。大型装载机上采用
行走系统结构	轮胎式装载机	质量轻、速度快、机动灵活、效率高、不易损坏路面；接地比压大、通过性差、稳定性差、对场地和物料块度有一定要求。应用范围广泛
	铰接式装载机	转弯半径小、纵向稳定性好，生产率高。不但适用路面，而且可用于井下物料的装载运输作业
	整体式车架装载机	车架是一个整体，转向方式有后轮转向、全轮转向、前轮转向。仅小型全液压驱动和大型电动装载机采用
	履带式装载机	接地比压小、通过性好、重心低、稳定性好、附着性能好、牵引力大、比切入力大；速度低、灵活机动性差、制造成本高、行走时易损路面、转移场地需拖运。用在工程量大，作业点集中，路面条件差的场合
卸料方式	前卸式	前端铲装卸载，结构简单、工作可靠、视野好。适用于各种作业场地，应用广
	回转式	工作装置安装在可回转 90°～360° 的转台上，侧面卸载不需用调车，作业效率高；结构复杂、质量大、成本高、侧稳性差。适用狭小场地作业
	后卸式	前端装料，后端卸料，作业效率高；作业安全性差，应用不广

　　目前使用较多的是轮胎式、机架铰接、铲斗非回转的装载机。图 4-1-13 是这种装载机的外形。

2. 装载机的使用

　　装载机的作业是由铲装、转运、卸料和返回四个过程完成一个工作循环。装载机与自卸汽车配合填筑路堤等施工中，装载机的卸料与车辆位置配合得好坏，对装载机的生产率影响

很大，应尽量使装载机来回行驶距离短，转弯次数少，常用的作业方式有 V 形和穿梭式两种。

V 形作业方式是汽车停在一个与铲装工作面斜交的固定位置，见图 4-1-14。装载机在装满斗后，倒车驶离工作面的同时转向 30°～45°，然后向前对准汽车卸料。卸料后驶离汽车时，再转向同样的角度对准料堆，进行下一次铲装。穿梭式作业方式是装载机只在垂直工作面的方向前进、后退作业。而汽车则在装载机与工作面之间像穿梭一样来回接装和驶离。这种方法要求装载机和汽车密切配合。

图 4-1-13 轮胎式装载机外形

装载机的生产率是单位时间内铲装物料的量，可用式（4-1-8）计算，即

$$Q = \frac{3600 q k_{充}}{T} k_{时} \tag{4-1-8}$$

式中 Q——装载机的生产率（m^3/h，松方）；

  q——铲斗容量（m^3）；

 $k_{充}$——铲斗充盈系数，与所装物料性质有关；

 $k_{时}$——时间利用系数；

 T——装载机一个工作循环时间所需要的时间（s）。

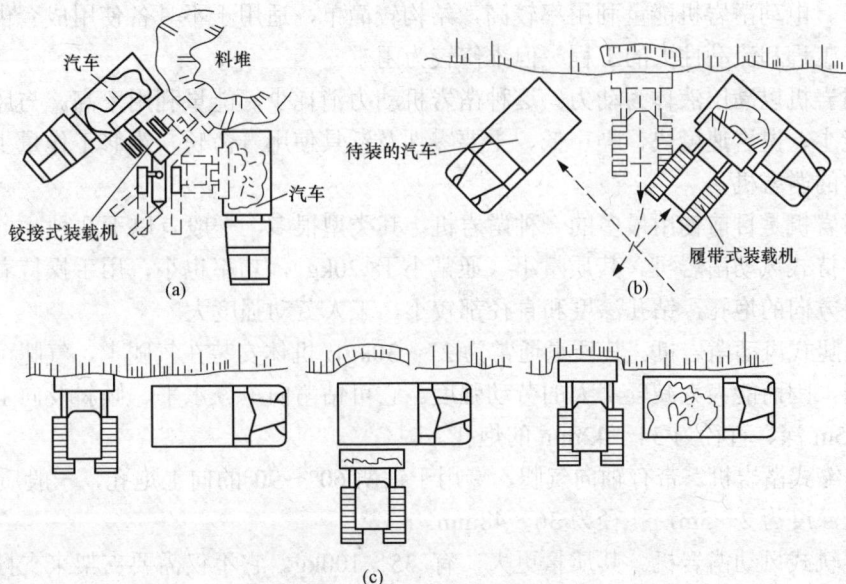

图 4-1-14 装载机的装车方法

（a）摆转装车法；（b）V 形路线装车法；（c）穿梭式装车法

此外，在使用装载机给自卸汽车装料时，要注意装载机的几何尺寸和铲斗容量。装载机的最大卸载高度要大于自卸汽车车厢的高度，装载机的卸料距离要大于自卸汽车车厢宽度的一半；装载机铲斗容量与自卸汽车车厢容量之比在 3～5 之间最佳。

第二节　石　方　机　械

在公路施工中，除了对土方进行挖填外，还需要开挖石方，供应大量的块石与各种规格的碎石，对石料进行开采和加工的机械设备，称为石方施工机械。石方施工机械主要有凿岩机、破碎机和筛分机等，下面分别介绍这几类机械设备。

一、凿岩机

1. 凿岩机的用途和类型

凿岩机主要用于石方开挖或石料开采中钻凿炮孔，是石方施工作业的关键设备。此外，凿岩机还可用来改作破碎机具，用于破碎原有的混凝土之类的坚硬层，以便清除或重新修建。

凿岩机按其动力不同，可分为风动凿岩机、内燃凿岩机、电动凿岩机和液压凿岩机四种类型。

风动凿岩机是以压缩空气作为动力源，压缩空气交替地进入凿岩机气缸两端，使气缸中的活塞产生往复运动，冲击钢钎进行凿岩，同时活塞在回程中带动钢钎转动一个角度。这种凿岩机结构简单，工作可靠，但能量利用率低，目前在各类工程中仍广泛使用。

内燃凿岩机是以小功率内燃机为动力源，带动活塞冲击钢钎进行凿岩。这种凿岩机使用灵活，适于交通不便、流动性大而又缺乏供风的地方，与风动凿岩机相比，动力成本低和辅助设备少，但结构复杂，维修不方便，排气噪声大、污染环境。

电动凿岩机是利用电能为动力源，电动机通过齿轮传动带动一根有偏心块的曲轴旋转，偏心块在旋转中所产生的离心力迫使与曲轴铰接的冲击锤做直线往复运动，从而冲击钢钎进行凿岩工作。电动凿岩机能量利用率较高，结构较简单，适用于不具备使用成套供风设备条件的中、小工程和流动性大的工程，但维修较为困难。

液压凿岩机以高压液体为动力。这种凿岩机动力消耗少，能量利用率高。与风动凿岩机相比，耗能少、凿岩速度快、噪声低、主要零件及钎具使用寿命长、维修工作量少，是一种有发展潜力的凿岩机。

风动凿岩机是目前使用最多的一种凿岩机，其类型很多，一般有以下几种：

（1）手持式风动凿岩机。其质量小（通常小于 20kg），功率也小，用手操持着打向下、水平或倾斜方向的炮孔，钻孔深度和直径都较小，工人劳动强度大。

（2）气腿式风动凿岩机。其质量通常为 22～30kg，机体安装在气腿上，气腿可以起支承和推进作用，因而能大大减轻工人的劳动强度。它可钻凿向下、水平、倾斜及向上的炮眼；能钻凿 2～5m 深、直径为 34～42mm 的炮孔。

（3）伸缩式凿岩机。带有轴向气腿，专用于钻凿 60°～90°的向上炮孔，一般质量为 40kg 左右，钻孔深度为 2～5m，孔径为 36～48mm。

（4）导轨式风动凿岩机。其质量更大，有 35～100kg。它不仅需要支架来支撑其重力，使其能钻凿各个方向的炮孔，而且还架设在导轨上，用手动的或动力的推进装置，使凿岩机在冲击钻进的同时，沿导轨不断地向前推进。

将一台或多台凿岩机装在一辆台车上，使其具有行走底盘，能进行多方位的作业，常用的有露天凿岩钻车和隧洞凿岩钻车。凿岩机的外形见图 4-1-15 和图 4-1-16。

2. 凿岩工具

凿岩工具（又称钢钎）是凿岩机的工作装置，对凿岩工效的高低影响较大，由钎杆、钎头和钎尾等组成，见图 4-1-17。

图 4-1-15　气腿式风动凿岩机外形　　　　　图 4-1-16　履带式凿岩台车外形

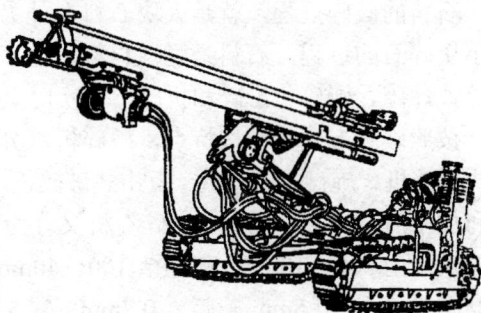

钢钎根据其结构可分为整体式和组合式两种。整体式钢钎由整根钢材制成，钎头、钎杆和钎尾合成一个整体，使用整根钢钎时，钎头磨损后，须运回修钎厂修整，搬运工作量大，且浪费材料。组合式钢钎钎头是活装在钎杆上的，其钎头磨损后只需更换和修磨钎头即可，可以减少搬运钎子的工作量，同时节约钢材。

钎头是直接作用在岩石上的，根据所钻凿岩石的物理性质及风化程度，钎头的结构形式有一字形、十字形和球齿形等，如图 4-1-18 所示。其中一字形和十字形钎头应用较广。一字形钎头结构简单，易于制造和修磨，冲击力集中，一次凿入深度大，适用于地质条件较好的坚硬岩石，但易磨损；十字形钎的外形对磨损具有较高的抵抗力，不易改变外形，适用于坚硬、磨蚀性大的岩石；球齿形钎钻孔速度快，使用寿命长，适用于各种矿岩。

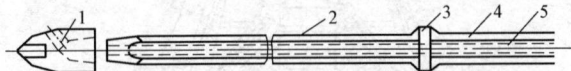

图 4-1-17　组合钎子

1—钎头；2—钎杆；3—钎肩；4—钎尾；5—水孔

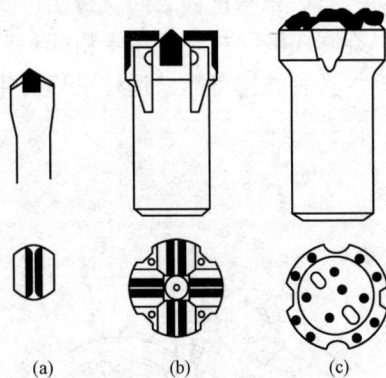

图 4-1-18　钎头的结构类型

（a）一字形；（b）十字形；（c）球齿形

3. 凿岩机的使用

风动凿岩机在施工前，需根据使用台数的总耗风量以及修整钢钎钎头所用的锻钎机需要的耗风量，来选择与之匹配的空气压缩机。

为了使钻凿炮眼的位置正确，在使用凿岩机时，应有正确的操作方法：开始钻凿时应扶正钎杆，开小风门，等开眼后再开大风门，钎头应对正炮眼的中心线，用全力将凿岩机压住钢钎。

在施工中遇到卡钎现象时，切勿在运转中硬拔，应关闭风门，用手转动凿岩机体，将钢钎转动几下，再顺势向后拉出。

凿岩机在使用时，要注意清洗和润滑工作，同时要注意零件的磨损情况。工作完毕，关阀以小风让凿岩机作短时间空运转，排除积水，防止锈蚀。

二、破碎机

1. 破碎机的类型

破碎机是将开采得到的大块岩石破碎成各种规格的碎石。碎石在道路施工中用量很大，它可直接作为铺路材料，也是混凝土原材料的重要组成部分。

　　石料的破碎过程，就是大块石料在外力作用下，克服内部分子间的内聚力，而使之破裂成小块碎石的过程。石料是脆性材料，在小变形的情况下就会发生碎裂。石块的破碎方法有压碎、冲碎、碾碎、击碎和折碎，在实际破碎过程中，通常是几种方法的综合使用。

　　按照破碎方式和结构特点，破碎机可分为颚式破碎机、旋回式破碎机、圆锥式破碎机、辊式破碎机、旋盘式破碎机、反击式破碎机、锤式破碎机、联合破碎机等。按照加工前石块尺寸和加工后石块尺寸的大小，碎石机又分为粗碎机（由 1500～500mm 破碎至 350～100mm）、中碎机（由 300～100mm 破碎至 100～40mm）、细碎机（由 100～40mm 破碎至 30～10mm）和磨碎机（由 3～5mm 破碎至 0.7mm）。

　　（1）颚式破碎机见图 4-1-19，是利用活动颚板相对固定颚板的往复摆动时，石料在动颚板与定颚板之间受到挤压、剪切、弯曲等作用而破裂。这种破碎机可用于粗碎和中碎，它的优点是结构简单，外部尺寸小，破碎比（破碎前后石块尺寸之比）较大（$i=6～8$），操作方便，因此，目前使用广泛。

　　（2）旋回式破碎机和圆锥式破碎机。它们的破碎部件都是由两个不同心的圆锥体组成，固定的外圆锥和可动的内圆锥组成破碎腔，内圆锥以一定的偏心半径绕外圆锥中心线做偏心运动，石块在两锥体之间受挤压，折断而破碎。

　　旋回式破碎机一般用于粗碎。圆锥式破碎机，见图 4-1-20，用于各种硬度岩石的中碎和细碎，具有结构可靠、运转平稳、生产率高、破碎比大、产品粒度均匀等优点。

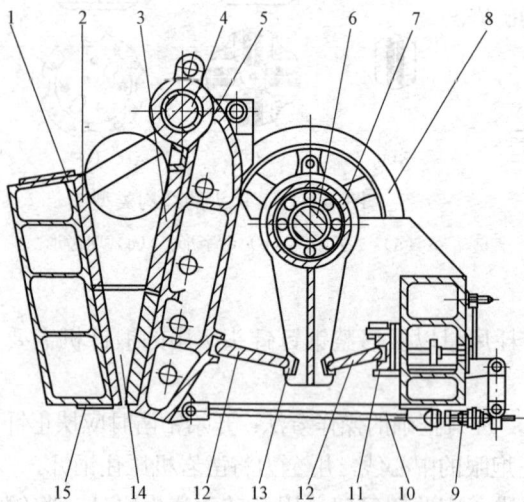

图 4-1-19　简摆鄂式碎石机

1—机架；2—固定颚板；3—活动颚板；4—心轴；5—动颚板；6—偏心轴；7—连杆；8—飞轮；9—弹簧；10—拉杆；11—楔形铁块；12—推力板；13—楔形铁块与推力板座；14—侧板；15—底板

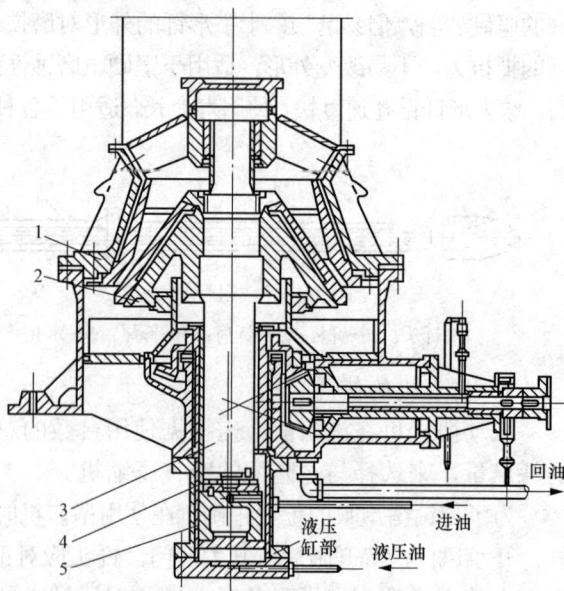

图 4-1-20　单缸液压圆锥式碎石机

1—固定锥；2—活动锥；3—主轴；4—止推轴承；5—活塞

　　（3）辊式破碎机。需破碎的石料经进料口进入两辊之间，在摩擦力的作用下石料被带入两辊的间隙之间，在两辊的挤压下逐渐被压碎，并由下部排料口排出。当遇到过硬物料时，由于液压或弹簧系统的作用，辊可自动增大间隙，从而使机器受到保护，两辊之间的间隙可调整，以按需控制产品最大粒度。此种破碎机结构简单、工作可靠，对中硬和软矿石进行中、细碎作业。

（4）反击式破碎机。反击式破碎机用于粗、中、细碎中等硬度以下的脆性材料，如石灰石、白云石、砂岩等，具有破碎比大、产量高、简化工艺流程、结构简单等特点。

（5）锤式破碎机。锤式破碎机适用于中、细碎中等硬度以下的各种脆性物料，具有破碎比大，生产能力高、产品粒度均匀等特点。

2. 破碎机的使用

（1）破碎机的生产率计算。

1）颚式破碎机生产率计算

$$Q = \frac{30(2e+s)lsn\rho}{\tan\alpha} \tag{4-1-9}$$

式中　Q——颚式破碎机生产率（t/h）；

　　　e——排料口宽度（m）；

　　　s——动颚板行程（m）；

　　　l——破碎腔长度（m）；

　　　n——偏心轮转速（r/min）；

　　　ρ——破碎产品的松散密度（t/m³）；

　　　α——钳角（°），即动颚板与固定颚板间的夹角（°）。

2）旋回式破碎机生产率计算。旋回式破碎机生产率可由下列经验公式计算，即

$$Q = D^{2.5}e\rho k \tag{4-1-10}$$

式中　Q——旋回式破碎机生产率（t/h）；

　　　D——动锥在排料口的平面活动直径（m）；

　　　e——排料口宽度（m）；

　　　ρ——破碎产品的松散密度（t/m³）；

　　　k——经验系数，$k=0.95\sim0.98$。

准确的生产率值由实测方法得到。

3）圆锥式破碎机生产率

$$Q = qe\left(\frac{\rho}{1.6}\right) \tag{4-1-11}$$

式中　Q——圆锥式破碎机生产率（t/h）；

　　　q——单位排料口生产率 [t/（h·mm）]；

　　　e——排料口宽度（m）；

　　　ρ——破碎产品的松散密度（t/m³）。

4）辊式破碎机容积生产率

$$Q_v = 60\pi Dnel \tag{4-1-12}$$

式中　Q_v——辊式破碎机容积生产率（m³/h）；

　　　D——辊直径（m）；

　　　n——辊转速（r/min）；

e——排料口宽度（辊子间距）（m）；

l——辊子长度（m）。

（2）破碎机使用注意要点。

1）破碎机应保证空载启动。启动前将破碎腔清理干净，检查紧固件是否松动，排料口尺寸是否符合要求，各润滑点润滑油是否足够，各工作机构、特别是电气保护装置工作是否正常。

2）应首先启动润滑油泵电动机，待油压、流量显示器达规定值后，再启动主电动机，并注意各仪表的显示值。

3）工作时，进料应均匀，随时注意排料情况，进料最大粒度应符合破碎机说明书中的推荐值，并防止异物进入破碎腔内，以避免堵塞引起事故。

4）运行中，应经常检查各仪表的显示值，特别是润滑油温度，随时注意各机构是否运转正常。

5）需停机时，应首先停止进料，待破碎腔内石料全部排出后，再关闭电动机。

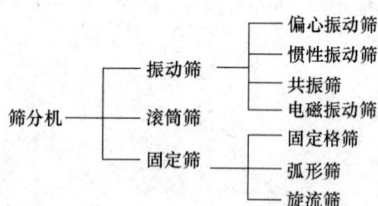

图 4-1-21　筛分机分类

三、筛分机械

筛分机械用于物料的分级及脱水等作业，根据筛分的原理和结构，筛分机分类如图 4-1-21 所示。

（1）振动筛。振动筛是依靠机械或电磁的方法使筛面发生振动的振动式筛分机械。振动筛具有结构简单、筛分效率高、不易堵塞、筛网面积小、耗电少等优点，因此，应用范围较广。

按照振动筛的工作原理和结构的不同，振动筛可分为偏心振动筛、惯性振动筛、共振筛和电磁振动筛四种。

偏心振动筛是靠偏心轴的转动使筛箱产生振动的，惯性振动筛是靠固定在其中部的带偏心块的惯性振动器驱动而使筛箱产生振动。电磁振动筛的振动源是电磁激振器或振动电动机。

（2）滚筒筛。滚筒筛结构简单，筛分效率低，主要用于洗矿作业。

（3）固定筛。根据结构不同，固定筛又可分为固定格筛、弧形筛、旋流筛。固定筛的结构简单、生产率低，主要用于预筛分、脱水、脱介等。

在公路工程施工中，固定筛作为预筛分用，振动筛是主要的筛分设备。振动筛的技术生产率计算式为

$$Q = Aq\rho k_1 k_2 k_3 k_4 k_5 k_6 \tag{4-1-13}$$

式中　Q——振动筛生产率（t/h）；

A——筛面有效工作面积（m^2）；

q——单位筛面面积生产率 $[m^3/(m^2 \cdot h)]$，q 与筛孔尺寸有关，见表 4-1-10。

ρ——入筛物料松散密度（t/m^3）；

$k_1 \sim k_6$——生产率影响系数，见表 4-1-11。

表 4-1-10　　　　　　　　　单位筛面面积生产率 q 值

筛孔尺寸（mm）	0.16	0.2	0.3	0.4	0.6	0.8	1.17	2.0	3.15	5.0
q 值 $[m^3/(m^2 \cdot h)]$	1.9	2.2	2.5	2.8	3.2	3.7	4.4	5.5	7.0	11.0

续表

筛孔尺寸（mm）	8.0	10.0	16.0	20.0	25.0	31.5	40.0	50.0	80.0	100.0
q 值 [m^3/ (m^2·h)]	17.0	19.0	25.5	28.0	31.0	34.0	38.0	42.0	56.0	63.0

表 4-1-11　　　　　　　　　生 产 率 影 响 系 数

系数	考虑的因素	筛 分 条 件 及 各 系 数 值									
k_1	细粒的影响	给料中，粒度小于筛孔之半的颗粒的含量（%）	0	10	20	30	40	50	60	70	80	90
		k_1 值	0.2	0.4	0.6	0.8	1.0	1.2	1.4	1.6	1.8	2.0
k_2	粗粒的影响	给料中，过大颗粒（大于筛孔）的含量（%）	10	20	25	30	40	50	60	70	80	90
		k_2 值	0.94	0.97	1.0	1.03	1.09	1.18	1.32	1.55	2.0	3.36
k_3	筛分效率（%）	筛分效率（%）	40	50	60	70	80	90	92	94	96	98
		k_3 值	2.3	2.1	1.9	1.6	1.3	1.0	0.9	0.8	0.6	0.4
k_4	颗粒的形状	颗粒形状	各种破碎后的物料（除煤外）			圆形颗粒（例如海砾石）		煤			
		k_4 值	1.0			1.25		1.5			
k_5	湿度的影响	物料的湿度	筛孔小于 25mm				筛孔大于 25mm				
		k_5 值	干的	湿的		成团	视湿度而定				
			1.0	0.75~0.85		0.2~0.6	0.9~1.0				
k_6	筛分的方法	筛分方法	筛孔小于 25mm				筛孔大于 25mm				
		k_6 值	干的	湿的（附有喷水）			任何的				
			1.0	1.25~1.4			1.0				

　　使用振动筛时，开机前应检查各紧固件的状况，特别是配重块与飞轮的连接螺栓、激振器的固定螺栓等；要采取措施防止橡胶缓冲器沾油、暴晒，避免其过早老化；注意各润滑点的润滑情况；空载启动，连续均匀给料，不允许有超载现象，给料落差不能太大，以减小对筛面的冲击；注意轴承温度一般温升不超过 70℃。

　　四、联合破碎筛分设备

　　在石料加工量较大的破碎工程中，为了提高生产率和节约劳动力，而将石料的供给、破碎、中间传送和筛分的各个环节联合起来，组装成为石料的联合破碎筛分设备，以实现石料破碎和筛分的机械化和自动化，见图 4-1-22。

　　这种设备按其可移性分为固定式和移动式两种。固定式联合破碎筛分设备适用于施工周期长、碎石料用量集中的大型工程，以及对石料的机械、物理、化学性能有特殊要求的工程。移动式破碎筛分设备适用于石料用量比较分散，并且经常需要转移场地的工程施工，特别适用于公路工程和铁路工程的施工。

　　按照对石料破碎与筛分工艺流程形式的不同，这种设备可分为单级破碎筛分和双级破碎筛分两种。

　　单级破碎筛分设备可分为开式流程和闭式流程两种，前一种的工艺流程是：给料器→破碎机→斗式提升机械或皮带输送机→筛分机→不同规格的碎石与石屑成品；后一种的工艺流程是：在前一种流程基础上，增加了将筛分后的不合规格的料由溜槽或输送机再送入原破碎机中进行第二次破碎的过程。

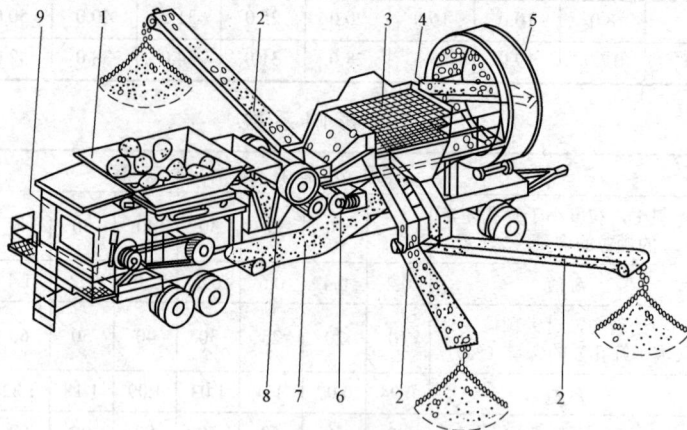

图 4-1-22　整体式联合碎石设备

1—加料斗；2—集料输送带；3—振动筛；4—连接输送带；5—回转式提升机；6—辊式破碎机；

7—回料输送机；8—颚式破碎机；9—动力装置

两级破碎筛分设备是闭式循环的，其流程为：石料→给料器→一级破碎机→皮带输送机或斗式升运机→筛分机→大块碎石二级破碎机→中、小碎石成品→出料输送机。

联合破碎筛分设备可以提高破碎比，一次就可生产多种规格的碎石成品。

使用联合破碎筛分设备时应严格按照使用说明书的要求程序去做，为保证空载启动，应从末级工序开始，逐级启动；停机时，则应从第一级工序开始，逐级顺序停机。应按规定对设备进行润滑，并经常检查油温，随时注意设备运行的声音等情况，发现异常立即停机检查，及时排除故障，遵守设备的保修规定。

第三节　压实机械

一、压实机械的类型

在公路施工中，路基和路面都要进行压实才能使用。对路基（材料）的压实，目的在于增加其密实度，提高它的抗压强度和稳定性，使之具有一定的承载能力。对路面铺筑层的压实，目的在于增大其表面密实度，以抵抗在其上面行驶车辆的动力影响及水分的侵蚀。

路基和路面压实效果的好坏，直接影响工程质量。压实是通过对被压材料的重复加载，克服材料之间的黏聚力和内摩擦力，排出气体和水分，迫使材料颗粒之间产生位移，相互楔紧，增加密实度，以达到一定的强度、稳固性和平整度。

按照工作机构的作用原理不同，压实机械可分为以下几类：

（1）碾压机械。是利用滚轮沿着被压实面往返滚动，借滚轮自重的静压力作用，使被压实层产生永久变形的机械。这种类型的压实机械包括各种型号的光轮压路机、轮胎压路机、羊脚压路机及各种拖式压路滚等。碾压机械广泛用于土方、砾石、碎石和沥青混凝土路面的压实作业中。

（2）振动压实机械。是利用固定在一定质量的物体上的激振器所产生的激振力，迫使被压实材料做垂直强迫振动，急剧减小土壤颗粒间的内摩擦力，使颗粒靠近、密实度增加，从而达到压实的目的。振动压实的特点是其表面应力不大，过程时间短，加载频率大，同时还可以根据不同的铺筑材料和铺层厚度合理选择振动频率和振幅，以提高压实效果，减少碾压遍数。这种类型的机械有各种振动压路机和振动板。振动压路机最适宜压实各种非黏性土壤、碎石、水泥混合料以及各种沥青混凝土等，是公路、机场、海港、土石坝等施工必备的压实设备。

（3）夯实机械。是利用具有一定质量的物体，从一定高度处落下，冲击被压实土料，使之被压实，其特点是使材料产生的应力变化速度很大。这类机械包括内燃式和电动式夯土机等。特别适用于对黏性土壤、砂质黏土和灰土的压实，主要用于作业量不大及狭小的场地的压实作业，特别适用路肩和道路维修养护工程等的压实作业。

国产压实机械的种类和型号的编制方法见表 4-1-12，产品型号按类、组、型分类编制，一般由类、组、型代号与主参数代号两部分组成。压实机械的主要类型见图 4-1-23。

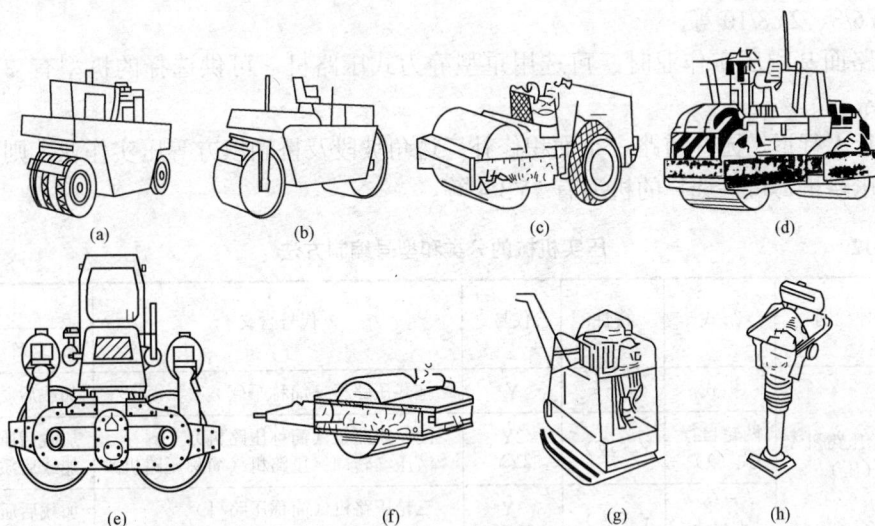

图 4-1-23　常用压实机械

（a）轮胎压路机；（b）静力式光轮压路机；（c）轮胎驱动光轮振动压路机；（d）两轮式振动压路机；
（e）四轮摆振式压路机；（f）拖式振动压路机；（g）振动平板夯；（h）快速冲击夯

二、几种典型的压实机械

1. 静力式光轮压路机

静力式压路机是依靠自身的重量来实现压实的。按其动力装置不同可分为拖式和自行式。按其滚轮和轴轮的数目来分，有三轮三轴式、两轮两轴式和三轮两轴式三种。根据整机质量，静力式光轮压路机可分为轻型、中型和重型三种。质量在 5~8t 的为轻型，多为两轮两轴式，适宜于压实路面、人行道、体育场等。质量在 8~10t 为中型，多用于压实路基、地基等。质量在 10~15t、18~20t 的为重型，适用于路基的终压和碾压沥青混凝土路面。

静力式压路机与振动压路机相比，其压实功能有一定的局限性，压实厚度较小，一般为20~25cm，但因其结构简单、使用与维护简便，而且国产静力式压路机的系列化程度较高，可供选择的机型较多，因此，国内在机械化施工程度不高的施工条件下仍普遍采用。

（1）为了提高静力式压路机的压实性能，静力式压路机多采用以下技术：

1）大直径的滚轮。国外先进的压路机中，串联压路机质量在 6~8t 的滚轮直径为 1.3~1.4m，质量在 8~10t 的滚轮直径为 1.4~1.5m。质量在 10t 以上的滚轮直径为 1.7m。

增大滚轮直径不仅可以减小压路机的驱动阻力，提高压实的平整度，而且当线压在很大范围内变化时，均能得到较高的密实度。

2）全轮驱动。采用全轮驱动可避免由驱动轮在压实过程中产生褶皱的现象，同时前后轮的直径可作成相同的，质量分配可做到大致相等，使其爬坡能力通过性能和稳定性均能得到提高。

（2）在施工中，根据工程施工的要求，正确地选择静力式压路机的规格及压实参数是保证压实质量和压实效果的重要前提条件，具体选择可考虑以下因素：

1）机械配套情况。静力式压路机通常用在机械化施工程度较低的压实作业中。

2）压实作业项目。一般进行路基压实作业时，多选用压实功能大的重型和超重型静力式压路机；可供选择的机型有 3Y10/12、3Y12/15、3Y18/20 等。

进行路面压实作业时，为使表层密实平整，多选用中型两轮静力式压路机，可供选择的机型有 2Y6/8、2Y8/10 等。

进行路面基层压实作业时，可选用重型静力式压路机，可供选择的机型有 3Y10/12、3Y12/15 等。

若进行人行道、园林道路、小面积修补、边角坡段及桥涵填方等压实作业，则可选用轻型或小型压路机，可供选择的机型有 2Y3/4 等。

表 4-1-12　　　　　　　　　　　压实机械的分类和型号编制方法

类别	种别	形式	特性	代号	代号含义	主参数	
						名称	单位
压实机械	光轮压路机 Y（压）	拖式		Y	拖式压路机（简称平碾）	加载后质量	t
		两轮自行式（2）	Y（液）	2Y 2YY	两轮压路机（简称压路机） 液压（转向）压路机（简称压路机）	加载后质量 加载后质量	t t
		三轮自行式	Y（液）	3Y 3YY	三轮压路机（简称压路机） 三轮液压（转向）压路机（简称压路机）	加载后质量 加载后质量	t t
	羊脚压路机 YJ（压、脚）	拖式 自行式	T（拖）	YJT YJ	拖式羊脚压路机（简称羊脚碾） 自行式羊脚压路机（简称羊脚碾）	加载总质量 加载总质量	t t
	轮胎压路机 YL（压、轮）	拖式 自行式	T（拖）	YLT YL	拖式轮胎压路机（简称轮胎碾） 自行式轮胎压路机（简称轮胎碾）	加载总质量 加载总质量	t t
	振动压路机 YZ（压、振）	拖式 拖式 自行式 手扶式	Z（振） T（拖） B（摆） J（铰） F（手扶）	YZJ YZT YZ YZB YZJ YZF	拖式振动羊脚压路机（简称振动羊脚碾） 拖式振动压路机（简称振动碾） 自行式振动压路机 摆振压路机 铰接式振动压路机 手扶式振动压路机	加载总质量 结构质量 结构质量 结构质量 结构质量 结构质量	t t t t t kg
压实机械	振动夯实机 H（夯）	振动式 Z（振）	R（燃）	HZ HZR	振动夯实机 内燃振动夯实机	结构质量 结构质量	kg kg
	夯实机 H（夯）	蛙式 W 爆炸式 B 多头式 D		HW HB HD	蛙式夯实机（蛙） 爆炸夯实机（爆） 多头夯实机（多）	结构质量 结构质量 结构质量	kg kg kg

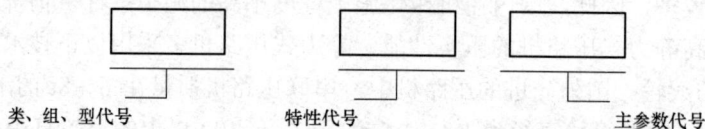

　　　　　类、组、型代号　　　　　特性代号　　　　　主参数代号

3）铺层材料的抗压强度极限。一般应使土壤或材料在终压时所承受的压力为抗压强度极限值的 80%～90%，以获得最好的压实效果。几种土料和石料的抗压强度极限值见表 4-1-13 和表 4-1-14。

表 4-1-13 　　　　　　　　　　　　　几种土壤终压时抗压强度极限值

土 壤 种 类	抗压强度极限（MPa）		建议选用的压路机单位线荷载（N/cm）
	采用静力式光轮碾压	采用轮胎轮碾压	
低黏性土（砂土、亚砂土、粉土）	0.3～0.6	0.3～0.4	70～260
中等黏性土（亚黏土）	0.6～1	0.4～0.6	200～500
高黏性土（重亚黏土）	1～1.5	0.6～0.8	360～820
极黏性土（黏土）	1.5～1.8	0.8～1	820～1200

表 4-1-14 　　　　　　　　　　　　　几种石料的抗压强度极限

石 料 种 类	强度极限（MPa）	允许的压路机单位线荷载（N/cm）
软石料（石灰石、砂岩石）	30～60	600～700
中硬石料（砂岩石、粗粒花岗石）	60～100	700～800
坚硬石料（细粒花岗石、闪长岩石）	100～200	800～1000
极硬石料（辉绿岩石、玄武岩石、闪长岩石）	>200	1000～1250

4）铺层含水量。被压实土料的含水量是影响压实效果的重要因素，土壤在最佳含水量状态下才能很好地被压实。当含水量低于最佳含水量 3%～5%以下时，可选用超重型静力式压路机或重型振动压路机，当含水量大于最佳含水量 3%以上，则应采取措施降低含水量后才能进行作业。

（3）静压式压路机的作业参数主要有单位线荷载、最大接触应力、碾压速度、碾压遍数及压实厚度等，正确地选择以上参数，对于保证压实质量和作业效率非常重要。

1）单位线荷载。压路机的单位线荷载为 $q=G/b$（N/cm），其中 G 为作用在压路机滚轮上的重力，b 为滚轮宽度。由试验得知，压轮过重，线荷载过大，会破坏土的结构，滚压时会把土推开，各种材料在滚压时的许用单位线荷载见表 4-1-13 和表 4-1-14。

2）最大接触应力。为了保证获得理想的压实质量，避免压实表层因所承受的静压力大于土壤或材料的抗压强度，造成表层整体结构的破坏，产生裂纹或出现越压越松散的现象，所选用的压路机的接触应力应小于材料允许的最大接触应力（MPa），即

$$\delta_{max} = \sqrt{qE_0/R} \qquad\qquad (4\text{-}1\text{-}14)$$

式中　q——单位线荷载（MN/m）；

　　　E_0——压实层的形变模量（MPa），见表 4-1-15；

　　　R——碾压轮半径（m）。

几种材料允许的最大接触应力见表 4-1-16。

3）碾压速度。进行初压作业时，静力式光轮压路机适宜的碾压速度为 1.5～2km/h，随着碾压遍数的增加，压路机进行复压和终压作业时，其速度可增加到 2～4km/h。

表 4-1-15			不同材料的压实层所选取的形变模量		MPa
压实层的材料	压实开始时	压实终了时	压实层的材料	压实开始时	压实终了时
非黏性土		10～15	碎石、石	30	100
黏性土		15～20	热沥青混合料	5～10	50～80

表 4-1-16			几种材料允许的最大接触应力		MPa
压实层的材料	压实开始时	压实终了时	压实层的材料	压实开始时	压实终了时
碎石	0.6～0.7	3～4.5	石灰、水泥稳定土	0.3～0.4	4～5
石	0.4～0.6	2.5～3	沥青稳定土	0.3～0.4	1～1.5
沥青混合料	0.4～0.5	3～3.5			

4）碾压遍数。碾压遍数的确定主要以压实达到规定的压实度为准，一般压实路基和路面基层需碾压 6～8 遍；压实石料铺筑层需 6～10 遍；压实沥青混合料需 8～12 遍。具体的碾压遍数要根据现场试验而定。

5）压实厚度。根据压路机作用力最佳作用深度，静力式光轮压路机的压实厚度为 15～25cm。压实厚度是以铺筑层松铺厚度来保证的。它们之间的关系为：松铺厚度=松铺系数×压实厚度。松铺系数是指压实干密度与松铺干密度的比值。具体施工时的压实厚度应由试验确定。

2. 轮胎式压路机

轮胎式压路机是一种靠机械自身的重力，通过特制的充气轮胎对铺层材料进行压实的。在压实过程中，除有垂直压实力外，还有橡胶轮胎弹性变形所产生的揉搓作用，易使水和空气从铺层材料中排出，产生很好的压实效果。此外，轮胎式压路机还具有增减配重、改变轮胎充气压力的特点，这样更有益于对各种材料的压实，在充气轮胎多次碾压时，铺层的变形，由于其强度提高而减少，从而引起轮胎接地面积减小，接触应力上升，这样充气轮胎的滚动阻力也随之减小，可大大提高碾压效果。因此轮胎式压路机适用范围广，可有效地压实非黏性土、少黏性土以及最佳含水量的黏性土的压实，广泛用于各类建筑基础、堤坝、路面、路基，特别是沥青混合料的压实。

（1）轮胎式压路机根据动力装置不同，可分为拖式和自行式两种。拖式轮胎压路机，目前应用较少，现在施工中普遍使用的是自行式轮胎压路机，其特点是机动性好，转移方便。

现代自行式轮胎压路机具有以下特点：

1）采用液力机械传动和液压传动。液力机械传动效率高，液压传动速度调节范围大。

2）在机械上设有轮胎悬挂装置。这样，可使每个轮胎负荷均匀，并且在不平整地面碾压时能保持机架的水平和负荷的均匀。

3）采用轮胎气压集中调压装置，可以得到较好的碾压效果，机械的通过性能也大为提高。

4）装有压力喷雾洒水系统。

5）压路机质量增加，采用大功率发动机和全轮驱动形式。

6）采用铰接式机架，折腰转向，保证了机械的机动性，又减少了对铺层的横向剪力，可提高压实质量。

7）采用宽基轮胎，使接地压力比较均匀。

（2）轮胎式压路机工作参数的选择。首先应根据土料性质选择适宜的轮胎充气压力，再根据轮胎充气压力、轮胎个数、轮胎尺寸等确定碾重。一般压实黏性土料轮胎的充气压力为0.5～0.6MPa，压实非黏性土料轮胎的充气压力为0.2～0.4MPa。

根据已选定的轮胎气压，可用下式求出轮胎碾的接触应力，即

$$\sigma_{max} = \frac{p}{1-\varphi} \tag{4-1-15}$$

式中　σ_{max}——最大接触压力（MPa），一般$\sigma_{max} \leqslant （0.8～0.9）\sigma_p$，$\sigma_p$为碾压时土料的极限强度；

　　　p——轮胎充气压力（MPa）；

　　　φ——轮胎刚度系数，见表4-1-17。

表 4-1-17　　轮胎刚度系数 φ

p（MPa）	0.1	0.2	0.3	0.4	0.5	0.6	0.7
φ	0.60	0.50	0.40	0.30	0.25	0.20	0.15

轮胎碾的总重力可由下式计算：

$$Q = 10.2\alpha pFN \tag{4-1-16}$$

式中　Q——轮胎碾总重力（加载重力）（MN）；

　　　α——外胎刚度影响系数，一般$\alpha = 1.1～1.2$；

　　　p——充气压力（MPa）；

　　　F——轮胎变形后与土层的接触面积（m^2）；

　　　N——轮胎个数。

轮胎式压路机对土料的碾压遍数主要取决土壤的种类，随土壤黏性的提高而增加。

（3）轮胎式压路机结构先进、性能好，它的两个参数（气压和质量）可以改变，用以满足不同的使用要求；采用三点支承式悬挂系统，轮压均匀、压实质量好，轮胎弹性可产生揉压作用，使铺层材料在各方向上位移，表面结构密实均匀；宽基轮胎给物料的垂直力大，切向力很小，可得到无裂纹的密实表面。轮胎与铺层的接触表面呈现矩形，被压材料上的任一点承受压实力的作用时间长，影响深度大。轮胎式压路机优于静力式光轮压路机，但其结构复杂，价格高，使用费用高，调整困难。因此，轮胎式压路机在使用时须注意以下几点：

1）不能碾压有尖利棱角的碎石块。

2）当碾压热铺沥青混合料时，应在工艺规定的混合料温度下进行碾压作业，为了防止碾压轮粘带沥青混合料，要向轮面涂刷少量柴油或其他防粘剂，但由于这些油剂有腐蚀橡胶轮胎的作用，应尽可能少用或不用。

3）调整平均接地比压，使轮胎式压路机有较宽的适用范围。

4）在碾压过程中，不应有较大的转向角度和转向速度，以免转向搓移压实层材料。

5）碾压时，各碾压轮的气压保持一致，其相差值不应大于10～20Pa。

6）终压时，可以将转向轮定位销插入销孔中，锁死摆动，使压实层具有平整的表面。

3. 羊脚压路机（羊脚碾）

羊脚压路机是在光面钢滚筒上焊有呈梅花状布置的羊脚，每平方米滚筒表面上有20～25

个羊脚。羊脚的形状要求能均匀传递压力，从土中拔出时翻松的表土少，并且有良好的自洁性，羊脚端面呈椭圆形或长方形，其长轴与滚筒转动方向一致。羊脚的顶端面积为 $20\sim66\text{cm}^2$，其长度与碾重和铺土厚度有关，一般在 $20\sim40\text{cm}$ 范围内。重型羊脚碾的滚筒直径较大，因而羊脚长度和端面面积也较大。为了减少羊脚出土时的翻松现象，滚筒直径 D 与羊脚长度 L 之比一般为 $5\sim8$。滚筒宽度 $B\geqslant(1.1\sim1.2)D$，以维持必需的横向稳定性。

羊脚压路机压实黏性土壤的效果特别好。碾压时，滚筒的全部重量通过一排着地的羊脚作用在下层土料上。由于羊脚端面的面积小，压强大，故直接处于羊脚下的土料受到很大的正压力，同时羊脚还向四周传递侧压力，给土料一种揉搓作用，因此用羊脚碾的压实效果比单纯静压作用的平碾要好得多。对于非黏性土料，羊脚的侧压力反而容易引起结构破坏和表土翻松现象，故不适用。

羊脚碾的工作参数有碾重、铺土厚度和碾压遍数。

（1）碾重的确定。碾重是根据土料能承受羊脚顶部的接触压力来确定的。假定羊脚碾在作业时的总重力是通过一排羊脚传到土层的，则其总重力可由下式计算，即

$$Q=10.2\sigma FN \tag{4-1-17}$$

式中　σ——羊脚顶部土壤允许接触应力（MPa），见表 4-1-18；

　　　　F——一个羊脚的顶端面积（m^2）；

　　　　N——一排羊脚的数目（个）；

　　　　Q——羊脚碾总重力（MN）。

羊脚碾总重力可通过往碾轮中增减压重物来进行调节，使它对土层的接触压力与土料的允许接触压力相适应。接触压力过大易破坏土壤结构，反而不能压实，并增加羊脚碾的滚动阻力，过小也不易压实。一般羊脚碾的使用总质量为 $5\sim20\text{t}$。在实际碾压作业中，因为邻排的羊脚也参与工作，所以羊脚顶部允许单位压力的实际值要比计算值小，一般为计算值的 1/3～2/3。根据经验，当土料含水量接近最优值时，羊脚顶部允许接触压力按表 4-1-18 选择。

表 4-1-18　　　　　　　　　　　羊脚顶部土壤允许接触压力

土壤名称	羊脚顶部允许接触压力（MPa）
轻壤土及部分中壤土（包括粉壤土） 中壤土 重壤土、重粉质壤及黏土	0.7～1.5 1.5～3.0 3.0～6.0

（2）铺土层厚度的确定。铺土层厚度与羊脚高度、形状和碾重等因素有关，用式（4-1-18）计算，即

$$H=L+0.25b-h \tag{4-1-18}$$

式中　H——铺土厚度（cm）；

　　　　L——羊脚高度（cm）；

　　　　b——羊脚顶部最小边宽度（cm）；

　　　　h——碾压后表层的虚土厚度（cm），中型羊脚碾一般为 5cm。

此外，还可按 $H=1.5L$ 的经验公式来进行估算。

（3）碾压遍数的确定。欲使受压土层达到最优干重力密度，只要使所有的土层表面均被羊脚碾过一次即可，一般可用下式估算，即

$$n = k\frac{S}{Fm} \tag{4-1-19}$$

式中　S——羊脚碾滚筒的表面积（cm^2）；

　　　F——羊脚的顶部面积（cm^2）；

　　　k——羊脚分布不均匀系数，一般取 1.3；

　　　n——碾压遍数；

　　　m——滚筒上羊脚数目。

对于黏性较大的土料应适当提高碾压遍数，如果超过计算的遍数仍不能达到规定要求，则须提高羊脚碾的单位面积压力，即把碾重提高一级。

4. 振动压路机

（1）振动压路机根据工作原理、结构特点、操作方法和用途不同，有以下几种分类方法：

1）按机器结构质量可分为轻型（工作质量＜4t）、中型（工作质量为 4～8t）、重型（工作质量 10～14t）、超重型（工作质量 16～25t）。

2）按行驶方式可分为自行式、拖式和手扶式。

3）按驱动轮数量可分为单轮驱动、双轮驱动和多轮驱动。

4）按振动轮数量可分为单轮振动、双轮振动和多轮振动。

5）按传动方式可分为机械传动、液力机械传动、液压传动和全液压传动。

6）按振动轮外部结构可分为光轮、凸块（羊脚碾）和橡胶滚轮。

7）按振动内部结构可分为振动、振荡和垂直振动。

一般来说，振动压路机主要按其结构形式和结构质量来分类，见表 4-1-19。

表 4-1-19　　　　　振 动 压 路 机 分 类 表

类　型	名　称	特性代号
自行式振动压路机	轮胎驱动光轮振动压路机 轮胎驱动凸块振动压路机 钢轮轮胎组合振动压路机 两轮串联振动压路机 两轮并联振动压路机 四轮振动压路机	**YZ** YZK YZZ YZC YZB 4YZ
拖式振动压路机	拖式光轮振动压路机 拖式凸块振动压路机 拖式羊脚振动压路机 拖式格栅振动压路机	**YZT** YZT△K YZT△Y YZT△G
手扶式振动压路机	手扶式单轮振动压路机 手扶式双轮整体式振动压路机 手扶式双轮铰接式振动压路机	**YZS**

续表

类　型	名　称	特性代号
新型振动压路机	振荡压路机 垂直振动压路机	**YD**

振动压路机型号编制规定如图 4-1-24 所示。

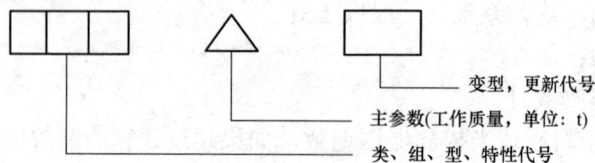

　　　　变型，更新代号
　　　　主参数(工作质量，单位：t)
　　　　类、组、型、特性代号

图 4-1-24　振动压路机型号编制规定

振动压路机规格系列见表 4-1-20～表 4-1-23。

表 4-1-20　　　　　　　　　　　　自行式振动压路机规格系列

名　称		基本参数与尺寸														
		轻型					中型		重型			超重型				
工作质量（t）		1	1.4	2	2.8	4	5	6	8	10	12	14	16	18	20	22	25
振动轮	直径（mm）	400～1000					800～1650						≥1500				
	宽度（mm）	500～1300					1100～2150						≥2100				
振动参数	振动频率（Hz）	33～60					25～60						20～40				
	激振力（kN）	14～55					35～250						≥150				
	理论振幅（mm）	0.3～1.5					0.3～3.4						1.0～4.0				
轴距（mm）		1000～2500					1100～3500						≥2800				
爬坡能力（%）		≥20															
最小转弯半径（m）		≤5					≤6.5						≤7.5				
最小离地间隙（mm）		≥160					≥250						≥365				
最高行驶速度（km/h）		≤15					≤25						≤15				

表 4-1-21　　　　　　　　　　　　拖式振动压路机规格系列

名　称	基本参数与尺寸											
	轻型		中型			重型			超重型			
工作质量（t）	2	4	5	6	8	10	12	14	16	18	22	25

续表

名 称		基本参数与尺寸			
		轻型	中型	重型	超重型
振动轮	直径（mm）	700～1300	1300～1600	1600～2000	≥2000
	宽度（mm）	1300～1700	1700～2000	2000～2300	≥2300
振动参数	振动频率（Hz）	20～50			
	激振力（kN）	60～400			
	理论振幅（mm）	0.8～3.5			
工作速度（km/h）		2～5			

表 4-1-22   手扶式振动压路机规格系列

名 称		基 本 参 数						
工作质量（t）		0.4	0.5	0.6	0.8	1.0	1.2	1.4
激振力（kN）		10～60						
振动频率（Hz）		30～70						
名义振幅（mm）								
行走速度（km/h）	前进	≤5						
	后退							
爬坡能力（%）		≥20						
最小路缘间隙（mm）		≥75						
轴距（mm）		400～1100						
静线荷载（N/cm）		35～90						
振动轮	轮宽（mm）	350～900						
	轮直径（mm）	350～600						

注 压路机安装转向机构后所增加的质量不计入工作质量。

表 4-1-23   振动压路机结构质量分类表

类 别 \ 项 目	结构质量（t）	发动机功率（kW）	适用范围
轻型	<1	<10	狭窄地带和小型工程
小型	1～4	12～34	用于修补工作，沟槽填土等
中型	5～8	40～65	基层、底基层和面层
重型	10～14	78～110	用于街道、公路、机场等
超重型	16～25	120～188	用于筑堤、公路、土坝等

（2）振动压路机的主要工作参数有碾重、振动频率、振幅、行驶速度、铺土厚度和碾压遍数，这些参数的确定在参考工程经验的基础上由试验确定。

（3）振动压路机选用。根据工程压实施工的要求，正确地选择振动压路机类型、规格和压实作业参数，是保证压实质量和压实效率的前提条件。振动压路机选择可从以下几方面考虑：

1）土壤类型和含水量。砂土和粉土黏结性差，水不易侵入，不易被压实，一般不采用振动压路机压实。黏土黏结性能高，内摩擦阻力大，含水量多，压实时需要较大的作用力和较长的压实有效作用时间，才能有较好的压实效果，因此这类土的压实通常也不选用振动压路机，以避免振动压实过程中水分析出，压实层呈现出"弹簧"现象。介于砂土与黏土之间的各种砂性土、混合土有较好的压实特性，以及碎石、砾石铺筑层，振动压实可使石料颗粒之间很好地嵌紧，形成稳定性较好的整体，这两大类材料选用振动压路机压实效果很好。

土壤含水量是影响压实效果的重要因素，土壤在最佳含水量状态下才能很好地被压实。

2）压实规范。选用振动压路机时应着重考虑达到压实规范要求的标准或重型击实压实度，以及相应的铺层厚度、压实遍数等。

3）压实生产率。在选用振动压路机时，应在分析、核算工程量、施工进度、工程质量、施工组织形式的基础上，进一步考虑压路机与其他配套施工机械生产率之间的协调。

4）压实设备牵引条件。对于拖式振动压路机，必须考虑与之配套使用设备牵引条件。

5）其他因素。选用振动压路机时，还要综合考虑辅助条件，如气候条件、压实机械运输条件、修理和服务条件等，并尽可能选择标准化的振动压路机。

5. 夯实机械

夯实机械有冲击式和振动式两种，前一种是利用其工作装置（夯板或夯足）提升到一定高度，然后落下产生的冲击力来夯实土壤的；后一种是利用机械产生的高频振动，通过夯板传入地面，使土壤颗粒产生振动而密实土壤的。

冲击夯实机械适用于夯实黏性土和非黏性土，铺层厚度可达 1～1.5m 或更多，还可用于夯实自然土层。

振动式打夯机是一种利用机械本身产生的高频振动来密实土壤的。这类机械的跳起高度小（最大振幅仅为 16mm 左右），但它的振动频率可达 200Hz，主要机型是各种振动平板夯，有内燃机驱动和电动机驱动两种，适用于颗粒性土壤的夯实。振动平板与被压材料的接触为一平面，在工作量不大的工程中，尤其是狭窄地段工作时，得到广泛地使用。

冲击式打夯机械按照一次打击能量可分为轻、中、重三级，其中，轻级夯实机打击能量为 0.8～1kJ，各种手扶式夯实机（如蛙式打夯机）属于这一类，这类机型自身的重力不大于 2kN，外形尺寸也较小，适用于沟槽、基坑回填土的夯实，特别适用于墙角等狭窄地带、小面积的土方夯实。中级夯实机一次的打击能量为 1～10kJ，重型机械夯、内燃夯、爆炸夯、蒸汽锤夯和振动夯等都属于这一类，这类夯实机械一般作成拖式、半拖式以及轮胎式或履带式牵引车的悬挂装置，也可悬挂在挖掘机动臂上或作成专用的自行式夯实机。重级夯实机的打击能量为 10～50kJ 或更高，自由落锤式夯实机属于这一类，这种机型具有很高的打击能量，夯实板重力为 10～30kN，提升高度为 10～2.5m，在夯实板自重作用下夯击土壤，夯击频率比较低。夯实机械的类型见表 4-1-24。

表 4-1-24 夯实机械的类型

机种	形式	特性	代号含义	主参数（单位）
打夯机（H）	内燃冲击式（N 或 B）	缸内燃气直接驱动	HN（HB）—（内燃打夯机爆炸夯）	机重（kg）
	多头式（D）	电驱动或内燃机驱动	HD—多头打夯机	机重（kg）
	蛙式（W）	电驱动	HW—蛙式打夯机	夯机能量（kg·m）
	自由落锤			
振动打夯机（H）	振动式（Z）	电驱动	HZ—振动夯实机	机重（kg）
	内燃振动式（Z）	内燃机驱动（R）	HZR—内燃振动夯实机	机重（kg）

自由落锤式夯实机有两种形式，一种是夯实板悬挂在挖掘机和起重机上的自行式打夯机。这种打夯机由于在夯锤开始提升和夯击土壤时产生很大的动负荷，使挖掘机和起重机的传动机构过早损坏，同时挖掘机是一种结构复杂、价格昂贵的土方机械，作夯机使用时，大部分机构没有被利用，因此不合理、不经济，其使用受到限制。

另一种是拖式打夯机，在压路碾上装有自由落锤，见图 4-1-25。滚轮由两块焊接侧板和6 根横梁组成。横梁用螺栓拉紧，侧板内侧有导向槽，槽内装有导向凸块和滚柱的落锤，导向槽上开有环形切口，切口内装入模板，模板为两个圆盘，固定在机架上，模板位置可借助螺纹拉杆进行调节。模板保持落锤不致脱出。为了使落锤落下夯击土壤，在每个模板的上、下部分备有窗口 A。滚轮滚动时，落锤沿模板移动，到达上窗口 A 时，落锤落地夯击土壤。在模板下部，落锤由滚柱截住，经窗口进入模板，重新向上提起。模板的结构保证滚轮在前进、后退两个方向均能工作。

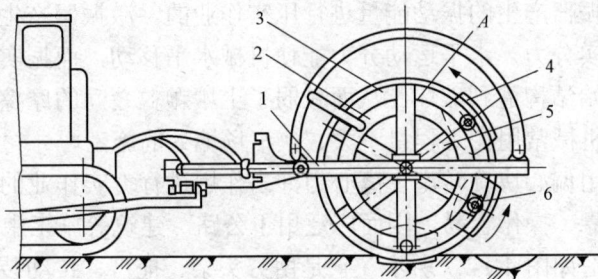

图 4-1-25 装有自由落锤的压路碾
1—牵引机架；2—模板；3—滚轮；4—落锤；5—导向槽；6—滚柱；A—窗口

这种机型在松土上工作时，由于土壤变形大，落锤会从导向槽中脱出而破坏正常工作。因此不适于压实松土，而适用于最后的压实工作。

内燃式打夯机俗称爆炸夯或火力夯，它直接利用燃料在机体（气缸）内燃烧产生的燃气压力，推动缸内活塞做无行程限制的运动，而使夯头产生冲击能量的打夯机。其单位时间夯击土壤的次数比蛙式的少，但夯击能量比蛙式大，对于夯实沟槽、穴坑、墙边、墙角比较方便，尤其适用于电力供应困难的场所。

多头打夯机是一种可以快速冲击土壤的打夯机，其单位时间冲击土壤的次数比内燃式打夯机高，可达 400～700 次/min，因为冲击的频率较高，在冲击土壤的同时还可使土壤产生振动，故有时称其为快速冲击夯或振动冲击夯。因其工作头可更换不同形式和规格，以适应不同的施工要求，故称多头式，多头打夯机的动力装置有内燃机式和电动机式两种，两者内部结构相同，都是曲柄连杆机构传动滑套活塞做往复运动来冲击土壤的。这类夯实机的夯板有水平和倾斜安装两种，倾斜的夯板因有水平运动分力，可使打夯机自行前进，见图4-1-26。快速冲击式打夯机，因有冲击和振动联合作用，不仅可夯实黏性土壤，还可夯实散粒状土壤，故适用范围较为广泛。

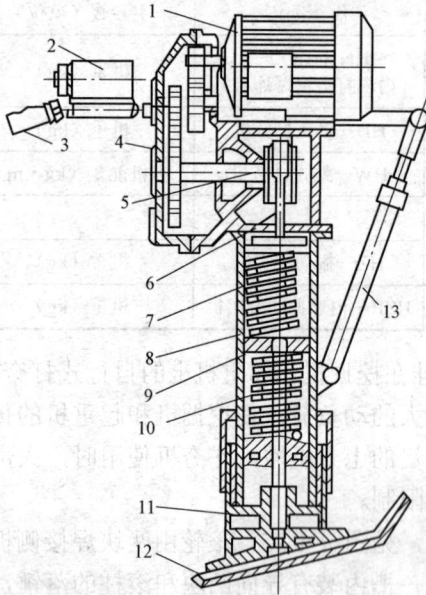

图 4-1-26　HD-60 型电动机式快速冲击夯

1—电动机；2—电合开关；3—操纵手柄；

4—减速器；5—曲柄；6—连杆；7—内套筒；

8—机体；9—滑套活塞；10—螺旋弹簧组；

11—底座；12—夯板；13—减振支承器

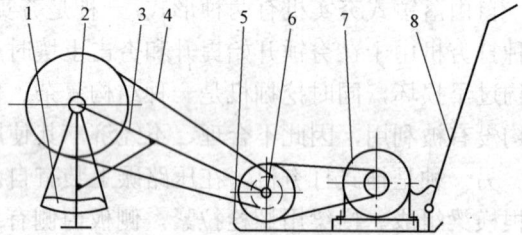

图 4-1-27　蛙式打夯机构造示意图

1—偏心块；2—前轴装置；3—夯头架；4—传动皮带；

5—拖盘；6—传动装置；7—电动机；8—操纵手把

平板夯是利用激振器产生的振动能量进行压实作业的。激振器产生的激振力，可以分解为水平运动分力和振实分力，水平运动分力能使机械水平移动，而振实分力则通过夯板传递给土壤，使土壤的原始结构遭到破坏，从而减弱了土壤颗粒之间的摩擦力，颗粒便可互相楔进而达到密实，这种机械常用在工程量不大、狭窄场地处的施工。

蛙式打夯机是利用偏心块旋转产生离心力冲击作用进行夯实作业的一种小型夯实机械，它结构简单、工作可靠、操作容易，因而广泛用于公路、建筑等施工中。

蛙式打夯机的构造如图4-1-27所示。它是由夯头架、拖盘、传动装置、前轴装置、操纵手把及电气控制设备等部分组成。电动机通过两级传动驱动偏心块旋转，产生离心力使夯头架夯实铺筑材料和夯机向前移动。

6. 压实机械的生产率和拖式碾压机所需牵引力计算

（1）生产率计算。

1）静作用碾压机的生产率，可按式（4-1-20）计算，即

$$Q = \frac{3600(b-c)lhk_B}{\left(\dfrac{l}{v}+t\right)n} \qquad (4\text{-}1\text{-}20)$$

式中　Q ——生产率（m^3/h）；

　　　b ——碾压带宽度（m）；

　　　c ——碾压带搭接宽度（m），一般 $c \approx 0.15 \sim 0.25m$；

h ——铺土层压实后厚度（m）；

l ——碾压段长度（m）；

v ——碾压机行驶速度（m/s）；

t ——转弯掉头或换挡时间，转弯一般为 15～20s，换挡一般为 2～5s；

n ——碾压遍数；

k_B ——时间利用系数，一般 $k_B=0.8$～0.9。

2）打夯机的生产率可按下式计算，即

$$Q = \frac{60m(l-a)Bh}{n}k_B \tag{4-1-21}$$

式中 Q ——生产率（m³/h）；

m ——夯板每分钟的冲击次数；

l ——夯板的宽度（m）；

a ——夯板夯实重叠量（m），通常取 $a=0.1$～$0.15m$；

B ——夯板面的最小尺寸（m）；

h ——夯实厚度（m）；

n ——夯板在一处的冲击次数（一般 $n=6$～12）；

k_B ——时间利用系数，$k_B=0.8$～0.85。

（2）拖式碾压机所需牵引力的计算。

1）拖式碾压机所需牵引力的计算应按最不利的工作条件来确定，即当拖拉机牵引满载的碾压机，在最大坡度段和未经压实的松土上起步，这时拖拉机的挂钩牵引力必须大于碾压机的各项阻力之和 W，即

$$p \geqslant W = G\left(f_1 + i + f_2 + \frac{v}{gt}\right) \tag{4-1-22}$$

式中 G ——碾压机质量（kg）；

f_1 ——碾压机的滚动阻力系数，在松土碾压时，平碾为 0.1～0.16，羊脚碾为 0.15～0.35，轮胎碾为 0.12～0.22；

i ——地面坡度的正切值；

f_2 ——机械轴承摩阻系数，可采用 0.02；

v ——碾轮碾压时行驶速度（m/s）；

t ——碾轮的启动时间，一般 $t \approx 3$～$4s$；

g ——重力加速度，$g = 98m/s^2$。

2）牵引碾压机的拖拉机功率可按式（1-4-23）计算，即

$$N = \frac{v[p + G_m(f_m + i)]}{75\eta} \tag{4-1-23}$$

式中 N ——所需牵引拖拉机功率（hp）；

v ——碾轮行驶速度（m/s）；

p ——拖拉机的挂钩牵引力（kg）；

G_m ——拖拉机质量（kg）；

f_m ——拖拉机与土的摩擦系数，一般为 1.3；

i——地面坡度的正切值；

η——机械传动效率，一般为 0.85。

习　题

1. 推土机承担的土方作业有哪些？
2. 简述铲运机的用途和使用范围。
3. 石方机械主要有哪些？各自的作用是什么？
4. 简述风动凿岩机的工作原理。
5. 压实机械分为哪几类？各有什么特点？

第二章 路 面 机 械

第一节 概 述

路面机械是指在公路建设中完成路面材料的生产与施工的机械设备。由于路面是用多种材料铺筑的多层构造物，以及公路等级及地理位置的不同造成采用的筑路材料种类较多，因此路面机械的类型也很多。根据路面层的结构和机械用途，路面机械可分为以下几类，见图4-2-1。

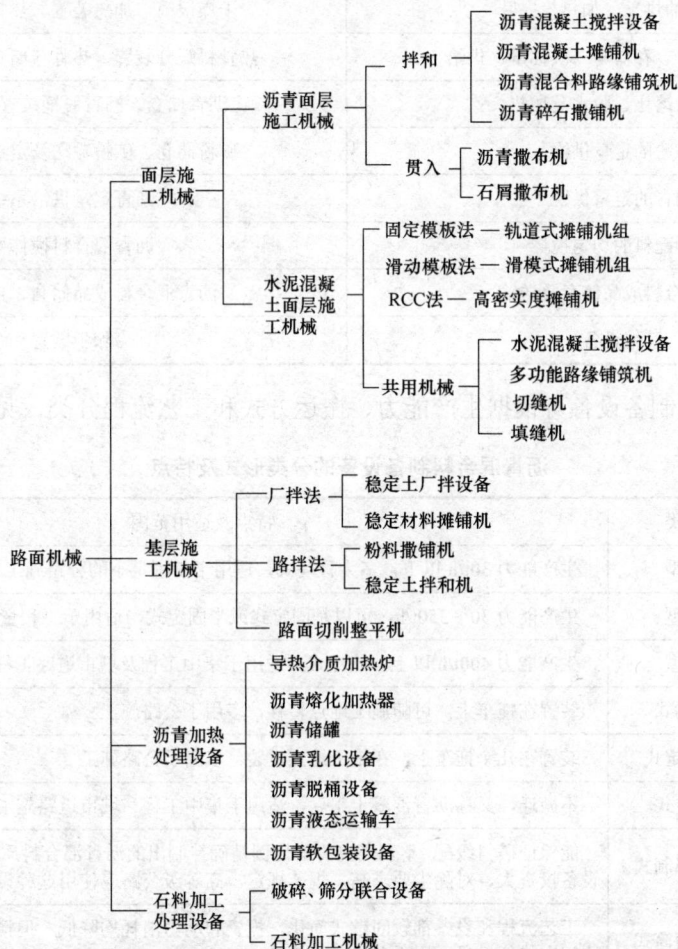

图 4-2-1　路面机械分类

第二节 沥青混凝土制备设备

一、沥青混凝土制备设备类型及特点

将不同粒径的碎石、砂等原材料，按适当比例配合成符合规定级配要求的矿料混合料，再将矿料混合料加热，与一定比例的热沥青和矿粉，在规定温度下拌和就可制出沥青混凝土路面施工的沥青混合料。沥青混合料的好坏直接影响路面的质量，因此沥青混合料的生产设备——沥青混凝土搅拌设备就成为沥青路面施工的关键设备之一。为了保证沥青混合料在摊铺作业时具有良好的和易性与均匀性，拌制好的沥青混合料应具有 140～160℃ 的工作温度和精确的配比，原材料要搅拌均匀。沥青混合料的拌制工序及相应装置见表 4-2-1。

表 4-2-1　　　　　　　　　　　　沥青混合料的拌制工序及相装置

拌　制　工　序	各工序所对应的装置
冷骨料的组配与供给	冷骨料的定量供给和输送装置
冷骨料的烘干、加热与提升	干燥滚筒、加热装置、热骨料提升机
热骨料的筛分、存储与二次称量、供给	热骨料筛分装置、热骨料储仓及称量装置
沥青的熔化、脱水及加热	沥青储仓、沥青脱桶装置、保温罐
矿粉的定量供给	矿粉储仓、矿粉输送及定量供给装置
沥青的定量供给	沥青定量供给系统
各种配料的均匀搅拌	沥青混合料搅拌器
沥青混合料成品储存及送输	沥青混合料成品储仓、自卸汽车
其他设备	除尘装置

沥青混合料的制备设备可根据生产能力、搬运方式和工艺流程分类，见表 4-2-2。

表 4-2-2　　　　　　　　　　　　沥青混合料制备设备的分类形式及特点

分类形式	分类	特点及适用范围
生产能力	小型	生产能力 30t/h 以下，多为移动式，适用于工程量小的公路施工或养路作业
	中型	生产能力 30～350t/h，可以是固定式或半固定式，适用于工程量大而集中的公路施工
	大型	生产能力 400t/h 以上，固定式，适用于集中工程及城市道路工程
搬运方式	移动式	装置在拖车上，可随施工地点转移，多用于公路施工
	半固定式	装置在几个拖车上，在施工地点拼装，多用于公路施工
	固定式	不搬迁，又称沥青混凝土工厂，适用于集中工程、城市道路施工
工艺流程	间歇强制式	能保证矿料级配，矿料与沥青的比例精确拌制出的沥青混合料质量好，但工艺流程长，设备投资大，对除尘要求高，规范规定，高等级公路应使用这种设备
	连续滚筒式	工艺流程和设备都较间歇式简化，投资和动力消耗均降低，但搅拌出沥青混合料质量比间歇式低，只适用于普通公路施工

图 4-2-2 所示为间歇强制式沥青混凝土搅拌设备总体结构，这种搅拌设备的工艺流程如图 4-2-3 所示。

间歇强制式沥青混凝土搅拌设备的特点是初级配的冷骨料在干燥滚筒内采用逆流加热方式烘干加热，然后经筛分称量（质量），在搅拌器中与按质量称量的矿粉和热态沥青搅拌成沥青混合料。这种搅拌设备能保证矿料的级配。矿料与沥青的比例可达到相当精确的程度。另外，也易于根据需要随时变更矿料级配和油石比，所以拌制出的沥青混合料质量好，可满足各种施工要求。因此，这种设备在国内外使用较为普遍。其缺点是工艺流程长、设备庞杂、建设投资大，耗能高、搬迁困难，对除尘设备要求高。

图 4-2-4 所示为连续滚筒式沥青混凝土搅拌设备总体结构，这种搅拌设备的工艺流程见图 4-2-5。

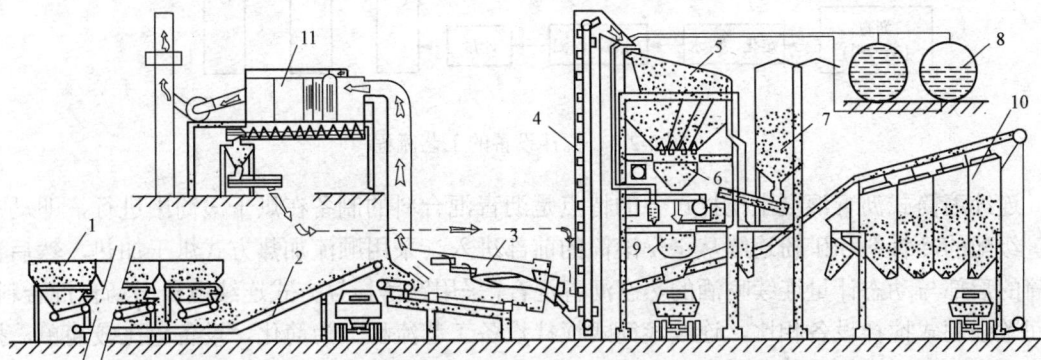

图 4-2-2　间歇强制式沥青混凝土搅拌设备总体结构

1—冷骨料储存及配料装置；2—冷骨料带式输送机；3—冷骨料烘干、加热筒；4—热骨料提升机；

5—热骨料筛及储存装置；6—热骨料计量装置；7—石料供给及计量装置；

8—沥青供给系统；9—搅拌器；10—成品料储存仓；11—除尘装置

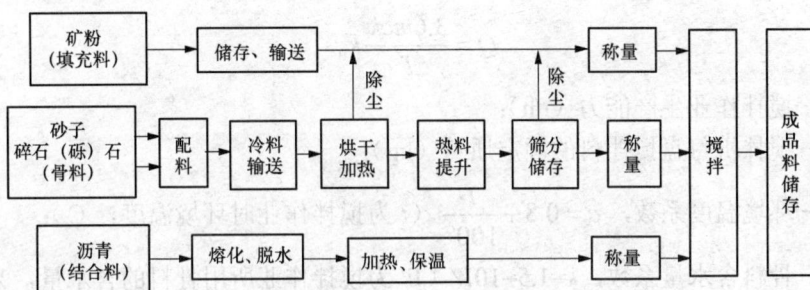

图 4-2-3　搅拌设备的工艺流程

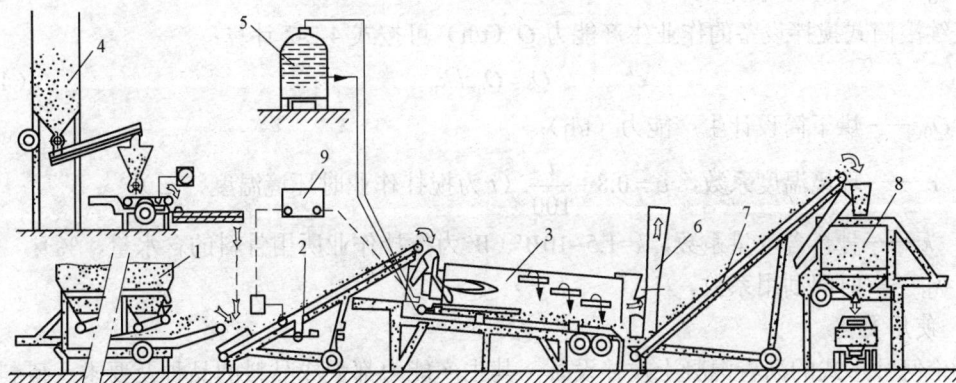

图 4-2-4　连续滚筒式沥青混凝土搅拌设备总体结构

1—冷骨料储存和配料装置；2—冷骨料带式输送机；3—干燥滚筒；4—石料供给系统；5—沥青供给系统；

6—除尘装置；7—成品料输送机；8—成品料储存仓；9—油石比控制仪

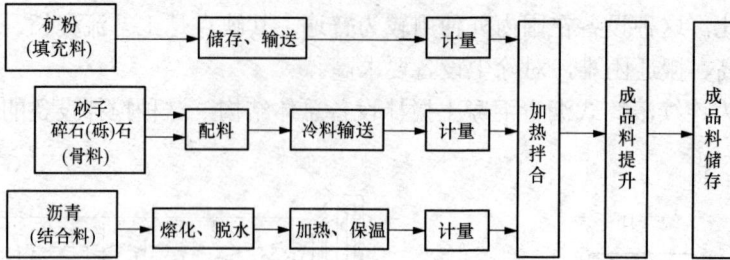

图 4-2-5　搅拌设备的工艺流程

连续滚筒式沥青混凝土搅拌设备的特点是沥青混合料的制备在烘干滚筒中进行，即动态计量级配的冷骨料和矿粉连续从干燥滚筒的前部进入，采用顺流加热方式烘干加热，然后在滚筒的后部与动态计量连续喷洒的热态沥青混合，采用跌落搅拌方式连续搅拌出沥青混合料。与间歇强制式搅拌设备相比，连续滚筒式搅拌设备工艺流程大为简化，设备也比较简单，搬迁方便，制造成本、使用费用和动力消耗均有所降低。另外，由于湿冷骨料在干燥滚筒内烘干，加热后即被沥青裹敷，使细小粒料和粉尘难以逸出，因而易于达到环保要求。

二、沥青混凝土制备设备的使用技术

1. 作业能力计算

间歇强制式搅拌设备的作业生产能力可按式（4-2-1）计算，即

$$Q = \frac{3.6mck}{T} k_B \qquad (4-2-1)$$

式中　Q——搅拌作业生产能力（t/h）；

m——搅拌机每盘搅拌料的额定质量（kg）；

c——环境温度系数，$c = 0.8 + \frac{t}{100°}$（t 为搅拌作业时环境温度，℃）；

k——骨料含水量系数，$k=1.5-10W$（W 为搅拌作业所用骨料的含水量，%）；

T——搅拌机额定工作循环时间（s）；

k_B——时间利用系数。

连续滚筒式搅拌设备的作业生产能力 Q（t/h）可按式 4-2-2 计算：

$$Q = Q_0 ck k_B \qquad (4-2-2)$$

式中　Q_0——烘干筒设计生产能力（t/h）；

c——环境温度系数，$c = 0.8 + \frac{t}{100}$（t 为搅拌作业时环境温度，℃）；

k——骨料含水量系数，$k=1.5-10W$（W 为搅拌作业所用骨料的含水量，%）；

k_B——时间利用系数。

2. 使用要点

不论何种形式的沥青混凝土搅拌设备，其生产能力都受成品料的品种及要求、矿料的含水量及设备的完好程度等因素的影响。因此，在作业过程中，应配置矿料含水量检测仪及成品料分析化验仪，定期检测有关数据。

（1）矿料含水量除影响生产能力以外，还是决定燃料消耗量的主要因素。实践经验证明，

矿料含水量降低 1%，每生产 1t 成品料可减少燃料 1kg。

（2）作业前认真检查搅拌设备所有工作部件是否完好、正常，切忌带病运行。作业中必须严格按照设备使用说明书规定的程序和注意事项进行。点火正常后，应监视除尘器工作是否正常，保证干燥滚筒在正常负压下燃烧；生产开始后，应监视热骨料提升机、搅拌器工作是否正常，以协调其他工作部分的运行。

（3）作业结束后，应停止供料，逐渐关闭燃烧器，用热细料洗刷搅拌器，排净烘干滚筒和搅拌器内的热料；当干燥滚筒温度降至 45～50℃时，停止干燥滚筒、鼓风机、除尘系统的运转，切断操作室总电源。

（4）使用湿式除尘器，因烟气中含硫元素会使净化水酸化，对金属有腐蚀作用，因此在水中须添加中和剂，并定期更换循环用水。使用袋式除尘器，新机启用时要注意烟气温度，过热会烧坏滤袋，温度过低，将发生结露，降低过滤作用。连续滚筒式搅拌设备使用袋式除尘器时，由于烟气中含有沥青成分，新滤袋启用时必须在滤袋上黏附一层石粉（可在烟道上喷入一定量的石粉），以免滤袋因黏附沥青而失去过滤作用。

3. 典型产品的主要技术参数

典型产品的主要技术参数见表 4-2-3。

表 4-2-3　　　　　　　　　　　典型产品的主要技术参数

型号	形式	生产能力（kg/锅）（t/h）	材料种类	计量精度		温度控制精度	干燥筒尺寸直径×长度（mm×mm）	整机质量（t）	总功率（kW）
DHHB25	滚筒式	25		油石比	< ±0.5%		1200×4800	14.5	60.7
LB500	间歇可搬式	500（30～40）	骨料（四种）粉料沥青	砂石料粉料沥青	±0.5%	±5℃	1200×5200	50	130
LB1000	间歇可搬式	1000（60～80）	骨料（四种）粉料沥青	砂石料粉料沥青	±0.5%	±5℃	1500×6500	130	350
LB2000	间歇可搬式	2000（120～160）	骨料（四种）粉料沥青	砂石料粉料沥青	±0.5%	±5℃	2200×8000	200	510
M3000	间歇移动式	3000（180～240）	骨料（四种）粉料沥青	砂石料粉料沥青	±0.5%	±5℃	2800×9500	245	725

第三节　沥青混凝土摊铺机

一、沥青混凝土摊铺机的类型

沥青混凝土摊铺机是用来将拌制好的沥青混合料按一定的技术要求（厚度和横截面）均匀地摊铺在已整好的路基或基层上，并给以初步捣实和整平的专用设备。使用摊铺机施工，既可大大地加快施工速度、节省成本，又可提高所铺路面的质量。

现代沥青混凝土摊铺机还适用于摊铺各种材料的基层和面层，如摊铺防护墙、铁路路基、RCC 基础层材料、稳定土等，是修筑一般公路与高速公路不可缺少的关键设备。

现代沥青混凝土摊铺机采用全液压驱动和电子控制，中央自动集中润滑、液压振动、液压无级调节摊铺宽度等新技术，自动化程度高，操作简单方便，视野好，并设有总开关、自动找平装置、卸载装置、闭锁装置，保证了摊铺路基、路面的平整度和摊铺质量。

沥青混合料摊铺机的类型很多，可以按以下几种方式分类：

（1）按摊铺宽度，可分为小型、中型、大型和超大型四种。

1）小型摊铺机最大摊铺宽度一般小于3600mm，主要用于路面养护和城市巷道路面修筑工程。

2）中型摊铺机最大摊铺宽度在4000～6000mm，主要用于一般公路路面的修筑和养护工程。

3）大型摊铺机最大摊铺宽度在7000～9000mm，主要用于高等级公路路面施工。

4）超大型摊铺机最大摊铺宽度为12000mm，主要用于高速公路路面施工。装有自动调平装置的超大型摊铺机摊铺路面，纵向接缝少，整体性及平整度好，尤其摊铺路面表层效果最佳。

（2）按行走方式，摊铺机可分为拖式和自行式两种。其中自行式又分为履带式和轮胎式两种。

1）拖式摊铺机是将收料、输料、分料和熨平等作业装置安装在一个特制的机架上组成的摊铺作业装置，工作时靠运料自卸车牵引或顶推进行摊铺作业。它的结构简单，使用成本低，但其摊铺能力小，摊铺质量低，所以拖式摊铺机仅适用于三级以下公路路面的养护作业。

2）履带式摊铺机多为大型和超大型机，其优点是接地比压小、附着力大，摊铺作业时很少出现打滑现象，运行平衡。其缺点是机动性差，对路基凸起物吸收能力差，弯道作业时铺层边缘圆滑程度比轮胎式摊铺机低，且结构复杂，制造成本较高；主要用于大型公路工程的施工。

3）轮胎式摊铺机靠轮胎支撑整机并提供附着力，它的优点是转移运行速度快，机动性好，对路基凸起物吸收能力强，弯道作业易形成圆滑边缘。其缺点是附着力小，在摊铺路辐较宽、铺层较厚的路面时易产生打滑现象。另外，它对路基凹坑较敏感。轮胎式摊铺机主要用于道路修筑与养护作业。

（3）按动力传动方式，摊铺机可分为机械式传动和液压式传动两种。

1）机械式摊铺机的行走驱动、输料传动、分料传动等主要传动机构都采用机械传动方式。其特点是工作可靠、维修方便、传动效率高、制造成本低，但传动装置复杂，操作不方便，调速性和速度匹配性较差。

2）液压式摊铺机的行走驱动、输料和分料传动、熨平板延伸、熨平板和振捣器的振动等采用液压传动方式，从而使摊铺机结构简化、质量减轻，传动冲击和振动减缓，工作性能稳定，操作控制方便。全液压和以液压传动为主的摊铺机，均设有自动调平装置，具有良好的使用性和更高的摊铺质量，因而广泛应用于高等级公路路面的施工。

（4）按熨平板的延伸方式，摊铺机分为机械加长式和液压伸缩式两种。

1）机械加长式熨平板的结构简单、整体刚度好、分料螺旋贯穿整个摊铺槽，使布料均匀，因而大型和超大型摊铺机一般采用机械加长式熨平板。

2）液压伸缩式熨平板靠液压缸伸缩无级调整其长度，使熨平板达到要求的摊铺宽度，调整方便省力，适用于摊铺宽度变化的路段施工。其熨平板整体刚性较差，在调整不当时，基本熨平板和可伸缩熨平板间易产生铺层高差，并因分料螺旋不能贯穿整个摊铺槽，可能造成混合料不均而影响摊铺质量，一般此种摊铺机最大摊铺宽度不超过8m。

（5）按熨平板的加热方式分为电加热、液化石油气加热和燃油加热三种形式。

1）电加热须专用的发电机产生电能，其加热均匀使用方便，无污染，熨平板和振动梁受热变形小。

2）液化石油气加热方式结构简单，使用方便；但火焰加热欠均匀，污染环境，不安全。

3）燃油加热装置主要由小型燃油泵、喷油嘴、自动点火控制器和小型鼓风机等组成，其优点是可以用于各种工况，操作较方便，燃料易解决；但有污染，且结构复杂。

二、沥青混凝土摊铺机的结构及工作原理

沥青混凝土摊铺机规格型号较多，各类型的摊铺机结构也不相同，但其主要结构如图 4-2-6 所示，一般由发动机、传动系统、前料斗、刮板输送器、螺旋分料器、机架、操纵控制系统、行走系统、熨平装置和自动调平装置等组成。

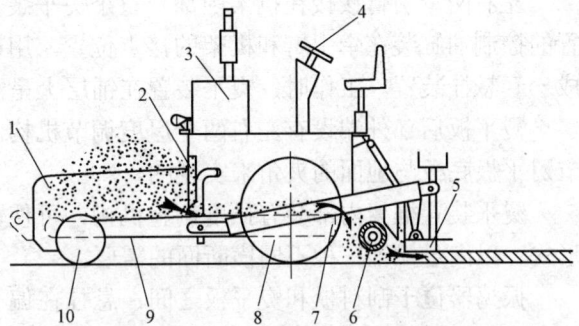

图 4-2-6　摊铺机结构示意图

1—前料斗；2—闸门；3—发动机及传动系统；4—操纵系统；
5—熨平板；6—螺旋分料器；7—刮板输送器；8—后轮；
9—机架；10—前轮

摊铺机一般选用高速柴油机做动力，由于摊铺机始终处于较高的环境温度下工作，并且要求摊铺机在选定的作业速度下稳定连续工作，因此发动机除应具有足够的持续功率和良好的特性外，还要求与液压传动和机械传动有最佳的功率匹配。

摊铺机的传动系统主要包括行走传动和供料传动两大部分。此外，还有控制系统及熨平装置的动力传动。机械传动在中小型摊铺机中采用较多，大型摊铺机均采用液压传动。

前料斗位于摊铺机的前部，是接受运料车的卸料及存放沥青混合料的容器。前料斗由左右边斗、铰轴、支座、起升油缸等组成，左右边斗之间装有刮板输送器，运料车卸入前料斗的混合料由刮板输送器送到螺旋分料器前，随着摊铺机的前行作业，前料斗中部的混合料逐渐减少，此时需升起左右边斗，使两侧的混合料滑落移到中部，以保证供料的连续性。

刮板输送器位于前料斗的底部，是摊铺机的供料机构、刮板输送器将前料斗内的混合料向后输送到螺旋分料器的前部。在前料斗的后壁还设有供料闸门，调节闸门高低可调节供料量。

螺旋分料器设在摊铺机后方摊铺室内，其功能是把刮板输送器输送到摊铺室中部的热沥青混合料，左右横向输送到摊铺室全幅宽度。螺旋分料器是由大螺距、大直径叶片的两根螺杆组成，其螺杆旋向相反，以便混合料由中部向两侧输送。为控制料位高度，左右两侧设有料位传感器，螺旋轴左右两侧各成独立系统，既可同时工作，又可单侧工作。

机架是摊铺机的骨架，一般均为焊接结构件。机架最前方设有顶推辊，其作用是顶推运料自卸车后轮胎，使自卸车和摊铺机同步前进，向料斗连续卸料，行进中顶推辊与自卸车后轮胎接触并处于滚动状态，顶推辊的离地高度，应与汽车轮胎相适应。

履带式摊铺机的行走系统和一般工程机械的结构相同，但其履带为无刺型履带，履带板上黏附有橡胶板，以增加附着力和改善行走性能。

轮胎式摊铺机的行走系统由前轮和后轮组成，前轮位于前料斗下部，采用铁芯挂胶实心轮以降低前料斗的高度，前轮又是摊铺机的转向轮系。摊铺机的后轮为整机的驱动轮系，选用直径较大的充气或充液轮胎，前后轮一般固定于机架的外侧，构成四支点结构，对地面不平度的适应性较差。为改善对地面的适应性，新机型的前桥采用铰接式结构，使行走系统成

为三支点与地面接触，增加了摊铺机的稳定性和驱动性能。

熨平装置是摊铺机的重要工作装置，其功能是将输送到摊铺室内全幅宽度的热混合料摊平、捣实和熨平。一般摊铺机的熨平装置由牵引臂、刮料板、振捣梁、熨平板、厚度调节机构、拱度调整机构等组成。熨平板和振捣梁设置在螺旋分料器的后部，最前端设有刮料板，熨平板两端装有端面挡板，端面挡板可使摊铺层获得平整边缘。

左右两牵引臂铰接在机架中部，整个熨平装置靠提升油缸悬挂在机身后部，自动调平装置的控制油缸装在牵引臂和机架的接点位置，用以自动调整熨平板的高低位置。整个机构形成一套悬挂装置。工作时，熨平装置在铺层上呈浮动状态。

熨平板后部外端设有左右两个厚度调节机构。摊铺厚度的控制，是通过厚度调节机构调节熨平板底板与地面的夹角来实现的。

熨平装置框架内部装有拱度调整机构，可使熨平板底面形成水平、双斜坡、单斜坡三种形式，以满足摊铺三种不同横断面的需要。

振捣器位于刮料板和熨平板之间，悬挂在偏心轴上，液压马达通过传动装置驱动偏心轴转动，使振捣梁做往复运动，对混合料进行初捣实。

摊铺机的操纵控制系统比较复杂，一般结构有行走、变速、转向、料斗倾翻、发动机油门控制、熨平板升降、刮板输料和螺旋分料速度控制、熨平板加热、熨平板延伸、拱度和厚度调整的操纵等。

三、摊铺机的使用

（1）施工前的准备。施工前的准备包括做好配套机械设备的准备；对摊铺机各工作装置进行检查；作业前，用喷油器向料斗、推辊、刮板输料器、螺旋分料器、振动熨平板和行走传动链等各部喷洒薄层柴油。

（2）结构参数的调整。按工程要求确定并调整摊铺机的摊铺宽度、摊铺厚度和拱度 3 个基本结构参数。对分料螺旋的离地高度、分料螺旋与熨平板的距离、刮料板的离地高度、振捣器行程进行必要的调整。

（3）工作速度的确定。摊铺机的工作速度应根据工程要求在常用速度 2～10m/min 范围内选取。面层摊铺时，工作速度应取小值，最大速度不应大于 6m/min。在作业过程中，要保持工作速度相对稳定，不要随意变动。

（4）摊铺机的生产率按式（4-2-3）计算，即

$$Q = 60hBv_{p\rho} \tag{4-2-3}$$

式中　Q——摊铺机生产率（t/h）；

　　　h——摊铺厚度（m）；

　　　B——摊铺机最大摊铺宽度（m）；

　　　v_p——摊铺作业速度（m/min），一般取 4～6 m/min；

　　　ρ——碾压后混合料的密度（t/m³），一般取 2.2～2.35t/m³。

第四节　石屑撒布机和沥青洒布机

一、石屑撒布机

石屑撒布机是在洒好沥青的路基上均匀地撒布一定范围粒径的石屑，以修筑表层路面。

石屑撒布机按行走方式可分为拖式、悬挂式和自行式，见图 4-2-7 和图 4-2-8。

拖式石屑撒布机挂在运料自卸车的挂钩上，作业时自卸汽车倒行顶推撒布机。悬挂式石屑撒布机悬挂在自卸汽车的料斗口上，汽车倒行进行撒布作业。这两种形式的撒布机结构简单，价格低廉；但作业时观察、操作不方便，一般用于小工程路面修筑。

自行式石屑撒布机机动性好，操作观察方便，容易保证施工质量，适合于工程量较大的工程。

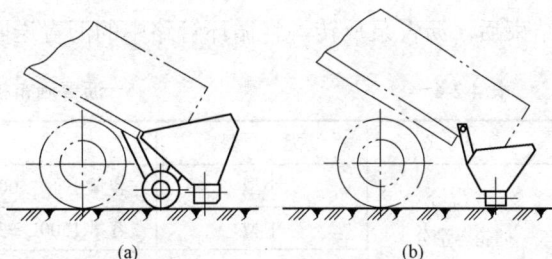

图 4-2-7 石屑撒布机分类
（a）拖式；（b）悬挂式

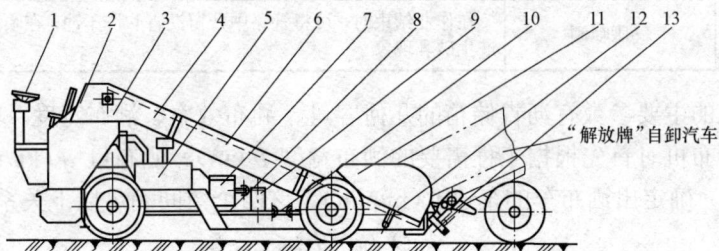

图 4-2-8 石屑撒布机结构简图
1—驾驶台；2—拨料辊；3—前料斗；4—板架；5 发动机；6—皮带输送机；7—变速箱；8—前万向节；
9—副减速箱；10—后万向节；11—后料斗；12—后油缸；13—后挂钩

一般石屑撒布机由后料斗、皮带输送机、前料斗、撒布器、可控制斗门、发动机、传动系统、操作系统、机架及行走系统组成。其工作原理是自卸汽车运来的料倒入后料斗，由皮带输送机送到前料斗，前料斗中设有可调开度的活动斗门，控制石料到撒布装置的量。撒布装置位于前料斗的出口下面，主要由拨料辊传动机构、机架等组成，启动拨料辊就可以把石料定量而均匀地撒布在刚洒布的沥青层上面。

石屑撒布机的重要技术参数有撒布宽度，撒布粒径，前、后料斗容量，撒布速度，最高行驶速度，生产能力，整机质量。

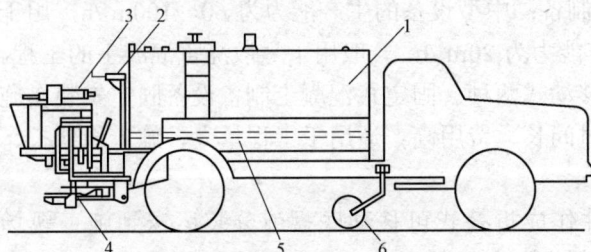

图 4-2-9 沥青洒布机结构示意图
1—沥青储箱；2—操纵机构；3—动力及传动装置；
4—洒布系统；5—加热火管；6—第五车轮测速仪

二、沥青洒布机

沥青洒布机是在沥青路面进行表面处治或养护时用来运送和喷洒热态沥青或乳化沥青的机械设备。沥青洒布机的分类见表 4-2-4。

沥青洒布机主要由保温沥青箱、加热系统、传动系统、循环洒布系统、操作机构、检查和计量仪表等组成，见图 4-2-9，其工作过程是：沥青泵从沥青熔化池中将热沥青吸入沥青储箱中，运输到施工现场，经加热到工作温度后，开启喷洒阀门，沥青泵将沥青以一定的压力输送到洒布管、喷嘴后，按一定的洒布压力喷洒到路面上。洒布结束后，沥青泵反转，将循环管路中的沥青送回沥青储箱中。

表 4-2-4 沥青洒布机的分类

分类方式	类 型	特 点
根据沥青储箱容量分	小型	容量小于 1500L
	中型	容量 1500L～3000L
	大型	容量大于 3000L
根据移动形式分	手推式	洒布能力 30L/min 以下，用于道路养护
	拖运式	洒布能力 30L/min 以上，用于道路养护和小面积洒布
	自行式	沥青储箱容量大，洒布质量好，工作效率高，广泛使用
根据喷洒方式分	泵压喷洒	自行灌装沥青，储箱中沥青可在循环中被加热
	气压喷洒	在作业结束时，可将管路中残留沥青吹洗干净，在喷洒乳化沥青时，不会产生破乳现象

沥青洒布机的主要参数有沥青储箱的几何容量、洒布效率、洒布宽度、驱动功率等。

使用沥青洒布机时首先根据工程需要的洒布宽度 b（m）、洒布量 q（kg/m²）及沥青泵的流量 Q（kg/min）确定出洒布车的车速 v（m/min），这四个数间满足以下关系

$$v=Q/(q \cdot b) \tag{4-2-4}$$

其次在工作前检查各部件是否正常，特别是沥青泵是否被冷沥青堵塞。

作业结束时，将循环洒布系统管道中的残余沥青排尽，并冲洗沥青泵、沥青储箱和管道。

第五节　水泥混凝土制备设备

一、类型

水泥混凝土制备设备是将水泥、砂、石骨料和水等按一定比例混合，进行均匀搅拌，而制备流态混凝土料的专用设备。该类设备可按生产能力、搬移方式、搅拌方式和搅拌过程等进行分类。

（1）按生产能力可分为大、中、小三种类型。大型混凝土制备设备生产能力为 100～200m³/h，主要用于混凝土制品厂的混凝土制备；中型设备的生产能力为 60～100m³/h，用于道路工程及建筑工程施工；小型设备的生产能力为 20m³/h，一般用于零散浇筑混凝土的工程。

（2）按设备移动方式可分为固定式和移动式两种。固定式混凝土制备设备固定安装在施工现场或工厂，对地基处理要求高，安装时间长、费用高；适用于工程量大、施工周期长、生产能力大的搅拌设备。

移动式混凝土制备设备按总成或部件作成折叠式可移动底盘或分装运送到施工现场组装。根据移动方式不同，移动式水泥混凝土制备设备又可分为拆迁式、拖行式和集成式三种。

（3）按搅拌过程可分为周期式和连续式两种。周期式混凝土制备设备的特征是装料、搅拌、出料分批进行，搅拌设备结构简单可靠，容易控制配合比及拌和质量，使用广泛。

连续式混凝土制备设备是连续进行装料、搅拌、出料，生产率高；但必须配置精确的计量装置，才能生产出合格的混凝土，目前使用较少。

二、混凝土制备设备的总体结构

水泥混凝土制备设备种类较多，其结构形式也不尽相同，但它必须具备两个功能：①精确称量混合料中各种成分的含量；②对混合料进行均匀搅拌。一般的混凝土制备设备大都由上料机构、骨料储存装置、计量装置、搅拌机、卸料装置、辅助设备和操纵系统等组成。按照这些装置布置方式的不同可分为单阶式（混凝土搅拌楼）和双阶式（混凝土搅拌站）两种结构。

混凝土搅拌楼结构见图 4-2-10，主要由皮带输送机、水平螺旋输送机、斗式提升机、回转给料器、骨料仓、水泥仓、各种原材料称量斗、搅拌机、成品料储存斗、控制台和其他辅助装置等组成。

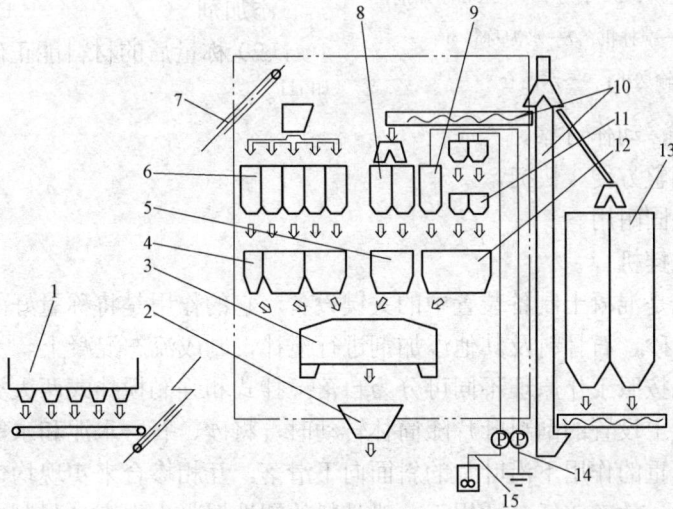

图 4-2-10　混凝土搅拌楼的工艺流程示意图

1—骨料给料器；2—储料斗；3—搅料机；4—骨料称量斗；5—水泥称量斗；6—骨料储存斗；

7—上料皮带机；8—水泥料斗；9—水箱；10—水泥供料机构；11—添加剂称量斗；

12—水称量斗；13—水泥仓；14—供水系统；15—添加剂供给系统

砂、石骨料由皮带输送机提升到搅拌楼的顶部，通过回转配料器送入骨料仓的各个储料斗，水泥则经由下部螺旋输送机和斗式提升机装进水泥料斗，水和添加剂通过专设的泵和相应的管路直接送入称量容器。经过称量的各种骨料一起投入设在进料槽下方的搅拌机进行搅拌。搅拌好的混凝土直接卸入运输车内或送入成品料斗暂存。

双阶式水泥混凝土搅拌站主要由骨料存储装置（包括砂、石骨料、水泥、水和添加剂的存储设备）、骨料一次提升机构、称量机构、骨料二次提升机构、搅拌机、成品料斗、控制台和辅助设备等组成，见图 4-2-11。砂、石骨料经一次提升装进骨料斗仓，水泥经一次提升装进水泥筒仓。砂、石骨料的称量斗置于斗仓的下方，便于斗仓直接投料。经称量的骨料放入提升斗中，经二次提升加进搅拌机中。水泥由筒仓底部的料门经斜架式螺旋输送机提升到位于搅拌机上方的水泥称量斗中，进行单独计量，计量过后直接投入搅拌机，水和添加剂分别由水泵和添加剂泵，从储存箱中直接泵入搅拌机。混合料经搅拌机搅拌均匀后卸入成品料储存斗。

在混凝土制备设备中各种原材料的称量斗是其重要组成部分，称量精度的高低，对所生

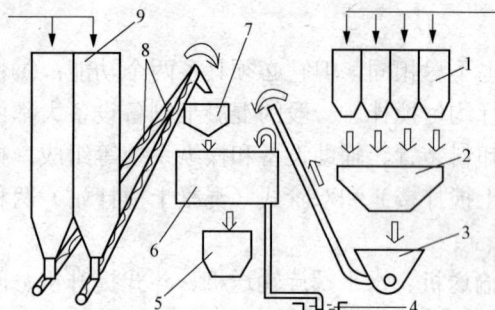

图 4-2-11　搅拌站工艺流程

1—骨料仓；2—骨料称斗；3—提升；4—水和添加剂；

5—成品料斗；6—搅拌机；7—水泥称量斗；

8—螺旋输送机；9—水泥仓

产的混凝土质量，包括稠度、和易性、可浇灌性及成型后的强度指标等，起决定性的作用。因此，要求称量机构必须满足下列条件：

（1）对各种材料的称量精度应符合规范要求。如对铺筑混凝土路面所用的混凝土在生产时的称量精度为：

水泥	±1%
粗、细骨料	±2%
水	±1%
添加剂	±2%

（2）称量后的材料能正确无误地投入搅拌机中。

（3）操作简便，动作可靠。

（4）称量值调整方便、快捷。

（5）结构应坚固耐用。

三、混凝土搅拌机

混凝土搅拌机是混凝土制备装置中的关键设备，它的作用是将称量好的混凝土各组成材料——水泥、水、砂、石骨料及其他添加剂进行搅拌，制成流态混凝土。

混凝土搅拌机按照工作原理不同可分为自落搅拌式和强制搅拌式两大类。自落式搅拌机是靠搅拌筒体内壁上设置的刮料叶片随筒体转动时，将砂、石、水泥和水等原材料提升到一定高度，在物料自重的作用下沿叶片的斜面向下滑落，互相掺合来实现均匀拌和的。这类搅拌机搅拌强度不大，效率较低，适用于一般骨料的塑性混凝土生产。强制式搅拌机是通过安装在搅拌轴上的叶片对砂、石、水泥和水等原材料进行强制性刮、铲、翻转来实现物料搅拌的。这类搅拌机搅拌作用剧烈、搅拌时间短，搅拌质量好，适用于拌制干硬性混凝土。搅拌机的分类及表示方法见表 4-2-5 和表 4-2-6。混凝土搅拌机可作为混凝土搅拌楼或混凝土搅拌站中的搅拌机构使用，也可单独使用。对于单独使用的搅拌机，其主要由搅拌筒，进出料机构、供水系统、传动系统、底架和牵引系统等组成，其结构见图 4-2-12。

表 4-2-5　　　　　　　　　　　搅 拌 机 的 分 类

自 落 式				强 制 式		
倾翻出料		不倾翻出料		竖轴式		卧轴式
单口	双口	斜槽出料	反转出料	涡桨式	行星式	双槽式

搅拌机的生产能力可用式（4-2-5）计算，即

$$Q = \frac{3600 V_1 f}{T} k_B \qquad (4-2-5)$$

式中 Q ——搅拌机的生产率（m³/h）；

V_1 ——搅拌筒的进料体积，指每批装入筒中各种材料松散体积之和（m³）；

f ——出料系数，$f=\dfrac{V_2}{V}$，V_2 为搅拌筒的出料体积，即搅拌筒拌出的混凝土体积（m³）；

T ——搅拌一次所需时间，$T=t_1+t_2+t_3$（s），t_1 为装料时间，t_2 搅拌时间，t_3 卸料时间；

k_B ——时间利用系数。

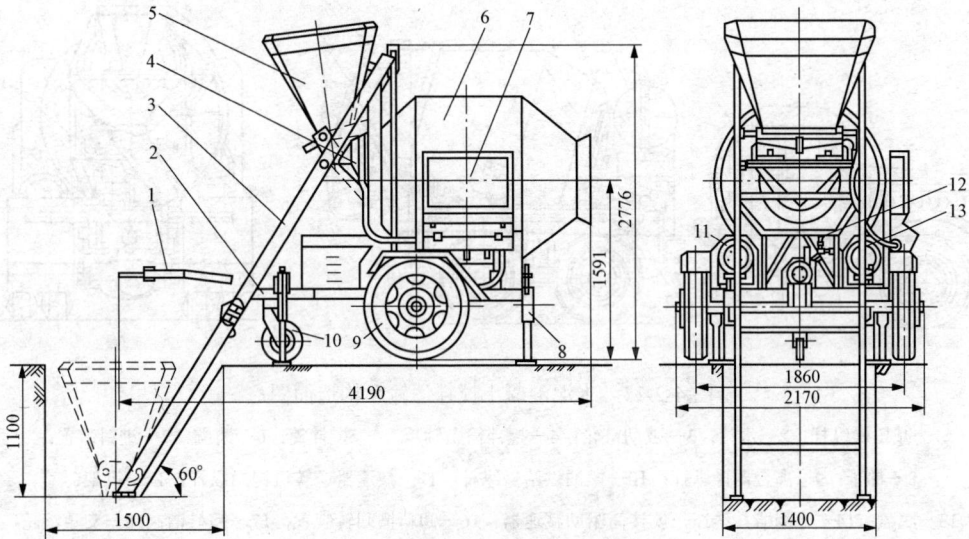

图 4-2-12　JZ350 型搅拌机

1—牵引架；2—底盘；3—上料架；4—中间料斗；5—料斗；6—拌筒；7—电气箱；8—支腿；9—行走轮；

10—前支轮；11—搅拌动力和传动机械；12—供水系统；13—卷扬系统

表 4-2-6　　　　　　　　　　　搅拌机型号分类及表示方法

组	型	特性	代号	代号含义	主要参数（单位）
混凝土搅拌机 J（搅）	鼓形 G（鼓）		JG	电动机驱动鼓形搅拌机	出料体积（m³）
		R（燃）	JGR	柴油机驱动鼓形搅拌机	
	锥形	Z（转）	JZ	锥形反转出料搅拌机	
		F（翻）	JF	锥形倾翻出料搅拌机	
	强制式 Q（强）		JQ	强制式搅拌机	
		D（单）	JD	单卧轴强制式搅拌机	
		S（双）	JS	双卧轴强制式搅拌机	

第六节　水泥混凝土搅拌运输车

水泥混凝土搅拌厂、站拌制好的成品料用自卸汽车、水泥混凝土运输车或水泥混凝土搅拌运输车运送到施工现场，在水泥混凝土路面施工中，广泛使用水泥混凝土搅拌运输车。

水泥混凝土搅拌运输车是一种长距离运送混凝土的专用设备。它可以运送拌制好的成品混凝土混合料，也可边运输边搅拌，它具有运输和搅拌混凝土的两种功能。由于它在运输过程中不断地进行搅拌，在经较长距离运输后，混合料不会产生离析现象，可保证混凝土的施工质量，是一种较好的混凝土运送设备。

水泥混凝土搅拌运输车采用大型载货汽车或专用运载底盘，在其上安装混凝土搅拌装置。它由进料装置、搅拌筒、操纵系统、供水系统、机架和底盘等组成，如图4-2-13所示。

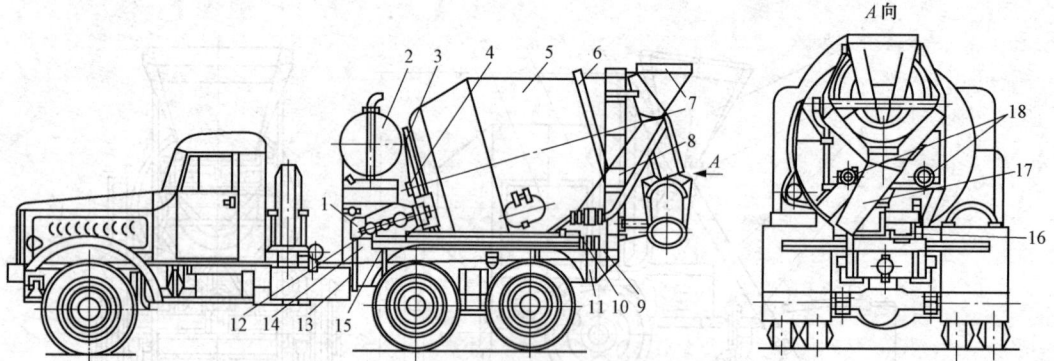

图 4-2-13　水泥混凝土搅拌运输车构造简图

1—减压操纵杆；2—水箱；3—被动链轮；4—搅拌筒主轴承；5—搅拌筒；6—滚圈；7—进料装置；

8—梯子；9—离合器操纵杆；10—燃油供给操纵杆；11—减速器逆转机构操纵杆；12—机架；

13—底盘；14—检测器具；15—搅拌筒驱动减速器；16—卸料槽回转装置；17—卸料槽；18—支重滚轮

搅拌筒、供水系统、进料卸料装置及搅拌筒的操纵装置等都安装在底盘上。搅拌筒倾斜支承在机架上，可绕本身轴线转动。在搅拌筒的上方装有进出料装置，工作时，发动机动力通过传动系统，驱动搅拌筒旋转，正转时进行搅拌和进料，反转时卸料。

搅拌筒是不对称的双圆锥体。搅拌筒底部设有中心轴，安装在支承轴架上，在上锥体垂直锥体轴线的圆锥面上焊接有滚圈，该滚圈支承在机架上的左右两个支重滚轮上，搅拌筒底部支承座和左右两滚轮形成三点支承结构，在传动件的驱动下，搅拌筒绕其轴线平稳转动。

在搅拌筒内壁，从筒口到筒底部对称焊接有两条带状螺旋叶片。当搅拌筒转动时，叶片做螺旋运动，物料在叶片带动下沿圆周提升，在自重作用下下落。在提升物料的同时，螺旋叶片又给物料一个轴向推力，使物料沿螺旋轴向移动，所以物料在螺旋叶片作用下，在搅拌筒内做圆周和轴向运动的复合运动，使物料在筒内上下翻滚，达到搅拌混合料的作用。

当搅拌筒正转时，混合料在搅拌中被叶片推向搅拌筒底部，并连续不断地翻滚，进行拌和，当搅拌筒反转时，混合料被推向搅拌筒出口。

搅拌筒装料时的转速为 $6\sim10r/min$；用于运输途中搅拌时，搅拌筒转速为 $8\sim12r/min$，以使拌和料充分得到拌和；对于预拌混凝土，在运输途中，搅拌筒转速为 $1\sim3r/min$，使混凝土在轻微搅动下保持匀质。

搅拌运输车上装有供水装置，主要为清洗搅拌筒和为湿式搅拌运输提供必要的用水。

目前国内外生产的混凝土搅拌运输车的形式很多，根据搅拌筒驱动装置不同，可分为机械式和液压式。根据搅拌筒动力供给方式的不同，可分成两种形式：①动力从汽车发动机分动箱引出，通过减速器和开式齿轮直接驱动搅拌筒或通过油泵及液压马达驱动搅拌筒；②采用单独发动机驱动搅拌筒。水泥混凝土搅拌运输车的型号分类及表示方法见表4-2-7。

表4-2-7　　　　　　　　　　混凝土搅拌输送车型号分类及表示方法

类	组	型	特性	代号	代号含义	主参数	
						名称	单位
混凝土机械	混凝土搅拌输送车 J（搅）C（车）	飞轮取力 前端取力 单独驱动 前端卸料	—— Q（前） D（单） L（料）	JC JCQ JCD JCL	飞轮取力混凝土搅拌运输车 前端取力混凝土搅拌运输车 单独驱动混凝土搅拌运输车 前端卸料混凝土搅拌运输车	搅拌容量	m³

第七节　水泥混凝土摊铺机

一、类型

水泥混凝土摊铺机是修筑水泥混凝土路面的主导机械，也是铺筑机场跑道、停机坪、水库坝面等设施的关键设备。水泥混凝土摊铺机是把搅拌好的混凝土，先均匀地摊铺在路基上，然后经过振实、整平和抹光等作业程序，完成混凝土的铺筑成型。它既可提高铺筑层的内在质量，也可提高路面的外观技术水平，生产率高。

水泥混凝土摊铺机按其行走方式不同，可分为轨道式摊铺机和履带式摊铺机。轨道式摊铺机采用固定模板铺筑作业，而履带式摊铺机采用滑动模板进行施工，所以又分别称为固定模板式摊铺机和滑模式摊铺机。

水泥混凝土摊铺机按摊铺作业的功能和施工对象不同可分为路面摊铺机、路缘边沟摊铺机和路基修整机等。在结构形式上，有的属于滑模式，有的属于轨道式。

水泥混凝土摊铺机特点及适用范围见表4-2-8。

表4-2-8　　　　　　　　　　水泥混凝土摊铺机特点及适用范围

		结构特点	适用范围	代表机型
轨道式摊铺机	列车型	基本机组：由1台布料机、1台整平振实机和1部精整作面器组成，具有重复作业功能	一般水泥混凝土路面、城市街道和飞机跑道等施工	BV590型 J型 S型
		复合机组：由2台布料机、2台整平振实机和1部精整作面装置组成，可重复作业	双层摊铺工程，中间可加设钢丝网或钢筋	
	综合型	各种作业装置集中在1个机架上，可实现一次成型	一般公路、城市道路和停机坪、跑道施工	CMSF型
	桁架型	机架为框型桁架，伸缩余地大，作业机构为单、双圆柱加同轴螺旋叶片	塑性混凝土大面积作业，最大作业宽度42.7m	C650-F C450
滑模式摊铺机	四履带	发动机功率250kW以上，作业宽度15m，摊铺能力达540～2100m²/h	高等级公路路面工程，双车道全幅施工，一次成型	GP5000 SF500
	三履带	3条支腿可以摆动角度、伸缩，稳定性和机动性强，可适于在复杂地面上行走和作业	路缘石、边沟水槽、中央分隔带、人行道等复杂结构物的铺筑	HTH5000
	双履带	马力适中，作业宽度9m，综合性能好，机动性强	中等规模公路、街道、机场路面工程	SF250
	桁架型	机架为框形桁架式，作业机构为圆柱辊加螺旋叶	大型桥面板塑性混凝土整平作业	C-650-S

二、轨道式水泥混凝土摊铺机

轨道式摊铺机的优点是结构简单、造价低廉、工作可靠、容易操作、故障少、易维修以及对混凝土要求低；其缺点是自动化程度较低，铺筑的路面纵坡、横坡、平直度和转弯半径的精度，在很大程度上取决于钢轨和模板的铺设质量，钢轨模板需要量大，装卸工作费工费力。

轨道式摊铺机，因其作业方式、执行机构和整体功能的不同，又可进一步分为列车型轨道摊铺机、综合型轨道摊铺机和桁架型轨道摊铺机。

综合型轨道摊铺机是将螺旋布料器、刮平板、插入式振捣器、梁式振动器和浮动式精整梁等作业机构集中安装在一个框形机架上，可以实现一次成型。

桁架型轨道摊铺机的特点是：它的机架采用框形桁架结构，桁架可以改变长度，以适应不同摊铺宽度的需要。与综合型相比，它没有刮平板和梁式振捣器，只有一处或一对可做高速旋转的圆柱辊和安装在轴端的短螺旋叶片。整个作业机构通过长链条与发动机相连，作业机构可沿机架上的滑道在整个摊铺宽度上往复移动，对倾卸在模板中的混凝土料实施摊铺整平作业。

列车型轨道摊铺机是将具有一定功能的单机依据作业的先后顺序，排列在预先铺设好的钢轨上进行作业的。排列为：布料机、振实机、平整机、光整做面器；此外，还有切缝机和表面纹理加工机与之配套作业。图4-2-14所示为列车轨道式摊铺机。

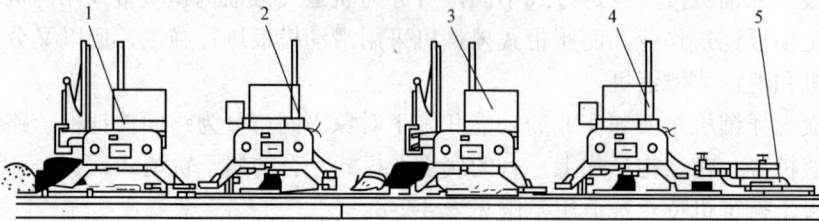

图 4-2-14　列车型轨道摊铺机

1—布料机；2—整平振实机；3—布料机；4—整平振实机；5—光整做面器

三、滑模式水泥摊铺机

与轨道式摊铺机相比，滑模式摊铺机是一种自动化程度高、技术性能先进的施工机械。它所需的操作人员少，整个路面可以全幅施工，一次成型，无需铺设模板和轨道，简化了施工程序；但其结构复杂，对操纵人员的要求较高，对混凝土的级配和坍落度等技术指标的要求也比较严格。

滑模式摊铺机因其主机功率的大小和作业宽度、作业对象的不同，其行走机构有双履带、三履带和四履带等几种。

滑模式摊铺机由动力传动系统、主机架系统、行走系统、自动控制系统、工作装置、辅助系统等几部分组成，见图4-2-15。其工作装置通过专门设置的布料机构、整平机构、振捣压实机构和光整做面机构来完成对混合料的均匀布料、计量整平、振捣压实和最终的光整作面等各道工序的作业。

（1）布料机构是将混凝土料均匀摊铺开，并使其充满模板的每一个角落，布料质量的好坏直接影响到后续各道工序的正常进行和施工质量。常见的布料机构类型有旋转刮板式、料箱式、螺旋叶片式等。

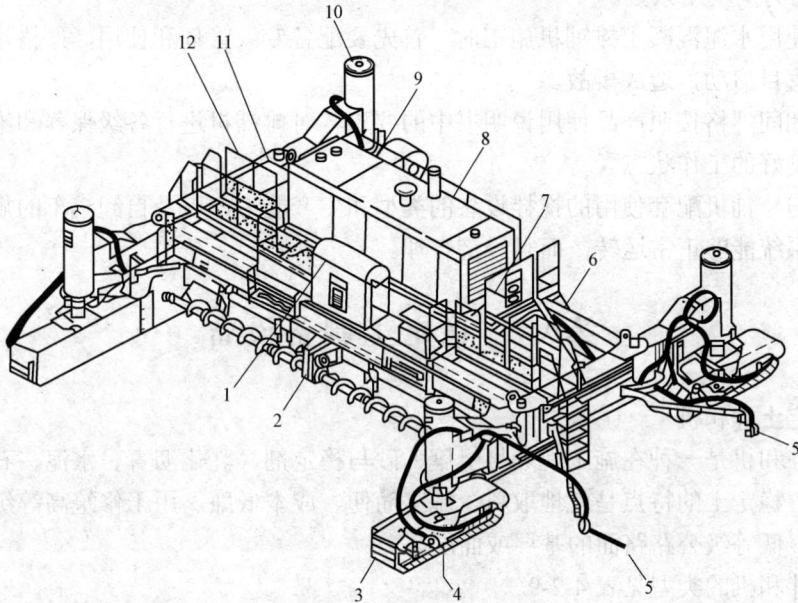

图 4-2-15 滑模式摊铺机外形

1—控制室；2—螺旋摊铺器总成；3—履带总成；4—转向传感器总成；5—调平传感器总成；6—伸缩式机架；
7—扶梯；8—发动机；9—油箱；10—支腿立柱；11—端梁；12—走台扶梯

（2）整平（计量）机构是将布料机构摊铺好的混合料进行填平补齐，使其具有合理的厚度以满足进入成型压实的要求。常见的整平机构形式有固定刮板式、摆动刮板式、圆弧板叶轮式和螺旋叶片式等几种形式。

（3）振捣压实机构对经过布料和整平后的混合料进行振实，把混合料表面的粗粒压入混凝土之中，让气泡和水分从中排出，在面层出现砂浆和细小骨料使混凝土得到密实。实践证明，高频振动能够有效地减少混凝土料粒之间的摩擦阻力，使其充分密实，因此振动机构均采用高频振动。振动机构的主要结构形式有梁式振动器（属附着式，其底面压附在混凝土表面）、插入式振捣器和复合式振实机构（插入式和附着式的有机组合）。

（4）光整做面机构是对混凝土面板进行抹光成型的机构。光整作面是摊铺施工的最后一道工序，也是决定混凝土路面成型质量的重要环节。光整作面机构常见的类型有斜向往复梁、水平修光机、斜滚式整平机和浮动式精整器等。

滑模式摊铺机的主要参数包括摊铺宽度、摊铺厚度、运行速度、发动机功率、生产率、机器质量及整机外形尺寸等。

四、水泥混凝土摊铺机的使用

（1）摊铺机的生产率计算

$$Q=bhvk_B \tag{4-2-6}$$

式中　Q——摊铺机的生产率（m^3/h）；

　　　b——摊铺宽度（m）；

　　　h——摊铺厚度（m）；

v——摊铺速度（m/h）；

k_B——时间利用系数。

（2）在使用水泥混凝土摊铺机施工时，首先要配备专人管理和使用，严格按照操纵规程操纵，避免盲目启动，造成事故。

在使用期间严格按照产品使用说明书中的要求，对摊铺机进行各级保养和维修，以使机械设备保持良好的工作状态。

选择好与摊铺机配套使用的搅拌设备的类型和生产能力，以及自卸汽车的规格和数量，使整个生产系统能够正常运转，而且经济合理。

第八节 稳定土制备设备

一、稳定土拌和机

稳定土拌和机是一种在施工现场将土壤、砂与稳定剂（乳化沥青、水泥、石灰等）搅拌均匀的机械，稳定土的特点是就地取料、施工简便、成本低廉，用于修筑高等级公路的路面底基层或中、低等级公路路面的基层或面层。

稳定土拌和机的类型见表 4-2-9。

表 4-2-9　　　　　　　　　　　　稳定土拌和机的类型

分类方式	类型	特　　点
按行走方式分	履带式	拌和面平整，通过能力强，机动性差，目前很少使用
	轮式	多为宽基低压越野型轮胎，牵引力大，机动性好，广泛使用
按转子旋向分	正转转子	行进阻力小，遇到大的拌和障碍物时，会对转子形成冲击荷载
	反转转子	切削阻力小，但转子切削阻力的水平分力与拌和机行进方向相反，因而整机消耗功率大
按工作装置安装方式分	转子前置式	作业面残留有轮迹，现已不用
	转子中置式	整机结构比较紧凑，但维修转子和更换搅拌刀具不方便，纵向稳定性好
	转子后置式	克服了前两种的缺陷，但由于后部较重，需在前方增设配重，使整机加长，转弯半径增大

稳定土拌和机，由基础车和工作装置组成，见图 4-2-16。基础车由发动机、传动系、转向系、轮式行走系、机架及操纵控制部分组成。根据拌和机的类型不同，工作装置放置的位置也不同。后置式工作装置置于基础车的后部，中置式工作装置位于前后轮之间。工作装置由转子、罩壳、举升臂组成，其中转子是用来切削土壤并将其与稳定剂均匀拌和的机构。

稳定土拌和机的生产率按式（4-2-7）计算，即

$$Q=BHvk_\mathrm{B} \tag{4-2-7}$$

式中　Q——生产率（m³/h）；

　　　B——转子拌和有效宽度（m）；

　　　H——拌和深度（m）；

v —— 拌和机行走速度（m/h）；

k_B —— 时间利用系数。

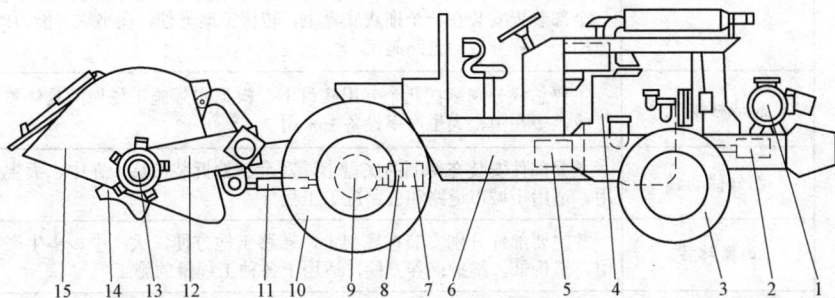

图 4-2-16　后置式全液压稳定土拌和机

1—液体喷洒泵；2—行走液压泵；3—前轮；4—发动机；5—转子液压泵；6—车架；7—行走马达；

8—变速箱；9—驱动桥；10—后轮；11—转子举升油缸；12—举升臂；13—转子马达；14—转子；15—罩壳

表示稳定土拌和机动力性和经济性的指标为比能耗，即

$$W_b = P_n/（BHV） \tag{4-2-8}$$

式中　W_b —— 比能耗（kW·h）；

　　　P_n —— 转子轴功率（kW）。

稳定土拌和机的主要参数有：进距 S、拌和和运输行走速度、转子圆周速度、整机重量、拌和宽度、拌和深度、转子半径等。其中进距是转子同一切削位置上相邻切削刀具的轨迹对应点之间的水平距离，进距决定被拌和土壤的破碎程度。

稳定土拌和机的使用应考虑提高作业的综合性能和使用寿命两方面。

从拌和质量方面来考虑，进距 S 小，拌和次数多，拌和均匀性好，拌和质量高，但生产率低。如果行走速度增大，则比能耗呈递减趋势，生产率增加，但拌和质量降低。因此要结合实际，综合考虑各参数的取值。

二、稳定土厂拌设备

稳定土厂拌设备是拌制各种以水硬性材料为结合剂的稳定混合料的搅拌机组。相对于稳定土拌和机来说，混合料的拌制是在固定场地集中进行，具有材料级配准确、拌和均匀、节省材料等优点。

稳定土厂拌设备可以根据生产率及拌和方式等进行分类，其类型见表 4-2-10。

表 4-2-10　　　　　　　　　　　　　　稳定土厂拌设备类型

分类方式	类　型	特　　点
按生产率分	小型 中型 大型 特大型	生产率 < 200t/h 生产率 200～400 t/h 生产率 400～600 t/h 生产率 > 600 t/h
按拌和工艺分	非强制跌落式 强制间歇式 强制连续式	双卧轴强制连续式是最常用的类型

分类方式	类　型	特　　点
按布局和机动性分	移动式	全部装置安装在一个拖式底盘上，转移工地方便，在小生产能力的设备中应用，适用于工程分散的公路施工
	总成移动式	主要总成分别装在几个专用底盘上，根据实际施工场地的具体条件合理布置各总成，多在中、大生产率设备中采用
	部分移动式	主要部件安装在特制的底盘上，其余部件拆装搬移，在中、大生产率设备中采用，适用于城市道路和公路施工工程
	可搬移式	各主要部件分别安装在底架上，转移工地方便，大、中、小生产率设备都有应用，造价低，维护保养方便，适用于各种工程量的施工
	固定式	固定安装在选好的场地上，形成一个稳定土生产工厂，规模大，生产能力高，用于城市道路施工或工程量大且集中的工程

稳定土厂拌设备结构见图 4-2-17。它由矿料配料机组、集料皮带输送机、结合料储存配合总成、供水系统、搅拌器、成品料皮带输送机、成品储料斗、操作控制系统等部分组成。生产工艺流程见图 4-2-18。

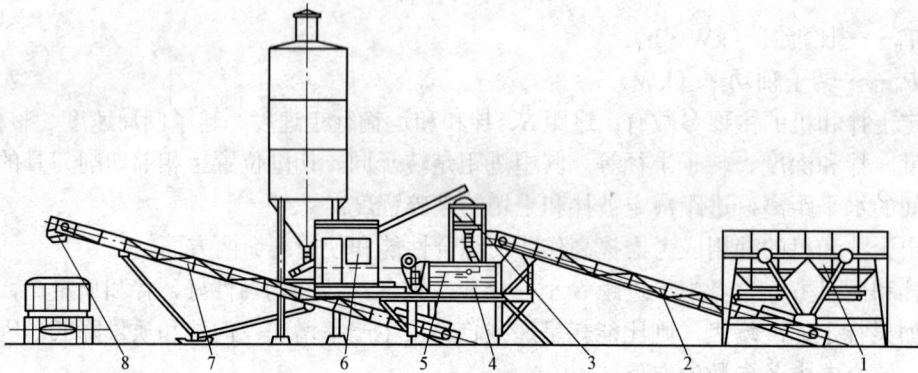

图 4-2-17　稳定土厂拌设备结构示意图

1—矿料配料机组；2—集料皮带输送机；3—结合料储存配合总成；4—搅拌器；5—供水装置；
6—电气控制系统；7—成品料皮带输送机；8—储料斗

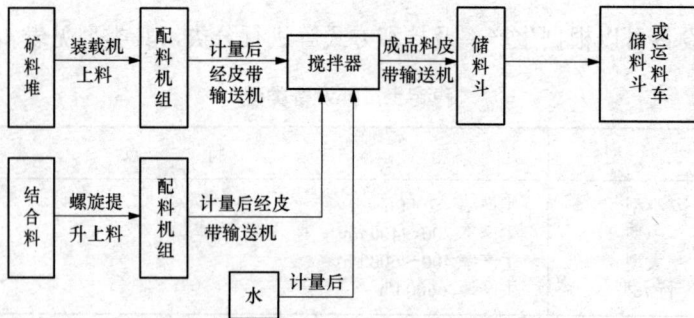

图 4-2-18　稳定土生产工艺流程图

稳定土厂拌设备在使用前，首先要配备好生产能力相应的上料机械和成品料运输车辆，备足原料，以保证设备能连续高效地工作。各种原材料应符合施工规范要求，粉料应干燥，土壤、骨料的最大粒径应满足设备的规定；各种物料的规格要严格管理，以免损坏设备和影响成品料的质量。

厂拌设备在使用中应有专人管理，严格按操作规程操纵。开工前，要检查各部件的情况并空转，运转正常后再进入生产作业。生产过程中，成品料应及时进行取样分析，检查混合料的级配及含水率。根据抽样检查反馈的信息，精确调整配料量和供水量，以保证成品料的质量。厂拌设备应按照使用说明书进行保养维修。

习　题

1. 路面施工机械分为哪几类？各有什么特点？
2. 简述沥青混凝土摊铺机的施工工艺。
3. 简述沥青洒布机的工作过程。
4. 混凝土搅拌机按工作原理分为哪两类？并简要写出各自的工作原理。
5. 水泥混凝土搅拌运输车由哪几部分组成？各自的作用是什么？
6. 简述滑模式水泥摊铺机的工艺流程。
7. 稳定土拌厂的工作原理是什么？

第三章 桥 梁 机 械

桥梁施工分为下部施工和上部施工。下部施工是桥基础的施工，桥基础分为桩基础，沉井基础、沉箱基础和地下连续墙。现代广泛应用的是桩基础，使用的施工机械为桩工机械。上部施工是指当桥梁基础施工完成以后，对桥墩以上的结构物的施工，主要使用的施工机械为架桥起重设备、混凝土机械、钢筋加工机械等。

第一节 桩 工 机 械

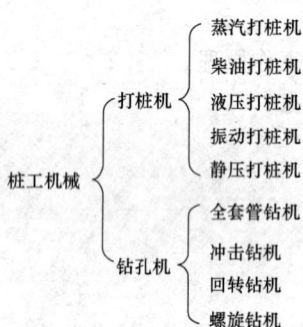

一、概述

桩工机械按施工方法不同可分为打桩机和钻孔机两大类。采用预制桩，则用打桩机沉桩；采用灌注桩则要在桩位上钻孔，然后放置钢筋笼，并就地浇筑混凝土，因此要用钻孔机械。桩工机械可按图 4-3-1 所示方式分类。

桩工机械分类：
- 打桩机
  - 蒸汽打桩机
  - 柴油打桩机
  - 液压打桩机
  - 振动打桩机
  - 静压打桩机
- 钻孔机
  - 全套管钻机
  - 冲击钻机
  - 回转钻机
  - 螺旋钻机

图 4-3-1 桩工机械分类方式

二、全套管钻机

全套管钻机是配合全套管施工法的一种专用钻机，它主要用于桥梁等大型建筑物基础钻孔桩的施工。施工时在成孔过程中一面下沉钢套管，一面在钢管中抓挖黏土或砂石，直到钢管下沉到设计深度，成孔后灌注混凝土，同时逐步将钢管拔出。

采用全套管设备施工有以下特点：

（1）适用范围广，除了岩层外，任何土质都可适用。

（2）由于有套管保护，对孔壁有很好的保护作用；无须采用泥浆护壁，成孔干净，且扩孔率小，成孔准确。

（3）可做斜桩。

（4）由于护壁钢套管是在很大的晃管扭矩、压拔管力的作用下下压或上拔的，要求设备本身要有一定的自重，因此，这种设备较笨重，而且施工平台也必须坚固。

（5）在软土地基，特别是含地下水的砂层中挖掘，由于下套管时的摇动将使周围地基础松软引起设备本身的位移，以致影响到成孔的垂直度。若地下水以下有厚细砂层（厚度在 5m 以上），由于套管摇动使土层产生排水固结作用，有可能导致套管摇不动，拔不出。

尽管全套管施工有一些缺点，但在适宜的地质条件下，在一些国家已成为首选施工方法。目前，世界上英、法、德、日等国均有此种产品，我国也有专门厂家生产这类设备。

全套管钻机的类型见表 4-3-1。

表 4-3-1 全套管钻机的类型

分类方式	类型	特点
按结构形式分	整机式	以履带底盘或步履底盘为基础，将动力系统、钻机作业系统安装于其上

分类方式	类型	特 点
按结构形式分	分体式	将压拔管机构作成一个独立系统，施工时另配机架
按成孔直径分	小型式	直径在 1.2m 以下
	中型式	直径在 1.2～1.5m 之间
	大型式	直径在 1.5m 以上

全套管钻机的组成见图 4-3-2 和图 4-3-3。整体式由主机、钻机、套管、锤式抓斗、钻架等组成。分体式与整体式组成基本相同，只是将钻机、套管作成一个独立系统，从主机中分离出来。全套管钻机的主机由履带行走底盘和卷扬系统组成；钻机由压拔管、晃管、夹管机构组成；套管是一种标准的钢管，采用螺栓连接；锤式抓斗靠自由落体抓取孔内土壤，提上地面卸土；钻架是锤式抓斗的导架。

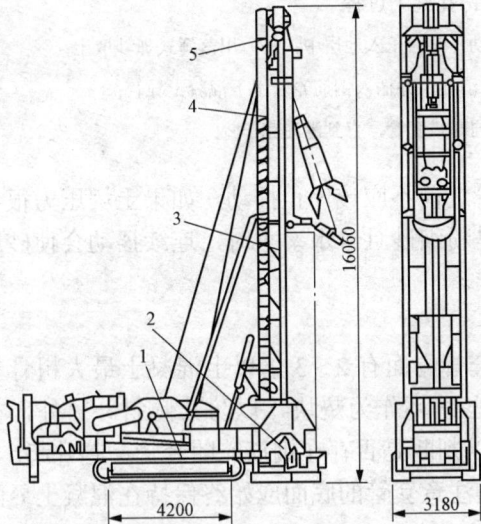

图 4-3-2 整机式全套管钻机

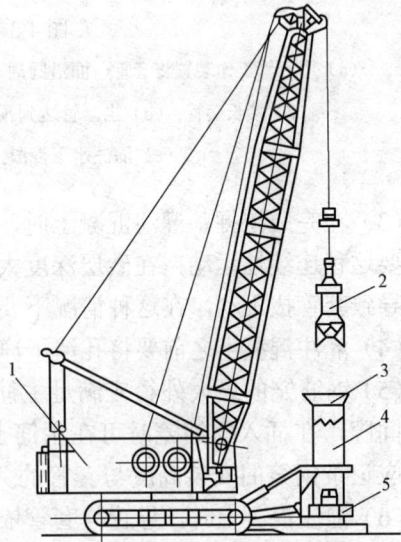

1—主机；2—钻机；3—套管；4—锤式抓斗；5—钻架

图 4-3-3 分体式全套管钻机

1—起重机；2—锤式抓斗；3—导向口；4—套管；5—钻机

全套管钻孔施工过程见图 4-3-4。设备安装好后，找准孔位，用套管工作装置将套管一边沿圆周方向往复晃动，一边压入土层；同时用抓斗抓取套管中的土壤；当套管达到预定深度后，清孔，并插入钢筋笼及水下混凝土导管；在灌注水下混凝土的同时逐节拔出并拆除套管，直到灌注完毕。

全套管钻孔施工时注意要点：

（1）第一节套管的垂直度决定整个桩的垂直度，因此要采取相应的措施保证首节套管压入的垂直度。

（2）在挖掘过程中，应根据土壤的类型，确定套管的超前量，一般软土套管超前下沉 1.0～1.2m，普通硬土套管超前下沉 30cm，对于十分坚硬的土壤，可预挖一定深度，预挖极限为 1.5m。如遇到大直径卵石或探头石可采取冲击锤冲碎，落锤式抓斗取出等措施，或采取其他措施进行施工。

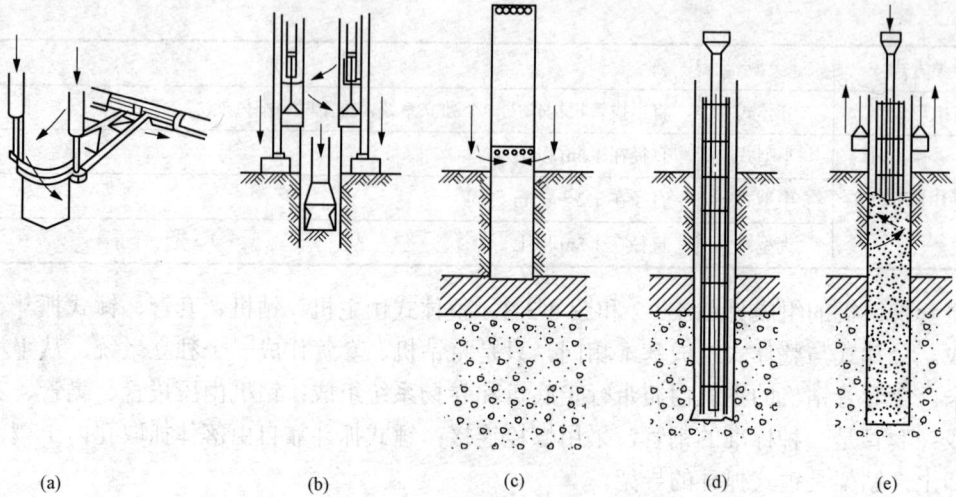

(a)　　　　　　(b)　　　　　　(c)　　　　　　(d)　　　　　　(e)

图 4-3-4　全套管钻孔施工过程

（a）用套管工作装置将套管一面沿圆周方向往复晃动，一面压入地层中；（b）用落锤式抓斗取土；

（c）接长套管；（d）当套管达到预定标高后，清孔，并插入钢筋笼及水下混凝土导管；

（e）灌注水下混凝土，灌注的同时拔套管，直到灌注完毕

（3）在完成挖掘、灌注混凝土时，拔出全管之前不应该停止摇动，如果土壤压力很小，不需要这种连续性运动；在砂层深度大，尤其是粉细砂且含水率大时，连续摇动会使砂层致密，导致套管拔不动，在这种情况下要小心操作。

（4）灌注混凝土之前要将孔清干净。

（5）钢筋笼的最大外径应满足主筋外面与套管内面有 2～3 倍以上混凝土最大粗骨料尺寸的间隙，在插入钢筋笼时可在主筋上绑扎一些耳环作为垫块，以防其倾斜。另外，在插入时应记录钢筋笼的安装高度与套管的关系，用以判断是否存在钢筋笼随套管一起升起。

（6）灌注混凝土时，导管与套管依次拔出，注意套管的底面应始终保持在混凝土界面以下 2m 处。混凝土的初凝时间不小于 2h。

三、旋转钻机

旋转钻机是采用钻入孔中的钻头旋转切土的方式成孔的机械，是桥梁工程中大直径钻孔桩施工的主要设备。其特点是适应能力强，可用于从土质土壤到岩层的多种地质条件中施工；钻进速度快，不易塌孔，但其设备价格和台班使用费均较高。

旋转钻机按钻机装置可分为有钻杆钻机和无钻杆钻机；按排渣方式可分为正循环和反循环式两大类。

有钻杆钻机见图 4-3-5，是通过转盘旋转带动钻杆转动，并通过钻杆对钻具施加一定的压力。这种钻机对地层的适应性强，可以在极硬的岩层上钻孔，噪声低；但需泥浆护壁，并且不能在直径大于 2/3 钻杆内径的松散卵石层内施工。

无钻杆钻机也叫潜水钻机，见图 4-3-6，通过潜水电动机深入到孔内带动钻具旋转切土，整个钻具以悬挂方式工作，成孔垂度好，在孔深 50m 以内能一次连续成孔，钻孔直径可达 3m，无振动和噪声。但这种钻机只能在强度为 25MPa 以内的覆盖层或风化软岩中钻孔，适应性差。

钻机正循环排渣方式是在钻进过程中，通过钢管或橡胶软管将泥浆通入孔底，将钻渣漂浮至孔口自然排出。这种排渣方式效率较低，但在易坍塌地质条件处造孔时使用，可防止坍塌。

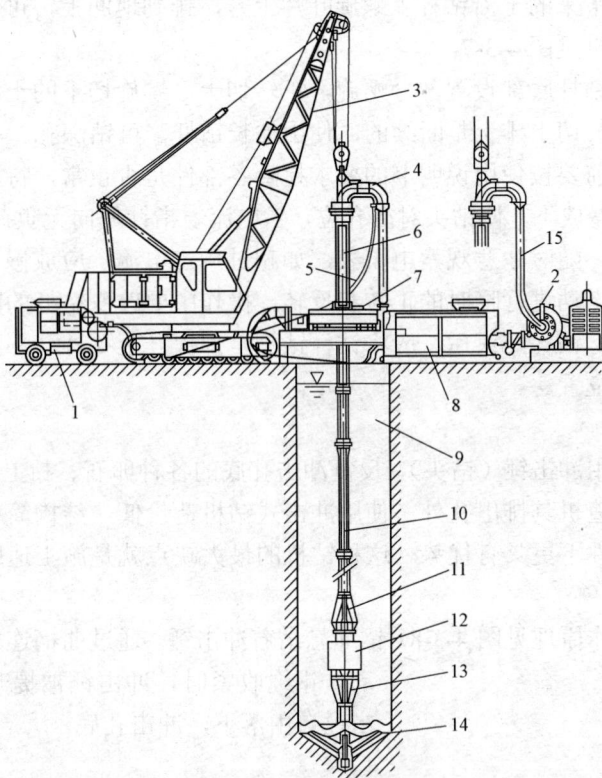

图 4-3-5 有钻杆钻机

1—空气压缩机；2—吸浆泵；3—起重机；4—旋转弯管；5—风管；6—主动钻杆；7—转盘；8—液压泵；

9—泥浆；10—钻杆；11—异径连接器；12—压重块；13—异径连接器；14—钻头；15—吸泥管

反循环排渣，向孔内补水，通过排渣管排渣。这种排渣方式效率较高。

使用旋转钻机时，首先注意泥浆密度要在适宜的范围内，满足固壁浮渣的功能，但如泥浆浓度过大，施工效率则降低；其次要选择适宜的挖掘速度，过快会引起塌孔；第三是保持钻头垂直度，防止孔斜，可采用轻压、慢转、大泵量的施工方式，施加较轻的钻压，减少钻杆弯曲和钻头偏斜的可能性，慢转减少钻杆的离心力，减轻钻头的回转阻力。第四是钻孔结束时，孔底要清理干净，提高灌注桩的质量。

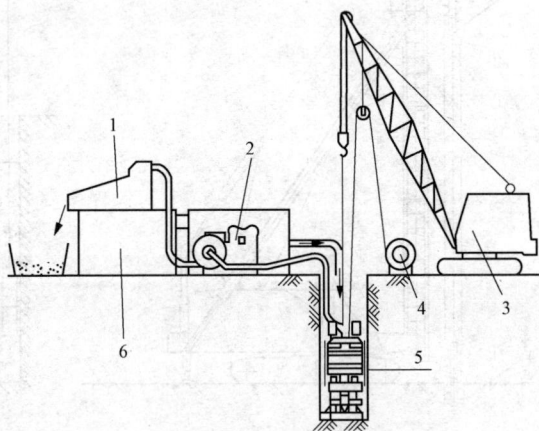

图 4-3-6 无钻杆钻机

1—泥沙滤网；2—抽水泵；3—起重吊车；

4—钢丝绳支架；5—RRC 钻头；6—泥浆槽

四、螺旋钻机

螺旋钻机适用于土质地质条件的钻孔，

还可配合其他设备进行施工。钻孔直径可达 2.5m，钻深可达 40～60m。

螺旋钻机按螺旋长短可分为长螺旋钻机和短螺旋钻机。长螺旋钻机，螺旋长度从地面到成孔底部，长螺旋切下来的土沿钻杆上螺旋叶片上升，排到地面上，可以连续切土，但成孔深度有限，长螺旋钻机见图 4-3-7。

短螺旋钻机仅在钻杆底部设置部分螺旋，正转切土，螺旋切下的土附着在钻具上，将钻具提出孔外反转排出。切土排土是断续的，使用加长钻杆，可钻深孔。

螺旋钻机在使用前要按使用说明书的要求检查各部件是否正常，特别是电气部分。正式施钻时，应将钻杆缓慢放下，使钻头对准孔位，当电流表指针偏向无负荷状态时，开始钻孔。为了防止电动机过载，随时注意观察电流表，如超过额定电流，应放慢下钻速度。钻机运转时，应尽量避免依靠点动进行瞬时的正转和反转。操作中要改变钻杆的回转方向时，须等钻杆完全停转后再启动。钻孔结束后，应将钻杆钻头全部提升至孔外，并冲洗干净，关闭总电源，将钻头放到最低位置。

五、冲击式钻机

冲击式钻机是利用冲击锤（钻头），反复冲击孔底的各种卵石、黏土等，将其冲击至孔壁或冲成碎渣，通过排渣机具排出孔外。使用冲击式钻机造价低，结构简单，施工简便，尤其在卵石、漂石地层条件下更具有优势。这种钻机的最大缺点就是施工速度慢，选用时应比较其综合经济效益。

冲击式钻机的工作原理见图 4-3-8，钢绳悬吊着冲击锤，通过曲柄连杆机构使钢绳往复运动，钢绳收紧时，冲击锤被提升，钢绳放松时，冲击锤自由落下，冲击孔底。

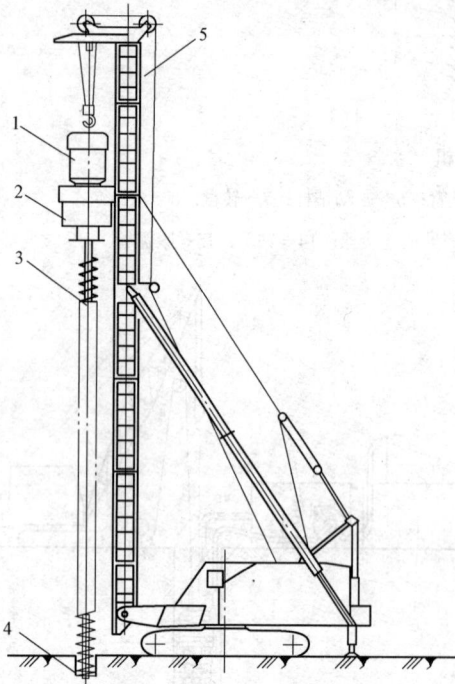

图 4-3-7　长螺旋钻孔机

1—电动机；2—减速器；3—钻杆；
4—钻头；5—钻架

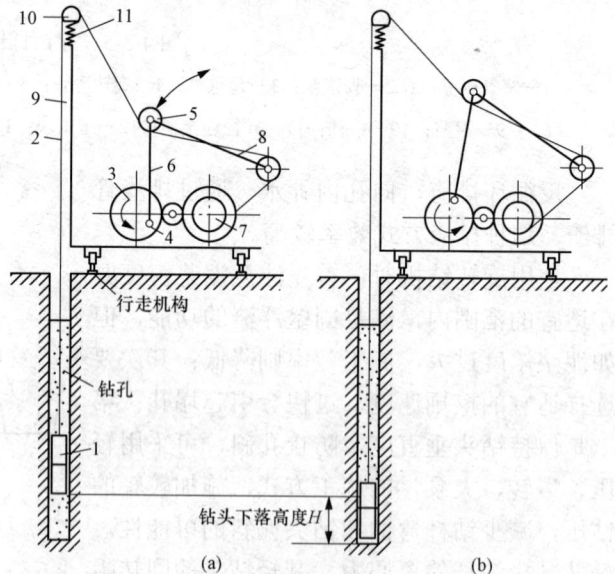

图 4-3-8　冲击式钻机的工作原理图

1—钻具；2—提升钢索；3—冲击轮；4—连杆销；5—压轮；
6—连杆；7—提升卷筒；
8—摇杆；9—钻桅；10—天轮；11—缓冲器

冲击锤是它的工作装置，其形式较多，如图 4-3-9 所示。使用冲击锤造孔时，须用掏渣筒（也叫抽筒）掏取孔内钻渣，其结构形式见图 4-3-10。

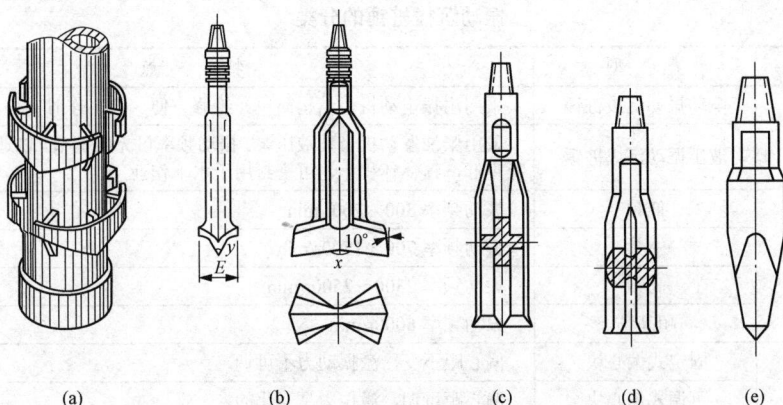

图 4-3-9 冲击式钻机钻头

（a）导正抽筒钻头；（b）一字钻头；（c）十字钻头；（d）圆钻头；（e）角锥钻头

为了提高冲击成孔的效率，防止意外，使用冲击式钻机时应注意以下几点：

（1）使用冲击式钻机时应调整好自动松绳机构，要少松绳，勤松绳。

（2）开孔阶段多加黏土块，土质疏松时加入适量的片、卵石，然后注入泥浆，借冲击锤的冲击加固孔壁，并且，采用小冲程轻锤轻打，当到 3～4m 后，适当加大冲程。

（3）依据不同的地层选择冲程和泥浆浓度。对于砂卵石地层，泥浆相对密度为 1.5 左右时，冲程可用 2～3m；对于黏土层，可加清水，冲程不宜过大，一般小于 2.0m，对于基岩，泥浆相对密度为 1.3 左右，冲程在 3.0m 以上；对于砂层或淤泥层，应多投黏土，并掺片、卵石投入孔内，用小冲程冲击将黏土和片、卵石挤进孔壁加固。

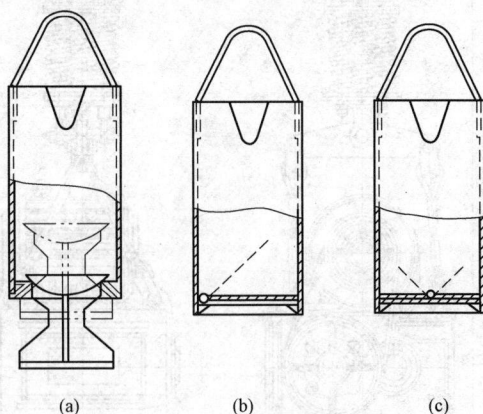

图 4-3-10 掏渣筒

（a）碗形阀门；（b）单扇活门；（c）双扇活门

（4）开孔时可不掏渣，待孔深 4～5m 以后应勤掏渣，一般每进尺 0.5～1.0m 掏一次渣。

（5）冲击成孔应避免梅花孔、十字孔的出现，当使用低冲程一段时间后要换用高一些冲程，让冲击锤有转动的时间。

（6）冲击锤刃口磨损后，应及时补焊修理。

六、振动沉拔桩机（锤）

振动沉拔桩锤可沉各种类型的桩及就地灌注混凝土的套管，而且还可用于拔桩。其沉拔桩原理是桩锤上的振动器产生的高频振动传给桩身，当桩的强迫振动频率与土壤颗粒的频率接近时，土壤颗粒产生共振，使桩身周围的土体产生液化，迅速破坏桩和土壤间的黏结力，减小了沉拔桩阻力，这样桩在自重及较小的附加压力下便可沉入土中，或在较小的上拔力作用下拔出土层。

振动沉拔桩锤的特点是：贯入力强，沉桩质量好，对桩头损害小，施工速度快，成本低，噪声低，无大气污染。振动沉拔桩锤的分类见表 4-3-2。

表 4-3-2 振动沉拔桩锤的分类

分类方式	类型	特点
按桩锤所使用的动力分	电动振动沉拔桩锤	采用耐振电动机，结构简单，维修方便，但工作时需拖着电缆
	液压振动沉拔桩锤	采用柴油发动机带动液压泵。振动频率可无级调节，以适应不同的土层，噪声低，锤体体积小，可密封用于水下作业
按照振动频率分	低频	振动频率 300～700r/min
	中频	振动频率 700～1500r/min
	高频	振动频率 2300～2500r/min
	超高频	振动频率 6000r/min
按振动偏心块结构分	固定式偏心块	偏心距不变，激振动力不可调
	可调式偏心快	偏心距可调，激振力是变化的

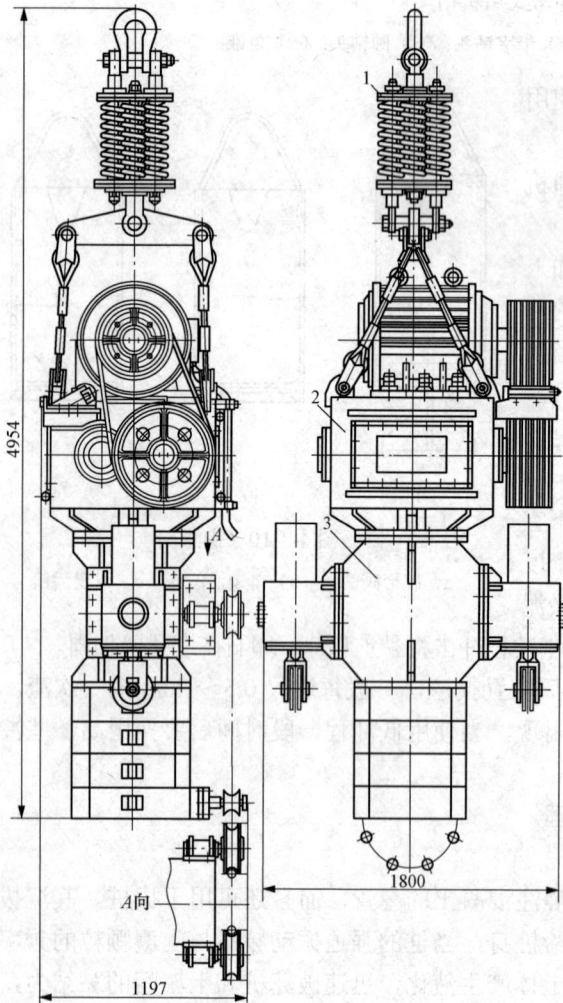

图 4-3-11　DZ$_1$-8000 型沉桩锤示意图

1—悬挂装置；2—振动器；3—加压导向装置

振动沉拔桩锤主要由原动机（电动机或液压马达）、振动器、夹桩器组成，如图 4-3-11 所示。

对于电动式振动沉拔桩锤，其原动机多采用笼式异步电动机，要求电动机在强烈的振动状态下可靠地运转，即具有耐振性，而且要求电动机有很高的启动力矩和过载能力，并且适应户外工作。

对于液压式振动沉拔桩锤，其原动机是液压马达，要求液压系统工作可靠，液压马达耐振，各油管接头都适应高频振动的需要。

振动器是沉拔桩锤的振源。振动器的形式多样，有双轴振动器、多轴振动器、电动机式振动器、单轴振动器等。双轴振动器箱体内有两根轴，每根轴上装两组偏心块，这两组偏心块的相互位置可以调整，用此可改变激振力的大小，以适应不同的桩或不同的土层。多轴振动器是将偏心块分散装在几根轴上，使每根轴的受力情况得到改善，延长了振动器的寿命，但轴数增多，箱体复杂。电动机式振动器是直接在一种特制的电动机的两轴颈上安装偏心块，省去了传动机构，使结构紧凑，但容易损坏电动机。单轴式振动器构造简单，激振力较小，只用在小型的振动锤上。

振动沉拔桩锤上常用的激振器是双轴振动器。

夹桩器将桩夹紧，使桩与振动锤成为一体，一起振动。在小型振动沉拔桩锤上采用手动杠杆式或手动液压、气压式夹桩器；在大型振动沉拔桩锤上采用液压夹桩器。液压夹桩器的特点是夹持力大，操作迅速，相对质量轻。

减振器是起重吊钩与振动沉拔桩锤之间的一种弹性悬挂装置，其作用是避免振动传到起重吊钩，它由压缩螺旋弹簧组成，弹簧的刚度必须合适，过大减振效果差，过小则当拔桩时，弹簧被压缩失效，使振动传到吊钩上。

振动锤的工作效果，决定于频率、振幅、激振力和静压力等主参数。

使用振动沉拔桩锤前，首先要对各个部件进行检测，确认各部件处在正常状态后方可使用，使用过程中按照操作规程进行。作业完毕，应将振动沉拔桩锤沿导杆放至最低处，用木块垫实。部分振动桩锤参数及尺寸见表 4-3-3。

表 4-3-3　　　　　　　　　　　部分振动沉拔桩锤参数与尺寸

项 目		普 通 型					低 噪 声		液压型
		DZ60 VM-4000E Ⅱ		DZ150 VM-1000A Ⅱ			VX-80		LHV-04
电动机功率（kW）		60		150			75		
偏心力矩（Nm）		300	360				220	360	
振动频率（r/min）		1100		1100			900～1500		1100～1800
激振力（kN）		405	486	812	1082	1354	199	553	34～90
空载振幅（mm）		7.8	9.4				3.4	5.5	
许用拔桩力（kN）		250		500					
桩锤质量（kg）		4670		9340			7400		1000
外形尺寸	长	2345		6600			2550		1105
	宽	1370		1370			1556		1062
	高	1277		1320			1247		766

七、冲击式打桩机械

冲击式打桩机械是利用桩锤的冲击能把桩沉入土层，冲击式打桩机由桩锤和桩架组成。

1. 桩锤

据结构形式和性能不同，桩锤有落锤、蒸汽锤、柴油锤和液压锤四种。

（1）落锤。是一种比较简易的桩工机械，其特点是构造简单，使用方便，但工作效率低，容易打伤桩头，目前已很少使用。

（2）蒸汽锤。是利用饱和蒸汽作动力的冲击式打桩机，其优点是可以打斜桩、水平桩或拔桩及水下打桩，打桩精度高，能连续作业，且不排放有毒气体；但由于其设备庞大，须有相应的蒸汽锅炉与之配套，所以曾经受到冷落。

（3）柴油锤。具有较高的冲击频率和较大的打击能量，没有外围附属设备，结构紧凑，因此是广泛使用的一种打桩锤，但由于其排放废气污染环境，因此在城市地区使用受到限制。

柴油锤的构造基本上是一个单缸二冲程柴油机，它利用活塞的上下往复运动或缸体的上下往复运动作为冲击体，进行冲击打桩。按其结构形式可分为导杆柴油锤（活塞固定，缸体往复运动）和筒式柴油锤（缸体固定，活塞往复运动）两大类，其中筒式的构造先进，打击能量大，施工效率高，因此广泛使用。图4-3-12所示为筒式柴油打桩锤。

筒式柴油打桩锤的主要参数有冲击部分质量、桩锤总质量、一次冲击最大能量、最大跳起高度。

我国规定了筒式柴油打桩锤的型号与规格系列，其中第一规格系列为优选系列，其型号如图4-3-13所示。

例如：D16A表示筒式柴油打桩锤，冲击部分质量为1600kg，第一次变形设计。

使用柴油打桩锤时，应根据桩的承载能力和沉桩阻力来选择桩锤的大小。沉桩阻力大，桩的承载能力大，选用冲击能量大的桩锤。如用小锤打大桩，则不易沉桩且效率低，如大锤打小桩，则可能损坏桩。在生产实际中可参照表4-3-4快速地选择桩锤。

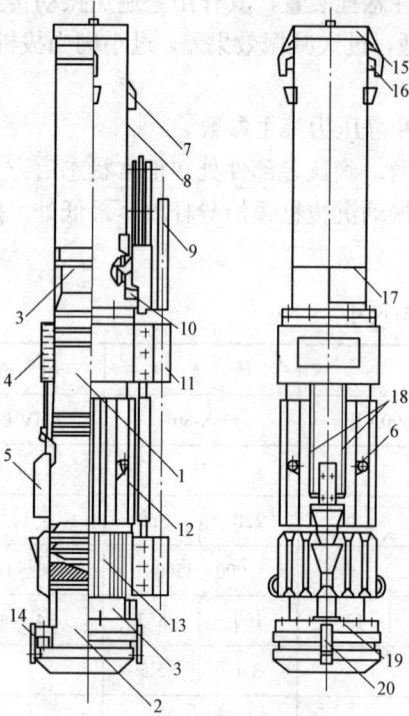

图4-3-12 单作用筒式柴油打桩锤

1、2—上、下活塞；3—上、下气缸；4—燃料油箱；5—油泵；6—吸排气孔；7—上碰块；8—保护盖；9—起落架；10—下碰块；11—导向板；12—散热片；13—保护套；14—缓冲橡胶垫；15—上气缸盖；16—桩锤吊钩；17—润滑油管；18—燃油管路；19—自动加油泵；20—安全卡板

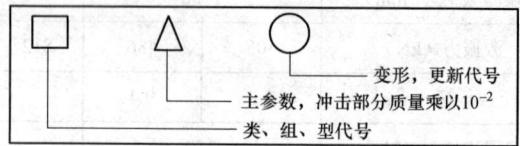

图4-3-13 柴油打桩锤的型号与规格系列

变形，更新代号；主参数，冲击部分质量乘以10^{-2}；类、组、型代号

表4-3-4   桩 锤 选 择

桩锤等级（0.1t）	13～14	23～25	33～35	43～45	60～70	80	150
桩质量（t）	1.0～1.5	1.7～5.5	2.3～8.0	3.3～10.0	5.2～14.0	6.0～16.0	10.0～45.0
钢管桩直径（mm）	300～400	400～600	500～800	600～1000	800～1500	<1500	1500
混凝土桩直径（mm）	250～400	350～500	400～600	500～800	700～1200	<1000	>1400
I、H型钢桩直径（mm）	250～400	300～400	350～400	>400	—	—	—
木桩直径（mm）	>300	—	—	—	—	—	—

（4）液压锤。液压锤是以液压油作为动力的冲击打桩锤。它工作时须用液压工作站，因此整个设备不够紧凑，但它打桩效果好，能打斜桩、水平桩、向上的桩、拔桩及水下打桩，而且没有废气污染，因此近年来得到越来越多的使用。

液压锤按其结构形式可分为单作用式和双作用式两种。单作用式液压锤是液压油只将冲击体提高到一定高度，依靠冲击体自由下落，冲击桩头。这种类型的液压锤沉桩效果与落锤相似，使用较少。双作用式液压锤是冲击体通过液压油提升到一定高度后，液压油改变流向，推动冲击体下降，冲击体在自重和液压油推力的双重作用下打击桩头。因此，双作用式液压锤冲击能量大，打桩效果好。

液压锤由液压系统、冲击块、桩帽、起吊导向框架及导向板组成。使用液压锤一定要按操纵规程进行，特别注意对液压系统中溢流阀的调节和油管的连接。液压锤常见故障及排除方法见表 4-3-5。

表 4-3-5　　　　　　　　　　　　　液压锤常见故障及排除方法

故　障	原　因	排除方法
桩锤不能启动	（1）止动行程限位器磨损； （2）液压管路止回阀和导电线安装不正确； （3）提升冲击块部分机械损坏或阻塞	（1）更换限位器； （2）拆下重新安装； （3）修理或更换已损坏部件
桩锤不能连续自动运转	（1）重量传感器故障； （2）电源线短路或控制杆断裂； （3）计时器故障； （4）升降或行程控制装置安装位置太低	（1）修理或更换传感器； （2）检查电源线路及杆件并作修理； （3）修理或更换； （4）按要求重新安装
系统无压力	（1）溢流阀位置安装不妥； （2）按下手动按钮，溢流和保险阀电压低于 24V； （3）液压泵输出无压力； （4）溢流阀和保险阀堵塞	（1）重新调整安装； （2）检查电气系统，并设法排除故障； （3）按液压泵说明书查找原因后修理； （4）拆下清洗
冲击速度减慢	（1）液压泵流量不足； （2）升降或行程控制装置安装位置太高； （3）系统压力不足； （4）高压蓄能气囊中氮气压力太高或不足； （5）液压缸内泄漏过大	（1）见"液压泵故障"； （2）按要求重新安装； （3）重新调整溢流阀卸载压力； （4）按说明书要求对氮气压力进行调整； （5）调整活塞密封环
冲击无规律跳动	（1）电源故障； （2）液压泵输出流量过大； （3）液压泵输出不稳定； （4）桩锤控制阀阻塞； （5）液压缸内滑阀阻塞	（1）检测每一个连接触点，并检查操作系统； （2）调整流量； （3）设法去除液压油气穴并提高液压油箱中油位； （4）应解体清洗； （5）解体液压缸，对损坏或阻塞部分修理或清洗
冲程高度不足	（1）液压输出流量不足； （2）系统压力不足； （3）高压蓄能器内氮气压力太低； （4）液压缸内泄漏过大； （5）液压油管压力太大	（1）见"液压泵故障"； （2）提高溢流阀卸载压力； （3）测定氮气压力并做补充； （4）调整活塞密封环； （5）检查低压蓄能器中氮气压力和油管并作调整
冲击速度迟缓	（1）液压缸内滑阀上下受阻； （2）冲击块下落受阻； （3）活塞杆弯曲； （4）液压系统中混有空气	（1）解体液压缸，检查滑阀，必要时修理或更换； （2）检查起吊导向框架的平直度，必要时修理或更换； （3）折下活塞杆，检查其平直度，必要时应予调换； （4）迅速排除空气

续表

故　障	原　因	排　除　方　法
液压泵噪声太大	（1）高压油泵内有气穴现象或滤清器堵塞； （2）吸油管损坏； （3）空气吸入； （4）油温太高而产生蒸汽	（1）清洗或更换滤清器并排出空气； （2）更换吸油管； （3）检查油箱中油位，必要时添加，紧固各油管接头； （4）检查或清洗液压油冷却器
液压泵产生机械振动	（1）联轴器损坏或定位误差； （2）泵内零件磨损或损坏	（1）重新定位或更换联轴器； （2）修理或更换
液压泵功率下降	（1）液压泵产生轴向推力； （2）液压油太热	（1）液压泵安装不正确，应重新调节； （2）冷却器损坏应修理或更换
液压泵处泄漏	（1）压力不正常，密封圈损坏； （2）轴封翻身； （3）泵地脚螺栓松动	（1）调整液压泵压力，更换密封圈； （2）拆下重新安装； （3）重新紧固

2. 桩架

所有的冲击式打桩锤都要安装在相应的桩架上。桩架的形式较多，水上打桩船是把桩架固定在船上，而陆地上，打桩架常用的是履带底盘式桩架。

履带桩架按其结构形式分为悬挂式和三点式，见图 4-3-14 和图 4-3-15。

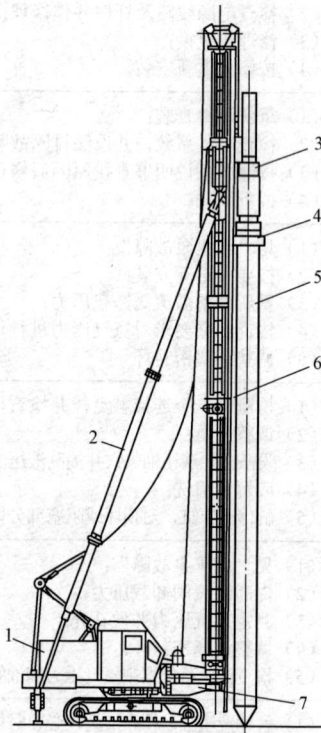

图 4-3-14　三点式履带打桩架

1—车体；2—斜撑；3—桩锤；4—桩帽；5—桩；
6—立柱；7—立柱支撑

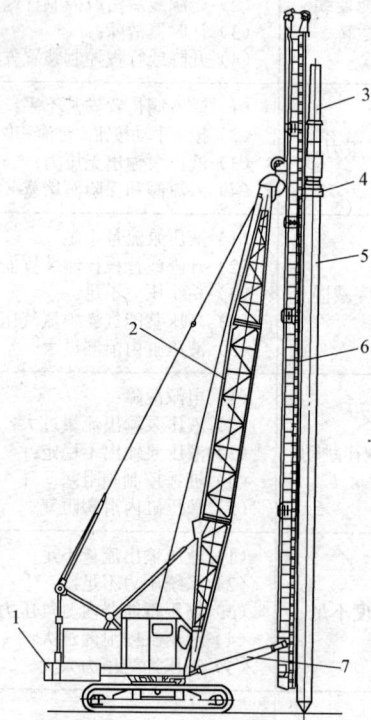

图 4-3-15　悬挂式履带桩架

1—车体；2—吊臂；3—桩锤；4—桩帽；5—桩；
6—立柱；7—支撑叉

悬挂式履带桩架和三点式履带桩架都是以履带式起重机为底盘。悬挂式履带桩架用起重机吊臂悬吊桩架立柱，立柱下面与车体用支撑叉连接，为了保持稳定，须加配重。悬挂式履带桩架的横向稳定性差，立柱的悬挂不能很好地保持垂直，这使其使用受到限制。

三点式履带桩架将起重机的起重臂拆除，增加两个斜撑，斜撑下端用球铰支持在液压支腿的横梁上，使两个斜撑的下端在横向保持较大的间距，构成稳定的三点支撑结构，其特点是稳定性好，可以通过斜撑伸缩使立柱倾斜，可打斜桩。

第二节 预应力张拉成套设备

预应力张拉成套设备包括张拉千斤顶和油泵车、预应力锚具、卷管机、穿梭机、压浆机。这些设备广泛应用于预应力混凝土桥梁等施工中。

一、预应力张拉设备

工程上采用液压千斤顶对高强度钢筋束、高强度钢绞线束及应力筋进行张拉，该项技术于 20 世纪 50 年代开始迅速发展，现在很多国家已形成系列产品。

预应力张拉设备类型见表 4-3-6。

表 4-3-6　　　　　　　　　　　　　预应力张拉设备类型

分类方式	类型	特点
按混凝土构件所用预应力筋种分类	粗钢筋预应力张拉设备（穿心式千斤顶）	张拉单根精扎高强度螺纹钢筋。施工方便、操作简单、锚固可靠，钢筋长度受限制。用于小构件
	高强度钢丝束预应力张拉设备（锥锚式千斤顶）	用于张拉高强度钢丝束（$\phi 5$ 或 $\phi 6$）4～24 根，成本低，易于操作，施工质量较好，但张拉钢筋数有限，适用于中小长度的混凝土构件
	钢绞线预应力张拉设备（群锚千斤顶）	可张拉 1～60 根钢绞线，张拉吨位大，能合理控制混凝土构件的截面尺寸，广泛用于大、中型桥梁混凝土构件的施工
按千斤顶工作原理分类	单作用千斤顶	只完成张拉预应力筋
	双作用千斤顶	能完成张拉和预压两个动作
	三作用千斤顶	能完成张拉、预压和自动退楔三个动作

预应力张拉设备是由千斤顶、油泵车系统组成。预应力张拉设备工作原理及各类千斤顶的结构见图 4-3-16。张拉千斤顶的主要参数是额定油压、张拉力、张拉行程、质量、外形尺寸。

油泵车与张拉千斤顶构成完整的液压系统，油泵车供给千斤顶高压油并控制千斤顶动作，来实现张拉预应力筋的目的。油泵车由高压油泵、油箱、控制阀、溢流阀、压力表、液压管路、支撑件、电动机等部件构成。其外形结构见图 4-3-17。油泵车主要技术参数有额定压力、额定流量、质量、外形尺寸。

预应力张拉设备使用时应由专人操作，严格遵守有关操作工艺规范。为了保证预应力值的精确，要对张拉设备各组成部分进行检查和标定。液压系统应选用优质液压油，定期

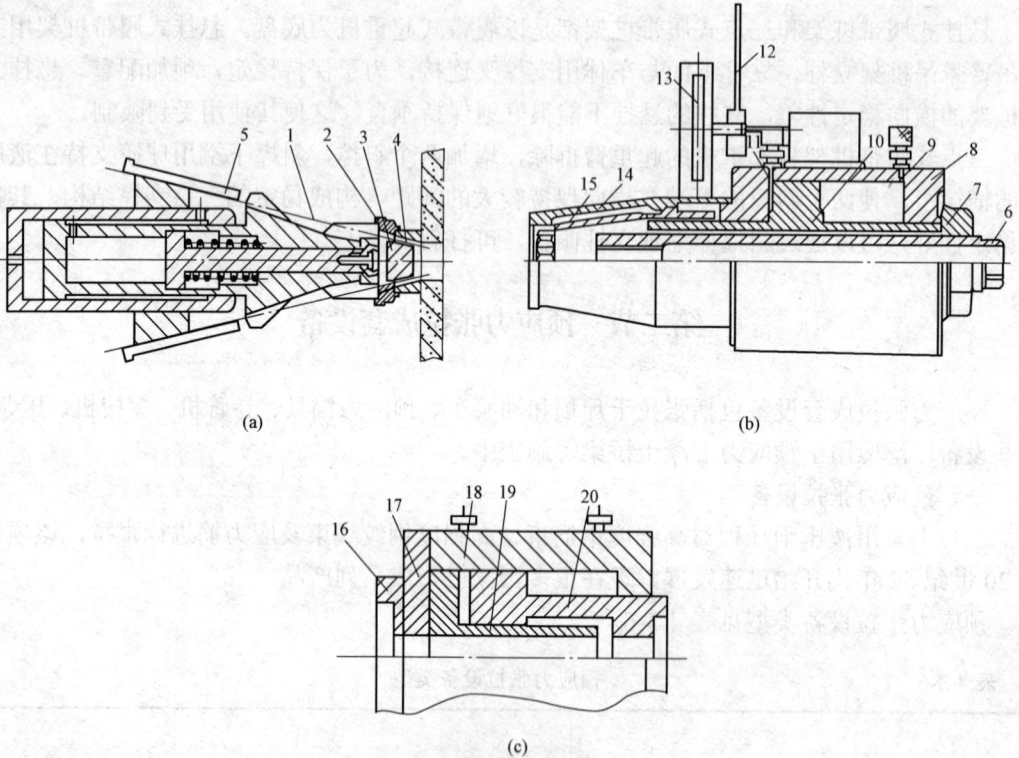

(a)

(b)

(c)

图 4-3-16 预应力张拉设备工作原理及各类千斤顶结构

（a）钢丝束预应力张拉千斤顶结构；（b）粗钢筋预应力张拉千斤顶结构；（c）钢绞线预应力张拉千斤顶结构

1—预应力筋；2—对中套；3—锚塞；4—锚圈；5—楔块；6—穿心拉杆；7—穿心拉杆螺母；8—油缸；
9—后油嘴；10—活塞；11—前油嘴；12—正反棘轮扳手；13—链轮；14—撑套；15—链轮套管；
16—前板座；17—左端盖；18—油缸；19—内缸套；20—活塞

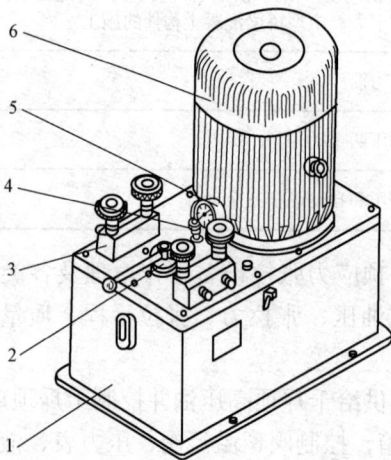

图 4-3-17 油泵车外形结构图

1—油箱；2—换向阀；3—节流阀；
4—控制阀；5—压力表；6—电动机

更换，正确安装锚具。在张拉、预压工作过程中一般不得超过工作油压规定值。千斤顶加荷时，应平稳、均匀、徐缓，在降压时也应平稳无冲击，随时注意运转情况，如有异常，应立即停机检查。

二、预应力锚具

预应力锚具是使混凝土结构或构件产生预应力的重要元件，它置于构件中，承受着长期荷载。预应力锚具的发展趋势是提高单束预应力筋的张拉力，提高锚具的可靠性和操作的灵活性，并且向大吨位、高效率和系列化方向发展。

锚具结构见图 4-3-18，锚具类型见图 4-3-19。

锚具在保管过程中要注意防锈蚀，锚具运到工地后应置于室内防潮保存，使用当天拆包，用完后放入箱内，用油纸包好。

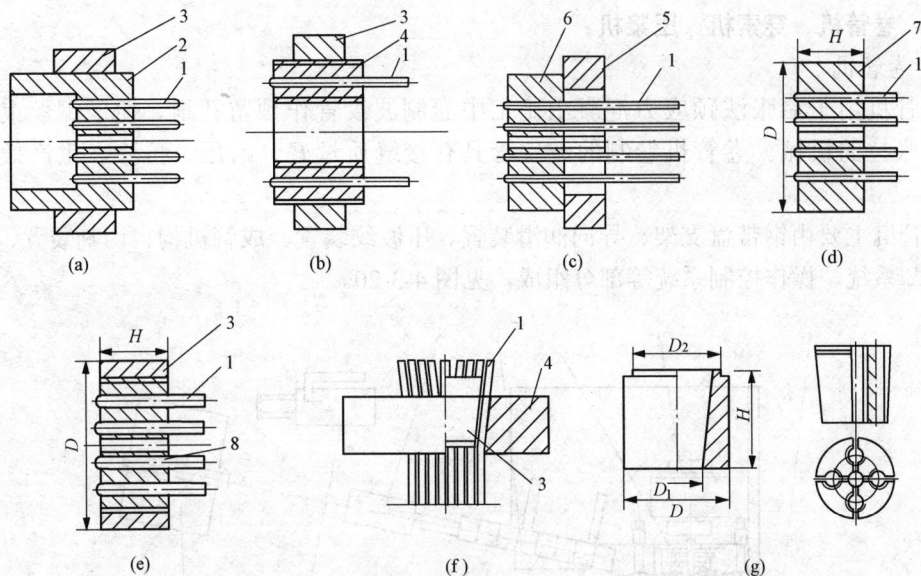

图 4-3-18 锚具结构

（a）、（b）锚杯型墩头锚结构；（c）锚板型墩头锚结构；（d）固定端墩头锚；

（e）固定端墩头锚带锚芯的锚板；（f）弗式锚；（g）MJ 锚具

1—钢丝；2—锚杯；3—螺母；4—锚环；5—半圆环垫片；6—带螺纹的锚板；7—锚板；8—锚芯；9—锚塞

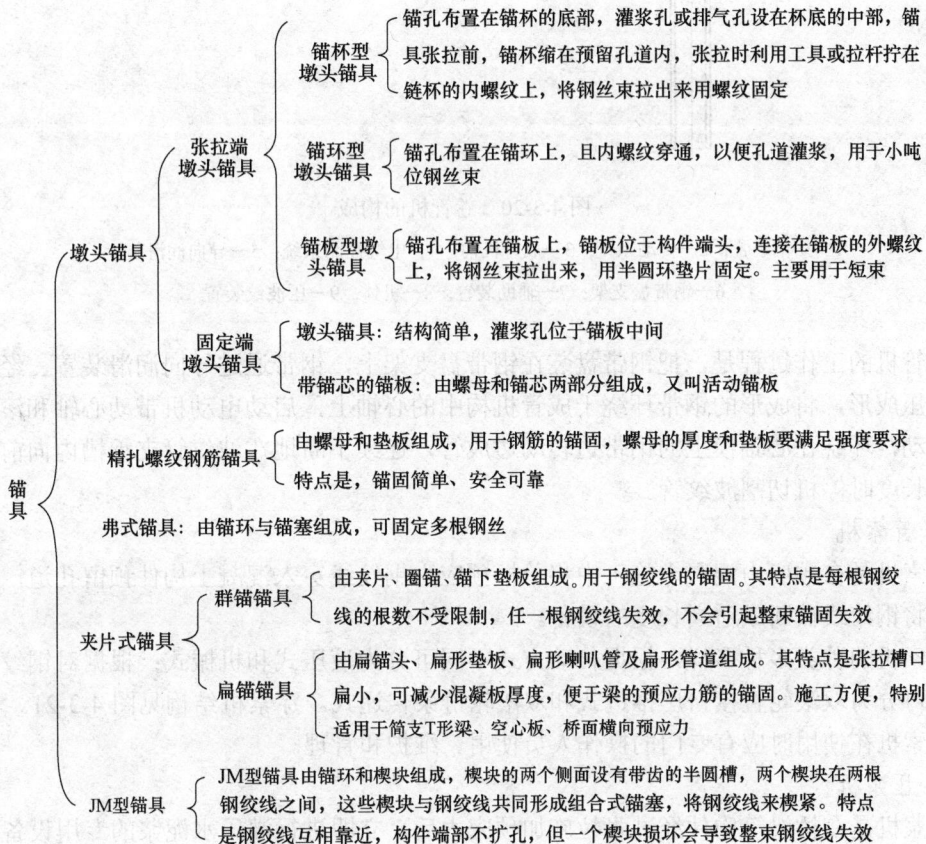

图 4-3-19 锚具类型

三、卷管机、穿索机、压浆机

1. 卷管机

卷管机用于后张法预应力混凝土施工中卷制波纹管作预留孔道，便于钢丝束或钢绞线进行张拉的机械。卷管机卷制的波纹管具有接缝质量好、耐压、抗渗、生产效率高等优点。

卷管机主要由钢带盘支架、导向润滑装置、压波纹装置、成管机构、切割装置、传动系统、冷却系统、操作控制系统等部分组成，见图 4-3-20。

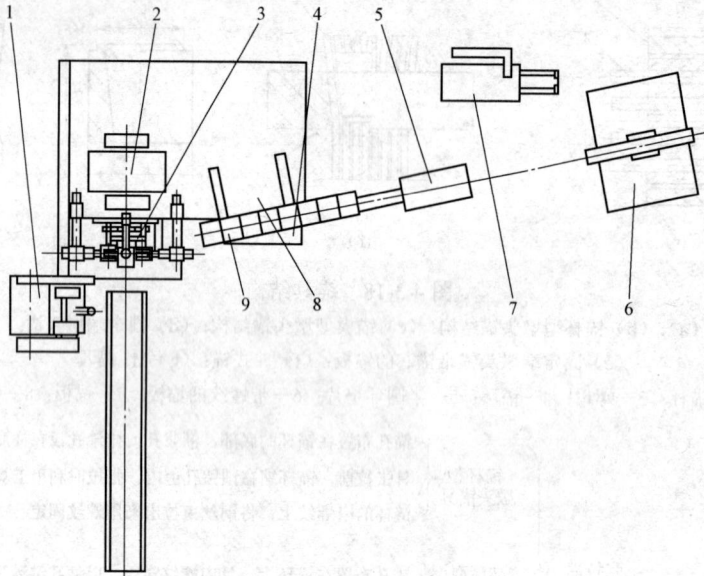

图 4-3-20　卷管机的构成

1—切割装置；2—传动系统；3—成管机构；4—电气控制系统；5—导向润滑装置；

6—钢带盘支架；7—辅助装置；8—机体；9—压波纹装置

卷管机的工作过程是，把钢带盘装在钢带盘支架上，钢带通过导向润滑装置，经压波纹装置辗压成形，将成形的钢带环绕于成管机构中的心轴上，启动电动机带动心轴和滚花、压紧轮转动，环绕在心轴模上的钢带边转动边成管，连续不断地在波纹管支承槽内向前移动，到预定长度时停机切割波纹管。

2. 穿索机

穿索机是在预应力混凝土施工中将单根预应力钢绞线穿入混凝土构件预留孔道，再按设计要求将钢绞线截断成适当长度的设备。

穿索机的种类多种多样，根据传动方式不同可分为液压式和机械式；根据对钢绞线的传递方式可分为双滚轮直接挤压推进式和双滚轮链条传递式。穿索机结构见图 4-3-21。

穿索机在使用时应有专门的操作人员使用、维护和管理。

3. 压浆机

压浆机是在桥梁等构件经过张拉施加预应力后，立即进行灌压水泥浆的专用设备，以使钢筋束在孔道中与混凝土结为一体，防止钢筋束受到气蚀。

压浆机主要由搅拌桶、搅拌器、储浆桶、灰浆泵、供水系统和泄浆机构等组成，如图 4-3-22 所示。

由搅拌器搅拌好的水泥浆，经提升泄浆机构使水泥浆自动流入储浆桶，储浆桶底部出口与灰浆泵吸入口相连，形成连续不断地搅拌和压浆作业。

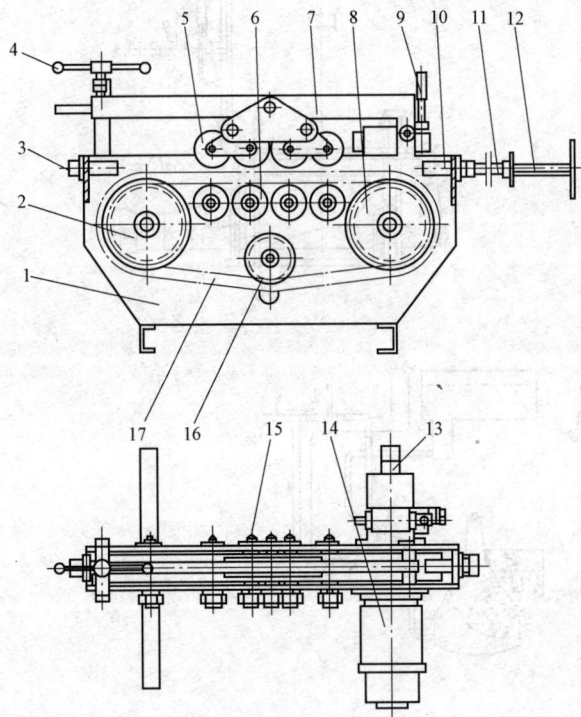

图 4-3-21 穿索机结构

1—底架；2—导向轮组；3—后导管；4—手柄；5—压紧轮；
6—托链轮；7—压杆；8—主动链轮；9—换向手柄；
10—前导管；11—导向管；12—连接架；13—调速阀旋钮；
14—液压马达；15—油杯；16—张紧轮；17—链条

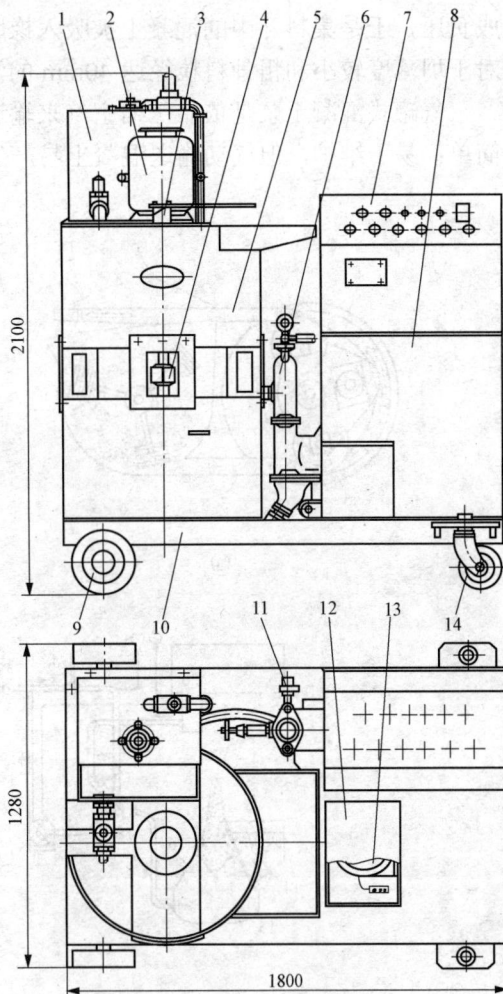

图 4-3-22 压浆机

1—水箱；2—电动机；3—泄浆机构；4—链条联轴器；
5—搅拌桶；6—灰浆泵；7—仪表盘；8—灰浆泵外罩；
9—后轮；10—机架；11—灰浆泵出口；
12—工具箱；13—控制线架；14—前轮

第三节　混凝土输送泵及布料装置

一、混凝土泵

混凝土泵是用管道输送混凝土的动力设备。采用混凝土泵输送混凝土可以保持混凝土原来的工作性质，容易穿越拥挤的和难以通过的地段，且具有机械化程度高、施工组织简单等特点。

混凝土泵按其传动方式可分为机械式和液压式；按照构造和工作原理可分为活塞式、挤压式、隔膜式和气罐式。目前常用的是液压活塞式混凝土泵。

挤压式混凝土泵见图 4-3-23（a），由泵室、滚轮及滚轮架、橡胶软管、集料斗等组成。当滚轮转动时，滚轮前方的混凝土被挤压出去，而滚轮后方的胶管由于管内混凝土滚走而形成负压，于是集料斗中的混凝土被吸入橡胶管中。其特点是混凝土输送均匀，结构简单，但对于坍落度较小和粗骨料粒径达 40mm 的混凝土挤压困难，最适合于输送轻质混凝土及砂浆。

气罐式混凝土泵是依靠压缩空气来输送混凝土，泵体本身就是气罐，无传动机构，结构简单；易于维护，但气动输送混凝土易产生分离现象，而且耗风量大，见图 4-3-23（b）。

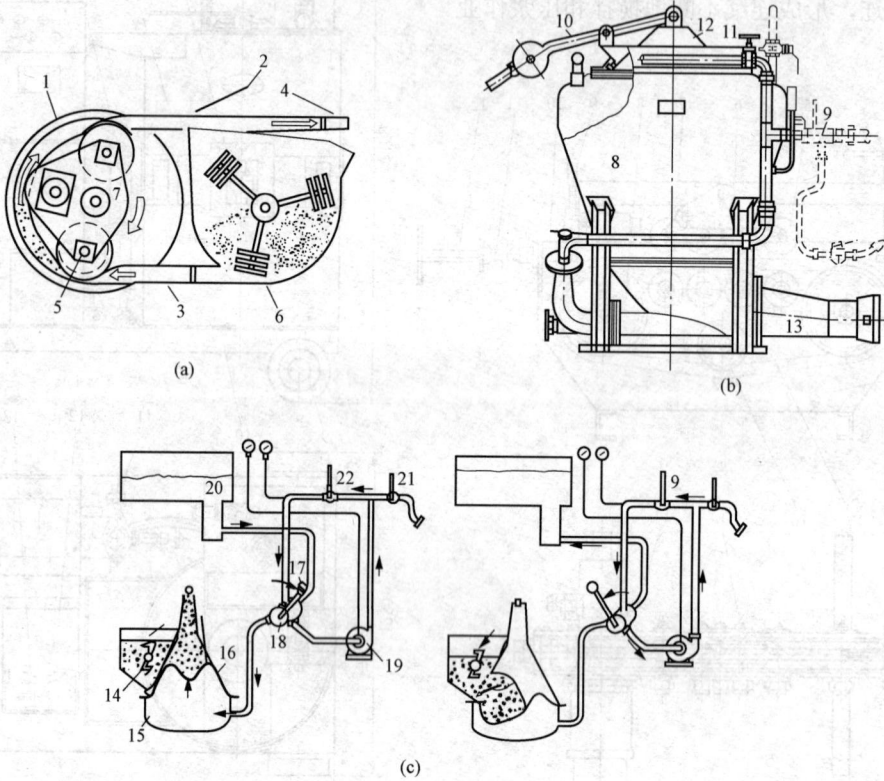

图 4-3-23　混凝土泵原理及类型

（a）挤压式混凝土泵原理；（b）气罐式混凝土泵；（c）水压隔膜式混凝土泵

1—泵室；2—橡胶软管；3—吸入管；4—输送管；5—回转滚轮；6—集料斗；7—滚轮架；8—泵体；
9—总进气管；10—操纵杆；11—气门；12—锥形活门；13—锥形管；14—料斗及搅拌器；15—泵体；
16—隔膜；17—手柄；18—控制阀；19—水泵；20—水箱；21—冲洗用阀门；22—单向阀

隔膜式混凝土泵见图 4-3-23（c），由隔膜、泵体、控制阀、水泵及水箱等组成。它是利用水泵产生的水压使隔膜产生凹凸动作，隔膜上凸时压出混凝土，隔膜下凹时由料斗中吸入混凝土。其特点是结构简单紧凑，故障少，但操作麻烦，隔膜损坏后不便更换，输送压力小；适用于骨料粒径不大于 2.5cm 的普通混凝土和粒径为 1.5cm 的轻质混凝土的输送。

液压活塞式混凝土泵输送的距离较远。它由泵送机构、液压系统、电气系统、清洗装置、料斗及伸缩支架、输送管、行走底盘等组成。其中泵送机构是主要工作装置，它由分配阀、主油缸、混凝土泵缸、摆动油缸、料斗等组成，见图 4-3-24。其工作原理是：压力油进入油缸 1，使油缸内活塞连同混凝土缸 1 的活塞一起左移，将混凝土推出，经分配阀（C 型管阀）进入输送导管。在活塞左移过程中，油缸 1 活塞左边油腔中的油液被挤出，经过中间封闭回路进入油缸 2 活塞的左腔，推动活塞连同混凝土缸 2 的活塞一起向右移动，料斗中的混凝土被吸入，当油缸 1 活塞移动将近全程终点，并与柱塞往复行程控制活塞相接触时，在控制腔内的油液即被挤出，经控制油路使液动换向阀换向，从而使C型管阀摆动换向。在控制活塞油腔内多余的油液通过单向阀的回路流入封闭油路内，双缸的往复交替动作来实现不断输送混凝土。

混凝土泵的生产率按下式计算，即

$$Q = 60\eta ZASnk_B \tag{4-3-1}$$

式中　Q——混凝土输送泵生产率（m^3/h）；

η——混凝土被吸入工作缸的容积效率，一般为0.85～0.9；

Z——混凝土输送泵缸体数；

A——活塞面积（m^2）；

S——活塞行程（m）；

n——活塞每分钟循环次数；

k_B——时间利用系数。

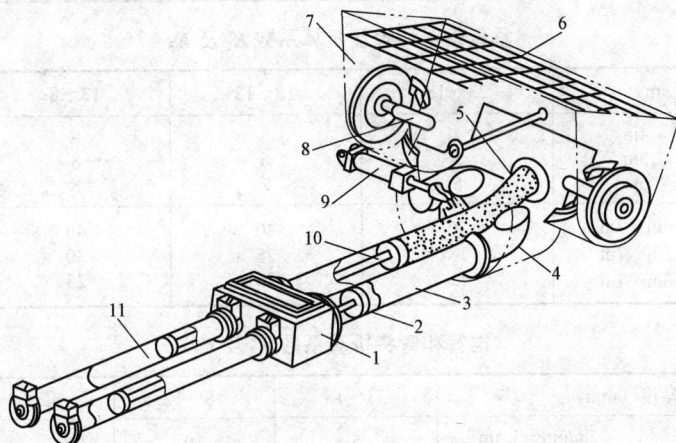

图 4-3-24　NCP-7S 型混凝土输送泵泵送机构

1—结合块；2—活塞；3—混凝土泵缸；4—吸入导管；5—摇摆臂；6—料斗格；7—料斗；

8—料斗辊式轧机；9—摆动缸；10—活塞杆；11—主油缸

混凝土泵的输送能力，可由最大水平输送距离或最大垂直输送高度来表示，通常按照阻力系数，统一折算成水平输送距离。水平输送距离折算可用下式计算，即

$$L=L_1+L_2+L_3+L_4+L_5$$
$$=K_1L_c+K_2H+K_3L_h+K_4n_c+K_5n_w \tag{4-3-2}$$

式中　L——水平输送折算距离（m）；

L_1——水平钢管折算长度（m）；

L_2——垂直钢管折算长度（m）；

L_3——胶皮软管折算长度（m）；

L_4——锥管接头折算长度（m）；

L_5——弯头折算长度（m）；

K_1——水平钢管折算系数，见表4-3-7；

K_2——垂直钢管折算系数，见表4-3-8；

K_3——胶皮软管折算系数，见表4-3-8；

K_4——锥管折算系数，见表4-3-9；

K_5——弯头折算系数，见表4-3-9；

L_c——水平钢管累计长度（m）；

H——垂直钢管累计长度（m）；

L_h——胶皮软管累计长度（m）；

n_c——锥管个数；

n_w——弯头个数。

表4-3-7　　　　　　　　　　　　　　　　水平钢管折算系数 K_1

混凝土坍落度（cm）	23～18	17～14	13～9	8～5
水平钢管折算系数 K_1	1	1.3	1.7	2

表4-3-8　　　　　　　　　　　　垂直钢管和胶管折算系数 K_2 及 K_3

混凝土坍落度（cm）		23～18	18～12	12～8	8～5
垂直钢管 K_2	4in	4	5	8	10
	5in	5	6	8	10
	6in	6	7	8	10
胶皮软管 K_3	4in～7m	20	30	40	50
	5in～7m	18	25	30	40
	6in～7m	15	20	25	30

表4-3-9　　　　　　　　　　　　锥管和弯头折算系数 K_4 及 K_5

		混凝土坍落度（mm）	23～18	18～12	12～8	8～5
锥管 K_4	4in 泵	7in/6in～1.5m	5	10	15	20
		6in/5in～1.5m	10	20	30	40
		5in/4in～1.5m	20	30	50	70
		6in/4in～1.5m	40	60		
	5in 泵	7in/6in～1.5m	6	13	19	25
		6in/5in～1.5m	13	25	38	50
		5in/4in～1.5m	25	38	63	88
		6in/4in～1.5m	50	75		
	6in 泵	7in/6in～1.5m	8	15	23	30
		6in/5in～1.5m	15	30	45	60
		5in/4in～1.5m	30	45	75	105
		6in/4in～1.5m	60	90		
弯管 K_5	90° R=0.5m	4in	8	16	24	32
		5in	7	13	20	27
		6in	5	11	16	21
	90° R=1m	4in	6	12	18	24
		5in	5	10	15	20
		6in	4	8	12	16
	45° R=0.5m	4in	4	8	12	16
		5in	3.5	6.5	10	13.5
		6in	2.5	5.5	8	10.5
	45° R=1m	4in	3	6	9	12
		5in	2.5	5	7.5	10
		6in	2	4	6	8

使用混凝土泵时，对骨料最大粒径、各级骨料的用量、坍落度、水泥用量等都有严格的要求，如使用不当，则管道易被堵塞。在规划输送管道时，应尽量避免弯道。为了减少使用时的故障，开泵时先用水润滑整个装置，然后用水泥浆使管壁充分润滑，再正式输送混凝土。输送混凝土过程中，要连续工作，如使用中途停泵时间超过 40min，应每隔 5min 启动活塞往复 2～3 次，以避免管道由于混凝土凝结而阻塞。使用完毕后，应泵送清水冲洗整个管道和活塞缸体。

二、布料装置

布料装置用来输送混凝土，完成布料功能。使用布料杆可充分发挥混凝土泵的工作效率，减轻工人的体力劳动。

从支承结构来看，布料杆可分为立柱式和汽车式两大类。

把混凝土泵和液压折叠式布料杆都装在汽车底盘上，就形成了带布杆的混凝土泵车。它是目前应用最广泛的一种布料装置。此布料装置的臂架具有变幅、曲折和回转三个动作，输送管道沿臂架铺设，这样在臂架活动范围内，可任意改变混凝土浇筑位置，不需要在现场临时铺设管道，节省辅助时间和劳力，有利于提高生产率，降低成本。带布料杆的混凝土泵车见图 4-3-25。

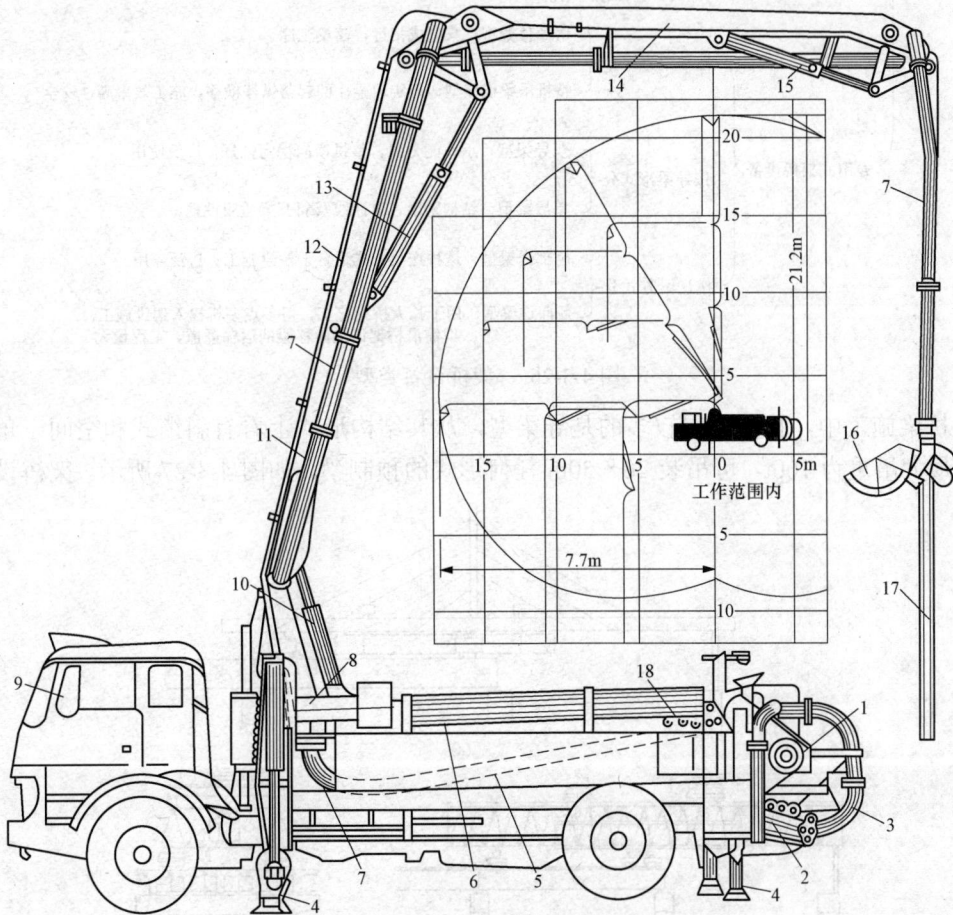

图 4-3-25　带布料杆的混凝土泵车

1—料斗及搅拌器；2—混凝土泵；3—Y 形出料管；4—液压外伸支腿；5—水箱；6—备用管段；

7—进入旋转台的导管；8—支承旋转台；9—驾驶室；10、13、15—折叠臂的油缸；11、14—臂杆；

12—油管；16—橡胶软管弯曲支架；17—软管；18—操纵柜

第四节　架　桥　设　备

架桥设备是一种将预制的钢筋混凝土梁段，吊装到桥梁墩台上的专用机械。架桥设备类型见图 4-3-26。

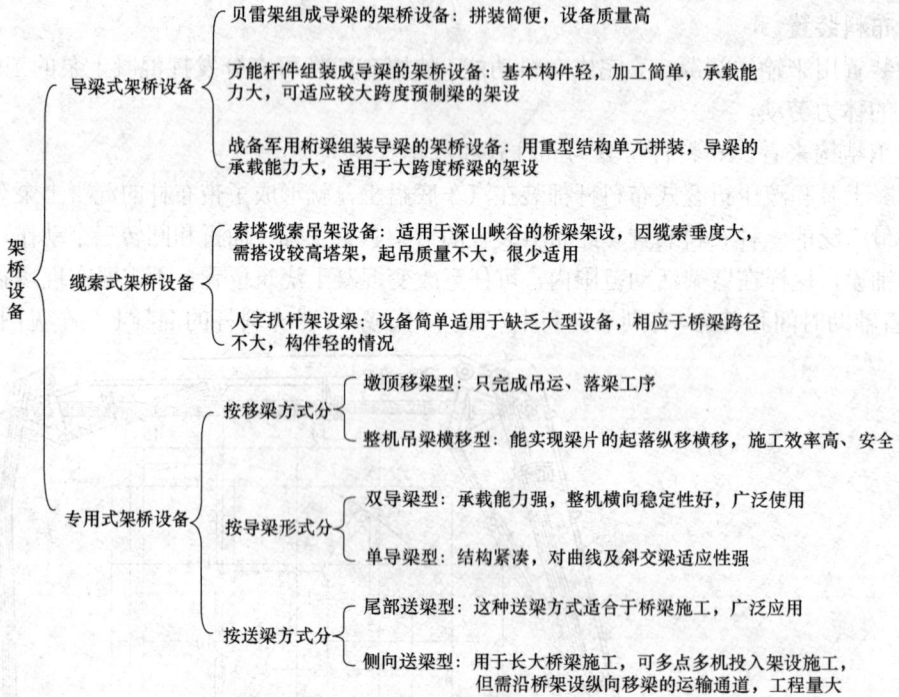

架桥设备

导梁式架桥设备
- 贝雷架组成导梁的架桥设备：拼装简便，设备质量高
- 万能杆件组装成导梁的架桥设备：基本构件轻，加工简单，承载能力大，可适应较大跨度预制梁的架设
- 战备军用桁梁组装导梁的架桥设备：用重型结构单元拼装，导梁的承载能力大，适用于大跨度桥梁的架设

缆索式架桥设备
- 索塔缆索吊架设备：适用于深山峡谷的桥梁架设，因缆索垂度大，需搭设较高塔架，起吊质量不大，很少适用
- 人字扒杆架设梁：设备简单适用于缺乏大型设备，相应于桥梁跨径不大，构件轻的情况

专用式架桥设备
- 按移梁方式分
  - 墩顶移梁型：只完成吊运、落梁工序
  - 整机吊梁横移型：能实现梁片的起落纵移横移，施工效率高、安全
- 按导梁形式分
  - 双导梁型：承载能力强，整机横向稳定性好，广泛使用
  - 单导梁型：结构紧凑，对曲线及斜交梁适应性强
- 按送梁方式分
  - 尾部送梁型：这种送梁方式适合于桥梁施工，广泛应用
  - 侧向送梁型：用于长大桥梁施工，可多点多机投入架设施工，但需沿桥架设纵向移梁的运输通道，工程量大

图 4-3-26　架桥设备类型

在桥梁施工中，目前用得较多的是导梁型，从其结构形式上看有斜缆式和空间三角桁架式，其最大吊重为 160t，可吊装 20～50m 任何形式的预制梁，如图 4-3-27 所示。架桥设备的

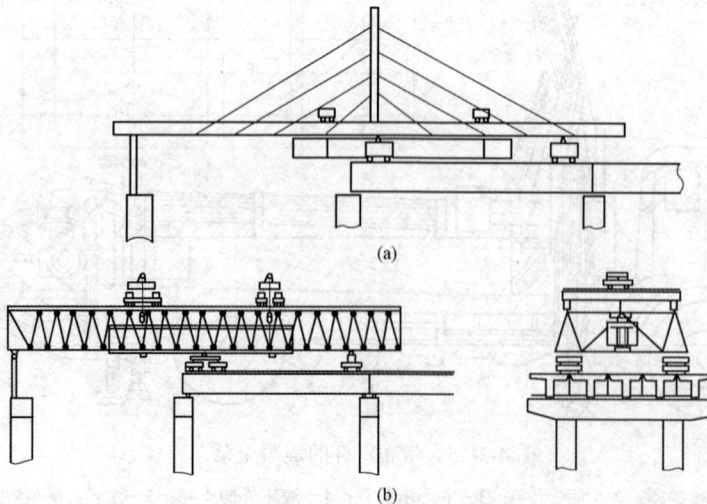

(a)

(b)

图 4-3-27　专用架桥设备
（a）斜缆式架桥机；（b）空间三角桁架式架桥机

发展趋势是架设跨度与起重能力越来越大，自动化程度高，控制系统安全可靠。

第五节　钢筋加工机械

在现代建筑工程中，广泛采用钢筋混凝土结构，而钢筋的原材料中细钢筋（直径在 14mm 以下）以盘圆状出厂，粗钢筋（直径在 14mm 以上）以每根长 9～12m 的形式出厂，根据工艺要求要对细钢筋进行冷拉、冷拔等处理，对粗钢筋进行剪切、弯曲、焊接等工艺加工。钢筋机械就是完成这一系列工序的专用机械。钢筋机械的类型及特点见表 4-3-10。

表 4-3-10   钢筋机械的类型及特点

类型	特点及用途
钢筋冷拉机	在常温下对钢筋施加拉力，使其产生一定的塑性变形，从而提高钢筋的屈服强度，降低塑性，同时兼有拉直、拉长、除锈等功能，一般用于直径为 6～8 mm 的盘圆钢筋
钢筋冷拔机	将处于常温的 I 级钢筋（直径为 6～8 mm）以强力拉拔的方式，通过一个比被拉钢筋直径小 0.5～1mm 的特制模孔，使钢筋在拉、压力共同作用下被强行拔细。经过冷拔的钢筋，强度增加，塑性降低
钢筋调直机	将直径不大于 14mm 的钢筋调直并按要求的长度剪断，调直的过程中同时除锈
钢筋剪切机	对钢筋原材料按照需要的长度切断，普通的剪切机可切断钢筋直径为 6～40 mm
钢筋弯曲机	将直径为 6～40mm 的钢筋弯曲成所需要的形状和尺寸。所弯曲钢筋的直径越粗，工作盘的转速就越低
钢筋对焊机	将两个被焊工件相对地置于夹具内并使端部保持一定间隙，当焊接电流使端头高温熔化后，对两端头持续或断续施加挤压力，将焊件焊牢。钢筋对焊，能充分利用短料钢筋，节约材料，确保焊接质量和提高工作效率
钢筋点焊机	钢筋点焊机是用来点焊钢筋网片和骨架的专用设备。点焊是采用电阻焊的方法，使两根交叉放置的钢筋在其接触处形成一个牢固的焊接点，钢筋网中以点焊代替人工绑机，提高劳动生产率，节约金属材料

习　题

1. 采用全套管设备施工有哪些特点？
2. 简述预应力张拉设备的类型和各自的特点。
3. 写出混凝土泵的类型和原理。
4. 导梁型架桥设备有什么特点？
5. 常用的钢筋加工机械有哪些？各自有什么特点？

第四章 隧道施工机械

第一节 隧道施工机械的类型

隧道的施工技术是通过施工方法和施工机械相互影响而得到发展的。隧道施工机械多种多样,不同的施工方法采用不同的机械。在我国公路隧道施工中主要采用暗挖法,其所用施工机械见图 4-4-1。

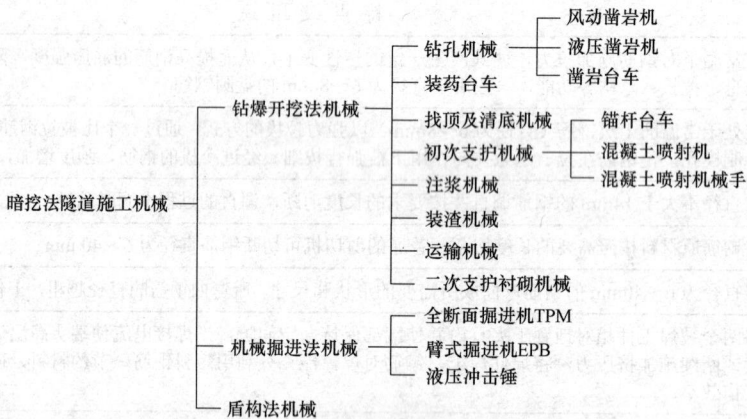

```
暗挖法隧道施工机械 ┬ 钻爆开挖法机械 ┬ 钻孔机械 ┬ 风动凿岩机
                │              │        ├ 液压凿岩机
                │              │        └ 凿岩台车
                │              ├ 装药台车
                │              ├ 找顶及清底机械 ┬ 锚杆台车
                │              ├ 初次支护机械 ─┼ 混凝土喷射机
                │              ├ 注浆机械      └ 混凝土喷射机械手
                │              ├ 装渣机械
                │              ├ 运输机械
                │              └ 二次支护衬砌机械
                ├ 机械掘进法机械 ┬ 全断面掘进机TPM
                │              ├ 臂式掘进机EPB
                │              └ 液压冲击锤
                └ 盾构法机械
```

图 4-4-1 隧道暗挖法施工机械

第二节 凿 岩 台 车

一、类型及特点

凿岩台车是把几台凿岩机支架安装在同一台车上,也可同时进行多个钻眼的施工,可作为其他工序的工作台。

凿岩台车一般用于地质条件较好,基本不要临时支护的大断面的隧道施工。其特点是劳动强度低,钻孔速度高,钻孔平均速度达 20~30cm/min,钻杆长,可钻深孔而无须接杆,定向性好,机动性好。

凿岩台车按隧道开挖断面的不同,可分为全断面台车、半断面台车及导坑台车;按台车车架形式不同可分为门架式和框架式;按台车行走装置的形式不同可分为轨道式、轮胎式和履带式;按钻臂形式不同可分为液压钻臂式和梯架式。

二、凿岩台车的组成及工作原理

凿岩台车由底盘、钻臂、推进器、稳车机构、风水系统、液压系统、操纵系统等部分组成,如图 4-4-2 所示。

工作时,台车进入掘进工作面,由稳车机构使台车定位,操纵钻臂和推进器,使推进器的顶尖按要求的孔位向工作面顶紧,开动凿岩机进行凿岩,钻完全部炮孔后,台车退出工作面。

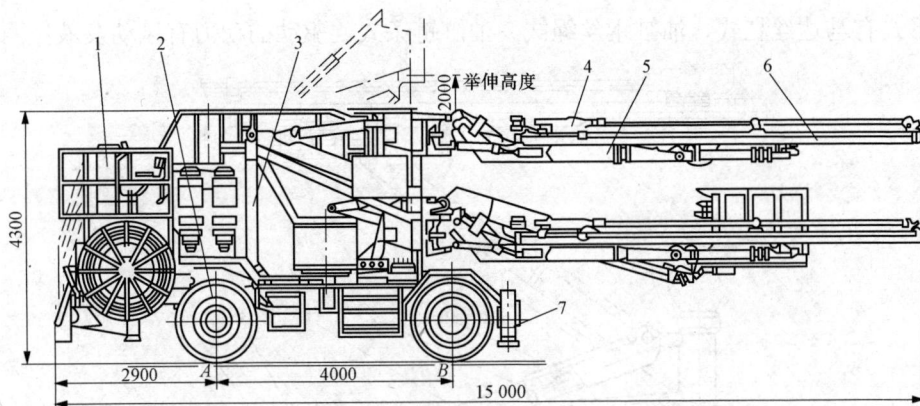

图 4-4-2 凿岩台车

1—动力系统；2—底盘；3—台车架；4—凿岩机；5—钻臂；6—推进器；7—稳车机构

1. 底盘

凿岩台车的底盘有轨轮式、履带式和轮胎式，并有拖式和自行式之分。

轨轮式底盘主要用于有轨运输条件的各种断面的水平隧洞施工。其结构简单，工作可靠，使用寿命长；但调动不灵活，错车不方便。

履带式底盘由液压马达驱动，调动灵活，工作可靠，爬坡能力强，可用于水平及倾斜的各种断面隧道施工；但结构复杂、履带易磨损，在软岩巷道中使用困难。

轮胎式底盘由液压马达驱动，调动灵活，工作可靠，不易压坏胶管和电缆，但结构较复杂，轮胎易磨损；主要用于缓慢倾斜的各种规格断面隧洞的钻凿施工。

2. 钻臂

钻臂是支承凿岩机按规定的炮孔位置打孔，并给凿岩机一定推进力的机构。钻臂可分为轻型、中型、重型和特重型，根据隧洞开挖断面的大小来选择。轻型钻臂适用于开挖断面在 $5\sim20m^2$ 的隧洞，中型钻臂适用于开挖断面在 $10\sim30m^2$ 的隧洞，重型钻臂适用于开挖断面在 $25\sim100m^2$ 的隧洞，特重型钻臂适用于开挖断面在 $100m^2$ 以上的隧洞。每种钻臂应配备相应等级的推进器和凿岩机。

钻臂的运动方式有直角坐标和极坐标两种。

直角坐标钻臂由转柱、支臂架、仰角油缸、支臂油缸、翻转缸、摆角缸等组成，见图 4-4-3。仰角油缸驱动支臂做垂直摆动，摆角缸驱动支臂做水平摆动，使支臂上的凿岩机按直角坐标方式移动。操纵仰角油缸，还可使支臂与工作面中轴线成一定的倾角，可钻倾斜的炮孔。

极坐标钻臂由回转机构、钻臂座、钻臂油缸、钻臂等组成，见图 4-4-4。回转机构可使整个钻臂座能够水平回转轴转 360°，故钻孔的位置由回转半径和回转角度来确定，即钻臂按极坐标方式调位。其操作程序少，但直观性差。

随着液压技术的发展，近年来出现了液压钻臂，见图 4-4-5。

液压钻臂由摆动缸、主臂及延伸装置、升降油缸、推进器油缸等组成，能进行水平和垂直方向的动作，可保持推进器平推，并且主臂可在一定范围内伸缩，推进器可推进或缩回，作业位置调节很方便。

3. 推进机构

推进机构给凿岩机提供轴推力和支承力，并完成凿岩机推进和退离工作面的动作。推进机构的形式有马达丝杠式、油缸钢丝绳式、油缸链条式。驱动的动力有风动及液压两种。

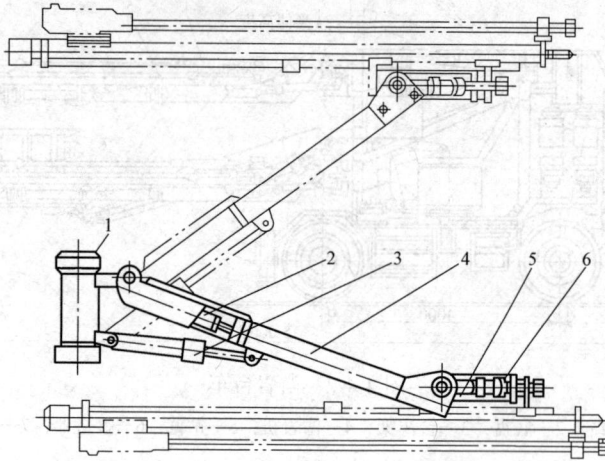

图 4-4-3　直角坐标钻臂

1—转柱；2—仰角油缸；3—支臂油缸；4—支臂架；5—翻转缸；6—摆角缸

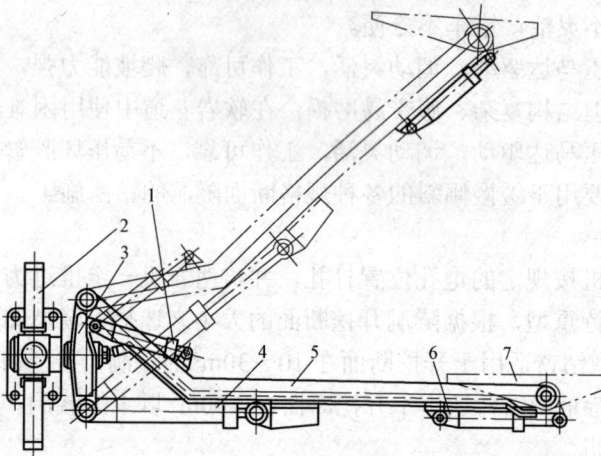

图 4-4-4　极坐标钻臂

1—平动缸；2—转臂缸；3—支臂座；4—支臂缸；5—支臂架；6—仰俯角缸；7—托架

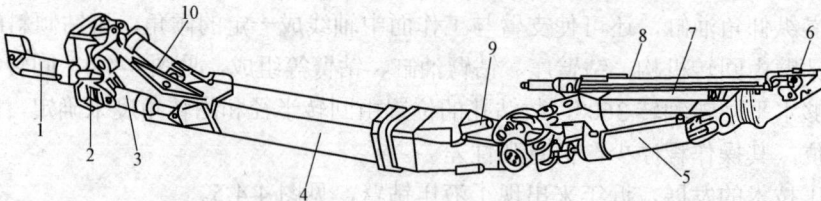

图 4-4-5　液压钻臂

1—摆动缸；2—支座；3—升降油缸；4—主臂及其延伸装置；5—推进器摆动缸；6—推进器座；
7—翻转装置；8—推进器补偿油缸；9—推进器俯仰油缸；10—随动油缸

马达丝杠式推进器由马达、导轨、丝杠等组成。马达可正转和反转，使传动丝杠做相应转动，丝杠只能转动不能移动，与丝杠啮合传动螺母做前后移动，凿岩机固定在传动螺母上。

油缸钢丝绳式推进器，由导轨、滑架、油缸、钢丝绳等构成。

推力是推进机构的主要参数。

4. 凿岩机的选择

使用凿岩台车应根据开挖断面的大小来选择钻臂的等级和数量，然后根据工作条件选择台车的底盘类型，在使用过程中严格按操作规程进行。

第三节　全断面隧道掘进机

一、用途及特点

全断面隧道掘进机是一种在岩层中直接开挖隧道的机械，它的特点是用机械法破碎切削岩石，刀盘直径与开挖隧道的直径大小相适应，挖掘与出渣同时进行。与钻爆法相比，施工速度快、质量高、少衬砌、少支护，能节约人力、物力，安全可靠。掘进机开挖隧洞的直径一般为2～11m，最大可达15m，可挖掘的岩石硬度为岩石单轴抗压强度20～200MPa。

全断面隧道掘进机仍在不断地发展中，整机结构更加紧凑，性能不断完善，自动化程度越来越高，进一步研究新材料，提高刀具寿命，研究辅助破岩技术，使掘进机能用于坚硬岩石中施工，开发研制非圆断面的掘进机也在进行中。总之，掘进机从问世以来，得到了很大的发展，而且仍在不断改进研究，这类施工设备已广泛用于公路、铁路、水利等工程中开挖隧道。

二、掘进机的类型

掘进机的类型见表4-4-1。

表 4-4-1　　　　　　　　　　　掘 进 机 的 类 型

分类方式	类型	特　　点
按破碎岩石方式分	切削式	切削式刀盘上安装割刀，像金属切削割刀一样将工作物切割下来，适用于软岩、土质等抗压强度小于4MPa的地层
	铣削式	铣削式切削过程靠滚刀的旋转和推进及铣刀的自转完成，如铣削金属的铣床一样，适用于软岩地质
	挤压剪切式	用圆盘形滚刀使岩石受挤压和剪切而破碎（以剪切为主），刀具有硬质合金的刀圈或中碳合金堆焊碳化钨、钴等，适用于中硬岩石
	滚压式	以挤碎岩石来切削，刀具为圆盘式、牙轮式和锥形带小球状刀具，用于硬岩
按切削头回转方式分	单轴回转式	切削头的回转轴只有一根，用于小直径的掘进机
	多轴回转式	切削盘上有几个小切削轮，小切削轮可独自旋转，各自有回转轴
按掘进方式分	推进式牵引式	
按排渣方式分	铲斗式旋转刮板式泥浆输送式	
按外形特征分	敞开式	结构简单，靠撑踏装置支持机身，适用于岩层比较稳定的隧道施工
	护盾式	机身有护盾掩护，适用于易破碎的硬岩或软岩，以及地质条件较复杂的岩层

三、主要结构及工作原理

（一）主要结构

全断面隧洞掘进机由刀盘工作机构、传动导向装置、大梁、水平支撑及推进装置、前后下支撑及调向机构、出渣设备、液压系统、除尘装置以及电气和操纵等装置组成，见图 4-4-6。

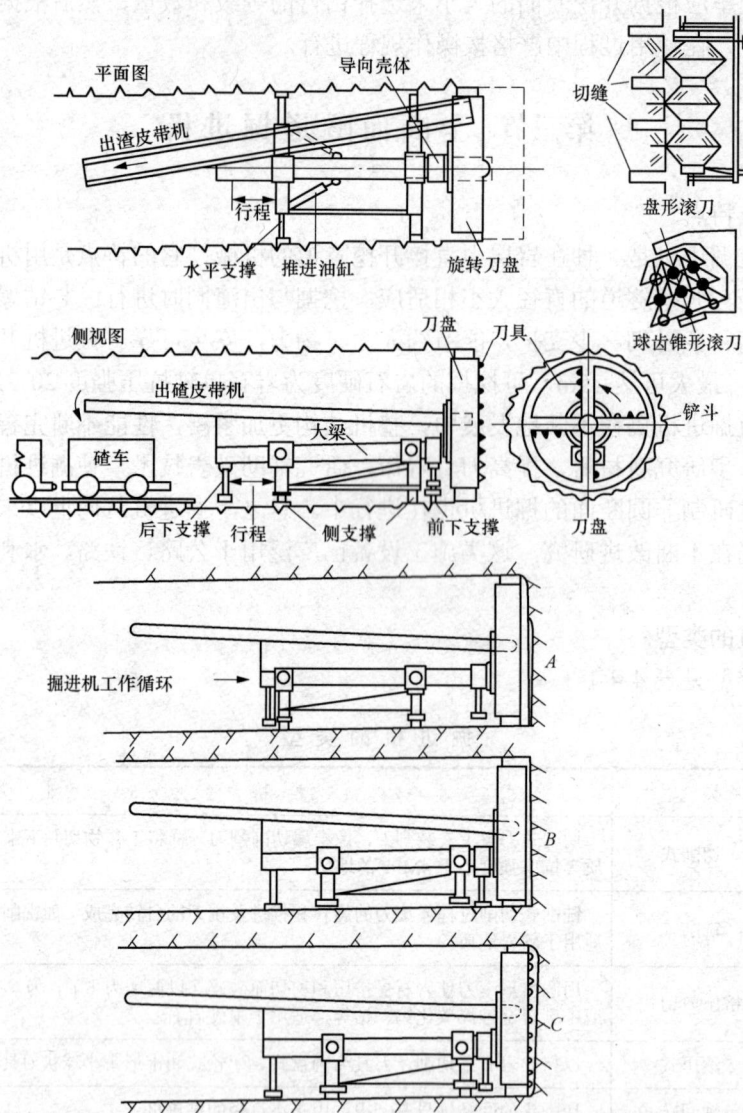

图 4-4-6　岩石隧洞掘进机的组成和工作循环

1. 刀盘工作机构

刀盘是拼装焊接的结构件，通过轴承支承在传动导向装置的导向壳体上，由电动机通过减速机构驱动固定在刀盘中的齿圈，带动刀盘做旋转运动。刀盘的周缘装有铲斗，将已破碎的岩渣由工作面底部刮装入斗，随着刀盘的旋转而被提升到上部后，倾入卸渣溜槽，然后由出渣皮带机运出。

在刀盘的端面，布置着切削刀具，由于每一隧洞都有不同的特性，因此根据隧洞及其岩石条件的差别，刀盘上刀具的布置和其结构也将随之有所不同。

喷雾除尘装置埋设在刀盘里，随着刀盘的旋转将一定压力的水以雾状喷向刀具，以使刀具冷却和除尘。

2. 传动导向装置

在传动导向壳体中的电动机，通过减速机构带动刀盘工作机构的齿圈转动。在传动导向壳体的外缘装有四个前导油缸，构成四角支撑前导向装置。在导向油缸的活塞杆端部装有靴板，当油缸伸出，靴板向外移动时，导向靴板即撑紧洞壁，当油缸缩回时，靴板则渐渐松离洞壁。

导向装置除辅助机器导向，有助于机器调向外，当其支撑靴板撑紧洞壁时，有减少刀盘的径向振摆，稳定刀盘工作机构的作用。

3. 大梁

它是钢板焊接的箱形结构，前端与导向壳体后部相连，末端与司机室连接。

4. 水平支撑及推进装置

水平支撑鞍座架设在大梁下缘滑道上，可沿掘进方向前后滑动，掘进时水平支撑板用油缸撑紧洞壁以承受推进油缸的反作用力。当推进油缸伸长时，机体便向前推进。

5. 前、后下支撑及调向机构

前下支撑与导向壳体连接成为刚性体并支承机器前部重量，借以保持机器的中心位置。后下支撑装在大梁后面，当水平支撑缩回或停止掘进时，即放下后下支撑以支承机体后部重量。当掘进时，前、后下支撑均必须缩回离开洞壁，后下支撑也是机器的垂直调向装置。

6. 出渣设备

刀具切下的石渣，由刀盘外缘上的铲斗铲起卸入出渣皮带，运送到机器后方。

7. 除尘装置

除尘有喷水、输入新鲜空气以冲淡岩尘浓度和设置防尘装置等方法，一般掘进机综合使用上述三种除尘方法。

8. 控制及操作系统

该系统包括测量装置和自动调向系统。由光电测量或激光测量装置检测出掘进机相对基点或对水平基准线的偏移，并将其换算成对隧道中心的偏移，由自动调向系统自动调整掘进机的位置和角度，纠正其中心偏移，从而保证中心偏移在允许范围内。

（二）掘进机的工作原理

（1）水平支撑板撑住洞壁，前、后下支撑收回，刀盘旋转掘进，推进油缸推进刀盘，开动排渣皮带机，掘进一个行程。

（2）前、后下支撑落地，水平支撑回缩收起，机壳体由推进油缸前移一段距离，准备下一次掘进。

四、隧道掘进机的使用

采用掘进机施工与钻爆法相比，有很多优点，但岩石的性质对掘进速度和刀具的费用影响很大，刀具使用费用在软岩中的费用是坚硬岩石中的 1/8～1/7，而且掘进机的施工费用中刀具费用占有很大的部分，因此一般在中硬岩石以下的岩层中使用掘进机施工比较经济。

掘进机是一种专用设备，要求专门设计，其设备投资与开挖隧洞直径成比例增加，造价高，只有在开挖工程量大时使用才经济。

总之，在选用掘进机施工时，要综合考虑，设备的投资费和设备的使用费，进行技术经济比较，最后确定施工方案。另外，要注意与之配套的系统，包括渣石清运、支护、除尘、风水电的供给等，减少掘进机的停机时间，提高其生产效率。

第四节   喷锚机械和钢模台车

在隧道施工中，工作面开挖后应立即进行必要的支护，约束围岩的松弛和变形。对隧洞进行支护的方式有喷锚支护和整体砌衬混凝土，所对应使用机械设备有喷锚机械和钢模台车。

一、喷锚机械

喷锚支护可主动加固围岩，控制围岩变形，防止围岩的松动破坏和坍落，使喷锚在与围岩共同变形的过程中保持围岩的稳定性，是隧道初期支护的主要手段，喷锚支护与其他衬砌结构相比，所需的混凝土厚度小，可减少开挖断面，节省劳力、材料，缩短工期，降低造价。

采用喷锚支护施工程序一般是先喷混凝土后打锚杆，喷锚机械包括混凝土喷射机和锚杆台车等。

1. 混凝土喷射机

混凝土喷射机按照喷混凝土方式不同可分为干式和湿式两种。

干喷混凝土是先用搅拌机将骨料和水泥干拌均匀，放入喷射机料斗，同时加入速凝剂，用压缩空气将混合料输送到喷头，在喷头处加水喷向岩面。干喷法是最早采用的技术。干喷法的缺点是粉尘大，危害工人健康。

湿喷混凝土是在搅拌混凝土时就加入水，进入喷射机里的是已拌好的成品混凝土，速凝剂在喷头处加入。湿喷法基本上消除了粉尘问题，节省了水泥和干料的消耗量，目前在一些发达国家，已成为喷射混凝土作业的主要方式。

混凝土喷射机械是由多种机械和辅助设备组成的系统，包括搅拌机、喷射机、喷射臂（机械）、空气压缩机、泵、添加剂计量装置、管路、喷嘴等，目前发展趋势是把这些分散的单机组装在一个底盘上，称作喷混凝土车或车载式喷射机组，喷嘴的动作一般都能遥控。混凝土喷射机的类型见表 4-4-2。

表 4-4-2   混凝土喷射机的类型

类 型	名 称	特 点
干式喷射机	转子式喷射机	结构简单、体积小、出料连续、输送距离远、操作维修简便
	螺旋式喷射机	结构简单、质量轻、操作方便、喷射距离短，适用于工作面小的工程
	鼓轮式喷射机	结构简单、体积小、移动方便、操作简单，但密封能力差，易反风，输送距离小于 100m
湿式喷射机	双罐式喷射机	两罐交替供料，能连续喷射，喷射质量好，喷射距离远，但体积大，质量大
	螺旋式湿喷机	结构简单、体积小、质量小，生产能力大，易于操作，但叶片和筒体易磨损，输送距离短
	挤压软管泵式湿喷机	该机适宜输送骨料粒径小为 25mm，和易性好和坍落度较大的混凝土。粉尘小但体积较大，用于大断面隧道施工
	活塞泵式湿喷机	结构合理，工作稳定，可输送低坍落度混凝土，生产能力较高，是一种实用的机型，但结构复杂，使用维修技术要求高
	离心式湿喷机	连续喷射，可任意调节喷射方向，节省能源，喷敷层光滑平整，但回弹率较高，喷射距离较近

转子式喷射机，既能干喷，又能湿喷，能很方便地实现干喷与湿喷的转换，应用较广，其特点是结构简单、体积小、出料连续、输送距离远、操作维修方便。转子式喷射机结构见图4-4-7。

转子式喷射机由动力传动系统、气路系统、给输料机构、电气系统、行走底盘及喷嘴等组成，其动力装置根据需要可选择双速电动机、风马达、油马达、柴油机。

给输料机构是喷射机的主要工作机构，由料斗、振动器、转子、搅拌器、耐磨板、橡胶密封板及压紧装置等组成，构成给料、输料两大系统。料斗下部是转子体，转子上均布着若干料孔，转子体下面是下座，其上固定有出料弯头。转子转动时，有的料孔对准了卸料口，即向料孔内加料，完成给料功能；有的料孔对准了出料弯头，则把拌和料压送出去，完成输料功能。

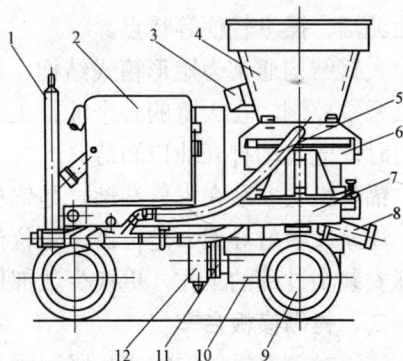

图 4-4-7 转子式喷射机

1—牵引杆；2—动力装置；3—振动器；4—料斗；5—风管；6—给输料机构；7—车架；8—出料弯头；9—轮胎；10—减速器；11—风管；12—皮带传动

混凝土喷射机的主要技术参数有喷射量、最大水平和垂直输送距离、最大骨料粒径、外形尺寸和总重等。

喷射混凝土时，首先用搅拌机将混凝土拌制均匀，使用前各配套设备安装调试好，要有稳定的风源；调整好喷射机的工作压力。开机时，先通压缩空气，启动电动机，再加料。停机时先停料后停电、停风。操作时，喷嘴离工作面0.8~1.2m，以使混凝土黏结最好；发生堵塞时，应先停止喂料，由压缩空气吹通。工作时注意安全，喷嘴前方严禁站人。每班工作完毕，要及时清除喷射机内外黏附的混凝土料及杂料。

2. 锚杆台车

锚杆台车是隧道施工中用于围岩支护的专用设备。它能完成钻孔、注浆和插入锚杆工作。锚杆台车由底盘、大臂和锚杆机头等组成，见图4-4-8。

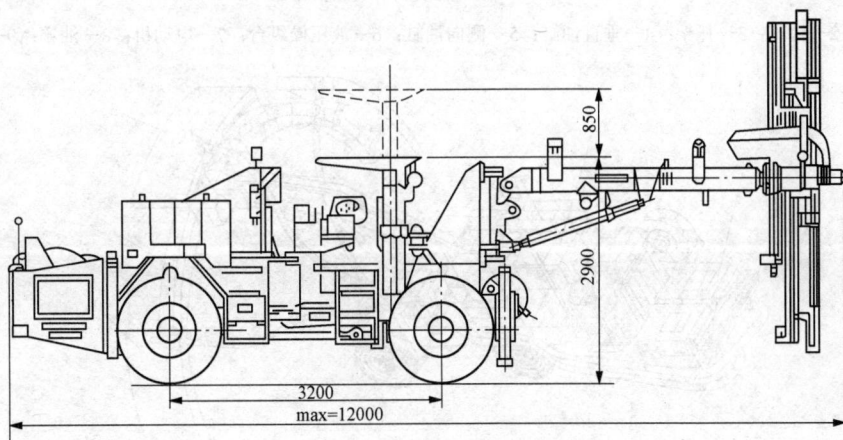

图 4-4-8 锚杆台车外形

锚杆台车底盘是自行式底盘，一般采用轮胎式行走装置，全液压驱动、液压转向，具有机动灵活、操纵轻便等特点。

大臂结构通常为矩形箱式结构，具有升降、摆动、伸缩、转动等功能。大臂的动作均由液压系统控制，在大臂的各个油缸上装有自动平衡限速阀起保护作用，如大臂受到强大外力作用时，能自动打开油口卸荷。

锚杆机头安装在大臂端部，是锚杆台车的工作装置，它由凿岩机及其推进器、锚杆推进器、注浆或喷射导架、定位器、定位油缸、锚杆夹持架等部件组成，可完成从钻孔、注浆到锚杆安装全过程的工作，更换少数部件可安装涨壳式锚杆。

二、衬砌模板台车

隧道衬砌要求结构密实，坚固耐久，外表平整，中线水平，断面和净空符合规定。隧道衬砌时，模板决定着隧道断面的形状及外表平整性等，目前，衬砌模板台车已普遍使用，国外已开发出高性能的全液压衬砌模板台车。

衬砌模板台车目前常用的有轨轮式钢模台车和轮胎式全液压衬砌模板台车，如图 4-4-9 和图 4-4-10 所示。

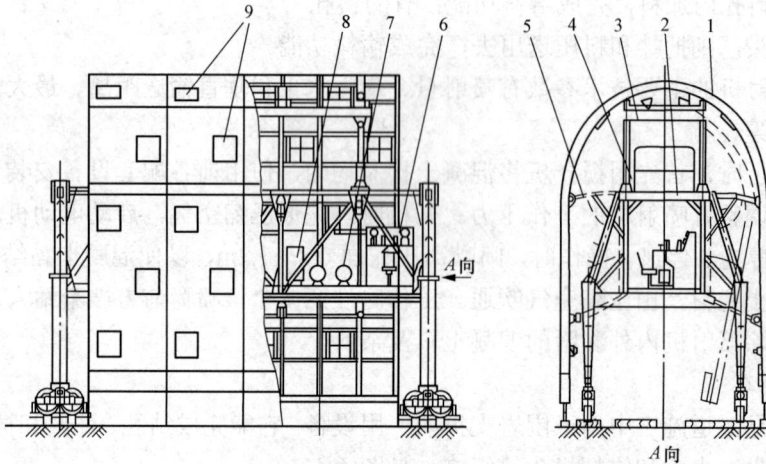

图 4-4-9　钢模台车示意图

1—模板；2—台车；3—托架；4—垂直油缸；5—侧向油缸；6—液压操纵台；7—电动机；8—油箱；9—作业窗

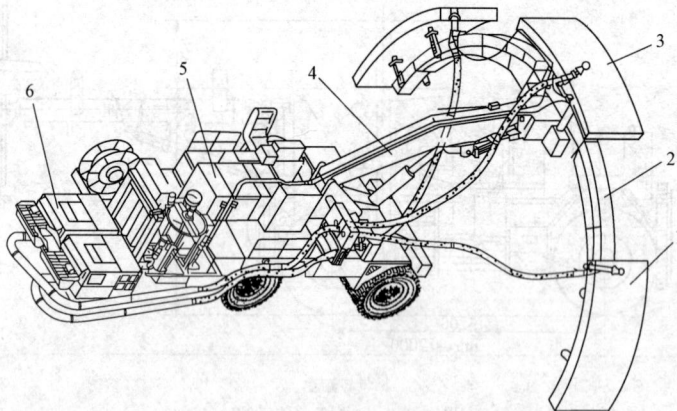

图 4-4-10　全液压衬砌模板台车组成示意图

1—侧模板；2—拱架；3—顶模板；4—臂架；5—基础车；6—混凝土泵

1. 钢模台车

钢模台车由钢模板、台车和液压系统三大部分组成。

每套模板长 8m，由四个 2m 长的拼接段组成，其中分基脚模板、折叠模板、边墙模板、拱脚模板、拱腰模板和曲线加宽块等 11 块，以及基脚千斤顶、基脚斜撑、堵头块、收拢铰、连接铰等配件，各模板块间均用螺栓对接。钢拱架用工字钢和槽钢弯制而成，表面铺焊钢板。每套模板设有作业窗 40 个，方便灌注和捣实混凝土之用。在每套模板前端有堵头挡板，作灌注时分节用。使用时根据隧道曲线设计的加宽断面要求，只需换装相应加宽值的加宽块即可，但在曲线外侧，每 8m 长的衬砌灌注段由于内外弧长之差，在相邻灌注段的模板接头处，须增加楔形辅助弯头模板。

台车车体为桁架结构，立柱和横梁均采用箱形截面结构，其他部件为型钢组合构造。台车分上、下两层平台，平台两侧均设有可翻转的脚手平台，便于衬砌施工作业。台车行走装置为轨轮式，用电瓶车或机车顶推牵引，台车设有制动器和卡轨器，使台车停止和固定时能安全稳妥。

液压系统由油泵、油缸及操纵系统等组成，上部垂直油缸控制拱顶模板，侧向油缸控制侧模板，设置两套供油系统，以确保作业安全。

2. 全液压衬砌模板台车

该车由基础车、臂架、拱架、模板、控制系统、混凝土浇筑系统等组成，全液压驱动。

基础车采用轮胎式底盘，机动性好，拱架作为模板移动的导轨，浇筑时承受压力。拱架有四处关节，可方便地折叠起来，在基础车的前端设置有拱架调节机构，可实现拱架的倾斜、偏转、滑动等动作。拱架的形状按隧道的尺寸进行设计。

拱形模板也是按隧道的尺寸进行设计制造的，模板由两块侧模板和一块顶模板组成，每块模板分别由四个液压伸缩千斤顶支承，能方便地调节所需模板位置。顶模板为固定式，侧模板为移动式。作业时先浇筑下部衬砌混凝土，再浇筑上部混凝土，构成完整的衬砌构造。在模板的表面加垫特殊的橡胶衬垫，有利于脱模。

台车尾部配有混凝土泵、速凝剂搅拌系统、管道和混凝土输送系统。混凝土泵构件可上下移动，该系统能保证混凝土浇筑衬砌迅速，缩短作业周期。

第五节 盾构机械

一、概述

盾构是一种集开挖、支护、衬砌等多种作业于一体的大型隧道施工机械，是用钢板作成圆筒形结构物，在开挖隧道时，作为临时支护，并在筒形结构内安装开挖、运渣、拼装隧道衬砌机械手及动力站等装置，以便安全作业，这种设备主要用于软弱、复杂等地层隧道施工。

使用盾构机械来修建隧道的方法称为盾构施工法。其施工程序是：在盾构前部盾壳下挖土，一边挖土，一边用千斤顶向前顶进盾体，顶至一定长度后，再在盾尾拼装预制好的衬砌块，并以此作为下次顶进的基础，继续挖土顶进，在挖土的同时，将土屑运出盾构。如此不断循环直到修完隧道为止。

盾构的形式很多，按盾构断面形状的不同，可将盾构分为圆形、拱形、矩形和马蹄形四种；按开挖方式的不同，可分为手工挖掘式、半机械挖掘式、机械化挖掘式三种；按盾构前部构造的不同，可分为全部开口形、部分开口形、密闭形三种。

机械化盾构按照切削机构分为切削轮式、挖掘式、铣削臂式；按切削方式分有旋转切削式和网格切割式。

二、机械化盾构的组成

机械化盾构具体形式较多，但都由切削机构、盾构、动力装置、拼装机、推进装置、出料装置和控制设备等组成，如图4-4-11所示。

（1）盾构的切削机构由切削轮、切削轮支承机构和切削轮驱动机构组成。

切削轮上装有切削刀，刀的工作条件恶劣，承受的荷载复杂，要承受极大的推压力、冲击力和摩擦力，因此要求刀刃具有高强度、高硬度、耐磨性好。

切削轮的支承机构支承切削轮的旋转并承受切削的反作用力，同时为了提高作业效率，在拼装衬砌时，切削轮可继续切削，这样在切削轮的支承机构上还有单独的顶进机构，因此，支承机构还要承受顶

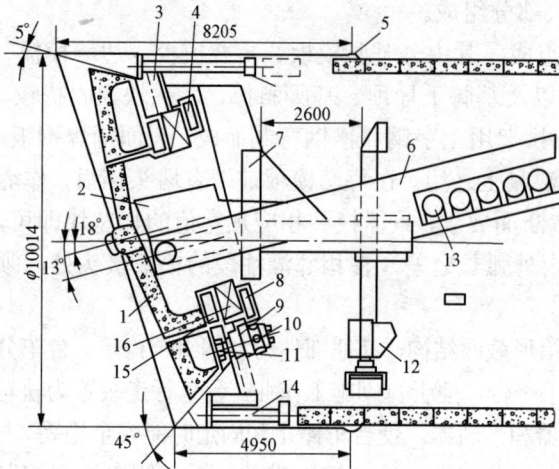

图 4-4-11 切削轮式盾构

1—切削轮；2—卸土斗；3—隔墙；4—轴承座；5—盾尾密封；
6—主输送机；7—油箱；8—轴承座；9—减速器；
10—油马达；11—滚针轮；12—拼装器；13—油泵站；
14—盾构千斤顶；15—大齿；16—主轴承

进时的反力，故要求支承机构能承受一定的径向力和轴力。

切削轮的驱动机构由液压马达（或电动机）经过减速装置（或直接）驱动切削轮转动。切削轮的转速受刀盘直径大小的限制。因刀具切削土壤时，切削阻力就会急剧增加，刀具磨损加剧，所以刀盘直径越大，切削轮的转速就越低，一般开挖直径在 3.0～7.0m 时，切削轮转速小于 40r/min。

（2）盾构机械的动力主要是电力或液压动力，目前大部分机械是采用电液混合动力源。随着液压技术的发展，采用全液压的盾构会越来越多。盾构机构的动力站设置在盾构的支承环下部两内侧或轨行式小台车上。它由变压器、配电盘、控制台、高压油泵站或油泵机组等组成。盾构设备所需动力较大，而且一般施工中途不能停电，因此需要备用电源。

（3）盾壳的主要作用是承受地层压力，起临时支护作用，保护设备及操作人员的安全；承受千斤顶水平推力，使盾构在土层中顶进，同时，它也是盾构各机构的骨架和基础。盾壳由切口环、支承环钢板束组成。

切口环位于盾构机构的最前端，要求它具有足够的刚度和强度。切口环前端常切成锐角，便于切入土层，减少顶进阻力，在切口环上，对应于每一个千斤顶的中心线处有三角形筋板，通过这些筋板将千斤顶水平推力传至包在它上面的钢壳上。

支承环与切口环用螺栓连接，它是主要承载部件，支承环内有环形筋板和纵向加强筋；另外，还设有两根垂直立柱和两条水平横梁，以提高盾构的强度。

钢板束由两层钢板铆接成，包在支承环和切口环外面，与支承环和切口环间用铆钉连接。

盾壳尾部安装有密封装置，防止地下水与注浆材料被挤入盾构隧道内。衬砌组装也在盾尾进行。

（4）推进装置是支承环内的液压千斤顶。要求千斤顶结构简单、体积小、质量轻，便于

安装和布置，且各千斤顶之间同步性能要好，有保护装置等，以适应盾构内部空间狭窄、工作环境恶劣等情况。液压千斤顶在盾构内的布置要使圆周受力均匀，千斤顶的行程应是一个衬砌环宽度加上适当余量。

拼装机构是在盾构内拼装地面预制好的混凝土衬砌块，需将衬砌块提升、平移和回转，因此相应的拼装机构为起升装置、平移装置和回转装置。

（5）导向和调向装置。导向装置的作用是随时指出盾构的顶进方向，使司机能通过调向装置控制盾构按预定设计的路线顶进。

目前，激光导向技术已用于盾构机构中，其原理是利用良好直线性光束的激光，投射到盾构里，使操纵者及时了解盾构的偏离、偏转情况。

盾构的调向机构是由安装在支承环内的四组八个推进油缸组成，根据每组油缸的动作情况可获得盾构的调向运动。盾构调向作业方法见表 4-4-3。

表 4-4-3　　　　　　　　　　盾 构 调 向 作 业 方 法

油缸组	直线	左转	右转	上倾	下斜
1	工作	工作	工作	—	工作
2	工作	—	工作	工作	工作
3	工作	工作	工作	工作	—
4	工作	工作		工作	工作

（6）出渣装置。盾构出渣方式有皮带输送机式和刮板输送机式，要求出渣机构运渣及时，不影响挖掘。

三、盾构机械的使用

采用盾构机械开挖隧道时，应注意以下几点：

（1）该类机械适用于岩石以外的各种土质地层。

（2）覆盖土层要厚，覆盖土深度一般要有 1～1.5 倍盾构直径的深度，且要远离主要建筑物，以免基础沉陷影响建筑物的安全。

（3）断面尺寸要大，便于布置设备和施工，一般隧道直径在 4m 以上。

（4）要有充足的电源和水源，在施工过程中不能停电，因此要有备用电源。

（5）施工段要长，盾构安装拆除都比较困难，只有施工段较长，才能提高生产效率，比较经济，一般连续施工段在 1～2km 以上。

习　题

1. 简述隧道施工机械的分类。
2. 凿岩台车有什么特点？
3. 简述全断面掘进机法适用条件及其优缺点。
4. 混凝土喷射机分为哪两类？各有什么特点？
5. 简述隧道盾构法施工过程。
6. 机械化盾构由哪几部分组成？

第五章 起 重 机 械

第一节 概 述

一、工程起重机的用途和类型

起重机械是一种主要用来起吊重物，能同时完成垂直和水平运输的机械，起重机的种类很多，工程上常用起重机类型见表 4-5-1。

表 4-5-1 工程上常用起重机类型

类 型	名 称	类 型	名 称
简易起重机械	滑轮组 千斤顶 滑车（起重葫芦）	塔式起重机	轨道式 轮胎式 履带式 爬升式 附着式
建筑卷扬机	手动卷扬机 电动快速卷扬机 电动慢速卷扬机	龙门起重机	
自行式动臂起重机	汽车起重机 轮胎起重机 履带起重机	缆索起重机	固定式 平移式 辐射式
桅杆起重机		电动桥式起重机	
叉式起重机（叉车）		浮船式起重机	
门座式起重机	港口用 安装用 建筑用	铁道起重机	
		升降机	

在工程施工中，必须综合考虑工程量、施工期、建筑物高度、作业半径、单件最大质量及地形、环境等方面的因素，结合起重机械本身的结构性能特点，进行比较和选择适合于施工需要的起重机械。

二、起重机的工作机构

工程起重机一般由金属结构、工作机构和电气液压操纵控制系统三大部分组成。金属结构是起重机的底座和构架，各工作机构和电气液压系统均安装在其上，组成为一整体起重机。性能完善的起重机均具有下述四个工作机构：

（1）起升机构：直接吊起重物并完成升降运动的机构。

（2）变幅机构：使吊起的重物能前后移动的机构。

（3）回转机构：使吊起的重物能做圆弧运动的机构。

（4）运动机构：使整机能移动的机构。

三、起重机的主要参数

起重机的参数是表示起重机工作性能的指标，它是设计和使用起重机的依据，起重机的主要参数如下：

（1）额定起重量 Q。额定起重量是指起重机的最大安全起吊重物的质量（t）。对于回转式起重机，起重量与幅度有关。

（2）幅度 R。对于回转类起重机，从吊钩中心到起重机回转中心线的水平距离称为幅度（m）。

（3）起重力矩 M。对于回转类起重机，起吊重物的质量与工作幅度的乘积称为起重力矩（tm）。这一参数表示起重机的抗倾翻的稳定能力。在起重机厂家的说明书中常附有起重机的安全起重量曲线。这一曲线是根据 $M=QR$ 作出来的，在起重机满足稳定的条件下，即起重力矩 M 小于或等于稳定力矩时，起重量是随幅度而变化的。

（4）跨度 L。对于缆式起重机和桥式起重机，运行轨道轴线之间的水平距离称为跨度（m）。

（5）起升高度 H。一般指吊钩上下极限位置之间的垂直距离（m）。对于具有倾斜起重臂的起重机，改变起重臂的倾斜角度，可以改变起重机的工作幅度，同时起升高度也改变了。

（6）工作速度。工作速度是指起重机各工作机构的速度，包括起升速度、变幅速度、回转速度和运行速度。

四、起重机的工作级别

起重机的工作级别，是表示起重机工作繁重程度和工作条件的参数，是起重机工作特性的重要标志。各种起重机的具体使用工况条件差别很大，划分起重机工作级别就是为了能根据使用要求和工况条件合理地选用、设计、制造起重机，并取得良好的技术经济效益。

对起重机工作级别的划分，是根据起重机的利用等级（见表 4-5-2）和荷载状态（见表 4-5-3），将起重机划分为 $A_1 \sim A_8$ 八个级别，见表 4-5-4。

表 4-5-2　　　　　　　　　　　起 重 机 的 利 用 等 级

利用等级	总的工作循环次数 N	附注
U_0 U_1 U_2 U_3	1.6×10^4 3.2×10^4 6.3×10^4 1.25×10^5	不经常使用
U_4	2.5×10^5	轻闲使用
U_5	5×10^5	经常中等地使用
U_6	1×10^6	不经常繁忙地使用
U_7 U_8 U_9	2×10^6 4×10^6 $>4\times10^6$	繁忙地使用

表 4-5-3　　　　　　　　　起重机的荷载状态及其名义荷载谱系数 K_p

荷载状态	名义荷载谱系数 K_p	说　　　明
Q_1—轻	0.125	很少起升额定荷载，一般起升轻微荷载
Q_2—中	0.25	有时起升额定荷载，一般起升中等荷载
Q_3—重	0.50	经常起升额定荷载，一般起升较重的荷载
Q_4—特重	1.0	频繁地起升额定荷载

注

$$K_p = \sum \left[\frac{n_i}{N} \left(\frac{P_i}{P_{max}} \right)^m \right]$$

式中　K_p——荷载谱系数；

　　　n_i——荷载 P_i 的作用次数；

　　　N——总的工作循环次数，$N=\sum n_i$；

　　　P_i——第 i 个起升荷载，$i=1, \cdots, n$；

　　P_{max}——最大起升荷载，即额定起重量；

　　　m——指数，$m=3$。

表 4-5-4　　　　　　　　　起重机工作级别的划分

荷载状态	名义荷载谱系数 K_p	利　用　等　级									
		U_0	U_1	U_2	U_3	U_4	U_5	U_6	U_7	U_8	U_9
Q_1—轻	0.125			A_1	A_2	A_3	A_4	A_5	A_6	A_7	A_8
Q_2—中	0.25		A_1	A_2	A_3	A_4	A_5	A_6	A_7	A_8	
Q_3—重	0.50	A_1	A_2	A_3	A_4	A_5	A_6	A_7	A_8		
Q_4—特重	1.0	A_2	A_3	A_4	A_5	A_6	A_7	A_8			

注　其中 $A_1 \sim A_2$ 为轻级；$A_3 \sim A_5$ 为中级；$A_6 \sim A_7$ 为重级；A_8 为特重级。一般建筑安装用塔式起重机工作级别为 $A_2 \sim$
A_4，安装及装卸用自行式起重机工作级别为 $A_1 \sim A_4$。

第二节　塔式起重机

一、特点
塔式起重机是臂架安置在垂直的塔身顶部的可回转臂架型起重机，具有以下特点：
（1）有较大的工作幅度和工作空间，起升高度大。
（2）可同时进行垂直、水平运输，能使吊、运、装、卸作业连续完成，作业效率高。
（3）司机室视野开阔，操作方便，可靠性好。
（4）结构庞大，运输和转移工地不方便。
（5）因有沉重的配重，使得整机质量大。
（6）轨道式塔机的轨道基础费用较大。

二、塔式起重机的分类与型号
塔式起重机类型见表 4-5-5。

表 4-5-5 塔式起重机类型

分类方式	类型及代号	主参数（kN·m）	备 注
按能否移动分	固定式塔机 QTG	起重力矩	
	移动式塔机		根据行走装置不同可分为四种类型
按行走方式分	轨道式塔机	起重力矩	
	汽车式塔机 QTQ	起重力矩	
	轮胎式塔机 QTL	起重力矩	
	履带式塔机 QTU	起重力矩	
按回转部位分	上回转式塔机 QT	起重力矩	
	下回转式塔机 QTA	起重力矩	
按变幅方式分	小车变幅式塔机 吊臂变幅式塔机	起重力矩 起重力矩	
按安装形式分	塔身自升式塔机 QTZ 快速拆装式塔机 QTK 内爬式塔机 QTP	起重力矩 起重力矩 起重力矩	

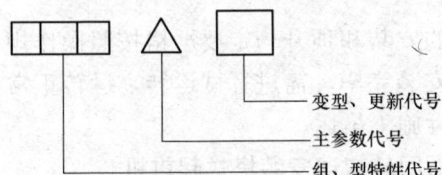

图 4-5-1 塔式起重机的型号组成

- 变型、更新代号
- 主参数代号
- 组、型特性代号

塔式起重机的型号组成如图 4-5-1 所示。

三、上回转自升式塔式起重机

上回转自升式塔式起重机（简称塔机）应用很广泛，下面以 QTZ40D 型塔机为例进行介绍。该机的外形结构如图 4-5-2 所示。

该机的基本型为固定式塔机，但可根据工程需要增加某些部件和辅助装置，可变成轨行式和附着式，其最大起升高度为 90m。该机结构紧凑，安装拆卸方便，升降和回转平稳，工作覆盖面大。

该机由底盘、底节、塔身标准节、顶升机构、回转机构、平衡重系统、塔帽、变幅机构、起重臂、起重小车等组成，为了实现自升接高，塔身采用标准节，每一标准节均可互换使用。起重臂为三角形断面的桁架结构，其两根下弦杆为矩形钢管，兼作起重小车的运行轨道。塔身标准节、底节、起重臂上弦杆和腹杆均采用无缝钢管制成。

平衡臂是为了平衡起重臂及起重力矩而设置的，平衡臂上装有平衡重和起升机构。

司机室设在塔帽下部，随上回转部分一起回转。

自升式塔机当接高超出规定的独立式高度时，应装设附着装置，将塔机附着于建筑物上，以保证其稳定性。附着装置以上的塔身自由高度一般不超过 40m。塔机附着处必须为钢筋混凝土，其结构强度必须达到设计要求。

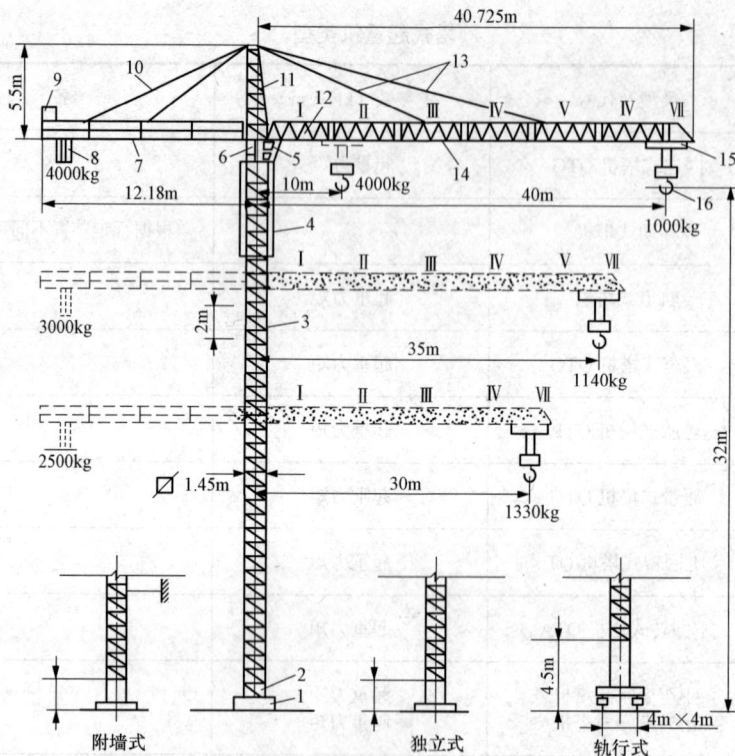

图 4-5-2 QTZ40D 型塔式起重机外形结构示意图

1—底盘;2—底节;3—塔身标准节;4—顶升机构;5—司机室;6—回转机构;7—平衡臂;8—平衡重;
9—起升机构;10—平衡臂拉杆;11—塔帽;12—变幅机构;13—起重臂拉杆;14—起重臂;15—起重小车;16—吊钩

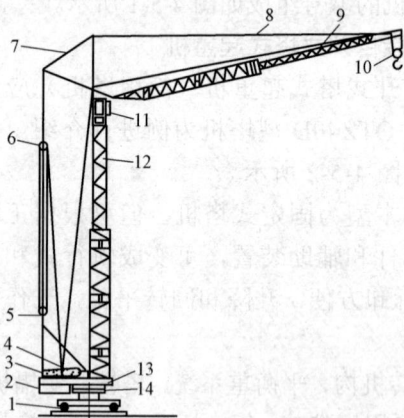

图 4-5-3 QTK25 型塔式起重机外形结构

1—底架及行走机构;2—压重;3—架设及变幅机构;
4—起升机构;5—变幅定滑轮组;6—变幅动滑轮组;
7—塔顶撑架;8—臂架拉绳;9—起重臂;10—吊钩滑轮;
11—司机室;12—塔身;13—转台;14—回转支承装置

塔机的安装和顶升一定要严格按照操作规程进行,安装完毕,需进行试运转,运转正常后方可进行施工吊运。

四、下回转快速安装塔式起重机

这类起重机都是中、小型塔机,其特点是结构简单,重心低,运转灵活,伸缩塔身可自行架设,速度快,效率高,采用整体拖运,转移方便。这类起重机的结构见图 4-5-3。

下回转快速安装塔机的安装,一般不需其他起重机械帮助,它通常采用整体自立法,即利用本身设备完成全部架设作业,所以能很快投入使用。其安装顺序一般为:用起升机构使整体拖运状态下缩入的塔身、折叠的起重臂一同竖直;打开折叠的起重臂对直拼接,安装配重,伸出塔身到预定高度,转起起重臂。

塔机在使用过程中要遵守操作规程,定期检查各部件,特别是安全保护装置是否正常,以避免发生事故。

第三节 自行式起重机

自行式起重机是起重机械中较通用的一种起重设备，因其机动性好，转移工地迅速方便，在建筑工地、仓库、码头、混凝土预制厂得到广泛应用。

自行式起重机按其结构不同可分为汽车式起重机、轮胎式起重机和履带式起重机。

一、汽车式起重机

汽车式起重机是指装在通用或专用汽车底盘上的回转式起重机。驾驶室有两个，除汽车原有的驾驶室外，在回转平台上另设一操纵起升作业的驾驶室。

汽车式起重机按起重量大小可分为轻型、中型和重型，起重量在 20t 以内的为轻型，20～50t 为中型，50t 以上的为重型。按起重臂形式可分为桁架臂和箱形臂。按传动方式可分为机械传动、电力传动和液压传动。

汽车式起重机的外形结构如图 4-5-4 所示。

汽车式起重机的特点是行驶速度快、机动性强、能快速转移，特别适用于流动性大、不固定作业的场合。其缺点是受汽车底盘的限制，车身较长，转弯半径大，工作时需打支腿，只能在起重机两侧和后方作业。

汽车式起重机的编号规定如图 4-5-5 所示。

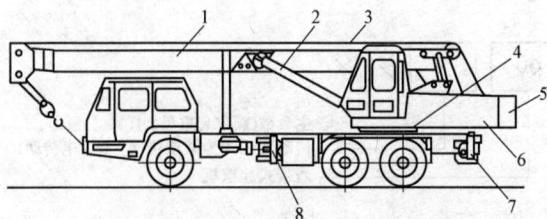

图 4-5-4 汽车起重机的外形结构

1—伸缩起重臂；2—变幅液压缸；3—起升钢丝绳；
4—回转支承；5—配重；6—转台；7、8—支腿

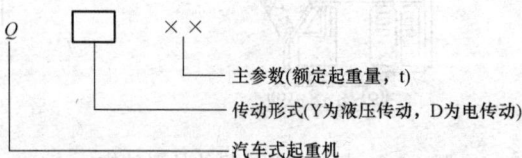

图 4-5-5 汽车式起重机的编号

主参数(额定起重量，t)
传动形式(Y为液压传动，D为电传动)
汽车式起重机

二、轮胎式起重机

轮胎式起重机采用专用的轮胎式底盘，轴距较短，转弯性能好，轮子数量少而直径大，在一定范围内能带载移动。

轮胎式起重机按其传动方式可分为机械传动、电力传动和液压传动三种。

轮胎式起重机的外形结构见图 4-5-6，为液压传动式，由上车转台和下车底盘两部分组成。上车转台装有起重臂、司机室和工作机构。下车是行走部分，装有支腿。起重臂为箱形折叠式。

轮胎式起重机与汽车式起重机的区别是：前者只有一个司机室，能带载行驶，转弯半径小，行驶速度慢，不宜作长距离行驶；后者有两个司机室，不能带载行驶，转弯半径大，行驶速度快，可与汽车编队行驶。

轮胎式起重机的编号如图 4-5-7 所示。

三、履带式起重机

履带式起重机以履带为运行底盘，将起重工作装置安装在履带底盘上，更换工作装置后，还

可作正铲、拉铲、抓斗、打桩等多项作业。由于履带接地面积大，故能在较差的地面上行驶和作业。作业时，由于履带支承宽度大，因此稳定性好，不需要设置支腿，可带载移动，并可原地转弯；缺点是自重大，行驶速度慢（<5km/h），易损坏路面，故转移工地时需要平板车拖运。

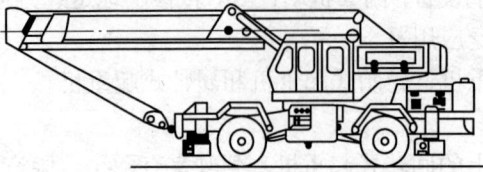

图 4-5-6 QLY16 型轮胎式起重机外形结构

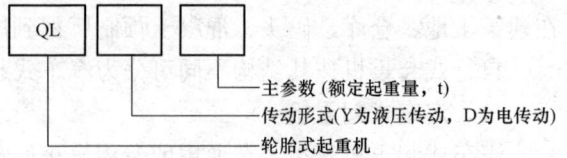

- 主参数（额定起重量，t）
- 传动形式（Y 为液压传动，D 为电传动）
- 轮胎式起重机

图 4-5-7 轮胎式起重机的编号

图 4-5-8 所示为履带式起重机的外形结构示意图。它主要由履带行走装置、回转机构、转台、变幅机构和起升机构等部分组成。起重臂为多节桁架结构，下端铰接在转台前部，顶端由变幅钢丝绳支持，并装有起升滑轮。

履带式起重机的编号如图 4-5-9 所示。

自行式起重机在安装使用时一定要按操作规程进行，特别是使用过程中要定期检查其安全装置是否正常，以避免发生事故。

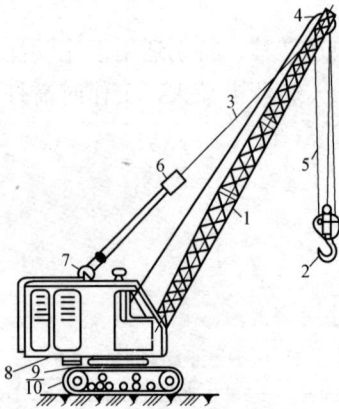

图 4-5-8 履带式起重机的外形结构

1—起重臂；2—吊钩；3—变幅钢丝绳；4—滑轮；

5—起重钢丝绳；6—滑轮组；7—人字架；

8—转台；9—回转机构；10—履带行走装置

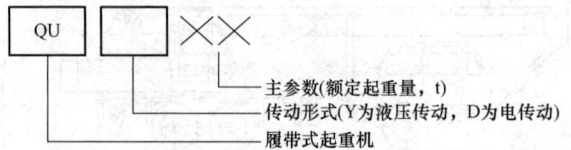

- 主参数（额定起重量，t）
- 传动形式（Y 为液压传动，D 为电传动）
- 履带式起重机

图 4-5-9 履带式起重机的编号

第四节 门座式起重机

门座式起重机的结构特点是其回转支承装置、回转台及起重臂等上车部分安装在轨道式门座之上，门座有较大的净空，能通行运输车辆。这类起重机使用广泛。

门座式起重机由回转部分及门座组成。门座为一刚性的 Π 形框架结构。回转平台上装有起升机构、回转机构、变幅机构、操作室及平衡重等。在回转平台与门座之间有回转支承装置，可使转台与门座之间做相对旋转。

门座式起重机的起重臂有直臂式（见图 4-5-10）和象鼻式（见图 4-5-11）。象鼻式的特点是变幅时吊具和重物做水平移动，工作平稳，能耗低，当变幅不大时，只需转动臂杆上的象鼻就可实现，这样既可在狭窄的工作面内作业，又可降低起重机的运动惯性；其缺点是结构复杂、起重臂较重，这种结构只用在大吨位的起重机上。

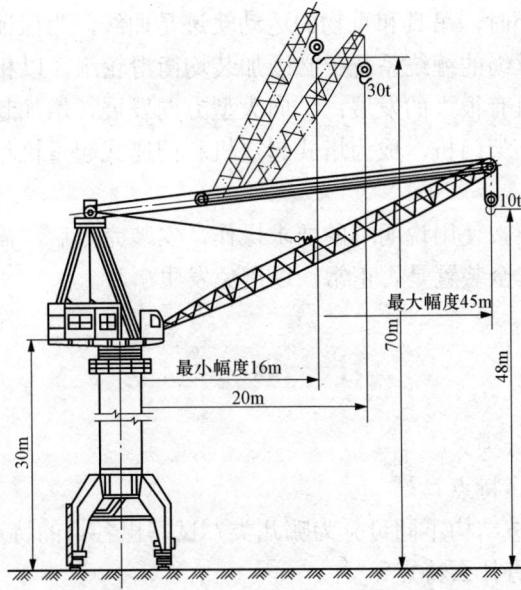

图 4-5-10 10/30 t 高架门座式起重机

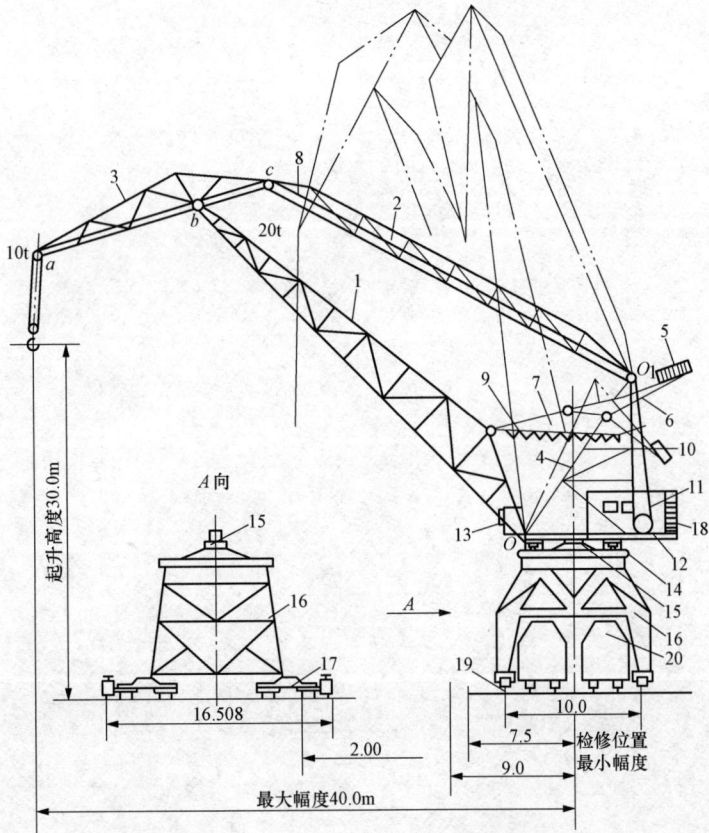

图 4-5-11 10t/20t×40m/20m 门座式起重机

1—起重臂；2—刚性拉杆；3—象鼻架；4—三脚支架；5—活配重；6—平衡臂；7—连杆；
8—起升绳；9—变幅齿条；10—变幅传动机构；11—机房；12—转台；13—司机室；14—回转支承装置；
15—中心枢轴；16—门架；17—运行台车；18—配重；19—轨道；20—车箱

　　直臂式起重机在变幅时,吊具和重物的运动轨迹是曲线,为保证变幅时吊具和重物做近似水平移动,在起重钢丝绳的缠绕系统中必须加装均衡滑轮组,以相应收放起重钢丝绳。

　　近年来门座式起重机有很大的发展:①向大型方向发展,增加起重量和工作幅度;②向高架化方向发展,出现高架门机,成为塔式起重机和门座式起重机相结合的形式,使起升高度成倍增加。

　　门座式起重机一定要按使用说明书的要求操作,安装完成后,需进行试运转,特别是使用过程中要定期检查其安全装置是否正常,以避免发生事故。

习　题

1. 简述起重机械的分类。
2. 塔式起重机有什么特点?
3. 自行式起重机械按结构不同可分为哪几类?试写出各自的特点。
4. 门座式起重机械有什么特点?

第六章 公路施工机械化

第一节 筑路机械化机群的技术经济效益分析

一、概述

公路工程机械化施工是指在整个工程项目的施工过程中，按照施工工艺过程，把各个工序使用的机械设备和机具，按给定的参数（如生产率指标或其他参数）相互协调，综合配套，顺序衔接，保证施工的连续性，并合理地组织机械化施工，以谋求工程进度最快，质量最好，机械性能和作用发挥最佳，技术经济效益和社会效益均取得最好的成果。

公路工程采用机械化施工不仅可以保证工程质量，还可以加快进度，节约人力，改善劳动条件，实现安全、文明生产，提高经济效益。

在现代公路施工中，各项施工任务都是通过机械来完成，机械作为主要生产手段，按一定的方式组织进行施工作业。由于施工机械的数量、种类和型号比较繁多，其结构和性能差异也很大，要保障这些机械在施工过程中能充分发挥它们各自的技术性能和效益，不断提高施工质量和生产效率，延长机械的使用寿命，降低工程成本，就必须根据工程性质、工程数量、施工工期等因素，合理地选择施工机械。

机械化施工的主要任务就是合理选择施工机械，组建施工机群，要求各种机械间有良好的协调性与配套性，充分发挥每台机械的生产效能。

二、施工机械的选择和组合配套

为了使机械能更好地发挥效益和组合配套须遵循以下原则：

1. 机械选择原则

（1）所选的机械应适合工作的性质，适合施工对象的土质，场地大小和运输远近等施工条件，能充分发挥机械的效率。所选机械的生产能力，应满足施工强度的要求，施工质量应满足设计规范的要求。

（2）所选机械的技术性能是先进的，能满足现代施工的要求，具体表现在：机械设备的结构先进，生产效率高，操作可靠，构造简单，易于检修，安全舒适，环保性好，机动性好，便于转移工地。

（3）从经济效益的观点上看，所选机械应与工程质量相适应。高性能的机械有较强的作业能力和较高的作业质量，但价格昂贵；低性能的机械作业能力低，但价格便宜。在选择时应根据具体情况而定，同时要注意机械的购置费和运转费，并通过技术经济比较，优选出生产率高、单位产品费用低的机械。

2. 施工机群的组合配套原则

（1）主要施工生产线上各种施工机械的生产能力、使用条件和配备的数量，均应协调一致，相互匹配。

（2）在一条生产线上，实现流水作业的组合机械的机种应尽量少，组合机械的机种愈多，其作业效率愈低、组合的机种愈多，停工的概率就愈大。

（3）在组织机械化施工中，应组织几条生产线并列地进行施工，可避免组合机械中某一台机械发生故障，引起全面停工的现象。若有规格相同的两种机械设备，在一种机械发生故障时，可用"拆东补西"的办法修理应急。

（4）在组合机械中，应尽量选用型号性能相同的机械。这样既便于调度使用，又便于维修管理。

3. 选择施工机械的方法

机械的施工方案拟定和机械的选择是从分析单项工程的施工过程开始的，每项施工包括准备工作、基本工作和辅助工作。

在分析施工过程的基础上拟定施工方案，研究完成基本工作的机械，按照施工条件和工作面参数来选择主要机械，然后依据主要机械的生产能力和性能参数，再选择与其配套的组合机械。准备工作和辅助工作的内容依施工条件不同而有差别，可以选用个别的机械，或选用配套的组合机械。将拟定的各种可能实施的施工方案进行技术经济比较，优选出最佳方案。

三、经济效率分析

1. 施工机械和施工机群技术经济效益的概念及分类

施工机械的技术经济效益是两个概念的总和：①在保证所要求施工质量和施工期限的前提下，机械或机群的生产率。②购置和使用机械（机群）的费用。因此，研究机械或机群的使用效益，不是研究机械或机群的某个性能，而是研究有层次的各种性能的总体，才能使所研究的成果可靠。

能保证机械具有最大生产率的参数称为合理参数。能保证机械具有最大技术与经济效益的参数称为优化参数。

筑路机械或施工机群的技术经济效益是采用某项技术或方案在经济上所获得的收益。在选择机械或组建施工机群时，既要考虑技术上先进，又要考虑经济上合理，即技术经济效益。在现代施工机械设备高度发展的情况下，解决同一生产技术问题，可选用不同的机群配套技术方案，即选用不同的机型和机组配套组合方案，而不同的机群配套方案，将有不同的经济效益。技术经济效益的优劣，在很大程度上取决于所选择机械设备的性能和技术水平，以及机械选型配套、组织管理的合理性等。

在评价筑路机械和施工机群的技术经济效益时，应把施工机械或机群的投入与产出联系起来。产出是指施工机械或机群生产出来的产品价值；投入是指为生产出这些产品所消耗的资源（人、财、物）。只有产出大于投入，才能带来经济效益。

筑路机械与施工机群经济效益的一般表达式有以下三种形式

$$E_1 = B - C \tag{4-6-1}$$

式中　E_1——经济效益；

　　B——产出，所完成的产品的价值，即有效益的结果；

　　C——为完成所需产品或成果所投入的费用。

公式采用 B 和 C 相减的比较形式，得出的经济效益为一绝对值，称为净效益。净效益大于零是技术方案可行的经济界限

$$E_2 = \frac{B}{C} \tag{4-6-2}$$

公式采用 B 和 C 相比较的形式，由此得出的经济效益为一相对量，称为效益耗费比。效

益耗费比 $B/C>1$ 是技术方案可行的经济界限

$$E_3 = \frac{B-C}{C} \qquad (4\text{-}6\text{-}3)$$

E_3 称为净效益耗费比，它表示单位耗费（投入）所取得的净效益，在技术经济效益分析中更为常用。$\frac{B-C}{C}>0$ 是技术方案可行的经济界限。

技术方案的经济效益可划分为以下几类：

（1）直接经济效益和相关经济效益。直接经济效益是指技术方案采纳者可以直接得到的经济效益，相关经济效益是指与技术方案采纳者经济上相关的单位可以从该技术方案实施中间接得到的经济效益。

对于技术方案的采纳者来说，直接经济效益一般看得见、摸得着，是评价方案经济性的关键。但从全社会的角度及方案采纳者的长远利益出发，在技术经济效益分析中则要强调分析方案的相关经济效益，这不仅因为它是技术方案客观经济效益的一部分，还因为相关经济效益是决策方案能否实施的重要依据。

（2）企业经济效益和国民经济效益。根据受益范围的大小，经济效益可划分为企业范围内的经济效益（企业效益）和国民经济范围内的经济效益（国民经济效益）。技术方案客观上所发挥的经济效益往往会超出企业范围，因此，在技术经济效益分析中，要强调从国民经济范围内考察技术方案的经济效益。

2．技术经济效益评价指标系统

（1）评价施工机械或施工机群技术经济效益的首要指标是利润 N_p，即

$$N_p = G_T - Z \qquad (4\text{-}6\text{-}4)$$

式中 G_T——机械所承担工程的造价（元）；

Z——机械或机群为该项工程施工时所付出的费用，即机械施工的成本（元）。

（2）对于单独工作的施工机械与设备，在按期、保质完成施工任务的前提下，可用单位产品的成本 Z_y 作为评价施工机械与设备技术经济效益的总指标，即

$$Z_y = \frac{Z_t}{Q_I} \qquad (4\text{-}6\text{-}5)$$

式中 Z_t——施工机械与设备施工时的台班费（元/台班）；

Q_I——施工机械与设备的台班使用生产率（单位产品/台班）。

（3）评价施工机械或机群的技术经济效益可用综合性指标 Z_Z 表示，其含义为在保证工程质量和施工进度的前提下，完成单位技术生产率 Q_T 所需的功率 N、机重 G 和驾驶操作人员的数量 n_p，即

$$Z = \frac{PGn_p}{Q_T k_g} \qquad (4\text{-}6\text{-}6)$$

式中 P——机械（机群）的功率（kW）；

G——机械（机群）的质量（t）；

n_p——机械（机群）驾驶操作人员的数量（人）；

Q_T——机械（机群）的技术生产率（m³/h 或 t/h）；

k_g——机械（机群）的时间利用系数。

第二节　各工序施工机械的组成

要实现高质量、高速度、高效益的机械化施工，主要取决于：

①各种关键机械的有关先进技术水平所形成的机械整体水平和机械化水平；②科学的施工组织与管理；③主要施工机械生产能力的良好配套性能。在筑路施工中，应首先确定各工序所需的施工机械，然后再进行技术经济比较。下面介绍筑路工程中主要施工项目所使用的施工机械。

一、路基工程施工机械的组成

路基工程包括土方工程和石方工程，施工中使用的机械有土方机械、石方机械和压实机械。路基工程施工常用机械及其适用范围见表 4-6-1。

表 4-6-1　　　　　　　　　　路基工程施工常用机械及其适用范围

机械名称	适用的作业项目		
	施工准备作业	基本作业	辅助作业及整修作业
推土机	(1) 修筑临时道路； (2) 推倒树木，拔除树根； (3) 铲除草皮； (4) 清除积雪； (5) 清理建筑碎片； (6) 推缓陡坡地形； (7) 翻挖回填井、坟、沟	(1) 横向运填土，推挖 3m 以下的路堤堤身和路堑； (2) 修筑傍山半填半挖的路基； (3) 近距离（100m 以内）移挖作填和其他土方挖运、铺填及压实	(1) 为其他机械的施工打开工作面； (2) 路基缺口土方的回填； (3) 作铲运机的助铲顶推动力； (4) 对卸土进行摊平压实； (5) 为其他机械积土、供土； (6) 在斜坡上推挖路基基底台阶； (7) 路基面粗平； (8) 修整取土坑及弃土堆
拖式铲运机	(1) 铲除草皮； (2) 移运孤石	中距离（一般 700m 以内）移挖作填和取、弃土的铲运、铺填及碾压	(1) 路基面及场地粗平； (2) 修整取土坑及弃土堆
自行式铲运机	铲除草皮	中距离（一般 1000～1500m 以上），移挖作填和取、弃土的铲运、铺填及碾压	
挖掘机		(1) 配合自卸车远距离土方挖运； (2) 挖土弃于近旁	开挖沟槽及基坑
装载机	(1) 清理建筑碎屑； (2) 清除积雪	(1) 短距离铲运土方； (2) 装车	(1) 装运松散物料； (2) 卸土的推平压实； (3) 铲积土石； (4) 平整场地； (5) 运送料具； (6) 挖掘排水沟
羊足碾		压实黏性土料	
光面碾		压实黏性和非黏性土料	
轮胎碾		压实黏性和非黏性土料	
振动碾		压实非黏性土料、砾石、碎石路基	
凿岩机		石方开挖时钻凿炮孔	
松土机	可松 Ⅳ 级以下的土壤及旧沥青路面		
强夯机		软基处理设备	
插板机		软基处理设备	

在路基土方工程机械化施工中常用的施工方法及应配套的机械类型见表4-6-2。其中路基填方、弃方的移动距离，通常是选定施工机械的重要依据之一。

表 4-6-2　　　　　　　　　　　　　施工方法及配套机械类型

作　业　名　称		挖掘	装载	移运	路基面修整	压实
作　业　程　序		1	2	3	4	5
机械的配套和组合	推土机施工法	推土机			自行式平地机	推土机 平地机 压路机
	铲运机施工法	自行式铲运机 拖式铲运机+推土机			自行式平地机	推土机 自行式平地机 压路机
	挖掘机加装载机施工法	挖掘机	装载机 翻斗车 自卸汽车		自行式平地机	推土机 自行式平地机 压路机

二、路面基层施工的机械组成

路面基层常采用半刚性基层，施工机械包括以下类型：

（1）半刚性基层材料的拌和设备与机械：稳定土厂拌设备和稳定土拌和机。

（2）摊铺和平整机械：拌和料摊铺机、平地机、石屑或粉料撒布机等。

（3）装载机械和运输车辆。

（4）清扫设备和养生设备：清扫机、洒水车。

（5）压实机械。

路面基层施工中，选择施工机械时，首先应根据所用基层材料类型及拌和方式选择主要的施工机械，然后相应地配备其他施工机械。机械设备的投放应保证工程质量和施工进度，同时应使所投放的机械设备都尽可能发挥出各自的工作效率。路面基层施工复杂，集料的拌和、运送、摊铺、碾压等工序，都要配备相应的既能满足工程规范要求，又具有相应生产能力的配套设备。

三、沥青混凝土路面面层施工机械的组成

沥青混凝土面层的施工工序包括基层的检查和处理、沥青混合料的制备、运输和摊铺及铺层的压实，相应使用的施工机械见表4-6-3。

表 4-6-3　　　　　　　　　　沥青混凝土面层施工工序及选用的施工设备

施工工序	施工机械及设备
沥青混合料的拌制	沥青混凝土搅拌设备（附设沥青脱桶设备等）
混合料的运输	自卸汽车
基层的检查及处理	有关检测仪器、沥青洒布车、乳化沥青机
沥青混合料的摊铺	沥青混凝土摊铺机
混合料的压实	静力式光面压路机、轮胎压路机、振动压路机
压实度及路面成形检测	有关检测仪器及数据处理器

在沥青混凝土面层的施工中，为了保证机械化施工的连续性，沥青混凝土搅拌设备、混

合料运输车辆、沥青混凝土摊铺机的合理配合是一个关键，而面层成型的质量又与沥青混凝土搅拌设备和沥青混凝土摊铺设备的合理选配密切相关，并在很大程度上决定沥青混凝土面层施工机群的生产率。

对于沥青混凝土搅拌设备，应根据工程量和工期选择其生产能力。选用拌和能力大的搅拌设备，其单位产品所消耗的人工、燃料和易损配件等费用较低，故应选用生产率在 100t/h 以上的沥青混凝土搅拌设备。

选择沥青混凝土摊铺机时，应结合所铺筑沥青混凝土面层的宽度、厚度、技术要求，在选定摊铺作业方式后，确定摊铺机的型号、台数，并与沥青混凝土搅拌设备的生产能力相适应。在高等级沥青路面的施工中，应优先考虑选择履带式沥青混凝土摊铺机，因为履带式沥青混凝土摊铺机的牵引力及接地面积较大，可减少对下层的作用，对下层平整度不太敏感。

运输车辆的配置应根据铺筑现场的具体位置、施工条件、摊铺能力、运输线路、运距及时间，合理选择自卸汽车的型号及数量，保证拌和设备及摊铺机连续生产，又能不使车辆等待时间过长而造成浪费。

四、水泥混凝土路面面层施工机械组成

水泥混凝土路面面层施工的主要内容包括施工前的准备工作、安装模板或轨道、筑做接缝和安装钢筋、制备与运送水泥混凝土混合料、水泥混凝土混合料的摊铺与捣实、拆模与养生、切缝与填缝。当采用轨道式摊铺机施工时，各工序选用的机械见表 4-6-4；采用滑模式摊铺机施工时，各工序所选用机械见表 4-6-5。

表 4-6-4　　　　　　　　　　　轨道式摊铺机施工各工序可选用的机械

工　序	可选用的机械
混凝土制备	水泥混凝土搅拌设备、装载机、水泥输送设备、碎石联合破碎筛分设备
混凝土运输	自卸汽车、水泥混凝土搅拌运输车
卸料	侧面卸料机、纵向卸料机
摊铺	刮板式摊铺机、箱式摊铺机、螺旋式摊铺机
振捣	振捣机、内部振动式振捣器
接缝施工	钢筋（传力杆、拉杆）插入机、切缝机
表面修整	修整机、纵向表面修整机、斜向表面修整机
修整粗糙面	拉毛机、压槽机

表 4-6-5　　　　　　　　　　　滑模式摊铺机施工各工序可选用的机械

工　序	可选用的机械
混凝土制备	水泥混凝土搅拌设备、装载机、水泥输送设备、碎石联合破碎筛分设备
混凝土运输	自卸汽车、水泥混凝土搅拌运输车
卸料	运输车直接卸料或混凝土输送机
摊铺、振捣、接缝施工整平	滑模式摊铺机、自动切缝机
修整粗糙面	拉毛机、压槽机
混凝土铺层养生	养生剂喷洒车

水泥混凝土路面面层施工机械选型时，既要考虑施工质量和进度得到满足，又应兼顾施工单位技术人员的素质、管理水平和购买能力等实际情况，在保证摊铺机发挥最大效益的前提下，应使配套机械的类型和数量尽可能少。

水泥混凝土摊铺机和搅拌设备在选型时，应做到保证拌和的质量和生产能力满足工程需要，同时机械设备应工作可靠，工作效率高，费用合理。

在摊铺机和拌和设备选择好以后，应考虑水泥混凝土运输车辆的配套。当水泥混凝土的坍落度小于 5cm 时，运距在 1km 以内，以 2t 以下的小型自卸汽车比较经济，运距在 5km 左右时，以 5～8t 中型自卸汽车最为经济；运距为 10～15km 时，选用 15t 以上的自卸汽车比较合适，当运距大于 20km，或水泥混凝土的坍落度大于 5cm 时，为了不使运输过程中损失水分和产生分离，应采用 6m³ 以上的水泥混凝土搅拌运输车，水泥混凝土的运输时间在夏季不超过 30～40min，冬季不超过 60～90min。

五、公路桥梁下部结构施工机械组成

公路桥梁下部结构由桥梁基础和桥梁墩台两部分组成，桥梁的荷载通过墩台传给基础，再由基础传到地基。

1. 桥梁基础施工机械

由于水文、地质、地形、上部结构、荷载、材料和施工条件不同，桥梁基础的类型也不同，常见的桥梁基础类型及相应的施工机械见表 4-6-6。

表 4-6-6　　　　　　　　　　桥梁基础类型及相应的施工机械

桥梁基础类型		可选用的施工机械
明挖基础		挖掘机、风动凿岩机、起吊及运输设备、排水泵
预制桩基础		落锤、蒸汽打桩机、柴油打桩机、振动沉拔桩机、静力压拔桩机
灌注桩基础		旋转式钻机、冲击式钻机、冲抓钻机、套管钻机、潜水钻机、螺旋钻机
管柱基础		打桩机、吸泥机组、水泥混凝土运输船、输送泵、导管、浮式起重机等
滩地沉井基础		推土机、自卸汽车、打桩锤、抓斗、吸泥机、空压机站
水中沉井基础		驳船、空气压缩机、高压水泵、搅拌机、浮式起重机、吸泥机、拖轮
地基加固	换土法	铲装机械、平板式振动器、自卸汽车、插入式振动器、打夯机、碾压机等
	土桩法	打桩机、卷扬机、夯锤
	砂桩法	打桩机、振动器或高压水泵、水枪
	重锤夯实法	质量为 1～1.5t 的夯锤、起重机
	强夯法	质量 8～30t 重锤、起重机、推土机
	旋喷法	高压泥浆泵、旋喷钻机、泥浆搅拌机等
	振动水冲法	振冲器、起重机、水泵

2. 桥梁墩台施工机械

桥梁墩台承受桥梁上部结构的荷载，而且在河流里要受到水流的冲刷作用，因此要求墩台具有高的强度、刚度、稳定性和耐久性，按结构形式有整体墩台和装配式墩台。

桥梁墩台施工机械见表 4-6-7。

表4-6-7 **桥 梁 墩 台 施 工 机 械**

桥梁墩台类型		可选用的施工机械
整体式墩台	石砌墩台	起吊设备、砂浆搅拌机
	混凝土墩台	混凝土搅拌机、手推车或轻便轨道的V形斗车、起吊设备
装配式墩台	柱式墩	混凝土搅拌机、振动台或振捣器、起吊设备
	拼装式预应力混凝土薄壁空心墩	钢丝张拉设备、混凝土搅拌机、振捣器、起吊设备、灌浆设备

六、公路桥梁上部结构施工机械组成

桥梁上部结构是桥梁的主要承重部分，除承受较大恒荷载外，还承受很大的车辆活荷载。桥梁上部结构施工采用的机械设备种类、规格及数量要符合主梁制作施工方法、现场所处条件及工程规模等，使用的主要机械有三大类。第一类是钢筋混凝土机械，包括混凝土搅拌机、混凝土泵车和混凝土振捣器、钢筋切割机、弯曲机、焊接机。第二类机械是施加预应力用机械，包括预应力钢材加工机械，张拉用千斤顶与灌浆机械。第三类机械是运输与安装机械，包括主梁运输和材料运输的机械，各种规格的自卸汽车和安装用的起吊设备。

七、公路隧道施工机械组成

隧道是地下工程建筑物，根据地质情况不同，隧道可分为岩石隧道和土质隧道，对于不同的隧道地质情况有不同的施工程序和方法。岩石隧道常用的施工方法有钻爆法和机械挖掘法；土质隧道常用的施工方法有矢板法、管推进法和盾构施工法。

隧道施工机械组成见表4-6-8。

表4-6-8 **隧 道 施 工 机 械 组 成**

施工方法	可选用的施工机械
钻爆法	手持式凿岩机、气腿式凿岩机、凿岩台车、通风机、装渣机、装载机、翻斗车、运渣机、排水设备、衬砌用混凝土生产、运输、浇筑设备
机械挖掘法	旋转式岩石隧道掘进机、挖掘式岩石隧道开挖机、运渣设备、通风设备、排风设备、排水设备及衬砌用混凝土生产、运输、浇筑设备
矢板法	打入锤、运土设备、排水设备
管推进法	千斤顶、吊运设备、运土设备、小型推土机或挖沟机、抽水机
盾构施工法	挖掘机、盾构机、出渣设备、回填灌浆设施、千斤顶

第三节　施工机械选型配套实例

一、土石方工程机械选型配套实例

在路基施工中，施工机械的种类、型号及数量相当多，由它们构成的机械化施工系统如何达到最优，即在满足工期和工程质量的前提下使施工单价最低，是机械选型配套研究的目的。下面以一具体实例来介绍施工机械的选型配套方法。

[例4-6-1] 某路基施工中，需将爆破石渣运到3km远处，岩石堆积密度ρ=2.4t/m^3，$k_{松}$=0.67。根据工期要求铲运爆破石渣的生产率不小于P=1200m^3/台班（自然方），试确定该项工程施工机械的种类、规格和数量。

　　该项工程要将爆破石渣运到 3km 处，根据运距，运输工具应选自卸汽车，装车机械可选装载机或挖掘机，具体要根据施工场地的条件和施工单位现有设备的情况来定。如果施工单位现有 2m³ 的正铲挖掘机，台班费为 1000 元，且装车生产率为 650m³/台班（自然方），自卸汽车的参数见表 4-6-9，试确定该项工程施工机械的种类、规格和数量。

表 4-6-9　　　　　　　　　　　　　　**自 卸 汽 车 参 数**

车型	载重量（t）	车箱堆装容积（m³）	台班费用（元/台班）	远距 3km 的工作循环时间（不包括装车时间）（min）
车型 I	15	9	651	14
车型 II	20	12	826	15.5

　　施工机械的选择步骤如下：

　　（1）确定装车的挖掘机数量 n

$$n=\frac{P}{Q_{挖}}=\frac{1200}{650}=1.85（台）$$

　　选取 2 台挖掘机装车，生产率略大于要求的生产率，能满足施工需要，每台挖掘机组成一条生产线。

　　（2）自卸汽车的生产率和需要数量（一台挖掘机所需自卸汽车的数量）计算：

　　挖掘机铲斗中松方土的容积（m³）　　　$V_1=qk_{充}=2×0.7=1.4$

　　铲斗中土的质量（t）　　　$W=qk_{充}k_{松}\rho=（2×0.7×0.67）×2.4=2.25$

　　（3）确定最佳施工方案（一条生产线上），见表 4-6-10 和表 4-6-11。

表 4-6-10　　　　　　　　　　　　**自卸汽车的生产率和需要数量表**

项目	车 型 I	车 型 II
装满一车箱的铲装次数 n	$n=V/V_1=9/1.4=6.43$，取 $n=6$	$n=V/V_1=12/1.4=8.6$，取 $n=8$
汽车实际载重量	$Q=nW=6×2.25=13.5$（t）为额定载重量的 13.5/15=90%	$Q=nW=8×2.25=18$（t）为额定载重量的 18/20=90%
装车时间 $t_{装}$	$t_{装}=nT_{装}=6×0.5=3$（min）（$T_{装}$ 为挖掘机装车的工作循环时间，参考有关资料，可取为 0.5min）	$t_{装}=nT_{装}=8×0.5=4.0$（min）
汽车的实际生产率	$P=\dfrac{60nV_1}{T}×k_{松}×k_{时}=\dfrac{1.4×6×60}{17}×0.67×0.83$ $=16.49$（m³/h，自然方）$=131.92$（m³/台班）（$k_{时}$ 为时间利用系数，一般可取 $k_{时}=0.83$）	$P=\dfrac{60nV_1}{T}×k_{松}×k_{时}=\dfrac{1.4×8×60}{19.5}×0.67×0.83$ $=19.16$（m³/h，自然方）$=153.28$（m³/台班）
与挖掘机配合作业的汽车辆数	$N=T/t_{装}=17/3=5.67$（辆）	$N=T/t_{装}=19.5/4=4.88$（辆）

表 4-6-11　　　　　　　　　　　　　　**最佳施工方案计算表**

车型	采用辆数	车队的生产率（m³/台班，自然方）	挖掘机的生产率（m³/台班，自然方）	机群生产率（m³/台班，自然方）	机群总费用（元/台班）	装运单价（元/m³，自然方）
车型 I	4	131.92×4=527.68	650	527.68	3604	6.83
	5	131.92×5=659.6	650	650	4255	6.55

车型	采用辆数	车队的生产率（m³/台班，自然方）	挖掘机的生产率（m³/台班，自然方）	机群生产率（m³/台班，自然方）	机群总费用（元/台班）	装运单价（元/m³，自然方）
车型Ⅰ	6	131.92×6=791.52	650	650	4906	7.55
车型Ⅱ	3	153.28×3=459.84	650	459.84	3478	7.56
	4	153.28×4=613.12	650	613.12	4304	7.02
	5	153.28×5=766.40	650	650	5130	7.89

最佳方案为选 5 辆车型Ⅰ的自卸汽车，其土方装运单价为 6.55 元/m³，自然方。

所以整个施工方案为 2 台 2m³ 的挖掘机配 10 辆（不考虑车辆储备）车型Ⅰ的自卸汽车组成 2 条生产线来完成该项目的施工任务。装车生产率为 650×2=1300m³/台班，运输生产率为 131.92×5×2=1319.2m³/台班，能满足工程施工要求。

二、沥青混凝土路面面层施工机械选型与配套实例

[**例 4-6-2**] 某一级公路沥青混凝土路面面层施工，道路全长 50km，面层上层厚 4cm，面层下层厚 5cm，路面全幅宽 8.5m×2，根据工期要求，日平均铺筑 1.5km，采用全幅梯队铺筑，试对该面层下层施工进行机械选型及配套。

1. 沥青混凝土搅拌设备的确定

沥青混凝土混合料压实后的密度 $\rho=2.35t/m^3$，每日铺筑面层下层所需混合料数量 V 为

$$V=LBh\rho=1.5×10^3×2×8.5×0.05×2.35=2996.25（t/d）$$

设混合料的损耗率为 5%，搅拌设备每日工作 10h，时间利用系数为 0.9，则搅拌设备的实际生产率为

$$Q_0=(1+5\%)\frac{V}{t}\cdot\frac{1}{k_B}=(1+5\%)×\frac{2996.25}{10×0.9}=349.6（t/h）$$

故可选用两套生产率为 180t/h，并配置相应的成品料仓的沥青混凝土搅拌设备。

2. 沥青混凝土摊铺机的确定

根据施工要求，可选用最大摊铺宽度在 8.5m 以上的沥青混凝土摊铺机两台，要求工作可靠，两台摊铺机采用梯队作业，其生产率为 360t/h，取 $k_B=0.9$，其工作速度为

$$v_0=\frac{Q_0}{60hB\rho k_B}=\frac{360}{60×0.05×2×8.5×2.35×0.9}=3.34（m/min）$$

3. 混合料运输车辆的配置

混合料的运输采用自卸汽车，根据施工单位现有设备情况，在保证完成工程量的情况下，使运输单价最低来选择运输车辆的规格和数量。

现采用 20t 后倾翻式自卸汽车，设最大运距为 40km，自卸汽车在工地卸料和等待的总时间为 5min，平均车速为 40km/h。

搅拌一车沥青混合料所需时间为

$$T=\frac{60Q}{Q_0}=\frac{60×20}{360}=3.33 (min)$$

式中　Q——自卸汽车的载重量。

设车辆储备系数 $\alpha=1.15$，则所需车辆数量 n 为

$$n=\alpha（T_{装}+t_1+t_2+t_3）/T_{装}$$

式中　t_1——重载运输时间；

　　　t_2——空载返回时间；

　　　t_3——卸车等待时间。

假设装车时间为 $T_装$=3.33min，可得到运输车辆对应不同运距的最少车辆数，见表 4-6-12。

表 4-6-12　　　　　　　不同运距时的自卸汽车最少数量表

运距（km）	2	5	8	10	15	18	20	22	25	28	30	35	38	40
自卸汽车（辆）	5	8	12	14	19	22	24	26	29	32	34	40	43	45

4. 压实机械的选型与配套

对沥青混凝土混合料铺层的压实，初压和终压可采用 8t 串联振动压路机进行碾压（静压），复压采用 15t 轮胎式压路机和 8t 串联式振动压路机（振动压实）一道进行，压路机初选数量见表 4-6-13，各工序压路机的实际数量经摊铺初期试验后再确定。

5. 其他机械设备的选型与配套

其他机械设备的选型与配套见表 4-6-13。

表 4-6-13　　　　　　沥青混凝土面层施工机械与设备配套一览表

机械设备名称	数量	性　能
沥青混凝土搅拌设备	2 套	间歇式每套生产率为 180t/h（带 180t 成品料仓）
沥青混凝土摊铺机	2 台	最大摊铺宽度大于 8.5m，摊铺速度 3.44m/min
轮胎式压路机	3 台	9～15t（可调）
振动式压路机	3 台	8t，双轮双振
自卸汽车	42 辆（最多）	20t 后倾翻式
装载机	3 台	装载量 50kN
沥青洒布车	1 辆	500L
乳化沥青机	1 台	4t/h
柴油发电机组	2～3 套	发电总功率 800kW
沥青脱桶设备	2 套	每套 4t/h
柴油罐或重油罐	6 个	每个 20000L

三、水泥混凝土路面面层施工机械选型与配套实例

[例 4-6-3]某一级公路水泥混凝土路面面层施工，道路全长 48km，面层全幅宽 2m×8.5m，厚 0.24m，采用半幅铺筑，日平均施工进度为 500m（半幅），试对该施工工程进行施工机械的选型与配套。

1. 每日水泥混凝土的需求量为

$$V = BhL(1+k_p)$$

式中　B——摊铺层宽度，B=8.5m；

　　　h——摊铺层厚度，h=0.24m；

　　　L——日摊铺长度，L=500m/d；

k_p——混凝土耗率，k_p=3%。

$$V=8.5×0.24×500×（1+3\%）=1050.6（m^3/d）$$

2. 水泥混凝土搅拌设备的选择

设水泥混凝土搅拌设备的时间利用系数为 k_B=0.75，日工作时间为 10h，其生产率为

$$Q'=\frac{V}{10k_B}=\frac{1050.6}{10×0.75}=140.08（m^3/h）$$

可选择生产率大于 70m³/h 的水泥混凝土搅拌设备 2 台。

3. 水泥混凝土摊铺设备的选择

假设摊铺机日工作时间为 10h，时间利用系数为 k_B=0.80，则每小时摊铺水泥混凝土的量为

$$Q''=\frac{V}{10k_B}=\frac{1050.6}{10×0.8}=131.33（m^3/h）$$

摊铺速度为

$$v_p=\frac{Q''}{60hB}=\frac{131.33}{60×0.24×8.5}=1.1（m/min）$$

因此，对于半幅施工，可选择最大摊铺速度大于 1.1m/min 的轨道式或滑模式水泥混凝土摊铺机一台。

4. 水泥混凝土运输车辆的配置

混凝土运输车辆的数量由下式计算，即

$$n=\frac{\alpha Q'(t_1+t_2+t_3)}{60v_0}=\frac{\alpha(t_1+t_2+t_3)}{T}$$

式中　Q'——水泥混凝土搅拌设备生产率（m³/h）；

　　　α——车辆储备系数，α=1.15～1.25，一般可取 1.15；

　　　v_0——运输车辆装载量（m³）；

　　　t_1——重载运行时间（min）；

　　　t_2——空载运行时间（min）；

　　　t_3——车辆在搅拌厂和摊铺现场装卸料及等待总时间（min）；

　　　T——搅拌一车混凝土所需要的时间（min）。

若选择 20t 自卸汽车运送水泥混凝土，每车装混凝土 8m³，自卸车往返平均车速为 40km/h，t_3=8min，则可得运输车辆对应不同运距的最少车辆数，见表 4-6-14。

表 4-6-14　　　　　　　　　　不同运距的自卸汽车最低数量表

运距（km）	2	5	10	15	18	20	22	25	28	30
自卸车数（辆）	5	8	13	18	21	23	25	28	31	33

5. 其他配套机械与设备的配置

配置于水泥混凝土搅拌设备及摊铺机的其他机械或设备见表 4-6-15。

四、隧道施工机械选择与配套实例

[例 4-6-4] 某岩石隧道全长 4125m，净宽 10.25m，净高 5m，洞内纵坡采用单向坡，坡度为 −1.4%，呈东低西高势。采用钻爆法施工，所选用的机械设备见表 4-6-16。

表 4-6-15　　　　　　　　　　　水泥混凝土面层施工机械及设备实例

机械设备名称		数量	性 能
主导机械	水泥混凝土搅拌设备	2 套	生产率大于 70m³/h
	滑模式水泥混凝土摊铺机（或轨道式）	1 台	最大摊铺宽度大于 8.5m，摊铺速度大于 1.1m/min
与搅拌设备配套的设备	轮式装载机	4 台	装载量 50kN
	散装水泥车	4 辆	7t
	供水泵	2 台	3.5kW
	计量水泵（外加剂用）	2 台	1.5kW
	发电机组	2	500kW
与滑模式摊铺机配套的设备	拉毛养生机	1 台	8.5kW
	调速调厚切缝机	4 台	10m
	养生用洒水车	2 辆	8000L
	灌缝机	2 台	
	发电机组	1 套	20kW
与轨道式摊铺机配套的设备	纵向修光机	1 台	
	养生剂喷洒器	2 台	
	调速调厚切缝机	4 台	10m
	插入式振捣器	2 台	
	纹理制作机	1	
	灌缝机	2	
	发电机组	1 套	20kW

表 4-6-16　　　　　　　　　　　隧道钻爆法施工机械设备一览表实例

施工工序	机械名称	数量	规 格
钻孔爆破出渣	三臂凿岩台车	1 台	NH178
	挖掘机	1 台	EX200-1
	装载机	2 台	ZL50
	自卸汽车	4 台	T815-S1（其中 1 台备用）
初次衬砌支护	混凝土喷射机	3 台	ZPVI 型（其中 1 台备用）
	空气压缩机	2 台	L201B（其中一台备用）
二次衬砌	混凝土搅拌机	3 台	
	混凝土搅拌运输车	2 台	JZ500（其中一台备用）
	混凝土泵	2 台	JXJ520 型
	钢模台车	1 台	HB60D
通风排水供电设备	通风机	3 台	BB-1 型轴流风机，设计风量 1000m³/min，风压 5kPa，电动机功率 2×551kW
	抽水泵	1 台	4～30kW
	变压器	2 台	400kVA
	发电机	2 台	110kW（备用）

习 题

1. 什么是公路工程机械化施工?
2. 施工机群的组合配套有什么原则?
3. 筑路机械化机群的技术经济效益评价指标有哪些?
4. 沥青混凝土路面面层施工工序包括哪些?各个工序的主要施工机械有哪些?
5. 简述公路隧道施工机械组成。

参 考 文 献

[1] 徐家钰，王凤丽，杜海明．道路工程 [M]．上海：同济大学出版社，2015．

[2] 王清友，杜丽惠．道路工程 [M]．北京：清华大学出版社，2012．

[3] 徐家钰，程家驹．道路工程 [M]．上海：同济大学出版社，1995．

[4] 交通运输部综合规划司．2014年交通运输行业发展统计公报 [N]．北京：中国交通报，2015．

[5] 马斌，黄自瑾，曹丽．建设工程造价与管理 [M]．北京：机械工业出版社，2007．

[6] 杨春风，欧阳建湘，韩宝睿．道路勘测设计 [M]．2版．北京：人民交通出版社，2014．

[7] 林雨，陶明霞．道路勘测设计 [M]．3版．武汉：武汉大学出版社，2013．

[8] 张雨化．道路勘测设计 [M]．北京：人民交通出版社，1997．

[9] 韩群柱．土木工程测量 [M]．北京：科学出版社，2012．

[10] 陈秀忠．工程测量 [M]．北京：清华大学出版社，2013．

[11] 马斌，高莹，等．工程测量实践指南 [M]．北京：北京出版社，2012．

[12] 李青岳．工程测量学 [M]．北京：测绘出版社，1982．

[13] 刘晨，李波，严小敏．如何使用 Excel97 中文版 [M]．北京：机械工业出版社，1997．

[14] 杨文渊，徐犇．简明公路施工手册 [M]．3版．北京：人民交通出版社，2006．

[15] 刘建坤．路基工程 [M]．2版．北京：中国建筑工业出版社，2014．

[16] 孔纲强．特殊路基工程 [M]．北京：科学出版社，2013．

[17] 何兆益，杨锡武．路基路面上：路基工程 [M]．2版．重庆：重庆大学出版社，2012．

[18] 方左英．路基工程 [M]．北京：人民交通出版社，1987．

[19] 刘志．路基工程施工技术 [M]．北京：人民交通出版社，2010．

[20] 黄学欣，孙晓英．路基路面工程 [M]．郑州：黄河水利出版社，2013．

[21] 付智．《公路水泥混凝土路面施工技术细则》实施手册 [M]．北京：人民交通出版社，2014．

[22] 郝晓彬．水泥混凝土路面施工 [M]．北京：人民交通出版社，2010．

[23] 陈俊，吴建涛，陈景雅．路面工程 [M]．北京：清华大学出版社，2013．

[24] 黄晓明．路基路面工程（第四版）[M]．北京：人民交通出版社，2014．

[25] 方福森．路面工程 [M]．北京：人民交通出版社，1999．

[26] 李建峰．现代土木工施工技术 [M]．2版．北京：中国电力出版社，2015．

[27] 袁光裕．水利工程施工 [M]．北京：水利电力出版社，1985．

[28] 黄自瑾，王景海，杨秀兰．碾压式混凝土坝施工法 [M]．西安：西北工业大学出版社，1991．

[29] 茅梅芬．路基路面工程质量检测 [M]．南京：东南大学出版社，1995．

[30] 严家伋．道路建筑材料 [M]．北京：人民交通出版社，1995．

[31] 杨云芳．公路建筑材料 [M]．北京：人民交通出版社，1998．

[32] 叶国铮，姚玲森，李秩民．道路与桥梁工程概论 [M]．2版．北京：人民交通出版社，2006．

[33] 罗娜．桥梁工程概论 [M]．北京：人民交通出版社，1998．

[34] 范立础．桥梁工程 [M]．北京：人民交通出版社，1979．

[35] 丁文其，杨林德．隧道工程 [M]．北京：人民交通出版社，2012．

［36］谢定义，林本海，邵生俊．岩土工程学［M］．北京：高等教育出版社，2008.

［37］于书翰．隧道施工［M］．北京：人民交通出版社，1999.

［38］李岩军，石鑫．高等级公路半刚性基层沥青路面机械化施工质量控制新技术［M］．北京：人民交通出版社，2010.

［39］狄赞荣．施工机械概论［M］．北京：人民交通出版社，1994.

［40］建筑机械编写组．建筑机械使用手册［M］．北京：中国建筑工业出版社，1979.

［41］水利部，电力工业部．工程机械使用手册．北京：水利电力出版社，1988.

［42］余恒睦．施工机械与施工机械化［M］．北京：中国水利水电出版社，1986.

［43］何挺继，朱文天，邓世新．筑路机械手册［M］．北京：人民交通出版社，1997.

［44］何挺继，展朝勇．现代公路施工机械［M］．北京：人民交通出版社，1999.

［45］何挺继，胡永彪．水泥混凝土路面施工与施工机械［M］．北京：人民交通出版社，1999.

［46］中国公路学会筑路机械学会．沥青路面施工机械与机械化施工［M］．北京：人民交通出版社，1999.